제2판

자본시장에서의

회계정보 유용성

분석 · 평가 · 활용

권수영 · 김문철 · 손성규 · 최 관 · 한봉희

제2판 머리말

「자본시장에서의 회계정보 유용성」이라는 책을 출간한 지도 7년이 지났다. 책을 처음 집필할 당시에는 다시는 이러한 책을 쓰거나 개정할 일은 없을 것으로 예상하였다. 그러나 그 사이에 무수히 많은 연구가 이루어져 그 양이 방대할 뿐만 아니라 이제는 다들 각자의 분야에서 바쁘게 활동을 하고 있는 터라 개정판을 낸다는 것이 엄두가 나지 않았다. 그러나 이 책을 대체할 만한 재무회계분야의 연구교재가 나오지 않아 안타까움이 더했었고, 무엇보다도 회계학 전공 대학원생들이 끊임없이 이 책을 찾고 있다는 점이 개정판을 내기로 한 계기가 되었다.

처음 이 책을 출간할 당시는 외환위기를 통해 회계의 투명성을 깨닫고 여러 가지 회계개혁방안을 모색하던 시기였다. 이 책을 개정하여 출간하는 이 시점은 금융위기를 통해 세계경제가 하나로 묶여 있음을 더욱 실감하는 시기이다. 더욱이 2011년 국제회계기준(International Financial Reporting Standards: IFRS)을 Big Bang 방식으로 전격적으로 도입하게 됨에 따라 회계기준의 제·개정이 글로벌 차원에서 이루어지게 되었다. IFRS의 도입은 국가간 재무회계정보의 비교가능성을 높이고 회계투명성을 제고한다는 점에서 긍정적이나 원칙중심의 회계기준으로 인해 앞으로도 많은 정책적 판단과 합리적 결정이 이루어져야 할 것이다.

이러한 즈음에 본서의 저자는 회계분야의 체계적이고 과학적인 연구가 그 어느 때보다도 중요한 시기가 되었다고 생각한다. 향후 회계분야의 연구는 학문의 발전에 밑거름이 될 뿐만 아니라 실무에서의 쟁점에 대해 정책적 시사점을 제시할 수 있는 기회가 무수히 많을 것으로 예상된다. 특히 IFRS의 도입과 더불어 각국의 특수한 경영환경을 반영한 IFRS의 제·개정이 이루어지도록 학계 차원에서의 많은 연구가 이루어질 수 있기를 기대한다. 본서는 기존 회계분야의 연구를 가장 최근까지 반영하였으며, 본서에서 소개된 많은 연구방법론이 가이드라인을 제시할 수 있기를 바란다.

본서의 특징은 다음 세 가지로 요약할 수 있다.

첫째, 본서는 회계학연구의 최근까지의 동향을 체계적으로 검토하였다. 특히 1990년대 초반 이후부터 2010년대까지의 회계학연구의 결과와 시사점을 제시하는 데 중점을 두었다.

둘째, 본서는 재무회계분야의 가급적 많은 연구논문을 통해 다양한 연구방법론을 제시하고 실증적 연구결과들을 정리하고자 하였다. 특히 2000년대에 들어서 실증분석에 있어 연구방법이 다양화되고 정교화됨에 따라 학술적으로 축적된 결과를 폭넓게 제시하고자 하였다.

셋째, 본서는 지난 30여년간 이루어진 한국의 고유한 경영·회계환경을 고려한 연구의 결과와 정책적 시사점을 제시하고자 하였다. 이에 따라 회계연구에 대한 회계실무업계 등 정보이용자의 이해를 제고함으로써 '회계연구의 정보유용성'을 높이고자 하였다.

이 책의 개정을 지원해주고, 편집에 도움을 주신 신영사의 권영섭 사장님께 깊은 감사를 드린다. 또한 이 책의 개정과정에서 성원을 아끼지 않은 가족들의 배려와 사랑이 본서를 개정할 수 있는 원동력이 되었음을 밝히고 싶다.
본서가 회계학이 학문으로서의 발전과 실무에서의 유용성을 제고하는 데 조금이나마 기여하는 것이 저자 모두의 바람이다. 향후에는 최신 연구로 무장한 신진교수들이 이 책보다 나은 교재를 집필하여 학문적 기여를 할 수 있기를 기대한다.

2010년 2월

저자 일동

초판 머리말

자본주의 체제하에서 경제의 근간은 건전한 증권시장에 있다. 이를 위해서는 무엇보다도 경영과 회계의 투명성이 확보되어야 한다. 그래야만 회계정보는 기업의 재무상태, 경영성과 및 현금흐름을 적절히 반영할 수 있게 되며, 시장참여자들은 이를 기초로 합리적인 의사결정을 내릴 수 있게 된다. 결과적으로 한정된 경제자원이 미래 전망이 높은 산업과 분야를 중심으로 효율적으로 배분될 수 있게 되는 것이다.

회계가 투명하지 못할 때 경제가 어떻게 되는지를 우리는 외환위기를 통해 경험하였다. 회계선진국이라는 미국에서도 Enron 사태로 불거진 회계부정 파문으로 미국 경제는 물론 전세계의 경제가 송두리째 흔들린 것을 우리는 목격하였다. 이익을 부풀리고 부채를 숨긴 사실이 밝혀짐에 따라 투자자들의 기업에 대한 신뢰는 땅에 떨어지고 만다. 이러한 회계정보에 대한 불신은 곧 기업의 신뢰도 저하, 주가 폭락, 투자 및 소비심리 위축으로 이어지게 된다.

이와 같이 회계는 자본시장과는 뗄래야 뗄 수 없는 관계이다. 따라서 회계의 학문적 성과도 자본시장의 발전과 함께 성장하여 왔다고 해도 과언이 아니다. 초기의 연구에서는 회계정보가 기업의 내재가치를 가장 잘 반영할 수 있도록 작성되어야 한다는 규범적 접근방법이 주류를 이루었다. 그 후 회계정보가 시장참여자들의 의사결정에 영향을 미치는지를 실증적으로 접근하여 회계정보의 유용성을 검증하는데 주안점이 두어졌다. 최근에는 회계정보가 기업의 가치를 평가하는 데 있어서 어떠한 역할을 하는가를 밝혀내는 데 초점을 맞추기에 이르렀다.

이와 같은 회계학연구의 시대적 발전에 맞추어서 과거 및 현재의 연구들을 체계적으로 정리할 필요성이 대두되었다. 이러한 필요성은 10여년 전에도 여러 선배 교수님들이 인지하였던 것 같다. 1993년에 출간된 정혜영 · 김지홍 ·

주진규・전성빈・윤성식(정혜영 외 4인) 공저의「자본시장과 회계정보」는 1960년대부터 1990년대 초반까지의 회계학연구를 총망라하여 정리하고 있다. 그 책은 출간 당시 획기적인 대학원용 회계학 교재로 평가를 받았으며, 본서의 작성에도 커다란 지침을 제시하여 주었으며 학문적 자극을 불러일으켰다.

그로부터 10년 후 동일한 열망으로 젊은 회계학 교수들이 모여 논의하고 집필한 결과 드디어 본서를 출간하게 되었다. 본서를 출판하기까기에는 여러 가지 장애물이 많았다. 집필진은 6명으로 시작하였으나 중앙대의 황인태 교수가 금융감독원의 전문심의위원으로 자리를 옮기게 됨에 따라 집필구성을 다시 조정해야 하는 어려움이 발생하였다. 또한 집필자 전원이 지난 3년간 돌아가면서 연구년을 다녀오는 바람에 집필자 전원이 참석하는 회의는 몇 차례에 불과하였다. 우리 저자일동은 이러한 어려움에도 불구하고 집필을 끝내게 되어 감개가 무량할 따름이다.

본서의 특징은 다음 세 가지로 요약할 수 있다.

첫째, 본서는 회계학연구의 세계적인 흐름을 체계적으로 검토하고 논의하였다. 특히 1990년대 초반 이후부터 2000년대 초반까지의 회계학연구의 결과와 시사점을 제시하는데 중점을 두었다. 이 기간 동안 회계학연구는 회계정보의 유용성 검증에서 회계정보의 가치관련성 평가로 그 패러다임이 비약적으로 바뀌고 있다고 할 수 있다.

둘째, 본서는 지난 30여년간 이루어진 재무회계분야의 실증적 연구결과들을 정리함으로써 회계학의 학문적 위상을 정립하고자 하였다. 특히 1990년대의 연구는 논문편수에 있어서 괄목할만한 성장을 가져왔을 뿐만이 아니라 실증분석에 있어 연구방법이 다양화되고 정교화되어 사회과학의 중요한 독립된 분야로서의 학문적 발전을 거두었다고 평가할 수 있다.

셋째, 본서는「회계학연구」,「회계저널」등에 게재한 논문들을 적재적소에서 소개함으로써 한국의 고유한 경영・회계환경을 고려한 연구의 결과와 정책적 시사점을 제시하고자 하였다. 이에 따라 회계연구에 대한 회계실무업계 등 정보이용자의 이해를 제고함으로써 '회계연구의 정보유용성'을 높이고자 하였다.

본서는 총 12장으로 구성되어 있다. 제1장에서는 재무회계이론의 실증적 연구가 이루어진 배경을 설명하고 본서의 내용을 간략히 소개한다. 제2장에서는 시장모형의 추정과 초과수익률 측정방법을 설명하고, 자본시장연구의 기본 가정이었던 효율적 자본시장을 설명한다. 또한 최근 효율적 자본시장과 대치되는 실증결과를 개괄적으로 소개한다. 제3장에서는 회계정보의 유용성의 기본개념과 실증결과를 기술한다.

제4장에서는 자본시장에서 자발적 공시와 강제공시의 개념을 설명하고 공시의 경제적 유인과 실증결과를 제시한다. 제5장에서는 회계정보에 기초하여 기업의 내재가치를 추정하는 기본분석을 소개하고 이와 관련된 실증연구를 살펴본다. 제6장에서는 순이익과 현금흐름의 차이인 발생액의 역할에 대하여 서술하고, 현금흐름의 유용성에 대하여 설명한다. 제7장에서는 재무분석가의 재무예측의 정확성과 우월성 그리고 정보효과에 대해 살펴본다.

제8장은 어느 경영상의 결정과 동일한 시각에서 회계선택의 경제적 의미를 살펴보고, 회계선택을 결정짓는 경제적 유인을 분석한다. 제9장은 이익조정을 추정해내는 방법론에 대해 기술한 다음 이익조정의 동기 그리고 이익조작기업의 특성에 대한 연구를 비판적으로 검토한다. 제10장은 기업의 내재가치를 단순하고 합리적 가정하에 회계정보와 연결시켜 가치평가를 도출해내는 과정을 자세하게 설명한다. 제11장은 회계정보가 기업의 내재가치를 능동적으로 설명하는 가치관련성 연구를 검토한다. 마지막으로 제12장에서는 부실예측 및 신용평가의 모형의 원리를 설명하고 방법론상의 문제점과 해결방안을 설명한다.

이와 같이 총 12장으로 본서를 구성하면서 자본시장과 관련된 회계연구를 체계적으로 정립하고자 하였다. 그러나 과거의 누적된 연구결과를 빠짐없이 망라할 수는 없는 노릇이다. 더욱이 끊임없이 연구논문이 쏟아지는 관계로 이 책이 나오는 순간 미처 반영하지 못한 주제와 논문들이 많을 것이다. 그럼에도 불구하고 우리 저자들은 독자들이 본서에서 다루어진 내용을 숙지하면 그간의 연구를 체계적으로 정리할 수 있을 것으로 기대하고 있다. 더 나아가서 본서가 앞으로 전개될 연구의 흐름을 예측하여 새로운 연구를 수행해 나가는데 도움이 될 것으로 믿어 마지않는다.

본서는 회계학 및 재무관리 전공 대학원 학생들을 대상으로 쓰여졌다. 그러나 실무의 재무분석 및 신용평가 담당자들에게도 매우 유용하리라 판단된다. 특히 실무에 있는 공인회계사들도 회계학연구의 흐름을 파악함으로써 기업이 작성·제공하는 회계정보의 특성 및 관련된 경제적 유인을 보다 심층적으로 이해하는데 본서가 도움을 줄 것으로 기대한다. 그럼에도 불구하고 본서가 아직은 너무나 부족한 점이 많다는 점을 알면서 출간하게 되니 걱정이 앞선다. 이에 대해서는 선배 교수님과 동료 교수님 그리고 이 책을 사용하는 많은 분들의 질책과 격려를 부탁드린다.

이 책의 출간을 흔쾌히 허락하고 편집을 위해 모든 열성을 다하여 주신 신영사의 권영섭 사장님께 깊은 감사를 드린다. 또한 집필진이 작성한 초고를 읽고 검토하여 준 회계학신조류 세미나를 수강한 고려대학교 경영대학 대학원생들에게 감사를 드린다. 특히 원고를 교정하는 과정에서 일부 원고를 세심하게 읽고 검토하여 준 김은혜 박사와 김현일 회계사에게 고마움을 표하고 싶다. 마지막으로 이 책의 집필과 교정과정에서 배려와 성원을 아끼지 않은 가족들의 희생과 사랑이 본서를 완성할 수 있는 밑거름이 되었다.

2003년 8월

저자 일동

차 례

제1장 자본시장과 회계연구

제 2 장 효율적 자본시장과 초과수익률

제 3 장 회계정보의 유용성

제 4 장 회계정보의 공시

제 6 장 회계정보와 재무예측

제 7 장 회계정보와 회계선택

제8장 이익조정과 보수주의

제 9 장 재무제표에 기초한 기본적 분석

제 1 장

자본시장과 회계연구

제 1 절 자본시장에 기초한 회계연구의 흐름

1. 규범적 회계연구(Ball과 Brown 이전)

전통적인 회계연구의 흐름은 1960년대 중반까지 규범적(normative)으로 도출된 회계이론에 기초하였다. 이와 같이 규범적 접근방법을 택하게 된 배경에는 미국 증권시장의 붕괴와 이에 따른 경제대공황에 기인한다.

투자자들은 흑자가 난 기업들이 상장된 지 몇 개월도 안돼 연이어 도산하게 되어 증권시장과 회계정보에 대해 강한 불신을 갖게 되었다. 이에 따라 미국정부는 증권시장의 규제가 정립되어 있지 않은 것이 가장 중요한 요인 중의 하나라고 인식하고 1933년에 증권법(Act of Securities)과 1934년에 증권거래법(Act of Exchange Securities)을 제정하였다. 이 법안으로 설립된 증권감독위원회(Securities and Exchange Commission: SEC)은 증권거래소에 상장된 기업이 일정 회계기준에 의거하여 작성된 재무제표를 작성하도록 의무화하였다.

미국의 SEC는 공인회계사회에 회계원칙을 심의하도록 하였다가 그 후 회계원칙을 정립하는 업무를 민간 회계제정기구에 위임하였다. 따라서 당시 회계학자들은 시대적 요청에 따라 회계이론을 연역적으로 정립하게 되었고 이에 근거하여 회계원칙을 제시하려 하였기 때문에 1960년대까지의 회계이론은 규범적 접근일 수밖에 없었다. Hendricksen(1965)은 가장 적절한 회계이론은 회계의 목적을 가장 잘 충족시키는 절차와 기술을 발전시키도록 하는 것이라고 정의하였다. 따라서 그는 회계의 목적을 일단 명확하게 명시하여야 하며 회계이론의 평가는 논리와 연역적 추론에 의해 가능하다고 하였다.

이 당시 지배적인 두 가지 관점은 기업의 내재가치(intrinsic value)가 존재한다는 것과 회계정보의 사용자가 회계원칙의 차이를 간파하지 못할 것이라는 가정이었다. 첫 번째 관점으로 인하여, 회계원칙의 선택에 있어 중요한 고려사항은 특정 회계처리방법이 기업의 내재가치(회계관점에서는 진실된 경제이익)를 잘 측정하느냐에 초점이 모아졌다. 그러나 문제는 이러한 기업의 경제이익이 존재하는지, 존재한다면 관찰가능한지 여부를 검증할 길이 없었다는 점이다.

그 당시 두 번째 관점은 회계정보이용자들이 회계원칙의 차이를 꿰뚫어 보지 못하기 때문에 그들이 잘못된 의사결정을 할 수 있다는 것이었다. 더욱이 회계정책의 임의적 선택과 추정의 주관적 판단으로 인하여 재무제표에 보고되는 회계정보의 유용성에 대해 많은 사람들이 회의를 갖기에 이르렀다. 특히 대체적인 회계처리방법이 인정되고 역사적 원가에 기초한 회계수치가 과연 기업의 영업성과와 재무건전성을 제대로 반영해줄 수 있는지 여부에 대해 의구심을 품고 있었다. 그러나 문제는 회계정보가 유용하지 않다면 왜 많은 의사결정에 있어 회계정보가 실질적으로 사용되는지를 설명할 방법이 없다는 것이다.

이와 같이 연역적 접근에 의한 규범적 회계연구는 두 가지 문제점을 갖고 있었다. 첫 번째는 회계정책의 선택기준은 회계의 목적에 따라 달라질 수 있다는 점이다. 특정 회계이론이 논리적으로 일관성이 있다 하더라도 회계의 목적에 따라 다른 견해를 가질 수 있기 때문에 어떠한 회계정책을 선택하는 것이 바람직한지에 대해 합의를 이루기가 어렵다는 점이다. 두 번째는 회계이론에 근거한 예측이 타당한지를 검증해보는 실증적 분석에는 아무런 가치를 부여하지 않았다는 점이다. 회계학자나 정책당국이 전제하고 있는 가정의 타당성이 검증되지 않은 채 개별적인 회계문제를 다루어옴에 따라 체계적인 회계이론이 결여되어 있었다.

2. 실증적 회계연구 - 정보적 접근방법(Ball과 Brown 이후)

규범적 회계이론들을 실증적으로 조사하려는 시도는 호주출신의 시카고 대학원생이었던 Ball과 Brown이 1968년에 발표한 논문에서 처음 이루어졌다. 이들의 논문은 회계정보가 시장참여자들이 내린 의사결정 즉 주가의 움직임을 반영하고 있으며, 회계정보가 공시되는 시점에서 새로운 정보를 전달하는 실증적 증거를 제시하였다. 이 연구의 결과는 역사적 원가에 기초한 회계이익의 측정과정으로 의미 없는 수치가 산출된다는 우려를 불식시켰다. 또한 회계정보가 유용하다는 결론을 도출함으로써 회계정보가 여러 의사결정에 사용되는 근거를 마련한 것이다.

주식시장에 반영되는 회계정보의 효과를 조사한 Ball과 Brown의 논문은 그 당시 경제학과 재무관리 분야에서 개발된 효율적 시장가설(efficient market hypothesis)과 자본자산가격결정모형(capital asset pricing model: CAPM), 실증이론(positive theory), 그리고 사건연구(event study) 방법론으로부터 지대한 영향을 받았다.

효율적 시장가설은 전통적인 회계이론에서 증권시장이 회계처리방법의 차이를 간파하지 못하여 체계적으로 오도될 수 있다는 전제와는 상반되는 개념이었다. 효율적 시장하에서는 기업의 미래현금흐름에 영향이 없는 한 회계원칙의 차이나 변경으로 인하여 주가가 변동하지 않는다는 것이다. 효율적 자본시장의 검증에서 축적된 지식은 회계이론에 대한 검증을 시도하도록 하였다. 효율적 자본시장의 가정하에서, 기업의 미래현금흐름의 현가의 합으로 표현되는 주가는 관찰할 수 없는 기업의 내재가치를 반영하는 것으로 보았다. 따라서 기업의 경제이익은 주가의 변동부분으로 측정될 수 있어 회계정보의 유용성은 그러한 주가변동을 얼마나 잘 반영할 수 있느냐에 관심이 모아졌다.

Sharpe(1964), Lintner(1965) 등에 의해서 개발된 CAPM 또한 회계이론 및 정보효과를 연구하는 데 초석을 제공하였다. 자본시장에서 주가는 계속해서 자본시장에 도달하는 수많은 정보에 의해 반응하기 때문에 특정 회계정보에 의한 주가의 반응만을 추출하기가 어렵다. CAPM모형은 개별주식의 이론적 기대수익률을 제공하기 때문에 자본시장의 반응을 회계정보에 의한 반응과 그 밖의 모든 정보에 의한 반응을 구분할 수 있게 해주었다.

경제학에서 주창된 실증이론의 기본 틀이 회계학 실증연구에서도 수용되었다. Friedman(1953)은 앞으로 관찰되어야 하는 현상에 대해 타당하고 의미 있는 예측을 도출해내는 이론이나 가설을 개발해내는 것을 실증과학이라고 기술하였다. 위의 연구들은 대부분 실증적이었으며 회계이론의 역할을 더 이상 규범적으로 간주하지 않았다. Watts와 Zimmerman(1986)은 회계이론의 목적은 회계실무를 설명하고 예측하는 것이라고 하였다. 이러한 시각은 그 당시 규범적인 회계이론에 대한 기본 인식과는 사뭇 다른 것이었다는 점을 주목해야 할 것이다.

또 하나의 획기적인 전기는 Fama, Fisher, Jensen 및 Roll(1969)에 의해

처음 수행된 사건연구 방법론이다. 사건연구에서는 시장이 효율적이라는 가설과 초과수익률을 추정하기 위해 필요한 기대수익률모형이 적절하다는 가설을 동시에 검정(joint test)하는 것이다. 사건연구에서는 표본기업을 사건일에 따라 나열하여 사건(예: 주식분할, 이익공시) 전후의 기대수익률과 차이나는 주가수익률을 초과수익률로 추정한다. 이 초과수익률은 그 사건에 담긴 정보로 인하여 시장참여자들의 의사결정이 반영된 주가의 움직임으로 간주하고 이를 정보효과라고 보는 것이다.

이와 같이 자본시장에 기초한 회계연구(market-based accounting research: MBAR)는 회계정보와 기업가치의 관련성 여부를 조사하는 정보적 관점(information perspective)의 연구방법이라고 한다. 즉, 기업의 가치는 미래의 배당지급능력으로 결정지워지며 이러한 배당지급능력을 파악하는 데 회계정보는 유용한 정보를 제공한다면 회계이익은 기업의 가치를 나타내는 주가의 변동을 설명할 수 있어야 된다는 논리이다. Ball과 Brown의 논문 이래 수많은 자본시장에 기초한 실증적 회계정보가 자본시장에서 기업의 가치평가에 유용한 정보를 제공한다는 결과가 확인되었다.

3. 실증적 회계연구 - 측정적 접근(Ohlson 이후)

주주, 투자자 및 채권자는 기업의 가치평가에 지대한 관심을 가지고 있다. 효율적 자본시장에서 기업의 가치는 미래의 기대되는 순현금흐름을 위험수준을 고려한 적절한 할인율로 현재가치로 환산한 금액이다. 재무제표에 축약되어 있는 기업의 당기성과는 기업의 미래 순현금흐름 더 나아가서 기업의 시장가치를 측정하는 데 있어서 유일하지는 않지만 중요한 결정요소로 작용한다. 따라서 기업의 당기 재무성과와 미래현금흐름 간에 상관관계가 있으며 재무성과와 주가 및 주가의 변동 사이에 일정 시점에서 상관관계가 기대되는 것이다. 1990년대 중반까지의 연구는 바로 이러한 관계에 대한 실증적 결과를 제시하는 데 초점을 맞추었다.

이러한 연구는 공시된 회계정보는 모두 기업가치에 반영된다는 효율적 시장가설에 근거를 두고 있기 때문에 효율적 자본시장의 가정은 회계연구에 매우 중요한 시사점을 가지고 있다. 예를 들면, 기본분석을 수행하여 얻는 보상은 효율적 시장하에서는 별로 없다. 또한 효율적 시장하에서 현금흐름에 영향을 주지 않는 회계변경은 주가에 영향을 미치지 않을 것이다. 주석에 공시하는 것과 재무제표에 반영하는 것 중에 어느 것을 선택하느냐 하는 문제는 효율적 시장하에서 주가에 그러한 선택이 영향을 미치느냐 관점에서 본다면 별로 중요하지 않다는 것이다. 물론, 만약 시장이 효율적이지 않다면 위에서 제시한 사례는 거꾸로 결론이 날 것이다. 따라서 자본시장이 과연 효율적인지에 대한 실증적 연구를 할 필요가 생기게 된다.

자본시장이 효율적이지 않을 수도 있다는 실증결과는 이미 Ball과 Brown (1968)의 연구에서 이익공표 후에도 이익의 성격에 따라 주가가 지속적으로 움직이는 데서 찾아볼 수 있다. 그 이후에도 간간히 자본시장의 비효율성과 일치하는 결과가 나왔음에도 불구하고 연구방법론상의 문제점을 들어 기각시켜버리는 경향이 있었다. 그러다 효율적 자본시장 가설에 배치되는 수많은 실증결과가 누적되기에 이르렀고 드디어 연구자들도 자본시장의 효율성을 기본가정으로 하지 않는 연구설계를 하기에 이르렀다. 이와 같은 대표적인 연구로 Frankel과 Lee(1998)의 연구를 들 수 있다. 그들은 가치에 접근하는 주가의 수렴과정은 과거의 결과가 제시하는 것보다 훨씬 느리다는 것을 보여주었다.

바로 이러한 자본시장의 비효율성이 존재할 수 있다는 시각이 기본분석에 대한 자본시장연구가 최근 들어 널리 연구되는 이유이다. 기본분석은 주가가 잘못 형성된 주식을 찾아내기 위하여 기업의 가치를 평가하는 데 주안점을 둔다. 기본분석은 산업 및 거시경제 변수와 더불어 기업의 현재 및 과거의 재무제표자료를 사용하여 기업의 내재가치를 산출하고자 한다. 현재의 주가와 내재가치의 차이가 그 주식에 투자할 때 기대되는 초과수익률을 나타낸다고 할 수 있다.

요약하면, 오늘날과 같은 실증적 자본시장의 연구는 Ball과 Brown(1968)의 논문부터 시작되었다고 볼 수 있다. 이 당시에 경제학과 재무관리에서의 이론적이고 방법론상의 발전이 회계학의 자본시장연구에 지대한 영향을 미친 것은 주지의 사실이다. 그러나 최근의 자본시장연구는 1968년 이전으로 다시 돌아가는 듯한 추세이다. Ohlson(1995)에 의한 가치평가모형의 구축, 연구방법론의 개선, 자본시장의 비효율성을 지지하는 실증결과 등이 오늘날 회계정보에 기초한 자본시장연구의 또 다른 밑바탕이 된다고 할 수 있다.

제 2 절 자본시장에 기초한 실증적 회계연구

1. 실증연구 초기의 결과

회계정보는 자본시장의 투자자나 증권분석가들이 투자의사결정을 하는 데 중요한 정보원천 중의 하나이다. 만약 회계정보가 주가수익률과 아무런 상관관계가 없다면 이들에게는 회계정보가 별로 의미가 없을 것이다. 기업의 경영자들은 기업의 회계정보가 자본시장에 어떻게 반응하고 있는지를 이해하는 것이 기업의 공시정책을 수립하는 데 도움이 된다. 회계사들도 기업의 주가수익률을 관찰하여 기업의 회계원칙 및 공시정책에 문제가 있는지를 진단해볼 수 있다. 금융감독원과 같은 규제당국도 재무정보가 주가에 영향을 주는 정도에 따라 기업이 공시하는 정보내용 및 방법에 대해 규제의 수준을 정할 수 있다.

이러한 자본시장연구에 대한 수요에 부응하여 Ball과 Brown(1968) 이래 초기의 수많은 연구들은 기업이 공표한 회계정보(information released by a firm)가 자본시장에 새로운 정보를 가져다주는지에 대해 초점을 맞추었다. 이 때의 연구된 실증결과를 요약하면 다음과 같다.

첫째, 주가의 변동과 회계이익의 변동은 중요한 양의 상관관계를 가진다는 사실이 밝혀졌다.

둘째, 회계이익은 일시적인 요인을 내포하기 때문에 주가와 회계이익의 양의 상관관계는 1 : 1 대응관계는 아니다.

셋째, 주가는 마치 투자자들이 회계처리방법의 차이 및 변경이 회계이익에 미치는 영향을 꿰뚫어보는 것처럼 움직이고 있다.

넷째, 현금흐름 변동보다 회계이익 변동에 주가 변동이 더 크게 관련되어 있다.

다섯째, 당기순이익이 정보의 중요한 원천이긴 하지만 무수한 정보원천 중의 하나에 불과하다.

여섯째, 주가가 미래회계이익의 기대치를 추론해내는 데 이용될 수 있다.

일곱째, 회계정보가 시장에서 예상하지 못했을수록 공표된 회계정보가 주가에 미치는 영향이 더 크다.

이러한 연구결과들은 과거의 추측이나 이론을 실증적으로 보여줌으로써 재무보고의 의도한 목적을 이루었는지를 확인하고 개념적인 틀을 정립하는 데 많은 도움을 줄 것으로 기대하였다. 예를 들면, 새로운 기준에 따라 작성된 재무제표가 자본시장에 새로운 정보를 전달하느냐 또는 동 시점에서의 주가수익률과 더 높은 연관성을 갖게 되느냐 등의 문제를 살펴보았다. 더 나아가서 새로운 공시기준이 실행될 때 경제적 파급효과는 무엇이며 정보의 효율성이 더 높아지는지를 분석하였다. 회계제정기구의 입장에선 또한 자본시장의 효율성에 대한 검정이 회계기준 제정의 성격과 범위를 정하는 데 도움을 줄 것으로 보았다.

2. 자본시장에 기초한 회계연구의 발전과 최근 동향

자본시장연구는 Ball과 Brown의 연구 이래로 폭발적으로 증가하였다. 그 분야는 크게 일곱 가지 분야로 발전해 나갔다. 구체적으로, 검정력을 높이기 위한 ① 방법론상의 개선, ② 성과지표로서 회계이익의 유용성, ③ 계약이론에 기초한 실증회계이론의 도입, ④ 이익예측방법에 대한 연구, ⑤ 기본가정이었던 시장효율성에 대한 객관적 검정, ⑥ 기본분석과 가치평가 그리고 ⑦ 회계정보의 가치관련성으로 구분할 수 있다.

(1) 방법론상의 개선

방법론상의 끊임없는 개선의 구체적인 예로는 이익의 질(quality of earnings)과 이익반응계수 개념의 도입, 주가수익률의 상호의존성의 통계적 해결, 재량적 발생액의 추정 등을 들 수 있다. 이러한 방법론적 개선은 수많은 연구가설을 검정하는 데 많은 기여를 하게 되었다. 예를 들면, 현행원가 정보가 역사적 원가 정보와 비교해볼 때 추가적인 정보효과가 있는가? 경영자의 지분이 회계정보의 유용성에 어떠한 영향을 미치는가? 연구개발비를 자산화한다면 기업의 실제 이익을 반영하고 가치를 평가하는 데 더 유용한가? 이와 같은 수많은 질문들이 자본시장연구의 방법론적 개선으로 실증적으로 다루어볼 수 있게 되었다.

(2) 이익성과와 관련 대체적인 측정치에 대한 연구

이익측정치에는 역사적 원가에 의한 이익 이외에도 현행원가 이익, 영업활동으로 인한 현금흐름, 경제적 부가가치 등을 포함한다. 이와 같이 여러 가지 대체적인 이익측정치를 비교하는 연구는 각 측정치마다 갖고 있는 특성 때문이다. 예를 들어, Lev(1989)는 역사적 원가에 기초한 재무보고가 '낮은 질'의 이익을 만들어낸다고 주장하였다. 학계 또는 실무에서 흔히 쓰이는 '이익의 질'(earnings quality)이란 기업의 가치를 평가하거나 경영자의 노력을 측정하기 위해 투자자에게 제공하는 이익정보가 얼마나 활용되는지로 측정하였다. 이에 따라 과거에는 주가와의 상관성이 높은 이익측정치가 유용한 회계정보로 평가되었다. 최근에는 재무정보가 미래의 현금흐름을 예측하는 데 유용해야 한다는 재무회계의 목적에 충실하여 당기의 이익성과 측정치와 당기 이후의 현금흐름의 상관성을 보는 연구(Finger 1994)가 활발히 이루어지고 있다.

(3) 계약이론에 기초한 실증회계이론의 도입

효율적 자본시장하에서는 어떤 회계처리방법을 택하든 이로 인해 현금흐름에 영향을 주는 부분을 즉각적으로 편의 없이 주가에 반영된다고 보기 때문에 기업 더 나아가서 경영자들이 보고되는 회계수치에 대해 왜 관심을 갖는지를 설명할 수 없었다. 실증회계이론은 경영자보상이나 부채계약 또는 정치적 과정에서 회계수치를 사용할 때 기업의 회계처리에 어떠한 영향을 미치는가를 설명 예측한다. 이 분야의 연구는 자본시장자료를 사용하였다. 즉, 회계기준이 제정 또는 개정되었을 때 회계가 미치는 경제적 파급효과를 횡단면적 주가수익률의 변동으로 측정하고 이러한 주가수익률의 움직임은 계약과 정치적 비용을 측정해내는 여러 재무변수(부채비율, 기업규모 등의 대용치)에 따라 달라진다고 보았다.

그러나 이러한 초기 연구는 대용치가 측정하고자 하는 계약비용을 제대로 반영하지 못한다는 비난을 피할 길이 없었다. 또한 대용치가 계약비용을 설령 반영한다 하더라도 그 대용치가 실제로는 다른 경제현상을 반영하는 것(omitted variable problem)이라는 문제점을 안고 있었다. 이에 따라 실증회계이론은 분석의 검정력을 높이기 위하여 두 가지 접근방법을 택하게 되었다. 첫 번째 방법은 단순한 재무변수보다 계약서상의 실제 변수를 실증분석에 사용하는 것이었다. 두 번째 접근방법은 생략되었다고 추정되는 변수들을 통제변수로 실증회계이론을 검정하기 위한 자본시장연구에 포함시키는 것이었다.

(4) 회계이익의 예측방법에 대한 연구

이익예측은 시계열모형, 재무분석가와 경영자의 예측을 모두 포함한다. 회계이익의 예측이 중요한 이유로는 다섯 가지를 들 수 있다. 첫째, 기업가치를 평가하기 위해서는 직・간접적으로 이익을 예측할 절차가 필요하다. 둘째, 자본시장연구에서 이익에 내포된 정보 중에서 시장이 미처 반영하지 못한 새로운 정보부분을 추정해내기 위해 기대이익을 산출해야 한다. 셋째, 자본시장이 비효율적이라는 것을 보여줄 수 있는 가장 보편적인 방법은 주가가 예측가능하며 이러한 예측가능성이 이익의 시계열 속성과 관련이 있다는 것을 보여주는 것이다. 넷째, 이익조정 관련 연구에서 이익을 조정한 부분을 측정해내기 위해서는 이익을 조정하지 않았다면 관찰되었을 이익의 측정이 필요하다. 다섯째, 재무분석가와 경영자의 이익예측치의 성격과 사회적 기능, 경제적 유인을 분석할 필요성이 있다.

이익예측 중에서도 재무분석가의 정보처리과정과 예측력을 이해하는 것은 회계연구에 있어서 매우 중요하다. 그 이유는 재무분석가들이야말로 회계정보를 사용하고 해석하는 주요 정보중개자이기 때문이다. 대부분의 투자자들은 기업의 재무제표를 분석하고 해석할 시간과 기술 그리고 자원이 없기 때문에 재무분석가의 분석이 재무제표에 담겨진 회계정보가 주가에 반영되도록 하는 중요한 통로 중의 하나가 되는 것이다. 재무분석가의 정보처리과정이 효율적일수록 주가의 효율성도 높아질 것이다. 재무분석가가 재무제표 이외에도 다양한 정보원천에서 정보를 획득하여 처리하기 때문에 재무분석가의 예측치는 기업의 가치평가에 있어서 회계정보가 비회계정보에 비해 어느 정도의 중요도를 갖고 반영되는지를 평가할 수 있게 한다.

(5) 시장효율성에 대한 검정

누구에게나 사용가능한 정보가 주가에 편의 없이 즉각적으로 반영된다는 준강형 효율적 자본시장 가설은 더 이상 이론의 여지가 없는 것으로 생각하기도 하였다. 이에 따라 연구자들이 효율적 시장가설과 대치되는 실증적 결과가 관찰이 되었을 때 방법론상의 문제 때문에 그러한 결과가 관찰된 것이 아님을 철저하게 입증하여야 했다. 그러나 이익발표 후 주가의 지속적 움직임(post-earnings announcement drift), 시가 대비 장부가액 비율과 차후의 주가수익률의 음의 관계 등 시장이 비효율적일 수도 있다는 실증적 결과가 하나 둘씩 보도되었다. 이에 따라 자본시장이 효율적이라는 가설을 기정사실화하는 것에 대해 이의를 제기하기에 이르렀다.

이와 같이 효율적 자본시장 가설에 대치되는 여러 가지 실증결과들이 누적됨에 따라 기본분석, 가치평가, 시장효율성의 검정 등에 많은 관심이 쏠리게 되었다. 특히 회계정보가 공표가 된 후 주가수익률이 장기적으로 어떻게 움직이는지에 대한 연구가 새로운 분야로 각광을 받게 되었다. 이러한 흐름은 단기적인 사건일에 주가수익률을 검토하는 사건연구나 회계기준의 변경으로 인한 경제적 파급효과연구와는 확연히 구별되는 연구라고 할 수 있다.

(6) 기업의 가치평가 및 기본분석

기본분석의 원래 목적은 투자목적으로 가격이 잘못 형성된 주식을 찾아내는 것이다. 그러나 효율적 자본시장하에서도 기본분석은 기업가치의 결정요인을 이해하는 데 도움을 준다는 점에서 그 의의가 있다. 또한 회계이익에 기초한 가치평가모형은 배당금할인모형에서 출발하여 순자산장부가액과 이익에 기초한 평가모형을 이론적으로 도출해냄으로써 회계정보의 가치평가에서의 유용성을 제고하였다고 할 수 있다.

Feltham과 Ohlson(1995)은 순증관계(clean surplus relation), 장부가액, 회계이익, 이익의 일시적 속성, 보수주의, 수익인식의 이연 등 회계시스템이 지니는 중요한 속성들의 역할을 체계적으로 제시한다. 이 분야의 중요한 결과로는 첫째, 순자산장부가액과 회계이익이 가격결정의 중요한 요인이라는 점이다. 둘째, 순자산장부가액의 가중치는 기업의 재무건전성과 반비례한다. 셋째, 이익의 추정계수는 자기자본조달비용이 낮은 기업에 대해 낮게 나타난다. 이익의 추정계수는 통계적으로 유의하게 양의 값을 가지나, 손실의 추정계수는 0과 크게 다르지 않다. 넷째, 발생액이 현금흐름에 비해 상대적으로 낮은 추정계수를 갖고 있다는 점 등이다.

(7) 회계정보의 가치관련성

가치관련성 연구는 Miller와 Modigliani(1961)로 거슬러 올라갈 만큼 오래된 역사를 가지고 있다. 그러나 가치관련성이 실증연구에서 중요한 연구영역으로 자리를 차지하기 시작한 것은 1990년대 초반부터라고 볼 수 있다. 가치관련성 연구는 종속변수인 주가와 독립변수인 회계정보 간의 상관관계를 조사하는 것이다. 회계수치는 주가와 유의하게 관련이 있으면 가치관련성이 있는 것으로 본다(Beaver 1998). 가치관련성 연구는 연구의 쟁점을 명확하게 해줄 뿐만 아니라 연구과제의 틀을 제시해주는 데 도움을 준다.

가치관련성 연구의 특징을 두 가지로 요약하면 다음과 같다. 첫째, 가치관련성 연구는 회계제도 및 관련 법령, 회계기준, 보고된 회계수치의 특징 등에 대한 심층적인 지식을 필요로 한다. 즉, 재무보고의 목적, 회계기준제정기구의 의도 및 기준, 특정 회계기준의 제정근거, 주어진 회계기준에서 산출되는 회계수치 등에 대한 이해가 절대적이다. 회계의 구체적인 상황을 이론적 지침에 근거하여 가치관련성 연구에 연결시킴으로써 실증분석의 결과를 사전에 예측할 수 있는 근거를 제시하여 준다는 장점이 있다.

둘째, 정보의 적시성이 여기에서는 별로 중요한 문제로 대두되지 않는다는 점이다. 사건연구에 있어서는 정보의 적시성이 매우 중요한 쟁점 중의 하나이다. 그러나 가치관련성 연구에서는 충분히 긴 기간에 걸쳐 정보가 주가에 반영되도록 하는 가치 동인(value drivers)을 찾아내는 데 주안점을 두기 때문이다.

제 3 절 본서의 구성

(1) 기본적 틀

소유와 경영의 분리로 기업을 둘러싼 다양한 이해관계자들이 발생하고 이들은 기업의 재무상태와 경영성과에 대한 회계정보를 필요로 하게 된다. 따라서 회계의 목적은 이러한 회계정보이용자의 합리적 판단이나 의사결정에 유용한 정보를 제공하는 것이다. 이를 위해서는 주주와 채권자 등의 시장참여자들이 회계정보에 기초하여 의사를 결정하는 과정에서 회계정보가 실제로 유용하였는지 여부를 살펴보아야 한다. 이러한 이유로 자본시장연구에 대한 수요가 발생된다.

오늘날에 와서는 더 나아가 ① 계약 및 정치과정에서 회계의 역할, ② 자본시장의 효율성에 대한 검정, ③ 기본분석과 가치평가, ④ 공시규제 등 연구주제와 연구방법이 다양화되고 있다. 따라서 자본시장연구의 흐름을 어떻게 구성하여 제시할지에 대해서 이견이 있을 수 있다.

본서에서는 [그림 1-1]과 같은 기본적인 틀을 가지고 자본시장연구의 흐름을 소개하고자 한다.

자본시장연구는 기업이 속해 있는 자본시장의 효율성 정도에 따라 연구방법과 설계가 달라진다. 자본시장의 효율성을 제2장에서 논의하기로 한다. 자본시장의 참여자는 자금수요자인 기업, 자본공급자인 주주와 채권자, 회계정보의 유용성을 제고시켜주는 재무분석가, 그리고 회계정보의 신뢰성을 제고시켜주는 규제당국 등으로 나누어볼 수 있다.

기업의 직접적인 의사결정과 관련하여서 회계선택(7장), 이익조정(8장)의 개념과 경제적 유인에 대해 살펴본다. 또한 기업이 공표한 회계정보를 시장에서 어떻게 활용하는지에 대한 평가는 회계정보의 유용성(3장), 이익흐름과 현

[그림 1-1] 본서구성의 기본적인 틀

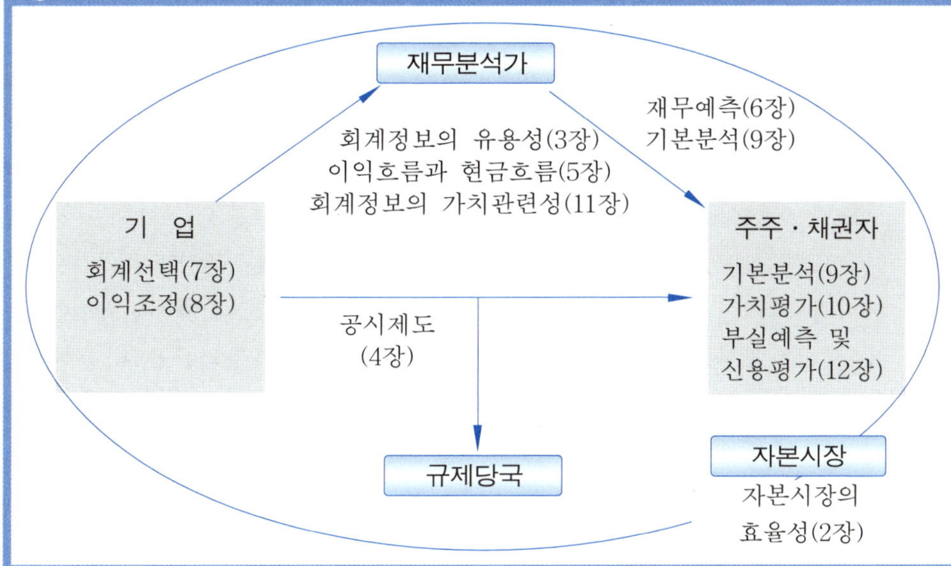

금흐름(5장), 회계정보의 가치관련성(10장)으로 구분하여 논의하기로 한다. 이와 함께 기업이 공표하는 회계정보의 기본적 요건과 제도를 마련하는 공시제도(4장)를 살펴본다.

기업의 주요 회계정보이용자인 주주와 채권자가 내리는 의사결정과 관련하여서 기본분석(9장), 가치평가(10장), 부실예측 및 신용평가(12장)의 이론적 배경과 모형구축 및 활용에 대해 살펴본다. 이와 더불어 회계정보의 이용을 보다 수월하게 하며 회계정보가 주가에 보다 적절히 반영하도록 하는 역할을 하는 재무분석가의 재무예측(6장)에 대한 논의를 덧붙인다.

본서에서 다루어질 내용을 개괄적으로 살펴보면 다음과 같다.

(2) 효율적 자본시장(제2장)

제2장에서는 자본시장회계의 성립과정에서 매우 중요한 역할을 한 효율적 시장가설과 CAPM에 대하여 논의한다. 시장효율성에 대한 다양한 이론적 정의를 소개하고 아울러 Fama의 시장효율성 개념에 기초하여 이루어진 다양한

실증분석결과를 논의한다. 시장효율성에 대한 실증연구는 상당 부분 재무학 분야에서 이루어져 왔지만 회계학 분야에서도 활발한 연구가 이루어져 왔다. 본서에서는 회계학 분야에서 이루어진 시장효율성 관련 실증연구에 좀더 비중을 두고 상세한 논의를 전개한다. 아울러 1990년대 후반부터 활발하게 수행되어 온 행동재무학에서 주장하는 시장효율성에 대한 비판을 소개하고 이러한 비판과 효율적 시장가설을 조화시키고자 제시된 적응적 시장가설에 대해서도 논의한다.

또한 제2장에서는 CAPM 및 초과수익률에 대한 측정방법을 논의한다. 자본시장 회계연구에서 회계수치의 정보성을 검증하기 위해서는 회계정보가 공표된 시점에서의 시장반응을 측정하여야 한다. 초과수익률을 이용한 사건연구방법은 시장반응을 측정하기 위한 가장 대표적인 방법으로서 적용절차와 구체적인 사례가 제시된다.

(3) 정보의 유용성(제3장)

1960년대의 중요한 회계학연구는 자본시장에서 회계정보가 유용하게 사용되는가를 조사하여 회계정보의 유용성을 검증하는 연구이었다. 회계정보 중에서는 순이익이 주로 연구의 대상이 되었다. 이 장에서는 이 분야의 연구 중에서 가장 대표적인 Ball과 Brown(1968) 그리고 Beaver(1968)의 논문들을 상세하게 살펴본다. 이 논문들은 상당히 오래되었지만 최근까지도 가장 많이 인용되는 연구이며, 많은 후속연구들을 낳았다. 그 다음으로 이익반응계수(*ERC*)에 대한 연구들을 개괄적으로 살펴본다. *ERC*란 쉽게 말해서 비기대순이익 1원에 대한 주가의 반응정도를 나타내는데 이는 기업마다 상당한 차이가 있다. *ERC* 연구들은 *ERC*에 영향을 주는 기업특성과 결정변수들을 연구하고 있다.

(4) 공시제도(제4장)

자본시장에서 공시는 회계정보는 물론 기업이 공표하는 광의의 정보를 의미한다. 공시는 강제적 공시와 자발적 공시로 구분된다. 강제적 공시는 기업이 공시비용을 부담할 뿐만 아니라 공시사항 중에는 경쟁기업에 알려질 경우 불리할 수 있는 민감한 정보 등이 있기 때문에 가능하면 정보를 공시하지 않으려 한다는 전제에서 출발한다. 이에 따라 정형화된 회계정보의 공시를 강제로 규정한다. 반면에 자발적 공시는 기업 스스로 자발적으로 정보를 시장에 제공할 경제적 유인(예를 들면, 자본조달비용의 절감)이 있다는 시각에서 이루어진다. 현실적으로 정부가 회계정보의 규정을 복잡한 경영환경을 고려하여 상세히 규정할 수는 없다. 반면에 자본시장에서 정보불균형이 존재하고 통제장치가 발달되어 있지 않은 경우 정보의 공시가 시장기능에 의해서 충분한 공시가 이루어지지 않을 수 있다. 결국 정부의 규제와 시장의 기능이 상호보완적으로 작용할 때 정보이용자의 수요에 필요한 회계정보가 적절히 공급될 수 있다.

자발적 공시에서의 가장 큰 문제는 정보의 임의성이다. 정보의 적정성이 문제될 경우에 공인회계사의 외부감사, 규제기관의 감리, 정보이용자 등의 법적 소송에 의해 통제될 수 있다. 그러나 수시공시사항이 아닌 Investor Relation(IR), 경제신문 등을 통한 공시내용은 강제적 공시가 아니기 때문에 시장기능에 의한 자율적인 규제에 의해서만 가능하다. 자발적 공시는 공시주체자의 편의가 있을 수 있다. 이러한 경우 공시된 정보가 의도된 결과나 성과를 유도함으로써 시장에 지대한 부작용을 초래할 수 있다. 따라서 공정한 공시질서는 건전한 자본시장의 육성에 있어 필수불가결한 조건이다.

공시를 달리 분류할 때 정기공시와 수시공시로도 분류할 수 있으며 투자자가 단기투자 목적으로 투자활동을 수행할 경우가 많으므로 수시공시가 정기공시에 비해서 그 중요성이 더해진다. 단, 본 저술의 주된 관심이 정기공시인 회계정보에 있으므로 수시공시에 대한 논의는 제한한다.

(5) 이익흐름과 현금흐름(제5장)

순이익은 발생기준 회계원칙을 적용하여 산출한 경영성과의 측정치이고 현금흐름은 현금기준 회계원칙을 적용하여 산출한 경영성과의 측정치이다. 이 장은 먼저 순이익과 현금흐름의 차이인 발생액의 역할에 대하여 서술하고, 그 다음으로 현금흐름의 유용성에 대하여 설명한다. 발생액은 현금흐름이 나타내지 못하는 경영성과의 시차(timing)와 대응(matching) 문제를 완화하는 역할을 한다. 이에 관하여 Dechow(1994)는 자본시장의 관점에서 발생액이 과연 이러한 문제를 해결하는지 실증적인 연구를 하였다. 이 장에서는 Dechow의 연구를 상세히 설명한다. 현금흐름의 유용성은 순이익과 현금흐름 중에서 어느 것이 기업의 미래현금흐름의 예측에 우수한가를 연구하였다. 이에 대해서는 먼저 현금흐름과 순이익의 기본적인 논의를 살펴보고, 주식가격을 이용한 미래현금흐름의 예측에 관한 연구와 실제 미래현금흐름을 이용한 미래현금흐름의 예측을 설명한다. 선행연구 중에서는 Dechow 등(1998)과 Barth 등(2001)을 상세히 살펴본다.

한편, 시장이 효율적이라면 회계정보인 발생액과 영업현금흐름의 특성이 주가에 그대로 반영될 것이다. 즉 투자자들이 발생액과 영업현금흐름의 지속성을 이해하고 이를 객관적으로 평가하여 투자의사결정에 반영하게 될 것이다. 그러나 많은 선행연구들은 발생액과 영업현금흐름의 객관적인 지속성이 투자자들이 기업을 평가할 때 과대 또는 과소 평가하고 있다는 사실을 발견하였다. 이를 발생액의 시장이상현상(anomaly)이라고 하고, 이 분야에 대하여 가장 체계적인 연구를 제시한 것은 Sloan(1996)이다. 이 연구를 살펴보고, 발생액을 재량적 발생액과 비재량적 발생액으로 나누었을 때의 시장이상현상, 영업현금흐름 자체의 시장이상현상, 그리고 발생액의 질(quality)에 따른 시장이상현상도 살펴보았다.

(6) 재무예측(제6장)

재무예측은 투자의사결정과 신용평가 이외에도 기업의 가치평가를 위해 필요하다. 그 이유는 기업의 가치를 자산가치와 수익가치로 구분할 때 수익가치는 주어진 자산을 이용하여 미래에 창출할 수 있는 수익을 예측함으로써 산출되기 때문이다. 경제연구소/증권회사의 재무분석가가 제시하는 재무예측은 미래현금흐름의 추정, 상환능력, 자산건전성 등 다양한 의사결정과정에서 사용되기 때문에 정보의 정확성과 적시성이 제일 중요하다.

재무분석가는 과거자료 이외에도 다양한 정보원천을 이용하여 회계정보를 예측하기 때문에 재무분석가는 시계열분석에 비해서 우수한 예측정보를 만들어낸다. 또한 재무분석가는 동일한 정보를 갖고 있어도 일반투자자에 비해 분석능력이 앞서기 때문에 더 정확한 예측을 수행할 수 있다. 재무분석가의 우월적 정보원천은 경영진 등의 기업내부로부터도 제공받는 정보, 거시경제 추이 및 산업동향에 대한 종합적 판단, 그리고 데이터베이스화된 기업자료에 기초한 통계적 분석기법 등으로부터 나온다.

최근에 와서 재무분석가간의 herding behavior 등을 연구하려는 추세가 있으며 정보의 전달자(intermediary)로서의 재무분석가의 역할은 과거에 비해서도 그 중요성에 변함이 없다. 단, 규제환경과 관련되어 공정공시제도(Fair Disclosure)가 도입되면서 정보환경에 변화가 있으며 재무분석가들도 정보접근의 우수성보다는 분석능력의 차별화로 경쟁하여야 한다.

(7) 회계선택(제7장)

회계선택에 대한 연구는 회계의 결정이 경영상의 여느 결정과 마찬가지로 기업가치에 영향을 미치는지를 살펴보는 연구이다. 초기의 연구는 효율적 자본시장하에서 회계선택이 기업의 미래현금흐름에 영향을 미치지 않는 한 시장은 회계선택이 회계수치에 미치는 효과를 꿰뚫어보기 때문에 기업의 가치에는 별반 영향을 미치지 않는 것으로 받아들여졌다. 그렇다면 왜 많은 기업들이 어느 시점에 동시에 회계변경을 하며, 왜 경영자 또는 이해관계자들이 보고되는 회계수치에 관심을 가지는가를 명쾌하게 설명하기가 쉽지 않다.

합리적 기대하에서 주인은 대리인의 기회주의적 행동을 감안하여 계약을 체결하기 때문에 대리인은 기회주의적인 행동을 취하지 않겠다는 설득을 하기 위해 자발적으로 외부감사를 받거나, 대출계약서에 이행조항을 설정한다. Watts와 Zimmerman(1986)은 불가피하게 회계수치에 기초하여 계약을 맺게 되고 계약당사자간에 어느 정도의 재량권을 인정하지 않을 수 없다고 보았다. 이에 따라 경영자는 자신의 보상을 극대화하거나, 채무이행조항을 위반하지 않기 위해 또는 정치적 비용을 줄이기 위해 사후적으로 이익조정을 하는 등 기회주의적 행동을 취하게 된다는 것이다. 이러한 문제를 해결할 수 있는 방안이 효과적인 통제장치인 건전한 기업지배구조를 갖추는 것이다. 기업지배구조는 매우 광의의 개념인 바 회계적인 관점에서 최근 들어 활성화되는 통제장치가 바로 감사위원회의 운영과 내부회계관리제도의 정착을 들 수 있다.

이러한 분야의 연구는 사전적으로 이런 문제점을 고려하여 회계선택이 이루어진다는 효율적 계약의 시각을 고려하지 못하였다는 점, 계약비용을 추정하는 대용치를 지나치게 단순화시켰다는 점, 회계선택을 종합적으로 고려하여 결정한다는 점 등이 간과되었음이 지적되고 있다. 앞으로의 연구방향은 회계선택과 관련하여 이루어진 다양한 경제적 유인을 보다 정교하게 설계된 연구방법에 기초하여 정책적 시사점을 모색하는 것이라 할 수 있다.

(8) 이익조정(제8장)

최근 이익조정과 회계분식이 사회적으로 큰 관심사가 되고 있다. 이 장은 주로 이익조정연구의 연구방법론과 이익조정의 동기에 관하여 논의하였다. 먼저 연구방법론에 관한 논의에서는 지금까지 선행연구들이 이익조정 여부를 판단할 때 주로 재량적 발생액을 사용하였는데 이에 대한 한계점을 지적하고, 앞으로는 기업의 경영성과에 큰 영향을 줄 수 있는 개별 발생항목을 이익조정의 측정치로 사용할 것을 제안하였다. 또한 이익조정의 측정방법으로 발생액 대신 순이익이나 현금흐름 등 회계수치의 분포도를 이용한 방법도 설명하였다. 그 다음으로 이익조정의 동기에 관한 연구는, 선행연구들을 법인세 절감의 동기, 주식가격에 영향을 미칠 동기, 정부규제정책에 의한 동기, 경영자 보상 최대화의 동기, 부실기업의 이익조정에 관한 동기, 그리고 이익조작기업의 특성에 관한 연구 등으로 나누어서 각 연구를 비판적으로 검토하였다.

보수적 회계처리도 회계선택방법 중의 하나이다. 그동안 회계실무에서는 선택가능한 회계처리방법이 있는 경우에 신중하고, 기업의 재무적 기초를 견고히하는 회계처리방법(보수주의)을 선택해왔다. 회계학 연구에서는 보수적 회계처리를 여러 가지로 정의하고 측정하여 연구하고 있다. 그중에는 보수주의를 기업에 좋은 뉴스(good news)와 나쁜 뉴스(bad news)가 있는 경우에 나쁜 뉴스를 더 빨리 공시하는 정도로 측정하기도 하고, 음(-)의 누적발생액의 크기로 측정하기도 하며, M/B(market to book ratio)의 크기로도 측정하고 있다. 보수주의에 관한 연구들은 기업마다 보수적 회계처리의 정도에 차이가 있는지, 보수적 회계처리에 대한 주가반응이 어떠한지, 30~40년과 같이 장기적인 기간동안 보수적 회계처리의 경향이 변화했는지, 그리고 국가별로도 보수적 회계처리의 차이가 있는지 등을 연구하고 있다.

최근에는 발생액이 아닌 기업의 실제 활동을 통하여 현금흐름에 직접 영향을 주는 이익조정 연구가 활발히 행해지고 있다. 실제 활동(real activity management: RAM)에 의한 이익조정이란 영업현금흐름에 직접 영향을 주는 이익조정으로서, 예를 들어 자산의 처분시기 조정, 신용매출의 신용조건을 변경하여 매출액을 조정, 생산활동의 증감을 통한 매출원가와 재고자산의 조정, 또는 실제 비용지출을 조정하는 경우 등이 있다. RAM 이익조정에 대한 연구방법은 Roychowdhury(2006)가 먼저 개발하였다. 이 연구를 살펴보고, 발생액에 의한 이익조정과 RAM에 의한 이익조정의 관계에 대한 연구를 살펴보고자 한다.

(9) 기본적 분석(제9장)

기본적 분석(fundamental analysis)은 주가가 아닌, 이보다 근원적인 요소로써 기업의 기본(fundamental)을 예측하고 이에 근거하여 그 기업의 기본가치(fundamental value) 혹은 내재가치(intrinsic value)를 추정하는 방법을 일컫는다. 기본적 분석에는 기업의 현 주가가 때로는 내재가치에서 일탈("deviate")하지만 궁극적으로 이 내재가치로 돌아온다("gravitate toward")는 기저가 깔려있다. 이러한 기저하에 현 주가와 기본적 분석으로 추정한 내재가치를 비교함으로써 저평가 혹은 고평가된 주식을 찾아내려는 것이 기본적 분석의 주요 목적이라고 할 수 있다. 기본적 분석의 핵심은 재무제표 자료의 분석(financial statement analysis)이다. 재무제표 분석에 기초하여 기업의 내재가치를 추정하기 위해서는 회계자료를 기업가치에 연결시키는 구조적인 모형이 필요하다. Ohlson(1995)의 가치평가모형은 이러한 점에서 중요한 역할을 하고 있다. 본 장에서는 우선 Ohlson(1995)에 근거한 기본적 분석연구의 패러다임에 대해 논의한다. 제2절에서는 교과서에서 일반적으로 거론되는 전통적인 재무비율 분석을 소개한다. 제3절에서는 기본적 분석 관련 회계학 연구의 이론적 발전에 대해 살펴보며, 제4절에서는 향후 기본적 분석연구의 향후 연구방향을 제시하여 본다. 마지막으로 기본적 분석 실증연구를 대표하는 Ou and Penman(1989)과 Lev and Thiagarajan(1993)을 중심으로 기존의 기본적 분석 관련 주요 연구들을 살펴본다.

(10) 가치평가(제10장)

제10장에서는 기업가치평가와 관련된 회계연구를 논의한다. 기업가치평가는 1990년대 이후 자본시장회계분야에서 매우 활발하게 연구되어 온 주제이다. 1970~1980년대에는 회계정보와 기업가치를 직접적으로 연결시키는 이론적 모형의 부재로 말미암아 기업가치평가와 관련된 회계연구는 활발하게 이루어지지 못하였다. 그러나 1990년대에 접어들어 Ohlson(1995) 그리고 Ohlson과 Feltham(1995)의 이론적 모형이 개발됨에 따라 기업가치평가에 있어서 회계정보의 역할을 고찰하는 다양한 연구가 수행되었다.

특히 Ohlson은 회계정보로 기업의 내재가치를 예측하는 새로운 패러다임의 견인차 역할을 한다. Ohlson은 단순하고 합리적인 가정하에 회계정보를 직접 기업의 내재가치에 연결시키는 엄격한 가치평가모형을 도출하고 있다. 본 장에서는 Ohlson 모형과 Feltham과 Ohlson 모형의 의미를 먼저 살펴본다. 그 다음에 이들 가치평가모형의 타당성에 대한 검증결과와 가치평가모형에 기초한 다양한 실증연구에 대하여 논의한다. 아울러 2000년대 초반에 제안된 Ohlson과 Juettner-Nauroth모형(2005)을 소개하고 이를 활용하여 수행된 자기자본비용의 추정에 관한 여러 연구에 대해서도 살펴본다.

(11) 가치관련성(제11장)

회계정보의 가치관련성은 회계정보가 기업의 내재가치를 파악하는 데 얼마나 도움이 되는가로 평가된다고 할 수 있다. 1990년대 이전의 자본시장 실증회계연구에서는 회계정보가 동시적으로 내재가치와 동일시되는 현 주가를 얼마나 잘 설명하는가로 회계정보의 가치관련성을 평가하였다. 회계정보를 주가에 종속시키는 이러한 수동적인 자본시장 회계연구 패러다임은 회계정보가 시장(주가)에 이미 알려지지 않은 그 어떤 중요한 정보를 함유하고 있을 가능성을 애초부터 배제한다는 한계를 지니고 있다(Bernard 1995). Lee(2001)는 현 주가가 내재가치의 한 noisy proxy로서 내재가치로 가는 과정이며, 회계정보는 현 주가에 독립적으로 내재가치에 대한 정보를 함유하고 있다고 주장한다. 이러한 견해는 회계정보의 가치관련성을 현재 혹은 과거 주가를 설명하는 수동적인 측면에 국한시키지 않고 내재가치를 예측하는 능동적인 측면으로 확장시킨다.

제11장에서는 Ohlson 모형을 이용하여 회계정보의 가치관련성을 능동적으로 평가하는 가치관련성 연구를 검토한다. 이를 기초로 전통적인 가치평가모형과 비교해보며 Ohlson 모형을 이용한 실증검증시 유의하여야 할 계량경제학적인 문제점에 대해 논의한다. 또한 Ohlson 모형이 회계정보의 가치관련성을 제고시키는 측면에서 어떠한 공헌을 하고 있는지를 평가해보고 이를 이용한 향후 연구방향을 제시해본다. 마지막으로 회계정보의 가치관련성을 검증한 기존의 주요 연구들을 살펴본다.

(12) 부실예측과 신용평가(제12장)

기업의 부실여부를 예측하고 신용위험을 평가하는 것은 기업은 물론 기업을 둘러싼 이해관계자에게 매우 중요한 과제이다. 이 장에서는 기업부실을 정의하고 기업부실이 발생하는 원인을 살펴본다. 또한 기업의 부실을 예측할 수 있는지 그리고 예측할 수 있다면 어떠한 원칙에 기초하여 부실예측모형을 구축할 수 있는지를 살펴본다. 이러한 부실예측모형은 신용평가모형과도 상통한다고 할 수 있다. 다만, 신용평가모형은 재무적 곤경보다는 원리금 상환능력에 초점을 맞춘다는 점에서 차이가 있다. 이 장에서는 여신결정과 신용등급평가에서 고려해야 할 사항과 절차를 기술한다. 그 밖에 기업이 도산한 후에 처리과정에 대한 법적 절차를 살펴보고 도산기업의 갱생여부가 어떻게 결정되는지를 분석한다. 마지막으로 부실예측 및 신용평가모형을 구축하는 과정에서 제기되는 비재무적 정보의 활용, 예측모형의 추정방법, 손실함수의 설정 등에 대해 논의한다.

제 4 절 본장에 앞서

자본시장연구는 정보유용성에 국한된 연구에서 시장효율성에 대한 검정과 회계정보를 이용한 투자전략, 회계선택과 보수적 회계처리, 기업가치평가모형의 이론적 개발과 가치관련성 연구, 재무분석가의 행태와 재량적 발생액의 측정 등으로 발전되어 왔다. 이러한 분야의 연구들은 지난 50년 동안 지속적으로 발전해 왔으며 앞으로도 당분간은 중요한 연구영역으로서 자리를 차지할 것으로 기대된다.

그러나 자본시장연구가 지난 수십 년 동안 이루어져 왔지만 아직까지도 몇 가지 쟁점이 남아 있다. 첫 번째 쟁점은 연구의 결과가 실제 회계시스템의 설계에 구체적인 정책적 시사점을 주지 못한다는 지적이다. 자본시장의 연구는 크게 시장(효율성과 가치평가), 각 이해관계자의 행위(투자자, 재무분석가 및 경영자) 그리고 회계시스템의 실제 설계 등으로 구분하여 볼 수 있다. 그러나 지금까지의 회계연구가 시장과 이해관계자의 행위를 회계시스템을 설계하는 데에 구체적인 시사점을 제시하지 못해 그 의미가 반감되어 있는 것으로 평가된다.

둘째, 자본시장연구의 실증결과와 연구설계는 아직까지도 논란이 끊이지 않고 있다. 그러나 이를 위해서는 보다 혁신적이고 창의적인 연구가 수행되지 않는 한 그러한 논란은 끊임없이 계속될 것이다. 본서에서 체계적으로 정리하고 기술한 자본시장연구의 내용이 그러한 연구가 수행되도록 하는 밑거름이 될 것으로 기대한다.

셋째, 자본시장연구는 불확실한 금액을 어떻게 잘 추정하고 미래에 불리한 상황을 초래할 수도 있는 사건에 대한 위험수준을 어떻게 처리할지에 대한 구체적인 답변을 제시해주지 못한다. 거래의 복잡성과 금융상품의 다양성 등으로 인해 회계의 추정, 위험의 평가와 판단, 공정가치(fair value) 측면에 있어서 회계환경은 그 어느 때보다도 엄청난 변혁을 치르고 있다. 특히 지식산업과 벤처기업이 경제를 선도하는 중추적인 역할을 함에 따라 무형자산의 적절한 인식과 측정이 그 어느 때보다도 절실하게 요구되고 있다. 최근의 가치평가와 가치관련성 연구는 이러한 과제를 해결하려는 시도로 평가된다.

종합하면, 급변하는 회계환경 속에서 당면한 중요 쟁점에 대한 정책적 시사점을 제시하려면 잘 설계된 연구방법을 기초로 회계시스템의 구조와 인식 및 측정의 문제에 대한 해법을 찾아내야 할 것이다. 그러나 이를 위해서는 자본시장의 환경과 기능을 이해하고 시장참여자들의 행위와 경제적 유인을 제대로 파악해야 한다는 종전의 연구과제가 다시 대두되는 것이다. 따라서 자본시장에 기초한 회계연구는 연구를 정교하게 잘 설계해야 하는 우아함(elegance)과 그 연구의 결과가 정책적 함축성을 지니는 관련성(relevance)을 다 갖추어야 할 것이다. 이러할 때 자본시장에 기초한 수많은 연구에서 축적된 지식이 정책당국이나 실무업계에 모두 중요한 지침을 제시할 수 있을 것으로 기대된다.

참고문헌

정혜영, 김지홍, 주진규, 전성빈, 윤성식(1993). 『자본시장과 회계정보』. 양영각.

Ball, R. and P. Brown(1968). An Empirical Evaluation of Accounting Income Numbers. *Journal of Accounting Research* (Autumn): 159~178.

Beaver, W.(1968). The Information Content of Annual Earnings Announcements. *Journal of Accounting Research* (Supplement): 67~92.

______(1989). *Financial Reporting: An Accounting Revolution*. Prentice Hall. Englewood Cliffs. NJ.

______(2002). Perspectives on Recent Capital Market Research. *The Accounting Review* 77: 453~474.

Bernard, V. and J. Thomas(1989). Post-earnings Announcement Drift: Delayed Price Response or Risk Premium? *Journal of Accounting Research* (Supplement): 1~48.

Collins, D., E. Maydew, and I. Wiess(1997). Change in the Value-relevance of Earnings and Equity Book Values over the Past Forty Years. *Journal of Accounting and Economics* (December): 39~67.

Fama, E., L. Fisher, M. Jensen, and R. Roll(1969). The Adjustment of Stock Prices to New Information. *International Economic Review* (February): 1~21.

Feltham, G. and J. Ohlson(1995). Valuation and Clean Surplus Accounting for Operating and Financial Activities. *Contemporary Accounting Research* (Spring): 689~732.

Finger, C.(1994). The Ability of Earnings to Predict Future Earnings and Cash Flow. *Journal of Accounting Research* (Autumn): 210~223.

Frankel, R. and C. Lee(1998). Accounting Valuation, Market Expectation, and the Cross-sectional Stock Returns. *Journal of Accounting and Economics* (June): 283~319.

Friedman, M.(1953). *The Methodology of Positive Economics, Essays in Positive Economics*. University of Chicago Press. Chicago.

Hendricksen, E.(1965). *Accounting Theory*. Richard D. Irwin Inc. Homewood, IL.

Kothari, S. P.(2001). Capital Markets Research in Accounting. *Journal of Accounting and Economics* (September): 105~231.

Lev, B.(1989). On the Usefulness of Earnings and Earnings Research: Lessons and Directions from Two Decades of Empirical Research. *Journal of Accounting Research* (Supplement): 153~201.

Lev, B. and T. Sougiannis(1996). The Capitalization, Amortization, and Value-relevance of R & D. *Journal of Accounting and Economics* (February): 107~138.

Lintner, J.(1965). The Valuation of Risky Assets and the Selection of Risky Investments in Stock Portfolios and Capital Budgets. *Review of Economics and Statistics* (February): 13~37.

Miller, M. and F. Modigliani(1961). Dividend Policy, Growth and the Valuation of Shares. *Journal of Business* (October): 411~432.

Ohlson, J.(1995). Earnings, Book Values and Dividends in Security Valuation. *Contemporary Accounting Research* (Spring): 661~687.

Sharpe, W.(1964). Capital Asset Prices: A Theory of Market Equilibrium under Conditions of Risk. *Journal of Finance* (September): 425~442.

Watts, R. and J. Zimmerman(1986). *Positive Accounting Theory*. Englewood Cliffs, NJ: Prentice Hall.

제 2 장

효율적 자본시장과 초과수익률

1960년대에 개발된 효율적 시장가설과 자본자산가격결정모형(CAPM)은 재무학 전반에 걸쳐 지대한 영향을 주었을 뿐만 아니라 자본시장 회계연구가 성립함에 있어서 매우 중요한 역할을 하였다. 회계정보에 대한 자본시장의 반응을 관찰함으로써 회계정보의 역할을 파악하려면 우선 자본시장이 기업가치평가에 관련된 모든 정보를 즉각적으로 편의 없이 주가에 반영한다는 가정이 전제되어야 하고 또한 정보에 대한 자본시장의 반응을 측정하는 방법이 개발되어야 한다. 효율적 시장가설과 CAPM의 개발로 이러한 자본시장 회계연구의 성립조건이 충족되었으며 이후 자본시장회계가 회계연구를 주도하게 되는 전기를 마련해주었다. 본 장에서는 자본시장회계의 성립에 토대를 마련한 효율적 시장가설의 개념 및 실증분석에 대하여 살펴보고 또한 CAPM 및 이를 이용한 초과수익률 측정방법에 대하여 살펴보고자 한다.

제 1 절 효율적 자본시장의 의미

1. 재무학에서 사용되는 효율성의 개념

일반적으로 경제학에서 사용되는 효율성(efficiency)의 개념은 시장의 자원배분 기능과 관련된다. 즉, 다른 사람의 효용을 감소시키지 않고 어느 개인의 효용을 증가시킬 수 있는 배분방법이 존재하지 않는 경우 그러한 시장은 효율적인(파레토 최적) 시장이라고 정의된다. 그러나 재무학과 회계학에서 사용하는 시장효율성 개념은 주로 시장의 정보효율성을 지칭하는 의미로 사용되어 왔다. 이와 관련하여 Stiglitz(1981)는 시장효율성의 개념을 다음과 같은 세 가지 수준으로 분류하여 설명하고 있다.

(1) 교환효율성

이용가능한 자산의 집합과 시장참여자의 정보가 주어진 상황에서, 다른 개인의 기대효용을 감소시키지 않으면서 어느 한 개인의 기대효용을 증가시킬 수 있는 교환방법이 존재하지 않는 경우 교환효율성(exchange efficiency)이 존재한다.

(2) 생산효율성

이는 이용가능한 기술, 자원 및 정보가 주어진 상황에서, 여러 재화의 공급결정과 관련된 효율성을 지칭한다. 생산효율성(production efficiency)이 달성되려면 다음과 같은 조건들이 성립하여야 한다.

① 기업이 시장가치 극대화를 하는 경우 파레토 최적의 자원배분이 이루어진다.
② 모든 주주들은 기업이 시장가치를 극대화하기를 원한다.
③ 기업의 경영자가 주주의 이익을 증대시키는 정책을 수행하도록 하는 통제장치가 존재한다.

(3) 정보효율성

정보효율성(information efficiency)이 달성되기 위한 조건은 다음과 같다.

① 시장은 필요한 정보를 정확히 필요한 만큼 수집하고자 하는 유인을 제공하여야 한다.
② 시장가격은 여러 거래자들이 이용가능한 정보를 반영하여야 한다.
③ 기업은 잠재적 투자자에 대하여 기업의 전망에 대한 정보를 효율적으로 전달할 수 있어야 한다.

이상에서 살펴본 바와 같이 경제학에서 사용되는 시장효율성의 개념은 정보효율성보다 더 광범위한 개념이지만 재무학과 회계학 분야에서는 정보효율성에 초점을 맞추어 사용되어 왔다. 그간 재무학 분야에서는 학자마다 정보효율성에 대한 다양한 정의가 제시되어 왔고 그에 따라 실증연구결과도 해석되었다. 다음 소절에서는 재무학 분야에서 제시되어 온 다양한 효율성 개념을 소개하고 각 개념의 특징을 비교 설명한다.

2. 효율적 시장에 대한 여러 정의

(1) Fama의 정의

Fama가 제시한 효율적 시장에 대한 정의는 가장 보편적으로 사용되어 왔으며 대부분의 실증연구들도 Fama의 정의에 기초하여 수행되었고 실증분석결과를 해석하여 왔다. Fama(1970)는 이용가능한 정보가 가격에 충분히 반영되는 시장을 효율적 시장으로 정의하였다. 즉, 효율적 시장은 정보처리에 있어서 효율적임을 의미하는 것이다. 효율적 시장은 자원배분에 있어서 매우 중요한 의미를 갖는다. 자본시장이 효율적이라면 기업은 자금 조달시 공정한 가격(fair price)을 받고 증권을 발행할 수 있게 되며 자금을 공급하는 투자자의 입장에서도 공정한 가격을 지불하고 증권을 구입하게 된다. 자본시장의 자원배분기능이 원활히 수행되려면 증권가격이 가치를 정확히 반영하여야 한다.

Fama(1970)는 효율성 정의에 표현되어 있는 '이용가능한 정보가 충분히 반영된다'라는 의미를 기대수익률을 이용한 공정게임모형으로 설명하고 있다. 먼저, 효율적 시장의 균형조건을 기대수익률모형을 이용하여 다음과 같이 나타낸다.[1)]

$$E(\tilde{p}_{j,t}+1 \mid \phi_t) = [1+E(\tilde{r}_{j,t+1} \mid \phi_t)]\ p_{j,t} \qquad (1)$$

E : 기대값
$p_{j,t}$: t시점에서 증권 j의 가격
$r_{j,t+1}$: 1기간의 수익률로서 $(p_{j,t+1}-p_{j,t})/p_{j,t}$로 계산됨
ϕ_t : t시점의 가격에 충분히 반영되는 것으로 가정되는 정보

---

1) ϕ_t에 기초하여 추정되는 $E(\tilde{p}_{j,t+1} \mid \phi_t)$는 기대수익모형이론을 바탕으로 결정된다. 그러나 $E(\tilde{p}_{j,t+1} \mid \phi_t) = [1+E(\tilde{r}_{j,t+1} \mid \phi_t)]\ p_{j,t}$의 관계는 기대수익모형이 어떤 모형인가에 상관없이 ϕ_t의 정보가 시장균형 기대수익률을 설정하는 데 충분히 사용된다는 것을 의미한다. Fama(1970)의 정의에서 정보가 가격에 '충분히 반영된다'는 것은 바로 이런 의미에서이다.

효율적 시장에서의 균형이 ①의 조건을 만족시키면 ϕ_t를 이용한 거래로부터 초과수익률을 얻을 수 없게 되며, 이는 자본시장 효율성을 검증하는 실증연구에 대해 매우 중요한 시사점을 제공한다.

$$z_{j,t+1} = r_{j,t+1} - E(\tilde{r}_{j,t+1} \mid \phi_t) \quad (2)$$

$$E(\tilde{z}_{j,t+1} \mid \phi_t) = 0 \quad (3)$$

$z_{j,t+1} = t+1$기의 초과수익률

위에서 식 ②는 $t+1$기 실현수익률에서 t기의 정보에 기초하여 형성된 $t+1$기에 대한 기대수익률을 차감한 초과수익률을 표시하고 있다. 식 ③은 효율적 시장에서 ϕ_t에 대한 초과수익률의 조건부 기대치가 0이 되어 ϕ_t에 대해 공정게임이 이루어짐을 나타내고 있다.

이와 같이 효율적 시장의 정의를 초과수익률의 획득가능 여부의 관점에서 접근하는 시각은 Jensen(1978)의 정의에도 반영되어 있다. Jensen은 정보집합 ϕ_t를 기초로 거래함으로써 경제적 이익을 벌어들이는 것이 불가능한 경우 그 시장은 정보집합 ϕ_t에 대하여 효율적이라고 정의하고 있다. 그러나 특정 정보에 대한 시장효율성을 그 정보를 이용한 초과수익률 획득가능 여부에 기초하여 정의하는 방법에 대하여 많은 비판이 제기되어 왔다.

첫째, LeRoy(1976)는 Fama(1970)의 공정게임모형에 기초한 정의에 대하여 실질적인 내용이 결여된(tautological) 문제점이 있다고 지적하였다. 즉, 위의 식 ②와 ③으로 정의되는 시장효율성은 다음과 같이 어떠한 확률분포에 대하여도 성립한다.

$$E(\tilde{z}_{j,t+1} \mid \phi_t) = E[\tilde{r}_{j,t+1} - E(\tilde{r}_{j,t+1} \mid \phi_t) \mid \phi_t] = 0$$

따라서 실제로 수익률의 분포가 정보 ϕ_t를 올바르게 반영하는가와 상관없이 항상 성립하는 관계라는 것이다. 통계학적인 관점에서 엄밀히 말하면 LeRoy의 지적은 올바르다고 할 수 있다. Fama(1970)의 정의에 결여된 중요한 측면은 시장에서 이용가능한 정보를 모두 사용하되 올바르게 사용한다는 조건이 빠져 있는 것이다. 예를 들어, 시장가격에 ϕ_t가 충분히 반영되어 초과수익률을 얻을 수 없는 경우와 정보가 전혀 반영되지 않아서 초과수익률을 얻을 수 없는 경우에 모두 시장효율성이 성립한다는 결과가 나온다.

둘째, 시장효율성을 초과수익률의 측면에서 정의하게 되면 초과수익률 또는 정상수익률이 무엇인지에 대한 모호함이 문제가 된다.

Fama(1976)는 LeRoy(1976)의 비판을 일부 수용하여 다음과 같이 보완된 시장효율성 정의를 제시하였다.

$$\phi_{t-1}{}^m = \phi_{t-1} \quad (4)$$

$$f_m(p_{1t},\ldots,\ p_{nt}|\phi_{t-1}{}^m) = f(p_{1t},\ldots,\ p_{nt}|\phi_{t-1}) \quad (5)$$

$\phi_{t-1}{}^m = t-1$기에 시장이 증권가격을 결정함에 있어서 사용하는 정보집합

$\phi_{t-1} = t-1$기에 주식가격을 결정함에 있어서 관련되는 이용가능한 정보집합

p = 증권 i의 t시점에서의 가격

$f_m(p_{1t},\ldots,\ p_{nt}|\phi_{t-1}{}^m) = t-1$ 시점에서 정보집합 $\phi_{t-1}{}^m$을 기초로 하여 형성된 t기 증권가격에 대한 결합확률분포함수

$f(p_{1t},\ldots,\ p_{nt}|\phi_{t-1})$ = 정보집합 ϕ_{t-1}에 따른 t기 증권가격에 대한 진정한 결합확률분포함수

위의 식 (4)는 효율적 시장에서 이용가능한 정보가 모두 고려되고 있음을 의미하고 식 (5)는 이용가능한 정보가 올바르게 해석되어 사용됨을 나타낸다. 따라서 효율적 시장에서는 이용가능한 모든 정보를 올바르게 사용하여 증권가격을 설정한다. 이러한 Fama의 수정된 정의는 그 이전의 정의에 암묵적으로 가정되었던 '정보의 올바른 사용'이란 조건을 명시적으로 표현함으로써 효율성의 정의를 보다 명확히 해주고 있다.

Fama의 시장효율성은 정보집합 ϕ_t의 범위에 따라 3가지로 나누어 다음과 같이 정의되고 있다.

■ 약형 시장효율성

정보집합에는 과거 기간의 주가만이 포함된다. 약형 시장효율성(weak-form market efficiency)이 성립한다면 과거의 주가정보가 현재 주식가격에 충분히 반영되어 있으므로 과거 주가정보를 이용하여 초과수익률을 얻을 수 없다.

■ 준강형 시장효율성

정보집합에 재무정보를 비롯하여 공개된 모든 이용가능한 정보가 포함된다. 준강형 시장효율성(semi-strong form market efficiency)이 성립한다면 시장에 공개된 정보(public information)는 모두 현재 주가에 충분히 반영되어 있으므로 그 정보를 이용하여 초과수익률을 얻을 수 없다.

■ 강형 시장효율성

정보집합에 공개된 모든 정보는 물론이고 특정 개인에게만 알려진 정보까지도 모두 포함된다. 강형 시장효율성(strong-form market efficiency)이 성립한다면 기업의 경영자가 내부정보를 이용하여 거래한다고 해도 초과수익률을 얻을 수 없다.

Fama의 이러한 분류에 따라 효율적 시장에 대한 많은 실증분석들이 행해지게 되었다.

(2) Beaver의 정의

Beaver(1981)는 앞에서 소개한 Fama의 정의에 대하여 여러 가지 한계점을 지적하였다.

첫째, Fama의 정의 중에서 '이용가능한 정보'나 '충분히 반영한다'는 표현은 그 의미가 모호하여 실증연구에 적용하기 어렵다는 점이다.

둘째, Fama의 정의에서 정보집합 ϕ_t가 정보시스템(information system)을 지칭하는 것인지 아니면 구체적으로 관찰되는 특정 신호(signal)만을 의미하는지 불분명하다.

셋째, Fama(1970)의 공정게임모형은 기본적으로 투자자들의 믿음(beliefs)에 기초한 정의인데 투자자들간에 상이한 믿음이 존재하는 경우에 $E(\tilde{r}_{j,t+1} \mid \phi_t)$의 의미가 명확하게 정의되지 못한다.

Beaver는 위의 문제점을 개선하고자 다음과 같은 정의를 제안하였다.

> 시장이 정보에 대해 효율적이라 함은 모든 사람이 그 정보를 알고 있는 것처럼 증권가격이 설정된다는 것을 의미한다.

예를 들어, 시장이 감가상각방법의 변경에 대해 효율적이라면 감가상각변경을 모든 사람이 인식하고 있는 경우와 동일하게 시장가격이 설정된다는 것이다.

또한 Beaver는 시장효율성을 논의하면서 **정보시스템효율성**(Beaver는 **η-효율성**이라고 부름)과 **신호효율성**(Beaver는 **y-효율성**으로 부름)을 구분하여 설명하고 있다. 즉, 어떤 정보집합에 대하여 시장효율성을 논의할 때 그 정보집합이 정보시스템 전체에 대한 논의인지 아니면 시스템에서 산출된 특정 신호에 대한 것인지를 구별하여야 한다고 주장하였다. 예를 들어, 감가상각방법 변경에 대한 시장반응의 연구에서 연구자가 y-효율성에 기초한다면 연구결과는 감가상각방법이라는 특정 이슈에 대해서만 국한된다. 그러나 η-효율성에 기초한 경우에는 연구결과는 감가상각방법에만 국한되지 않고 다른 다양한 회계처리방법에 대해서도 확장가능하다. 물론, 이 경우 연구자는 η에 대한 분명한 정의를 내리고 또 실증연구결과를 η-효율성에 대한 지지증거나 반대증거로 해석할 수 있는 이론적 근거를 제시해야만 할 것이다.

이와 같은 Beaver의 정의를 Fama의 정의와 비교하면 다음과 같은 차이점이 존재함을 알 수 있다.

첫째, 시장효율성을 시장참여자의 믿음(beliefs)에 기초하지 않고 가격 메커니즘에 기초하여 정의하고 있다.

둘째, Beaver의 정의는 시장참여자들이 상이한 믿음과 정보를 가지는 상황도 포함할 수 있다.

이러한 점에서, Beaver의 정의는 Fama의 정의에 비해 보다 일반적이고 현실에 부합한다고 볼 수 있다. Fama의 공정게임모형은 시장참여자가 주식에 대하여 갖는 기대에 기초하고 있다. 그러나 이러한 정의는 각 개인별로 상이한 기대를 가지고 있을 때 이들 기대치가 종합되어 나타난 결과를 어떻게 해석해야 하는가에 대해 아무런 언급이 없다. 물론 모든 개인이 동일한 기대를 가진다고 가정할 수 있으나 이러한 가정은 비현실적이고 또한 지나치게 제약적인 단점이 있다. 반면에 Beaver의 정의에서는 시장에서 개인별로 특정 정보에 대한 해석이나 정보입수 정도에 차이가 존재하더라도 결과적으로 모든 사람이 그 정보를 알고 있었을 경우와 동일한 가격이 형성된다면 시장효율성이 달성된다. 따라서 가격에 기초한 Beaver의 정의는 앞서 살펴본 시장참여자의 믿음에 기초한 정의와 달리 개인간에 상이한 믿음이 존재하는 상황도 포함할 수 있는 장점을 가진다.

(3) Rubinstein 및 Latham의 정의

Rubinstein(1975)과 Latham(1986)은 가격에 기초한 효율성 개념이 포트폴리오 선택과 같은 투자자의 행동에 대한 정보효과를 고려하지 못하고 있음을 지적하고 거래량까지를 포함한 효율성 개념을 제안하였다. 예를 들어, 어떤 정보가 시장에 공표되면 그 정보를 기업에 대해 유리한 정보로 해석하는 투자자도 있고 불리한 정보로 해석하는 투자자도 있을 수 있다. 이들간에 거래가 일어난 후에도 가격은 불변일 수 있지만 정보유입 전후에 있어서 개인별 포트폴리오의 구성 내역은 변화하였으며 따라서 정보가 존재하지 않았을 경우와 비교할 때 투자자들의 경제상태가 변동한 것이다. Rubinstein(1975)은 각 개인이 보유중인 포트폴리오를 변동시키지 않는 전략이 최적이라고 믿는 상태를 새로운 정보가 가격에 충분히 반영된 상태라고 정의하였다. Latham 역시 Beaver의 정의가 거래량 측면을 고려하지 못한 점을 지적하고 거래량을 고려한 효율성 개념을 제시하였다. 즉, 어느 정보를 모든 개인에게 공표하는 경우 균형가격이나 포트폴리오에 변동이 없다면 시장은 그 정보에 대하여 효율적이다(Latham은 E-효율성이라고 부름). 따라서 Rubinstein과 Latham의 정의 모두 시장효율성의 조건에 가격변동이 없어야 한다는 조건뿐만 아니라 거래량의 변동이 없어야 한다는 조건을 포함하고 있다. 따라서 이들이 내린 정의는 가격에 기초한 정의보다 더 강한 효율성을 의미하고 있다. 이렇게 거래량까지 고려한 효율성 개념은 거래량, 투자자의 비동질성, 정보산출, 거래 메커니즘의 미시구조(microstructure) 등에 관한 이론과 실증연구를 연결시켜줄 수 있는 잠재력을 갖는다는 점에서 강점이 있다. 그러나 전통적으로 시장효율성 개념은 가격지향적인 정의가 가장 널리 사용되어 왔으며 실증연구도 대부분 가격지향적인 정의를 기초로 이루어져 왔다.

3. 시장효율성의 달성 과정에 대한 연구

앞서 살펴본 시장효율성은 학자에 따라 다양하게 정의되고 있지만 핵심적인 개념은 이익을 추구하는 경제주체들이 경쟁적으로 정보를 수집하고 이를 바탕으로 거래함으로써 경제적 이익은 결국 0으로 접근된다는 것이다. 시장효율성이 달성되어가는 과정에 대한 연구는 시장효율성 이론을 전개하는 과정에서 그 중요성이 매우 크지만 이에 대한 연구는 충분히 이루어지지 않았다. 본 소절에서는 효율적 시장에 도달해나가는 과정을 설명한 연구를 살펴보고 연구결과가 자본시장회계연구에 대해 제공하는 시사점을 논의한다.

Foster(1986)는 엄밀한 이론모형에 기초한 것은 아니지만 시장효율성이 달성되는 조건을 크게 두 가지로 나누어 설명하고 있다.

첫째, 증권분석가들이 경쟁적으로 정보를 탐색하고 이를 분석하는 과정을 통하여 정보가 시장가격에 반영된다는 것이다. 이들은 이용가능한 모든 정보를 분석하여 가격이 잘못 형성된 증권을 찾아 투자함으로써 초과수익을 획득하고자 한다. 이와 같이 각자의 투자분석과정을 통해 기업가치에 대한 정보가 신속히 증권가격에 반영되게 된다. Bernstein(1975)과 Kripke(1980)도 초과이익을 얻고자 경쟁적으로 정보분석을 수행하는 재무분석가의 역할로 인해 효율적 시장이 달성된다고 주장하고 있다. 이론적 연구로는 Grossman과 Stiglitz(1980)를 들 수 있다. 이들의 모형에서 시장참여자는 정보를 보유한 그룹과 보유하지 않은 그룹으로 분류되며 최초에 정보를 보유하지 않은 그룹은 시장가격으로부터 정보를 유추하게 된다. 즉, 재무분석가와 같이 정보를 보유한 그룹이 거래를 함에 따라 시장가격이 그 정보를 반영하게 되며 나머지 그룹은 시장가격으로부터 정보를 얻게 된다는 것이다. 그러나 시장가격이 정보를 완전하게 반영한다면 굳이 정보탐색비용을 부담하면서 먼저 정보를 입수할 유인이 사라지게 되어 시장효율성은 성립되지 못한다. 따라서 균형에 도달하기 위해서는 가격이 정보를 불완전하게 반영해야 한다는 결과를 도출하였다.

둘째, 시장효율성은 대수의 법칙(law of large numbers)에 의해 달성된다. 개별 분석가는 그의 판단이나 예측시 오류를 범할 수 있다. 그러나 각 분석가의 오류가 상호 독립적일 때 이 오류들은 가격결정과정에서 서로 상쇄되어 소멸되기 때문에 시장의 효율성이 유지된다고 볼 수 있다. 이와 같은 과정을 거쳐 분석가들의 합치된 의견은 가장 우수한 개인 분석가의 정보보다도 더 광범위한 정보를 반영할 수 있게 된다. Bagehot(1971)과 Treynor(1976)도 유사한 설명을 제시하고 있다. 이론적 연구로는 Grossman(1976)과 Verrecchia(1979)가 있다. Grossman(1976)은 합리적 기대모형(rational expectation model)을 사용하여 시장효율성의 도달과정을 설명하고자 하였다. 시장참여자는 모두 노이즈(noise)가 섞인 정보를 제공받으며 이런 의미에서 모두 동일한 수준의 정보보유상태에 있다고 할 수 있다. 시간이 경과함에 따라 시장가격은 모든 시장참여자의 정보를 포괄한 집계치로서의 역할을 하게 되며 이에 따라 가격은 개인이 보유한 정보에 비해 보다 우월한 정보집합을 반영하게 된다. 시장참여자들은 시장가격으로부터 모든 정보를 추론할 수 있게 되며 따라서 시장가격은 충분통계량(sufficient statistics)이 된다. 이러한 Grossman의 모형은 강형 효율적 시장에 적합한 이론이다. 현실적으로 이러한 강형 효율적 시장이 존재하기는 어려우므로 Grossman의 모형이 실증연구를 통해 검증되기는 상당히 어렵다.

Verrecchia(1979)는 Grossman 모형에 비해 좀더 현실적인 가정을 도입하여 시장효율성의 달성과정을 설명하였다. Verrecchia도 시장참여자의 기대치가 집계되어 가격에 반영되는 모형을 제시하였다. 투자자의 수가 증가할수록 가격은 모든 투자자가 노이즈가 없는 정보를 알고 있는 경우와 동일하게 설정되며 따라서 균형상태에서는 어떠한 거래자도 초과수익률을 획득할 수 없게 된다. Verrecchia 모형이 Grossman 모형과 차이나는 점은 시장참여자가 가격으로부터 명시적으로 정보를 유추하는 것은 아니라는 점이다. 가격은 노이즈 없는 정보를 반영하게 되지만 개인별 예측이나 보유 포트폴리오는 이러한 정보를 반영하고 있지 않을 수도 있다.

이와 같은 이론적 모형이 시장효율성 달성과정에 대한 이해를 돕는 데 기여한 측면이 있기는 하지만 자본시장의 복잡한 메커니즘을 분석하기에는 상당한 한계점을 가지고 있다.

시장효율성의 달성과정에 영향을 주는 기타 요인으로는 공시정보의 질적・양적 수준 및 내부자거래의 효과 등이 있다. 시장의 효율성은 정보공시의 요건, 기업의 적시적인 정보공시, 엄격한 회계처리규정에 따라서 달라질 수 있다고 본다. Singhvi와 Desai(1971)는 적정한 정보공시를 통하여 시장이 중요한 정보를 간과할 가능성을 최소화할 수 있으며 그 결과 시장가격이 증권의 진실한 가치를 반영하도록 만든다고 주장하였다. 또한 국가간에 자본시장효율성의 차이는 각 국가의 공시요구수준과 관련을 갖는다는 연구도 있으며(Dawson 1984), 내부자거래가 시장효율성을 촉진시키는 역할을 한다는 주장도 있다(Kripke 1980). 이러한 견해에 따르면 내부자거래가 규제되면 내부자가 보유한 정보가 주가에 적절히 반영되지 못하고 이에 따라 시장의 정보반영속도와 정확도가 떨어지게 된다는 것이다. 그러나 이 주장이 간과하고 있는 측면이 있다. 내부정보를 보유하지 못하는 일반투자자는 내부자와의 거래에서 보호될 수 있는 제도적 장치를 요구할 것이고 더 극단적인 경우에는 내부자거래에 대한 적절한 규제가 없는 시장에는 참여하려 하지 않을 수도 있다.

위에서 살펴본 바와 같이 효율적 시장에서는 시장참여자들이 자신의 투자대상기업에 대한 모든 정보를 다양한 원천으로부터 얻고 있다는 점이다. 효율적 시장에 대한 이러한 시각은 자본시장에서 회계정보의 유용성을 검증할 수 있는 근거를 제공해준다. 1960년대에 회계정보의 유용성에 대한 회의적 시각의 근저에는 회계정보가 기업가치에 대한 유일한 정보의 원천이라는 가정이 깔려 있었다. 또한 경영자들은 GAAP의 허용범위 내에서 자의적으로 회계처리방법을 선택하여 자신이 원하는 회계수치를 보고할 수 있으며 이에 따라 주식시장을 오도할 수 있다는 것이었다. 회계정보는 일관성이 결여된 GAAP에 의해 산출되는 인위적 소산물이며 따라서 투자결정과 같은 경제적 의사결정에 대해 유용하지 못하고 그에 기초한 주가 역시 자원의 효율적 배분을 위한 유용한 정보로서의 역할을 하지 못한다는 것이다. 그러나 우리가 살펴본 효율적 자본시장의 특징을 고려하면 이러한 회계정보의 무용성 주장은 설득력이 약하다. 효율적 시장에서는 시장참여자가 경쟁적으로 기업에 대한 정보를 탐색하고 분석할 것이며 정보원천도 회계보고서에 국한되지 않고 비회계 정보까지 포함한 다양한 원천을 활용할 것이다. 이에 따라 시장가격은 기업에 대한 올바른 가치를 반영하게 된다. 따라서 주가와 회계정보 간에 유의한 상관관계가 존재한다면 이는 회계정보가 기업의 가치와 연관성을 갖는 유용한 정보라는 객관적 증거가 되며 GAAP에 의해 자의적으로 산출되었다는 이유로 무의미하다는 주장에 대한 강력한 반박증거가 되는 것이다. 이와 같은 논리로 자본시장에 기초한 재무회계는 첫발을 내딛게 되었다.

제 2 절 효율적 시장가설에 대한 실증연구

효율적 시장개념이 도입된 이후 재무학 분야와 회계학 분야에서는 효율적 시장에 대하여 수많은 실증연구가 이루어져 왔다. 앞서 살펴보았듯이 효율적 자본시장에서는 새로운 정보가 나오면 가격에 즉각적으로 그리고 올바르게 반영된다. 따라서 현재 공개된 이용가능한 정보는 이미 주가에 반영되어 있으며 향후에 주가가 변화한다면 그것은 현재 시점에서 이용가능하지 않은 새로운 정보에 반응하기 때문이다. 그러나 '새로운' 정보는 말 그대로 예측가능하지 않다는 것을 의미한다. 만일 예측가능하다면 그러한 정보는 이미 현재 이용가능한 정보에 속한다. 따라서 현재 예측할 수 없는 새로운 정보에 따라 움직이는 주가의 움직임 역시 예측가능하지 않게 된다.

자본시장 효율성에 대한 실증연구는 이러한 개념에 기초하여 크게 두 가지 형태로 이루어졌다. 하나는 미래 주식수익률의 예측가능성에 대한 검증이고, 또 다른 하나는 새로운 정보에 대한 자본시장의 반응방향 및 속도를 검증하는 사건연구이다. 시장효율성에 대한 실증연구 문헌은 너무나 방대하여 여기서 모두 검토하는 것은 불가능하다. 따라서 본절에서는 실증 연구의 주요 흐름을 살펴보는 데 그친다. 재무회계분야에서 이루어진 연구는 본서의 뒤에서 보다 상세한 논의가 이루어지며 재무학 분야의 연구에 대해서는 상세한 검토논문이 나와 있으므로 관심 있는 독자는 이를 참조하기 바란다.[2)]

1. 수익률 예측가능성

(1) 과거 주가자료를 이용한 미래 수익률 예측

효율적 시장가설에 대한 초기의 연구는 과거의 주가자료를 이용하여 미래 수익률을 예측할 수 있는가에 대하여 관심을 두었다. 이는 Fama의 효율적 시장유형에 대한 분류상 약형 효율적 시장에 대한 검증에 해당한다. 이러한 연구는 크게 두 가지 유형으로 나누어볼 수 있다.

첫번째 유형은 주식가격의 시계열 자료를 분석하여 주식가격이 랜덤워크에 따르는지를 검증하는 연구이다. 효율적 시장에서 주식가격이 현재의 정보를 충분히 반영한다면 미래의 주식가격은 오직 미래의 정보에 의해서만 영향을 받을 것이고 현재의 주가변동과는 독립적일 것이다. 그런데 미래의 정보는 말 그대로 현재 시점에서 예측불가능하므로 결국 미래 주가의 움직임은 예측불가능하며 랜덤워크에 따르게 된다. 따라서 초기의 실증연구에서는 실제로 주가의 움직임이 랜덤워크에 따르는지를 검증하고자 주가변동의 시계열적 특성을 분석하였다.

Kendall(1953)은 주가의 변동이 예측가능한 패턴을 보이는가에 대해 고찰하였으며 연구결과 주가의 변동이 예측가능하지 않은 무작위적인 성격을 띠는 것으로 나타났다. Roberts(1959)는 다우존스 주가지수의 움직임과 랜덤워크에 따르는 시계열수치의 움직임을 비교 분석하였으며 두 수치의 움직임이 매우 유사함을 발견하였다. Osborne(1959)은 주식가격이 물리학에서 말하는 랜덤 Brownian motion과 매우 유사한 움직임에 따른다는 것을 보고하였다. 그는 가격변화에 로그를 취한 값이 상호 독립적임을 발견하였다.

Fama(1965)는 다양한 방법을 사용하여 주가의 시계열 속성을 검증하였다. 먼저, 다우존스 30 지수에 속하는 주식에 대해 매일의 주가와 전일 주가, 4일전 주가, 9일전 주가 및 16일전의 주가와의 시계열상관(serial correlation)[3]을 계산

---

2) 시장효율성에 대한 중요 검토 논문에는 Ball(1978, 1994), Fama(1970, 1991, 1998), LeRoy(1989) 등의 연구가 있다.

3) 시계열상관이란 한 기간의 수치가 다른 기간의 수치와 서로 관련성을 갖는 것을 의미한다.

한 결과 거의 대부분의 경우 0에 가까운 상관관계를 얻었다. 또한, 일별 주가 움직임을 양, 음 및 0으로 분류하고 run의 지속성을 관찰하였다.[4] 연구결과 양의 방향과 음의 방향 모두에 있어서 효율적 시장에 배치될 만큼 지속성을 보이지는 않았다. 매우 짧은 기간에 대해서 run이 지속되는 경향이 발견되기도 했으나 그 크기가 미미하여 거래비용을 고려하면 초과수익률을 올리기에는 미흡한 것으로 나타났다.

Conrad와 Kaul(1988)의 연구와 Lo와 MacKinlay(1988)의 연구는 좀더 발전된 통계기법을 사용하여 일별 수익률과 주별 수익률의 상관관계에 대하여 검증하였다. 그들은 소규모 기업의 주별 수익률의 경우를 제외하고는 매우 낮은 상관관계가 존재한다는 연구결과를 얻었다. 그리고 소규모 기업에 대해 발견된 상관관계는 이들 기업의 주식거래가 빈번하지 못하여 정보가 즉각적으로 반영되지 못하는 비동시적 거래(non-synchronous trading) 문제에서 기인한 것으로 해석된다.[5]

과거 주가를 이용하여 미래 주가를 예측할 수 있는가를 검증하는 두 번째 유형은 기술적 분석(technical analysis)을 이용하여 초과수익률을 획득할 수 있는가를 검증하는 것이다. 기술적 분석이란 주식의 과거 주가자료를 분석하여 체계적인 패턴을 발견하고 이를 기초로 거래함으로써 초과수익률을 얻으려는 방법이다. 예를 들면 추세분석, 시계열분석, 필터기법 및 상대적 강도분석 등을 통하여 개별주가수익률의 움직임을 분석하는 것이다. 만일 자본시장이 비효율적이어서 과거 주가자료로부터 파악할 수 있는 정보가 현재 주가에 반영되어 있지 못하다면 기술적 분석을 통한 투자로 초과수익률을 획득할 수 있어야 한다. 그러나 Alexander(1961)와 Fama와 Blume(1966)은 필터기법을 이용하여 투자하는 경우에 초과수익률을 얻지 못한다는 결과를 보고

---

4) run이란 연속적으로 주가가 증가하거나 감소하는 일련의 움직임을 말한다. 예를 들어, 만일 run이 지속성을 갖는다면 최근 3번의 주가변동이 증가였다면 다음 번 주가움직임도 증가일 확률이 더 높다는 것이다.

5) 비동시적 거래문제를 예시하면 다음과 같다. 한 기업의 주식거래가 $t=1$일에는 오후 1시~오후 2시 사이에서만 이루어졌다고 가정하자. 만일 동일 오후 1시 50분경에 기업에 대한 정보가 시장에 나왔다면 이 정보가 $t=1$일에 완전하게 반영되지 못하고 $t=2$일에 가서야 완전히 반영되게 된다. 따라서 $t=1$일에 나온 정보는 $t=1$일과 $t=2$일 양일의 수익률에 모두 반영되게 되므로 양일간의 수익률은 서로 양의 상관관계를 보이게 된다.

하였다.

이상에서 살펴본 연구들은 공통적으로 단기간(일별, 주별 등)의 수익률을 이용한 주가수익률 예측가능성을 살펴보았으며 주요 결론은 과거수익률과 미래수익률 간에는 매우 미미한 양의 상관관계가 존재할 뿐이라는 것이다. 따라서 이러한 연구결과는 시장효율성에 합치된다고 할 수 있다. 이와 대조적으로 장기간(1년 이상의 기간)에 대한 수익률을 이용한 연구들은 장기수익률간에 음의 상관관계가 존재함을 발견하였다. 이러한 연구결과를 기초로 하여 주가가 정보에 과잉반응하여 일시적으로 기본적 가치로부터 이탈할 수 있다는 거품이론(bubble hypothesis) 또는 일시적 유행가설(fad hypothesis)이 제시되었다. 주식시장의 과잉반응현상으로 인해 단기간의 수익률간에는 양의 관계가 존재하게 되고 시간이 경과하면서 이러한 과잉반응에 대한 수정이 따르게 된다. 즉, 일정 기간에 대한 양의 수익률이 시장의 과잉반응에 의한 것이라면 이에 대한 수정과정으로 음의 수익률이 뒤따르게 되고 마찬가지로 음의 수익률 다음에는 양의 수익률이 뒤따르게 되어 장기간의 수익률간에 음의 상관관계가 존재하게 된다는 주장이다.

Fama와 French(1988a)는 장기수익률간에 유의한 음의 상관관계가 존재함을 발견하였다. 이러한 결과는 거품이론의 주장과 일치하는 결과이지만 동시에 기간별로 위험프리미엄이 변동되는 경우와도 일치하는 결과이다. 예를 들어, 위험프리미엄이 증가되어 할인율이 10%에서 12%로 커지면 주가는 떨어지게 된다. 그후 시장의 주가가 종전의 10%에 비해 더 높아진 할인율(수익률)인 12%를 실현하게 되면 이러한 변동은 효율적 시장과 전혀 배치되지 않음에도 불구하고 마치 시장이 과잉반응 후 이를 수정하는 것으로 해석될 여지가 있다. 또한 장기간 수익률간의 음의 상관관계는 표본기간에서 대공황을 포함한 1940년대 이전 자료를 제외하면 거의 사라진다는 점도 발견되었다. 장기간 수익률을 가지고 연구하는 경우의 한계점은 무엇보다도 충분한 표본을 확보하기 어려워 통계적 검정력이 떨어진다는 점이다. 따라서 장기수익률의 예측가능성에 대한 연구는 처음 보고될 때에 큰 반향을 일으켰음에도 불구하고 시장비효율성 여부에 대한 명확한 결론을 내리지 못하고 있다.

위의 연구는 장기수익률간의 상관관계의 존재가 기대수익률의 변화에서 연유하는지를 살펴보고자 현재 수익률을 과거 실현수익률에 대하여 회귀분석하고 그 회귀계수를 토대로 검증하는 방법을 사용하였다. 그러나 기대수익률의 기간간 변화는 수익률 변화에서 아주 작은 부분에 지나지 않는다. 따라서 기대수익률에 대한 정확한 측정이 요구되는데, 만일 위의 연구에서와 같이 과거 실현된 수익률을 가지고 기대수익률을 측정하게 되면 그로부터 발생하는 측정오차로 인하여 설사 기대수익률의 변화가 장기수익률의 상관관계를 가져온 원인이라고 해도 이를 자기상관계수를 통해 검증하기 매우 어렵게 된다. 이러한 문제를 극복하기 위해 후속연구에서는 기대수익률에 대한 개선된 대용치를 사용하였다.

Fama와 French(1988b)는 배당수익률을 이용하여 1달~5년간의 기간에 대한 수익률 예측을 시도하였다. 연구 결과 배당수익률은 월별수익률이나 분기수익률에 대해서는 미약한 설명력을 보였으나 투자기간이 늘어날수록 설명력이 증가됨을 보고하였다. Campbell과 Shiller(1988)는 E/P비율이 주식수익률에 대한 예측력을 갖는다는 것을 발견하였고 또한 예측력은 장기간의 수익률에 대하여 더 큰 것으로 나타났다. 물론 배당수익률이나 E/P가 수익률에 대한 예측력을 갖는다는 사실이 곧바로 시장효율성을 지지하거나 이를 부정하는 증거가 되는 것은 아니다.

Fama와 French(1988b)는 낮은 배당수익률은 주식에 대한 기대수익률이 낮음을 의미한다고 주장하였으며 그들의 회귀식을 기초로 수익률을 예측할 때 수익률이 음으로 예측되는 경우는 거의 없었다. 따라서 낮은 배당수익률과 연관되는 낮은 주식수익률이 시장에서의 거품이 사라지면서 생기는 음의 수익률이라고 볼 수 없다고 주장하였다. 그러나 시장비효율성을 주장하는 측은 평균적 주가수익률이 높은 수준이기 때문에 거품이 터지면서 수익률이 떨어질 때도 수익률이 낮아질 뿐 반드시 음일 이유는 없다고 반박하였다.

DeBondt과 Thaler(1985)는 시장과잉반응을 이용한 투자가 초과수익률을 획득할 수 있다는 결과를 제시하면서 시장효율성에 대한 강력한 의문을 제시하였다. 그들은 뉴욕증권거래소의 주식을 과거 3년에서 5년간의 성과를 기초로 성과가 매우 좋은 주식(Winner)과 성과가 매우 저조한 주식(Loser)으로 구분하여 포트폴리오를 구성하고 이후 기간에 대한 주식수익률을 살펴보았다. 연구 결과 Winner는 향후 연도에 매우 저조한 수익률을 보였으며 반대로 Loser는 시장에 비해 매우 높은 수익률을 기록하였다. 그들은 이러한 주가반전현상을 정보에 대한 주식시장의 과잉반응현상으로 설명하고자 하였다. Jegadeesh(1990), Lehmann(1990), Chopra, Lakonishok 및 Ritter(1992) 등도 모두 수익률이 매우 저조하던 주식이나 매우 높은 수익률을 보였던 주식이 향후 기간에는 상당한 수익률 반전현상을 보이는 것으로 보고하고 있다. 이들 연구결과는 주가가 최근에 많이 하락한 주식을 사고 반대로 주가가 많이 오른 주식의 구입을 피하는 **역투자전략**(contrarian investment strategy)에 따를 경우 초과수익률을 획득할 수 있음을 시사한다.

Ball과 Kothari(1989)는 **주가반전현상**이 나타나는 이유가 위험조정수익률을 적절히 산정하지 못한 데서 기인한다고 지적하였다. 또한 Ball, Kothari와 Shanken(1995)은 주가반전현상이 환상(illusion)에 불과하다고 주장하였다. 그들은 주가반전현상에 대한 검증과정에서 과거 주식수익률을 기초로 포트폴리오를 구성할 때 12월로 끝나는 기간을 이용하지 않고 연도중간에 끝나는 기간을 이용하면 주가반전현상이 크게 줄어드는 것을 발견하였다. 또한 주가반전현상은 $1 정도의 매우 낮은 주가를 가진 주식들에 집중되어 나타나고 있음이 발견되었다. 이와 같이 낮은 주가의 주식들은 종가가 매수주문가(bid price)로 측정되는가 아니면 매도주문가(ask price)로 측정되는가에 따라 주식수익률에 편의(bias)가 나타날 수 있음을 지적하였으며 특히 포트폴리오 구성기간이 12월말을 기준으로 하는 경우에 크게 나타나고 있다고 보고하였다. 이와 더불어 낮은 주가의 주식은 유동성문제나 거래비용이 크기 때문에 이런 주식의 거래를 통하여 초과수익률을 획득할 수 있을 가능성이 매우 낮다는 점도 지적하였다. 실제 연구결과도 역투자전략에 대한 위험조정수익률이 통계적으로 0과 유의하게 다르지 않은 것으로 나타났다.

또한 주가반전현상은 투자기간에 따라서도 민감한 행태를 보이고 있다. DeBondt과 Thaler의 경우 주가반전현상은 수년간의 장기에 대해 나타난 반면 Jegadeesh 연구와 Lehmann의 연구에서는 1달 이하의 단기간에 대해 나타났다. 이와 대조적으로 Jegadeesh와 Titman(1993)은 3달에서 12달까지의 투자기간에 대한 주가수익률 행태를 검증하였는데, 연구 결과 주가반전의 반대현상인 모멘텀현상을 보고하였다. 이와 같이 주가반전현상은 아직까지 시장효율성에 반하는 명백한 증거로 받아들여지지는 않고 있으며 여전히 논란이 계속되고 있다.

주가의 움직임에 여러 가지 계절성(seasonality)이 존재한다는 결과를 보고한 연구들이 있다. Keim(1983)은 1월, 특히 1월의 첫 5일간의 주식수익률이 매우 높은 이른바 1월효과(January effect)를 보고하였다. 1월효과는 특히 소규모 기업에서 두드러지게 나타났다. French(1980)는 평균적으로 금요일 폐장 때부터 월요일 폐장시까지의 수익률이 음으로 나타나는 주말효과(weekend effect)를 발견하였다. 그러나 이러한 계절성 패턴이 시장비효율성을 의미하는가에 대하여는 논란이 크다. 계절성을 비효율적 시장의 증거로 해석하기보다는 가격결정모형의 문제로 보는 견해도 있고 또한 계절성의 크기 자체가 매우 작아서 거래비용을 고려하는 경우 이를 이용한 거래로부터 초과수익률을 얻기가 어렵다는 주장도 있다.

(2) 수익률 예측에 대한 횡단면적 분석

수익률 예측가능성에 대한 횡단면적 검증연구는 특정한 거래규칙을 이용하여 정기적으로 포트폴리오를 구성할 때 획득되는 수익률이 CAPM과 같은 가격결정모형의 기대수익률과 일치하는지를 고찰하는 연구이다. 이러한 연구는 시장효율성과 연구자가 사용한 균형가격결정모형에 대한 결합검증(joint test)의 성격을 갖는다.

이 분야의 초기 연구는 주로 부정확한 가격설정(mispricing)을 찾아내는 단일지표에 초점을 두었다. Basu(1977, 1983)는 주가수익률(price-earnings ratio, P/E)에 기초한 변칙현상인 P/E효과를 발견하였다. Basu는 낮은 P/E비율을 가지는 주식들의 위험조정수익률(risk-adjusted returns)이 높은 P/E비율을 가지는 주식에 비해 더 크다는 결과를 보고하였다. P/E비율은 이미 시장에 공개된 정보를 가지고 산정할 수 있는 비율이므로 이를 기초로 초과수익률을 획득한다는 것은 효율적 시장가설에 위배되는 결과이다.

Banz(1981)는 소규모 기업에 대한 위험조정수익률이 대규모 기업에 비해 더 높게 나타나는 기업규모효과(size effect)를 발견하였다. 주식의 시장가치로 계산되는 기업규모는 쉽게 얻을 수 있는 정보로서 이를 기초로 초과수익률을 획득한다는 것도 시장효율성에 위배되는 증거라고 할 수 있다.

기업규모효과에 대한 후속연구들은 이러한 기업규모효과가 연중 1월에 집중된다는 것을 발견하였다. 따라서 기업규모효과는 사실상 1월효과와 중복되는 현상으로 볼 수 있다. 1월효과의 발생원인으로는 절세를 목적으로 연말에 평가손실이 난 주식을 매도하여 평가손실을 실현시키고 익년도 초에 동 주식을 재구입하기 때문에 수요증가로 인해 주가가 상승한다는 설명이 제시되었다(tax-loss selling hypothesis). 실제로 Ritter(1988)는 개인 투자자의 주식 매입 대 매각 비율이 12월말에 가장 낮고 1월초에 가장 높다는 결과를 보고하였다. 또한 1월효과가 특히 규모가 작은 기업에 집중되어 나타나는 이유로는 소규모 기업들의 연중 주가변동이 가장 높기 때문에 이들이 절세 목적으로 평가손을 실현시킬 주식 대상에 더 많이 포함되기 때문이라는 것이다. 물론 이러한 설명에 대한 반론도 제기된다. 1월효과가 수요 급증으로 인한 효과라면 당연히 12월말에는 매도 급증으로 인한 음의 12월효과가 나타나야 하는데 그러한 현상은 관찰되고 있지 않다. 또한 이러한 1월효과가 매년 반복된다면 과연 합리적인 투자자가 이를 간과할 가능성이 있겠는가 하는 의문이 제기된다.

그러나 Reinganum(1983)의 연구는 연중 주식가격하락이 클수록 다음 연도에 1월효과가 보다 크게 나타난다는 결과를 보고하였다. 효율적 시장과 관련하여 어떻게 1월효과가 매년 지속될 수 있는가 하는 의문도 제기된다. 이에 대한 하나의 가능한 설명은 소기업 주식을 매매하는 그룹과 대기업 주식을 매매하는 그룹이 다르다는 것이다. 시장효율성의 달성에 기여하는 그룹은 주로 보다 전문적인 기관투자자라고 볼 수 있는데 이들은 주로 대기업 주식을 거래대상으로 한다. 따라서 소기업의 주식은 이들 기관투자자의 관심대상에서 벗어나게 되어 1월효과가 존재하더라도 이를 제거할 무위험차익거래가 행해지지 않으며 이에 따라 1월효과가 지속된다는 것이다.

Arbel과 Strebel(1983)은 대기업에 비하여 소기업은 기관투자자들의 관심의 대상에서 제외되는 경향이 있기 때문에 이들 관심권에서 소외된 기업에 대한 정보는 시장에서 입수하기 어렵다는 점을 지적하였다. 따라서 소기업은 보다 위험성이 높은 투자대상이 되고 이를 보상하기 위해 더 높은 수익률이 제공되어야 한다는 설명이다. 실증분석 결과 소외기업에 대해 1월효과가 가장 크게 나타나는 것으로 판명되었다. Amihud와 Mendelson(1986)은 주식의 유동성에 초점을 두고 1월효과를 설명하였다. 이들 설명에 의하면 유동성이 떨어지는 주식은 더 큰 거래비용이 소요되므로 이를 보상하기 위해 프리미엄이 제공되어야 한다는 것이다. 연구결과 유동성이 떨어지는 주식(대부분 소기업)은 실제로 비정상으로 높은 위험조정수익률을 보이는 것으로 나타났다. 그러나 이러한 설명은 유동성 부족에 대한 프리미엄이 왜 1월에만 집중되는지를 설명하기 어렵다는 한계가 있다.

Fama와 French(1992)는 기업의 자기자본 시장가치 대 장부가치비율(Market-to-Book Ratio, M/B)이 주식수익률에 대해 큰 설명력을 가진다는 결과를 보고하였다. 이 연구는 표본기업을 M/B비율에 따라 10개 그룹으로 분류하고 1963년부터 1990년의 기간에 대해 각 그룹별 평균 월별수익률을 비교하였다. M/B비율이 가장 낮은 그룹의 평균 월별수익률은 1.65%이었는 데 반해 M/B비율이 가장 높은 그룹은 월 0.72%에 불과하였다. 이러한 결과는 낮은 M/B그룹에 속한 주식이 전반적으로 저평가되었거나 아니면 M/B비율이 균형기대수익률을 결정하는 위험요인의 대용치라는 해석을 가능하게 한다. Fama와 French는 기업규모와 M/B비율을 통제한 후 베타는 주식수익률에 대한 설명력을 보이지 못함을 발견하였다. 이러한 결과는 위험측정치로서 베타의 유용성에 대한 논쟁을 촉발시킬 만큼 큰 반향을 일으켰다. 그러나 Kothari, Shanken 및 Sloan(1995)은 월별수익률 대신 연간수익률을 사용하여 베타를 추정하고 추정된 베타가 높을수록 기업의 수익률도 평균적으로 더 높다는 연구결과를 얻었다. 또한 이 연구에서 M/B의 설명력은 Fama와 French의 연구와 비교할 때 훨씬 낮게 나왔으며 이를 기초로 Fama와 French가 제시한 M/B의 중요성이 과대평가되었을 가능성을 지적하였다.

이제까지 살펴본 시장변칙현상들에 대해서는 상반된 해석들이 제시되고 있다. Fama와 French(1993)는 차익거래가격결정모형을 이용하여 기업규모나 M/B에 대한 민감도가 큰 주식일수록 평균수익률이 높다는 것을 발견하였으며 이 결과를 기초로 기업규모나 M/B를 기업의 위험에 대한 대용변수로 해석하였다. 따라서 기업규모효과나 M/B효과는 위험에 비례하여 기대수익률이 결정되는 합리적 시장과 배치되지 않는 현상으로 보았다. Lakonishok, Shleifer와 Vishny(1994)는 동일한 현상에 대하여 정반대의 해석을 제시하였다. 이들은 시장변칙현상이 비효율적 시장에 대한 증거이며 특히 재무분석가가 예측시 범하는 체계적인 오류를 나타내는 것이라고 주장한다. 재무분석가는 기업의 과거실적이 미래에 지속되는 정도를 과도하게 예측하고 있으며 이에 따라 최근성과가 좋은 주식은 과대평가되고 최근성과가 저조한 주식은 과소평가된다는 것이다. 그러나 시간이 지남에 따라 시장참여자들은 재무분석가의 오류를 인식하게 되고 이를 수정하는 과정에서 가격의 반전이 발생된다는 것이다. 이러한 설명은 가격반전현상에 대한 명백한 하나의 설명이 되며 가격이 대폭 하락한 주식들은 소규모 기업이거나 낮은 *M/B*비율을 가지고 있는 경향이 있으므로 기업규모효과나 *M/B*효과에 대하여도 어느 정도 설명이 될 수 있다.

Daniel과 Titman(1997)은 시장변칙현상이 위험프리미엄으로서 설명될 수 있는지를 검증하였다. 먼저 표본기업을 기업규모와 *M/B*비율에 따라 분류하고 그 다음 단계로 이들 요인에 대한 베타를 기초로 포트폴리오를 더욱 세분하였다. 그들은 일단 기업규모와 *M/B*비율이 결정되면 이들 요인에 대한 반응계수인 베타는 기대수익률에 대한 설명력을 가지지 못함을 발견하였다. 따라서 이 연구는 기업규모나 *M/B*비율에 대한 베타가 아니라 이들 요인 자체가 수익률에 영향을 준다고 결론내렸다. 이러한 결론은 Fama와 French가 제시한 변칙현상에 대한 위험프리미엄 설명과는 상반되는 것이다.

시장변칙현상에 대해서는 위의 연구 외에도 최근 회계학 분야에서 수행된 시장과잉반응에 대한 연구와 시장이 발생항목(accruals)의 의미를 적절히 파악하는가를 고찰한 연구들이 있다. Lakonishok, Shleifer와 Vishny(1994)는 현금흐름수익률과 매출성장률을 사용하여 장기적으로 초과수익률을 가져올 수 있는가를 살펴보았다. LaPorta(1996) 및 Dechow와 Sloan(1997)은 재무분석가의 낙관적 예측에서 기인하는 시장과잉반응현상에 대한 검증을 하였으며 Sloan(1996), Collins와 Hribar(2000) 및 Xie(2001)의 연구는 극단적 크기의 회계발생항목을 가진 포트폴리오에 대한 시장의 과잉반응에 대해 검증하였다. 이들 연구의 공통적인 결론은 시장이 기업가치를 나타내는 속성에 대하여 과잉반응한 후 장기에 걸쳐 이에 대한 수정을 한다는 것이다.

Bradshaw, Richardson과 Sloan(1999)은 전문적인 재무분석가들이 극단적 발생항목의 평균회귀성질에 대하여 이해하고 있는지 검증하였다. 연구 결과 재무분석가들은 이익예측시에 극단적 발생항목의 평균회귀성질을 고려하지 못하는 것으로 나타났다. 즉, 비정상적으로 높은 발생항목이 가지는 의미를 충분히 파악하지 못한다는 결론을 내리고 있다.

Ali, Hwang과 Trombley(2000)는 발생항목에 기초한 투자전략에서 획득하는 수익률이 투자자의 전문화 정도에 따라 차이나는지를 검증하였다. 구체적으로 그들은 발생항목에 기초한 투자전략의 수익률이 거래비용이 클수록, 재무분석가의 수가 작을수록 그리고 기관투자자의 소유 정도가 낮을수록 더 크게 나타나는지를 분석하였다. 여기서 거래비용이나 재무분석가의 수, 기관투자자의 소유비율 등은 투자자의 전문적 수준을 나타내는 대용변수로 사용된 것이다. 연구결과 수익률은 투자자의 전문성 정도와는 관련이 없는 것으로 나타났다. 이러한 결과는 발생항목에 기초한 투자전략으로부터의 수익률이 기능적 고착화[6](functional fixation)로부터 비롯된다기보다 누락된 위험요소, 연구설계에 반영된 통계적 편의 또는 생존편의, 장기 성과측정에 개재된 편의 및 특정 표본기간에만 존재하는 현상일 가능성이 더 크다는 것을 시사한다고 볼 수 있다.

앞서 살펴본 연구들은 단일 변수에 기초하여 수익률 예측가능성을 살펴본 데 반해 회계학 분야에서 수행된 일련의 연구는 다양한 변수들을 이용한 수익률 예측가능성을 고찰하였다. Ou와 Penman(1989a, 1989b)은 여러 가지 재무비율을 가지고 미래이익의 변동방향(양 혹은 음)을 예측하는 *Pr* 지표를 추정하고 이를 기초로 투자하는 경우 양의 초과수익률을 얻을 수 있다고 보고하였다. 이들 연구결과는 추후 연구가 밝힌 바와 같이 여러 가지 문제점을 가지고 있었지만 발표 당시 회계정보를 이용한 기본적 분석(fundamental analysis)의 유용성을 고취시켰다는 점에서 매우 큰 반향을 일으켰다. Holthausen과 Larcker(1992)는 Ou와 Penman의 연구결과가 그들이 사용한 표본기간 후에는 나타나지 않는다는 결과를 보고하였고 Stober(1992)와 Greig(1992)는 *Pr* 지표에 기초한 투자전략에서 획득된 수익률이 위험요인에 대한 보상인 것으로 해석하였다. 구체적으로 Stober(1992)는 *Pr* 지표를 이용한 초과수익률이 6년 이상 지속되는 것을 보였고 Greig는 기업규모를 통제하면 *Pr* 효과는 사라진다고 보

6) 기능적 고착화란 회계정보이용자가 보고된 수치를 기계적으로 해석하는 태도를 의미한다. 예를 들어, 기업의 성과에는 별 차이가 없고 재고자산방법이나 감가상각방법을 달리 사용하기 때문에 보고이익에 차이가 나더라도 기능적으로 고착된 정보이용자는 이러한 요소를 고려하지 못하고 보고된 수치에만 의존하게 된다.

고하였다.

Lev와 Thiagarajan(1993) 및 Abarbanell과 Bushee(1997, 1998)의 연구는 재무비율에 기초한 전통적인 기본적 분석을 이용하여 초과수익률을 획득할 수 있는지 검증하였다. 연구결과 이러한 전략은 포트폴리오를 형성한 이후 1년 동안 두 자리의 초과수익률을 발생시키는 것으로 나타났다. 따라서 이들 연구는 주식시장이 재무비율에 대해 상당히 더디게 반응한다는 것을 시사하고 있다. 제5장에서는 회계정보를 이용한 기본적 분석에 대한 연구를 보다 자세히 소개하고 있다.

Frankel과 Lee(1998), Dechow, Hutton과 Sloan(1999) 및 Lee, Myers와 Swaminathan(1999)은 초과이익모형과 재무분석가의 예측치를 활용하여 기업의 기본적 가치를 예측한 다음 이에 기초하여 투자함으로써 초과수익률을 얻을 수 있다는 결과를 보고하였다. 초과이익모형을 이용한 기본적 분석은 제10장에서 상세히 다루어진다.

2. 사건연구

효율적 시장에 대한 검증에서 매우 중요한 연구방법 중의 하나는 사건연구(event study)이다. 사건연구는 자본시장에 새로운 정보가 공표될 때 이에 대한 시장반응을 살펴보는 연구이다. 만일 시장이 효율적이라면 공표되는 새로운 정보는 신속하고 올바르게 가격에 반영되어야 한다. 사건연구는 Fama의 3가지 효율적 시장유형 가운데 특히 준강형가설, 즉 시장가격이 공표되는 새로운 정보에 대해 얼마나 신속히 조정되는가를 검증하는 데 많이 이용되었다.

사건연구의 효시는 Fama, Fisher, Jensen과 Roll(1969)의 연구라고 할 수 있다. 이 연구는 주식분할이 주가에 미치는 영향을 분석하였다. 주식분할 그 자체는 경제적 효익을 수반하지 않지만, 일반적으로 주식분할 후에는 배당증가가 뒤따르며 이는 경영자가 회사 전망에 대해 자신감을 가지고 있다는 것을 의미한다. 따라서 주식분할은 일반적으로 주가상승을 가져온다. 이들 연구결과에 따르면 주식분할이 공표된 시점에서 주가는 주식분할에 대한 정보를 매우 신속하고 충분하게 반영하는 것으로 나타났다. 또한 주식분할 발표시점전 기간에 이미 상당한 수익률을 얻을 수 있는 반면 발표 후에는 초과수익률을 얻지 못하는 것으로 나타났다. 이와 유사하게 합병공시에 대해서도 합병대상기업의 주가는 이를 신속히 반영하는 것으로 나타났다.

자본시장 회계분야에서 이루어진 시장효율성에 대한 사건연구는 크게 단기간(short window) 검증과 장기간(long window) 검증으로 나누어볼 수 있다.

먼저 단기간 검증의 대표적인 연구를 살펴보자. Patell과 Wolfson(1984)은 이익공표와 배당공표에 대한 주가의 반응속도를 거래일 내(intra-day) 수익률 자료를 이용하여 검증하였다. 연구결과 주가반응 중 가장 큰 움직임은 정보공표 후 5분~15분 내에 발생하는 것으로 나타나 주식시장은 발표된 정보를 매우 신속하게 처리하는 것으로 보고된 바 있다. Lee(1992)는 거래일 내의 수익률 및 거래량 자료를 가지고 이익정보에 대한 시장반응속도를 검증하였다. 연구결과 비기대이익과 동일한 부호를 갖는 유의한 가격반응이 발견되었다. 이익공표에 대한 가격반응은 30분 이내에 완료되었으며 그 후에는 통계적으로 유의한 가격변화가 발생하지 않았다. 거래량에 대한 결과 역시 시장의 신속한 반응을 보여주었다. 규모가 큰 거래는 이익공표 후 2시간 내에 발생되었으며 작은 거래량도 공표 후 수시간 내에 발생하는 것으로 나타나 시장의 반응이 상당히 신속하다는 과거 연구의 결론을 확인하였다.

장기간 사건연구에서 가장 대표적인 것은 이익공표 후 주가표류현상(post-earnings announcement drift)이라고 할 수 있다. 이는 이익정보가 공표된 후 이를 기초로 하여 이익공표 이후 기간에 대한 초과수익률을 예측할 수 있는 현상을 말한다. 만일 비기대이익이 양이면 이익공표 후 기간에 양의 초과수익률을 얻고 비기대이익이 음이면 음의 초과수익률을 얻게 된다. 이러한 현상은 효율적 시장과 배치되고 있으며 시장가격이 발표된 이익정보를 충분히 반영하지 못한다는 것을 의미한다. 이러한 현상은 일찍이 Ball과 Brown(1968)의 연구에서 보고된 이래로 많은 연구에 의해 확인되고 있다. 이러한 주가표류현상은 이익공표 후 1년까지 지속되며 그 크기도 통계적으로나 경제적으로 유의한 정도로 나타나고 있다. 이 분야의 후속연구는 주로 주가표류현상의 원인을 찾거나 주가표류현상이 기존의 시장변칙현상과 구분되는 별개의 현상인지에 대하여 고찰하고 있다. 주가표류현상에 대하여는 제5장에서 좀더 논의가 이루어진다.

자본시장 회계분야에서 시장효율성과 관련하여 수행된 또 다른 중요한 주제는 주식시장이 회사간 회계방법차이 및 회계처리방법 변경에 대해 효율적으로 반응하는가의 문제이다. 회계처리방법의 선택은 대부분 그 자체로는 현금흐름에 대한 영향이 없기 때문에 시장이 이러한 회계방법의 차이를 제대로 이해하는가를 살펴봄으로써 적절한 시장효율성 검증이 수행될 수 있을 것으로 기대하였다. 그러나 이러한 효율성 검증은 처음 기대한 바와 달리 효율적 시장에 대한 적절한 검증이 되기 어렵다는 한계점이 발견되었다. 회사의 회계처리방법의 선택 및 회계방법의 변경은 각 회사의 여러 경제적 특성을 반영하여 결정된다고 볼 수 있다. 따라서 회사간 회계처리방법은 단순히 여러 회계방법 중에서 무작위로 선택된 것이 아니고 투자 및 자금조달결정, 성장기회, 부채 및 경영자보상계약의 내용을 반영하여 결정되었다고 보아야 한다. 이러한 경제적 특성의 차이는 기대수익률이나 주가배수의 크기에 차이를 가져올 수 있게 된다. 따라서 순수하게 회계처리방법 차이에 따른 시장반응만을 분리하여 검증하기란 매우 어렵다.

회계방법변경에 대한 시장반응을 이용한 검증에서도 유사한 문제가 발생한다. 기업들이 회계처리방법을 변경하기 전에 비정상적인 기업성과를 보이는 경우가 일반적이다. 따라서 회계처리방법의 변경은 순수한 회계변경이라기보다 기업의 투자 및 재무적 의사결정의 변화와도 연관될 가능성이 매우 높다. 예를 들어, Ball(1972), Sunder(1975), Brown(1980)은 재고자산 평가방법을 LIFO로 변경한 회사들의 회계방법 변경시점까지의 평균이익과 수익률은 정상적 수준을 초과하고 있는 것으로 보고하고 있다. 기업의 경제적 성과와 투자 및 재무의사결정의 변화는 기대수익률의 변화와 연관되므로 회계방법 변경후 장기간에 걸쳐 측정되는 위험조정수익률의 의미를 정확히 평가하기란 쉽지 않다. 또한 많은 기업들의 경우 회계변경을 별도로 발표하고 있지 않기 때문에 사건연구에서 주식시장이 회계변경을 인지한 시점을 정확히 파악하기도 어렵다.

주식시장이 보고된 회계이익에 대해 기능적 고착화(functional fixation)를 보이는지에 대해 많은 연구가 수행되어 왔다. 이들 연구의 대체적인 결론은 시장이 현금효과를 수반하지 않는 순수한 회계방법차이에 따른 이익효과에 대해서 적절하게 반응한다는 것이다. 회계처리방법과 관련된 시장효율성 연구는 감가상각방법, 재고자산평가방법, 연구개발비, 연금부채, 기업결합시 매수법과 지분풀링법의 적용효과 등에 대해 수행되어 왔다.

초기 자본시장연구에서는 회계변경에 초점을 두고 시장효율성을 검증하려는 노력이 많이 있었다. 대표적인 예로는 Ball(1972), Kaplan과 Roll(1972), Archibald(1972), Sunder(1973, 1975)의 연구를 들 수 있다. 이들 연구는 회계변경시점 또는 변경시점근방의 주식수익률을 관찰하였다. 이들 연구의 대체적 결론은 회계변경 발표 효과는 작았으며 회계변경회사의 장기적 성과는 효율적 시장에 대한 뚜렷한 결론을 내릴 만큼 명확하지 못한 것으로 나타났다. 이러한 연구에서 직면한 어려움은 회계변경이 현금흐름효과를 수반하는 경우도 있으며 또한 회계변경이 기업의 여러 내생적 의사결정과 연관되고 있다는 점이었다. 따라서 회계변경의 순수한 효과만을 구분하여 검증하기란 매우 어려운 작업이었다. 기업에 의한 회계방법의 선택, 회계방법차이 및 회계변경에 대한 시장반응을 고찰한 연구는 제8장에서 상세하게 논의된다.

최근 들어 발생항목(accrual)의 조정과 재무분석가의 낙관적 이익예측치에 대한 주식시장의 효율성을 고찰한 연구가 다수 있다. 이들 연구의 핵심은 기업의 경영자가 발생항목을 이용하여 기업의 성과를 부풀리거나 재무분석가가 기업의 향후 전망에 대하여 과도하게 낙관적인 예측을 하고 있을 때 시장이 이를 액면 그대로 받아들이고 있는가를 검증하는 것이다. 경영자나 재무분석가는 기업에 대해 낙관적인 예측치를 내놓을 여러 가지 유인을 가지고 있다. 신규상장이나 유상증자를 앞둔 경영자는 발생항목의 자의적 조정을 통해 기업의 미래 이익전망치를 보다 낙관적으로 제시하고 이를 기초로 더 높은 발행가격을 설정하고자 할 수 있다. 재무분석가의 경우에는 자신이 속한 투자은행이 기업인수서비스나 중개서비스와 관련된 영업에서 보다 유리한 거래조건을 얻고자 의도적으로 해당기업에 대한 낙관적 예측치를 내놓을 유인이 있다. 1990년대 후반부터 신규상장기업이나 유상증자를 앞둔 기업의 자의적 발생항목 조정 행태 및 이에 대한 시장반응을 고찰한 연구가 수행되었으며 또한 재무분석가의 이익예측치에 개재된 편의 및 이에 대한 시장반응을 분석한 연구도 다수 있다. 발생항목과 관련된 연구는 제9장에서 상세히 다루어지고 재무분석가의 예측 및 이와 관련된 효율성 연구는 제7장에서 상세히 논의된다.

3. 사적 정보에 대한 시장효율성

시장가격이 공개된 이용가능한 정보가 아닌 사적 정보(private information)까지도 반영하는가를 검증한 연구들이 있다. 이는 Fama의 효율적 시장 유형분류에 따를 때 강형 효율성 검증에 해당한다. 그러나 사적 정보는 표현 그대로 시장참여자의 특정 집단만이 가지고 있는 정보이므로 어떤 그룹이 사적 정보를 가진 그룹인가를 결정하여야 한다. 그간의 연구는 기업내부자, 재무분석가 및 기금관리자의 3집단을 대상으로 사적 정보에 대한 효율성 검증을 수행해 왔다.

(1) 내부자거래에 대한 검증

기업내부자가 보유하는 정보는 사적 정보의 대표적인 예이다. 따라서 사적 정보에 기초한 내부자(insider)의 거래로부터 초과수익률을 얻을 수 있는지에 대해 여러 연구가 이루어져 왔다. Jaffe(1974)는 내부자가 주식을 매입한 후 주가가 오르고 주식을 매각한 뒤 주가가 떨어지는 경향이 있음을 발견하였다. 따라서 내부정보를 이용한 거래에서 이익을 얻을 수 있다는 결론이다. 그러나 Jaffe의 결과 중에서 잘 이해하기 어려운 점은 내부거래의 내역이 공표되어도 시장이 이에 대해 신속하게 반응하지 못한다는 것이다. 따라서 기업 외부자들도 내부자거래가 공표된 후에 이를 이용하여 이익을 얻을 수 있게 된다. 이러한 결과는 준강형 효율적 시장가설과 정면으로 배치된다. Seyhun(1986)은 Jaffe의 결과를 재검토하였다. 연구 결과 기업내부자가 내부자거래를 통해 이익을 얻는다는 결과는 확인하였으나 외부자가 내부자거래에 대해 공표된 정보를 기초로 이익을 얻을 수는 없는 것으로 나타났다. Seyhun은 Jaffe가 기대수익률을 산정함에 있어서 CAPM 모형을 사용함으로써 기업규모효과를 고려하지 못하였음을 지적하였으며 만일 기업규모효과를 고려하면 공시된 내부자거래를 기초로 초과수익률을 획득하지 못하는 것으로 나타났다.

(2) 재무분석가에 대한 분석

Value Line Investment Survey는 1,700여 주식에 대하여 투자추천 정도에 따라 5등급으로 구분하여 발표하고 있다. 기업의 순위는 주로 이익의 주가에 대한 상대적 성과, 가장 최근 분기에 대한 비기대이익 등을 고려하여 결정된다. 이러한 Value Line의 추천정보가 미래수익률에 대하여 예측력이 있는가를 고찰한 연구가 있다. Black(1973)은 1등급 종목(강력한 매수추천종목)이 10%의 초과수익률을 갖는 데 반해 5등급(매도추천종목) 주식은 −10%의 초과수익률을 보인다고 보고하였다. 이러한 결과는 Value Line 예측치가 가격에 반영되지 않은 정보를 가지고 있음을 시사한다. Copeland와 Mayers(1982)는 좀더 정확한 위험조정수익률 계산방법을 이용하여 위의 연구를 반복 수행해 보았다. 연구 결과 매수추천종목과 매도추천종목 간의 위험조정수익률의 차이는 앞의 연구에 비해 훨씬 작은 것으로 나타났다. 매수추천종목은 1.52%, 매도추천종목은 −2.97%의 초과수익률을 보였는데, 이는 Black의 결과보다 훨씬 작은 수치이다. 그러나 이 정도의 차이도 효율적 시장가설과는 상당한 괴리를 보인다고 할 수 있다. Stickel(1985)은 Value Line의 종목순위 변경이 해당 주식에 대해 초과수익률을 발생시키는지 검증하였으며 순위조정 후에 초과수익률을 얻을 수 있다는 결과를 보고하였다. 흥미로운 결과는 순위조정에 가장 민감한 주식은 소규모 기업주식이라는 점이다. 이는 소규모 기업의 경우 평소에 재무분석가의 분석대상에서 제외되어 있었기 때문에 등급변경이 시장에 대해 전달하는 정보가 대기업에 비해 훨씬 클 수 있기 때문인 것으로 해석된다.

(3) 전문적 기금관리자에 대한 검증

투자신탁기금의 관리자가 일반투자자보다 내부정보를 비롯한 정보력에서 앞선다는 점에 착안하여 전문적인 펀드관리자의 성과를 고찰한 연구가 많이 있다. Jensen(1968)은 1945~64년의 기간에 대해 투자기금에 대한 투자수익률이 CAPM 모형에 따라 계산된 기대수익률보다 평균적으로 약 1% 정도 낮다는 결과를 얻었으며, 115개의 투자기금의 반 이상이 CAPM에 따른 기대수익률에 못 미치는 것으로 나타났다. Jensen은 이를 기초로 펀드매니저가 사적 정보를 가지고 있지 않다고 결론내렸다. Jensen(1969)은 후속연구에서 어느 한 해에 초과수익률을 올린 펀드가 추후에도 계속해서 초과수익률을 기록할 수 있는지 고찰하였다. 만일 주식시장이 효율적이라면 어느 한 해에 초과수익률을 얻었더라도 이후에 계속해서 초과수익률을 얻을 수 있는 확률은 50% 이하여야 한다. 연구결과 어느 한 해에 초과수익률을 얻은 펀드가 그 다음 해에 계속해서 초과수익률을 기록할 확률은 50%와 크게 차이나지 않는 것으로 판명되었으며 Jensen은 펀드매니저의 성과가 시장포트폴리오에 투자하고 계속 보유하는 전략에 비해 우월하지 못하다고 결론내렸다.

최근 펀드매니저의 성과에 대한 연구는 우월한 성과를 지지하는 증거와 반대되는 증거가 혼재해 있다. Ippolito(1989)는 투자기금펀드의 성과에 대해 광범위한 분석을 실행하였다. 그는 Jensen의 연구기간에 20년을 추가하였으며 143개의 펀드 성과를 조사하였다. 연구 결과 제반비용을 제외하고 0.83%의 초과수익률을 올리는 것으로 나타났다. 그러나 대부분의 펀드 성과는 순수한 소극적 투자전략과 그다지 다르지 않았으며 143개 중 12개만이 유의하게 양의 초과수익률을 보이는 것으로 보고했다. Ippolito는 이러한 결과를 Grossman과 Stiglitz의 모형에서와 같이 노이즈가 존재하는 합리적 기대모형과 일치하는 것으로 해석하였다. 즉, 기금매니저와 같은 전문적 투자자는 그들의 정보획득 및 분석비용에 대해서 보상받아야 계속적으로 정보획득활동을 수행할 유인을 가진다는 것이다.

반면에 Brinson, Hood 및 Beebower(1986)는 91개의 연금펀드의 수익률이 포트폴리오의 적극적 관리로 인해 오히려 떨어졌다고 보고하고 있다. 연금기금의 수익률을 주식과 사채로 구성된 지수 포트폴리오에 투자한 경우와 비교한 결과 연금기금의 수익률이 평균적으로 연간 1.1% 정도 더 낮게 나타났다.

Grinblatt와 Titman(1989)은 5년간의 투자기간을 대상으로 하여 투자기금의 초과수익률이 지속적으로 존재한다는 결과를 보고하였다. 그러나 지속성의 크기가 투자전략에 활용될 정도로 크지는 못한 것으로 나타났다. Hendricks, Patell과 Zechhauser(1993)도 기금의 우월한 투자성과가 지속된다는 결과를 보고하였다. 특히, 기준연도의 투자성과는 다음 연도의 성과에 대하여 예측력이 있는 것으로 나타났다.

채권형 기금의 성과에 대해서는 Blake, Elton과 Gruber(1993)의 연구가 있다. 이들은 고정수익증권의 성과를 살펴보았는데 연구결과 평균적으로 채권형 수익증권은 채권형 지수보다 관련 제반 비용만큼 낮은 수익률을 보였다. 또한 과거의 수익률이 미래의 수익률에 대하여 예측력을 갖지 않는 것으로 나타났다. 이러한 결과는 효율적 시장과 일치하는 증거라고 볼 수 있다.

위에서 살펴본 바와 같이 전문적 투자자의 투자성과에 대한 연구결과가 반드시 서로 일치하고 있는 것은 아니지만 전체적으로는 시장효율성과 일치하는 것으로 보인다. 펀드매니저의 성과가 시장지수와 비교시 통계적으로 유의한 차이를 보이지 않았으며 소극적 투자전략보다 우월한 성과를 보이는 경우는 별로 없었기 때문이다. 또한 우월한 성과를 보이는 경우라도 그 차이는 상당히 작은 정도에 그치는 것으로 나타나고 있다.

4. 시장효율성에 대한 행동재무학의 비판적 시각과 적응적 시장가설

현대 금융경제학에서 가장 영향력을 발휘하는 아이디어 중의 하나는 시장가격이 모든 정보를 합리적으로 그리고 즉각적으로 반영한다는 Fama(1965)의 효율적 시장가설(EMH: Efficient Market Hypothesis)이다. 그러나 최근 들어 효율적인 시장가설이 성립하지 않는다는 증거들이 속속 발견됨에 따라 합리적 기대에 근거한 최적화를 전제로 하는 표준적인 재무관리모형을 대체할 대안들이 모색되고 있다. 이들 대체적 접근법은 행동재무학(behavioral finance)이란 이름으로 통칭되며 기본적으로 인간은 심리학에서 발견된 다양한 종류의 인식편의(cognitive bias)에 따라 행동하는 것으로 가정하고 있다. 즉 이러한 다양한 종류의 인식편의들을 활용하여 표준적인 재무모형이 설명하지 못하는 부분을 설명하려는 시도를 하고 있다.

행동재무학은 효율적 시장을 전제하고 있는 전통적 시각에 비해 더 광범위한 연구패러다임에 기초한다(Ritter 2003).[7] 행동재무학은 폰노이만-모겐스테른 기대효용이론과 차익거래가정에 기반한 모형에 비해 덜 제약적인 모형을 사용하여 금융시장을 연구한다. 행동재무학은 기본적으로 인지심리학이론과

7) 효율적 시장가설은 기대효용의 극대화를 추구하는 합리적 투자자의 참여를 가정하고 있다.

차익거래의 한계성에 착안하고 있다. 행동재무학은 인지심리학에서 개발된 제반 지식을 활용한다. 또한 과거 전통적 패러다임에서 전제했던 차익거래가 상황에 따라서 효과적으로 이루어지지 않을 가능성을 인정한다.

현대재무학이 기초하고 있는 EMH에서는 비정상이익을 추구하는 투자자들간의 경쟁으로 인해 시장가격이 올바른 가격으로 접근한다고 설명하고 있다. EMH하에서도 모든 투자자 개개인이 합리적이라는 가정을 하는 것은 아니지만 시장의 합리성은 가정한다. 물론 EMH하에서 시장이 미래를 완벽하게 예측한다고 가정하지는 않지만 적어도 미래에 대한 불편적(unbiased) 예측은 하는 것으로 가정한다. 이에 반해 행동재무학에서는 상황에 따라 자본시장이 정보처리에 있어서 비효율적이라고 주장한다.

행동재무학을 연구하는 사람들은 주식시장에서 관찰되는 주가의 특이현상들이 투자자의 불합리성을 의미하는 것으로 믿고 의사결정과 관련된 심리학의 연구결과에 기초하여 특이현상들을 설명한다. 인지심리학에 의하면 인간의 의사결정과정에서는 다음에 설명하는 다양한 유형의 오류(bias)가 발생하고 있으며 행동재무학은 이러한 오류를 활용하여 주가의 이상현상을 설명한다.

(1) 휴리스틱스(heuristics)[8)]

휴리스틱스를 사용하여 의사결정을 하면 정교한 분석을 행하는 경우에 비해 편리하다. 그러나 이러한 규칙을 따르다보면 상황이 변화하는 경우에 오류(편의)가 개재된 의사결정을 하는 문제점이 있다. 예를 들어, 많은 투자자들이 n개의 투자대안이 있는 경우 각 대안에 대해 투자금액의 1/n만큼씩을 투자하는 방법을 따르는 것으로 알려져 있다.

(2) 자기과신(overconfidence)

자기과신이란 일반적으로 자신의 능력을 과대평가하는 것을 말한다. 자기과신의 예로는 투자자들이 분산투자를 너무 소홀히한다는 것이다. 즉 투자자들은

---

8) 휴리스틱스는 주먹구구식 법칙, 개략적 법칙, 발견적 방법 등으로 번역되기도 한다.

자신이 잘 아는 회사에 대하여 너무 과도한 투자를 하는 경향이 있다. Barber와 Odean(2001)은 주식투자자의 자기과신과 투자성과에 대하여 연구한 바 있다. 연구 결과 자기과신이 높을수록 거래빈도가 잦아지고 투자수익률은 떨어지는 것을 발견하였다. 또한 이러한 자기과신은 여성보다는 남성에게서 더 많이 나타나는 것으로 밝혀졌다.

(3) 심적 회계(mental accounting)

심적 회계란 자신이 가지고 있는 현재와 미래의 자산과 수입을 그 출처와 용도에 따라 별개의 그룹으로 나누어 생각하는 경향을 의미한다. 마치 기업이 사업내용을 기록하는 회계장부를 가지고 있듯이 사람의 마음 속에도 회계장부를 갖고 있다는 것이다. 예를 들어 다음의 두 가지 경우를 비교해 보자. 첫째, 공연을 관람하기 위해 10만원짜리 공연티켓을 사려고 할 때 10만원의 현금을 분실하였음을 발견하였다. 이때 10만원을 지불하고 공연티켓을 살 것인가? 둘째, 공연장에 도착하여 입장하고자 할 때 10만원을 주고 구입한 공연티켓을 분실하였음을 알게 되었다. 이때 다시 10만원을 지급하고 공연티켓을 살 것인가? Kahneman과 Tversky(1984)가 행한 실험결과에 의하면 첫 번째 경우 사겠다고 대답한 사람의 비율은 88%, 두 번째 경우는 46%였다. 이런 차이는 어떻게 설명할 수 있는가? 어느 경우나 10만원의 가치를 잃어버린 것은 마찬가지다. 인간이 합리적으로 행동한다면 두 경우에 대해 동일한 대답이 나와야 한다. 이러한 결과는 심적 회계를 통해 설명할 수 있다. 공연티켓을 산 사람은 마음속에 '문화비'라는 계정과목에 기록한다. 그런데 공연티켓을 잃어버린 후 다시 구입하면 문화비에 합계 20만원을 써야 한다. 반면 현금 10만원을 잃어버린 사람은 문화비가 아닌 현금의 감소여서 문화비로 10만원을 쓰는 데 아깝게 느끼지 않는다는 것이다. 이와 같은 현상을 심적 회계라고 부른다.

(4) 프레이밍효과(framing effect)

어떤 문제나 상황이 제시되는 방법 또는 표현되는 틀에 따라 문제나 상황을 판단하는 방향이 영향을 받는 현상을 프레이밍효과라고 한다. 예를 들어, 식

당들은 매우 이른 아침이나 덜 붐비는 시간대에 할인을 제공한다는 광고를 내는 반면 바쁜 시간대에 추가요금을 받겠다는 식의 광고는 하지 않는다. 또한 의학에서 약효를 사망률로 표현한 경우와 생존율로 표현한 경우의 각각에 대해 상이한 추천의견을 제시한다는 연구결과도 보고되어 있다. 그러나 사망률과 생존율의 합은 1이기 때문에 이러한 결과는 프레이밍효과에 따른 편의를 보여준다.

(5) 대표성 오류(representativeness bias)

대표성 오류란 어떤 현상을 파악할 때 일부만 보고 전체를 판단하는 잘못을 말한다. 예를 들어 첫인상에 지나치게 의존하거나 단편적인 사실만 갖고 상황을 파악하는 경향이다. 대표성 오류의 가장 전형적인 예가 소수의 법칙(law of small numbers)이다. 사람들은 흔히 어떤 사건이 발생할 확률이 그 사건이 속한 전체 집단의 확률과 동일하다고 생각하는 경향이 있다는 것이다. 즉 아무리 작은 집단이라도 전체를 대표할 수 있는 것으로 생각한다는 것이다. 예를 들어, 주식투자에 있어서 몇 개의 금융주의 상승이 있으면 모든 금융주가 상승한다고 믿는다든지 투자자가 최근의 경험이나 최근의 투자수익률에 지나치게 의존하는 것을 들 수 있다.

(6) 닻내리기효과(anchoring)

닻내리기효과란 사람들이 의사결정을 할 때 초기의 정보를 사용하는 행태를 말한다. 즉, 사람들이 어떤 상황을 평가할 때 초기에 외부로부터 주어진 정보나 시작점에 따라 자신의 평가를 조절한다는 것이다. 예를 들어, 올해 주가의 최고치를 전망할 때 지난 해 연말 주가를 떠올리고 이를 출발점으로 생각한다는 것이다.

(7) 보수주의(conservatism)

사람들은 상황이 변화할 때 일반적으로 그 변화에 대해 신속하게 반응하지 않는다. 이러한 보수주의 오류는 대표성 오류와 대치되는 개념이다. 변화가 일어날 때 사람들은 보수주의 오류로 인해 변화에 대해 과소반응을 보이다가 변화가 지속되면 그 변화에 대해 과잉반응을 하게 되고 장기적 평균을 충분히 고려하지 못하는 경향이 있다는 것이다.

(8) 처분효과(disposition effect)

보유자산의 가격이 매수가격 이하로 떨어졌을 때 매도하기를 주저하는 현상을 말한다. 실패한 투자자들의 대부분은 손실을 발생시키는 자산은 매각하지 않고 계속 보유하며 이익이 되는 자산은 바로 처분하여 추가이익 획득의 기회를 잃는 경향이 있다. 행동재무학에서는 처분효과가 평균회귀의 가능성에 대한 과도하고 왜곡된 맹신을 반영한다고 본다.

행동재무학에서 시장의 효율성이 달성되지 못하는 또 다른 요인으로는 차익거래의 한계를 들고 있다. 금융자산에 대한 부적절한 가치평가는 흔히 있는 일이지만 이러한 부적절한 가격을 이용하여 비정상수익을 획득하기란 쉽지 않다. 부적절한 가치평가에는 다음과 같이 두 가지 유형이 있다. 즉, 반복적으로 발생하거나 차익거래로 해소되는 유형과 비반복적이고 장기적인 성질을 갖는 유형이 있다. 전자의 경우에는 차익거래를 수행하여 이익을 획득하고 부정확한 가치평가를 해소하는 것이 가능하다. 그러나 장기적인 성격의 비반복적인 부정확한 평가는 상황이 완전히 종료되기까지는 어디가 정점이고 어디가 저점인지를 파악하기 매우 어렵다. 따라서 빈번하게 발생하는 평가오류는 차익거래가 가능하지만 발생빈도가 낮은 평가오류는 차익거래를 수행하는 데 한계가 존재하며 시장효율성과 일치하기 어렵다. 특히 행동재무학에서는 시장에 다수의 비합리적인 투자자가 참여하고 있어서 부적절한 시장가격을 적절한 수준으로 조정하는 데 어려움이 있다고 지적한다.

한편 행동재무학에 대해서 비판적인 견해를 갖는 사람들은 행동재무학이 자산가격에 대한 여러 가지 '변칙적인' 현상 중에서 일부를 설명하는 데는 유용하나 일반성을 지닌 이론적 틀이 결여되었음을 취약점으로 지적한다. 또한 특정 오류를 선택하여 시장의 과소반응 또는 과잉반응 등 변칙현상을 사후적으로 설명할 수는 있으나 여러 오류 중에서 어떤 오류가 가장 지배적인 효과를 가질 것인가에 대해 사전적으로 분명한 해답을 제공하기에는 한계가 있다고 비판한다.

Lo(2004)는 적응적 시장가설(AMH: Adaptive Market Hypothesis)을 제안하여 전통적 효율적 시장가설과 행동재무학의 주장을 조화시키고자 하였다. 이 가설에서는 금융시장을 생물학적 관점으로 바라본다. 즉, 금융시장을 제반 시장, 금융상품, 여러 기관 및 투자자들이 상호작용하면서 경제적 선택법칙에 따라 진화해 나가는 생태계로 파악한다. 금융시장 참여자는 상호 경쟁하고 적응해 나가려고 하지만 꼭 최적의 방법을 통해 행동하는 것으로 단정하지는 않는다. 적응적 시장가설에 따르면 시장가격은 궁극적으로 효율적인 수준에 도달하지만 그러기까지는 상당히 오랜 기간이 소요된다. 즉 시장참여자들이 끊임없이 학습, 경쟁, 그리고 진화적인 선택을 하는 일련의 과정을 거쳐 시장효율성이 달성된다는 것이다.

적응적 시장가설은 아직 초기단계에 있으며 효율적 시장가설을 대체할 만한 대안으로서는 미흡하다. 따라서 적응적 시장가설이라는 새로운 패러다임이 보다 의미있는 이론으로 정착되기 위해서는 많은 추가적인 연구가 필요하다. 하지만 이 가설은 효율적 자본시장과 행동재무학 간에 나타나는 명백한 모순적 내용을 상호 조화시킬 수 있는 가능성은 보여준다는 점에서 그 의미를 찾을 수 있다.

5. 시장효율성 검증의 의의와 향후 과제

시장효율성에 대한 검증은 결합검증(joint test)의 성격을 띤다. 즉, 시장효율성 자체만의 순수한 검증은 불가능하며 특정한 균형가격모형과 함께 검증될 수밖에 없다. 따라서 시장효율성에 반하는 연구결과가 얻어졌을 때 결과에 대한 해석에서 항상 어려움이 발생한다. 즉, 시장이 비효율적일 수도 있고 시장은 효율적이나 사용된 자산가격결정모형이 부적절했거나 아니면 시장도 비효율적이고 자산가격결정모형도 부적절한 것일 수 있다.

그렇다면 이렇게 결합가설의 성격을 가진 시장효율성 및 자산가격결정모형에 대한 검증작업은 무의미한 것인가? Fama(1991)는 이에 대해 그렇지 않다는 결론을 내리고 있다. 시장효율성과 자산가격결정모형에 대한 실증연구는 가장 엄밀한 과학적 방법에 따라 수행되어 왔으며 주식수익률의 행태에 대한 사고를 크게 변화시켰다. 실제로 대부분의 학자가 검증에서 발견된 사실에 대해서는 동의하고 있고 다만 연구결과가 시장효율성에 대하여 주는 시사점에 대해서만 의견을 달리하고 있다. 시장효율성 및 가격결정모형에 대한 실증분석은 주식시장에 참여하는 실무자의 시각에도 커다란 영향을 주었다. 시장효율성에 관련된 연구의 큰 공헌은 무엇보다도 주식수익률의 시계열적 또는 횡단면적인 움직임을 보다 잘 이해하도록 하는 데 있다. 결합가설의 성격 때문에, 시장효율성에 대한 정교한 추론을 하기는 불가능하다. 그럼에도 불구하고 주식수익률의 행태에 대한 이해를 크게 증진시켰다는 점만으로도 시장효율성에 대한 실증연구의 공헌은 크게 평가할 만하다. 현재까지 이루어진 시장효율성에 대한 실증분석결과에 기초할 때 주식시장이 완벽하게 효율적이지는 못하더라도 상당한 정도로 효율적이라고 생각할 수 있으며 초과수익을 얻기 위해서는 매우 차별화된 정보 입수능력과 분석력을 가져야만 가능한 것으로 생각된다.

한편 오랜 기간에 걸친 연구에도 불구하고 시장효율성과 관련하여 해결되어야 할 과제들은 여전히 산적해 있다. Beaver(2002)는 시장효율성 분야에서 향후 해결되어야 할 회계연구과제를 다음과 같이 제시하고 있다.

첫째, 광범위하게 유포되고 분석되는 자료를 이용하거나 전문적 회계지식을 요구하지 않는 간단한 투자전략만으로 초과수익률을 얻을 수 있다는 결과는 상당히 받아들이기 어려운 측면이 있다. 경제적인 시각에서 볼 때 광범위하게 유포되는 정보를 이용하여 초과수익률을 획득할 가능성은 매우 낮기 때문이다.

둘째, 연금회계와 관련되어 공시되는 복잡한 정보는 주가에 적절히 반영되면서 어떻게 이익이나 순자산가치와 같은 기본적인 회계정보의 의미가 충분히 반영되지 않을 수 있는지 이해하기 어렵다.

셋째, 새로운 정보에 대한 자본시장 반응속도를 연구한 결과를 보면 분석대상기간에 따라 상반된 결과를 보이고 있다. 분석대상기간을 아주 짧게 잡아 거래일 중의 시장수익률(intraday returns)을 분석한 결과에 따르면 시장반응은 새로운 정보가 발표된 후 수분 내지는 수시간 내에 일어나는 것으로 보고하고 있는 반면에 일정 기준에 따라 포트폴리오를 구성한 이후에 그 투자전략으로부터 수년간 초과수익이 지속된다는 연구결과도 있다. 그러나 이러한 두 연구결과가 동시에 성립된다는 것은 이해하기 매우 어렵다.

넷째, 시장가격이 회계정보보다 기업의 경제적 사건을 먼저 반영한다는 연구결과와 더 늦게 반영한다는 연구결과가 동시에 존재하고 있는데, 이와 같이 상충되는 연구결과에 대한 명확한 해석이 이루어지지 않고 있다.

제 3 절 효율적 시장과 재무보고[9)]

효율적 시장가설은 재무회계 및 보고에 대하여 여러 시사점을 제공해준다. 본 절에서는 시장효율성 중에서 준강형 효율성(회계정보는 공개된 이용가능한 정보에 속하므로)이 재무보고에 주는 시사점에 대하여 논의한다.

첫째, 효율적 시장에서는 공시되는 정보의 실질이 중요한 것이며 공시되는 형식은 별로 중요하지 않다. 따라서 어떤 회계정보가 재무제표에 보고되는가의 여부가 중요하며 재무제표 본문에 보고되는지 아니면 재무제표의 주석사항으로 보고되는지는 중요하지 않게 된다. 또한 어떤 항목이 갖는 손익효과를 재무상태표 내용에서 추론할 수 있다면 굳이 손익계산서에 직접 명시적으로 보고하지 않더라도 정보의 전달이란 측면에서는 차이가 없다.

둘째, 특정 회계정보가 재무제표에 계상되지 않는다고 하여 그 정보가 주가에 반영되지 않음을 의미하는 것은 아니다. 주가는 매우 광범위한 정보를 반영하며 재무제표 정보는 그 정보 중의 일부에 속할 뿐이다. 금융상품, 연금자산 및 부채, 무수익대출금 등의 공정가치정보가 주가에 반영된다는 실증연구결과도 제시되고 있다. 따라서 정보의 관점에서만 보면 주석공시와 재무제표상의 인식은 그 실질에 있어서 아무런 차이가 없다. 그럼에도 불구하고, 주석공시와 재무제표상에 직접 계상하는 방법 간에 주가에 대한 영향이란 측면

9) 본 절의 많은 내용은 Beaver(1998)의 논의를 기초로 하였다.

에서 차이가 날 수 있는가?

자본시장이 효율적인 경우에도 두 방법간에 주가에 대한 영향에 있어서 차이나는 상황은 존재할 수 있다. ① 재무제표에 직접 계상함으로써 경영자의 행동이 영향을 받게 되는 경우이다. 예를 들어, 유가증권의 공정가치를 재무제표상에 계상하도록 회계기준이 변경되면 은행 경영자는 이에 반응하여 공정가치의 변동이 작은 단기성 유가증권의 보유비중을 높이는 방향으로 투자정책을 변경할 수 있다. ② 회계정보의 공시방법 차이는 회사의 여러 계약조건이 회계수치에 기초하고 있는 정도에 따라 기업가치에 영향을 줄 수 있다. 회계수치가 재무제표상에 반영되면서 계약에서 정한 조건이 위배되어 재계약을 해야 할 상황이 발생할 수 있으며 이러한 재계약에 따른 비용이 발생하게 되어 기업가치는 영향을 받게 되는 것이다. 공시방법의 차이가 기업가치에 영향을 줄 수 있는 또 다른 예로는 공시방법의 차이에 따라 규제기관의 의사결정에 영향을 주는 경우이다. 예를 들어, 은행규제당국은 금융상품의 공정가치가 주석에 공시되는지 또는 재무제표에 직접 계상되는지에 따라 은행에 대한 규제방법을 달리할 수도 있다. 이외에도 재무제표 공시방법이 향후 조세 관련 법률에 영향을 줄 수 있고 경영자나 감사인이 특정 항목을 추정하고 감사함에 있어서 투입하는 노력수준에도 차이를 가져올 수 있다. 물론 이러한 영향은 부차적인 요인이라 할 수 있다.

셋째, 효율적 자본시장 개념은 자본시장에서 정보중개기관의 역할을 이해하는 데 도움을 준다. 재무분석가는 기업에 대한 정보가 시장가격에 반영되어 가는 과정에서 중요한 역할을 담당한다. 재무분석가의 활동은 재무정보에 대하여 보완적인 측면을 갖는다. 이들이 재무제표를 분석함으로써 연금관련 주석정보와 같이 복잡한 회계정보가 주가에 반영되게 된다. 따라서 효율적 시장이 되기 위해서 평균적인 투자자 모두가 재무정보에 대하여 전문적인 능력을 갖추어야 하는 것은 아니다. 그러나 다른 한편으로 재무분석가의 활동은 재무정보에 대한 대체물이 될 수도 있다. 재무분석가가 투자자에게 대체적인 정보원을 제공하는 관점에서 이들은 재무정보와 경쟁관계에 있는 것이다. 정보의 가치가 시간이 경과함에 따라 감소하고 재무분석가 사이에 경쟁이 증가하면 어느 한 분석가가 지속적으로 우월한 투자성과를 보이기는 어렵다. 그러나 자본시장의 전체적인 관점에서 볼 때 재무분석가의 공헌도를 투자성과의 우월성의 관점에서만 평가하는 것은 부적절하다. 재무분석가들이 경쟁적으로 정보를 탐색하는 과정에서 많은 정보가 주가에 반영되고 이러한 의미에서 재무분석가는 시장효율성의 확립과정에서 중요한 역할을 담당하고 있다고 할 수 있다.

넷째, 효율적 시장에서는 평균적인 투자자들이 재무보고정보의 해석을 위해 그다지 적극적이지 않을 수도 있다. 재무나 회계에 대한 전문적인 지식이 없는 평균적인 투자자는 자신들이 직접 분석을 행하기보다 우월한 분석능력을 갖춘 전문가집단에 위임할 수 있다. 이러한 관점에서 볼 때, 투자자의 재무정보에 대한 수요는 간접적이라고 할 수 있다. 공시된 재무정보가 다수의 재무분석가에 의해 경쟁적으로 분석되어 주가에 반영되면 평균적 투자자의 보유 투자자산은 가격에 의해 보호받게(price-protected)된다.

다섯째, 규제기관은 비전문적 투자자의 보호와 관련하여 문제의 본질을 파악할 필요가 있다. 시장이 이용가능한 정보에 대하여 공정게임(fair game)을 할 수 있도록 운영된다면 비전문적 투자자는 어떠한 경우에도 손해를 보지 않는다고 할 수 있는가? 비전문적인 투자자가 손해를 볼 가능성이 존재한다. 그러나 손해를 볼 가능성은 회사가 특정 회계방법을 선택하여 보고함으로써 발생하는 가격변동에 의한 것이 아니다. 이들이 불리한 영향을 받게 되는 이유는 회사가 특정 정보를 일부집단에게만 제공하고 그 일부집단이 사적 정보를 이용한 거래를 행한다는 데서 비롯된다. 또한 이들 비전문적인 투자자가 시장의 효율성을 받아들이지 않고 잘 분산되지 못한 포트폴리오를 보유하는 데서 발생하는 손해가능성도 존재한다.

이상에서 설명된 내용은 효율적 시장가설이 재무보고에 대하여 제공하는 여러 시사점이었다. 한편, 시장효율성 개념이 널리 알려지면서 이에 대한 잘못된 해석도 자주 일어나고 있다. 효율적 시장가설에 대해 흔히 제기되는 잘못된 해석을 보면 다음과 같다.

첫째, 시장효율성의 개념속에 사회적으로 바람직하다는 의미나 여타 규범적 의미가 포함되어 있는 것은 아니다. 시장효율성은 정보와 주가와의 관계에 관한 개념이며 어떤 가치나 규범적인 개념이 내포되어 있지 않다. 그러나 논리적 관련성이 분명하지 않음에도, 많은 사람들은 시장효율성의 증진이 간접적으로 자원배분을 개선시키고 투자와 관련된 위험을 감소시켜 투자의욕을 진작시키며 자본형성을 촉진하고 정보의 유통이 보다 공정하게 이루어지는 시스템을 만든다고 주장하고 있다.

둘째, 시장효율성이 미래에 대해 완벽한 예측을 할 수 있는 천리안과 같은 능력을 의미하는 것은 아니다. 미래는 불확실하며 주가는 투자자들의 기대치를 반영하게 된다. 이러한 기대치는 실현될 수도 있고 그렇지 않을 수도 있다. 어떤 사람들은 사후적인 결과를 가지고 주가가 실제 실현된 가치와는 상당히 괴리가 있는 기대치를 반영하고 있었으며 이를 시장비효율성의 증거로 제시한다. 그러나 이는 시장비효율성의 증거가 아니고 불확실성의 증거일 뿐이다. 주가에 엄청난 변동을 가져오는 사건의 발생이 효율적 시장가설과 배치되지는 않는다. 주가가 형성된 이후에 이용가능해진 정보를 가지고 주가의 효율성을 평가하는 것은 타당하지 못하다. 보다 미묘한 문제는 정보가 이용가능한 상황에서 이를 잘못 해석할 가능성이다. 예를 들어, 좀더 비중을 두고 주의를 기울였어야 할 정보를 간과할 가능성이다. 시장에는 시시각각으로 많은 정보가 유입되고 이런 정보가 미래에 대한 예측의 관점에서 동일한 내용을 제공할 가능성은 없다. 따라서 사후적 관점에서 주가를 평가하면서 가장 최적의 예측치를 반영하지 못했다고 평가하는 것은 타당하지 못하다.

셋째, 효율적 시장이 성립한다 하더라도 그 시장 참여자들이 반드시 시장을 효율적이라고 인식하는 것은 아니다. 주가가 설사 공시된 정보를 충분히 반영하고 있다고 해도 시장의 많은 투자자들이 시장효율성을 받아들이지 않을 수도 있다. ① 어느 한 투자자는 주가에 반영되는 정보 중 일부만 알고 있을 수 있다. 따라서 이 투자자에게 주가는 잘못 평가된 것으로 보일 수 있다. 그 이유는 가격이 그 투자자에게 이용가능하지 않은 정보를 반영하고 있기 때문이다. ② 정보에 대한 가격반응을 적절히 해석하기 위해서는 가격에 대한 기대모형이 필요하다. 정보에 대한 시장가격의 반응을 정밀하지 않은(naive) 모형을 가지고 해석하고자 하면 어려움이 있다. 예를 들어, 연간 주당이익이 작년에 비해 30% 증가되었다고 하자. 그러나 시장의 예상 증가치는 50%라고 하면 이익공표시 주가는 떨어질 것이다. 작년 이익발표시점 후부터 정보는 계속 산출되어 왔으며 이러한 정보로 인하여 작년 이익공표 이후에 금년도 이익예측치는 끊임없이 수정되어 왔다. 예를 들어, 분기이익이나 배당관련 발표는 이익예측치를 수정하는 데 중요한 역할을 할 수 있다. 경영자의 이익예측치나 재무분석가의 이익예측치도 기대치에 영향을 준다. 그 외에도 중요한 계약의 체결, 기업인수, 법적 소송, 신제품 개발과 같은 정보는 이익예측치에 영향을 준다. 이러한 측면에서, 작년의 이익을 금년도 이익에 대한 예측치로 사용하는 단순한 기대모형을 사용할 때 금기 이익 공표전 1~2개월 전의 주가 움직임을 설명하는 데 한계가 있는 것은 당연하다.

요약하면, 주가에 반영되는 정보와 주가에 내포된 기대치를 제대로 파악하지 않고 주가움직임을 이해하기는 어렵다. 특히, 주가는 개별 투자자의 기대치를 집계(composite)한 결과를 반영한다는 점에서 더욱 그러하다. 각 투자자마다 부, 위험에 대한 태도, 정보에 대한 기대치에 있어서 차이가 있기 때문에 정보에 대한 가격반응이 변칙적으로 보이는 경우가 있을 수 있다는 것은 그리 놀랄 일이 아니다. 이러한 현상을 설명하기 어렵다는 이유만으로 시장비효율성, 시장비합리성 또는 더 나아가 시장심리(market psychology) 등으로 결론내리는 것은 너무 성급하다고 할 수 있다.

위의 세 가지 내용은 효율적 시장에서 정보가 주가에 반영되는 과정에 대한 오해에서 비롯된 문제점이었다. 효율적 시장과 관련하여 빈번히 제기되는 또 다른 부류의 잘못된 주장은 시장효율성의 개념을 시장의 제도적 측면을 평가하기 위해 부적절하게 적용하는 것이다. 이러한 잘못된 주장의 예를 두 가지 살펴보자.

첫째, 효율적 시장이 성립한다고 해서 재무분석가와 같은 정보중개기관이 무용하다는 것을 의미하지 않는다. 사실, 시장효율성 개념에는 정보중개기관이 제공하는 서비스 가치에 대한 언급이 없다. 시장효율성의 정의나 시장효율성에 대한 실증분석 중에 정보가 주가에 반영되는 과정이나 제도적 메커니즘에 대한 것은 거의 없다. 재무분석가는 투자자에게 정보를 산출하고 이를 전달하는 과정에서 중요한 역할을 담당할 수 있다. 그러나 효율적 시장개념 자체는 재무분석가의 역할을 지지하거나 또는 낮게 평가하는 것이 아님에 유의하여야 한다.

둘째, 효율적 시장의 개념이 정보공시과정에 정부가 개입할 근거가 전혀 없음을 의미하는 것은 아니다. 공시결정에 정부가 개입하는 것이 정당한가를 이해하기 위해서는 먼저 정보가 주가에 반영되는 과정을 이해해야 한다. 재무분석가가 정보 반영과정에서 중요한 역할을 담당할 가능성은 앞에서 언급한 바 있다. 그러나 이러한 과정을 엄밀하게 보여준 연구가 있었던 것은 아니다. 기업은 자발적으로 재무분석가에게 중요한 정보를 제공할 유인을 가지고 있으며 재무분석가는 기업이나 그 외의 원천으로부터 정보를 탐색하고자 하는 유인을 가지고 있다. 이러한 정보의 흐름이 민간부문에서 발생하고 있을 때 정부의 강제적 공시로부터 추가되는 정보의 내용은 상당히 미미할 수도 있다. 정부의 개입 근거를 찾고자 한다면 민간부문의 정보산출유인과 사회적 유인이 일치하는지 혹은 상치되는지를 파악하여야 한다. 재무보고 시스템의 선택은 개별 투자자마다 다른 영향을 미칠 수 있다. 따라서 어느 한 시스템하에서 더 유리했던 투자자가 또 다른 시스템하에서는 불리한 영향을 받을 수 있다. 따라서 재무보고 시스템의 선택은 사회적 선택의 문제이며 개인간의 부에 영향을 미치는 문제가 수반되는 문제인 것이다.

제 4 절 초과수익률을 이용한 시장반응의 측정

자본시장회계연구에서 회계수치의 정보성을 검증하기 위해서는 회계이익 등의 정보가 공표된 시점의 시장반응을 측정하여야 한다. 시장반응을 측정하는 방법에는 여러 가지가 있으나 가장 널리 사용되는 방법이 초과수익률(비정상수익률)을 이용하는 방법이다. 초과수익률은 실현된 수익률에서 기대수익률(정상수익률)을 차감하여 산정되는데, 기대수익률은 재무학 분야에서 개발된 가격결정모형에서 도출되는 것이 일반적이다. 본 절에서는 가격결정모형 중 가장 널리 사용되는 CAPM 모형과 시장모형에 대하여 살펴보고 이를 이용한 초과수익률의 산정방법을 설명한다. 아울러 자본시장회계에서 널리 이용하는 연구방법인 사건연구(event study)에 대하여도 논의한다.

1. CAPM 모형

CAPM은 완전자본시장이 균형을 이룰 때 증권을 비롯한 자본자산의 위험과 기대수익률 사이에 어떠한 균형관계가 성립하는가를 설명하기 위한 이론모형으로서 1960년대 Sharpe(1964), Lintner(1965) 등에 의하여 개발되었다. CAPM은 Markowitz(1965)에 의해 정립된 포트폴리오 이론을 기초로 하여 출발하였으며 다음과 같은 가정에 기초하고 있다.

① 투자자들은 기대효용을 극대화하는 위험회피형 투자자이다.
② 투자자들은 가격순응자(price taker)이며 결합정규분포에 따르는 자산수익률에 대해 동일한 기대를 한다.
③ 무위험자산이 존재하며 투자자들은 무위험이자율로 아무런 제한 없이 차입 또는 대출을 할 수 있다.
④ 완전자본시장이 존재한다. 따라서 거래비용이 발생하지 않으며 정보는 비용 없이 모든 투자자에게 이용가능하다. 또한 세금이나 시장규제 등도 존재하지 않는다.
⑤ 투자자들은 평균-분산 모형에 따라 포트폴리오를 선택한다.
⑥ 모든 자산은 거래가능하며 완전한 가분성(divisibility)을 갖는다.

CAPM이 기초하는 가정들이 다소 현실성을 결여한 측면은 있지만 개별자산의 기대수익률을 위험으로 설명한다는 점에서 그 공헌은 매우 크다고 할 수 있다.

Sharpe의 CAPM은 다음과 같은 등식으로 표현된다.

$$E(R_i) = R_f + [E(R_m) - R_f] \cdot \beta_i$$

여기서 $E(R_i)$와 $E(R_m)$는 각각 자산 i와 시장의 기대수익률이고, R_f는 무위험수익률(risk-free rate)이다. β_i는 자산 i의 체계적 위험을 나타내는 베타로서 시장수익률 변동에 대한 자산 i의 수익률 변동의 민감도를 나타낸다. CAPM에 의하면 자산의 기대수익률은 무위험자산의 수익률에 그 자산이 가지고 있는 위험에 대한 적정한 위험보상률(risk premium)을 더한 값으로 결정된다. 따라서 자산 i의 기대수익률은 절편 R_f와 기울기$[E(R_m)-R_f]$를 갖고 β_i의 값에 의해 결정되는 것으로 볼 수 있다.[10)]CAPM 식에서 자산의 기대수익률을 결정하는 위험요인은 총위험이 아니고 체계적 위험이다. 이는 적절한 분산 포트폴리오를 구성함으로써 제거할 수 있는 비체계적 위험에 대해서는 보상해주지 않기 때문이다.

CAPM은 개별 자산의 위험을 고려한 사전적(ex ante) 기대수익률을 보여주고 있다. 그러나 현실에서 CAPM을 사용함에 있어서 기대치를 파악하기란 매우 어렵기 때문에 기대수익률 대신 실현된 수익률을 사용한 사후적(ex post) CAPM을 사용하게 된다. 따라서 다음과 같은 사후적 CAPM 모형을 사용하여 기대수익률 및 초과수익률을 계산하게 된다.

$$
\begin{aligned}
R_i &= R_f + (R_m - R_f) \cdot \beta_i + e_i \\
&= R_f \cdot (1-\beta_i) + R_m \cdot \beta_i + e_i
\end{aligned}
$$

위에서 R_i와 R_m은 각각 자산 i와 시장의 실제수익률이고, R_f는 무위험수익률이다. 사전적 모형 대신 사후적 모형을 사용함에 있어서의 기본 전제는 시장에서 합리적 기대(rational expectation)가 성립된다는 것이다. 즉, 평균적으로 볼 때 기대수익률이 사후적으로 실현된다는 것이다.

사후적 CAPM 모형은 이론에 근거한 모형으로서 CAPM의 검증을 위해서는 이 사후적 모형이 사용되어야 한다.

---

10) 따라서 CAPM의 식은 $E(R_i)=a+b \cdot \beta_i$로 표현될 수 있다. 여기서 a는 R_f이고 b는 $[E(R_m)-R_f]$이며, 이 선형식을 증권시장선(security market line)이라고 한다. 증권시장선은 자본시장이 균형상태를 이룰 때 자산의 기대수익률이 베타계수로 측정한 위험수준에 따라 어떻게 결정되는가를 설명해준다.

2. 시장모형

시장모형은 자산의 수익률과 시장포트폴리오의 수익률이 이변량 정규분포를 따른다는 가정하에 두 변수간의 관계를 나타내는 통계적 모형이다. 따라서 시장모형은 CAPM과 같이 균형가격결정이론에서 도출된 모형이 아니다. 시장모형은 다음과 같이 표현된다.

$$R = \alpha_i + \beta_i \cdot R_{mt} + \epsilon_{it}$$

여기서 R는 자산 i의 t시점에서의 실제수익률이며, R_{mt}는 t시점에서의 실제 시장수익률이다. ϵ_{it}는 오차항(error term)으로 평균값이 '0'이고 R_{mt}와 독립적으로 분포되어 있다. 위의 식에서 절편 α_i에는 어떠한 제약조건도 없다. 물론 이러한 시장모형을 CAPM의 관점에서 해석하려면 절편 $\alpha_i = R_f \cdot (1-\beta_i)$의 관계가 성립되어야 한다. 시장모형은 사후적 CAPM모형에 비해 추정상 제약이 적고 간편하여 CAPM모형에 대한 엄격한 검증을 하는 경우를 제외하고 초과수익률 산정에서 널리 사용되고 있다. 예를 들어, 기대수익률모형에 대한 검증(기업규모효과, E/P효과 등에 대한 검증)에는 엄격한 이론적 모형을 사용해야 하지만 사건연구에서와 같이 기대수익률만을 차감하는 것이 주목적인 경우에는 시장모형을 사용하여도 무방하다. 또한 CAPM에 대한 검증결과가 모형의 정확성에 대해 의문을 제기하고 있어 최근에는 초과수익률 계산시 굳이 CAPM을 사용하지 않은 것이 일반적이다.

3. 초과수익률의 측정

초과수익률은 실제수익률에서 기대수익률을 차감하여 산정된다. 실현수익률은 관찰가능한 변수이므로 기대수익률의 산정방법에 따라 초과수익률의 값이 달리 산출된다. 초과수익률을 계산함에 있어서 사용되는 기대수익률은 다음에 제시되는 다양한 방법을 통해 계산된다.

(1) 시장모형을 이용한 위험조정초과수익률

초과수익률을 산정함에 있어서 가장 널리 사용되는 방법은 시장모형을 이용한 방법이다. 이 모형을 이용하여 초과수익률을 구하는 방법은 다음과 같다.

먼저, 과거 일정기간의 수익률을 가지고 회귀분석을 통해 시장모형을 추정한다.

$$R_{it} = \alpha_i + \beta_i \cdot R_{mt} + \varepsilon_{it}$$

추정된 시장모형 모수를 각각 $\hat{\alpha_i}$와 $\hat{\beta_i}$라 하면 초과수익률은 다음과 같이 산정된다.

$$\hat{\varepsilon_{it}} = R_{it} - (\hat{\alpha_i} + \hat{\beta_i} \cdot R_{mt})$$

이와 같이 초과수익률을 산정하여 시장반응을 측정하면 연구대상사건과 시장수익률이 독립적이라는 가정하에서 그 사건의 효과는 모두 잔차항에 나타나게 된다.

예를 들어, 한국주식회사의 무상증자 발표효과를 시장모형을 이용하여 측정한다고 해보자. 먼저 무상증자 발표일 전 200일간의 일별 수익률자료를 가지고 시장모형을 추정한 결과가 다음과 같다고 하자.

$$R_{it} = 0.001 + 1.25 R_{mt}$$

무상증자 발표일의 시장수익률이 0.015였고 한국주식회사의 수익률이 0.085였다면 초과수익률은 다음과 같다.

초과수익률 = 실제수익률 − 기대수익률
$= 0.085 - (0.001 + 1.25 \times 0.015)$
$= 0.065$

(2) CAPM을 이용한 초과수익률

시장모형에서 이용한 예를 가지고 CAPM을 이용한 초과수익률을 계산해보자. 먼저 과거 일정기간의 자료를 가지고 사후적 CAPM 모형을 추정하여 베타가 1.25가 나왔다고 하자. 1일 무위험수익률을 0.02%로 가정하면 CAPM 모형에 따른 초과수익률은 다음과 같다.

초과수익률 = 실제수익률 − 기대수익률
$= 0.085 - \{0.0002 + 1.25 \times (0.015 - 0.0002)\}$
$= 0.0663$

(3) 시장조정수익률

시장조정수익률(market-adjusted returns)모형은 시장수익률이 모든 주식에 대한 기대수익률이 된다고 본다. 즉, $E(R_i) = E(R_m)$의 관계를 가정한다. 이에 따라 초과수익률은 다음과 같다.

초과수익률 = 실제수익률 − 기대수익률
$= 0.085 - 0.015$
$= 0.070$

시장조정수익률모형은 시장모형에서 절편을 0 그리고 베타값을 1로 설정한 경우와 동일하다고 볼 수 있다. 사건연구에 따라서 시장모형을 추정하는데 필요한 자료를 입수하기 어려운 상황이 있을 수 있다. 시장조정수익률은 이러한 상황에서 유용하게 사용될 수 있다.[11)]

(4) 평균조정수익률

평균조정수익률(mean-adjusted returns)모형은 각 주식마다 일정한 기대수익률이 존재한다고 본다. 즉, $E(R_i) = c_i$를 가정한다. 이러한 모형이 정당화되기 위해서는 이자율, 시장의 위험프리미엄, 회사의 위험 등이 항상 일정해야 한다. 이 모형을 이용함에 있어서 특정 주식에 대한 기대수익률은 그 회사의 비사건기간(non-event period)의 평균수익률을 가지고 추정한다. 만일 한국주식회사의 무상증자 발표 전 200일간의 평균 주식수익률이 0.025였다고 가정하면 초과수익률은 다음과 같다.

$$
\begin{aligned}
\text{초과수익률} &= \text{실제수익률} - \text{기대수익률} \\
&= 0.085 - 0.025 \\
&= 0.060
\end{aligned}
$$

(5) 규모조정수익률

CAPM 및 효율적 자본시장에 대한 연구 중에는 기업규모효과를 보고한 연구가 많이 있다. 즉, 소기업 주식에 대한 위험조정수익률은 대기업에 비해 더 높다는 것이다. 따라서 소기업을 대상으로 초과수익률을 구하게 되면 이러한 기업규모효과로 인하여 별다른 사건이 발생하지 않은 경우에도 양의 초과수익률을 얻게 될 수 있다. 이러한 기업규모효과를 고려하여 초과수익률을 구하는 방법이 규모조정수익률(size-adjusted returns)이다.[12] 규모조정수익률모형에서 초과수익률은 해당 주식의 수익률에서 해당 주식이 속한 기업규모 포트폴리오의 수익률을 차감하여 구한다. 예를 들어, 한국주식회사는 모든 상장기업들을 주가총액에 따라 나눈 10개 그룹 중 3번째로 큰 포트폴리오에 속하며

---

11) 예를 들어, 신규상장기업의 상장직후 초과수익률을 구하고자 할 때, 시장모형을 사용하고자 한다면 상장전 기간의 수익률이 필요하나 이는 입수 불가능하다. 따라서 이런 경우에 시장조정초과수익률은 유용한 대안이 된다. Ritter(1991)는 IPO의 장기수익률성과를 고찰함에 있어서 시장조정초과수익률모형을 사용한 바 있다.

12) Dimson과 Marsh(1986), Foster, Olsen과 Shevlin(1984) 및 Kothari와 Wasley(1989) 등은 규모조정초과수익률의 중요성에 대하여 논의하고 있다.

한국주식회사가 무상증자를 발표한 날 이 포트폴리오의 수익률은 0.03이었다고 가정하면 초과수익률은 다음과 같다.

$$
\begin{aligned}
\text{초과수익률} &= \text{실제수익률} - \text{기대수익률} \\
&= 0.085 - 0.030 \\
&= 0.055
\end{aligned}
$$

이제까지 살펴본 초과수익률 산정방법 중 절대적으로 우월한 방법이 있는 것은 아니다. 따라서 실증연구시에는 가능한 한 다양한 방법으로 초과수익률을 구해보고 각 방법에 따라 결과가 크게 변동하지 않는가를 검토해볼 필요가 있다.

위에서 설명한 방법들 중에서 (1), (2), (3)의 경우에는 시장수익률의 측정이 필요하다. 우리나라의 경우 시장수익률 대용치로서 종합주가지수수익률과 동일가중시장수익률이 선택가능한 대안이다. 종합주가지수수익률은 일종의 가치가중시장수익률로 볼 수 있으나 시장수익률의 대용치로서 사용하는 데 문제점이 있는 것으로 보고되고 있다. 김권중 등(1994)과 김권중(1998)의 연구에 따르면 종합주가지수수익률에는 주식수익률이 아닌 수치들에 의해 영향을 받는 부분이 존재하고 있어 정확한 베타 추정이 어렵고 또한 종합주가지수수익률은 소수의 대형주 주가변동에 너무 민감하게 반응하는 문제점도 가지고 있다. 따라서 이들은 동일가중시장수익률을 시장수익률의 대용치로 사용할 것을 권고하고 있다.[13)]

4. 사건연구

(1) 사건연구의 의미

회계학이나 재무학에서 특정한 경제적 사건이 기업가치에 미치는 영향을 측

13) 동일가중시장수익률은 한국신용평가정보(주)의 주식수익률 데이터베이스인 KIS-Value에서 쉽게 구할 수 있다.

정하고자 하는 경우가 자주 있다. 예를 들어, 회계이익이 공표되었거나 회계방법의 변경을 발표했을 때 이들 사건이 주가에 미치는 영향을 분석할 수 있고 기업이 합병, 유상증자, 무상증자, 투자지출액의 변동, 기업재무구조의 변경과 관련된 발표를 했을 때 기업가치에 미치는 영향을 분석할 수도 있다. 이와 같이 사건연구는 기업에 관한 특정 사건이 발표되었을 때 이러한 사건이 주가에 미치는 영향을 통하여 해당 사건의 경제적 영향을 평가한다.

사건연구에 대한 가설은 보통 다음과 같은 형태로 표현된다.

$$H_0 : f(\widetilde{R}_i \mid E_i) - f(\widetilde{R}_i) = 0$$

$$H_1 : f(\widetilde{R}_i \mid E_i) - f(\widetilde{R}_i) \neq 0$$

$\widetilde{R}_i$: 연구대상 사건기간에 대한 주식i의 수익률

E_i : 주식i에 대한 연구대상사건

$f(\widetilde{R}_i \mid E_i)$: 사건발생에 대한 주식i의 조건부 수익률분포

$f(\widetilde{R}_i)$: 주식i의 수익률분포

사건연구의 초점은 사건 E_i가 주식의 수익률 분포를 변화시켰는가를 조사하는 것이다. 물론 위의 식에서처럼 주식수익률 분포에 대한 어떠한 모수라도 연구대상이 될 수 있지만 실제로 대부분의 사건연구에서는 주로 수익률분포의 기대값 또는 분산의 변화에 초점을 두고 검증하는 것이 일반적이다.

이러한 사건연구의 효시는 Fama, Fisher, Jensen과 Roll(1969)의 연구라고 할 수 있다. 이들은 주식분할의 공시효과를 검증하고자 사건연구를 실행하였다. 이들의 사건 연구방법론은 그후 회계학과 재무학 분야의 수많은 실증연구에 활용되면서 학문발전에 큰 공헌을 하였다.

(2) 사건연구의 일반적 절차

사건연구가 행해지는 일반적인 절차를 정리하면 다음과 같다.[14]

14) Campbell, J. 등(1997)을 참조할 것.

■ 사건에 대한 정의

사건연구에서 가장 먼저 행할 작업은 연구대상의 사건을 정의하고 사건에 관여된 회사의 주가를 관찰할 기간(사건기간)을 결정하는 것이다. 예를 들어, 일별 자료를 가지고 이익공표의 정보효과를 관찰하고자 한다면 사건은 이익공표가 되고 사건기간은 이익공표일이 된다. 실제로 연구수행시 사건기간은 사건일 당일 외에도 사건일 도래전 일정기간과 사건일 익일을 포함하여 설정되기도 한다. 사건일 이전기간을 포함시키는 것은 사건이 공표되기 전에 미리 시장에 알려졌을 가능성을 고려하기 때문이고 공표일 익일을 포함시키는 것은 사건일에 주식시장이 폐장된 후 이루어진 발표의 가격효과를 포착하기 위함이다.

■ 표본의 선정기준

연구대상사건이 정해지면 사건연구에 사용될 표본선정기준을 정해야 한다. 선정기준은 주식수익률이나 재무정보와 같은 자료입수가능성, 소속산업, 기업규모, 기업의 업력, 관리대상종목 포함여부 등과 같이 다양한 내용이 포함될 수 있다. 이 단계에서 연구에 사용될 표본의 제반 특성(예를 들어, 기업규모, 소속산업, 사건일의 기간적 분포 등)을 면밀히 검토해보고 표본선정과정에 개재될 가능성이 있는 편의(bias)에 대해 생각해 볼 필요가 있다.

■ 기대수익률과 초과수익률의 산정

사건일의 영향을 분석하기 위해서는 초과수익률을 측정해야 한다. 초과수익률은 사건기간에 대한 실현된 실제수익률로부터 동 기간에 대한 기대수익률을 차감하여 구해진다. 기대수익률은 해당 사건이 발생하지 않았을 경우에 기대되는 수익률을 말한다. 기업 i의 사건일 t에서의 초과수익률은 다음과 같다.

$$\varepsilon_{it}^{*} = R_{it} - E[R_{it} \mid X_t]$$

ε_{it}^{*} : t 기에 대한 초과수익률

R_{it} : t 기에 대한 실제수익률

$E[R_{it} \mid X_t]$: t 기에 대한 기대수익률

X_t는 기대수익률 모형의 설명변수이다. 평균조정수익률 모형에서 X_t는 상수가 되며, 시장모형에서 X_t는 시장수익률이 된다.

■ 추정절차

기대수익률을 산정하기 위한 모형을 선택하고 나면 추정기간에 대한 자료를 이용하여 기대수익률 모형을 추정해야 한다. 자료의 입수가능성이 허락하는 한 사건기간 이전의 기간을 추정기간으로 삼는 것이 바람직하다. 예를 들어, 일별수익률과 시장모형을 사용하는 사건연구의 경우에 있어서 시장모형의 모수추정은 사건일 직전 120일의 자료를 이용하여 추정한다. 일반적으로, 사건기간은 추정기간에서 제외되는데, 그 이유는 기대수익률 모형의 모수 추정과정에서 사건기간의 영향을 배제하기 위함이다.

■ 검증절차

기대수익률 모형의 모수가 추정되고 나면 초과수익률이 산정된다. 다음 단계로는 초과수익률을 검증하기 위한 방법을 정해야 한다. 이 단계에서 주의를 기울여야 할 사안은 귀무가설의 설정 및 개별 기업의 초과수익률을 합계하는 방법의 결정이다.

■ 실증분석

검증절차에 따라 검증이 이루어지면 실증분석결과를 제시한다. 기본적인 실증분석 내용을 제시함과 아울러 검증과 관련된 다양한 진단결과를 제시하면 유용하다. 표본수가 작은 사건연구의 경우 실증분석결과가 1~2개 회사에 의해 크게 좌우될 수 있다. 연구결과의 중요성을 평가함에 있어서 이러한 가능성을 검토해보는 것이 매우 중요하다.

■ 실증결과의 해석 및 결론

사건연구가 적절히 수행되었다면 연구결과는 연구대상사건이 주가에 영향을 미친 과정을 이해하는 데 유용한 통찰력을 제공해줄 것이다. 연구결과에 대해 다양한 설명이 가능하다면 추가적인 분석을 행하여 가장 적절한 설명을 찾아내야 할 경우도 종종 있다.

(3) 사건연구의 예시

여기서는 가상적 사건연구를 통하여 사건연구절차를 구체적으로 설명한다.

연/구/내/용

합병계획안 발표가 합병대상회사의 주가에 미치는 영향을 분석한다고 가정하자. 이 연구에서 연구대상사건은 합병계획안의 발표이다. 표본기업은 합병계획안이 발표된 합병대상기업 50개이다. 사건일은 합병안 발표가 주식시장에 알려진 날이며 여기서는 경제신문에 발표된 날로 정의한다. 그러나 합병안이 경제신문에 발표되기 전에 시장에 미리 알려졌을 가능성을 고려하여 사건기간은 경제신문에 합병기사가 발표된 날 및 그 전 4일로 한다. 따라서 검증기간은 5일이 된다.

사건연구의 수행을 위해서는 연구대상사건을 정의하고 이를 확정해야 한다. 그런데 여기서 주의할 점은 사건연구는 달력일에 관계없이 특정 사건 또는 기업고유정보의 발표일을 사건일로 잡아 그 사건일을 중심으로 그 사건이 주가에 미치는 영향을 분석한다는 것이다. 따라서 합병계획안에 대한 공시일은 달력일(calendar date)로 볼 때는 표본기업마다 상이할 수 있으나 사건일의 관점에서 '0'일로 놓고 발표 하루 전을 −1, 발표 하루 후를 +1과 같이 정한다. 즉, 달력일에 관계없이 사건일로 표준화시킨다. 예를 들면, 한 회사의 합병계획 발표일이 20×1년 7월 5일이면 이날이 사건일로는 $t=0$가 되고 20×1년 7월 4일은 $t=-1$에 해당한다. 다른 표본기업의 경우 20×2년 11월 30일에 합병계획안 발표가 있었다면 20×2년 11월 30일이 $t=0$가 되고 20×2년 11월 29일은 $t=-1$에 해당하게 된다.

다음으로는 사건기간에 대한 초과수익률을 산정해야 하는데 이해를 돕고자 먼저 표본기업 1개에 대한 초과수익률 계산절차를 설명한다. 예를 들어, P사가 20×4년 7월 1일에 S사를 합병할 계획을 발표하였다고 하자. 따라서 20×4년 7월 1일이 사건일($t=0$)이 된다. 20×4년 7월 1일은 목요일이며 따라서 사건일 도래 전 4거래일은 6월 25일, 28일, 29일 및 30일(각각 $t=-4$, −3, −2, −1에 해당)이 되고 검증기간은 6월 25일~7월 1일에 속하는 5거래일이 된다.

시장모형의 추정기간은 검증기간 시작 전 120일 기간으로 한다. 이에 따

[그림 2-1] 시장모형의 계수추정과 사건일의 초과수익률 산정

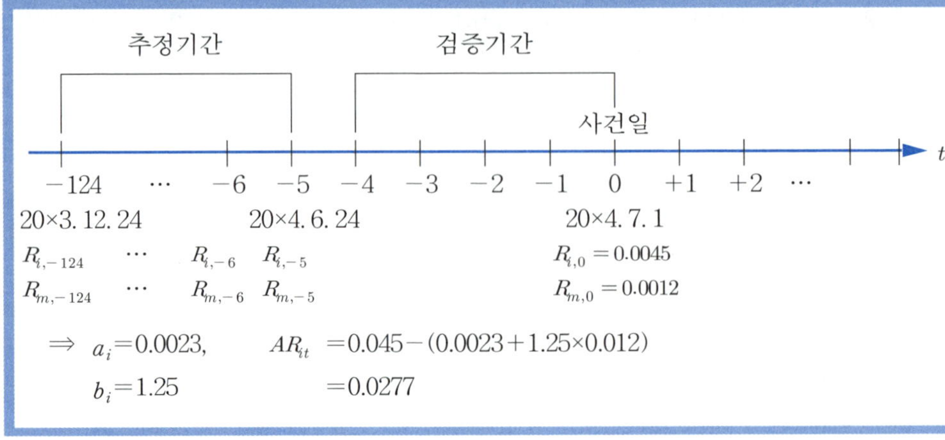

라, 20×3년 12월 24일부터 20×4년 6월 24일까지의 일별수익률 자료를 이용하여 시장모형을 추정한다.

합병계획안 발표일인 20×4년 7월 1일을 사건일 '0'으로 표시할 때 추정기간은 −124부터 −5까지이고 검증기간은 −4에서부터 0까지로 표시할 수 있다. 시장모형의 계수추정과 초과수익률의 산정을 도식으로 표시하면 [그림 2-1]과 같다.

−124일부터 −5일까지 120일간에 대해 S사 실제 수익률과 시장수익률을 회귀분석하여 시장모형의 절편과 기울기를 산정한 결과 $a_i=0.0023$ $b_i=1.25$를 얻었다고 하자. 따라서 특정 사건이 없는 상태하에서 S사의 기대수익률은 $0.0023+1.25\times R_{mt}$라고 할 수 있다. 또한 사건일에 S사의 실제수익률(R_{it})이 0.045이고 시장수익률(R_{mt})이 0.012이었다고 가정하면 사건일의 초과수익률(AR_{it})은 0.045에서 0.0173($=0.0023+1.25\times0.012$)을 차감하여 산출된 0.0277이 된다.

동일한 절차에 따라 검증기간에 속한 나머지 4일에 대해서도 각각 초과수익률을 계산할 수 있다. 이제까지 설명한 내용은 표본기업 1개에 대한 것이며 다른 표본기업에 대하여도 시장모형을 추정하고 검증기간에 속한 일자별로 초과수익률을 산정하여야 한다. 이러한 절차를 완료하면 표본기업 50개 모두에 대해 검증기간에 속한 일자별로 초과수익률이 구해지게 된다.

<표 2-1> 검증기간 동안의 기업별 · 일자별 초과수익률

일자별	초과수익률				
	-4	-3	-2	-1	0(사건일)
기업 1	$AR_{1,-4}$	…	…	$AR_{1,-1}$	$AR_{1,0}$
기업 2	$AR_{2,-4}$	…	…	$AR_{2,-1}$	$AR_{2,0}$
기업 3	$AR_{3,-4}$	…	…	$AR_{3,-1}$	$AR_{3,0}$
⋮	⋮	…	…	⋮	⋮
기업 50	$AR_{50,-4}$	…	…	$AR_{50,-1}$	$AR_{50,0}$

기업별 · 일자별 초과수익률을 이용하여 검증기간에 속하는 각 일자별로 평균초과수익률을 구할 수 있다. 표본기업의 수가 50개이므로 평균초과수익률 MAR_t(mean abnormal returns)는 다음과 같이 산출된다.

$$MAR_t = (AR_{1t} + AR_{2t} + \dots AR_{50,t})/50 = \sum_{i=1,50} AR_{it}/50$$

평균초과수익률 MAR_t는 t일에서 표본기업에 대한 초과수익률의 평균을 나타내며 이를 관찰하면 검증기간에 걸쳐 각 일자별로 일어난 주가반응을 검증할 수 있다.

전체 사건기간 동안의 주가반응은 평균초과수익률을 사건기간 동안 누적시킨 누적평균초과수익률 $CMAR$(cumulative mean abnormal returns)을 구해봄으로써 파악할 수 있다.

$$CMAR(t_1,\ t_2) = \sum_{\tau = t_1, t_2} MAR_\tau$$

예를 들어, $CMAR(-4, -3)$은 $(AR_{-4} + AR_{-3})$으로 산출된다.

일반적으로 t_1과 t_2를 검증기간의 시작일과 마지막일이라고 할 때 $CMAR(t_1,\ t_2)$는 특정 사건의 공시로 인한 총주가반응이라고 볼 수 있다. 예를 들어, 50개 표본기업에 대한 일자별 평균초과수익률 및 누적초과수익률이

<표 2-2> 일자별 평균초과수익률과 누적평균초과수익률

일 자	일자별 평균초과수익률	누적평균초과수익률
−30	0.130	0.130
−29	0.053	0.183
−28	−0.160	0.023
−27	0.218	0.241
−26	0.251	0.492
−25	−0.420	0.072
−24	0.186	0.258
−23	0.065	0.323
−22	0.320	0.643
−21	0.110	0.753
−20	0.105	0.858
−19	0.055	0.913
−18	0.071	0.984
−17	0.231	1.215
−16	0.215	1.430
−15	0.079	1.509
−14	0.175	1.684
−13	−0.052	1.632
−12	0.421	2.053
−11	0.121	2.174
−10	0.018	2.192
−9	0.430	2.622
−8	0.326	2.948
−7	0.458	3.406
−6	0.337	3.743
−5	0.680	4.423
−4	1.260	5.683
−3	1.054	6.737
−2	1.781	8.518
−1	2.644	11.162
0	10.214	21.376
1	1.851	23.227
2	−0.053	23.174
3	−0.020	23.154
4	−0.053	23.101
5	0.351	23.452
6	−0.053	23.399
7	0.430	23.829
8	0.253	24.082
9	−0.162	23.920
10	−0.084	23.836

[그림 2-2] 일자별 누적평균초과수익률

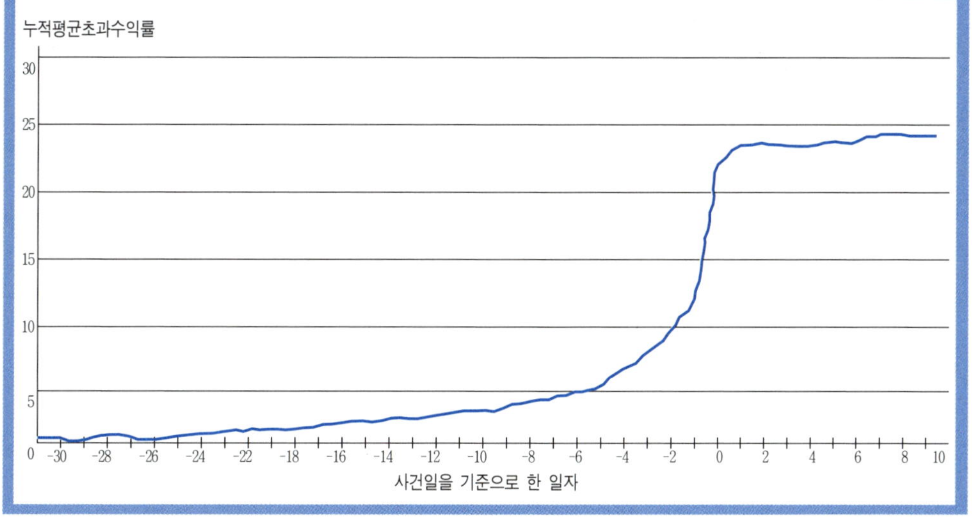

〈표 2-2〉에 제시된 바와 같다고 하자.

〈표 2-2〉의 누적평균초과수익률을 일자별 그래프로 나타내면 [그림 2-2]와 같다. 그림에서 확연히 볼 수 있듯이 합병계획안에 대한 정보는 사건일 전에도 시장에 일부 알려져 양의 초과수익률이 관찰되고 있다. 합병계획안이 공표된 사건일에는 가장 큰 초과수익률이 관찰되고 있으며 이는 사건일에 합병계획에 대한 정보가 시장에 전달되었음을 보여준다. 사건일을 전후한 누적평균초과수익률을 볼 때 합병계획안은 합병대상회사에 매우 긍정적인 영향을 주고 있음을 알 수 있다. 또한, 사건일 이후 기간에 있어서 누적평균초과수익률은 거의 유사한 수준에서 유지되고 있으며 이는 준강형 효율적 시장과 일치하는 현상으로 해석할 수 있다.

참고문헌

김권중(1998). 베타 및 시장위험프레미엄 측정과 시장수익률 대용치의 선택. 「회계학연구」(제23권): 139~159.

김권중, 황선웅, 김진선(1994). 지수수익률의 선택과 초과수익률 추정치의 편의. 「증권학회지」(제16집): 467~511.

Abarbanell, J. and B. Bushee(1997). Fundamental Analysis, Future Earnings, and Stock Price. *Journal of Accounting Research* (Spring): 1~24.

______(1998). Abnormal Returns to a Fundamental Analysis Strategy. *The Accounting Review* (January): 19~45.

Alexander, S.(1961). Price Movements in Speculative Markets: Trend or Random Walks. *Industrial Management Review* (May): 22~30.

Ali, A., L. Hwang, and M. Trombley(2000). Accruals and Future Returns: Tests of the Naive Investor Hypothesis. *Journal of Accounting, Auditing & Finance* (Spring): 161~181.

Amihud, Y. and H. Mendelson(1986). Asset Pricing and the Bid-Ask Spread. *Journal of Financial Economics* (December): 223~249.

Arbel, A. and P. Strebel(1983). Pay Attention to Neglected Firms. *Journal of Portfolio Management* (Winter): 37~42.

Archibald, T.(1972). Stock Market Reaction to the Depreciation Switch-Back. *The Accounting Review* (January): 22~30.

Bagehot, W.(1971). The only Game in Town. *Financial Analysts Journal* (March/April): 12~14, 22.

Ball, R.(1972). Changes in Accounting Techniques and Stock Prices. *Journal of Accounting Research* (Supplement): 1~38.

______(1978). Anomalies in Relationships between Securities' Yields and Yield-Surrogates. *Journal of Financial Economics* (June/September): 103~126.

______(1992). The Earnings-Price Anomaly. *Journal of Accounting and Economics* (June/September): 319~345.

______(1994). The Development, Accomplishments, and Limitations of the Theory of Stock Market Efficiency. *Managerial Finance*: 3~48.

Ball, R. and S. P. Kothari(1989). Nonstationary Expected Returns: Implications for Serial Correlation in Returns, Apparent Price Reversals and Tests of Market Efficiency. *Journal of Financial Economics* (November): 51~74.

______(1991). Security Returns around Earnings Announcements. *The Accounting Review* (October): 718~738.

Ball, R., S. P. Kothari, and J. Shanken(1995). Problems in Measuring Portfolio Performance: An Application to Contrarian Investment Strategies. *Journal of Financial Economics* (May): 79~107.

Banz, R.(1981). The Relationship between Return and Market Value of Common Stocks. *Journal of Financial Economics* (March): 3~18.

Barber, B. and T. Odean(2001). Boys will be boys: gender, overconfidence, and common stock investment. *Quarterly Journal of Economics* (February): 261~292.

Barry C. and S. Brown(1984). Differential Information and the Small Firm Effect. *Journal of Financial Economics* (June): 285~294.

Basu, S.(1983). The Relationship between Earnings Yield, Market Value and Return for NYSE Common Stocks: Further Evidence. *Journal of Financial Economics* (June): 129~256.

______(1977). The Investment Performance of Common Stocks in Relation to their Price-Earnings Ratio: A Test of the Efficient Markets Hypothesis. *Journal of Finance* (June): 663~682.

Beaver, W.(1981). Market Efficiency. *The Accounting Review* (January): 23~37.

______(1998). *Financial Reporting: An Accounting Revolution*. 3rd ed. Prentice Hall.

______(2002). Perspectives on Recent Capital Market Research. *The Accounting Review* (April): 453~474.

Bernstein, L.(1975). In Defence of Fundamental Investment Analysis. *Financial Analysts Journal* (January/February): 57~61.

Black, F.(1973). Yes, Virginia, There Is Hope: Tests of the Value Line Ranking System. *Financial Analysts Journal* (September/October): 10~14.

Blake, C., E. Elton, and M. Gruber(1993). The Performance of Bond Mutual Funds. *Journal of Business* (July): 371~404.

Blume, M. and R. Stambaugh(1983). Biases in Computing Returns: An Application to the Size Effect. *Journal of Financial Economics* (November): 387~404.

Bradshaw, M., S. Richardson, and R. Sloan(1999). Earnings Quality and Financial Reporting Credibility: An Empirical Investigation. Working Paper. University of Michigan.

Brinson, G., R. Hood, and G. Beebower(1986). Determinants of Portfolio Performance. *Financial Analysts Journal* (July/August): 39~44.

Brown, L. and K. Kim(1993). The Association between Nonearning Disclosures by Small Firms and Positive Abnormal Returns. *The Accounting Review* (July): 668~680.

Brown, R.(1980). Short-Range Market Reaction to Changes to LIFO Accounting Using Earnings Announcement Dates. *Journal of Accounting Research* (Spring): 38~63.

Campbell, J. and R. Shiller(1988). Stock Prices, Earnings, and Expected Dividends. *Journal of Finance* : 661~676.

Campbell, J., A. Lo, and A. MacKinlay(1997). *The Econometrics of Financial Markets.* Princeton University Press. Princeton, NJ.

Chari, V., R. Jagannathan, and O. Ofer(1988). Seasonalities in Security Returns: The Case of Earnings Announcements. *Journal of Financial Economics* (May): 101~121.

Chopra, N., J. Lakonishok, and J. Ritter(1992). Measuring Abnormal Performance: Does the Market Overreact? *Journal of Financial Economics* (April): 235~268.

Collins, D. and P. Hribar(2000). Earnings-Based and Accrual-Based Market Anomalies: One Effect or Two? *Journal of Accounting Economics* (February): 101~123.

Conrad, J. and G. Kaul(1988). Time-Variation in Expected Returns. *Journal of Business* (October): 409~425.

Copeland, T. and D. Mayers(1982). The Value Line Enigma: A Case Study of Performance Evaluation Issues. *Journal of Financial Economics* (November): 289~321.

Daniel, K., M. Grinblatt, S. Titman, and R. Wermers(1997). Measuring Mutual Fund Performance with Characteristic-Based Benchmarks. *Journal of Finance* (July): 1035~1058.

Daniel, K. and S. Titman(1997). Evidence on the Characteristics of Cross Sectional Variation in Stock Returns. *Journal of Finance* (March): 1~33.

Dawson, S.(1984). The Trend toward Efficiency for Less-Developed Stock Exchanges: Hong Kong. *Journal of Business Finance & Accounting* (Summer): 151~161.

DeBondt, W. and R. Thaler(1985). Does the Stock Market Overreact? *Journal of Finance* (July): 793~805.

Dechow, P. and R. Sloan(1997). Returns to Contrarian Investment Strategies: Tests of Naive Expectation Hypotheses. *Journal of Accounting and Economics* (January): 3~27.

Dechow, P., A. Hutton, and R. Sloan(1999). An Empirical Assessment of the Residual Income Valuation Model. *Journal of Accounting and Economics* (January): 1~34.

Dimson, E. and P. Marsh(1986). Event Study Methodologies and the Size Effect: The Case of DK Press Recommendations. *Journal of Financial Economics* (September): 113~142.

Dyckman, T., D. Downes, and R. Magee(1975). Efficient Capital Markets and Accounting: A Critical Analysis. Prentice Hall.

Fama, E.(1965). Random Walks in Stock Market Prices. *Financial Analysts Journal* (September/October): 3~7.

______(1965b). The Behavior of Stock Market Prices. *Journal of Business* (January): 34~105.

______(1970). Efficient Markets: A Review of Theory and Empirical Work. *Journal of Finance* (May): 383~417.

______(1976). *Foundations of Finance.* Basic Books.

______(1991). Efficient Capital Markets: II. *Journal of Finance* (December): 1575~1617.

______(1998). Market Efficiency, Long-Term Returns, and Behavioral Finance. *Journal of Financial Economics* (September): 283~306.

Fama, E. and M. Blume(1966). Filter Rules and Stock Market Trading. *Journal of Business, A Supplement* (January): 226~241.

Fama, E., L. Fisher, M. Jensen, and R. Roll(1969). The Adjustment of Stock Prices to New Information. *The International Economics Review* (February): 1~21.

Fama, E. and K. French(1988a). Permanent and Temporary Components of Stock Prices. *Journal of Political Economy* (April): 246~273.

______(1988b). Dividend Yields and Expected Stock Returns. *Journal of Financial Economics* (October): 3~25.

______(1992). The Cross-section of Expected Stock Returns. *Journal of Finance* (June): 427~465.

______(1993). Common Risk Factors in the Returns on Stocks and Bonds. *Journal of Financial Economics* (February): 3~56.

______(1995). Size and Book-to-Market Factors in Earnings and Returns. *Journal of Finance* (March): 131~155.

Foster, G.(1986). *Financial Statement Analysis*. 2nd ed. Prentice Hall.

Foster, G., C. Olsen, and T. Shevlin(1984). Earnings Releases, Anomalies and the Behavior of Security Returns. *The Accounting Review* (October): 574~603.

Frankel, R. and C. Lee(1998). Accounting Valuation, Market Expectation, and Cross-Sectional Stock Returns. *Journal of Accounting and Economics* (June): 283~319.

French, K.(1980). Stock Returns and the Weekend Effect. *Journal of Financial Economics* (March): 55~69.

Greig, A.(1992). Fundamental Analysis and Subsequent Stock Returns. *Journal of Accounting and Economics* (June/September): 413~422.

Grinblatt, M. and S. Titman(1989). Mutual Fund Performance: An Analysis of Quarterly Portfolio Holdings. *Journal of Business* (July): 393~416.

Grossman, S.(1976). On the Efficiency of Competitive Stock Markets where Traders have Diverse Information. *Journal of Finance* (May): 573~585.

Grossman, S. and J. Stiglitz(1980). On the Impossibility of Informationally Efficient Markets. *American Economic Review* (June): 393~408.

Hand, J.(1990). A Test of the Extended Functional Fixation Hypothesis. *The Accounting Review* (October): 740~763.

Handa, P., S. Kothari, and C. Wasley(1989). The Relation between the Return Interval and Betas: Implications for the Size Effect. *Journal of Financial Economics* (June): 79~100.

Hendricks, D., J. Patel, and R. Zeckhauser(1993). Hot Hands in Mutual Funds: Short-Run

Persistence of Relative Performance, 1974~1988. *Journal of Finance* (March): 93~130.

Holthausen, R. and D. Larcker(1992). The Prediction of Stock Returns Using Financial Statement Information. *Journal of Accounting and Economics* (June/September): 373~411.

Ippolito, R.(1989). Efficiency with Costly Information: A Study of Mutual Fund Performance, 1965~84. *Quarterly Journal of Economics* (February): 1~23.

Jaffe, J.(1974). Special Information and Insider Trading. *Journal of Business* (April): 410~428.

Jaffe, J., D. Keim, and R. Westerfield(1989). Earnings Yield, Market Values, and Stock Returns. *Journal of Finance* (March): 135~148.

Jegadeesh, N.(1990). Evidence of Predictable Behavior of Security Returns. *Journal of Finance* (July): 881~898.

Jegadeesh, N. and S. Titman(1993). Returns to Buying Winners and Selling Losers: Implications for Stock Market Efficiency. *Journal of Finance* (March): 65~91.

Jensen, M.(1968). The Performance of Mutual Funds in the Period 1945~64. *Journal of Finance* (May): 389~416.

______(1969). Risk, the Pricing of Capital Assets, and the Evaluation of Investment Portfolios. *Journal of Business* (April): 167~247.

______(1978). Some Anomalous Evidence Regarding Market Efficiency. *Journal of Financial Economics* (June/September): 95~101.

Kahneman, D. and A. Tversky(1984). Choices, Values, and Frames. *The American Psychologist* (Vol. 39): 341-350.

Kaplan, R. and R. Roll(1972). Investor Evaluation of Accounting Information: Some Empirical Evidence. *Journal of Business* (April): 225~257.

Keim, D.(1983). Size Related Anomalies and Stock Return Seasonality: Further Empirical Evidence. *Journal of Financial Economics* (June): 13~32.

Kendall, M.(1953). The Analysis of Economic Time Series, Part Ⅰ: Prices. *Journal of the Royal Statistical Society*: 11~25, in Cootner (1964): 85~99.

Kothari, S. and C. Wasley(1989). Measuring Security Price Performance in Size-Clustered Sample. *The Accounting Review* (April): 228~249.

Kothari, S., J. Shanken, and R. Sloan. Another Look at the Cross-Section of Expected Stock Returns. *Journal of Finance* (March): 185~224.

Kripke, H.(1980). Inside Information, Market Information and Efficient Markets. *Financial Analysts Journal* (March/April): 20~24.

Lakonishok, J., A. Shleifer, and R. Vishny(1994). Contrarian Investment, Extrapolation, and Risk. *Journal of Finance* (December): 1541~1578.

LaPorta, R.(1996). Expectation and the Cross-Section of Stock Returns. *Journal of Finance* (December): 1715~1742.

Latham, M.(1986). Information Efficiency and Information Subsets. *Journal of Finance* (March): 39~52.

Lee, C.(1992). Earnings News and Small Trades: An Intraday Analysis. *Journal of Accounting and Economics* (June/September): 265~302.

Lee, C., J. Myers, and B. Swaminathan(1999). What is the Intrinsic Value of the Dow? *Journal of Finance* (October): 1693~1741.

Lehmann, B.(1990). Fads, Martingales, and Market Efficiency. *Quarterly Journal of Economics* (February): 1~28.

LeRoy, S.(1976). Efficient Capital Markets: A Comment. *Journal of Finance* (March): 139~141.

______(1989). Efficient Capital Markets and Martingales. *Journal of Economic Literature* (December): 1583~1621.

Lev, B. and R. Thiagarajan(1993). Fundamental Information Analysis. *Journal of Accounting Research* (Autumn): 190~215.

Lintner, J.(1965). The Valuation of Risk Assets and the Selection of Risky Investments in Stock Portfolios and Capital Asset Prices. *Review of Economics and Statistics* (February): 163~195.

Lo, A.(2004). The Adaptive Markets Hypothesis: Market Efficiency from an Evolutionary Perspective. *Journal of Portfolio Management* (September): 15~29.

Lo, A. and C. MacKinlay(1988). Stock Market Prices do not Follow Random Walks: Evidence from a Simple Specification Test. *Review of Financial Studies* (Spring): 41~66.

Markowitz, H.(1952). Portfolio Selection. *Journal of Finance* (March): 77~91.

Osborne, M.(1959). Brownian Motion in the Stock Market. *Operations Research* (March/April): 145~173.

Ou, J. and S. Penman(1989a). Financial Statement Analysis and the Prediction of Stock Returns. *Journal of Accounting and Economics* (November): 295~329.

______(1989b). Accounting Measurement, Price-Earnings Ratios, and the Information Content of Security Prices. *Journal of Accounting Research* (Supplement): 111~152.

Patell, J. and M. Wolfson(1984). The Intraday Speed of Adjustment of Stock Prices to Earnings and Dividend Announcements. *Journal of Financial Economics* (June): 223~252.

Reinganum, R.(1981). Misspecification in Capital Asset Pricing: Empirical Anomalies Based on Earnings' Yields and Market Values. *Journal of Financial Economics* (March): 19~46.

______(1983). The Anomalous Stock Market Behavior of Small Firms in January. *Journal of Financial Economics* (June): 89~104.

Ritter, J.(1988). The Buying and Selling Behavior of Individual Investors at the Turn of the Year. *Journal of Finance* (July): 701~717.

______(1991). The Long-Run Performance of Initial Public Offerings. *Journal of Finance* (March): 3~27.

______(2003). Behavioral finance. *Pacific-Basin Finance Journal* (September): 429~437.

Roberts, H.(1959). Stock Market 'Patterns' and Financial Analysis: Methodological Suggestions. *Journal of Finance* (March): 1~10.

Roll, R.(1983). On Computing Mean Returns and the Small Firm Premium. *Journal of Financial Economics* (November): 371~386.

Rubinstein, M.(1975). Securities Market Efficiency in an Arrow-Debreu Economy. *American Economics Review* (December): 812~824.

Seyhun, H.(1986). Insiders' Profits, Costs of Trading, and Market Efficiency. *Journal of Financial Economics* (June): 189~212.

Sharpe, W.(1964). Capital Asset Price: A Theory of Market Equilibrium under Conditions of Risk. *Journal of Finance* (September): 425~442.

Singhvi, S. and H. Desai(1971). An Empirical Analysis of the Quality of Corporate Financial Disclosure. *The Accounting Review* (January): 129~138.

Sloan, R.(1996). Do Stock Prices Fully Reflect Information in Accruals and Cash Flows about Future Earnings. *The Accounting Review* (July): 289~316.

Stickel, S.(1985). The Effect of Value Line Investment Survey Rank Changes on Common Stock Prices. *Journal of Financial Economics* (March): 121~144.

Stiglitz, J.(1981). The Allocation Role of the Stock Market: Pareto Optimality and Competition. *Journal of Finance* (May): 235~251.

Stober, T.(1992). Summary Financial Statement Measures and Analysts' Forecast of Earnings. *Journal of Accounting and Economics* (June/September): 347~372.

Sunder, S.(1973). Relationship between Accounting Changes and Stock Prices: Problems of Measurement and Some Empirical Evidence. *Journal of Accounting Research* (Supplement): 1~45.

______(1975). Stock Price and Risk Related to Announcing Changes in Inventory Valuation. *The Accounting Review* (April): 305~315.

Tinic, S.(1990). A Perspective on the Stock Market's Fixation on Accounting Numbers. *The Accounting Review* (October): 781~796.

Treynor, J.(1976). Long-Term Investing. *Financial Analysts Journal* (May/June): 56~59.

Verrecchia, R.(1979). On the Theory of Market Information Efficiency. *Journal of Accounting and Economics* (March): 77~90.

Xie, H.(2001). The Mispricing of Abnormal Accruals. *The Accounting Review* (July): 357~373.

제 3 장

회계정보의 유용성

개념체계(conceptual framework)로부터 수미일관된 회계원칙을 도출해보려고 했던 미국 APB의 ARS No.1과 ARS No.3 등 여러 가지 연구들이 실무계의 회계관행과 다르게 너무 이론적이고 개념적인 성격을 띰으로써 실무계에서 받아들여지지 못하자, 회계학자들은 종래의 규범적이고 연역적인 연구로부터 회계정보를 중심으로 한 실증적 연구로 연구방향을 전환하였다. 이 중에서 대표적인 연구분야는 1960년대부터 연구가 활발해지기 시작한 자본시장에 근거를 둔 회계연구(Market-Based Accounting Research: MBAR)이다.

제 1 절 연구배경

1960년대 MBAR은 자본시장에서 회계정보가 유용하게 사용되는가를 조사하여 회계정보의 유용성을 검증하였다. 회계정보 중에서는 순이익이 주로 연구대상이 되었다. 이는 순이익이 기업의 경영성과를 가장 잘 요약하는 측정치이고, 다른 회계정보(재무제표)가 공시되기 이전에 순이익만 별도로 공시되기 때문에 다른 정보의 공시효과와 혼동 또는 혼합되지 않기 때문이다. 순이익이 유용한가는 순이익 공시시점에서 순이익정보가 주식가격과 주식거래량에 영향을 주는가를 측정함으로써 검증하였다. 만약 순이익이 공시될 때 순이익에 포함된 기업의 정보를 투자자들이 이용한다면 주식가격과 주식거래량이 순이익 정보에 따라서 변화할 것이다. 따라서 순이익의 변화에 따른 주가 또는 주식거래량 변화의 관계를 살펴보면 회계정보의 유용성을 검증할 수 있다.

또한 순이익의 유용성은 순이익의 공시시점이 아니라 일정기간 동안 순이익과 주가의 상호관련성을 조사하여 나타낼 수도 있다. 만약 순이익이 증가할 때 기업가치가 증가하는(즉 주가가 높아지는) 관계가 나타난다면 이는 순이익 정보가 장기적으로 투자자의 의사결정에 사용됨을 의미하는 것으로 볼 수 있다.

그런데 회계정보의 유용성을 주식시장에서 검증하기 위해서는 주식시장의 효율성이 전제되어야 한다. 지금까지의 선행연구들은 주식시장에 비록 여러 가지 예외적인 현상들(anomalies)이 존재하지만 전체적으로 주식시장이 효율적(efficient)이라고 가정하고 있다. 주식시장이 효율적이란 말은 "주가에는 공시된 모든 과거 및 현재의 정보가 반영되어 있다"는 것을 의미하며, 이는 다시 "현재의 모든 이용가능한 공시된 정보가 주가에 완전히 그리고 즉시 반영된다"는 의미이다. 따라서 순이익의 유용성에 대한 연구는 기업이 순이익을 공시하면 순이익에 포함된 정보가 주가에 완전히 즉시 반영된다고 가정하고 있다.

주식시장에서 회계정보의 유용성을 연구한 논문들은 많지만 가장 대표적인 연구는 Ball과 Brown(1968)과 Beaver(1968)이다. Ball과 Brown은 순이익의 공시를 호재(good news)와 악재(bad news)로 나누어 각각의 경우에 주식가격의 변화를 살펴보았다. 그들은 투자자들의 기대보다 기업의 순이익이 상승했을 때 주식가격이 상승하는지, 투자자들의 기대보다 순이익이 하락할 때 주식가격이 하락하는지를 관찰하였다. Beaver(1968)는 순이익이 공시될 때 주식거래량의 변화를 연구하였다. 그는 순이익이 공시되기 전에 투자자들은 기업의 수익력과 위험에 대하여 각기 다른 기대치를 가지고 있지만 순이익이 공시되면 투자자들이 자신의 믿음(belief)을 수정하는 과정에서 주식을 거래하게 되어 순이익 공시시점에서 주식거래량이 증가할 것으로 예측했다.

그러면 먼저 Ball과 Brown의 연구와 Beaver의 연구를 개략적으로 서술하고, "주가/이익" 사이의 관계에 대한 연구를 살펴보기로 하자.

제 2 절 Ball과 Brown의 연구와 후속연구

Ball과 Brown(1968)의 연구는 자본시장에 기초한 회계학 연구의 가장 전형적인 연구이다. 본서에서 이 연구에 대한 요약을 하지만 관심이 있는 독자는 반드시 이 논문을 자세하게 읽어보기를 권한다.

1. Ball과 Brown(1968)의 연구

Ball과 Brown(1968)은 회계정보 중에서 경영성과를 나타내는 순이익이 자본시장에서 투자자들의 의사결정에 유용하게 사용되는지를 검증하였다. 회계정보 중에서 순이익을 선택한 것은 순이익이 경영성과를 가장 대표적으로 잘 나타낼 뿐만 아니라 연간 재무제표를 공시하기 이전에 순이익만 미디어(media)를 통해서 별도로 공시되기 때문에 공시시점을 정하기도 좋고, 다른 여러 요소들과 분리하여 순이익 정보의 유용성을 연구할 수 있기 때문이다.

순이익 정보가 자본시장에서 투자자의 의사결정에 영향을 주었는지는 순이익 정보가 공시되는 시점에서 주식가격의 변동이 있었는지를 조사하면 알 수 있다. 만약 이익정보가 유용하다면, 투자자들의 기대보다 기업의 순이익이 증가한 경우(호재, Good News)에는 주식가격이 상승할 것이고, 반대로 투자자들의 기대보다 순이익이 감소한 경우(악재, Bad News)에는 주식가격이 하락할 것이다. Ball과 Brown은 주식시장이 효율적(efficient)이라고 가정하고 순이익과 주가의 이러한 관계를 연구하였다.

(1) 비기대이익의 측정

호재와 악재로 분류되는 이익정보는 두 가지 방법으로 측정하였다.

첫번째 방법은 개별기업의 이익은 시장전체 이익의 움직임과 상당한 정도 같이 움직이기 때문에, 시장전체 이익의 움직임보다 개별기업 이익의 증가가 크면 이는 호재로 보고 그렇지 않으면 악재로 보았다. 이를 수식으로 표시하면 다음과 같다. 이러한 방법으로 기대이익($I_{i,t}$)을 측정하는 방법을 '회계 beta'를 이용한 방법이라고 한다.

$$\Delta I_{j,t-r} = \widehat{a_{1jt}} + \widehat{a_{2j,t}}\, \Delta M_{jt-r} + u_{jt-r} \quad ①$$

$$\Delta \widehat{I_{jt}} = \widehat{a_{1jt}} + \widehat{a_{2j,t}}\, \Delta M_{jt} \quad ②$$

$$\widehat{u_{jt}} = \Delta I_{jt} - \Delta \widehat{I_{jt}} \quad ③$$

여기에서, j는 개별기업을, t는 시점을 표시하고, I는 순이익, M은 시장전체의 이익, u는 회귀식의 잔차, 그리고 $\widehat{a_1}$과 $\widehat{a_2}$는 회귀계수를 나타낸다.

식 ①은 개별기업 이익의 변화를 시장전체 이익의 변화와 회귀식의 관계를 나타내고, 식 ②는 기업 j의 이익변화의 기대치를 나타낸다. 식 ③은 기업 j의 실제 이익변화와 기대치의 차이를 나타낸 것이다. 따라서 $\widehat{u_{jt}}$가 0보다 크면 호재, 0보다 작으면 악재를 표시하게 된다.

두 번째 방법은 전년도의 순이익을 당해연도 순이익의 기대치로 가정하여 당해연도의 순이익이 전년도보다 크면 호재로, 작으면 악재로 분류하였다. 여기에서 비기대순이익은 당해연도 순이익에서 전년도 순이익을 차감한 금액으로 표시된다. 이 측정치를 이용하면 비기대순이익이 0보다 크면(전년도보다 순이익이 증가하면) 기업의 순이익이 투자자들의 기대치보다 큰 것을 나타내므로 호재, 0보다 작으면(전년도보다 순이익이 감소하면) 악재를 의미한다.

(2) 초과수익률의 측정

앞서 공시되는 정보가 호재면 주식수익률이 상승하고 악재면 주식수익률이 하락할 것이라고 예측했다. 그런데 주식수익률의 상승이나 하락도 어떤 기준이 있어야 할 것이다. 만약 이 기준치보다 개별기업의 주식수익률이 높으면 주식수익률이 이익정보를 반영하여 상승하였고 이 기준치보다 낮으면 주식수익률이 하락하였다고 말할 수 있을 것이다. Ball과 Brown은 기준이 되는 주식수익률의 움직임을 시장수익률로 보았다. 즉 개별기업의 주식수익률은 상당한 정도가 시장전체의 주식수익률과 동일하게 움직이므로 개별기업의 주식수익률과 시장전체의 주식수익률의 차이를 순이익 공시 정보가 주식수익률에 반영된 것으로 보았다. 개별기업의 주식수익률과 시장전체의 주식수익률의 차이는 다음과 같이 계산하였다.

$$[PR_{jm}-1]=\widehat{b_{1j}}+\widehat{b_{2j}}\,[L_m-1]+v_{jm}$$

여기에서 j는 기업을, m은 기간(달)을 나타내고, $[PR_m-1]$은 월간 주식수익률, $[L_m-1]$은 월간 시장수익률을 나타내며, v는 시장효과를 제외한 개별기업의 주식수익률이다. 따라서 순이익의 예측치(기대치)와 실제치의 차이(비기대이익)가 +인 경우에는 시장효과를 제외한 기업의 주식수익률(v)이 +가 될 것이고, 비기대이익이 −인 경우에는 v가 −가 될 것으로 기대된다.

(3) 연구자료

순이익 자료는 COMPUSTAT에서 1946년부터 1966년까지의 자료를 추출하였고, 순이익이 공시되는 시점은 Wall Street Journal에서 순이익이 공시되는 시점으로 보았다. 주식수익률 자료는 *CRSP*에서 구하였다. 비기대순이익을 계산하기 위한 식 ① 에서 회귀식의 추정기간은 10년으로 잡았다. 따라서 분석대상기간은 1957년부터 1966년까지이다. 왜냐하면 1957년의 비기대이익을 구하기 위해서는 식 ① 에서 1946년부터 1956년까지의 순이익자료로부터 기대이익을 계산하고 이를 1957년의 실제치에서 차감하기 때문이다. 순이익자료와 주식수익률 자료가 모두 사용가능한 기업은 261개이었다.

(4) 누적초과수익률

Ball과 Brown은 비기대이익과 주가반응의 관계를 장기간에 걸쳐서 분석하였다. 즉 그들은 비기대이익이 호재인지 악재인지에 따라서 순이익의 공시시점 12개월 전부터 공시시점 6개월 후까지의 주식초과수익률을 조사하였다. 주식의 초과수익률은 매월 계산하여 이를 개별적으로 누적 계산하는 것이 좀더 의미가 있을 것이다. 예를 들면, 어떤 기업의 주식 초과수익률이 매월 2%라고 하면 6개월 동안의 초과수익률은 $(1+0.02)^6$이고 12개월 동안의 초과수익률은 $(1+0.02)^{12}$으로 계산할 수 있다. Ball과 Brown은 누적적인 초과수익률을 나타내기 위하여 ***API***(abnormal performance index)라는 측정치를 개발하였다.

*API*는 다음과 같이 계산된다.

$$API_M = \frac{1}{N}\sum_{n}^{N}\prod_{m=-11}^{M}(1+v_{nm})$$

*API*의 의미는 투자자가 순이익을 공시한 달보다 12개월 전에 $1을 모든 기업(이 연구에서는 241개 기업)에 똑같이 투자한 후 특정 달(예를 들면, −10, −9, ··· 0, 1, ··· , 6)까지 주식을 보유했을 때 시장수익률을 차감한 초과수익률(v)의 누적치를 계산하게 해준다.

(5) 실증분석결과와 해석

비기대이익을 호재와 악재로 구분한 각 기업에 대하여 *API*를 계산하고 이를 평균한 후, 이들간의 관계를 그래프로 표시하면 [그림 3-1]과 같다.

[그림 3-1]에서 종축은 *API*를 나타내고 횡축은 순이익 공시 12개월 전부터 6개월 후까지의 시간을 표시한다. 변수 1(variable 1)은 식 ① 에서 식 ③ 에 기업의 순이익을 대입하고 비기대이익을 계산한 후 호재인지 악재인지를 확인한 변수이고, 변수 2(variable 2)는 식 ① 에서 식 ③ 에 기업의 주당순이익(earnings per share)을 대입하고 비기대이익을 계산한 후 호재인지 악재인지를 확인한 변수이며, 변수 3(variable 3)은 당해연도 순이익의 기대치를 전년도 순이익으로 보고 비기대이익을 계산한 후 호재인지 악재인지를 나타낸 변수이다.

[그림 3-1]에서 변수 1로부터 변수 3까지 비기대이익이 호재인 경우에 계산한 *API*는 그림의 윗부분에 나타나고, 악재인 경우에는 그림의 아랫부분에 나타난다. 그리고 모든 기업에 대하여 평균한 *API*는 중앙에 점선으로 표시되어 있다. 우리는 [그림 3-1]로부터 비기대이익이 호재인 기업들은 양의 초과수익률을 나타내고 악재인 기업들은 음의 초과수익률을 나타낸다는 것을 명확히 알 수 있다. *API*는 비기대이익이 공시되기 12개월 전부터 호재와 악재 그룹에 따라서 분명히 차이를 보이고 순이익 공시시점으로 가면서 그 차이가 점차 커지고 순이익 공시 이후 2개월까지도 차이가 증가한 후 4개월부터 초과수익률이 없어지는 것을 볼 수 있다. 따라서 앞서 예측한 바와 같이 기업의 순이익이 기대보다 증가하면 주식가격이 시장전체의 움직임보다 더 상승하고, 기대보다 감소하면 주식가격이 하락하여, 회계정보가 주가에 반영되고 있음을 알 수 있고, 또 이는 순이익이 투자자의 의사결정에 유용하게 사용되고 있음을 나타내고 있다.

[그림 3-1]에서 몇 가지 사실을 좀더 설명하도록 하자.

[그림 3-1] 기업성과와 *API*의 관계

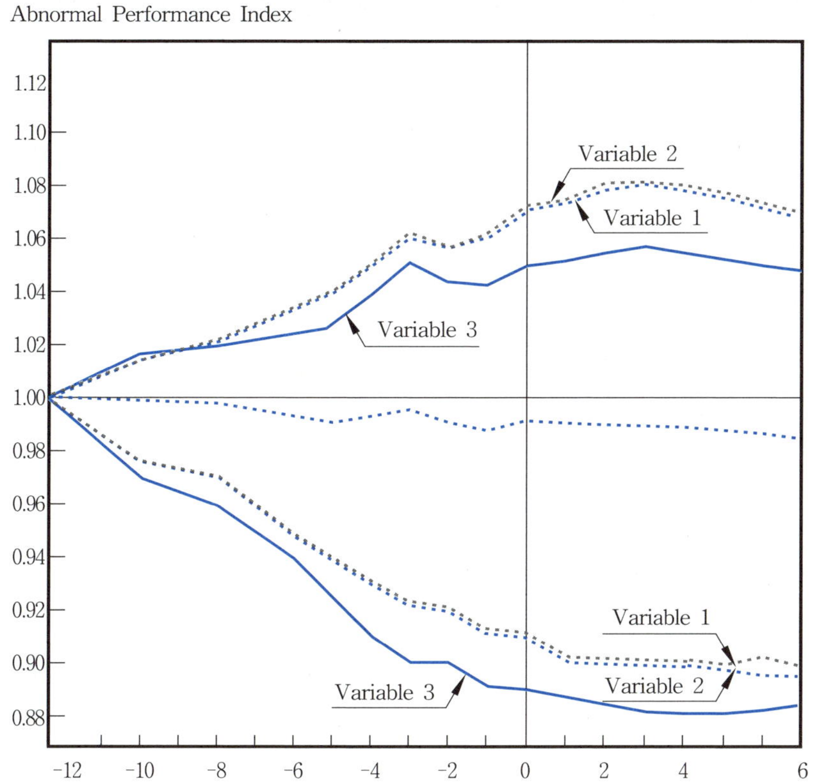

(자료; Ball과 Brown 1968, p.169)

① 순이익을 공시한 달의 12개월 전부터 호재기업의 *API*는 양의 값을 가지고 악재기업의 *API*는 음의 값을 가진다. 이는 기업의 경영성과가 순이익 공시이전 12개월 전부터 투자자들에 의해서 관찰되고 있음을 의미한다. 기업은 여러 가지 채널을 이용하여 지속적으로 기업의 경영성과를 이해관계자에게 전달하고 있고 투자자들도 여러 경로를 통하여 기업에 관한 정보를 취득하고 있기 때문이다.

② 순이익을 공시한 달의 다음달과 그 다음달까지 호재기업의 *API*가 증가하고 악재기업의 *API*가 감소한다. 즉 순이익 정보가 공시된 이후에도 이 정보에

주식가격이 반응을 한다는 것으로서 시장의 효율성에 문제를 제기하고 있다.

③ [그림 3-1]은 긴 window에서 회계정보와 주가의 관계를 나타낸 것이다. 그런데 window 기간이 긴 경우와 짧은 경우에 회계정보와 주가의 관계는 서로 다르게 해석되어야 한다. 만약, 회계정보의 공시를 전후하여 며칠기간의 짧은 window에서 회계정보와 주가의 관계가 관찰되면, 회계정보가 주가변동의 원인(cause)이 되었다고 주장할 수 있다. 왜냐하면 짧은 window에서는 회계정보 공시 이외의 사건이 상대적으로 적고 또 주식분할이나 배당과 같이 주가에 영향을 주는 사건이 있는 기업이 있으면 이를 연구대상기업에서 제거시킴으로써 회계정보에 대한 주가변동을 관찰할 수 있기 때문이다. 반면에 긴 window로서 회계정보와 주가의 관계를 조사하면 그 기간 동안 회계정보 공시 이외에도 여러 가지 사건들이 발생할 수 있고 이러한 사건들이 주가에 영향을 줄 수 있어서 회계정보에 대한 주가의 반응을 정확하게 관찰하기 어렵다. 이러한 경우에는 연구결과를 해석할 때 회계정보가 주가에 어떠한 영향을 주었다고 하지 않고, 회계정보와 주가는 어떠한 관계를 가지고 있다고만 언급한다. 따라서 [그림 3-1]의 결과도 "순이익 정보와 기업의 주식수익률은 양(+)의 상관관계가 있다"라고 해석하여야 한다.

2. 후속연구

회계정보와 주가에 대한 Ball과 Brown의 연구는 많은 후속연구들을 낳았다. 그중에서 대표적인 몇 가지 연구주제들을 살펴보자.

첫째, Ball과 Brown은 순이익정보가 호재냐 악재냐 하는 순이익의 부호(sign)와 주식수익률의 관계를 연구하였는데 Beaver 등(1979)은 비기대순이익정보의 크기(magnitude)와 주식수익률 간의 관계를 분석하였다. 즉 그들은 비기대이익의 크기와 초과수익률 간의 상관관계를 연구하여, 비기대이익의 크기가 클수록 투자자들이 기업의 미래수익력이 클 것으로 예상하고 투자의사결정을 내린다는 것을 밝혔다. Beaver 등(1980)은 주당순이익의 변화율과 주가변화율 간의 상호관계를 회귀분석을 통하여 나타내었다. 회귀분석의 회귀계수는 0.12로서 순이익과 주식수익률 사이에 양(+)의 관계가 있음을 나타내었다.

Beaver 등(1979)과 Beaver 등(1980)의 연구는 이후 비기대이익과 주식수익률 간의 관계가 기업마다 차이가 나므로 이러한 차이의 결정요인에 대한 연구로 발전하게 된다.

둘째, Ball과 Brown은 순이익 정보의 유용성에 대하여 연구를 하였지만, 기업의 성과는 현금흐름에 의해서도 측정될 수 있다. 이에 Bowen 등(1987)은 현금흐름의 유용성을 연구하였다. 연구결과에 의하면 현금흐름은 순이익보다 주가의 변동을 설명하는 설명력은 작았지만 순이익이 제공하지 못하는 추가적인 정보(incremental information)를 투자자들에게 제공하고 있음이 밝혀졌다. 그리고 순이익은 현금흐름에 발생액(accruals)을 가감한 것으로 정의될 수 있으므로 발생액이 투자자에게 순이익이 제공하지 못하는 추가적인 정보를 제공하는지에도 관심이 쏠렸다. 이에 대해서 short window에서 사건연구기법을 적용한 Wilson(1987)과 Bernard와 Stober(1989)의 연구결과는 일관성이 없었지만 long window에서 발생액과 주식수익률 사이의 association을 연구한 Rayburn(1986)은 발생액은 순이익이 제공하지 못하는 추가적인 정보를 제공하고 있음을 밝혔다.

셋째, Ball과 Brown은 연간 순이익 자료를 사용한 반면 Foster(1977)는 분기(quarterly)이익 자료를 사용하여 순이익 정보의 유용성을 연구하였고, 미국 자본시장이 아닌 다른 나라의 자본시장에 대해서도 많은 연구들이 있었다.

넷째, Ball과 Brown은 비기대이익을 측정할 때 기대이익을 '회계 beta' 모형과 random walk 모형을 사용하여 정의하였다. 그러나 후속연구에서는 순이익의 시계열모형을 도출하고 이를 응용하여 기대이익을 정의하기도 하고, 재무분석가의 순이익 예측치를 기대이익으로 사용하여 자본시장에서 순이익 정보의 유용성을 검증하였다.

다섯째, Ball과 Brown의 연구에서 보면 순이익정보가 공시된 다음달과 그 다음달에도 비기대이익이 호재냐 악재냐에 따라서 *API*가 증가 또는 감소하고 있다. 만약 시장이 효율적이어서 공시된 모든 정보가 즉시 주가에 반영된다면 회계정보가 공시된 후에는 공시된 정보에 주식의 초과수익률이 없어야 할 것이다. 이에 따라서 Foster 등(1984)과 Bernard와 Thomas (1989) 등은 회계정보공시 이후의 주가움직임의 원인과 그 의미에 대하여 연구하였다.

우리나라에서 회계이익 정보와 주식수익률의 상관관계는 송인만(1989)에서 검증되었는데, random walk 모델을 이용하여 산출된 비기대회계이익 정보는 초과수익률과 유의적인 관계가 있어서 우리나라에서도 회계이익 정보가 주식가격 결정에 유용한 정보가 될 수 있다는 증거를 제시하였다. 특히 이러한 관계는 중간보고서의 경우에 더욱 뚜렷하게 나타났으며, 증권시장지에 증권속보가 공시되는 시점은 연차이익이 투자자에게 알려지는 시점일 것이라는 증거를 발견하였다. 한편 이남주와 나인철(1992)의 연구에서는 증권분석가의 예측치를 이용하여 비기대회계이익을 산정하면 회계이익뿐만 아니라 매출액도 추가적인 정보를 가지고 있는 것으로 나타났다. 그리고 박준완(1990)은 회계이익의 정보효과가 기업특성에 따라서 달라질 수 있음을 보여주었다.

제 3 절 Beaver의 연구와 후속연구

1. Beaver(1968)의 연구

(1) 연구배경

이 논문은 순이익 공시시점을 전후하여 주식의 거래량과 가격변화를 살펴보고 순이익의 정보가치를 연구하였다. Beaver는 정보를 어떤 사건의 결과에 대한 기대의 변화로 정의하였다. 따라서 순이익이 정보가치를 가지려면 순이익이 공시될 때 주식가격 변화를 가져올 수 있는 투자자의 미래수익률에 대한 확률분포의 평가를 변경시켜야 한다. 투자자들의 이러한 기대변화는 주식의 거래량과 가격변화로 나타날 수 있다. 즉 기업이 순이익을 공시하면 투자자들이 일정기간 동안 이 정보를 서로 다르게 해석하여(왜냐하면 투자자들은 적어도 각기 위험회피성향이나 기본재산(endowment)이 다르므로) 주식의 균형가격에 대한 합의(consensus)가 이루어지지 않기 때문에 이에 도달하기 위한 과정에서 주식거래량이 증가하게 된다. 그리고 일정기간의 조정이 끝

나면 순이익 정보에 대한 투자자들의 합의가 이루어지고 주가는 새로운 균형가격에 도달한다.

그런데 주식의 거래량 변화와 주식가격 변화는 서로 다른 측면을 나타낼 수 있다. 주식의 거래량 변화는 개별 투자자들의 기대의 변화를 나타내고, 가격변화는 시장전체의 기대의 변화를 표시한다. 왜냐하면 순이익 정보의 공시는 개별 투자자들의 주식의 균형가격에 대한 기대를 변화시켜서 거래량을 증가시킬 수 있지만, 시장전체적으로 주식가격은 개별투자자들의 거래로 인한 가격상승과 가격하락이 상쇄되어 변화하지 않을 수도 있기 때문이다.

(2) 표본과 변수의 측정

이 논문은 1961년부터 1965년까지 143개 기업의 연간 순이익 공시를 대상으로 연구하였다. 연구대상을 선정할 때 특이한 점은 회계연도가 12월 31일로 종료되는 기업들은 포함시키지 않은 것이다. 이는 많은 비중의 기업들이 12월 31일로 회계연도가 종료되기 때문에 이들을 포함시키면 순이익 공시시점도 일정 기간에 몰리게 되고 이는 해당 기간의 특성을 나타내어 순이익 공시에 대한 정보효과를 별도로 나타내기 어렵기 때문이다.

주식거래량을 나타내는 측정변수는 다음과 같이 정의하였다.

$$V_{it} = \frac{t\text{주에 기업}i\text{의 주식거래량}}{t\text{주에 기업}i\text{의 기발행유통주식수}} \times \frac{1}{t\text{주의 거래일수}}$$

$$V_{Mt} = \frac{t\text{주에 NYSE 기업들의 주식거래량}}{t\text{주에 NYSE 기업들의 기발행유통주식수}} \times \frac{1}{t\text{주의 거래일수}}$$

V_{it}는 개별기업의 주식거래량 정도를 나타내는 변수로서 t 주에 있어서 매일의 평균주식거래량을 기발행유통주식수로 나누었다. 이는 발행주식수가 많은 기업과 적은 기업들간에 주식거래량 정도를 비교할 수 있도록 하기 위한 것이다. V_{Mt}는 t 주에서 매일의 NYSE 기업들의 주식평균거래량 정도를 나타낸다.

주식가격 변화를 나타내는 측정변수는 다음과 같이 정의하였다.

$$R_{it} = \ln[\frac{D_{it} + P_{it}}{P_{it-1}}]$$

$$R_{Mt} = \ln[\frac{(SP)_t}{(SP)_{t-1}}]$$

여기에서 D_{it} $= t$ 주에 기업 i 의 현금배당
P_{it} $= t$ 주에 기업 i 의 주식종가
SP_t $= t$ 주의 S&P index의 종가

R_{it} 는 개별기업의 주식가격의 변화 정도를 나타내는 변수이다. R_{it} 는 주가의 자연대수이므로 continuous compounding을 가정한 주식의 가격변화 또는 주식수익률을 나타낸다. R_{Mt} 는 유사한 측정치로서 NYSE의 대표적인 기업들의 주가인 S&P index를 표시한다.

(3) 분석결과

① 주식거래량 분석 — 시장전체의 영향에 대한 조정을 하지 않을 경우

[그림 3-2]는 개별기업의 주식거래량 정도를 나타내는 V_{it} 를 순이익 공시 8주 전, 순이익 공시 주, 그리고 순이익 공시 8주 후까지 계산한 것이다. V_{it} 는 week 0에서 가장 큰 값을 가지고 있다. 이는 다른 주들에 비하여 이익공시 주인 week 0에서 투자자들의 주식거래가 가장 많음을 나타낸 것으로 순이익이 투자자들에게 정보가치를 가지고 있음을 나타낸다. [그림 3-2]의 관찰치의 수가 506개이어서 V_{it} 의 합계를 506으로 나누고 있다.

② 주식거래량 분석 — 시장전체의 영향을 조정한 경우

시장전체의 영향을 조정한 것은 개별기업들의 주식거래량 변동에서 시장전체의 주식평균거래량 변동 효과를 제거하기 위한 것이다. 이는 이익공시시점에서 혹시 존재할지도 모르는 시장전체적인 정보공시효과를 제거시킬 수 있고, 거래량 자료의 'noise'를 감소시킬 수 있다. V_{it} 에서 시장영향을 제거하기 위한 모형은 다음과 같다.

[그림 3-2] 순이익 공시전후의 주식거래량

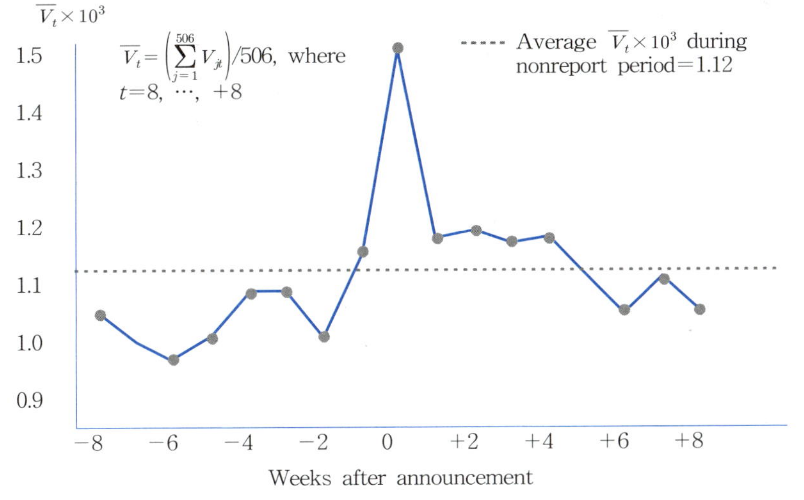

(자료: Beaver 1968, p.89)

$$V_{it} = a_i + b_i V_{mt} + e_{it} \quad (1)$$

$$e_{jt} = V_{jt} - \hat{a}_j - \hat{b}_j V_{mt} \quad (2)$$

위의 회귀식 (1) 은 이익공시 주간을 제외하고 추정하여 개별기업의 거래량 정도와 시장전체 거래량 정도의 관계를 얻었다. 그 이후에 식 (2) 를 적용하여 이익공시 주와 이를 전후한 8주의 e_{jt} 를 계산하였다. e_{jt} 는 시장효과를 제외한 개별기업의 거래량 정도를 나타낼 수 있다. e_{jt} 를 그림으로 표시하면 [그림 3-3]과 같다.

[그림 3-3]은 [그림 3-2]와 같이 개별기업들의 주식거래량이 이익공시 주에 최대가 되는 것을 분명하게 보여주고 있다. 따라서 투자자들이 이익공시 주에 주식거래량을 증가시키는 것을 알 수 있고, 이는 이익공시가 정보가치를 가지고 있음을 나타낸다.

[그림 3-3] 이익공시 전후의 e_{jt}

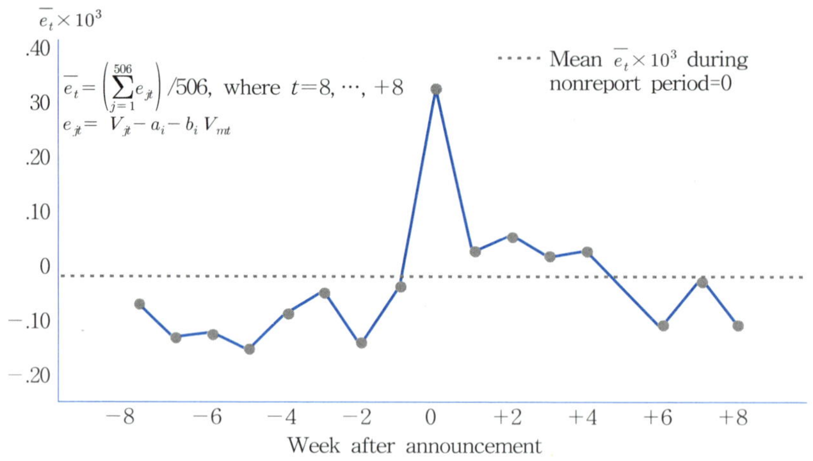

(자료: Beaver 1968, p.90)

③ 주식가격 변화 분석 — 시장전체의 영향을 조정한 경우

만약 순이익 공시정보가 현행 주식가격의 균형가치 변화에 영향을 준다면 다른 주에 비하여 이익공시를 한 주에 주식의 가격변화가 클 것이다. 이 연구에서는 주식가격의 변화를 다음과 같이 측정하였다.

$$R_{it} = a_i + b_i R_{mt} + u_{it} \quad (3)$$

$$\widehat{U}_{it} = R_{ji} - \hat{a}_j - \hat{b}_j R_{mt} \quad (4)$$

위의 회귀식 (3)은 개별기업의 주식수익률과 시장전체의 주식수익률 간의 관계를 표시하므로, 식 (4)의 $\widehat{u}_{jt}$는 시장전체 수익률의 변화를 제거한 개별기업의 수익률 변화를 나타낸다. 그런데 week 0에서의 주식가격 변화는 가격이 상승할 수도 하락할 수도 있으므로 u_{jt}의 부호는 +가 될 수도 있고 −가 될 수도 있다. 이 연구는 부호의 영향을 없애는 방법으로 u_{jt}^2를 사용하였다. 그리고 week 0에서의 가격변화 정도를 다른 주의 가격변화 정도와 비교하기 위하여 u_{jt}^2를 이익공시 주를 제외한 주에서 계산된 u_{jt}^2의 평균인 s_i^2으로 나누

[그림 3-4] 이익공시 전후의 U_{jt}

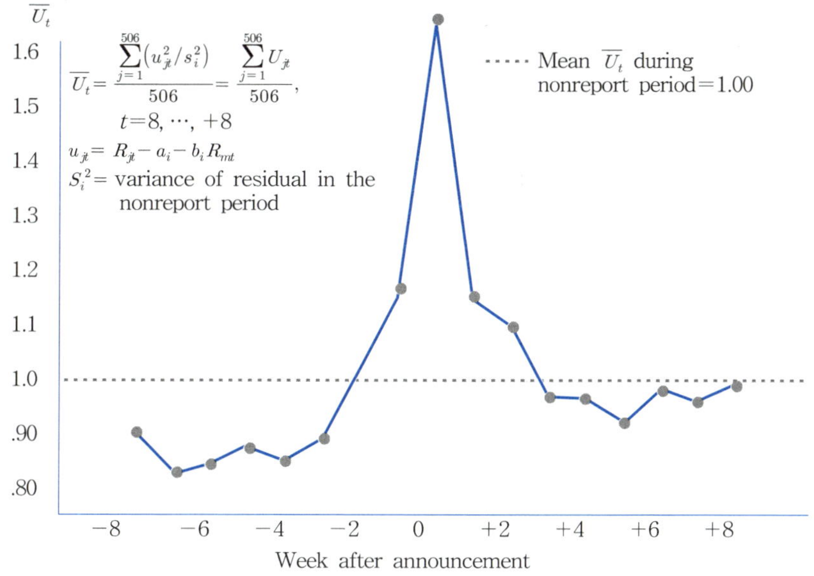

(자료: Beaver 1968, p.91)

었다. 즉 측정변수 U는 다음과 같다.

$$U_{jt} = u_{jt}^2 \ / \ s_i^2$$

[그림 3-4]는 이익공시 −7주전부터 +7주까지의 U_{it}를 나타낸 것이다. U_{it}는 이익공시 주 0에서 가장 큰 값을 가지고 있다. 즉 이익이 공시되는 주에 균형가격에 접근하기 위한 주식가격 변화가 가장 크게 나타난다. 따라서 순이익 공시는 투자자들에게 유용한 정보를 제공하고 있다고 볼 수 있다.

2. 후속연구

회계정보의 유용성에 대한 연구는 대부분 회계정보의 주가반응에 대한 것이었고 주식거래량 반응에 대해서는 연구가 많이 행하여지지 않았다. 앞서 살펴본 바와 같이 Beaver(1968)는 이익공시시점에서 주식거래량의 변화를 연구하였는데, Bamber(1986, 1987)는 한 걸음 더 나아가 공시된 이익의 비기대치(비기대이익)의 크기에 따라 주식거래량이 차이가 있는지, 기업규모에 따라서 주식거래량이 차이가 있는지도 연구하였다. 그는 투자자의 기대치가 다른 정도 즉 비기대이익이 클수록 주식거래량도 많을 것으로 보았고 기업규모가 클수록 주식거래량 정도는 적을 것으로 보았다. 이는 대기업은 경영성과가 순이익 공시 이전에 여러 가지 경로를 통하여 자본시장에 많이 알려지므로 순이익 공시에 대한 투자자들의 반응이 작지만 작은 기업은 순이익 공시시점에 투자자들의 기대가 많이 수정되므로 주식거래량도 많아지게 될 것이기 때문이다. 연구결과는 Bamber의 연구가설을 지지하였다.

Beaver(1986)는 회계정보의 공시에 대한 주식가격의 변화는 시장의 평균적인 반응이고 주식거래량은 개별 투자자들의 주식거래의 합이라고 하였다. 그리고 주식가격은 주식거래량과 무관하게 변하지 않을 수도 있다고 주장하였다. Bamber와 Cheon(1995)은 주식거래량은 크지만 가격변화는 미미한 경우 또는 가격변화는 크지만 주식거래량은 작은 경우에 대하여 연구하였다. 이들의 연구에 의하면 연구대상기업 중에서 1/4 정도가 이러한 경우에 해당하였다. 연구결과에 의하면 순이익 공시시점에서 주식가격의 변화보다 거래량이 많은 경우는 ① 이익의 기대치와 실제치가 커서 정보의 비대칭성이 크리라고 여겨지는, 재무분석가들의 이익예측에 편차가 큰 경우 ② 이익정보에 대한 투자자들의 이해관계가 많아서 analysts following이 많은 경우 ③ 재무분석가의 예측에 의한 비기대이익에 비하여 random walk로 정의한 비기대이익이 큰 경우 ④ 주가가 상승한 경우로 나타났다.

회계정보와 주식거래량의 관계에 대하여 체계적이고 이론적인 연구는 Kim과 Verrecchia(1991, 1994)라고 볼 수 있다. Kim과 Verrecchia의 논리를 살펴보자. 순이익 공시 이전에 투자자는 공시된 공공정보(예: 공시된 반기순이익)와 공시되지 않은 사적정보(예: 재무분석가의 의견)를 이용하여 자신의 최적 주식 portfolio를 구성하고 있다. 순이익이 공시되면 투자자는 이 정보를 이용하여 자신이 가지고 있는 믿음(belief)을 수정하게 된다. 이 수정 정도는 공시되는 순이익이 투자자의 기대치와 얼마나 차이가 있는가 하는 정도와 투자자가 가지고 있는 사전정보의 정확성에 따라서 다를 것이다. 투자자는 순이익 정보를 이용하여 자신이 가지고 있는 믿음을 수정하면서 주식을 매매하게 되고 이는 주식가격의 변화와 주식거래량의 변화를 가지고 온다. 그런데 주식거래량은 순이익 공시 이전에 존재하는 정보의 비대칭성에도 영향을 받는다. Kim과 Verrecchia의 모형에 의하면 모든 투자자들은 공공정보는 동일하게 취득할 수 있지만 사적정보는 투자자들의 능력에 따라서 서로 다른 정도로 얻는다고 가정한다. 이러한 이유로 투자자들은 서로 다른 믿음을 가지게 되고 해당 기업의 순이익에 대해서도 서로 다른 기대치를 형성한다. 기업이 순이익 정보를 공시하면 정확한 사적정보를 가지고 있는 투자자는 그렇지 않은 투자자에 비하여 평균적으로 자신이 이미 가지고 있는 믿음을 덜 수정하게 될 것이고 이로 인하여 주식거래량도 상대적으로 적다. 따라서 사전정보의 비대칭성은 투자자들로 하여금 주식거래량을 서로 다르게 할 수 있다.

Atiase와 Bamber(1994)는 Kim과 Verrecchia의 논리에 따라서 주식거래량이 투자자간의 사전정보의 불일치성에 따라서 다른가를 실증적으로 검증하였다. 연구자들은 1980~1989년의 5,282개의 이익공시에 대한 거래량 반응을 분석하였는데 주가반응이 클수록 거래량 반응 또한 크게 나타났다. 이들은 이를 투자자간 사전정보의 불일치가 클수록 주가반응이 클 것이고, 이는 거래량 반응을 가지고 온다고 보았다. 이 논문에서 투자자간의 사전정보의 불일치 정도는 재무분석가 이익예측치의 dispersion과 range로 정의하였다. 즉 dispersion과 range가 클수록 사전정보의 불일치 정도가 크다. 거래량 반응에 관한 연구결과는 주가반응의 크기를 통제하고도, dispersion과 range가 클수록 거래량 반응 또한 크게 나타나 Kim과 Verrecchia의 이론을 실증적으로 검증하였다.

제 4 절 이익반응계수 연구

1. 연구배경

Ball과 Brown(1968)과 Beaver(1968) 이후 많은 연구들이 순이익의 유용성을 검증하기 위하여 비기대이익과 주식초과수익률 사이의 관계를 연구하였다. 연구결과는 일관성 있게 비기대이익과 주식초과수익률 간에 양(+)의 상관관계를 밝혀내어 회계정보의 유용성을 검증하였다. 그런데 이러한 연구에서 비기대이익과 주식초과수익률 사이의 관계가 모든 기업들에 있어서 일률적으로 동일한 것이 아니고 어떤 기업은 크고 어떤 기업은 작게 나타났다. 이에 여러 학자들은 이러한 차이가 무엇인지에 대하여 연구하게 되었다. 이러한 연구주제를 **이익반응계수**(Earnings Response Coefficient: *ERC*)에 관한 연구라고 한다. 이익반응계수란 비기대순이익 1원에 대한 주가수익률의 반응정도를 가리킨다. 이익반응계수에 대한 연구를 좀더 일반적으로 말하자면, 비기대이익과 초과수익률 간의 관계가 횡단적(cross-sectionally) 또는 시계열적(inter-temporally)으로 안정적이라는 가정을 완화시켜서, 이 관계에 영향을 주는 요소와 결정변수들을 연구하는 것이다.

*ERC*는 전형적으로 다음과 같은 회귀식에서 회귀계수인 b로 정의된다.

$$CAR_{it} = a + b\,UX_{it} + e_{it}$$

여기에서 아래첨자 i는 주식의 종류를, t는 특정 기간을 가리킨다. 그리고 *CAR*은 누적위험조정 주가초과수익률, *UX*는 비기대이익(deflate된 수치임), e는 회귀식의 잔차, b는 이익반응계수(*ERC*)를 나타낸다.

기존 연구들은 이익반응계수를 미래 배당이나 현금흐름을 할인하는 형태의 여러 가지 가치평가모형(valuation models)에서 도출하고 있다. 이익반응계수에 대한 연구를 요약한 Cho와 Jung(1991)은 평가모형을 정보경제학적 모형과 이익의 시계열(time-series) 모형으로 분류·설명하였다. 두 모형은 서로 다른 가정하의 "주가/이익" 관계를 설명하고 있지만, 근본적인 결론은 이익반응계수는 이익의 지속성(또는 미래 청산가치의 분산)과 할인율(위험)에 따라서 결정된다는 것이다.

이러한 평가모형들을 바탕으로 많은 실증연구가 행하여졌다(Kormendi와 Lipe 1987; Easton과 Zmijewski 1989; Collins와 Kothari 1989; Lipe 1990). 이 연구들 중 "주가/이익" 관계를 long window로 검증한 연구들은 이익반응계수가 이익의 지속성과 위험, 무위험 이자율뿐 아니라 이익의 예측가능성, 기업규모, 산업, 이익의 질, 불량채권의 대손가능성 등에 영향을 받는다는 사실을 밝혀내었다. 또한 short window로 검증한 연구들은 이익반응계수가 기업의 이익(미래현금흐름)의 사전적(ex ante) 불확실성과 노이즈(noise)에 영향을 받음을 나타내었다. 그리고 일부 학자들은 이익의 지속성에 영향을 주는 변수들을 분석하였고(Teets 1992) 이익의 구성요소별로 이익반응계수가 다름을 연구하였으며(Lipe 1990), 이익반응계수의 추정과 관련하여 주가와 이익의 시차문제도 연구하였다.

그러면 먼저 선행연구들에서부터 *ERC*에 영향을 주는 대표적인 변수들을 살펴봄으로써 *ERC*연구를 요약한 후 종합적으로 평가해보기로 하자.

2. 이익정보의 시장반응에 영향을 주는 변수들

(1) 시장베타(β)

기업의 미래기대수익률이 불확실하여 위험이 커질수록, 다른 조건이 일정하다면 위험회피형 투자자는 기업의 가치를 낮게 평가하게 된다. 기업의 주가수익률의 위험측정치는 β로 나타낼 수 있다. 따라서 β가 커질수록 기업의 미래기대수익률의 불확실성이 증가하기 때문에 투자자는 기업가치를 낮게 평가한다. 관련된 선행연구의 대표적인 예는 Collins와 Kothari(1989) 그리고 Easton과 Zmijewski(1989)가 있다.

(2) 자본구조(부채비율)

부채비율이 높은 기업일수록 기업의 경영성과(순이익)가 증가하면 채권자에 대한 채무상환가능성이 높아진다. 따라서 부채비율이 높은 기업에서 순이익이 증가하면 상대적으로 주주의 부의 증가보다는 채권자에게 더 많은 효익을 가져다주게 된다. 선행연구에 의하면 부채비율이 높은 기업은 부채가 없거나 부채가 매우 작은 기업에 비하여 *ERC*가 낮게 나타났다(Dhaliwal 등 1991).

(3) 지속성

이익의 지속성(persistence)이란 당기의 순이익이 미래기간에도 계속적으로 유지되는 정도를 말한다. 기업에 따라서 이익지속성은 차이가 있다. 예를 들어 기업이 연구개발활동으로 획기적인 신제품을 시장에 출하하여 순이익이 증가하거나 대폭적인 구조조정으로 원가와 비용을 절감한 경우에는 순이익의 증가가 앞으로도 상당기간 지속될 것이라고 예측할 수 있다. 그러나 기업이 유형자산을 처분하거나 사업라인을 중단함으로써 특별이익이 증가한 경우에는 순이익의 증가가 다음 기간에서도 지속될 것이라고 볼 수 없다. 선행연구인 Kormendi와 Lipe(1987), Collins와 Kothari(1989), Easton과 Zmijewski(1989)는 이익의 지속성이 높을수록 *ERC*가 높음을 보여주고 있다.

이익지속성에 대한 연구는 회계보고에도 상당한 의미를 주고 있다. Ramakrishnan과 Thomas(1998)는 순이익의 구성요소들에 따라서 이익지속성이 다를 수 있다고 하면서 순이익을 발생시키는 사건(events)을 세 가지로 나누고 있다.

① 상당기간 지속가능한 사건
② 당해연도의 순이익에만 영향을 주고 그 이후에는 영향을 주지 않는 사건
③ 주가와 관련이 없고 지속성이 없는 사건

상당기간 지속가능한 사건(events)으로는 앞서 예로 든 신제품의 출하라든지 기업의 구조조정으로 순이익이 증가하는 경우를 의미하고, 당해연도 순이익에만 영향을 주는 것으로는 유형자산의 처분과 같은 경우를 말한다. 주가와 관련이 없는 것으로는 만약 기업이 창업비를 자산으로 계상하고 순이익을 증가시켰다면 이미 인식한 창업비가 앞으로의 수익창출에 기여하지 않을 것이므로 순이익에 반응하지 않을 것이고 또한 연구비를 자본화하지 않고 모두 당기 비용으로 인식하였다면 순이익은 하락하지만 자본시장은 연구개발활동이 앞으로의 수익창출에 미치는 영향을 고려하여 순이익 하락에 반응하지 않을 것이다.

순이익을 구성하는 요소들의 이익지속성이 서로 다른 경우 투자자들은 기업의 가치 평가에서 이들을 각기 다르게 고려하여야 정확한 기업가치의 평가가 이루어질 것이다. 따라서 기업의 회계공시에 있어서도 이익의 지속성에 따라서 이익의 구성요소들을 나누어 보고한다면 투자자들이 좀더 합리적으로 의사결정하는 데 도움을 줄 수 있을 것이다.

그런데 선행연구들은 대부분 순이익의 시계열 특성을 이용하여 일률적으로 이익지속성을 정의하고 있다. 이는 여러 순이익의 구성요소들이 각기 어느 정도의 이익지속성을 가지는지 알기 어렵고 연구대상기업이 많기 때문에 개별기업의 특성을 파악하기 어렵기 때문이다. 연구자에 따라서 순이익의 시계열 특성을 보는 방법이 달라서 이익지속성을 다르게 정의할 수 있는데, Collins와 Kothari(1989, p.148 Table 1)가 이러한 내용을 요약해놓고 있다.

(4) 이익의 질

이익의 질이 높을수록 보고된 이익에 대한 투자자들이 반응이 높을 것이므로 *ERC*가 높을 것이다. 그런데 이익의 질이 무엇을 의미하는지가 분명하지 않기 때문에 연구자에 따라서 이익의 질(earnings quality)을 서로 다르게 측정하고 서로 다른 대용치(proxies)를 사용하고 있다. 예를 들어 어떤 학자들은 이익의 질을 이익지속성으로 정의하여 이익지속성이 높을수록 이익의 질이 높은 것으로 보고 있고, 어떤 학자들은 이익의 예측가능성이 높을수록 또는 이익이 현금으로 전환가능한 정도가 높을수록 그 질(quality)이 높다고 보고 있다. 또한 회계처리방법이 보수적일수록 이익의 질이 높다고 보는 학자도 있고 높은 품질의 감사서비스를 제공하는 감사인에게 감사받은 기업의 이익의 질이 높다고 주장하기도 한다.

Lev와 Thiagarajan(1993)은 12개의 재무제표요소들을 사용하여 이익의 질을 정의하였다. 그들의 정의방법을 간단히 살펴보자. 12개의 재무제표요소들은 외상매출금의 증감, 재고자산의 증감, 수주잔고(order backlog) 등인데, 예를 들어 외상매출금이 증가하였다면 이는 기업의 신용매출정책이 완화되었거나 외상매출대금의 회수에 문제가 있음을 의미할 수 있으므로 이익의 질이 하락한 것으로 본다. 그들은 12개의 각 요소별로 이익의 질이 하락한 경우에는 0

을 이익의 질이 상승한 경우에는 1의 값을 부여하여 이들을 합한 숫자를 이익의 질의 대용치로 정의하였다. 실증분석결과에 의하면 순이익의 질이 높아질수록 *ERC*가 증가하였다.

(5) 성장률 또는 성장가능성

기업의 성장률이 높을수록 성장가능성이 높고 또한 수익성도 향상될 가능성이 크다. 순이익 정보는 기업의 성장가능성에 관한 유용한 정보를 포함하고 있으므로 성장가능성이 큰 기업의 순이익정보에 대한 투자자들의 반응이 높아져서 *ERC*가 증가하게 된다. Collins와 Kothari(1989)는 *M*/*B*(유통보통주식수×주가/순자산의 장부가치)를 성장가능성의 측정치로 보고 *ERC*와의 관계를 연구하였는데 두 변수간에 양(+)의 관계가 있음을 발견하였다.

(6) 기업규모

기업규모는 상당히 복합적인 의미를 내포하는 변수이지만 *ERC* 연구에서는 기업정보에 대한 informativeness 정도를 나타내는 변수로 본다. 기업의 규모가 증가하면 이해관계자의 수도 증가하고 이에 따라서 기업에 대한 재무분석가와 투자분석가의 수도 증가하여 순이익 공시 이전에 이미 기업의 경영성과에 대한 많은 정보가 자본시장에 전달된다. 이로 인하여 공시되는 순이익정보는 상당부분이 미리 주가에 반영되어 있어 순이익의 informativeness가 하락하게 된다. 그러므로 기업의 규모가 클수록 *ERC*는 감소한다.

(7) 무위험이자율

Collins와 Kothari(1989)는 *ERC*에 대한 분석적 모형을 도출하였는데(Collins와 Kothari 1989, p.147 식(5)), 이자율이 증가할수록 기대수익률이 높아져서 *ERC*가 감소하게 되어 있다. 실증분석결과는 Collins와 Kothari의 모형을 지지하고 있다.

(8) 이익의 예측가능성

이익의 예측가능성이란 과거이익을 사용하여 미래의 이익을 예측할 수 있는 정도를 의미한다. 이익예측가능성은 주로 이익의 시계열 분산으로 측정하여 분산이 작을수록 예측가능성이 높다고 한다. *ERC*는 이익예측가능성과 양(+)의 관계를 가지고 있다. 즉 이익의 분산이 작은 기업일수록 이익의 예측가능성이 높고 또 *ERC*가 크다. Lipe(1990)는 이익의 예측가능성이 클수록 *ERC*가 높음을 연구하였다.

그러나 모든 연구가 한계점이 있는 것처럼 이익반응계수에 대한 연구들도 여러 가지 한계점을 가지고 있다. 대표적인 한계점들은 이익반응계수를 도출한 평가모형에서 사용된 여러 가정들(예 : 완전시장, 할인율의 안정성 등)이 비현실적이라는 것과, 이익반응계수에 영향을 준 변수들의 측정치의 정확성, 이익의 측정오류(measurement errors), 단순한 다중회귀분석 모형의 모형설정 오류(specification errors) 등을 들 수 있다.

한계점들 중에서 가장 특기할 것은 대부분의 이익반응계수 연구에서 "주가/이익" 관계의 회귀모형에서 R^2가 매우 낮다는 것이다(Lev 1982, 1989). 이는 실증분석에서 사용한 주가는 미래의 기대치(prospective)이고 이익은 과거치(retrospective)라는 한계점뿐만 아니라, 주가는 이익 이외에 많은 정보를 반영하며, "주가/이익" 관계 설정이 잘못되었거나, 생략된 변수문제(omitted variables problem)가 존재할 수 있다는 사실을 나타낸다.

이익반응계수에 대한 앞으로의 연구는 이러한 한계점들을 극복하거나 새로운 평가모형을 개발하는 방향으로 전개될 것이다. 그러나 이러한 연구들도 중요하지만 일단 "주가/이익" 관계에 영향을 주는 변수들이 파악된 이상, 그 연구결과들을 응용하여 이익의 노이즈를 줄이고 質(quality)을 높일 수 있는 정책수단을 찾는 데도 노력해야 할 것이다. 아직 이익의 질에 대한 정의도 명확히 내려져 있지는 않지만 이익의 질이 향상되면 투자자의 의사결정이 향상되고 자본시장에서의 자본배분이 좀더 효율적으로 될 수 있어서 경제 전체의 복지에 보탬이 될 것이다.

3. 주식가격에 대한 이익의 설명력

"주가/이익" 관계를 연구한 논문들에서 나타나는 큰 한계점들 중의 하나는 주식수익률에 대한 이익의 설명력이 매우 낮아서 회계이익의 목적적합성(relevance)을 제대로 나타내지 못하고 있다는 것이다(Lev 1982, 1989). 사건기간(window)을 짧게 한 사건연구(event study)에서는 R^2가 2~5%이고 사건기간을 길게 한 상관연구(association study)에서도 R^2가 4~7% 정도로 일반적으로 10%를 초과하지 않는다. 낮은 R^2의 원인은 여러 가지로 생각해 볼 수 있다. 우선 최적의 사건기간을 찾아보거나(Collins와 Kothari 1989), 이익의 기대치로서 단순한 random walk가 아닌 기업고유의 모형이나 재무분석가의 기대치를 사용하거나(Brown 등 1987), 단순한 다중회귀분석이 아닌 비선형모형의 사용(Freeman과 Tse 1992; Ali 1994), 이익변동분(earnings change) 대신 이익절대치(earnings level)의 사용, 회계이익의 적시성이나 질의 향상(Collins 등 1994) 등의 시도들이 있었다. 그러나 이러한 연구들도 낮은 R^2 문제를 근본적으로 해결하기는 매우 어려울 것으로 보인다.

"주가/이익" 관계의 낮은 R^2를 해결해 보려는 노력의 가장 대표적인 예는 이익변동분(earnings change) 대신 이익의 크기(earnings level)를 사용한 연구들이다. Easton과 Harris(1991)는 earnings level과 earnings change가 모두 주식수익률과 유의적인 관계가 있지만 earnings level이 주식수익률을 더욱 잘 설명하고 있음을 검증하였다. Easton과 Harris는 회계이익의 기대치로 무엇을 사용할 것인가라는 문제와 회계이익의 측정오류 문제를 동시에 만족시키면서 "주가/이익" 관계를 연구하기 위해서, earnings level을 1~10년간 aggregate하여 "주가/이익" 관계를 연구하였다. 연구결과에 의하면 aggregation 기간이 증가할수록 R^2는 크게 향상되었다(1년 −0.05, 2년 −0.15, 5년 −0.33, 10년 −0.63). 분기이익을 이용한 Warfield와 Wild(1992)도 유사한 연구결과를 나타내었다. Earnings level을 사용한 이와 같은 연구들은 나름대로의 평가모형을 사용하여 "주가/이익" 관계의 기계적(mechanistic)인 관계를 극복하려고 했지만, "주가/이익" 관계에서 earnings change보다 earnings level이, 그리고 한두 해가 아닌 5~10년간의 관계에서 R^2가 더욱 증가할 것이라는 일반적인 추론의 결과를 뛰어넘지는 못하고 있다.

Collins 등(1994)은 이익의 질을 향상시켜서 "주가/이익"의 관계를 검증하였다. 이들은 과거의 "주가/이익" 관계의 R^2가 낮은 이유는 이익의 적시성(timeliness)과 노이즈 때문이라고 파악하였다. 이에 따라 현행이익이 아닌 미래이익을 사용하여 적시성 문제를 해결하고, 이익을 몇 가지 수준(economy level, industry level, firm level)으로 aggregate하여 노이즈 문제를 해결하려고 하였다. 연구결과에 의하면 이익의 noise보다 적시성이 "주가/이익" 관계의 R^2를 낮추는 요인이었고, 이러한 문제를 해결하기 위하여 이익의 기대치오류를 조정한 현행이익과 미래이익을 동시에 사용한 결과 현행이익만을 사용할 때보다 R^2가 3~6배 높게 나타났다.

제 5 절 자본시장에 근거를 둔 회계학연구의 한계점

제3장에서는 1960년대 후반부터 1990년대 중반까지의 자본시장연구에서 중요한 연구주제인 회계정보의 유용성에 관한 논문들을 살펴보았다. 그런데 모든 연구들이 그런 것처럼 자본시장에 근거를 둔 연구들도 많은 한계점을 가지고 있다. 보편적인 문제점들은 다음과 같다.

① 연구모델이 "주가의 변동＝f(회계정보)라는 틀 속에서 수행되고 있는데, 자칫 이 관계가 기계적인(mechanistic) 관계에만 머물 수 있다. 즉 Why?에 해답을 주는 이론의 개발을 등한시할 수 있다. 이는 자본시장연구에 근본적인 이론(basic theory)이 부족하다는 데 그 원인이 있다.

② 주가에 영향을 줄 수 있는 정보는 매우 포괄적이고 다양하므로 이 중에서 회계정보의 영향만을 분리하기는 어렵다. 이는 특히 주가와 회계정보의 관계에 대한 상관연구의 한계점이다. 사건기간을 짧게 한 사건연구에서는 이 문제점이 많이 경감될 수 있다.

③ "주가/이익" 연구에서 정보가치에 대한 가설검증은 *EMH*와 정보가치가설에 대한 결합가설(joint hypothesis)의 검증이다. 이는 회계정보의 유

용성에 대한 연구가 자본시장의 효율성을 가정하고 있기 때문이다.

④ 개별투자자의 의사결정이 아닌 aggregate effects만 고려한다. 1980년대에 들어오면서 자본시장 연구방법론에 대한 많은 연구가 수행되었다. 어떤 면에서 볼 때에는 연구방법론에 대한 연구들이 관련 주제에 대한 연구보다도 오히려 더 많은 현상을 보이고 있다. 이러한 현상은 자본시장에 관련된 연구의 어려움을 간접적으로 대변하고 있다고 보겠다. 1990년대 중반 이후의 자본시장연구는 기업가치에 대한 기본분석과 평가모형에 초점을 맞추었다. 이에 대한 논의는 제9장과 제10장에서 자세하게 다루도록 한다.

참고문헌

박준완(1990). 회계이익공시의 주가반응과 상장기간효과. 「회계학연구」(9월): 1~18.

송인만(1989). 회계이익정보의 유용성에 관한 실증적 연구: 주별수익률을 이용한 회계이익 공시시점의 검토. 「회계학연구」(11월): 1~24.

이남주, 나인철(1992). 재무분석가의 예측치를 이용하여 측정한 회계이익정보와 매출정보의 유용성에 대한 실증적연구. 「증권학회지」(제14집): 523~553.

Ali, A.(1994). The Incremental Information Content of Earnings, Working Capital from Operations, and Cash Flows. *Journal of Accounting Research* 32 (Spring): 61~74.

Atiase, R., L. Bamber, and S. Tse(1989). Timeliness of Financial Reporting: The Firm Size Effect and Stock Price Reactions to Annual Earnings Announcements. *Contemporary Accounting Research* 5: 526~552.

Ball, R. and P. Brown(1968). An Empirical Evaluation of Accounting Income Numbers. *Journal of Accounting Research* 6 (Autumn): 159~178.

Bamber, L.(1986). The Information Content of Annual Earnings Releases: A Trading Volume Approach. *Journal of Accounting Research* 24 (Spring): 40~56.

______(1987). Unexpected Earnings, Firm Size, and Trading Volume around Quarterly Earnings Announcement. *The Accounting Review* 62 (July): 510~532.

Bamber, L. S. and Y. S. Cheon(1995). Differential Price and Volume Reactions to Accounting Earnings Announcements. *The Accounting Review* 70 (July): 417~441.

Beaver, W. H.(1968). The Information Content of Annual Earnings Announcements. *Journal of Accounting Research* 6 (Supplement): 67~92.

Beaver, W. H., R. Clarke, and W. F. Wright(1979). The Association between Unsystematic Security Returns and the Magnitude of Earnings Forecast Errors. *Journal of Accounting Research* 17 (Autumn): 316~340.

Beaver, W., R. Lambert, and D. Morse(1980). The Information Content of Security Prices. *Journal of Accounting and Economics* 2 (March): 3~28.

Bernard, V. L. and T. L. Stober(1989). The Nature and Amount of Information in Cash Flows and Accruals. *The Accounting Review* 64 (October): 624~652.

Bernard, V. L. and J. Thomas(1989). Post-Earnings Announcement Drift: Delayed Price Reaction or Risk Premium. *Journal of Accounting Research* 27 (Supplement): 1~36.

Bowen, R., D. Burgstahler, and L. Daley(1987). The Incremental Information Content of Accruals versus Cash Flows. *The Accounting Review* 62 (October): 723~747.

Cho, S. and K. Jung(1991). Earnings Response Coefficient: A Synthesis of Theory and

Empirical Evidence. *Journal of Accounting Literature* 18: 85~116.

Collins, D. W. and S. P. Kothari(1989). An Analysis of the Intertemporal and Cross-Sectional Determinants of Earnings Response Coefficients. *Journal of Accounting and Economics* 11 (July): 143~181.

Collins, D., S. Kothari, J. Shanken, and R. Sloan(1994). Lack of Timeliness and Noise as Explanations for the Low Contemporaneous Return-Earnings Association. *Journal of Accounting and Economics* 18: 289~324.

Dhaliwal, D. S., K. J. Lee, and N. L. Fargher(1991). The Association between Unexpected Earnings and Abnormal Security Returns in the Presence of Financial Leverage. *Contemporary Accounting Research* 8 (Fall): 20~41.

Easton, P. D. and M. E. Zmijewski(1989). Cross-Sectional Variation in the Stock-Market Response to Accounting Earnings Announcements. *Journal of Accounting and Economics* 11 (July): 117~141.

Easton, P. D. and T. S. Harris(1991). Earnings as an Explanatory Variable for Returns. *Journal of Accounting Research* 29 (Spring): 19~36.

Foster, G.(1977). Quarterly Accounting Data: Time-Series Properties and Predictive-Ability Results. *The Accounting Review* 52 (January): 1~21.

Foster, G., C. Olsen, and T. Shevlin(1984). Earnings Releases, Anomalies and the Behavior of Security Returns. *The Accounting Review* 59: 574~603.

Freeman, R. N. and S. Y. Tse(1992). A Nonlinear Model of Security Price Responses to Unexpected Earnings. *Journal of Accounting Research* 30: 185~209.

Griffin, P. A.(1977). The Time-Series Behavior of Quarterly Earnings: Preliminary Evidence. *Journal of Accounting Research* 15 (Spring): 71~83.

Kim, O. and R. E. Verrecchia(1991). Market Reaction to Anticipated Announcement. *Journal of Financial Economics* 30 (December): 273~309.

______(1994). Market Liquidity and Volume around Earnings Announcements. *Journal of Accounting and Economics* 17(1): 41~68.

Kormendi, R. C. and R. Lipe(1987). Earnings Innovations, Earnings Persistence, and Stock Returns. *Journal of Business* 60 (July): 323~346.

Kothari, S. P.(2000). Capital Markets Research in Accounting. *Journal of Accounting and Economics* 31 (September): 105~232.

Lev, B.(1989). On the Usefulness of Earnings: Lessons and Directions from Two Decades of Empirical Research. *Journal of Accounting Research* 27 (Supplement): 153~192.

Lev, B. and J. Ohlson(1982). Market-Based Empirical Research in Accounting: A Review, Interpretation, and Extension. *Journal of Accounting Research* 20 (Supplement): 249~322.

Lev, B. and S. R. Thiagarajan(1993). Fundamental Information Analysis. *Journal of Accounting*

Research 31 (Autumn): 190~215.

Lipe, R. C.(1986). The Information Contained in the Components of Earnings. *Journal of Accounting Research* 24 (Supplement): 37~64.

Ramakrishnan, R. and R. Thomas(1998). Valuation of Permanent, Transitory, and Price-Irrelevant Components of Reported Earnings. *Journal of Accounting, Auditing, and Finance* 13.

Rayburn, J.(1986). The Association of Operating Cash Flow and Accruals with Security Returns. *Journal of Accounting Research* 24 (Supplement): 112~133.

Teets, W.(1992). The Association between Stock Market Responses to Earnings Announcement and Regulation of Electric Utilities. *Journal of Accounting Research* 30 (Autumn): 274~285.

Warfield, T. and J. Wild(1992). Accounting Recognition and the Relevance of Earnings as an Explanatory Variable for Returns. *The Accounting Review* 67 (October): 821~842.

Wilson, G.(1986). The Relative Incremental Information Content of Accruals and Cash Flows: Combined Evidence at the Earnings Announcement and Annual Report Data. *Journal of Accounting Research* 24 (Supplement): 165~200.

______(1987). The Incremental Information Content of the Accrual and Funds Components of Earnings after Controlling for Earnings. *The Accounting Review* 62 (April): 293~322.

제 4 장 회계정보의 공시

우리는 흔히 기업과 관련된 정보를 접하는 기회가 회계정보를 근간으로 하는 재무제표에 국한된다고 생각하기 쉽다. 그러나 일반 투자자가 기업과 관련하여 필요로 하는 정보는 반드시 회계정보에 제한되지 않는다. 기업에 대한 보고서는 물론 경영자가 보유하는 사적 정보까지 포함한다고 할 수 있다. 따라서, 본 장에서는 재무제표는 물론 일반적으로 기업이 발표하는 모든 정보까지 포함하는 기업공시에 대해 논의한다.

본 장에서는 공시의 경제적 의미와 공시의 필요성, 공시에 대한 규제문제, 공시제도와 관련된 최근 동향, 경영자의 자발적 공시유인과 경제적 효과 등과 같이 공시와 관련된 다양한 주제에 대한 주요 선행연구를 소개하고 아울러 기존 연구의 한계점 및 미래 연구방향에 대하여도 논의가 이루어진다.

제 1 절 자발적 공시와 강제공시

1. 공시의 경제적 의미

공시(disclosure)란 기업활동에 대한 정보를 기업의 이해관계자에게 알리는 과정이다. 가장 대표적이며 우리가 쉽게 접할 수 있는 것이 재무제표의 형태로 전달되는 회계정보이다. 기업활동에 대한 공시는 자본시장이 효율적으로 운영되기 위해 매우 중요한 역할을 한다.

공시는 크게 강제공시와 자발적 공시로 구분할 수 있다. 강제공시(mandatory disclosure)는 기업의 속성 중에 기업의 내부정보를 외부에 보이지 않으려는 성향이 있기 때문에 일정한 정보는 반드시 일정한 형식으로 보고되어야 한다고 하는 형태의 공시이다. 이러한 강제공시는 기업의 이해관계자에 대한 최소한의 공시로서 이를 위반하는 경우에는 규제당국으로부터 여러 제재를 당하게 된다. 가장 대표적인 강제공시는 재무제표이며 상장법인 공시규정에 의한 수시공시의 내용 또한 강제공시에 포함된다.

자발적 공시(voluntary disclosure)는 용어 그대로 자유로운 형태의 공시이다. 가장 대표적인 자발적 공시는 경제신문 등의 보도매체에 기업의 경영자가 자기 기업과 관련된 정보를 자유로이 공시하는 것이다. 두 번째 자발적 공시는 투자설명회(Investor Relation: IR)를 들 수 있다. 자발적 공시는 강제적으로 요구되지 않음에도 경영자가 자발적으로 수행하는 것이므로 이를 수행하는 여러 가지 경제적 유인이 있다. 본 장의 제3절에서는 이에 대하여 자세한 논의가 이루어진다. 한국거래소가 운용하는 수시공시의 자율공시와도 일맥상통하는 내용이다.

강제공시와 자발적 공시와 같은 기업공시가 자본시장에서 담당하는 역할은 무엇인가? 기본적으로 자본시장은 경제 내에서 자원의 효율적 배분을 위한 역할을 담당하고 있다. 그러나 기업에서는 자금의 제공자인 투자자와 자금의 수요자인 기업 간에는 정보불균형(information asymmetry)의 문제가 존재한다. 이러한 자금제공자와 자금수요자 간의 정보불균형은 다음과 같은 두 가지 문제로 요약된다.

첫째, 경영자는 일반적으로 외부투자자에 비하여 자신의 사업내용에 대해 더 잘 알고 있으며 이에 따라 기업의 투자가치에 대해 부풀려진 정보를 제공할 유인을 가지고 있다. 따라서, 외부투자자는 투자대상기업을 선정함에 있어서 정보문제(information problem)에 직면한다.

둘째, 투자자가 일단 투자대상기업을 선정한 이후에도 여전히 정보문제는 발생한다. 오늘날, 기업에 대한 외부투자자는 자금제공만을 하고 실제로 경영책임은 주로 전문경영자에게 위임된다. 따라서, 투자자가 일단 특정 기업에 그들의 자금을 투자하고 나면 경영자는 자신의 이익을 극대화하고자 투자자의 이익에 반하는 의사결정을 할 유인을 갖게 된다. 이러한 문제를 대리인문제(agency problem)라고 하는데 경영자와 주주 또는 경영자와 채권자 사이에 발생하게 된다.[1)] 대리인문제 역시 주주나 채권자와 같은 외부투자자와 경영자 간의 정보불균형에서 나타나는 문제라고 할 수 있다. 대리인문제는 관련된 경제주체간의 이해상충과도 밀접하게 연관된다. 동일한 이해관계자와의 이해상

---

1) 경영자는 주주들이 제공한 자금을 가지고 자신의 특권을 누리기 위한 낭비적 지출을 행하고 과도한 보상을 받으며, 주주의 이해에 반하는 투자 또는 영업의사결정을 행할 수 있다. 또한 대리인문제는 채권자와의 관계에서도 발생한다. 경영자는 기존 채권에 비해 우선권을 갖는 채권을 추가로 발행한다든지, 제공받은 자금을 배당금으로 사외유출하거나 또는 매우 위험이 높은 투자안에 투자를 함으로써 채권자의 부의 가치를 감소시킬 수 있다.

충문제라고 하여도 각 국가간의 특성에 따라서 상이한 형태를 보인다. 유럽 기업들의 이해상충은 노사간의 이해상충이 주된 내용이며 미국의 경우는 채권자와 주주 간의 이해상충이 주가 된다. 이에 반해, 우리나라의 경우는 소액주주와 대주주 간의 이해상충이 주된 내용이다.

정보불균형이 발생하면 당연히 이에 따르는 한 가지 문제점은 내부자거래이다. 정보를 가진 자와 정보를 갖지 않은 자가 동일하게 시장에 존재할 경우는 정보를 가진 자는 정보불균형으로 정보에 접근하므로 정보에 접근가능하지 않은 경제주체를 상대로 내부자거래를 할 수 있다. 최근의 내부자거래 자료에 의하면 기업의 경영자의 내부자거래가 주요주주의 내부자거래보다 많은 것을 알 수 있다. 이는 경영에 참여하는 최대주주 이외의 주요주주까지도 정보의 접근에 있어서는 내부의 경영자에 미치지 못함을 알 수 있다. 이는 설득력이 있는 것이 주요주주라고 하여도 최대주주에 비해서는 주주총회에 있어서 등기임원선임 등에 있어서 영향력을 행사하기가 어렵다. 물론, 기관투자자 등의 주요주주는 이사선임에 있어서 역할을 수행하기도 하지만 그렇지 않은 주요주주는 경영권 행사가 주된 목적이 아닌 이상 최대주주와 갈등을 초래해가면서 임원선임에 간여하려 하지 않는다.

미국에서는 최근 이와 관련되어 미국 증권감독원(SEC)이 중심이 되어 많은 변화가 감지되고 있다(한국경제신문, 2009.5.21) 즉, 소액주주에 사외이사 지명권을 부여하며, 그동안 회사 이사회가 지명해오던 사외이사들의 1/4을 기관투자자, 소액주주협의체 등이 선임할 수 있도록 제도의 변화가 논의되고 있다. 또 SEC는 주주들이 반대하는 이사를 회사측이 선임하려면 700대 상장기업의 경우 1%, 중소상장기업은 회사규모에 따라 3%나 5% 주주의 승인을 받도록 하는 대안들이 심도 있게 논의되고 있다.

이와 같이 정보불균형 문제가 존재하게 되면 자본시장에서의 자원배분기능이 원활하게 이루어지기 어렵고 그에 따라 시장의 실패(market failure)가 생기게 된다. 따라서, 이와 같은 정보불균형으로 인한 문제를 해소함에 있어서 강제공시 및 자발적 공시의 역할이 중요하다고 할 수 있다.

정보불균형 또는 내부자거래의 문제는 투자자로 하여금 자본시장을 외면하게 하는 문제를 유발시킨다.

2. 공시규제에 대한 경제적 근거

오늘날 전세계의 모든 국가는 기업공시에 대하여 정부가 규제를 행하고 있다. 경영자에 의한 자발적 공시를 통해 정보불균형이 해소될 가능성이 있음에도 불구하고 현실적으로는 정부규제에 의한 강제공시가 이루어지고 있는데, 이와 같은 공시규제가 왜 요구되는가에 대한 경제적 근거를 생각해 볼 필요가 있다. 일반적으로 공시규제의 정당성으로 제시되는 근거는 다음과 같이 두 가지이다.

공시규제의 첫 번째 근거는 시장실패이다. 시장불완전성이나 외부효과가 없는 경우에 회사들은 자발적 공시로부터의 효익과 비용을 고려하여 투자자에게 가장 효율적 수준의 정보를 제공할 유인을 가진다. 그러나 현실적으로 시장의 불완전성은 존재한다. Leftwich(1980), Watts와 Zimmerman(1986), 그리고 Beaver(1998)는 회계정보를 공공재(public goods)의 성격으로 파악하고 있다. 그 이유는 회사의 정보산출비용은 기존 주주들이 부담하지만 잠재적 투자자들은 정보이용료를 부담하지 않고 이와 같은 정보를 이용할 수 있기 때문이다. 따라서, 잠재적 투자자가 기존의 주주비용으로 산출된 정보를 무료로 이용하는 무임승차문제(freerider problem)가 발생하고 이로 인해 경제 내에서 정보가 과소생산되는 결과를 초래한다.

둘째, 공시규제근거에 대한 두 번째 설명은 공시규제의 목적이 투자자간의 정보보유량의 격차에서 생기는 부의 이전효과를 감소시키는 데서 찾고 있다(Leftwich 1980; Watts와 Zimmerman 1986; 그리고 Beaver 1998). 예를 들어, 규제당국은 정보적으로 취약한 시장참여자의 투자손해위험에 대하여 우려할 수 있다. 따라서, 기업에 대하여 최소한의 공시를 요구함으로써, 정보를 가진 그룹과 정보를 가지지 못한 그룹 간의 정보격차를 줄일 수 있다. 따라서, 공시규제근거에 대한 두 번째 시각은 공시규제가 경제적 효율성을 개선시키기 위한 것이라기보다 부의 재분배와 관련되어 있다고 보는 입장이다.

그러나 위에서 제시한 공시규제근거에 대한 두 가지 설명 모두 여러 가지 의문점을 제기한다. 예를 들어, 공시에 있어서의 잠재적 시장실패가 어느 정도 중요한가? 공시에 대한 규제가 그러한 문제를 해결하고 있는가? 규제의 부정적인 결과가 존재하지는 않는가? 예를 들어, Posner(1974)는 규제당국은 그들이 규제하는 대상에 의해 오히려 운신의 폭이 좁아지는 경향이 있다고 주장하였다. 이러한 현상이 공시에 대해 중요한 의미를 가지는가? 공시의 규제가 자본시장의 발달에 있어서 얼마나 중요한가? 자본시장에 전문적인 중개기관이 존재하는 상황에서도 자본시장의 기능을 위하여 공시에 대한 규제가 필요한 것인가? 마지막으로, 규제가 경제적 효율성 증진을 위해 효과가 있다면, 어떠한 유형의 공시가 규제에 의하여 강제되어야 하고 어떠한 유형의 공시는 경영자의 재량에 맡겨도 좋은가?

공시에 대한 시장실패가 존재하는지 여부와 그 문제가 규제를 통해 해소되는지는 실증분석이 요구되는 문제이다. 그러나 공시의 규제에 대하여 이루어진 실증연구는 거의 없는 실정이다. 이러한 실태는 공시에 있어서 규제가 차지하는 중요한 역할과 현재까지 제시된 규제에 대한 경제적 근거의 한계성을 고려해 볼 때 상당히 이례적이라고 할 수 있으며 이 분야의 활발한 연구가 요청된다.

제 2 절 국 · 내외 공시규제에 대한 최근 동향

1. 자발적 공시에 대한 규제

미국 증권거래위원회(Securities and Exchange Commission: SEC)는 1973년까지는 경영자의 자발적 공시가 신뢰성을 갖지 못하는 정보라는 이유로 자발적 공시를 억제하는 입장이었다. 그러나 1979년부터 미국 SEC는 입장을 바꾸어 자발적 공시를 권장하기 시작하였으며 선의로 예측정보를 공시하는 경영자를 위하여 면책조항인 'safe harbor provision'을 도입하였다. 물론 선의로 예측정보가 과대예측되었는지에 대한 판단은 주관적인 판단일 수밖에 없다.

미국의 safe harbor provisions은 1933년 증권법(Security Act) Rule 175와 1934년 증권거래법(Security Exchange Act) Rule 3b-6의 규정으로서, SEC에 제출하는 서류를 통해 공시된 예측정보가 선의로 공시된 예측정보라면 경영자를 법적 책임으로부터 보호하고자 하는 규정이다. 따라서 부정확한 예측정보에 대해 소송을 제기하기 위해서는 예측정보가 합리적인 근거에 기초하지 않았으며 경영자가 의도적으로 부정확한 예측정보를 공시하였다는 사실을 입증해야 한다. 그러나 미국의 safe harbor provisions는 별 실효성을 거두지 못하였으며 예측정보가 부정확하게 판명되었을 때 제기될 수 있는 소송의 두려움이 예측정보의 자발적 공시를 저해하는 중요한 요인으로 작용하고 있다.[2]

최근 들어 미국의 SEC는 SEC에 제출하는 사업보고서, 분기보고서, 사업설명서 등의 MD & A(Management Discussion and Analysis)에서 미래의 전망과 관련된 정보(forward-looking information)를 포함하도록 요구하고 있다(Regulation S-K Item 303). 매우 예외적인 경우이기는 하여도 프랑스에서와 같이 경영자가 가지고 있는 미래 시점의 회계정보예측을 반드시 공시하여야 하게끔 강제하는 국가도 있다. 그러나 경우에 따라서는 경영자가 이와 같은 예측치를 가지고 있지 않을 수도 있으므로 이를 일률적으로 강제공시에 포함함은 문제가 있다(Dye 1985).

Safe Harbor Rule은 우리나라 자본시장법(구 증권거래법)에 면책조항으로 도입되었다.

자발적 공시와 관련되어 가장 심각한 문제로 제기되는 점이 과장된 정보의 공시일 것이다. 자발적 공시는 기준이 분명히 존재하는 강제공시와는 다른 형태의 공시이다. 또한 많은 경우의 자발적 공시는 예측정보로 이루어지기 때문에 임의성(discretion)이 항시 개입될 여지가 있다. 실제로 1995년 대우조선과 대우중공업이 합병될 당시에 투자설명회에서 합병 후 기업의 실적치를 경영진이 과대포장하여 발표하였고 이와 같이 과대포장되어 발표된 예측치에 대해서 실제 회계정보가 발표되었을 때 주가가 폭락하였으며 특히 외국인 투자자가 매물을 대량으로 처분하여 주가하락을 부추긴 것으로 알려졌다. 외국의 투자자들은 이와 같은 과장된 정보의 전달을 매우 부정적으로 해석함을 알 수 있다.

물론, 정확하지 않은 정보의 예측이 포함되었다고 하여 이와 같은 모든 정보에 고의성이 포함되었다고 믿기는 어렵다. 고의성의 판단은 주관적일 수밖에 없다. 따라서 어느 범주를 초과하는 경영자의 예측일 경우를 고의성을

2) Wall Street Journal, 1994.3.9; American Stock Exchange CEO Survey, Securities Litigation and Stock Option Accounting, 1994.

띤 과장된 예측치라고 판정하는 경우가 많다. 고의성도 두 가지로 생각할 수 있다. 경영자가 편의가 없는 예측을 수행하였을 때 이와 같은 예측이 여러 가지 측면에서 낙관적인(favorable) 예측일 경우에만 이를 발표할 수 있고 또한 편의(bias)를 띠며 예측치를 발표할 수 있다.

전자의 경우는 빈번하게 과장된 정보라고 인식되기도 하지만 정확하게 판단하면 과장된 정보는 아니다. 다만 낙관적인 정보(good news)일 때에만 공시를 수행하고 그렇지 않은 정보일 경우에는 공시를 수행하지 않는 것이다. 이와 같이 자발적 공시의 경우, 공시여부, 공시시점, 공시내용 등의 선택으로 본연적인 편의가 있을 수 있다. 반면에, 강제공시일 경우는 투자자들에게 공시되었던 내용이 금융감독원에 정형화된 형태로 보고·공시되기 때문에 이러한 정보에 문제가 경감된다고 할 수 있다.

2. 공시에 대한 통제

강제공시에는 강제공시를 임의적으로 과대포장하지 못하게 하는 제도적 보완책이 잘 마련되어 있다. 재무제표에 대해서는 재무제표의 작성주체인 기업과 경영자가 일차적인 책임을 진다. 물론 일차적인 책임에는 기업의 내부감사기능도 포함된다. 이차적 책임은 재무제표를 감사하는 독립적인 외부감사인이, 그리고 삼차적 책임은 감사보고서를 감리하는 금융감독원이 지게 된다. 감사과정에서 한정, 부적정 및 의견거절을 받을 수 있으며, 감리과정에서 감사보고서에 대해 지적을 당할 수 있다. 물론 공인회계사에 의해 수행되는 회계감사와 금융감독원에 의해서 진행되는 감리는 인적, 시간적인 제약점이 존재할 수 밖에 없으므로 완벽한 작업이 수행된다고는 할 수 없다. 따라서 감리에 의해서 지적되지 않은 기업의 회계정보에도 분명히 금융감독원의 감리과정에서 지적되지 못한 내용이 포함될 수 있다. 이러한 확인작업을 공인회계사와 금융감독원이 수행하게 되어도 재무제표에 대한 일차적인 책임이 재무제표 작성주체인 기업에 있다는 것은 분명히하여야 한다.

두 번째 공시통제장치는 법적 소송이다. 적절치 않은 정보에 대한 최종적인 확인작업은 일반 투자자에 의해서도 소송의 과정을 거쳐서 수행된다.

즉, 자유경제시장의 원리에 의해 제도가 아닌 시장에 의해서 적절치 않은 정보에 대한 책임을 지게 된다. 특히 최근에는 주주집단소송제도, 소액주주운동 등 주주의 권익을 보호하는 측면에서 많은 경우에 적절치 않은 정보의 공시에 대한 소송이 지속적으로 제기되고 있다. 또한 최근에는 이러한 소송이 적절치 않은 회계정보를 이용하여 경제적인 손실을 입은 투자자만에 의해서 제기되는 것이 아니라 적절치 않은 정보에 근거하여 대출의사결정을 수행하는 금융기관까지도 이와 같은 소송을 제기하고 있다.

물론 지나친 소송이 매우 소모적일 수 있으며 특히 회계정보를 왜곡한 기업이 이미 이를 수습할 수 없는 단계에 이르러 있다면 적절치 않은 회계정보에 대한 대가를 모두 외부감사인이 부담하게 되는 경우도 적지 않아 회계정보와 관련된 법정소송이 빈번한 미국에서는 이와 같은 부분이 크게 문제화되고 있다. 즉, 이러한 경우 회계법인만이 소송에 대한 지급능력(deep pocket)을 갖고 있다고 하여 회계법인이 주로 법정소송의 주된 대상이 된다. 적절치 않은 회계정보의 공시에 대한 일차적인 책임이 기업에 있는데도 불구하고 기업이 손해를 배상할 능력이 없다고 하여 이에 대한 모든 책임을 감사인이 부담하는 것이 사회적으로 적절한가(optimal)라는 의문이 제기될 수 있다. 이와 같은 위험에 처한 감사인들은 감사위험을 회피하기 위해서 보험에 가입할 수도 있고 이와 같은 손실을 배상해주는 기금에 의해 보호받을 수도 있다.

그 밖에 기업이 자체적으로 개최하는 투자설명회를 통해서 전달하는 정보에 대해서도 제재를 가하기도 한다. 1990년대 중반 이후 투자설명회가 활성화되면서 과장된 정보의 공시가 빈번하게 문제로 제기되자 이러한 형태의 행사와 발표되는 정보에 대한 규제가 필요하게 되었다. 이에 따라 기업 자체적으로 진행되는 투자설명회에 대해서도 주요한 정보를 한국거래소(구 한국증권거래소)에 보고하게 하는 제도를 시행하고 있다. 물론 발표되는 정보에 일정한 형식을 부여하는 것도 아니며 공시된 정보에 대한 사실여부를 검증하는 것은 아니지만 최소한 어떠한 정보가 발표되었고 투자자에게 전달되었는지를 기록으로 남기는 것은 중요한 의미가 있다.

3. 공정공시제도

미국 SEC는 2000년 10월부터 오랫동안 논쟁의 대상이 되었던 공정공시제도(Fair Disclosure Regulation)를 도입하였으며 우리나라에서도 이 제도가 2002년 11월부터 시행되었다. 이 규정은 기업이 시장에 민감한 영향을 미치는 정보를 모든 사람에게 동시에 공개하도록 요구하고 있다. 지금까지는 많은 기업이 이익, 매출규모, 신상품 정보 등을 주로 증권분석가와 기관투자자 등에만 사적인 브리핑을 통해 공개해 왔다. SEC는 공정공시제도가 특히 온라인 투자자들에게 도움을 줄 것이라며 선별공개는 꼭 필요한 경우에만 적용되어야 한다는 의견을 보였다(매일경제신문, 2000.8.11; 한국경제신문, 2000.8.18).

이 제도의 도입을 '증시 큰손과 개미군단 간 정보의 평등시대의 개막'이라고 한 경제신문은 적고 있다. 새 규정에 따르면 기업이 기관투자자와 애널리스트 등 특정 고객들에게 정보를 제공하였다면 그 후 24시간 안에 모든 투자자들에게 이 정보를 공개해야 한다. IR 대행업체는 IR자료를 면밀히 검토한 후 어떠한 부분이 새 규정에 위배되는지를 일일이 확인하고 있다고 한다. 또한 기관투자자들과의 대화도 금지하고 있다. 이를 한 금융담당자는 기관투자자들의 주식매매관행을 송두리째 흔들어 놓은 사건이라고 기술하고 있다. 그러나 이러한 새로운 규정의 적용에도 주관적인 판단이 개입될 수밖에 없다. 기관투자자의 장점이 폭넓은 정보의 확보인데 이와 같은 정보를 확보할 수 있는 길이 막힌다면 이 또한 심각한 문제가 아닐 수 없다. 이와 같은 법규가 제정된다고 하여도 기관투자자와 대상기업의 경영자 간의 공적인 접촉이 아닌 개인적인 접촉에 의한 정보의 전달을 완전히 차단한다는 것이 어느 정도 가능한 것인지에 대한 의문은 항시 존재한다.

막강한 정보수집능력을 보유하고 있는 기관투자자의 입장에서는 개인투자자와의 경쟁에서 이길 수 있는 힘의 원천은 바로 정보력이다. 특히 분, 초를 다투는 단타식의 주식투자에서의 신속한 정보의 전달은 매우 중요하다. 이러한 이유에서 이 금지안은 미국의 금융가로부터 많은 저항에 부딪쳤다. 정보력은 정보의 수집능력과 분석능력의 두 가지로 구분할 수도 있다. 기관투자자들은 일반적으로 이 두 능력에서 개인투자자들보다 우월한 능력을 보유하고 있다고 할 수 있다. 물론 이 법안에 문제가 없는 것은 아니다. 정보수집능력과 관련되어 기관투자자가 차지하고 있던 선점적 정보를 원천적으로 봉쇄한다면 과연 기관투자자들의 존재가치가 무엇인지에 대한 강한 의구심을 갖지 않을 수 없다. 이들 기관의 역할이 정보를 수집하고 분석하는 데 있는데, 이와 같은 가능성을 원천적으로 봉쇄한다는 것이 적절한 정책인지에 대한 의문도 제기될 수 있다. 이러한 법안이 금융계의 반대에도 불구하고 제정된 이면에는 선별적인 정보의 유포가 자본주의가 가장 잘 발전되었다는 미국에서도 심각한 문제라는 것을 추론할 수 있다. 이 법안과 관련되어 가장 기본적인 의문은 모든 투자자가 동일한 정보를 이용하여 경제활동을 수행하도록 정부가 제도적으로 보호하려는 것인데 이의 적정성이 논란이 되고 있다.

이러한 법안이 발효되면서 이 법안이 미치는 영향이 나타나고 있다. 미국기업의 2000년도 3분기 실적이 대체로 양호함에도 불구하고, 연일 뉴욕 증시가 기업실적 발표에 따라 출렁이고 있는 것도 애널리스트 등의 사전예측 기능이 현저히 감소한 데 원인이 있는 것으로 해석되고 있다. 따라서 이와 같은 법안이 적용되면서 시장에서의 기업의 가치를 간접적으로 평가해줄 수 있는 중재자적인 전문가집단의 역할이 축소되는 것을 알 수 있다. 이들 재무분석가들이 시장에서의 의견을 형성하는 역할을 할 수 없다는 것이 바람직한 것인가는 생각해 보아야 한다.

위의 대부분의 논의는 미국에서 논의되었던 내용에 근거하지만 위에 기술된 미국에서의 문제점이 우리나라에도 그대로 적용된다고 할 수 있다. 우리나라에서의 기업정보선별의 현실과 관련된 문제를 생각해볼 수 있다. 우리는 기업, 금융기관이 연계된 작전세력에 의해서 공정한 투자질서가 파괴되는 것을 빈번하게 보아왔다. 미국에서도 이와 같은 정보선별의 문제가 존재한다면 국내의 상황에 있어서의 정보선별의 문제성은 매우 심각하다고 할 수 있다. 기관투자자들이 주식투자 결과 부를 축적하는 반면 개미군단은 주식투자로 인하여 부를 상실하는 통계치를 접하게 된다. 물론 위에서 기술된 정보분석능력의 차이에서 초래된 결과일 수도 있지만 정보수집능력의 차이에 기초한 결과일 가능성이 매우 높다. 이와 같은 주식시장의 이분화는 건전하지 못한 주식시장의 형성과 관련될 수 있다. 지속적으로 기관투자자가 개인투자자에 비해서 선점적인 우위를 누린다면 이는 장기적으로 개인투자자들로 하여금 주식시장을 외면하게 하는 동기를 제공할 수도 있다.

투자설명회에서 전달하는 내용도 자율공시에 의해서 수시공시사항으로 전달되어야 한다. 유가증권시장 공시규정에서는 그 내용을 다음과 같이 규정한다.

> 제41조(기업설명회 관련자료 신고 등) ①유가증권시장주권상장법인은 이 편에 의한 공시의무사항 외에 해당 유가증권시장주권상장법인의 경영내용, 사업계획 및 전망 등에 대한 설명회(이하 "기업설명회"라 한다)를 개최할 경우 이를 공개적으로 하여야 하며, 이와 관련한 제공자료의 내용은 공정성과 객관성을 유지하여야 한다.(개정 2009.1.28)
> ②유가증권시장주권상장법인은 제1항에 따른 기업설명회를 개최할 경우에는 일시, 장소, 설명회 내용 등을 거래소에 문서로 통보하여야 하며, 거래소는 해당 설명회 내용을 공시실 등을 통하여 투자자에게 제공할 수 있다. 이 경우 거래소는 그 설명회 내용이 사실과 상당히 다르다고 인정하는 때에는 사실여부의 확인을 요구할 수 있으며, 그 결과 중대한 차이가 인정되는 경우에는 제29조 내지 제31조의 규정을 적용할 수 있다.(개정 2009.1.28)
> ③유가증권시장주권상장법인은 기업설명회에서 제공하는 자료 중 공정공시대상정보가 포함되는 경우에는 그 정보를 제15조부터 제17조까지에서 정하는 바에 따라 거래소에 신고하여야 한다. 이 경우 제2항에 따른 통보가 이루어진 것으로 본다.(개정 2009.1.28)
> ④거래소 및 한국상장회사협의회(이하 "협의회"라 한다)는 유가증권시장주권상장법인에 대하여 기업설명회의 운영에 대한 권고, 지도 및 후원 등을 할 수 있다.(개정 2009.1.28)

물론 일부 기관투자자들에게 전달된 이와 같은 정보가 한국거래소의 조회공시를 통하여 사실로 확인될 수 있다. 일부 기업에서 특정한 기관투자자에게만 정보를 전달하고 이러한 사실이 시장에 알려지게 되며 한국거래소에서 이러한 정보에 대한 사실여부를 기업에 조회하게 된다.[3] 이러한 조회에 대해 기업이 미확정공시라며 내용을 확인해주지 않게 되면 미확정공시에 대한 확정내용 또는 진척상황의 재공시는 원칙적으로 1개월 이내에 하여야 한다. 1개월이라는 기간은 정보의 효율적인 전달이라는 측면에서는 매우 긴 기간이다. 이러한 긴 기간 동안에 정보의 사실여부가 확인되지 않은 상태에서 기업의 가치가 결정된다는 것은 바람직하지 않다.

또한 조회공시에 대해서 많은 기업이 긍정도 부정도 아닌 애매한 답을 했다고 해서 비판의 대상이 되기도 한다.

이와 같이 수시공시도 주요경영사항공시, 공정공시, 자율공시, 조회공시 등 여러 가지 형태를 띤다.

미국에서도 동일하지만 한국에서의 투자설명회에 나타난 자료를 검토해 보아도 분명히 부정적인 정보인데 자발적 공시에 포함된 경우를 적지 않게 발견할 수 있다. 이와 같은 부정적인 정보의 포함은 다음과 같이 해석할 수 있다. 우선 자발적 공시에 경영자의 회계정보예측이 포함된다면 이전 연도의 실적치와의 비교에 의해서 부정적인 정보가 발표되었다는 것을 판단할 수 있을 것이다. 물론 이전 연도의 실적치가 발표된 이후 이 기업의 영업의 결과에 영향을 미치는 많은 사건이 발생하므로 이전 연도의 실적치가 비교대상이 될 수 있는지에 대한 의문은 남지만 기초적인(naive) 비교대상은 될 수 있다. 또한 자발적 공시 이전의 재무분석가에 의한 회계정보예측에 근거하여서도 부정적인 정보가 포함되었다고 판단할 수 있다.

이제까지의 주된 논의에서 문제시되었던 점이 자발적 공시에 있어서 경영자가 자신의 예측을 과장되게 발표한다는 점이었다. 그렇다면 경영자가 일반적으로 인식되는 영업의 성과보다 낮은 예측을 수행할 동기에는 어떠한 것이 있는지를 생각할 수 있다. 특히 이 질문이 흥미로운 점을 다시 한번 강조한다면 자발적 공시는 반드시 수행되어야 하는 공시가 아니며 또한 자발적 공시에 있어서도 경영자의 영업성과에 대한 예측이 반드시 포함되어야 하는 것도 아니다. 경영자가 예측하고 있는 영업의 결과가 부정적일 경우는 구체적인 회계수치의 제시 없이도 서술적인 자발적 공시가 가능하기 때문이다.

이에는 다음과 같은 해석이 가능하다. 경영자의 입장에서는 부정적인 영업의 결과가 기말시점에 발표된다면 이러한 부정적인 정보가 기말시점에 갑자

---

3) 2000년 11월부터는 코스닥상장기업에 대해서는 기관투자자나 애널리스트, 일반투자자 등도 코스닥기업의 루머에 대해 조회공시를 요청할 수 있도록 하였다.

기 발표됨으로써 나타날 수 있는 충격을 이러한 정보를 미리 공시함으로써 완화할 수 있는 효과가 있다. 따라서 이 내용은 이익의 유연화(income smoothing)와도 일맥상통하는 내용이다. 발생할 수 있는 충격으로는 급격한 내재가치의 하락을 들 수 있다. 또 한 가지 이유는 우리나라에서보다는 미국의 경우에서 적용되는 설명이겠지만 자발적 공시에 의해서 과장된 정보가 발표된다면 이러한 과장된 정보에 의해서 많은 법적인 문제가 발생하므로 경영자는 고의적으로 부정적인 정보를 공시할 가능성도 있다. Skinner(1994)는 다음과 같은 두 가지 이유를 제시하고 있다. 첫 번째는 정보이용자로부터의 법정소송에서의 부담감이며 두 번째는 이러한 부정적인 정보를 발표하지 않는 기업에 대한 분석작업을 수행하지 않거나 이 종목을 추천하지 않는 재무분석가의 존재를 그 이유로 들고 있다.

4. 자발적 공시 동향

최근의 자발적 공시 동향은 크게 세 가지 측면에서 설명할 수 있다. 첫 번째는 1990년대 중반부터 활성화되기 시작한 투자설명회이고, 두 번째는 일간신문과 경제신문에 게재되는 자발적 공시정보이다. 세 번째는 수시공시로서의 자율공시이다.

투자설명회는 두 가지 형태로 구분할 수 있는데, 한 형태는 상장회사협의회 주관의 투자설명회이고 다른 형태의 투자설명회는 기업 자체적인 투자설명회로 구분할 수 있다. 기업설명회가 이와 같이 단순히 경영의 한 형태일 뿐만 아니라 경영에 있어서 종합적인 성격을 띠게 되자 많은 기업에서는 별도의 IR부서를 두어서 이를 전담하게 하고 있으며 또한 상장회사협의회 및 증권회사 등의 기관에서만 기업설명회를 주관하는 것이 아니고 제일기획과 같은 광고회사에서도 기업설명회를 주관하고 있어서 IR은 단순한 기업설명회라기보다는 좀더 종합적인 경영활동으로 이해할 수 있다.

두 번째 자발적 공시는 경제신문을 통한 예측정보의 공시이다. 이 예측정보의 공시는 두 가지 형태를 취하는데, 하나는 정기칼럼과 같이 기업들을 소개하는 고정기사를 통하여 공시되는 예측정보이고 다른 하나는 기자들이 간

헐적으로 수행하는 경영자와의 인터뷰를 통하여 발표하는 예측정보이다.

한편, 일부 기업들은 주요 일간지를 통하여 연말이나 연초에 매출목표를 발표하기도 한다. 연말에 매출목표를 발표하는 경우는 당해연도 매출이 잠정적으로 정해지는 시점에서 차기연도 목표를 발표한다. 연초에 발표하는 경우에는 당해연도 초에 그 해의 매출목표를 발표하는 것이다. 그룹이 매출목표를 발표하는 경우에는 그룹전체의 매출액 및 그룹에 속하는 계열회사의 개별 매출목표가 발표되기도 한다. 그 내용면에서 보면 향후 투자계획도 매출목표와 함께 발표되기도 하나 순이익목표가 발표되는 경우는 거의 없다. 일단 매출목표가 발표된 후 그 목표에 중요한 변동이 있는 경우 그 변동사항을 발표하는 경우도 있다.

5. 전자공시

전자공시제도란 상장법인이 사업계획, 대주주지분 변동정보, 재무제표 등을 감독당국에 제출하거나 투자자에게 공시할 때 그동안 서면 제출했던 것을 금융감독원 전자공시시스템의 인터넷 사이트(http://dart.fss.or.kr)를 통하여 공시하도록 한 제도이다. 선진국 중에서는 미국(1996)과 캐나다(1997)가 전자공시시스템을 이미 도입했으며, 일본도 2001년부터 이를 도입하였다. 전자공시시스템의 도입은 여러 가지 측면에서 정보의 전달을 원활하게 만들었다. 공시와 관련된 모든 정보를 구하기 위해서 이전에는 금융감독원, 한국거래소, 한국공인회계사회의 공시실에 비치된 자료를 직접 참조하여야 하였으나 전자공시시스템의 도입으로 이러한 작업이 매우 간편하게 되었다.

이와 같은 전자공시시스템의 도입으로 공시와 관련된 많은 서류가 간편화되었다. 또한 정보의 시의적절한 전달이라는 점과 모든 투자자에게 일률적인 정보의 전달이라는 점에서도 전자공시제도의 도입은 많은 도움이 되었다. 전자공시가 가능해지면서 위에서 언급된 정보전달에 있어서의 정보 '접근의' 불균형의 문제를 해소할 수 있게 되었다. 또한 공시실에서 회계정보이용자가 정보를 구할 수는 있어도 동일시점에 동일한 정보가 모든 회계정보이용자에게 제공된다는 것은 생각하기 어려웠다. 전자공시시스템의 도입은 이와 같이 정보의 이용에 있어서 발생할 수도 있는 접근성에 있어서의 비효율성을 최소화하였다는 점에서 공시에 있어서의 획기적인 사건이 아닐 수 없으며 정보전달과 관련되어 가장 효과적인 방법으로 정보가 전달되게 되었다.

XBRL(extensible business reporting language)의 도입은 dart와는 또 다른 의미를 갖는다. XBRL은 회계정보를 효과적으로 전달할 수 있는 computer language로 과거에는 dart에 올라간 정보를 분석하기 위해서는 이를 excel 등의 software를 이용한 분석이 필요하였으나 XBRL에서는 기본적인 분석이 가능하게 되어서 회계자료를 이전보다 효과적으로 분석하는 데 많은 도움이 된다.

금융감독원의 KIND도 전산화된 정보체계로 정보이용자들이 접근하려는 거의 모든 정보가 전산화로 체계화되었다고 할 수 있다.

6. 자본시장법 개정의 의미

자본시장법이 2009년 2월 4일부터 적용되면서 공시와 관련되어 많은 부분이 변화하였다. 공시와 관련되어 많은 부분이 영향을 받을 뿐만 아니라 많은 관련 연구대상 내용이 있으므로 비교적 자세히 이를 기술한다.

상장사들 입장에서는 투자자보호를 강화하기 위해 내부자거래가 철저히 규제되고 공시의무가 강화되었다. 특히 임직원 보유 지분에 대한 공시규정이 강화되면서 임원 주요주주 보고를 수행하는 범위가 확대되었다. 그 이전에는 등기임원만이 해당 기업의 주식보유 공시의 대상이었지만 앞으로는 집행임원도 공시의 대상이며 명예회장, 고문, 상담역 등, 회사의 경영의사결정에 영향을 미칠 수 있는 모든 해당자가 전부 신고대상자이다.

보고대상 증권도 대폭 확대되어 지금까지는 주식소유와 변동상황만 보고하면 됐지만 법 적용 이후에는 전환사채, 신주인수권부사채, 교환사채, 주식예탁증서 등도 보고대상에 포함된다.

공시의 차원에서는 더욱 중요하게 보고시한이 단축되어 임원 주요주주가 된 날이나 소유상황변동이 있었던 날로부터 5일 이내에 보고를 마쳐야 한다. 법 적용 이전까지는 그 다음달 10일까지가 신고마감일이었다. 즉, 월초에 거래가 있었다고 하면 그 다음달 10일까지만 신고하면 되었으므로 신고까지 40

일의 기간이 있었으며 월말에 거래가 있었다고 하면 10일의 여유가 있었던 것이므로 내부자거래의 시행일에 따라 공시의 여유가 10일부터 40일까지 기간이었다. 거래가 언제 있었는지에 따라 이와 같이 공시기간이 유연한 것이 일률적이지 않았다. 어찌보면 다음달 10일이라는 기한은 행정적 편의주의의 결과일 수 있었다.

우리나라의 제도는 특히 증권거래와 관련된 제도는 많은 경우에 미국의 제도를 많이 답습하게 되는데, 미국에서도 이 신고기간이 최근에 거래일 후 2일로 단축되었다. 내부자가 거래를 수행한 후 이를 신고한다는 것이 행정적으로 어려운 업무도 아닌데 이 기간을 거래일 이후 5일이나 여유를 두는 이유는 알기 어렵다.

회사주식을 6개월 이내로 단기매매하여 차익을 올렸을 경우 이를 회사에 반환하여야 하는 단기매매차익반환(단차)의무도 강화되었다. 법률 적용 이전까지는 보통주 매수후 동종증권간 매매로 취득한 차익에만 반환의무가 부과됐지만 앞으로는 주식매수 후 전환사채 매도, 주식·선물 매수 후 주식매도 등 이종증권간 매매로 얻은 차익도 반환대상이다.

반면 단차 반환대상인 직원의 범위는 축소되었다. 임직원 지분 보유에 대한 범위가 확대된 것에 비해서는 매우 특이한데 법 적용 이전에는 상장사 직원 모두에 적용하던 것이 재무, 회계, 기획 및 연구개발공시 업무를 하는 직원으로 한정되었다. 이 변화는 비판의 대상일 수도 있는데, 이러한 네 업무 영역 이외의 직원은 기업의 내부정보에 대한 접근이 가능하지 않음에도 단차의무를 부과함으로써 지나치게 개인의 경제활동을 제한한다는 취지인 것은 이해하겠으나 동료 직원간의 정보의 이전을 너무 가볍게 여긴 것은 아닌지에 대한 우려가 있다.

7. 부문별 공시

부문별 공시는 지역별, 사업부문별로 동일한 영업의 단위에서 부문을 구분하여 영업의 결과를 보임을 의미한다. 우리나라에서도 부문별 정보를 보충적 주석사항으로 기재한다(해석 50-87). 부문별 공시는 기업을 분석하고 기업에 투자하는 회계정보이용자들에게는 중요한 정보를 제공해 준다. 예를 들어 삼성전자일 경우 크게 반도체와 가전 부문이 별도로 존재하지만 삼성전자의 주재무제표는 이를 구분하지 않는다. 삼성전자의 가전과 경쟁하는 경쟁사의 입장에서는 삼성전자의 가전 부문의 영업의 결과만이 관심의 대상이다. 롯데쇼핑일 경우는 큰 사업부만으로도 백화점과 마트, 슈퍼가 존재하는데 이러한 관점에서 부문별 공시는 매우 유효한 정보전달의 수단이다.

그러나 부문별 공시에 장점만 있는 것이 아니다. 지역별 또는 사업부별로 구체적인 정보를 제시하여야 하는 것이 이를 공시하는 기업의 입장에서는 상당히 부담이 되는 부분도 없지 않을 것이다. 특히 이러한 정보는 경쟁기업에 노출하기가 부담이 되는 정보가 될 수 있다. 삼성물산의 경우 건설과 종합상사가 있는데 매출과 이익이 발생하는 부문간에 큰 차이가 있기 때문에 서로 다른 성격의 이 두 부문을 통합하여 총체적으로 보인다는 것이 무슨 특별한 의미가 있는지의 의문이 있다. 건설의 경우는 내수에 의존하는 비율이 높을 것이며 종합상사 부문은 수출에 의존하게 된다. 이러한 경우는 특히 부문별 공시가 의미하는 바가 크다고 할 수 있다.

국제회계기준에서는 부문자산과 부문부채를 별도로 공시함에 있어서 최고경영자에게 정기적으로 보고되는 경우에만 공시하도록 개정하였다. 이 내용은 국제회계기준위원회의 안건 논의과정에서도 소수의견이 포함될 정도로 논란이 될 수 있는 부분이다. 즉, 최고영업의사결정자가 검토하는 부문당기순익에 포함되어 있거나 부문당기손익에 포함되어 있지 않더라도 최고영업의사결정자에게 정기적으로 제공된다면. 공시하도록 되어 있다.

부문자산이 단지 최고영업의사결정자에게 보고되지 않는다는 이유만으로 보고기업이 그 부문자산을 공시하지 않도록 허용하는 것은 관련 국제회계기준을 약화시키고, 부문자산이 사업의 경영성과와 재무상태를 이해하기 위해 중요하더라도 보고기업이 공시하지 않는 결과를 초래할 수 있다. 최고의사결정자에게 보고할지 보고하지 않을지는 기업 내의 관리회계 차원의 문제일 것이다.

즉, 부문과 관련된 내용이 중요하지 않은데도 최고경영자에게 보고된다는 이유만으로 부문으로 구분되거나, 또는 부문과 관련된 중요한 내용인데 최고경영자에게 보고되지 않는다는 이유로 보고되지 않는다는 것이 상당한 자의

성을 내포하게 된다. 이러한 이유에서 국제회계기준위원회에서도 소수의견이 표명되었다.

8. 자진공시제도

자진공시는 2000년 4월에 기업의 부담을 줄여주며 투자자 보호를 위해서 또한 수시공시 경감방안의 하나로 도입되었다. 자진공시제도가 도입되었다가 자진공시제도는 2006년에는 자율공시제도로 전환되었다.

자진공시제도 도입 전에는 기업의 경영성과, 영업실적 수주 등 계약체결과 관련해 그 금액이 '매출액의 일정비율 이상'의 경우에만 공시할 수 있도록 제한하고 있어서 중요성의 원칙에 대해서도 규정하고 있었다. 이러한 중요성의 원칙이 적용되었던 목적이 지나치게 많은 정보의 남발로 인한 시장의 혼란을 방지하기 위함이었다. 즉, 정기공시에도 중요성의 원칙이 적용되지만 수시공시에도 중요성의 원칙이 적용되었다.

2000년 4월부터 시행되는 자진공시제도는 기업이 형식에 구속되지 않고 정보를 자유로이 공개한다는 측면에서는 매우 바람직하다고 할 수 있다. 즉, 정보의 전달을 완전히 자율적인 시장기능에 맡기는 것이다. 그러나 이러한 새로운 제도의 도입이 반드시 긍정적인 것만은 아니다. 공시의 대상이 되는 정보란 항상 왜곡될 가능성이 존재하기 때문에 이제까지는 이러한 정보에 대한 규제가 불가피하였던 것이다.

특히 최근 불성실공시에 관련되어 많은 부분이 문제화되었다. 이렇게 불성실공시가 문제화되자 코스닥기업일 경우, 2000년 2월 1일부터 고의, 중과실에 의한 불성실공시 및 상습적 불성실공시법인은 시장에서 퇴출되는 제도가 시행되고 있다. 거래소시장과 같이 코스닥시장도 관리종목제도를 운용하고 있으며 1년에 2회 이상 불성실공시를 하면 투자유의종목으로 지정된다.

또한 한때는 세 번 불성실공시를 수행한 기업은 시장에서 퇴출하는 제도가 시행되었으나(일명, 삼진아웃제도) 이러한 제도가 불성실공시의 경중에 무관하게 너무 경직된 제도라는 비판 아래 벌점제도로 전환되었다.

이와 같이 공시의 문제점이 빈번히 제기되는 시점에 상장기업에 자진공시제도가 도입되어 투명하고 신뢰할 수 있는 자진공시가 수행되겠는가에 대한 의문이 강하게 대두된다. 재무제표일 경우는 공시의 적정성과 관련되어 일차적으로 공인회계사의 감사의견이 제시되며 이차적으로는 거래소 상장기업일 경우는 금융감독원에 의한 감리가, 비상장기업일 경우는 공인회계사회에 의한 감리가 정보의 투명성에 대한 이차적인 확인작업을 수행한다. 수시공시일 경우는 거래소에 의해서 불성실공시 지정이 수행된다.

모든 제도에 대해서 정부가 규제를 하는 것이 가능하지도 않고 바람직하지도 않기 때문에 통제역할의 수행은 당연히 시장의 자율적인 감시기능에 맡겨야 한다. 왜곡될 수 있는 정보에 대한 시장의 자율적인 기능은 크게 두 가지로 구분할 수 있는데 첫째는 왜곡된 정보에 대한 부정적인 가치평가이며, 둘째는 왜곡된 정보에 의해서 투자의사결정을 수행한 투자자 또는 이러한 정보에 근거하여 대출의사결정을 수행한 금융기관에 의한 법정소송이 있다. 법정소송일 경우에 가장 문제가 될 수 있는 부분이 공시가 정확하지 않을 경우의 고의성의 판정인데 이 판정은 주관적일 수밖에 없다.

공시질서를 적절하게 유지하기 위해서 여러 가지 제도적인 개선책이 제시되었다. 참고로 공시번복이라는 불성실공시로 지정되지 않고 공시를 번복할 수 있는 기간이 현재 30일인데 한국거래소에서는 이를 15일로 단축하려고 하였으나 수년전에는 금융감독위원회에서 이를 반대하였다. 금감위에서 이와 같은 개선안을 반대하는 이유는 공시의 빈번한 번복을 방지하고 공시와 관련된 질서를 바로잡으려 하기 위함이다. 공시와 관련된 제도를 결정함에 있어서 중요성에 더욱 비중을 둘 것인지 모든 정보를 투자자에게 제공하는 것에 비중을 둘 것인지는 주관적인 판단일 수밖에 없다.

중요성의 원칙과 관련되어서 많은 정보를 제공한다는 것이 반드시 투자자들에게 도움이 되는 것인가에 대한 근본적인 의문이 있다. 이는 많은 정보가 반드시 좋은 정보인가라는 기초적인 질문과도 연관된다. 이는 또한 회계에서의 한 원칙인 완전공시(full disclosure)와도 연관된다. 완전공시와 관련된 해석이 상이할 수도 있다. 완전공시는 기업과 관련된 모든 정보를 완전하게 공시함을 의미하지는 않는다. 완전공시란 기업회계기준에서 정한, 기업이 반드시 공시해야 하는 정보를 완전히 공시함을 의미한다. 따라서 중요하지 않고 기업회계기준에서 정하지 않은 정보까지를 공시한다는 것은 완전공시의 범주에는 포함되지 않는다. 하물며 기업회계기준에서 공시하기를 강제한 정보가 공시되지 않는 경우도 있다. 따라서 완전공시의 개념은 이러한 사례에 먼저 적용되어야 한다.

추가적으로 수시공시에서 고민할 부분은 공시의 신속성과 정확성이다. 신속한 정보는 정확성에서 뒤질 수 있으나 투자자들이 정확하지 않더라도 신속하게 정보를 공유할 것을 선호할 수도 있다. 따라서 특히나 수시공시에서는 신속성과 정확성의 trade off가 존재한다.

수시공시에 있어서 어떠한 부분을 주요경영사항공시에 포함할 것인지 아니면 기업의 자율에 맡길 것인지는 매우 중요한 정책결정 사안이다. 일반 투자자가 투자의사결정에 있어서 궁금해할 사항에 대해서는 이를 모두 강제공시로 포함하려는 과정에서 주요경영사항공시는 지속적으로 항목이 증가되었다. 그러다보니 주요경영사항 공시항목으로는 포함되어 있는데, 공시가 수행되지 않는 항목도 포함되었으며 주요경영사항 공시가 너무 많아서 기업의 공시담당자가 공시에 충실하려고 하여도 이를 모두 파악한다는 것이 어려울 수도 있게 되었다. 따라서 최근에는 주요경영사항공시의 많은 부분을 자율공시로 이월하는 작업이 진행되었다. 물론, 자율공시로 주요경영사항공시가 이월될 경우는 수시공시가 약화되는 것은 아닌지에 대한 우려는 있을 수 있다. 즉, 주요경영사항 공시항목을 공시하지 않으면 불성실공시로 제재가 가능하지만 자율공시는 어느 정도까지는 기업의 자율에 맡겨졌기 때문에 자율공시에 포함된 내용이 공시되지 않았다고 하여도 이를 제재하기가 용이하지 않을 수 있다.

주요경영사항공시에서 대원칙만을 정해주며 나머지 세세한 부분은 기업의 공시담당자에게 맡긴다는 것이 어떻게 보면 rule base(규범중심)에서 국제회계기준이 원칙(principle)중심으로 전환하면서 회계에 있어서의 많은 판단을 기업의 회계담당자에게 위임하는 것과 같은 맥락이라고 이해할 수 있다.

제 3 절 자발적 공시에 대한 실증연구

1. 자발적 공시의 경제적 유인

자발적 공시에 관한 연구는 주로 자본시장에서의 정보의 역할에 초점을 맞추어 수행되어 왔다. 이러한 자발적 공시연구는 회계방법선택 및 공시결정에 있어서 경영자가 자본시장과 관련된 경제적 유인을 고찰하고 있으며 이런 점에서 보상계약, 부채계약과 관련된 계약비용과 정치적 비용에 초점을 두고 수행된 실증회계연구(positive accounting theory)를 보완하고 있다고 볼 수 있다.

공시관련 연구에서는 효율적 시장에서도 경영자는 기업의 미래성과에 대하여 외부투자자에 비해 더 우월한 정보를 가지고 있다고 전제한다. 회계감사와 회계규제가 완벽하게 이루어지는 상황에서는 경영자가 선택하는 회계방법과 공시에 의해 회사의 사업내용을 투자자에게 정확하게 전달할 수 있다. 그러나 현실적으로 회계감사와 회계규제가 완벽하게 이루어지기는 불가능하므로 경영자는 회사의 성과에 대한 우월한 정보를 투자자에게 진실하게 보고할 것인지 아니면 계약비용, 정치적 비용이나 회사의 경영권과 관련된 제반 경제적 이유 때문에 경영성과를 조정하여 보고할 것인지에 대하여 의사결정을 하게 된다. 따라서, 경영자가 자발적 공시를 하는 경제적 동기와 자발적 공시의 신뢰성 여부는 실증분석을 필요로 한다.

Healy와 Palepu(2001)는 자발적 공시의 경제적 유인에 대한 선행연구를 6가지 가설, 즉 자본시장거래가설, 경영권 경쟁가설, 주식보상가설, 소송비용가설, 경영자능력 신호가설, 전유정보(專有情報) 공시비용가설로 구분하여 설명하고 있다.

(1) 자본시장거래가설

Healy와 Palepu(1993, 1995)는 주식이나 사채의 발행을 통하여 자금조달을 하거나 주식거래를 통해 타 회사를 인수하려는 경영자는 회사에 대하여 외부투자자가 갖는 인식을 매우 중요시한다는 가설을 제시하였다. 기업의 미래 전망에 대하여 경영자와 외부투자자 사이에 정보불균형이 존재하는 상황에서 기업이 주식이나 사채의 공모를 하게 되면 정보비대칭으로 인한 자금조달비용 상승으로 기존의 주주는 손해를 보게 된다. 구체적으로, 외부투자자들은 정보비대칭으로 인해 자신들이 감수해야 하는 정보위험에 대하여 보상해줄 것을 요구하게 되고 이에 따라 자본비용이 증가된다는 것이다. 따라서, 자본시장에서 자금을 조달하려는 경영자는 자발적 공시를 통하여 정보비대칭을 줄임으로써 회사의 자금조달비용을 감소시키고자 할 유인을 갖는다. 자본시장거래가설(capital markets transactions hypothesis)에 대하여 여러 실증연구결과가 보고되어 있다.

Lang과 Lundholm(1993)은 당기 또는 그 이후에 증권을 발행하는 회사의 경우 재무분석가에 의한 공시평가가 높은 것으로 보고하였다. 또한 후속연구로 Lang과 Lundholm(1997)은 증자를 실시한 기업을 대상으로 공시행태를 분석하였으며 연구결과 증자 6개월 전부터 공시량이 급격하게 증가하는 것으로 나타나고 있다. 특히 경영자의 재량적 결정에 의한 공시가 두드러진 것으로 나타나고 있다. 끝으로, Healy 등(1999)은 재무분석가에 의한 공시평가점수가 상향조정된 회사들은 그 이후 기간에 사채의 공모빈도수가 비정상적으로 높다는 결과를 보고하였다. 이와 같은 연구결과는 자본시장거래가설을 지지하는 것으로 볼 수 있다. 그러나 이들 연구결과를 해석함에 있어서 주의할 점이 있다. 기업의 주식이나 사채발행이 다른 사건과 무관한 독립적인 사건이 아닐 수 있다. 따라서 경영자가 자본시장거래를 앞두고 공시량을 증가시켰다고 하더라도 이러한 결정이 반드시 자본시장거래 때문에 이루어진 것인지 아니면 다른 누락변수 때문인지를 분명하게 밝히기 어려운 한계점이 있다.

(2) 경영권 경쟁가설

경영권 경쟁가설(corporate control contest hypothesis)은 기업의 경영성과가 부진할 경우에 이사회나 주주가 경영자에 대해 책임을 묻는다는 사실에서 출발하고 있다. Warner 등(1988)과 Weisbach(1988)는 회사의 주가성과의 부진은 경영자의 교체와 관련된다는 결과를 보고하고 있다. 또한 낮은 주가는 적대적 인수합병(hostile takeovers)의 대상이 될 가능성을 높이고 최고경영자의 교체를 가져오기도 한다(Palepu 1986; Morck 등 1990). DeAngelo(1988)는 경영권 위임장 대결(proxy fight)에서 주주들은 저조한 이익성과를 경영자 교체의 근거로 빈번히 제시하고 있음을 보고하고 있다. 따라서, 주가나 이익이 저조한 기업의 경영자는 자신의 교체가능성을 낮추기 위하여 자발적 공시를 활용하게 된다. 구체적으로 경영자는 자발적 공시를 통하여 기업가치가 과소평가되어 있을 가능성을 줄이고 아울러 저조한 이익이 나오게 된 원인에 대해 변명을 제시함으로써 자신의 책임을 회피하고자 할 유인이 있다.

그러나 이러한 가설이 지니는 한계점은 다기간 효과(multi-period effect)를 고려하고 있지 못하다는 점이다. 예를 들어, 경영자가 한 기간의 부진한 성과를 설명하기 위하여 광범위하고 자세한 공시를 제공하게 되면 이로 말미암아 미래에 성과가 부진할 경우에는 더욱 큰 공시부담을 가지게 될 수 있다. 따라서 이런 가능성을 고려한 경영자는 성과가 부진하다고 하여 반드시 공시를 확대하고자 할 유인을 가지지 않을 수도 있다. 이 가설에 대한 실증연구는 거의 없으며 다만 최근에 이루어진 Brennan(1999)의 연구에서 인수대상기업은 인수협상이 진행되는 기간중에 이익예측치를 제시할 가능성이 더 높다는 결과가 보고된 바 있다.

(3) 주식보상가설

경영자들은 주식매입선택권 등을 비롯하여 주식에 기초한 다양한 형태의 보상을 받고 있다. 이러한 주식보상으로 인하여 경영자는 자발적 공시를 할 유인을 갖게 된다는 것이 주식보상가설(stock compensation hypothesis)이다.

첫째, 자신이 보유하는 주식을 거래하고자 하는 경영자는 내부자거래에 대한 규정에서 요구하는 의무를 이행하기 위하여 사적 정보를 공시하고 또한 회사주식의 유동성을 증가시킬 유인을 가진다.

둘째, 기존주주의 이익을 위해 일하는 경영자는 새로운 종업원에 대한 주식보상비용을 줄이고자 자발적 공시를 제공할 유인을 갖는다. 주식보상이 경영자와 주주에 대해 효율적인 보상형태가 되기 위해서는 주가가 기업가치를 정확하게 반영하고 있어야 한다. 만약 주가가 기업가치를 정확히 반영하지 못한다면 주식보상을 받는 종업원은 주가가 잘못 평가되어 있을 위험에 대하여 추가적 보상을 요구할 것이다. 따라서 주식보상의 비중이 큰 회사는 주가가 부정확하게 평가되어 있을 위험을 줄이고자 추가적 공시를 제공할 가능성이 더 크다.

Noe(1999)는 경영자의 예측치 발표빈도가 회사주식에 대한 내부자거래 정도와 양의 관계를 가지는 것으로 보고하고 주식보상비용가설을 지지하고 있다. Aboody와 Kasznik(2000)은 회사가 주식매입선택권의 부여기간 전에 호재의 발표는 늦추고 악재는 조기에 보고하고 있음을 발견하였으며 이는 경영자가 주식보상액을 증가시키기 위해 공시를 활용하고 있음을 시사하고 있다.

(4) 소송비용가설

경영자에 대한 주주의 소송제기 위험은 경영자의 공시의사결정에 두 가지 상반된 영향을 준다. 먼저 부적절한 공시나 지연된 공시에 대한 법적 소송은 경영자에 대하여 자발적 공시를 증가시키도록 유도한다. 한편 자발적 공시에 대한 소송가능성은 미래예측정보와 같은 공시를 행할 유인을 감소시킬 수도 있다.

Skinner(1994)는 위에서 설명한 요인 중에서 소송비용을 줄이기 위한 공시증가 여부에 대해 분석하였다. 그의 가설에 따르면 이익에 대한 실망스런 소식을 가진 경영자는 예상되는 소송비용을 줄이기 위해 그러한 악재소식을 조기에 공시할 유인을 갖게 된다. 이 가설은 소송이 없는 경우에 경영자가 호재와 악재의 공시시점을 대칭적으로 (균형적으로) 결정한다고 전제하고 있다. 따라서, 소송제기자와 법원은 악재의 발표가 지연되었는가에 초점을 맞춘다고 보고 있다.

그러나 소송비용가설(litigation cost hypothesis)에 제기되는 하나의 의문점은 저조한 기업성과를 조기에 공시할 때 왜 소송제기 가능성이 낮아지는가 하는 점이다. 의무적인 이익공시시점까지 부진한 이익성과의 발표를 늦추는 행위가 적시에 공시를 행하지 않은 증거로 제시되기 때문인가? 또 다른 설명으로 악재를 조기공시하게 되면 주가하락이 여러 일자에 나누어 발생하게 되고 이로 말미암아 어느 일자에 집중된 주가하락을 피할 수 있어 소송제기 가능성이 떨어지기 때문이라는 주장도 제기되었다. 물론 이러한 설명은 악재를 조기공시할 때 투자자들은 조기공시된 악재정보에 대해 불편적(unbiased) 평가를 하지 못한다고 전제하고 있다. 만일 투자자가 합리적이라면 차후의 실제 이익공표시점이 아니라 악재의 조기공표시점에서 주가반응이 일어날 것이고 이에 따라 큰 폭의 주가하락으로 인한 소송제기 가능성은 여전히 존재한다. 한편 예측정보 공시에 대한 소송에서 법원이 불가피하게 발생된 이익예측오차와 고의성이 개입된 경영자의 편의를 제대로 구분하지 못하여 성실히 수행된 이익예측도 예측오차에 대해 처벌을 받는다고 경영자가 판단하면 경영자의 미래예측정보 공시유인은 감소하게 된다.

소송비용가설에 대한 실증분석결과는 명확한 결론을 내지 못하고 있다. Skinner(1994, 1997)는 이익에 대한 실망스러운 정보를 가진 기업이 좋은 정보를 가진 기업에 비해 조기공시할 가능성이 2배가 넘는다고 보고하고 있다. 또한, 부정적인 이익소식을 가진 기업에 대해 소송이 제기될 가능성이 더 높다는 것으로 나타났으며 이익정보를 조기공시하는 회사에 대한 소송비용은 그렇지 않은 기업에 비해 더 낮은 것으로 판명되었다. 이러한 연구결과는 소송비용가설을 지지하고 있다.

위의 연구와 대조적으로, Francis 등(1994)은 소송이 제기된 표본기업의 62%가 이익예측이나 이익의 조기공시에 대해 소송이 제기된 것으로 나타나고 있고 유사한 정도의 주가하락이 발생되었음에도 소송이 제기되지 않은 표본기업의 87%는 이익하락을 조기공시하지 않은 것으로 보고하고 있다. 따라서, 이들은 악재에 대한 조기공시가 소송에 대한 보호막이 되지는 못한다고 결론내리고 있다.

(5) 경영자능력 신호가설

Trueman(1986)은 능력이 뛰어난 경영자는 자신의 능력을 알리고자 자발적 공시를 할 유인을 가진다고 주장하였다. 기업의 시장가치는 경영자의 미래 경제환경 변화에 대한 예측 및 대처능력에 대한 투자자의 평가결과에 따라 결정된다. 투자자의 입장에서, 경영자가 정보를 보다 먼저 입수하였다고 판단하면 그 경영자의 예측능력은 보다 높게 평가되고 그에 따라 기업의 시장가치도 더 높게 된다. 그러나 경영자능력 신호가설(management talent signaling hypothesis)에 대한 실증분석은 아직 이루어진 바가 없다.

(6) 전유정보(專有情報) 공시비용가설

공시로 인하여 제품시장에서 경쟁적 지위가 약화될 수 있다는 우려 때문에 경영자의 공시유인이 감소될 수 있다는 가설도 제시되었다. 이 가설에서는 공시를 하지 않음으로써 자금조달비용이 상승한다고 해도 기업의 경쟁적 지위를 약화시키는 문제 때문에 정보를 공시하지 않는다는 것이다.

전유정보 공시비용가설(proprietary cost hypothesis)은 앞의 5가지 가설과 달리 경영자와 주주 사이에 이해상충관계가 존재하지 않는다고 가정한다. 따라서, 이들 연구에서는 자발적 공시는 항상 신뢰성을 가지는 것으로 간주되며 연구의 초점은 주로 완전공시를 제한하는 경제적 요인을 고찰하는 데에 맞춰져 있다.

Hayes와 Lundholm(1996)은 전유정보(專有情報) 공시비용으로 인해 기업의 부문별로 유사한 성과를 보이는 기업에 한하여 부문별 정보를 공시할 것이라고 주장하였다. 기업부문별로 성과가 크게 차이나는 기업은 총계치만을 보고함으로써 경쟁기업이 부문간 성과차이에 대한 정보를 얻지 못하도록 할 유인을 가지게 된다. 전유정보 공시비용가설에 대한 직접적인 실증분석결과는 거의 없다.

Piotroski(1999)는 기업의 부문별 정보를 제공하는 의사결정에 대하여 분석하였다. 연구결과 수익성이 감소하고 있는 기업과 산업부문 간에 수익성의 변동성이 적은 기업이 부문별 공시를 증가시킬 가능성이 큰 것으로 나타나 전유정보 공시비용가설과 일치되는 결과를 보고하였다.

한편 전유정보 공시비용가설은 정보공시에서 발생하는 기타의 외부효과에 적용시켜볼 수 있다. 예를 들어, Watts와 Zimmerman(1986)에 따르면 기업들은 재무공시로부터 발생하는 정치적 비용과 계약비용에 대해 우려하고 있으며 이로 말미암아 기업의 자발적 공시가 영향받을 수 있다고 지적한 바 있다.

2. 자발적 공시의 신뢰성 검증

자발적 공시가 자본시장에서의 정보불균형 문제를 완화시켜 자원배분의 효율성을 증대시킬 수 있는 정도는 자발적 공시를 통해 전달되는 정보가 다른 정보원천에서 제공하지 못하는 정보를 얼마나 신뢰성 있게 전달하는가에 달려 있다. 앞서 설명한 바와 같이 경영자들이 자발적 공시를 하는 데는 나름대로의 경제적 유인이 있기 때문에 자발적 공시가 반드시 신뢰성을 가진다고 확신하기는 어렵다. 자발적 공시의 신뢰성에 대한 연구는 주로 경영자 예측정보의 정확성, 경영자 예측치가 재무분석가의 의사결정에 미치는 영향 및 경영자 예측정보에 대한 시장반응에 대하여 이루어졌다.

(1) 자발적 공시정보의 정확성

자발적 공시정보의 정확성을 검증하는 많은 연구들은 특히 예측정보의 편의성 및 정확성에 대해 초점을 두고 이루어졌다. 미국에서의 경영자 이익예측정보는 시계열모형에 의한 이익예측치나 재무분석가들의 예측치보다 정확한 것으로 보고되는데, 이는 기업의 내부정보를 보유하고 있는 경영자가 보다 정확하게 이익을 예측할 수 있기 때문인 것으로 보인다.[4] 국내 연구로 정우성(1997)은 경영자의 이익예측정보를 랜덤워크(random-walk) 모형에 의한 예측치 및 재무분석가의 예측치와 비교·분석하였다. 실증분석결과에 의하면 경영자의 이익예측정보는 랜덤워크 모형에 의한 예측치보다 정확하며 재무분석가의 예측정보와 더불어 우수한 예측치로 보고되고 있다.

한편 자발적 공시정보가 편의(bias)를 가지는가에 대한 연구도 이루어졌다. 미국에서의 연구결과를 보면 경영자의 이익예측치는 예측정보가 공시되는 시점의 재무분석가의 예측치에 비하여 비관적이지만 사후 실현되는 이익에 비하여 과대하게 예측된다는 것이 일반적인 결론이다(Penman 1980; Waymire

4) 재무분석가들은 여러 경로를 통하여 발표되는 경영자의 내부정보를 접할 수 있을 뿐만 아니라 기업분석 전문가로서의 전문성을 보유하고 있으므로 반드시 기업내부의 예측치가 정확하다고 속단할 수만은 없다.

1984; Pownall et al. 1989; Bamber and Cheon 1998 등). 즉, 경영자의 자발적 공시의 신뢰성에 대한 견제장치가 미비한 경우 경영자는 부정적인 정보는 공시하지 않고 낙관적인 정보만을 공시할 유인(incentive)이 있다(Penman 1980). 미국에서 경영자들의 자발적인 예측정보 공시가 주로 부정적인 이익예측정보인 이유는 미국의 SEC Rule 10(b)-5에서 경영자의 공시의무를 규정하고 있기 때문이다. SEC Rule 10(b)-5는 기업이 일단 정보를 공시한 후 동 정보가 부정확하게 되거나 투자자를 오도할 가능성이 있게 되는 경우 이를 정정할 책임을 경영자에게 부여하고 있다. 물론 SEC Rule 10(b)-5의 원문 자체가 경영자 예측정보의 자발적인 공시의무를 명문화하는 것은 아니지만 이 규정은 투자자들이 경영자를 대상으로 소송을 제기할 수 있는 근거를 제공한다.

우선 미국 경영자들은 예측정보가 실적치에 비해 낙관적으로 밝혀질 경우 제기될 수 있는 소송의 위험성 때문에 자발적인 예측정보의 공시를 꺼린다. 반면 경영자가 아무런 경고 없이 저조한 실적치를 발표함으로써 주가가 급락하는 경우 투자자들은 경영자가 그 부정적인 정보를 알고 있었으면서도 미리 공시하지 않았다는 이유로 기업과 경영자를 상대로 소송을 제기할 수 있다(Francis et al. 1994; Skinner 1994 등). 따라서 미국 경영자들은 이러한 법적 위험을 최소화하기 위하여 자발적인 예측정보 공시를 꺼리며 만일 예측정보를 공시한다면 그 정보는 부정적인 정보일 가능성이 크다. 따라서 예측정보의 공시와 관련되어 법정소송이 보편화되어 있지 않은 우리나라와 비교하여 미국의 경우는 예측정보와 관련되어 여러 가지 상황이 복잡하게 얽혀져 있다.

그러나 우리나라에서의 회계정보나 수시공시에 대한 소송이 아직 미미하기는 하지만 앞으로 어떻게 전개될지는 의문사항이다. 집단소송제도가 도입되고 수년간 소송이 제기된 건이 한 건도 없었다. 이 법안이 사문화하는 것을 막기 위해서 여러 가지 논의가 있었는데 법안 자체가 소송을 어렵게 하는 요인이 너무 많다고 해서 이 법안의 개정까지 논의되다가 2009년 4월, 처음으로 이 법에 의해서 소송이 제기되었다.

반면 Hartnett(1993)는 호주기업들이 기업공개시 작성하는 사업설명서 등을 통해 공시하는 예측정보의 편의성 및 정확성을 실증분석한 결과 일반적으로 이익예측치 및 매출예측치가 과대계상되는 경향이 있음을 보고하였다. 예측정보의 정확성에 있어서는 이익예측치가 매출예측치보다 부정확한 경향이 있음을 보고한다.

(2) 자발적 공시정보가 재무분석가에게 미치는 영향

자발적 공시의 신뢰성을 평가하는 또 다른 방법은 자발적 공시에서 발표된 내용이 다른 경제주체의 의사결정에 영향을 미치는가를 고찰하는 것이다.

앞에서도 기술되었듯이 투자설명회와 경제신문에 발표되는 경영자의 자발적 공시에는 회계정보예측치가 포함되는 경우가 빈번하다. 이러한 정보는 투자설명회에 참여하는 증권회사/경제연구소의 전문가에 의해서 반영될 수 있다. 단, 이러한 정보가 반영될 수 있음은 정보의 신뢰성을 가정한다. 물론, 투자설명회에 참여하는 재무분석가는 모두 전문가들로 이들이 투자설명회에서 발표된 정보를 반영하여 예측치를 수정한다는 것은 이들 정보가 신뢰성 있는 정보임을 가정한다.

IR이나 경제신문에 나타나는 정보가 투자자들에게 새로운 정보로 작용할 수 있음은 신호이론(signalling)으로 설명될 수 있다(Akerlof 1970). 기업 내의 정보에 민감할 수밖에 없는 투자자들은 경영자의 자발적인 공시를 하나의 신호(signal)로 인식할 수 있다. 경영자들의 입장에서는 IR이나 경제신문을 투자자에게 신호를 제공할 수 있는 기회로 이용할 수 있다. 그러나 여기에서 문제가 될 수 있는 것은 과장된 정보의 전달이다. 즉, Akerlof(1970)가 제시한 lemon의 문제이다. 사후적으로 이 신호가 확인되지 않는다면, 또는 확인이 된다고 해도 이 과장된 정보에 대한 상응한 조치가 취하여지지 않는다면, 이러한 정보에 대한 통제/감시의 수단은 존재하지 않게 되며 과장된 정보만이 시장에 남게 된다. 한국거래소나 한국상장회사협의회 등의 유관기관에서 IR에 제재를 가하려는 것도 이와 같은 맥락에서 이해할 수 있다.

Grossman(1981)은 사후적인 제재조치를 모형에 도입하여 정보불균형이 존재할 때 lemon만이 시장에 남게 된다는 Akerlof의 이론을 반박하였다. 즉, 모든 경영자가 이러한 정보를 공시하지 않는다면 정보이용자들은 이들 정보가 부정적인 정보이므로 발표되지 않는다고 판단하게 되고 이러한 이유에서 공시되지 않는 정보에 대한 부정적인 판단을 하게 된다. 그러므로 경영자는 이러한 공시를 항상 수행할 이유가 존재한다고 주장하였다.

어떤 기업이 계속해서 과대예측치를 발표한다면 투자자는 이 예측치를 할인하여 이해하게 될 것이다. 그러나 미국의 경우에도 경제신문을 통하여 예측을 발표하는 기업이 전체 기업의 10퍼센트에 불과하고 이러한 공시가 지속적으로 발표되는 것이 아니므로 특정기업의 예측치가 얼마나 과대예측되는지를 파악하기는 거의 불가능하다. 또한 예측치를 발표하지 않는 경우가 90퍼센트이므로 예측치를 발표하지 않는 기업을 모두 부정적인 예측치를 갖고 있어서 이를 숨기려고 예측치를 발표하고 있지 않다고 볼 수는 없다. IR에 대하여도 동일한 논리를 적용할 수 있다. 손성규(1997a)의 연구에서 600여 상장기업 중 상장회사협의회 주관 IR이 처음 개최된 1993년부터 1996년 8월까지 IR을 개최한 기업의 수는 44개 기업으로 10퍼센트도 되지 않는다. 또한 회계정보예측이 IR 시에 발표해야 할 필수적인 정보도 아니다. 따라서, IR을 통하여 예측치를 발표하지 않는다고 해서 모두 부정적인 예측치를 가지고 있다고 보기는 어렵다.

미국의 연구결과에 의하면 재무분석가는 경영자의 예측치에 반영된 정보에 반응하여 그들의 예측치를 수정하는 것으로 나타나고 있다(Hassel 등 1988). 또한 Piotroski(1999a)는 경영자의 예측정보 이외의 자발적 공시도 신뢰성을 가진다는 결과를 보고하였다. 그는 부문별 공시를 증가시킨 표본기업을 대상으로 공시증가가 재무분석가에 미치는 영향을 살펴보았는데 분석결과 공시의 확대는 재무분석가 예측치의 정확도를 향상시키고 예측치 분산을 감소시키는 것으로 나타나고 있다.

손성규(1997a)는 투자설명회에 나타나는 경영자의 자발적 공시에 포함된 회계정보예측에 근거하여 재무분석가가 회계정보를 수정(revise)하는 정도를 측정하여 이를 재무분석가가 자발적 공시에 포함된 정보에 어느 정도 신뢰성을 부여하는지에 대한 측정의 근거로 사용하였다. 실증분석 결과 재무분석가의 IR이 발표되기 한 달 전에서 한 달 후로의 예측수정이 IR에 나타난 경영자의 예측편향에 영향을 받아 수정되는 것으로 나타났다. 또한 IR에 나타난 경영자의 예측은 재무분석가의 예측보다 정확함을 보였다. 이와 같은 현상이 발생할 수 있는 원인으로는 경영자는 외부의 재무분석가에 비하여 기업내부의 모든 정보에 보다 신속하고 정확하게 접근할 수 있다는 장점이 있기 때문인 것으로 판단된다.

(3) 자발적 공시정보에 대한 시장반응

■ 자발적 공시에 대한 주가반응

Waymire(1984)는 미국의 Wall Street Journal에 나타난 경영자의 예측을 이 기사가 발표되기 전의 재무분석가의 예측치에 의한 기대이익의 변화에 따라 주가가 변화되는지를 검토하였는데, 경영자의 예측이 재무분석가의 예측에 비하여 상향/하향 조정되어 발표된 모든 경우에 있어서 주가가 예측편향의 부호와 크기에 따라 유의적으로 반응함을 보였다. 이 실증분석결과에 의하면 회계정보는 자본시장에서 정보효과(information content)가 있는 것으로 해석할 수 있다. 즉, 자발적 공시에 포함된 정보가 새로운 정보로 인식되면서 자발적 공시에 포함된 정보의 성격에 따라 내재가치의 변화를 유발시킨다. Ajinkya와 Gift(1984)도 경영자의 이익증가예측에 대하여 양의 주가반응이 있고 이익감소 예측에 대하여는 음의 주가반응이 있음을 보고하였다. Pownall과 Waymire (1989)는 경영자의 비기대이익예측치에 대한 시장반응이 이익공표시 비기대이익에 대한 시장반응과 유사하다는 것을 발견하였으며 이는 경영자의 예측치가 감사받은 재무정보와 유사한 정도의 신뢰성을 가진다는 것을 의미한다.

Francis, Hanna와 Philbrick(1997)은 미국에서 경영자와 재무분석가의 모임에서 발표되는 정보의 전달을 분석하였는데 이 발표 전후로는 평균적인 주가변동은 발견할 수 없었으나 주식의 가격이 낮게 결정된 주식의 경우는 이러한 모임의 결과, 주가가 상향조정됨을 보였다. 이들은 주가가 낮게 결정된 주식을 구분하기 위하여 E/P 비율과 순현금흐름 대비 주가비율을 사용하였다.

국내에서 손성규(1997b)는 경영자의 자발적 회계정보예측에 대한 주식시장에서의 정보효과를 검토하였다. 구체적으로 손성규(1997b)는 다음의 두 가설을 검정하였다.

가설 1 : IR과 경제신문에 나타나는 경영자의 자발적 공시가 주가에 양의 변화를 초래한다.

가설 2 : IR과 경제신문에 나타난 경영자의 예측이 자발적 공시 이전의 시장에서의 예측치와 비교하여 낙관적인 방향으로 수정될 때,

> 자발적 공시에 대해 양의 주가반응이 나타나며, IR과 경제신문에 나타난 경영자의 예측이 부정적인 방향으로 수정될 때, 자발적 공시에 대해 음의 주가반응이 나타난다.

연구표본은 손성규(1997a)의 IR 표본에 경제신문에 보고되는 자발적 공시를 추가하여 구성하였다. 가설 1과 가설 2의 차이는, 가설 1에서는 자발적 공시의 내용에 무관하게 자발적 공시를 수행하였다는 자체가 양의 주가반응을 유발시킴을 가설검정하였으며 가설 2에서는 단순히 자발적 공시를 수행하였다는 것이 정보로 작용하는 것이 아니라 자발적 공시에 포함된 정보의 성격에 의해서 내재가치가 변화함을 가정한다. 손성규(1997b)는 IR과 경제신문에 나타나는 정보는 정보효과가 존재하지 않음을 보이며 따라서 IR 정보를 공시로 보아 규제하려는 관계 당국의 의도는 불필요하다는 판단을 할 수 있다고 결론지었다.

기존의 연구에서 이미 IR에 나타난 경영자의 회계정보예측이 중요한 정보로 사용되어 재무분석가가 이 정보에 근거하여 기업에 대한 예측치를 수정한다는 사실과 비교한다면 IR에 나타나는 정보는 이 정보에 세밀한 관심을 보이는 경제주체인 재무분석가에게는 의미있는 정보로 작용하나 전체적인 투자자에게는 정보전달효과가 없는 것으로 나타난다. 이 결과는 임의성이 개입될 수 있는 IR과 경제신문에서의 경영자의 자발적 정보는 기업의 내재가치에 영향을 주는 실질적인 정보가 될 수 없다는 투자자의 해석이다.

이 연구의 한계점으로는 투자설명회에 공시되는 정보에는 경영자의 영업의 결과에 대한 예측 이외에도 많은 정보가 포함되는데 회계정보예측정보만이 투자설명회에 공시되는 정보인 것과 같이 연구가 진행되었다. 반면에 미래 영업의 결과는 투자설명회에 보고되는 다른 요인인 향후 전망, 사업 전망 등과 무관하지 않고 이와 같은 전망의 결과가 미래 영업의 결과로 나타나므로 투자설명회에 나타나는 정보를 미래 영업 결과에 대한 예측으로 종합하여 사용함에 큰 무리가 없다는 판단을 할 수도 있다. 그러나 이렇게 자발적 공시에 포함된 한 정보만이 자발적 공시에서 발표되는 모든 정보인 것과 같이 사용되었다는 것은 연구의 분명한 한계점이다.

■자발적 공시에 대한 거래량반응

일반적으로 회계학이나 재무관리에서 주식시장에서의 정보효과는 주가반응과 거래량반응을 통하여 검증될 수 있다. Beaver(1968), Lev와 Ohlson(1982) 및 Dontoh와 Ronen(1993)이 제시하는 대로 주가반응이 없이도 거래량반응은 나타날 수 있으므로 거래량반응에 대한 실증분석 없이 주가반응에 대한 연구에만 근거하여 정보효과를 논한다면 성급한 결론에 도달할 수 있다. 따라서 손성규와 전영순(2000)은 손성규(1997b)의 주가반응에 대한 연구의 연장선상에서 경영자예측정보 공시에 대한 거래량반응을 검토하였다.

경영자의 자발적인 공시가 정보효과가 있다는 것을 내재가치의 변화가 아닌 이 정보의 공시로 인해 대상기업에 대한 가치평가에 대한 개별 투자자의 해석이 달라진다고도 생각할 수 있다. 즉, 동일한 정보의 공시에 대해서 각기 이 정보를 해석하고 이를 사용하는 투자자간에는 이 정보를 해석하는 방법에 있어서 차이가 있을 수 있으며 예를 들어 동일한 뉴스에 대한 해석이 어느 투자자는 우호적인 정보로 다른 투자자에게는 비우호적인 정보로 해석될 수 있다. 이러한 경우 이러한 정보를 다른 방향으로 해석하는 투자자의 매도/매수하는 금액이 동일하다면 이러한 상반된 해석의 결과, 이 정보가 투자의사결정에 대한 정보로 사용된다고 하여도 주가반응은 동반되지 않고 거래량의 변동만을 동반한다.

이러한 경우가 가능할 수 있는 원인으로는 다음의 이유를 들 수 있다. 투자자 A는 대상기업의 예상되는 주당순이익을 ₩10,000으로 판단하고 있는데 자발적 공시에서 발표된 주당순이익은 ₩12,000으로 이 투자자가 주당순이익이라고 하는 회계정보예측에만 근거하여 투자의사결정을 한다면 이 투자자는 이 주식을 매수할 것이다. 이는 경영자의 자발적 공시가 신뢰성이 있다는 가정하에서의 논리전개이다.

반면에 투자자 B의 대상기업에 대해 예상되는 주당순이익이 ₩14,000이라면 예상되는 주당순이익이 이에 미치지 못하였기 때문에 이 주식을 매도할 수 있다. 이 두 투자자만이 주식시장에 존재하고 이들이 내는 매수/매도 주문 주식수가 동일하다면 주가의 변동 없이 거래는 성립할 것이다. 즉, 내재가치의 변동이 없이 주식의 소유권만이 바뀌게 된다. 따라서 이와 같은 논리에 근거한다면 새로이 공시되는 정보가 유의하게 투자의사결정에 사용되는 정도를 판단하는 데 있어서 거래량의 변화와 주가의 변화는 상호보완적이다.

단, 이러한 논리의 전개에는 이 자발적 공시에 포함된 정보가 기업의 투자의사결정에 유의적인 정보라고 하여도 투자자가 대상기업의 영업의 결과에 대한 상이한 믿음(heterogeneous belief)을 갖고 있음을 일반적으로 가정한다. 이는 대상기업에 대한 회계정보예측이 사전적으로 상이하였다는 위의 사례와 연관된다. 반면에 대상기업에 대한 사전적인 정보에 대해서 동일한 믿음을 가지고 있다고 하여도 자발적 공시에 포함된 동일한 정보에 대한 해석이 상이하다면 이 정보를 해석하여 다른 투자의사결정을 수행할 수도 있다.

경영자의 자발적 공시에 대해서 강제공시보다 일반투자자가 상이한 믿음을 가질 가능성이 높은 것은 위에서도 여러 번 기술되었듯이 자발적 공시에 대한 감시/통제기능(monitoring mechanism)이 미약하므로 과대포장된 정보가 공시될 가능성이 높고 이러한 정보에 대해서 각 개별 투자자가 이를 할인하여 해석하는 과정에서 투자자마다 이를 액면 그대로 인정하는 투자자가 있는 반면에 이를 할인하여 해석하는 투자자가 있을 경우는 투자자간에 사전적인 정보가 동일한 정보를 보유하고 있어도 자발적 공시에 포함된 정보에 의해서 다른 투자의사결정을 수행할 수 있다.

손성규와 전영순(2000)은 이러한 관점에서 자발적 공시의 거래량의 증가로 인한 정보효과를 검증하는 연구를 수행하였다. 자발적으로 공시되는 정보가 각 개별투자자에게 기업의 미래 현금창출능력에 대한 새로운 정보를 제공하고 투자자가 그 정보를 신뢰한다면 개별투자자는 이 정보의 입수와 동시에 투자포트폴리오를 재구성할 것이다. 포트폴리오의 재구성은 주식의 매수와 매도를 동반하며 이는 거래량의 증가를 유발한다. 즉, 경영자의 자발적 공시가 정보효과가 있다면 자발적 공시와 동시에 거래량이 증가할 것이다. 따라서 이 연구는 경영자가 자발적으로 예측정보를 공시하는 시점에서 거래량이 증가하는지를 검토한다.

실증분석 결과 경영자 예측정보공시는 공시시점을 전후하여 거래량의 비정상적인 증가를 가져오는 것으로 나타난다. 즉 경영자 예측정보공시가 공시기업의 거래량에 대한 정보효과가 있음을 의미한다.

손성규(1997a, 1997b)의 연구가 제시하는 대로, 경영자 예측정보가 일부 시장참여자에 의해서는 신뢰성 있는 정보로 이용된 반면 유의한 주가반응은 초래하지 못하였다면 이는 경영자 예측정보의 공시가 거래량에 대해 정보효과를 가질 수 있음을 시사한다. 즉, 경영자 예측정보공시가 정보이용자들로 하여금 당해 기업에 대하여 가지고 있는 기대치의 변동을 초래하지만 동 정보에 대한 투자자들간의 해석이 서로 달라 투자자들의 기대치의 변동이 상쇄되는 경우 주가변동은 나타나지 않을 수 있다.

전성빈, 이아영, 박성환(2006)의 연구는 2003년 금융감독원의 전자공시시스템(dart)에 신고된 일반 경영사항 관련 수시공시 자료를 이용하여 수시공시 정보가 거래량 및 주가에 미치는 영향을 살펴봄으로써 수시공시의 정보효과를 실증적으로 분석하였다. 이 연구는 어떻게 보면 손성규(2001) 연구의 선제적인 연구이다. 수시공시가 정보로서의 가치가 있어야지 불성실공시가 동시에 정보로서의 가치가 있는지를 검토하는 것이 의미가 있다. 수시공시가 정보로서의 가치가 없다면 이러한 수시공시가 적절하지 않은 것도 이에 대한 제재 이외의 큰 의미가 없다고 할 수 있다. 회계정보에 정보효과가 존재하는지를 검토하는 것이나 정기공시에 정보효과가 존재하는지를 검토하는 것이나 동일하다.

실증분석 결과에 의하면, −1일부터 +1일까지 3일간으로 정의된 수시공시 기간 동안의 거래량이 비공시기간 동안의 거래량이나 해당 기업의 기대거래량에 비해 평균적으로 비정상적인 증가를 보였다. 또한 공시기간 동안의 주식수익률 분산이 비공시기간 동안의 주식수익률 분산보다 평균적으로 유의하게 큰 것으로 나타나 수시공시 정보의 유용성을 지지하는 결과를 보였다. 수시공시로 거래량 변동이나 주가변동이 비정상적으로 증가되었다는 것은 수시공시 정보가 투자자들에게 유용하게 이용되고 있다는 증거로 받아들일 수 있다. 즉, 수시공시 정보가 정보불균형 문제에 기여함으로써 자원의 효율적 배분 및 자본시장의 건전한 발전에 중요한 역할을 차지하고 있다는 시사점을 제시하고 있다.

한편 비모수통계량인 중위수에 대한 결과는 평균값의 경우와는 달리 수시공시에 따라 투자자에게 유용한 정보가 제공된다는 증거를 제시하지 못하고 있다. 이러한 결과는 현행 우리나라 수시공시 항목에는 정보유용성이 없는 항목이 상당수 포함되어 있을 가능성을 시사하고 있다. 따라서 향후 연구에서는 수시공시의 모든 항목들을 대상으로 각 개별항목별로 정보효과를 검증하여 중요하지 않은 수시공시 항목들을 파악함으로써 수시공시제도 개선에 기여할 수 있을 것이라고 주장한다.

예를 들어, 주요경영사항공시에도 열거되어 있지 않은 사항이지만 기업에서 자의적인 판단을 수행하여 공시 내용에 포함하였을 경우, 이러한 내용에 대해서는 기업의 내재가치에 영향을 미치지 않는 사항으로 시장이 판단할 수 있다. 위에서도 기술하였듯이 이 경우와는 반대의 경우로 거의 발생하지 않는 사항이 주요경영사항으로 포함되었을 경우에는 투자자들이 이러한 내용에 생소하여 이 정보를 중요하지 않은 정보로 해석할 소지도 있다. 또는 동일한 사항에 대해서도 시장에서 반대방향으로의 해석을 수행할 수도 있다. 즉, 동일한 투자의사결정에 대한 공시에 대해서도 성공적인 project에 대한 의욕적인 투자라는 측면에서는 이를 긍정적으로 해석하는 경우도 있을 것이나 반대로, 경기하락기인 경우에는 무리한 투자라는 반대적인 해석도 있을 수 있다. 따라서 이러한 공시에 대한 good/bad news에 대한 해석이 나뉜다면 주가반응 없이 거래량만 증가할 수도 있다.

단, 반드시 주가반응만을 유발시키는 정보만이 정보로서의 가치가 있다고 판단하여 주요경영사항공시에 남겨둔다는 것도 방법론상에 문제가 없는 것은 아니다.

박상수, 전성빈, 이아영(2008)은 부실공시가 정보의 유용성 저하를 가져오는지를 살펴보았다. 정보의 유용성은 2가지로 검증하였는데 첫째는 미래현금흐름(종속변수)과 현재이익(독립변수)의 관련성이며 둘째는 주식수익률(종속변수)과 미래이익(독립변수)의 관련성이다. 분석 결과는 대체로 가설을 지지하는 것으로 나타났다. 즉 부실공시기업일수록 미래현금흐름과 현재이익의 관련성 및 주식수익률과 미래이익의 관련성이 낮다는 것이다. 이 연구의 결과는 부실공시가 단순히 부실공시에서 그치는 것이 아니라 부실공시를 수행하는 기업은 기업가치 평가에서도 뭔가 문제가 있는 기업임을 보인다.

■ 경로별 차이

전영순과 손성규(1999)는 자발적 공시의 형태에 따라서 발표되는 정보에 차이가 있는지를 검토하였다. 전영순과 손성규(1999)는 경영자가 자발적으로 공시하는 예측정보의 편의성 및 정확성이 정보유형별로, 공시경로별로 차이가 있는지를 실증분석하였다. 실증분석 결과, 이익예측정보는 매출예측정보보다 낙관적이고 부정확하게 나타난다. 이는 이익을 예측하기 위해서는 매출을 비롯하여 다른 이익항목 및 비용항목까지도 예측해야 하므로 이익정보가 매출정보보다 예측하기가 어려움을 의미한다. 또한 경제신문과 일간지를 통해 공시되는 매출예측정보는 IR을 통해 공시되는 매출예측정보보다 과대예측되는 것으로 나타난다. IR의 주요 참가대상은 기관투자가나 재무분석가 등으로 이들 전문투자가는 경제신문 구독자나 일간지 구독자보다 정보의 분석・해석능력이 뛰어나며 전문성을 가지고 나름대로 미래의 이익이나 매출액을 예측할 수 있다. 따라서 경영자는 이러한 전문투자가를 대상으로 예측정보를 공시하는 경우 신중을 기함으로써 예측정보가 보다 중립적으로 나타남을 의미한다. 매출예측정보의 정확성은 공시경로와 일반적으로 무관한 것으로 나타난다. 이는 경영자의 임의적인 결정이 예측정보의 정확성보다는 편의성의 결정에 보다 큰 영향을 미칠 수 있기 때문인 것으로 추측된다.

■ 자발적 공시의 역작용

경영자의 자발적 공시가 정확하지 않다면 자본시장에서 이에 대한 역작용이 발생할 수 있다. Lees(1981)의 연구에 의하면 미국의 경영자들은 설문조사에서 자발적으로 회계정보를 공시하지 않는 이유에 대해 (1) 미래를 예측하기 어렵다는 점, (2) 예측치가 사후 부정확하게 판명될 경우 경영자가 부담할 수도 있는 법적 책임 및 (3) 이러한 예측정보가 사후 부정확하게 판명될 경우 시장에서의 부정적인 주가반응(adverse effect)이 나타날 수 있다는 점을 주요인으로 제시하였다.[5)]

이러한 경영자의 예측치에 의한 역작용이 기업에게만 관심이 있는 것이 아니라 규제기관으로서의 미국 증권관리위원회(SEC)도 관심을 보이고 있다. 미국 증권관리위원회의 전임 위원장인 Levitt은 한 강연에서 한 기업이 예측치보다 1페니의 낮은 이익을 보였기 때문에 단 하루에 주가의 6퍼센트의 하

---

5) Business Week의 기사에서도 Honeywell이 예측정보를 과대예측하여 주가가 불이익을 받았다는 기사가 최고경영자의 “I will not overestimate earnings”라는 선언적 사진과 함께 게재되어서 예측치가 과대예측되면서 주가가 부정적인 영향을 받는다는 단편적인 실증적인 사례는 빈번하게 발견할 수 있다.

락이 초래된 경우를 알고 있다며 예측치의 중요성을 강조하고 있다.

물론 예측이라는 것이 용이한 작업은 아니다. 미래에 발생할 수 있는 사건이 예측시점에 통제할 수 있는 것이 아니므로 예측치가 발표된 이후 발생하는 여러 가지 경제적 환경의 변화에 따라서 예측오차가 발생한다. 그러나 사후적으로 적절하지 않았던 자발적 회계정보예측에 대해서 주식시장이 부정적으로 변화하는지를 살펴봄으로써 자발적 공시에 대한 역작용을 연구할 수 있다.

손성규와 전영순(2003)은 이와 같은 주가에서의 부정적인 역작용을 검토하는 연구를 수행하였다. 이러한 연구에서 주의할 부분은 부정적인 역작용이 언제 발생하며 또한 이를 어떻게 측정하는가에 관한 문제이다. 손성규와 전영순(2003)은 회계정보예측의 정확성은 자발적 공시 이후의 시점부터 실제 회계정보가 발표되는 시점까지의 기간인 예측기간(forecast horizon) 중 어느 시점에 발생한다고 가정하였다. 따라서 이 기간의 주가반응은 이 연구에서 가설 설정된 대로 예측의 정확성에 의해서만 영향을 받는 것이 아니라 이 기간 동안의 기대영업의 결과(기대이익의 변화)에 의해서도 동시에 영향을 받는다.

이익이나 매출액 실적치가 공시됨에 따라 나타나는 주가반응은 투자자들이 예측정보의 사후 정확성을 평가한 결과로써 나타날 수도 있지만 이익이나 매출실적치가 시장에서 기대하지 않았던 새로운 정보를 제공하여 투자자들이 이에 반응한 결과일 수도 있다. 따라서 이익이나 매출실적치가 제공하는 비기대이익이나 비기대매출액이 주가에 미치는 영향을 통제하여야 한다. 비기대이익 및 비기대매출액은 경영자예측치와 실적치의 차이, 즉 예측오차로 측정한다. 일반적으로 이익이나 매출액 실적치에 대한 기대치는 랜덤워크(random-walk) 모형, 이익이나 매출의 시계열모형 및 재무분석가의 예측치 등을 사용한다. 경영자예측정보는 기업내부사정을 가장 잘 아는 경영자에 의한 예측치로서 실적치에 대한 기대치로는 가장 바람직한 대용치(proxy)라 할 수 있다. 손성규와 전영순(2003)에 포함된 표본에서는 모든 표본에 대하여 경영자예측정보가 이용가능하므로 이를 시장기대치의 대용치로 이용하였다.

$$매출예측오차(UES_{it}) = \frac{매출액실적치_{it} - 매출액예측치_{it}}{회계연도말\ 주가_{it}}$$

$$이익예측오차(UENI_{it}) = \frac{당기순이익실적치_{it} - 당기순이익예측치_{it}}{회계연도말\ 주가_{it}}$$

경영자 예측정보의 실적치 대비 사후 예측정확성은 실적치와 예측치 차이의 절대값으로 측정한다.

$$매출예측오차의\ 절대값(ABSUES_{it}) = \left| \frac{매출액실적치_{it} - 매출액예측치_{it}}{회계연도말\ 주가_{it}} \right|$$

$$이익예측오차의\ 절대값(ABSUENI\ ) = \left| \frac{당기순이익실적치 - 당기순이익예측치}{회계연도말\ 주가} \right|$$

실증분석 결과, 투자자들은 이익이나 매출예측에 대한 경영자 예측치의 정확성을 사후적으로 평가하여 주가결정에 반영하는 것으로 나타나며 이는 이익 및 매출실적치가 제공하는 새로운 정보를 통제한 후에도 성립한다. 나아가 이익예측치가 과대예측된 경우 역의 주가반응이 심화되는 것으로 나타난다. 투자자들은 예측정보의 사후 정확성을 평가함에 있어 예측의 용이성 정도를 고려하며 예측기간이 길수록 역의 주가반응은 감소한다.

이 연구의 결과에서와 같이 경영자의 자발적 공시에 대한 사후적인 평가가 존재하기 때문에 규제당국에서는 정보의 공정성에 대한 평가를 시장기능(monitoring mechanism)에 맡겨도 된다는 판단을 할 수 있다. 부정확한 자발적 공시에 대한 부정적인 역작용(adverse effect)이 반드시 주가반응으로 나타나야 하는 것은 아니다. 부정확한 자발적 공시는 경영자의 신뢰도를 떨어뜨리고 추후에 경영자가 예측정보를 발표하였을 때, 이를 할인하여(discount) 사용하는 결과를 가져오게 된다.

Williams(1996)는 기존의 경영자의 예측의 신뢰성에 근거하여 미래 경영자 예측의 신뢰성이 결정된다는 가설을 검증하였다. Williams는 과거에 경영자가 신뢰성이 없는 예측치를 발표하였다면 이후에 발표되는 경영자의 예측은 재무분석가의 예측수정에 영향을 미치지 못한다는 결과를 보여서 위에 기술된 정확하지 않은 경영자의 예측에는 주가에 나타난 역작용만 존재하는 것이 아니라 사후적인 신뢰성에도 영향을 미침을 보인다.

(4) 자발적 공시와 강제공시의 정보에 대한 시장반응의 차별성

김연화와 손성규(2007)는 자율공시에 정보효과가 존재하는지를 검증하며 또한 최근에 강제공시사항이었다가 자율공시로 전환된 공시사항에 대해서 정보효과에 차이가 존재하는지를 검증한다.

실증분석 결과는 자율공시에는 정보효과가 존재하며 동일한 공시사항에 대해서는 강제/자율공시 여부에 무관하게 정보효과에 차이가 없음을 보인다. 동시에 공시사항이 강제에서 자율로 전환될 때에는 공시건수가 감소됨을 보인다. 즉, 공시가 수행되며 그 내용에 따라 시장이 이를 이해하고 이용하는 것이지 공시의 형태가 중요한 것은 아니라는 것을 보이는 결과이다. 이는 충분히 이해할 수 있는 것이, 수시공시, 자율공시, 조회공시, 공정공시 등이 있지만 특별히 이들 공시간 경중에 차이가 있다고 생각하기 어렵기 때문이다. 또한 강제공시만이 중요하고 자율공시는 중요하지 않다는 차이도 나타나지 않았다. 공시내용을 이해하고 이용하는 투자자는 공시의 내용이 중요한 것이지 공시의 분류는 중요하지 않다는 결과이다.

이러한 실증분석결과는 정보공개를 강제하기 위해서는 이를 강제함이 최선이지만 강제하지 않고 자율로 남겨준다고 반드시 신뢰성이 낮아지는 것은 아님을 의미한다. 정부당국에서 많은 공시사항을 자율공시로 전환하면서 아마도 자율적인 기능으로 공시를 남겨두어도 공시의 행태에는 큰 변화가 없을 것이라고 기대하였을 수 있다. 그러나 나타난 현상은 공시건수가 감소하는 것을 보여서 자율기능이 항상 적절하게 작동하는 것은 아님을 동시에 알 수 있다. 이는 강제공시가 자율공시화하면서 감독기관의 규제기능에서 벗어난다는 점에도 영향을 받았을 수 있으나 나타난 현상만을 분석하여서는 그 이유를 알기는 어렵다.

어떠한 공시가 강제공시여야 하고 어떠한 공시가 자율적인 형태의 공시여야 하는지에 대해서는 많은 연구가 진행되지 않았다. 이는 규제기관에서 결정할 내용이기 때문이기도 하였다. 그러나 이는 공시의 범주를 결정한다는 측면에서 매우 흥미로운 주제이기도 하다. 다만, 상대적으로 더 중요한 정보에 대해서는 공시를 강제하여야 한다는 일반적인 원칙만이 존재할 수 있지만 이 또한 공시항목이 예시에 불과하므로 이를 명확히 구분할 수 없다. 그렇기 때문에 지속적으로 강제공시의 수가 증가하다가 수년전 많은 강제공시를 정리하면서 이를 자율공시로 이월하였다.

공시항목의 나열이 단순한 예시에 불과한 것인지 아니면 제한적 예시라서 이 예시에 해당하는 내용만이 공시의 대상인 것인지에 대해서도 논란이 있다.

정보효과에 차이가 없음을 달리 해석하면 정보가 강제공시로 전달되거나 아니면 자율공시의 형태로 전달되거나 정보로서 내재가치에 미치는 영향은 동일하다. 동일하지 않을 수 있는 요인으로는 주요경영사항공시일 경우는 법적규제의 대상이며 자율공시는 그렇지 않기 때문에 신뢰성에 있어서 차이가 있을 수 있다. 단, 이 두 형태의 공시 모두 거래소에 의한 자율적인 규제의 대상이므로 신뢰성에 차이가 없다고 할 수 있다. 법적규제기관의 제재나 자율규제기관의 제재나 제재가 부담된다는 점에서는 동일하다. 거래소가 시장퇴출이라는 막강한 권한을 갖는 한, 자율규제가 결코 법적규제에 비해서 약하지 않다. 이 연구의 결과를 다시 정리하면 강제/자율 형태의 차이는 공시건수에는 영향을 미치지만 이러한 정보가 정보이용자에 의해 해석되는 데 있어서는 차별화되지 않는다.

3. 자발적 공시가 자본시장에 미치는 영향

자발적 공시에 대한 또 다른 연구주제는 자발적 공시가 자본시장에 미치는 영향을 분석하는 것이며 주로 자발적 공시로 인한 주식의 유동성 개선, 자본비용의 감소, 자발적 공시를 행한 회사를 분석하는 재무분석가의 수의 변화 등의 3가지 측면에 초점을 두고 있다.

(1) 주식유동성 증가

Diamond와 Verrecchia(1991) 및 Kim과 Verrecchia(1994)는 자발적 공시로 인하여 정보를 보유한 투자자와 정보를 보유하지 않은 투자자 간의 정보불균형이 감소됨으로써 주식의 유동성이 증가한다고 주장하였다. 구체적으로, 양호한 공시수준을 가진 기업에 대해서는 투자자들이 주식거래가 공정한 가격으로 이루어진다는 것을 확신하게 되고 그에 따라 주식의 유동성이 증가된다는 것이다. 또한 이들은 공시의 확대 및 그에 따른 주식유동성 증가가 기관투자자의 소유지분 증가를 가져온다고 주장하고 있다.

Healy 등(1999)은 공시를 확대한 기업들의 경우 해당기간의 이익성과와 무관하게 유의한 주가의 상승이 나타나고 있음을 보고하였다. Gelb와 Zarowin(2000)은 공시평가점수가 높은 기업이 공시평가점수가 낮은 기업에 비하여 당기이익 및 미래이익과 주가 사이에 더 높은 상관관계를 보이고 있음을 발견하였다. 이러한 연구결과들은 모두 회사의 공시전략이 정보가 주가에 반영되는 속도에 영향을 준다는 것을 의미한다.

주식의 유동성과 기업의 공시품질 측정치의 연관관계를 고찰한 연구들도 있다. Welker(1995)는 재무분석가의 공시평가점수와 매수-매도호가 스프레드 간에는 유의한 음의 관계가 존재함을 발견하였다. Healy 등(1999)은 재무분석가의 공시평가가 개선된 회사의 경우에 공시변화 이전에는 동종산업에 속한 다른 기업에 비해 유의하게 큰 매수-매도호가 스프레드를 보이고 있다가 공시가 증가한 후에 표본기업의 매수-매도호가 스프레드가 동종산업의 타기업과 동일한 수준으로 돌아가고 있음을 발견하였다. Leuz와 Verrecchia(2000)는 공시요구가 상당히 높은 NYSE 거래소에 상장된 기업의 매수-매도호가 스프레드를 고찰하였으며 연구결과 이들 회사는 Frankfurt 거래소에 상장된 기업에 비해 더 낮은 매수-매도호가 스프레드를 보인다는 것을 발견하였다.

(2) 자본비용의 감소

기업공시가 부실하여 정보불균형 문제가 존재하면 투자자들은 투자에서 얻는 미래수익을 예측함에 있어서 위험을 부담하게 된다. 이러한 위험이 분산투자로 제거될 수 없다면, 투자자들은 정보위험(information risk)을 부담하는 데 대한 보상을 요구할 것이다. 양질의 공시를 수행하는 기업은 정보위험이 낮게 되고 그에 따라 자본비용을 낮출 수 있다. 따라서 경영자는 자발적 공시를 통하여 자본비용을 감소시키고자 하는 유인을 가진다.

Botosan(1997)은 공시수준과 자본비용의 관계를 실증적으로 고찰하였다. Botosan은 공시의 수준을 연차보고서에 공시된 자발적 공시의 양으로 측정하였다. 실증분석 결과 재무분석가가 많지 않을 경우는 공시의 수준이 높을수록, 즉 공시의 양이 많을수록 자기자본비용이 낮아지는 것으로 나타나 자본비용 가설을 지지하고 있다. 한편 재무분석가의 수가 많은 경우에는 이 두 변수간에 차이가 없는 것으로 나타나고 있는데, 이는 연구에서 연차보고서만을 대상으로 하여 공시수준을 측정함으로써 재무분석가들이 공시와 관련하여 행하는 역할을 충분히 고려하지 못했기 때문인 것으로 여겨진다. Botosan은 자본비용과 연차보고서 공시에 대한 재무분석가 평가순위 사이에 음의 관계가 존재함을 발견하였다. 그러나 그들은 자본비용이 분기별 공시와는 양의 관계를 가지며 기업설명회(IR)활동과는 관련을 가지지 않는다는 결과도 보고하였다.

이아영 외(2008)는 부실공시가 신용등급과 차입이자율에 어떤 영향을 미치는지를 분석하였다. 첫째, 신용등급은 부실공시기업일수록 낮아지고 차입이자율은 부실공시기업일수록 높아졌다. 둘째, 신용등급은 부실공시 지정횟수가 많아질수록 떨어지고 차입이자율은 부실공시 지정횟수가 많아질수록 상승하였다. 셋째, 신용등급이 부실공시 지정으로 인해 하락하는 폭이 통계적으로 유의적이지는 않지만 Kosdaq보다 KOSPI일수록 크고 차입이자율도 부실공시 지정으로 인해 상승하는 폭이 KOSPI일수록 컸다.

이 연구의 결과는 부실공시기업은 신용도에도 문제가 있음을 보인다. 공시는 기업 내의 정보를 외부와 공유하는 과정으로 공시가 미비함은 당연히 신인도의 문제로 연결될 것이며 실증분석 결과에서도 이를 나타낸 것이다. 이는 또한 우리 시장이 건전하게 움직이는 시장이라는 점을 암시한다. 특히나 마지막 실증분석 결과는 KOSPI 기업일 경우, 부실공시의 내용이 미치는 영향이 더 크다는 것은 당연히 공개기업이며 해당 기업과 관련된 이해관계자가 많을수록 공시가 중요하게 부각됨이 당연하다.

불성실공시로 지정을 받았다는 사실은 기업에 여러 가지 부정적인 영향을 미칠 것이다. 그중 한 가지는 타인자본비용을 자본조달함에 있어서 많은 자본비용이 소비될 수 있다. 정기공시도 그러하지만, 즉 회계신인도가 낮다는 점이 Korea Discount와 밀접하게 연관된다고 하여 단순히 회계투명성의 문제가 회계에 국한된 문제가 아니듯이 불성실공시의 문제도 불성실공시에서 그치는 것이 아니라 그 미치는 영향이 훨씬 더 넓을 수 있다. 앞에서도 기술하였듯이 회계신인도의 문제는 단순히 재무제표에만 적용되는 것이 아니라 수시공시와 정기공시를 아우르는 전체적인 공시에 연관될 수 있다.

단, 정기공시와 Korea Discount 측면에서 차이가 있는 것이 정기공시는 외부감사인의 감사품질과 해당 기업의 투명한 정보의 공시에 대한 의지가 개입되지만 수시공시일 경우는 해당 기업만이 관련 이해관계자이다.

(3) 정보중개기관의 관심증대

Bhushan(1989a, b)과 Lang과 Lundholm(1996)은 경영자의 사적 정보가 강제공시를 통해 충분히 전달되지 않는 상황에서 자발적 공시가 이루어지게 되면 이는 재무분석가의 정보입수비용을 낮춰주므로 재무분석가의 분석을 증가시키게 된다고 주장하였다. 따라서 자발적 공시는 재무분석가 서비스의 공급을 증가시키는 데 기여한다. 그러나 자발적 공시가 재무분석가 서비스의 수요에 대해 미치는 영향은 불분명하다. 공시가 증가함에 따라 재무분석가의 예측정확성이 향상되고 매매추천의견이 보다 정확하게 제시될 수 있으므로 재무분석가 서비스에 대한 수요가 증가되는 측면이 있다. 그러나 다른 한편으로 자발적 공시의 확대로 인해 투자자가 정보를 보다 일찍 접할 수 있으므로 경영자의 사적 정보를 전달함에 있어서 재무분석가가 가지는 정보선점우위는 감소하고 이는 재무분석가의 서비스에 대한 수요감소로 이어질 수 있다.

Lang과 Lundholm(1993)은 공시의 정보성이 큰 기업일수록 그 기업을 분석하는 재무분석가의 수가 많으며 재무분석가 사이의 예측치 분산이 작고 아울러 예측치 수정의 변동성도 낮은 것으로 보고하고 있다. Healy 등(1999)은 공시에 대한 재무분석가의 평가가 향상된 회사들을 대상으로 분석한 결과, 공시를 개선하기 전에는 동종산업에 속한 기업에 비해 재무분석가의 수가 더 작았으나 공시가 개선된 이후에는 재무분석가의 수가 동종산업의 다른 기업과 동일한 수준으로 회복되는 것으로 보고하고 있다. Francis 등(1998)은 컨퍼런스콜을 실행하는 회사의 경우 그 회사를 분석종목으로 삼는 재무분석가의 수가 증가되는 것으로 나타나고 있다. 이러한 연구결과는 공시의 개선이 재무분석가의 관심을 증가시키고 있음을 보여준다.

공시의 자본시장에 대한 영향을 살펴보는 연구들의 공통된 한계점은 잠재적인 내생관계문제(endogeneity)이다. 예를 들어, 공시평가가 매우 높게 나오는 기업은 많은 경우에 이익성과도 매우 높게 나타나고 있다. 만일 표본기업이 회사의 성과가 좋은 시점에서 공시를 증가시켰다고 하면 위 연구들의 결론은 자기선택편의(self-selection bias)의 영향을 받게 된다. 자본시장변수와 공시품질 간에 발견된 연관관계가 공시 그 자체보다도 기업의 성과에 의해 나타난 결과일 가능성이 있다. 일반적으로, 기업공시정책의 변화가 무작위적으로 발생되었을 가능성은 희박하다. 공시정책의 변화는 기업의 경제상태나 소유구조 변화와 동시에 발생될 가능성이 크다.

이러한 잠재적 문제를 고려하여 공시의 영향을 고찰함에 있어서 기업성과의 변화를 통제한 연구들도 있다. 예를 들어, Healy 등(1999)은 공시증가가 주가성과, 재무분석가의 수, 기관투자자 소유지분, 재무분석가 예측치 분산 등의 변수와 갖는 관계를 고찰함에 있어서 해당 연도의 이익수준과 이익변동을 통제하고 있다. 그러나 이러한 통제도 기업성과와 공시 간의 관계를 설명하는 신뢰성 있는 이론이 없는 경우에는 불완전할 수밖에 없다.

연구방법상의 또 다른 한계점으로 지적될 수 있는 것은 공시정책의 변화시점을 정확하게 파악할 수 없는 경우에 공시의 변화가 재무분석가의 수나 자본비용과 같은 관심변수의 변화보다 먼저 일어난 것인지 후에 일어난 것인지를 판단내리기 매우 어렵다는 점이다. 따라서, 두 변수간에 연관관계가 발견된다 하더라도 변수간의 인과관계의 방향에 대해서는 명확한 결론을 내리기 어렵다.

제 4 절 미래 연구방향

그동안 자발적 공시에 대하여 다양한 연구가 이루어져 왔지만 아직도 해결해야 할 과제가 많이 남아 있다. 본 절에서는 이러한 미래 연구과제에 대하여 논의한다.

첫째, 자발적 공시유인에 대한 연구가 필요하다. 해외에서는 자발적 공시에 대한 다양한 가설이 제기되고 각 가설에 대한 실증분석이 이루어진 바 있다. 그러나 국내 연구에서는 아직까지 경영자의 자발적 공시유인에 대한 체계적인 실증연구가 이루어져 있지 못한 실정이다. 우리나라는 미국과 비교할 때 정보불균형의 정도, 강제공시의 수준, 기업소유구조, 자본시장에서의 재무분석가 역할 등에 있어서 큰 차이가 있기 때문에 해외 연구결과만으로는 우리나라 기업의 자발적 공시유인을 충분히 이해하기 어렵다.

둘째, 이제까지 수행된 많은 실증연구에서는 자발적 공시의 유인을 고찰함에 있어서 기업의 공시정책, 기업의 지배구조, 경영자의 경제적 유인 등은 모두 외생적으로 주어진 것으로 가정하고 있다. 그러나 정보불균형, 공시의 품질, 경영자의 경제적 유인과 기업지배구조 간에는 내생적 관계(endogenous relation)가 존재한다고 보는 것이 보다 현실적이다. 따라서, 향후 자발적 공시유인을 분석하는 연구에서는 이와 같은 주요 변수간의 내생적 관계를 명확하게 고려하는 노력이 요구된다.

셋째, 자발적 공시에 대한 실증분석을 위해서는 공시품질에 대한 측정작업이 필수적이다. 미국에서는 1997년까지 AIMR(Association for Investment Management and Research)에서 발표한 기업별 공시평가를 사용한 연구가 다수 이루어져 왔고 그 외에 연구자들이 직접 개발한 측정치도 사용되었다. 우리나라에서는 AIMR과 같은 기관에서 제공하는 공시품질 측정치를 이용할 수 없기 때문에 각 연구자별로 공시품질 측정치를 개발하여 사용해야 하는데, 이는 연구자의 주관이 크게 개입될 가능성이 있어 연구결과를 해석하는 데 어려움이 따르게 된다. 따라서, 공시품질에 대한 다양한 측정치를 개발하고 각 측정치의 상대적인 장단점을 파악하는 연구가 이루어질 필요가 있다.

넷째, 자발적 공시 분야에서 이루어진 많은 국내 연구는 주로 경영자 예측정보의 정확성이나 자발적 공시의 시장효과를 고찰하는 데 주력하였다. 이러한 연구도 보다 개선된 연구방법을 통하여 계속될 필요성이 있다. 그러나 아직까지 국내에서는 공시의 차이가 자본시장에 미치는 영향을 분석한 연구가 매우 미흡한 실정이다. 공시의 개선으로 인해 주식의 유동성이 개선되는지 그리고 우량공시로 인해 기업의 자본비용이 실제로 낮아지는지에 대한 실증연구가 요청된다. 또한 최근에 도입된 부문별 공시와 관련하여 부문별 정보를 상세하게 제공하는 기업은 어떠한 효익과 비용을 발생시키는지에 대하여 연구할 필요가 있다.

다섯째, 컴퓨터분야, 통신기술분야, 생명공학분야 등의 급속한 발전으로 인하여 첨단기술산업의 비중이 매우 커지게 되었고 이들 산업에 속한 기업에 대한 재무보고가 중요한 회계문제로 떠오르게 되었다. 이들 첨단기업의 가치에서 지적자산과 같은 무형자산이 차지하는 비중이 매우 중요함에도 불구하고 기존의 회계기준에서는 이에 대한 회계적 인식을 제한하고 있다. 이러한 전통적인 재무제표의 한계점을 보완하기 위한 자발적 공시의 중요성이 더욱 커지게 된다. 따라서, 자발적 공시를 통한 추가적 정보제공에 대한 시장반응 및 첨단산업에 속한 기업이 적극적인 공시를 함으로써 자본시장에서 얻을 수 있는 효익 등에 대한 분석은 흥미로운 연구주제가 될 수 있다.

참고문헌

김연화, 손성규(2007). 자율공시의 정보효과. 「회계저널」: 1~22.

김진선, 박재완, 이소한(2000). 『공시제도의 발전 방안 프로젝트』. 금융감독원.

나인철, 이남주(1999). 기업 매출목표의 공시와 재무분석가 매출예측치의 수정. 「회계학연구」(제1호): 55~88.

매일경제신문. 2000.8.11. 기업정보 선별공개 금지.

박상수, 전성빈, 이아영(2008). 부실 공시 기업의 정보유용성에 관한 연구. 「회계학연구」: 303~327.

손성규(1995). 경영자의 미래예측 공시: 최근의 경향과 이론적 배경. 「공인회계사」. 논단. 한국공인회계사회. 1995년 8월: 38~42.

______(1997a). 경영자의 예측치와 재무분석가 예측치의 비교: IR에서의 예측을 중심으로. 「회계학연구」(제3호): 107~130.

______(1997b). 경영자의 자발적 회계정보 예측에 대한 주식시장에서의 정보효과. 「회계학연구」(제4호): 159~192.

______(2009). 『수시공시 이론, 제도 및 정책』. 박영사.

손성규, 전영순(2000). 거래량 변동을 통한 경영자예측정보공시의 정보효과에 관한 연구. 「회계학연구」(제4호): 27~55.

______(2003). 경영자의 자발적 공시에 대한 시장의 사후적인 평가: 주가의 역작용을 통하여. 미발표논문.

이아영, 전성빈, 박상수(2008). 불성실공시가 타인자본에 미치는 영향. 「회계학연구」: 127~158.

전성빈, 이아영, 박성환(2006). 수시공시의 정보효과에 관한 연구. 「회계학연구」: 163~192.

전영순, 손성규(1999). 경영자 예측정보의 유형별, 공시경로별 편의성 및 정확성의 비교. 「회계학연구」(제3호): 25~52.

정우성(1997). 경영자 이익예측정보의 정확성과 시장기대이익 대용치로서의 적합. 「증권학회지」(제21집): 265~293.

한국경제신문. 2000.8.18. 미 증시정보 '개인차별' 없애.

______. 2009.5.21. 미, 기업지배구조 확 바꾼다.

Aboody, D. and R. Kasznik(2000). CEO Stock Options Award and the Timing of Corporate Voluntary Disclosures. *Journal of Accounting and Economics*: 73~100.

Ajinkya, B. and M. Gift(1984). Corporate Managers' Earnings Forecasts and Symmetrical Adjustments of Market Expectations. *Journal of Accounting Research*: 425~444.

Akerlof, G.(1970). Market for Lemons: Quality Uncertainty and the Market Mechanism. *Quarterly Journal of Economics*: 488~500.

American Stock Exchange CEO Survey(1994). Securities Litigation and Stock Option

Accounting.

Bamber, L. and Y. Cheon(1995). Differential Price and Volume Reactions to Accounting Earnings Announcements. *Accounting Review*: 417~442.

______(1998). Discretionary Management Earnings Forecast Disclosures: Antecedent and Outcomes Associated with Forecast Venues and Forecast Specificity Choices. *Journal of Accounting Research*: 167~190.

Barrett, A. Honeywell: Paying the Price for Rosy Promises. *Business Week*. 2000.7.24.

Beaver, W.(1968). Information Content of Annual Earnings Announcements. *Journal of Accounting Research*: 67~92.

______(1998). *Financial Reporting: an Accounting Revolution*. Prentice Hall. Englewood Cliffs, NJ.

Bhushan, R.(1989a). Collection of Information about Publicly Traded Firms: Theory and Evidence. *Journal of Accounting and Economics*: 183~207.

______(1989b). Firm Characteristics and Analyst Following. *Journal of Accounting and Economics*: 255~275.

Botosan, C.(1997). Disclosure Level and the Cost of Equity Capital. *Accounting Review*: 323~349.

Botosan, C. and M. A. Plumlee(2000). A re-examination of Disclosure Level and Expected Cost of Capital. Unpublished Working paper. University of Utah.

Brennan, N.(1999). Voluntary Disclosure of Profit Forecasts by Target Companies in Takeover Bids. *Journal of Business Finance and Accounting*: 883~913.

DeAngelo, L.(1988). Managerial Competition, Information Costs, and Corporate Governance: the Use of Accounting Performance Measures in Proxy Contests. *Journal of Accounting and Economics*: 3~27.

Diamond, D. and R. Verrecchia(1991). Disclosure, Liquidity, and the Cost of Capital. *The Journal of Finance*: 1325~1355.

Dontoh, A. and J. Ronen(1993). Information Content of Accounting Announcements. *The Accounting Review*: 857~869.

Dye, R.(1985). Disclosure of Nonproprietary Information. *Journal of Accounting Research*: 123~145.

Francis, J., D. Philbrick, and K. Schipper(1994). Shareholder Litigation and Corporate Disclosures. *Journal of Accounting Research*: 137~165.

Francis, J., D. Hanna, and D. Philbrick(1997). Management Communications with Security Analysts. Working paper. University of Chicago.

Gelb, D. and P. Zarowin(2000). Corporate Disclosure Policy and the Informativeness of Stock Prices. Working paper. New York University. New York, NY.

Grossman, S.(1981). The Role of Warranty and Private Disclosure about Product Quality. *Journal of Law and Economics*: 461~483.

Hartnett, A.(1993). Corporate Financial Forecast Accuracy: Australian Study. *The International Journal of Accounting*: 259~272.

Hassell, J., R. Jennings, and D. Lasser(1988). Management Earnings Forecasts: Their Usefulness as a Source of Firm-Specific Information to Security Analysts. *The Journal of Financial Research*: 303~320.

Hayes, R. and R. Lundholm(1996). Segment Reporting to the Capital Market in the Presence of a Competitor. *Journal of Accounting Research*: 261~280.

Healy, P. and K. Palepu(1993). The Effect of Firms' Financial Disclosure Strategies on Stock Prices. *Accounting Horizons*: 1~11.

______(1995). The Challenges of Investor Communications: the Case of CUC International, Inc. *Journal of Financial Economics*: 111~141.

______(2001). Information Asymmetry, Corporate Disclosure, and the Capital Markets: A Review of the Empirical Disclosure Literature. *Journal of Accounting and Economics*: 405~440.

Healy, P., A. Hutton, and K. Palepu(1999). Stock Performance and Intermediation Changes Surrounding Sustained Increases in Disclosure. *Contemporary Accounting Research*: 485~520.

Kim, O. and R. Verrecchia(1994). Market Liquidity and Volume around Earnings Announcements. *Journal of Accounting and Economics*: 41~68.

Lang, M. and R. Lundholm(1993). Cross-Sectional Determinants of Analysts Ratings of Corporate Disclosures. *Journal of Accounting Research*: 246~271.

______(1996). Corporate Disclosure Policy and Analyst Behavior. *The Accounting Review*: 467~493.

______(1997). Voluntary Disclosure during Equity Offerings: Reducing Information Asymmetry or Hyping the Stock? Working paper. University of Michigan, Ann Arbor, MI.

Lees, F.(1981). Public Disclosure of Corporate Earnings Forecast. *The Conference Board*. New York.

Leftwich, R.(1980). Market Failure Fallacies and Accounting Information. *Journal of Accounting and Economics*: 193~211.

Leuz, C. and R. Verrecchia(2000). The Economic Consequences of Increased Disclosure. *Journal of Accounting Research*: 91-124.

Lev, B. and J. A. Ohlson(1982). Market-Based Empirical Research in Accounting: A Review, Interpretation, and Extension. *Journal of Accounting Research*: 249~322.

Levitt, A.(1998). The Numbers Game. Lecture at NYU Center for Law and Business.

Morck, R., A. Shleifer, and R. Vishny(1990). Do Managerial Objectives Drive Bad Acquisitions? *Journal of Finance*: 31~50.

Noe, C.(1999). Voluntary Disclosures and Insider Transactions. *Journal of Accounting and Economics*: 305~327.

Palepu, K.(1986). Predicting Takeover Targets: a Methodological and Empirical Analysis. *Journal of Accounting and Economics*: 3~36.

Penman, S.(1980). An Empirical Investigation of the Voluntary Disclosure Corporate Earnings Forecasts. *Journal of Accounting Research*: 132~160.

Piotroski, J.(1999). Discretionary Segment Reporting Decisions and the Precision of Investor Beliefs. Working paper. University of Chicago.

Posner, R.(1974). Theories of Economic Regulation. *Bell Journal of Economics and Management Science*: 335~358.

Pownall, G. and G. Waymire(1989). Voluntary Disclosure Credibility and Securities Prices: Evidence from Management Earnings Forecasts. *Journal of Accounting Research*: 227~246.

Shareholder Suits Beset More Small Companies. 1994.3.9. *Wall Street Journal*.

Skinner, D.(1994). Why Firms Voluntarily Disclose Bad News. *Journal of Accounting Research*: 38~60.

Skinner, D.(1997). Earnings Disclosures and Stockholder Lawsuits. *Journal of Accounting and Economics*: 249~283.

Truman, B.(1986). Why do Managers Voluntarily Release Earnings Forecasts? *Journal of Accounting and Economics*: 53~72.

Warner, J., R. Watts, and K. Wruck(1988). Stock Prices and Top Management Changes. *Journal of Financial Economics*: 461~493.

Watts, R. and J. Zimmerman(1986). *Positive Accounting Theory*. Prentice Hall. Englewood Cliffs, NJ.

Waymire, G.(1984). Additional Evidence on the Information Content of Management Earnings Forecasts. *Journal of Accounting Research*: 703~718.

Weisbach, M.(1988). Outside directors and CEO turnover. *Journal of Financial Economics*: 431~461.

Welker, M.(1995). Disclosure Policy, Information Asymmetry and Liquidity in Equity Markets. *Contemporary Accounting Research*: 801~828.

Williams, P.(1996). The Relation between a Prior Earnings Forecast by Management and Analyst Response to a Current Management Forecast. *Accounting Review*: 103~113.

제 5 장

현금흐름의 유용성과 발생액의 시장이상현상

영업활동 현금흐름은 현금기준 회계원칙이 적용되어 산출되는 경영성과의 측정치라고 볼 수 있다. 그런데 회계실무에서는 발생기준 회계원칙을 적용한 순이익이 경영성과의 측정치로 널리 사용되고 있다. 현금흐름에 관한 주된 연구들은 현금흐름과 순이익을 서로 비교·분석하여 발생기준 회계원칙의 역할이 무엇인지, 현금흐름과 순이익 중에서 어느 것이 투자자의 의사결정에 더욱 유용한지를 살펴보았다.

제 1 절 현금흐름의 측정

초기의 연구에서는 현금흐름을 단순히 당기순이익에 감가상각비를 더한 금액으로 측정하였다가 차차 현금기준 회계원칙을 적용한 영업활동 현금흐름으로 측정하고 있다.

1. 현금흐름의 개념과 측정치

현금흐름은 기본 재무제표의 하나인 현금흐름표에 공시되고 있다. 흔히 현금흐름은 현금의 유출이나 현금의 유입을 나타내기도 하나 일반적으로 현금의 유입에서 유출을 차감한 순액을 의미한다. 현금흐름표에서는 순액으로 계산된 현금흐름을 영업활동, 투자활동, 그리고 재무활동으로 나누어 보고하고 있다.

영업활동이란 기업의 주된 영업활동인 제품의 생산과 상품 및 용역의 구매·판매활동을 의미하고(현금흐름표에서는 편의상 투자활동과 재무활동을 제외한 기업의 모든 활동을 영업활동으로 간주하고 있다), 투자활동이란 현금의 대여와 회수활동, 유가증권, 투자자산, 유형자산 및 무형자산의 취득과 처분활동을 의미하며, 재무활동이란 현금의 차입 및 상환활동, 신주발행이나 배당금의 지급활동과 같이 부채 및 자본에 영향을 미치는 거래를 의미한다.

영업활동 현금흐름은 직접법과 간접법으로 계산될 수 있는데 간접법에 의한 계산방법은 〈표 5-1〉과 같다.[1)]

<표 5-1> 간접법에 의한 영업활동 현금흐름의 계산방법

Ⅰ. 영업활동 현금흐름
  1. 당기순이익(당기순손실)
  2. 현금의 유출이 없는 비용 등의 가산
    가. 감가상각비
    나. 손상차손
    다. …………
  3. 현금의 유입이 없는 수익 등의 차감
    가. 사채상환이익
    나. …………
  4. 영업활동과 관련된 자산・부채의 변동
    가. 재고자산의 감소(증가)
    나. 매출채권의 감소(증가)
    다. …………

위의 과정을 다른 형식으로 나타내면 다음과 같다.

당기순이익 = 영업활동 현금흐름(CFO)+발생액(accruals)

여기서 당기순이익은 발생기준 회계원칙에 의해서 측정된 경영성과이고, *CFO*(cash flow from operation)는 현금기준 회계원칙에 의해서 측정된 경영성과로 볼 수 있다. 따라서 발생액(accruals)은 현금기준 회계원칙과 발생기준 회계원칙의 차이에 의해서 생겨나는 차액으로서, 현금기준 회계원칙에는 없는 발생기준 회계원칙의 적용에 의한 금액이다.

〈표 5-1〉에서 발생액은 2. 현금의 유출이 없는 비용, 3. 현금의 유입이 없는 수익, 그리고 4. 영업활동으로 인한 자산, 부채변동액의 합계액이다. 이 중에서 2.와 3.은 주로 비유동자산과 비유동부채에서 발생하기 때문에 비유동발생액(noncurrent accruals)이라고 하고 4.는 주로 유동자산과 유동부채에서 발생

1) K-IFRS 제1007호(현금흐름표)에서는 영업활동 현금흐름을 계산할 때 법인세비용차감전순이익에서 시작하고, 법인세비용을 가산한 다음 실제 납부액을 차감한다.

하므로 유동발생액(current accruals)이라고 한다. 선행연구들에 의하면 비유동발생액은 매년 변화가 크지 않으나 유동발생액은 변화가 상대적으로 큰 것으로 보고되고 있다. 그리고 일반적으로 비유동발생액에서 가장 큰 비중을 차지하는 항목은 감가상각비이고, 유동발생액에서 가장 큰 비중을 차지하는 항목은 매출채권의 변동과 재고자산의 변동액이다.

당기순이익에서 비유동발생액을 더한 것을 영업활동에 의한 순운전자본(net working capital from operation)이라고 부른다. 우리나라에서 1994년 현금흐름표가 기본 재무제표로 채택되기 이전에는 재무상태변동표가 기본 재무제표 중의 하나이었는데, 이 재무제표에서 영업활동에 의한 순운전자본을 계산하였다. 영업활동에 의한 순운전자본은 당기순이익에 비유동발생액만 가감하고 유동발생액은 고려하지 않기 때문에 *CFO*보다는 당기순이익과 유사한 성격을 갖는다. 그런데 순운전자본보다 *CFO*가 기업의 유동성과 재무적 탄력성을 잘 나타낼 뿐 아니라 현금기준 회계원칙의 적용에 의한 경영성과 측정치이고, 순이익과는 다른 정보를 이해 관계자들에게 전해줄 수 있기 때문에 재무상태변동표가 현금흐름표로 대체되었다.

그런데 흔히 현금흐름을 이용하는 과거의 학술적인 연구에서는 현금흐름표에 공시되는 *CFO*를 이용하지 않고 재무상태표와 손익계산서 항목으로 *CFO*를 계산하고 있다. 그 이유는 우리나라의 경우 연구대상연도가 1994년 이전인 경우에는 현금흐름표를 이용할 수 없기 때문이다. 이 경우에는 현금흐름을 다음과 같이 측정하고 있다.

$$\begin{aligned} CFO_t = &(\text{당기순이익} + \text{감가상각비} + \text{무형자산상각비} + \text{이연법인세비용})_t \\ &- \Delta(\text{유동자산} - \text{현금및현금등가물} - \text{유가증권} - \text{단기대여금} - \text{미수금})_t \\ &+ \Delta(\text{유동부채} - \text{단기차입금} - \text{미지급금} - \text{유동성장기부채})_t \end{aligned} \quad (1)$$

식 (1)의 우측 다항식에서 첫째 항은 〈표 5-1〉의 현금흐름표에서 '1. 당기순이익'에 '2. 현금의 유출이 없는 비용 등의 가산'과 '3. 현금의 유입이 없는 수익 등의 차감'을 계산한 것이다. 그러나 식 (1)의 첫째 항에는 현금흐름표의

'2.'와 '3.'에 포함되는 여러 항목들이 누락되어 있고 단지 금액이 크고 중요한 감가상각비 등의 항목만 당기순이익에 가산되어 있다. 따라서 현금흐름의 정확한 측정치는 될 수 없다. 둘째 항과 셋째 항은 〈표 5-1〉의 현금흐름표에서 '4. 영업활동으로 인한 자산, 부채의 변동'을 계산한 것으로서 대부분 거의 동일한 금액이 산출되지만, 유동자산이나 유동부채에 포함되어 있지 않으면서도 영업활동의 결과 산출되는 장기성 매출채권이나 매입채무 등이 고려되지 않기 때문에 역시 정확한 측정치는 될 수 없다. 그러나 현금흐름표가 공시되기 이전의 기간이 연구에 포함되는 경우에는 현금흐름표가 공시될 때까지는 식 ①을 사용할 수밖에 없고, 그 이후의 기간은 현금흐름표의 *CFO*를 이용하든지 그 이전 기간과 *CFO* 측정의 일관성을 유지하기 위하여 식 ①을 계속 사용할 수 있다.

2. 현금흐름 측정치와 관련된 연구

1980년대 초기까지의 현금흐름에 관련된 연구들은 주로 자본시장에서 현금흐름과 순이익 중에서 어느 것이 주식가격의 변동을 잘 설명하느냐 하는 주제로 연구되어 왔다. 이 연구들은 대부분 현금흐름보다 순이익이 주가의 변동을 잘 설명한다고 결론내리고 있다(Ball과 Brown 1968; Beaver와 Dukes 1972; Beaver 등 1981; Beaver와 Landsman 1983). 그런데 이 연구들의 공통된 문제점은 현금흐름의 측정치가 정교하지 못하다는 것이었다. 만약 현금흐름이 올바르게 측정되지 않았다면 현금흐름이 순이익에 비하여 주가의 변동을 잘 설명하지 못하는 원인이 측정오차의 문제일 수 있다.

1980년대 초기까지 대부분의 연구들은 현금흐름을 "순이익+감가상각비"나 "순이익+감가상각비+이연법인세비용"로 측정하였다. 이 측정치는 〈표 5-1〉 현금흐름표에서 *CFO*를 계산할 때 "당기순이익"에 '2. 현금의 유출이 없는 비용'의 일부를 가산하는 것에 지나지 않는다. 즉 이는 *CFO*를 정확히 계산하지 못할 뿐 아니라 영업활동으로 인한 순운전자본(*WCFO*)에 가까운 측정치로 볼 수 있다. 이러한 이유로 1980년대의 여러 연구들은 보다 정확한 현금흐름 측정치를 사용할 것을 주장하였다. 예를 들면, Largay와 Stickney(1980)

[그림 5-1] 공시된 재무제표로부터 영업활동 현금흐름의 계산방법

재무상태 변동표	현금을 제외한 운전자본항목의 변화분석	
· 영업활동에서 조달된 순운전자본	· 매출채권의 증가	· 매출채권의 감소
	· 재고자산의 감소	· 재고자산의 증가
	· 매입채무의 증가	· 매입채무의 감소
	· 기　타	· 기　타

는 현금흐름이 순이익보다 기업의 부실(파산) 예측에 더 정확하고 신속한 정보를 제공할 수 있다고 주장하면서 [그림 5-1]과 같이 *CFO*를 계산하여야 한다고 하였다.

Gombola와 Ketz(1983)는 221개 기업의 순이익과 *WCFO* 및 *CFO*를 이용한 재무비율들을 계산한 후 이들 재무비율들간의 유사성을 분석하고자 요인분석(factor analysis)을 실시하였다. 연구결과에 의하면 순이익과 *WCFO*를 이용한 재무비율들은 동일한 요인(factor)으로 나타났으나 *CFO*를 이용한 재무비율들은 별개의 요인으로 분석되었다. 이에 그들은 현금흐름을 사용한 재무비율은 독립된 정보내용을 가지고 있으며, 현금흐름도 다른 회계변수들이 가지지 못한 정보내용을 제공할 수 있다고 주장하였다.

우리나라에서도 김정교(1994)는 현금흐름 변수를 사용한 비율들이 수익성이나 단기유동성 그리고 레버리지에 속하는 비율들과 독립된 비율집단을 형성하는지를 연구하였다. 현금흐름변수로는 당기순이익+감가상각비, *WCFO* 그리고 *CFO*를 사용하였다. 요인분석에 의한 연구결과에 의하면 *CFO* 관련 비율들이 단기유동성이나 레버리지에 속하는 비율들과 독립된 인자를 구성함을 보였다. 따라서 우리나라에서도 현금흐름은 다른 수익성 변수들과는 차이가 있는 정보내용을 제공하고 있음을 알 수 있다.

최정호(1991)는 Bowen 등(1986)의 연구방법과 유사한 방법을 사용하여 1년 후와 2년 후 순이익과 현금흐름을 여러 가지 변수(순이익, 순이익+고정자산상각비, *WCFO*, *CFO*, 투자활동 후의 현금, 현금잔액)로 예측하고 예측오차를 사용하여 각 변수들의 상대적 예측력을 비교하였다. 연구자료는 1985~1989년

동안 자료를 구할 수 있는 80개의 상장기업이다. 연구결과에 의하면 미래현금흐름에 대한 예측력이 큰 변수들의 순서는 미국의 선행연구와 다르게 순이익+고정자산상각비, *WCFO*, *CFO* 그리고 순이익으로 나타났다. 따라서 저자는 선행연구들에서 미래현금흐름의 예측치로서 회계이익이 가지고 있는 우월성에 대하여 재검토가 요망된다고 결론을 내리고 있다. 그러나 이 연구는 연구기간이 4년이고 표본기업의 수도 80개밖에 되지 않아서 연구대상연도와 표본기업의 수를 좀더 증가시켜서 재연구를 하면 연구결과의 타당성이 좀더 높아질 수 있을 것으로 본다.

제 2 절 회계발생액의 역할 — 발생기준 회계원칙의 역할

순이익은 발생기준 회계원칙을 적용하여 산출한 경영성과의 측정치이고, 현금흐름은 현금기준 회계원칙을 적용하여 산출한 경영성과의 측정치이다. 앞서 우리는 순이익과 당기순이익은 서로 그 성격과 내용이 달라서 기업의 이해관계자들에게 서로 다른 정보를 제공할 수 있음을 보았다. 그런데 순이익과 현금흐름의 차이는 발생액으로 요약될 수 있다. 여기서는 *CFO*에 가산되어 순이익을 산출하는 발생액이 회계정보로서 어떠한 역할을 하는지, Dechow(1994)의 연구를 중심으로 살펴보기로 하자.

발생액은 *CFO*가 경영성과의 측정치로서 갖는 시차(timing)와 대응(matching) 문제를 완화시키는 역할을 한다. 시차문제란 수익의 인식시기와 현금의 회수시기의 차이와 비용의 인식시기와 현금의 지출시기의 차이를 의미하고, 대응문제란 수익과 비용 대응에서 생기는 차이를 말한다.

시차문제의 예를 들면, 기업이 당기에 상품을 외상으로 5천만원 판매하고 다음 기에 판매대금을 수령한다고 하면, 이번 기에는 발생기준 회계원칙으로 5천만원만큼의 수익을 인식하나 현금기준 회계원칙으로는 수익을 전혀 인식하지 않고, 다음 기에는 발생기준 회계원칙으로 수익을 인식하지 않으나 현금기준 회계원칙으로는 5천만원의 수익을 인식하게 된다. 따라서 당기에 발생하는 매출채권 5천만원이 발생액으로 계산되고 이는 *CFO*에 가산되어 순이익을 산출하는 데 반영된다.

대응문제의 예를 들면, 비용은 관련되는 수익이 인식되는 회계기간에 인식되어 수익과 비용의 차이로 순이익이 산출되는데, 현금기준 회계원칙이 적용되면 수익도 실현되는 회계기간에 인식되지 못할 뿐만 아니라 비용도 관련되는 수익이 인식되거나 비용이 발생한 회계기간에 인식되지 못하고, 비용이 현금으로 지출되는 회계기간에 비로소 인식되므로 적정한 수익·비용 대응이 될 수 없는 문제가 발생한다. 그러나 발생기준 회계원칙에 의하면 비록 현금이 지출되지는 않았으나 인식되어야 할 비용은 발생액의 한 항목이 되어 *CFO*에 가산되어 순이익을 계산할 때 차감된다. 이와 같이 발생액은 현금흐름이 갖는 시차와 대응의 문제를 완화시켜서 보다 경영성과를 잘 나타내는 순이익을 산출하게 한다.

Dechow(1994)는 발생액이 현금흐름이 갖는 시차와 대응의 문제를 완화시키는지를 자본시장의 관점에서 살펴보았다. 그는 기업의 주가를 기업가치와 경영성과를 편의 없이 반영하는 측정치로 가정하고, 순이익과 주식수익률 그리고 현금흐름과 주식수익률 간의 관계를 분석하면서 4개의 연구가설을 사용하여 발생액의 역할을 연구하였다.

장기간 동안을 대상으로 하면 순이익과 현금흐름이 같아지게 된다. 즉 관찰기간을 10년 또는 20년으로 길게 잡으면 회계기간의 구분에 따라서 발생하는 시차와 대응의 문제가 완화되므로 순이익과 현금흐름의 금액은 비슷해지고 이에 따라서 주식수익률과의 상호관계도 비슷해질 것이다. 반대로 관찰기간을 1년 또는 분기별과 같이 짧게 잡으면 시차와 대응의 문제가 좀더 크게 발생하고 이에 따라서 현금흐름은 경영성과를 잘 나타내지 못하여 순이익에 비해서 주식수익률과의 관계가 감소하게 될 것이다.

이와 관련하여 Dechow는 다음과 같은 연구가설을 세웠다.

가설 1 : 경영성과의 측정기간이 짧은 경우 순이익이 현금흐름보다 주식수익률과의 관계가 밀접하다.

가설 2 : 경영성과의 측정기간이 길어질수록 순이익과 주식수익률의 관계와 현금흐름과 주식수익률의 관계가 비슷해진다.

Dechow는 COMPUSTAT과 CRSP에서 자료를 추출하여 분기별, 일년별, 그리고 4년별로 주식수익률과 현금흐름 그리고 주식수익률과 순이익 간의 관계를 연구하였다. 그의 연구에서는 기업-분기 관찰치는 19,733개, 기업-연도 관찰치는 27,308개, 그리고 기업-4개년 관찰치는 5,175개로서 충분한 자료를 사용하였다.

주식수익률과 순이익 그리고 주식수익률과 현금흐름 간의 관계 분석은 회귀식을 사용하였는데, 종속변수는 주식수익률이고 독립변수는 순이익 또는 현금흐름이다.

$$R_{it} = a + bX_{it} + e_{it}$$

여기에서, R_{it} = 주식수익률
X_{it} = 순이익 또는 현금흐름

〈표 5-2〉에서 보듯이 경영성과의 측정기간이 짧을수록 순이익이나 경영성과 모두 주식수익률과의 관계가 낮아진다. 그런데 주식수익률과 순이익 그리고 주식수익률과 현금흐름의 관계를 비교한 "R^2현금흐름/R^2순이익"을 보면 측정기간이 길어질수록 R^2의 상대적 비율이 0.003, 0.20, 027로 증가하는 것을 알 수 있다. 따라서 측정기간이 길수록 순이익과 현금흐름의 주식수익률과의

<표 5-2> 회귀식의 R^2로 나타낸 주식수익률과 현금흐름, 순이익의 관계

	순이익	현금흐름	R^2현금흐름/ R^2순이익
분기별	3.24%	0.01%	0.003%
연도별	16.20	3.18	0.20
4개년별	40.26	10.88	0.27

(Dechow 1994, p.22 Table 3)

관계가 비슷해짐을 알 수 있다.

Dechow는 발생액의 크기에 따라서 주식수익률과 순이익 그리고 주식수익률과 현금흐름의 관계가 달라지는지도 연구하였다. 발생액이 시차와 대응의 문제를 완화시키는 역할을 한다면, 발생액이 크지 않은 경우에는 시차와 대응의 문제가 심각하지 않을 것이므로 주식수익률과 현금흐름의 관계는 주식수익률과 순이익의 관계와 큰 차이가 없을 것이지만 발생액이 큰 경우에는 시차와 대응의 문제가 심각하여 주식수익률과 현금흐름의 관계는 주식수익률과 순이익 관계보다 낮을 것으로 예상할 수 있다. 이에 따라 다음과 같은 가설을 설정하였다.

가설 3 : 발생액이 클수록 주식수익률과 순이익의 관계에 비하여 주식수익률과 현금흐름의 관계가 감소한다.

이 가설을 검증하기 위하여 Dechow는 발생액의 절대금액의 크기에 따라서 표본기업들을 5개의 집단으로 나누고 각 집단에 있어서 주식수익률과 순이익 그리고 주식수익률과 현금흐름의 관계를 회귀분석한 후 R^2를 비교하였다. 연도별로 조사한 결과를 보자.

주식수익률과 순이익 : $R_{it} = \alpha_n + \beta_n E_{it} + \varepsilon_{it}$

주식수익률과 현금흐름 : $R_{it} = \alpha_c + \beta_c\ NCF_{it} + \varepsilon_{it}$

여기에서, R_{it} = 주식수익률
E_{it} = 순이익
NCF_{it} = 현금흐름

〈표 5-3〉에서는 발생액의 크기가 증가할수록 주식수익률과 현금흐름의 관계를 나타내는 R^2가 감소하고 있으나, 주식수익률과 순이익의 관계를 나타내는 R^2는 체계적인 변화가 없음을 알 수 있다. 그러므로 발생액의 절대금액이 커질수록 주식수익률과 순이익의 관계에 비하여 주식수익률과 현금흐름의 관계가 감소한다는 가설이 지지를 받고 있다.

발생액은 크게 유동발생액과 비유동발생액으로 나눌 수 있다. 만약 발생

<표 5-3> 발생액의 크기에 따른 주식수익률과 순이익, 주식수익률과 현금흐름의 관계

발생액 크기	현금흐름(NCF)		순이익(E)		Vuong's Z
	회귀계수(β_c)	수정 R^2	회귀계수(β_n)	수정 R^2	
1 (제일 작음)	2.37	16.20	2.50	16.84	1.72
2	1.89	12.23	2.18	15.44	4.96
3	1.47	8.76	1.91	14.49	6.18
4	1.03	6.51	1.56	14.82	7.25
5 (제일 큼)	0.14	0.24	0.97	21.98	15.65

(Dechow 1994, p.28 표 5)

액이 현금흐름의 시차와 대응의 문제를 완화시킨다면 유동발생액과 비유동발생액 중에서 어느 것이 이러한 문제를 완화시키는 데 큰 기여를 하게 될까?

유동발생액은 단기적으로 현금흐름의 시차와 대응 문제를 완화시키고 비유동발생액은 장기적으로 이 문제를 완화시킨다고 여겨진다. 따라서 Dechow는 표본기업들을 유동발생액의 변화액(ΔWC)과 비유동발생액($LTOA$) 금액의 크기로 각각 5집단으로 나눈 후에 주식수익률과 순이익 그리고 주식수익률과 현금흐름의 관계를 비교하였다.

〈표 5-4〉에서 보듯이 주식수익률과 현금흐름의 관계에서 산출된 R^2는 WC의 절대금액에 따라서 표본기업을 5가지로 분류한 경우에 WC의 금액이 제일 큰 경우(집단 5)에 R^2가 0.79%로 급격히 감소함을 볼 수 있다. 그러나 $LTOA$의 크기에 따라서 집단을 분류한 경우 $LTOA$가 가장 큰 집단 5에서는 R^2가 4.00%로 크게 감소하지 않는다. 그리고 주식수익률과 순이익의 관계에서 산출되는 R^2는 WC와 $LTOA$의 크기와 체계적인 관계가 없는 것으로 나타났다.

따라서 우리는 Dechow의 연구에서 발생액은 현금흐름이 갖는 시차와 대응 문제를 완화시켜서 순이익을 산출하게 됨을 알 수 있다. 발생액의 이러한 역할로 인하여 주식수익률과 순이익의 관계가 주식수익률과 현금흐름보다 높

<표 5-4> 유동발생액과 비유동발생액의 크기에 따른 현금흐름과 순이익의 주가설명력

발생액 크기	주식수익률과 현금흐름 순위별 분류기준		주식수익률과 순이익 순위별 분류기준	
	ΔWC 절대액	$LTOA$ 절대액	ΔWC 절대액	$LTOA$ 절대액
집단 1 (제일 작음)	7.72%	2.24%	14.24%	12.68%
집단 2	8.69	2.21	15.73	17.66
집단 3	8.24	2.34	16.54	18.49
집단 4	7.34	3.17	19.08	20.65
집단 5 (제일 큼)	0.79	4.00	18.19	20.46

(Dechow 1994, p.32 표 7)

게 나타났다. 그리고 발생액 중에서 유동발생액이 비유동발생액에 비하여 시차와 대응 문제의 완화에 더욱 직접적이고 단기적인 작용을 하는 것을 알 수 있었다.

최근의 이익조정과 이익조작의 연구에서는 발생액이 경영자의 기회주의적 재무보고와 이익조정의 대상이 됨을 실증적으로 분석하고 있다. 그러나 Dechow의 연구결과에 의하면 발생액은 이익조정의 수단이 되어 기업의 경영성과를 왜곡시키는 것보다는 현금흐름이 갖는 시차와 대응의 문제를 해결하는데 더욱 큰 역할을 함을 알 수 있다.

Dechow(1994)는 발생액 중에서 유동발생액의 역할을 강조하고 상대적으로 비유동발생액의 역할은 크지 않음을 보였는데, Guay와 Sidhu(2001)는 Dechow의 연구방법상의 몇 가지 문제점을 지적하고 비유동발생액도 유동발생액과 마찬가지로 현금흐름이 갖는 시차와 대응의 문제를 완화시키는 역할을 하고 있다고 주장하였다. 그들은 비유동발생액도 주식수익률의 설명력이 있음을 나타내면서 유동발생액보다 비유동발생액은 장기간에 걸쳐서 현금흐름이 갖는 시차와 대응의 문제를 완화하고 있음을 보여서 유동발생액과는 다른 비유동발생액의 성격을 밝혀내었다.

제 3 절 미래현금흐름의 예측 — 주식가격 변동에 대한 설명력

현금흐름의 유용성에 대한 연구는 현금흐름이 미래현금흐름의 예측에 우수한가를 연구하는 분야인데, 주로 순이익과 현금흐름 중에서 어느 것이 미래현금흐름의 예측에 더 우수한가에 초점을 두고 연구하였다. 선행연구들은 기업의 미래현금흐름을 두 가지 방향으로 측정하였다. 한 가지는 주식가격이고 다른 한 가지는 실제 미래현금흐름이다. 본 장에서는 먼저 현금흐름과 순이익의 유용성에 대한 기본적인 논의를 살펴보고 주식가격을 이용한 미래현금흐름의 예측에 관한 연구를 논의한 다음, 실제 미래현금을 이용한 미래현금흐름의 예측을 설명한다.

1. 현금흐름과 순이익의 우월성에 대한 논란

미국의 재무회계기준심의위원회(Financial Accounting Standard Board: FASB)에서는 재무회계의 목적을 "투자자, 채권자 그리고 제3자에 대하여 기업의 미래순현금흐름의 크기(amount)와 시기(timing) 그리고 불확실성(uncertainty)에 관한 정보를 제공하는 것"이라고 규정하고, 이 목적을 달성하기 위해서는 순이익이 현금흐름보다 우월하다고 지적하였다. 그 이유는 "발생기준에 기초한 순이익이 현금기준에 근거한 현금흐름보다는 기업의 현재와 미래의 현금창출능력을 더 잘 나타내 주기 때문"이라고 하였다. 따라서 FASB는 재무회계의 초점을 발생기준에 근거를 둔 회계이익을 산출하는 것으로 보았다.

그러나 이러한 FASB의 견해에 대해서는 많은 학자들이 반론을 가지고 있다. 반대의견들의 기본적인 입장은 FASB가 언급한 "미래현금흐름에 대한 예측치로서 순이익은 현금흐름보다 우월하다"는 주장이 실증적인 연구로서 충분히 지지되지 않았다는 것이다. 반대의견은 다음과 같다.

① FASB가 순이익을 선호하는 근거는 발생기준 회계가 현금기준 회계보다 기업의 경영성과를 더욱 정확하게 측정할 수 있다는 이유인데, 이 논리가 바로 당기순이익이 현금흐름보다 기업의 미래현금흐름 창출능력을 더욱 정확하게 평가할 수 있다는 증거는 되지 못한다. 즉 순이익이 한 회계기간의 경영성과를 더 잘 측정할 수 있다고 해도 이것이 기업의 미래현금흐름 창출능력을 정확하게 평가함을 나타내는 것은 아니다.
② 발생기준 회계에서는 논리적인 근거가 없는 여러 가지 원가배분방법들(예: 감가상각, 기타 각종 상각, 매출원가, 이연법인세 등)을 사용하고 있는데, 이 방법들의 사용으로 인하여 당기순이익은 기업성과를 왜곡되게 표현할 수 있다.
③ 발생기준 회계에서는 여러 가지 대체적인 회계처리방법들(예: 재고자산 평가방법, 감가상각방법 등)이 있는데, 경영자는 이 중에서 임의로 하나의 회계처리방법을 채택할 수 있어서 경영자의 의도에 따라서 순이익은 상당히 조정될 수 있다.
④ 발생기준 회계에서는 역사적 원가주의가 기본적인 회계원칙으로 채택되고 있어서 개별 자산과 부채의 가치변동이나 전반물가수준 변동의 영향을 기업성과의 측정에 반영할 수 없다.

따라서 많은 학자들은 발생기준 회계에 의한 기업의 재무보고는 근본적인 변화가 있어야 하며, 현금기준에 의하여 계산되는 현금흐름에 보다 많은 관심을 두어야 한다고 주장하고 있다. 이들의 주장은 다음과 같다.

① 현금기준에 의하여 계산되는 현금흐름은 발생기준 순이익보다 임의적인 원가할당이나 대체적인 회계처리방법에 영향을 적게 받는다.
② 현금흐름은 순이익보다 상대적으로 더욱 'harder'하다(Ijiri 1980). 즉 현금흐름은 순이익보다 더욱 객관적인 측정치이며, 간단한 회계처리과정을 통하여 계산되며, 이해하기가 쉽다.
③ 투자의사결정에 대한 성과측정치로서는 현금흐름이 순이익보다 더욱 합리적인 의사결정기준을 제공한다.
④ 매 회계기간의 현금흐름에 대하여 적정한 할인율을 사용하여 현재가치

를 계산하면 물가변동의 영향을 고려한 기업의 성과를 계산할 수 있다.

2. 현금흐름과 발생액의 유용성

순이익과 현금흐름의 상대적 유용성에 대한 논의는 이 두 회계측정치 중에서 어느 것이 기업의 미래현금흐름 창출능력을 잘 나타내느냐 하는 것이다. 그런데 미래현금흐름 창출능력은 일반적으로 기업의 주식가격에 나타난다. 왜냐하면 주식가격은 이론적으로 기업의 미래현금흐름의 현재가치를 나타내기 때문이다. 기초적인 재무관리이론에서 사용하는 주식가격의 배당자본화모형(dividend capitalization model)이나 이익자본화모형(earnings capitalization model)은 기업의 미래현금흐름의 현재가치가 어떻게 주식가격으로 자본화되느냐 하는 과정을 나타낸 것이다. 그러므로 순이익과 현금흐름의 상대적 유용성에 대한 대부분의 연구들은 이 두 회계측정치 중에서 어느 것이 자본시장에서 형성된 주식의 균형가격을 잘 설명하느냐 하는 순이익과 현금흐름의 주식가격에 대한 정보가치를 연구하고 있다.

(1) 발생액의 유용성

발생기준 순이익과 현금기준 현금흐름의 상대적 유용성에 대한 연구는 크게 두 가지 방법으로 진행되어 왔다. 첫째 방법은 발생기준 회계의 유용성을 검증하는 것으로서 순이익과 현금흐름의 차이인 발생기준 회계원칙 조정항목이 주식가격을 설명하는 정보가치가 있는가를 분석하는 것이다. 만약 발생액이 주식가격을 설명하는 정보가치가 있다면 이는 발생기준 회계의 유용성을 의미하는 것이다.

Wilson(1986, 1987)과 Bernard와 Stober(1989)는 현금흐름이 공시되는 시점을 기준으로 한 사건연구(event study)에서 현금흐름과 발생액이 주식가격의 변동을 설명하는 데 있어서 순이익보다 추가적인 설명력(incremental information)이 있는지를 연구하였다. 이 연구들 중에서 Wilson(1986)은 발생기준에 의한 회계증분(발생액)이 현금흐름이 제공하는 정보보다 추가적인 정보를 제공하는지에 대해서 연구하였다. 연구결과에 의하면 주가변동을 설명하는 데 있어서 발생액은 현금흐름이 제공하지 못하는 추가적인 정보를 제공하는 것으로 나타나 발생기준 회계의 유용성을 검증하였다. 그리고 발생액을 유동발생액과 비유동발생액으로 나누어 분석한 결과는 Wilson(1987)과 마찬가지로 유동발생액만 *CFO* 보다 추가적인 정보를 제공하고 비유동발생액은 추가적인 정보를 제공하지 못하였다. 이는 발생액 중에서 비유동발생액보다 유동발생액이 좀더 정보효과가 큼을 나타낸다.

Wilson(1987)은 순이익 정보는 발생액과 순운전자본(fund)의 정보를 담고 있는 재무제표보다 먼저 Wall Street Journal에 공시된다는 점에 착안하여 순이익과 발생액의 공시를 두 가지 별개의 사건(event)으로 보고 순이익과 현금흐름의 상대적 정보효과를 분석하였다. 1981년과 1982년의 재무정보를 기초로 한 연구결과는 *CFO*와 발생액은 순이익이 제공하지 못하는 정보를 제공하고 있었으나 발생액 중에서 비유동발생액은 순이익이 제공하는 정보보다 추가적인 정보를 제공하지 못하였다.

Bernard와 Stober(1989)는 Wilson(1987)의 연구를 재검토하였다. Wilson (1987)은 1981년과 1982년의 4/4분기 관찰치만을 대상으로 연구를 했지만 Bernard와 Stober는 새로운 데이터베이스(COMPUSTAT II)를 이용하여 1977~1984년의 1/4, 2/4, 3/4, 4/4분기의 관찰치를 연구하였다. 그들의 연구결과는 Wilson의 연구결과와 다르게 나타났다. 즉 재무제표가 공시되기 이전에 이미 순이익이 공시되어 기업의 성과가 주가에 모두 반영된 때문인지, 재무제표가 공시된 후 알게 되는 현금흐름과 발생액은 순이익이 주가의 변동을 설명한 후의 주가변동을 설명하는 설명력이 없는 것으로 나타났다. Bernard와 Stober의 연구는 Wilson(1986, 1987)의 연구결과에 대한 보편타당성을 검증한 것에도 의미가 있지만, 순이익과 현금흐름의 요소가 기업가치에 어떠한 상관관계를 가질 것인가 하는 논리적 구조를 파악하고, 이를 실증적으로 검증한 데에 의의가 있다. 즉 그들은 순이익의 구성요소를 현금흐름과 유동발생액, 비유동성 발생액으로 나누고, 유동발생액은 다시 재고자산, 수취채권, 지급채무 부분으로 나누어 각각의 요소가 주가의 변동을 설명하는지를 분석하였다. 그러나 연구결과는 순이익을 제외하고는 유동발생액과 이를 세분한 항목들 중 어느 것도 뚜렷하게 주가의 변동을 설명하지 못하였다. Bernard와 Stober

는 이러한 결과를 아래와 같이 설명하였다. ① 주가에 영향을 줄 수 있는 현금흐름에 관한 기업의 정보는 재무정보 공시일 이전에 이미 다른 경로로 투자자에게 알려지기 때문에 재무정보 공시일을 기준으로 한 사건연구에서 기대했던 결과가 나오지 않았으며, ② 현금흐름과 발생액의 구성은 기업이 처한 경제적 상황이나 기업의 특성에 따라서 크게 차이가 있으므로 이 두 요소의 변동으로 인한 주가의 반응을 일률적으로 분석해서는 일관성 있는 연구결과를 얻기 힘들다.

현금흐름의 정보가치에 대한 위의 연구들은 현금흐름과 순이익이 공시되는 시점에서 주식가격이 현금흐름과 순이익의 변동에 어떻게 반응하는가를 짧은 사건기간(event period) 동안 일별 주가자료를 사용하여 분석한 것이다. 그런데 현금흐름의 정보가치에 대한 일련의 다른 연구들은 짧은 기간의 사건연구방법에 의하지 않고 한 회계기간 동안의 누적초과수익률을 계산한 후 이 누적초과수익률과 순이익과 현금흐름의 상호관계(association)를 통하여 순이익과 현금흐름의 정보효과를 연구하였다.

이 연구들 중 Rayburn(1986)은 발생액이 투자자가 미래현금흐름을 예측하는 데 현금흐름이 제공하는 정보 이상의 정보를 제공하는지를 연구하였다. 발생액이 추가적인 정보를 제공한다면 이는 현금기준 회계에 대하여 발생기준 회계의 유용성을 증명할 수가 있다. 왜냐하면 "순이익＝현금흐름＋발생액"이기 때문에 발생액이 현금흐름에 비하여 추가적인 정보를 가진다면 순이익의 유용성을 간접적으로 증명할 수 있기 때문이다. 그는 회귀분석에서 종속변수로 월간주식수익률을 기준으로 계산된 12개월의 누적초과수익률(CAR)을 사용하였다. 설명변수들로는 현금흐름과 발생액(AA)의 구성요소들인 유동발생액(DWC), 감가상각비($DEPR$), 이연법인세($DTAX$)가 사용되었는데, 이들의 비기대치는 시계열 모형과 재무분석가의 예측치를 기준으로 계산하였다.

$$CAR_{it} = \alpha_0 + \alpha_1 CF_{it} + \alpha_2 AA_{it} + \varepsilon_{it}$$

$$CAR_{it} = \beta_0 + \beta_1 CF_{it} + \beta_2 DWC_{it} + \beta_3 DEPR_{it} + \beta_4 DTAX_{it} + \varepsilon_{it}$$

연구결과는 현금흐름뿐 아니라 발생액과 그 구성요소들인 비유동발생액들도 주식가격의 누적초과수익률을 설명하고 있는 것으로 나타나서, 발생액은 현금흐름이 제공하지 못하는 추가적인 정보를 투자자에게 제공하고 있다고 결론지었다. 이들의 연구결과 중에서 유동발생액뿐만 아니라 비유동발생액도 정보가치가 있음을 나타낸 것은 Wilson(1986, 1987)과 차이가 있다. 이는 Wilson의 연구는 window가 짧은 단기간의 분석이어서, Guay와 Sidhu(2001)가 지적한 것과 같이, 장기간에 걸쳐서 현금흐름이 갖는 시차와 대응의 문제를 완화시키는 비유동발생액의 역할을 밝혀낼 수 없었고, Rayburn은 장기간에 걸친 상관관계연구(association study)이어서 비유동발생액의 주가설명력을 보여줄 수 있었기 때문이다.

(2) 순이익과 현금흐름의 상대적 유용성

순이익과 현금흐름의 상대적 유용성에 대한 두 번째 연구방법은 이 두 회계수치가 주식가격의 변동을 설명하는 데 어떠한 정보가치를 가지느냐 하는 보다 직접적인 분석이다. 순이익과 현금흐름의 직접적인 비교는 이 두 회계수치가 주식가격의 변동을 설명하는 데 어떠한 정보가치를 가지느냐 하는 보다 직접적인 분석을 해야 한다. 순이익과 현금흐름의 상대적 정보가치는 네 가지 형태로 나누어볼 수 있다(Bowen 등 1986, 1987).

① 순이익이나 현금흐름이 각각 서로 다른 정보를 갖고 있는 경우
② 순이익과 현금흐름이 공통된 정보와 각각의 서로 추가적인(incremental) 정보를 동시에 갖는 경우
③ 순이익과 현금흐름 중 어느 하나가 다른 변수의 정보를 전부 가지면서 다른 변수가 가지지 못하는 정보를 추가적으로 갖는 경우
④ 순이익과 현금흐름이 동일한 정보를 갖는 경우

①과 같은 경우는 발생기준회계와 현금기준회계가 동일한 경제실체의 미래현금흐름에 대하여 서로 다른 정보를 산출하는 경우인데, 이는 상당히 비현실적인 경우가 될 것이다. ②와 같은 경우는 순이익과 현금흐름은 서로 공통된 정보도 가지지만 각각의 고유한 정보도 갖는 경우이다. ③은 순이익이나

현금흐름 중 하나가 다른 하나의 정보효과를 초과하는 경우인데 이때에는 정보효과가 큰 회계정보만 가치 있는 회계측정치가 되고 다른 측정치는 의미가 없다. ④는 순이익과 현금흐름이 동일한 경제실체에 대한 미래현금흐름의 창출능력을 설명하는 데 동일한 정보만을 갖는 경우이다.

Bowen 등(1987)은 주식가격의 변동을 설명하는 데 있어서 ① 현금흐름이 순이익 이상으로 어떠한 정보를 제공하는지, ② 발생액이 현금흐름 이상으로 어떠한 정보를 제공하는지에 대하여 연구하였다. 현금흐름에 대한 측정치와 비기대모형은 Bowen 등(1986)의 연구를 기준으로 하여 순운전자본($WCFO$), 현금흐름(CFO), 투자활동후 현금흐름($CFAI$)이 사용되었다. 회귀분석모형에서는 누적비기대수익률($CSUR$)을 종속변수로, 비기대이익(UE)과 비기대현금흐름($UCFO$)을 설명변수로 놓았다. 이들의 연구방법은 먼저 누적비기대수익률과 비기대이익(비기대현금흐름)의 관계를 통제한 후에 누적비기대수익률과 비기대현금흐름(비기대이익)의 상호관계를 조사하여, 비기대현금흐름(비기대이익)이 비기대이익(비기대현금흐름) 이상의 정보를 제공하는지를 분석하였다.

$$CSUR_{it} = \beta_0 + \beta_1 UE_{it} + \beta_2 UWCFO_{it} + \beta_3 UCFO_{it} + \beta_4 UCFAI_{it} + \varepsilon_{it}$$

98개 기업에 대한 10년간의 자료를 사용한 연구결과는 현금흐름($UCFO$)이 순이익에 대하여 추가적인 설명력(incremental explanatory power)을 갖는 것으로 나타났다. 즉 현금흐름은 순이익이 주가의 변동을 설명하는 데 있어서 제공하지 못하는 정보를 제공하고 있었고, 순이익도 현금흐름이 주가의 변동을 설명하는 데 있어서 제공하지 못하는 정보를 제공하고 있어서 현금흐름과 순이익은 각자가 공통된 정보뿐만 아니라 서로 다른 정보를 제공하고 있음을 검증하였다.

지금까지의 연구들은 영업활동 현금흐름이 순이익에 비하여 추가적 설명력이 있는지를 주로 분석하였다. 그런데 현금흐름표에는 영업활동 현금흐름뿐만 아니라 투자활동 현금흐름과 재무활동으로 인한 현금흐름도 공시되고 있다. 이에 Livnat와 Zarowin(1990)은 영업활동 현금흐름뿐만 아니라 투자활동과 재무활동 현금흐름이 회계정보로서의 유용성을 갖는지를 검증하였다. 연구방법은 Bowen 등(1987)과 같이 회귀식의 종속변수로는 비기대주식수익률을, 설명변수로는 현금흐름을 놓고 회귀식의 설명력을 분석하였다. 연구결과에 의하면, 영업활동 현금흐름에서 현금의 유입은 주가와 양(+)의 관계를 가지고 있었고, 현금의 유출은 주가와 음(−)의 관계를 가지고 있었으며 재무활동 현금흐름도 대부분 주가설명력을 가지고 있었다.

Livnat와 Zarowin(1990)은 현금의 유출입의 세부항목들에 대해서도 연구했는데, 선행연구에서 주장한 바와 같이, 부채의 발행은 기업의 미래현금흐름에 대한 좋은 뉴스로 받아들여질 수 있어서 주가와 양(+)의 관계를 가지고 있었다. 또한 보통주의 발행은 경영자의 입장에서는 주가가 기업가치보다 높이 평가되었다고 판단할 때 행하여지기 쉬우므로 주가와 음(−)의 관계가 있었다. 한편, 우선주의 발행은 보통주의 발행보다도 기업가치와 관련성이 더욱 낮아서 주가와 음(−)의 관계를 가지고 있었다. 그리고 배당금의 지급은 기업의 미래현금흐름에 대한 좋은 뉴스로 받아들여질 수 있어서 주가와 양(+)의 관계를 가지고 있었다. 그러나 투자활동 현금흐름은 주가와 통계적으로 유의한 관계를 보이지 않았다. Livnat와 Zarowin의 연구결과는 현금흐름표에 공시되는 정보인 영업활동 현금흐름과 재무활동 현금흐름의 구체적인 내용항목들이 주가변동을 설명하는 데 유의성이 있음을 나타내어 현금흐름표가 기업의 이해관계자들에게 유용한 정보를 제공하고 있음을 보이고 있다.

우리나라에서도 여러 학자들이 현금흐름이 주가설명력을 갖는가를 연구하였다. 최관(1993)은 Bowen 등(1987)의 연구방법을 사용하여 현금흐름이 순이익이 제공하는 정보에 추가적인 정보효과를 갖는가를 조사하였는데, 연도별로는 일관된 결과가 나타나지 않았으나 전체 표본을 이용한 경우에는 추가적 설명력이 있는 것으로 밝혀졌다. 최종서(1998)는 순이익을 현금흐름, 유동발생액, 비유동발생액으로 분리한 후 각 요소별로 주가에 대한 설명력이 있는지, 그리고 설명력에 어떠한 차이가 있는지를 조사하였다. 연구결과에 의하면 현금흐름, 유동발생액, 그리고 비유동발생액은 초과수익률이나 기업가치와 유의한 양(+)의 회귀계수를 가지고 있었다. 이는 이들 항목들이 투자자들에게 긍정적인 정보로서 받아들여지고 있음을 의미한다.

김정교(1998)도 순이익을 현금흐름, 유동발생액, 비유동발생액으로 나눈 후에 각 항목이 주가설명력을 갖는가를 연구하였다. 연구목적상 그의 연구는 최종서(1998)와 유사한 점이 많다. 그러나 김정교의 연구결과에 의하면 현금흐름과 유동발생액은 회귀식에서 초과수익률과 양의 관계를 가지지만 비유동발생액은 통계적으로 유의하지 않은 음의 회귀계수를 가지고 있어서 최종서의 연구결과와 일치하지 아니한다.

앞으로 현금흐름과 발생액의 정보가치에 대한 연구에서는 발생액을 유동발생액과 비유동발생액으로 나누지 않고, 이를 매출채권, 재고자산, 매입채무, 그리고 고정자산상각비 등으로 나누어 이들의 주가설명력을 비교해보는 것이 의미 있는 작업이 될 것으로 본다.

3. 현금흐름과 주식수익률의 관계

주식수익률에 대한 설명력으로 현금흐름의 유용성을 연구한 논문들은 연구방법으로 대부분 회귀식을 이용하고 있다. 회귀식에서 종속변수는 주로 주식수익률(대부분 누적초과수익률(CAR) 또는 주식수익률(R))을 사용하고 설명변수는 현금흐름을 이용한다. 연구목적에 따라서 차이는 있지만 대부분의 경우 만약 회귀식의 설명력이 높거나 현금흐름의 회귀계수가 유의하게 나타나면 현금흐름의 주가설명력이 있는 것으로 결론짓는다. 그런데 회귀식의 이용하는 경우 회귀식의 특성상 주식수익률과 현금흐름은 서로 선형(linear)관계를 가정하게 된다. 그러나 만약 이 두 변수간의 관계가 선형이 아닌 비선형(nonlinear)이라면 두 변수간에 관계가 있음에도 불구하고 선형관계를 가정한 회귀식 때문에 두 변수간에 관계가 없다고 결론 내리거나 두 변수간의 관계를 과소평가하게 될 위험성이 있다.

Freeman과 Tse(1992)는 순이익과 주식수익률 간의 관계를 연구하면서 순이익과 주식수익률은 선형관계가 아닌 비선형관계가 있다고 주장하였다. 그들은 비기대이익의 절대치가 증가할수록 순이익의 지속성이 감소하고 이에 따라서 비기대이익의 주가설명력이 감소하는 현상을 발견하였다. 이에 따라서 연구자들은 순이익과 주식수익률 간의 관계를 연구할 때에는 비기대이익의 절대치를 고려한 비선형 회귀식을 사용할 것을 권고하였다.

Ali(1994)는 현금흐름과 주식수익률 사이의 관계를 연구할 때에도 대부분의 경우 회귀식을 사용하게 되므로 이들간에 비선형 관계가 있는지를 조사하였다. 연구결과에 의하면 Freeman과 Tse(1992)의 결과와 유사하게 비기대현금흐름의 절대치가 증가할수록 현금흐름의 지속성이 감소하고 이에 따라서 비기대현금흐름의 주가설명력이 감소하는 현상을 발견하였다. 이에 따라서 Ali도 현금흐름과 주식수익률 사이의 관계를 분석할 때에는 비기대현금흐름의 크기를 고려할 것을 권고하였다.

앞서 Freeman과 Tse(1992)는 비기대이익의 절대치가 증가할수록 순이익의 일시적 요소(transitory component)가 증가하여 순이익의 지속성이 감소하고 그 결과 주가설명력이 떨어짐을 연구하였다. Cheng 등(1996)은 비기대이익의 절대치가 증가하여 순이익의 주가설명력이 떨어질 때 현금흐름의 주가설명력을 연구하였다. 연구결과에 의하면 순이익의 일시적 요소가 증가하여 설명력이 감소할 때 현금흐름의 설명력은 오히려 증가함을 발견하였다. 이는 순이익의 일시성이 큰 경우에는 현금흐름의 유용성이 증가하는 것을 의미한다.

우리나라에서도 나종길(1997)은 순이익과 현금흐름의 일시성과 주식수익률 간의 관계를 연구하였다. 연구결과에 의하면 Freeman과 Tse(1992) 그리고 Ali(1994)와 유사하게 회계이익의 일시성이 증가함에 따라 회계이익의 추가적 정보성이 감소함을 발견하였다. 그러나 Cheng 등(1996)과는 다르게 이 경우에 현금흐름의 설명력은 유의하게 증가하지 않았다. 그리고 현금흐름도 일시성이 증가함에 따라서 그 추가적 정보성이 감소함을 발견하였다.

이와 같이 회계이익과 현금흐름의 일시성을 연구한 학자들은 종래의 연구방법인 회귀식을 사용한 주식수익률과 회계이익 간의 관계분석, 그리고 주식수익률과 현금흐름 간의 관계분석 방법은 회계이익과 현금흐름의 일시성(transitory component)이 큰 경우 회귀식의 적합성(R^2)과 회귀계수가 큰 영향을 받게 되므로 회귀식에서 일시성이 큰 경우를 통제하는 비선형 회귀식을 채택하여 회계변수의 유용성이나 추가적 설명력을 연구할 것을 권고하고 있다.

최종서와 장석오(1997)는 선행연구와 관점을 달리하여 발생액을 비재량적 발생액과 재량적 발생액으로 나눈 후에 이들이 순이익에서 차지하는 비중에 따라서 순이익과 현금흐름의 주가설명력에 차이가 있을 것으로 보았다. 이들은 비재량적 발생액은 기업의 실질적인 경영성과이나 재량적 발생액은 회계처리상의 기회주의적 임의성에 따라서 나타날 수 있으므로, 비재량적 발생액의 비중이 높을 경우에는 순이익이 기업의 경영성과를 잘 나타낼 수 있어서 순이익의 주가설명력이 높을 것이나, 재량적 발생액의 비중이 클 경우에는 순이익의 회계처리의 임의성이 포함되어 주가설명력이 오히려 감소할 것으로 보았다. 연구자들은 순이익에서 차지하는 비재량적 발생액의 비중에 따라서 순이익의 주가설명력을 조사한 결과 예측한 대로 비재량적 발생액의 비중이 높을수록 주가설명력이 증가하였다. 현금흐름도 비재량적 발생액이 큰 경우에 가장 큰 주가설명력을 보였다. 그런데 이 연구에서는 1991~1994년까지 4년간의 관찰치를 사용하여 연구했는데, 연구기간과 관찰치의 수를 증가시키면 좀 더 타당성이 높은 결과를 얻을 수 있을 것으로 보인다.

백원선 등(2001)는 주식수익률과 기업성과 측정치 간의 관계, 즉 주식수익률과 영업현금흐름, 당기순이익, 초과이익, 잉여현금흐름 및 경제적 부가가치 간의 상대적 정보내용을 비교하였다. 1991년과 1998년 사이 각 재무성과 측정치들의 주식의 초과수익률에 대한 설명력을 횡단면 회귀분석을 통하여 조사한 결과 당기순이익의 설명력이 가장 높았고 그 다음으로 초과이익, 경제적 부가가치, 영업현금흐름, 잉여현금흐름의 순으로 나타났다. 이는 회계이익은 회계기준에 내재된 개념적 문제로 인한 측정상의 오차가능성에도 불구하고 여전히 주식시장 참여자들에게 상대적으로 가장 유용한 정보를 제공하고 있음을 시사한다.

제 4 절 미래현금흐름의 예측
— 실제 현금흐름의 예측

순이익의 예측에 대한 연구는 상당히 많이 행하여졌으나 실제 현금흐름 예측에 관한 연구는 상대적으로 적다. 실제 현금흐름의 예측은 현금흐름의 예측연구나 현금흐름의 유용성 연구로 분류할 수 있다. 이 분야에 대해서는 선행연구를 간단히 정리하고, Dechow 등(1998)과 Barth(2001)를 보다 상세하게 설명하고자 한다. 현금흐름 예측연구를 충분히 이해하기 위해서는 예측(forecasting)에 대한 이해, 특히 ARIMA모형에 대한 이해가 되어 있어야 할 것이다.

1. 연간현금흐름 시계열 특성

최관(1991)은 1962~1987년 동안 NYSE에 상장된 241개 기업을 대상으로 순이익과 현금흐름의 시계열 속성을 연구하면서 〈표 5-5〉와 같은 일차자기상관계수(first-order autoregressive coefficients)를 나타내었다.

〈표 5-5〉에서 보듯이 순이익의 일차자기상관계수의 평균은 0.595로서 현금흐름의 0.452보다 커서 순이익의 지속성이 큰 것을 알 수 있다. 순이익은 발생액과 현금흐름의 합이므로 발생액이 현금흐름에 가산되어 순이익의 지속성을 증가시키는 역할을 했음도 이해할 수 있다. 또한 순이익변화의 일차자기상관계수의 평균은 −0.092로서 랜덤워크의 특성을 가질 수 있음을 나타내고 있으며, 현금흐름변화의 일차자기상관계수의 평균은 −0.396으로서 평균회귀(mean reverting)의 특성이 큰 것을 알 수 있다. 변동계수의 평균은 순이익이 100.5이고 현금흐름이 121.3이다. 〈표 5-5〉는 관련된 선행연구(Balls과 Watts 1972; Bathke 등 1989)와 유사한 통계치를 보이고 있다.

Bowen 등(1986)은 당기순이익과 현금흐름으로 1년 후와 2년 후의 현금흐름을 예측하면서 순이익과 현금흐름 중에서 어느 것이 예측력이 큰가를 분석

〈표 5-5〉 순이익과 현금흐름의 변동계수와 일차자기상관계수

	평 균	표준편차	25% 위치	50% 위치	75% 위치
패널 A 순이익					
변동계수	100.5	63.9	71.1	91.2	119.2
일차자기상관계수	0.595	0.253	0.432	0.664	0.808
패널 B 순이익 변화					
일차자기상관계수	−0.092	0.300	−0.302	−0.138	0.057
패널 C 현금흐름					
변동계수	121.3	66.7	83.1	105.0	128.6
일차자기상관계수	0.452	0.318	0.251	0.510	0.722
패널 D 현금흐름 변화					
일차자기상관계수	−0.396	0.202	−0.548	−0.425	−0.284

했다. 연구결과에 의하면 순이익과 현금흐름의 예측오차에는 유의적인 차이가 없는 것으로 나타났다. Greenberg 등(1986)은 회귀식을 이용하여 순이익과 현금흐름의 예측을 연구하였다. 회귀식의 종속변수는 미래의 현금흐름이고 설명변수는 당기순이익과 현금흐름을 사용하면서 회귀식의 R^2로서 예측력을 비교했다. 연구결과에 의하면 다섯 개의 예측기간 중에서 네 기간에서 순이익을 설명변수로 선택한 회귀식의 R^2가 높게 나타났다. 그러나 예측력의 비교는 예측오차를 계산하여 비교해야 하는데 이들의 연구는 회귀식의 적합성을 측정하는 R^2로서 예측력을 비교하여 연구결과의 해석에 주의해야 하는 한계점이 있다. Finger(1994)의 연구결과에 의하면 미래현금흐름의 단기적 예측에는 순이익보다 현금흐름이 예측력이 크고, 장기적 예측에는 순이익과 현금흐름의 예측력이 비슷하다고 보고하였다.

따라서 이러한 선행연구의 결과에 의하면 순이익과 현금흐름 중에서 어느 것이 미래현금흐름의 예측에 더욱 유용한지는 아직 논의가 종결되지 못하고 있음을 알 수 있다. 그리고 발생액에 의해서 순이익과 현금흐름의 차이가 발생하므로 미래현금흐름의 예측에 발생액의 역할이 무엇인지 연구할 수 있을 것이다.

2. 분기현금흐름의 시계열 특성

분기순이익의 시계열 특성도 현금흐름과 상당한 차이가 있음이 밝혀졌다. Brown과 Rozeff(1979)는 ARIMA모형을 사용하여 분기순이익이 (100)*(011)의 시계열 특성이 있음을 검증하였고, Griffin은 (011)*(011)의 특성이 있다고 보고하였다. 그러나 Lorek 등(1993)은 분기현금흐름은 순이익과 달리 (000)*(100) 또는 (000)*(011)의 시계열특성이 있음을 밝혔다. 이들은 이러한 분기현금흐름의 시계열모형이 현금흐름의 예측에 선행연구에서 사용한 횡단면적 다변량모형(Wilson 1986; Rayburn 1986; Bernard와 Stober 1989)보다도 우수하다고 밝혔다.

Lorek과 Willinger(1996)는 Lorek 등(1993)의 연구결과를 재확인하면서, (000)*(011)모형이 기업별(firm-specific) 시계열모형과 거의 같은 예측력을 가지고, 횡단면적 시계열모형으로는 (000)*(100)모형이 가장 예측력이 크다고 밝혔다. 그리고 이들은 회귀식의 종속변수로 과거의 현금흐름(CF_{t-1}, CF_{t-4})뿐만 아니라 과거의 영업이익 그리고 발생액의 구성요소인 매출채권, 재고자산, 그리고 매입채무를 포함한 다변량 시계열모형을 개발하였는데, 이 모형의 예측력은 앞서의 (000)*(011), (000)*(100)보다도 더욱 우수하였다. 따라서 이들은 현금흐름의 예측에 과거의 현금흐름뿐만 아니라 순이익과 발생액까지 사용할 것을 권고하였다.

분기현금흐름의 예측에 관한 연구는 연간현금흐름에 관한 연구와 달리 미래현금흐름의 예측에 순이익과 현금흐름의 예측력을 비교해본 연구는 찾기가 어렵다. 분기현금흐름과 순이익은 시계열 특성에 상당한 차이가 있으므로, Finger(1994)와 같은 연구방법으로 순이익과 현금흐름의 예측력을 비교해보면 흥미있는 결과가 나타날 수 있을 것이다. 그리고 발생액에 의해서 순이익과 현금흐름의 예측력 차이가 발생하므로 발생액의 역할을 연구하는 것도 의미가 있을 것이다.

3. 순이익과 현금흐름의 관계를 이용한 미래현금흐름의 예측

Dechow 등(1998)은 발생기준 회계원칙을 이용하여 순이익과 현금흐름의 관계를 모형화하고, 미래현금흐름(CF_{t+1})을 예측하는 데 있어서 순이익과 현금흐름 중에서 어느 것이 더욱 우수한지 그리고 순이익과 현금흐름은 어떠한 시계열 특성이 있는지를 연구하였다.

먼저 연구자들이 모형화한 순이익과 현금흐름의 관계를 간단히 살펴보자. 이 관계는 참고목적으로 제시하므로 이를 읽지 않고 넘어가도 전체 내용을 이해하는 데는 아무런 문제가 없다.

① 매출(S)은 시계열적으로 random walk과정을 보인다. $S_t = S_{t-1} + e_t$
② 매출채권의 비중은 매출의 a이고 이는 다음 기에 전액 회수한다. $AR_t = aS_t$
③ 순이익의 비중은 매출의 π이고 비용은 매출원가밖에 없다. 순이익은 πS_t이며 매출원가는 $(1-\pi)S_t$이다.
④ 다음 기 매출원가의 γ_1 비중이 이번 기의 목표 재고자산이다. $\gamma_1(1-\pi)S_t$

⑤ 목표 재고자산과 실제 재고자산의 차이는 $\gamma_1(1-\pi)[S_t - E_{t-1}(S_t)]$이다.
⑥ 기업이 실제 재고자산을 목표 재고자산으로 조정하는 속도는 γ_2라고 하고, 이는 $\gamma_2 \times \gamma_1(1-\pi)[S_t - E_{t-1}(S_t)]$이다.
⑦ 따라서 재고자산은 $\gamma_1(1-\pi)S_t - \gamma_1 \times \gamma_2(1-\pi)e_t$이다.
여기서 $e_t = S_t - E_{t-1}(S_t)$
⑧ 구매액은 $P_t = (1-\pi)S_t + \gamma_1(1-\pi)e_t - \gamma_1 \times \gamma_2(1-\pi)\Delta e_t$이다.
⑨ 매입채무의 비중은 구매액의 b이고 이는 다음 기에 전액 지급한다.
$bP_t = b(1-\pi)S_t + \gamma_1(1-\pi)e_t - \gamma_1 \times \gamma_2(1-\pi)\Delta e_t$
⑩ 따라서 현금흐름은 다음과 같이 나타낼 수 있다.

$$CF_t = \pi S_t - [a + (1-\pi)\gamma_1 - b(1-\pi)]e_t + \gamma_1(1-\pi)[b + r_2(1-b)]\Delta e_t + b \times \gamma_1 \times r_2(1-\pi)\Delta e_t$$

여기에서, $a + (1-\pi)\gamma_1 - b(1-\pi) = \sigma$로 놓는다. σ는 영업순환주기로 정의한다.
⑪ 위의 식에서 세 번째와 네 번째의 항목은 0에 가까우므로 고려하지 않는다.
⑫ 그러면 $CF_t = \pi S_t - \sigma e_t$로 표현할 수 있다.

위와 같은 논리는 매우 복잡하게 보인다. 그러나 이는 모형화를 위한 수식의 전개에 불과할 수도 있다. 왜냐하면 수식의 마지막 단계는 $CF_t = \pi S_t - \sigma e_t$인데 이는 「현금흐름=순이익−발생액」의 논리와 동일하기 때문이다. 현금흐름의 변화(first differences)는 $\Delta CF_t = \pi e_t - \sigma(e_t - e_{t-1})$이고, 이의 시계열 상관관계는 다음과 같이 표현할 수 있다.

$$\rho \Delta CF_t \, \Delta CF_{t-1} = \sigma(\pi - \sigma) / (\pi^2 + 2\sigma^2 - 2\sigma\pi)$$

위 식에서 분모는 항상 0보다 크므로 현금흐름의 시계열 상관관계는 $(\pi - \sigma)$에 의해서 결정된다. π는 순이익률이고 σ는 영업주기로 정의되어 있다. 그런데 대부분의 기업에서는 σ보다 π가 작으므로 현금흐름의 시계열 상관관계는 음(−)으로 나타날 것으로 예측할 수 있다. 그리고 기업의 영업순환주기가 클수록 시계열 상관관계는 음(−)의 큰 값을 가지게 될 것이다.

연구결과에 의하면 시계열 상관관계의 예측치는 −0.35인데 실제치는 −0.28로서 상당히 근사하게 나타났다. 그리고 기업의 영업순환주기가 클수록 시계열 상관관계는 음(−)의 큰 값을 가지고 있었다.

연구자들은 위의 수식을 응용하여 미래현금흐름(CF_{t+1})을 예측하는 데 순이익과 현금흐름 중에서 어느 것이 우수한지를 분석적으로 연구하였다. 수식으로 예측오차의 분산 $\delta^2(FE_{t+1})$을 구한 값은 다음과 같다.

순이익으로 미래현금흐름의 예측 : $\delta^2(FE_{t+1}) = (\pi - \delta^2)\sigma^2$

현금흐름으로 미래현금흐름의 예측 : $\delta^2(FE_{t+1}) = (\pi - \delta^2)\sigma^2 + \delta^2\sigma^2$

따라서 이론상 미래현금흐름의 예측에는 순이익이 현금흐름보다 우수할 것이라고 보았다. 그리고 σ가 기업의 영업순환주기이므로 영업순환주기가 길수록 현금흐름을 사용한 예측오차가 증가하므로 순이익의 예측력이 클 것으로 예측하였다.

연구결과에 의하면, 연구자들이 기대한 대로 미래현금흐름의 예측에는 현금흐름보다 순이익의 예측정확성이 높았다. 그리고 영업순환주기가 작을수록 예측오차가 작게 나타났고, 영업순환주기가 길수록 현금흐름보다 순이익을 사용한 예측오차가 더욱 작았다.

연구자들은 미래현금흐름의 예측에 현금흐름보다 순이익의 예측력이 높은 이유를 현금흐름의 시차와 대응 문제를 완화시키는 발생액의 역할로 보았다. 따라서 이들은 발생기준 회계원칙의 유용성을 다시 한번 강조하고 있다.

4. 미래현금흐름의 예측에 있어서 발생액의 역할

Barth 등(2001)은 미래현금흐름의 예측에 발생액이 어떠한 역할을 할 수 있는지를 연구하였다. 이들은 순이익으로 미래현금흐름(CF_{t+1})을 예측하는 경우와 순이익을 현금흐름과 발생액의 중요 항목으로 나누어 미래현금흐름(CF_{t+1})을 예측할 때 어느 것이 예측력이 높은지를 보았다. 만약 순이익보다 순이익을 현금흐름과 발생액으로 나누어 미래현금흐름을 예측하는 경우가 예측력이 높다면 발생액이 미래현금흐름의 예측력을 향상시키는 역할을 하는 것이다.

연구자들은 Dechow 등(1998)이 개발한 현금흐름(CF)과 순이익(E) 관계의 모형을 좀더 발전시켜서 다음과 같은 식을 전개하였다(구체적인 수식의 전개는 Barth 등(2001)을 참조하시오). 이 수식에서 발생액은 매출채권(AR), 매입채무(AP), 그리고 재고자산(INV)만을 포함하는 것으로 한정되어 있다.

$$FE(\text{예측오차})_t = E(CF_{t+1}) - CF_t$$
$$E(CF_{t+1}) = CF_t + (1-(1-b)\gamma_1 * \gamma_2(1-\pi)a^{-1}\Delta AR_t + (1-b)\Delta INV_t - \Delta AP_t$$

위 식으로부터 우리는 미래현금흐름과 당기의 현금흐름은 (+)관계, ΔINV는 (+)관계, ΔAP는 (−)관계, 그리고 ΔAR는 부호를 결정하기 어려운 관계가 성립함을 알 수 있다. 연구자들은 발생액의 또 다른 구성요소인 감가상각비($DEPR$)와 무형자산상각비($AMORT$)는 미래현금흐름과 (+)관계에 있는 것으로 보았다. 이는 유형자산과 무형자산에 대한 투자는 앞으로의 현금흐름을 창출하게 되기 때문이다.

Barth 등(2001)은 이 연구모형으로 그들의 이론을 검증하였다.

$$CF_{it+1} = \phi + \Sigma\phi_{t-\tau}E_{i,t-\tau} + u_{i,t} \quad (1)$$
$$CF_{it+1} = \phi + \phi_{CF}CF_{i,t} + \phi_{AR}\Delta AR_{i,t} + \phi_I\Delta INV_{i,t} + \phi_{AP}\Delta AP_{i,t} + \phi_D\Delta DEPR_{i,t} + \phi_{AM}\Delta AMORT_{i,t} + \phi_O OTHER_{i,t} + u_{i,t} \quad (2)$$

실증분석 결과는 다음과 같다.

변 수	E_t	E_{t-1}	E_{t-2}	E_{t-3}	E_{t-4}	E_{t-5}	E_{t-6}	수정R^2
회귀계수	0.33	0.09	0.06	0.04	0.01	0.04	0.02	0.19
t값	22.82	6.08	4.17	2.92	0.92	2.51	1.94	

변 수	CF	ΔAR	ΔINV	ΔAP	$\Delta DEPR$	$\Delta AMORT$	$OTHER$	수정 R^2
회귀계수	0.59	0.42	0.32	−0.56	0.42	0.47	0.15	0.35
t값	61.34	28.10	21.75	−28.58	16.39	11.05	10.54	

(자료: Barth 등 2001)

먼저 순이익은 미래현금흐름을 예측하는 데 유용하며, 회귀식에서 여러 시계열 순이익을 사용할 경우 E_t가 가장 큰 설명력을 가지고 E_{t-6}까지 통계적으로 유의한 설명력을 가지고 있었다. 둘째, 현금흐름과 발생액도 미래현금흐름을 예측하는 데 유용하며, 발생액의 여러 중요 구성항목들도 통계적으로 유의한 설명력을 가지고 있었다. 그리고 각 구성항목들의 회귀계수는 예측한 부호를 나타내었다. 또한 기업의 영업순환주기가 짧아질수록 회귀식의 R^2가 증가하고 예측정확성이 높아졌다. 셋째, 순이익으로 미래현금흐름을 예측할 때보다 순이익을 현금흐름과 발생액의 구성항목으로 나누어 예측할 때 예측정확성이 더욱 높았다. 이는 미래현금흐름의 예측에 발생액이 예측정확성을 높이는 역할을 하고 있음을 의미한다.

제 5 절 발생액의 시장이상현상

1. 발생액의 시장이상현상

순이익은 영업현금흐름과 발생액으로 구성되어 있다. 이 중에서 영업현금흐름은 기업의 수익창출활동의 결과로서 실제 현금이 들어오고 나간 객관적인 성과측정치이기 때문에 순이익보다 좀더 객관적이고 근본적인(primitive) 수치이다. 반면에, 발생액은 실현되었거나 실현가능한 현금흐름을 나타낸다. 발생액에 대한 예로는 매출채권이나 매입채무의 증감, 재고자산의 증감, 대손상각비, 감가상각비, 구조조정비용, 그리고 자산감액손실 등이 포함된다. 이러한 항목들은 현금주의 회계원칙과 다른 발생주의 회계원칙의 적용에 따라서 나타나는 것으로 회계추정이나 원가배분방법과 같은 회계처리방법에 영향을 받게 되는 항목도 있고, 한 번 발생한 후 그 다음 회계연도에는 재발생하지 않는 비경상항목들도 있다. 이러한 성질로 인하여 발생액은 영업현금흐름보다 지속성이 낮은 것으로 보고되고 있다(Sloan 1996; Francis 등 2005). 이는 지속성이란 미래 기간에 현재와 같은 현상이 다시 발생하는 정도를 나타내므로 회계선택이나 회계추정 및 비경상적 항목이 상대적으로 큰 발생액의 경우 현금흐름보다 지속성이 낮기 때문이다.

시장이 효율적이라면 회계정보인 발생액과 영업현금흐름의 특성이 주가에 그대로 반영될 것이다. 즉 투자자들이 발생액과 영업현금흐름의 지속성을 이해하고 이를 객관적으로 평가하여 투자의사결정에 반영하게 될 것이다. 그러나 많은 선행연구들은 발생액과 영업현금흐름의 객관적인 지속성이 투자자들이 기업을 평가할 때 과대 또는 과소 평가하고 있는 시장이상현상을 발견하였다.

발생액의 시장이상현상(anomaly)을 가장 체계적으로 제시한 연구는 Sloan (1996)이다. 그는 발생액과 현금흐름의 지속성을 분석하고, 이들의 정보가 주가에 효율적으로 반영되는지를 살펴보았다. 선행연구 결과에 따르면, 발생액은 현금흐름에 비하여 지속성이 낮다. Sloan(1996)은 발생액과 현금흐름의 특성이 주가에 반영된 정도를 Mishkin(1983)의 연구방법을 적용하여 검증하였는데, 투자자들은 보고이익에 대하여 기능적 고착화 현상을 보여서, 미래 주가에 발생액과 현금흐름의 특성을 충분히 반영하지 못하고 있는 현상(accrual anomaly)이 있음을 보고하였다. 구체적으로 말하면, 발생액이 큰 기업일수록 지속성이 낮고 미래의 주가에 과대평가되었다.

2. Mishkin(1983) 검증방법과 Sloan(1996)의 연구결과

(1) Mishkin(1983) 검증방법

순이익의 지속성은 순이익의 1차자기상관계수(first-order autoregressive coefficients)로 측정한다(Freeman 등 1982). 순이익의 1차자기상관계수는 회귀식의 종속변수로 $t+1$년도 순이익(NI_{t+1}), 독립변수로 t년도 순이익(NI_t)을 놓고 회귀계수(α_1)를 산출한다.

$$NI_{t+1} = \alpha_0 + \alpha_1 NI_t + \varepsilon_{t+1} \quad (1)$$

NI는 ROA(return on assets)이고, α_1은 NI의 지속성이다. NI는 영업현금흐름(CFO)과 발생액(ACCR)으로 구성되어 있다. 1년 후 순이익에 대한 CFO(영업현금흐름/평균총자산)와 $ACCR$(총발생액/평균총자산)의 지속성을 구하기 위해서 수식 (1)의 NI를 다음과 같이 CFO와 $ACCR$로 구분하였다.

$$NI_{t+1} = \gamma_0 + \gamma_1 ACCR_t + \gamma_2 CFO_t + \nu_{t+1} \quad (2)$$

만약, NI의 구성요소인 CFO와 $ACCR$의 시계열상 특성에 차이가 없다면 1년후 순이익에 대한 CFO와 $ACCR$의 지속성도 동일($\gamma_1 = \gamma_2$)할 것이다. 그러나 현금주의 회계원칙에 의하여 경영성과를 측정한 CFO와 발생주의 회계원칙의 조정항목인 $ACCR$의 특성에 차이가 있다면 CFO와 $ACCR$의 지속성이 다르게 나타날 수 있을 것이다. 선행연구들은 발생주의 회계원칙에 포함된 회계선택과 회계추정의 재량성, 그리고 자산손상이나 구조조정 등으로 인한 일회성 음(−)의 발생액 등으로 인하여 $ACCR$의 지속성이 CFO보다 낮은 것으로 보고하였다.

발생액 시장이상현상의 검증방법은 합리적 기대가설에 따라서 검증한다. 합리적 기대가설이란 과거의 모든 이용가능한 정보를 조건으로, 어떤 경제적 현상이나 변수의 평가에 대한 시장의 주관적 확률분포가 그 현상이나 변수의 평가에 대한 객관적 확률분포와 동일하다는 주장을 의미한다.

합리적 기대가설에 따른 Mishkin(1983)의 연구방법을 살펴보자. 이 연구방법에 따르면 시장에서 순이익의 지속성 정보가 주가에 충분히 반영하는가를 다음의 수식으로 검증할 수 있다.

$$NI_{t+1} = \alpha_0 + \alpha_1 NI_t + \mu_{t+1} \quad (3)$$

$$(\gamma_{t+1} - \nu_{t+1} \mid \Phi_t) = \beta(NI_{t+1} - \alpha_0^* - \alpha_1^* NI_t) + \varepsilon_{t+1} \quad (4)$$

γ_{t+1}는 $t+1$ 기간동안 특정 주식을 보유함으로 인한 주식수익률이고, ν_{t+1}는 $t+1$ 기간동안 시장의 정상주식수익률의 주관적 기대치이며, Φ_t는 t기간말에 시장에서 이용가능한 모든 정보이다. 예측계수 α_1은 1차자기상관계수로 측정한 순이익의 지속성이다.

만약 시장에서 순이익의 지속성을 합리적으로 예측한다면, 즉 객관적 지속성을 시장에서 합리적으로 예측한다면 예측계수(α_1)가 시장평가계수(α_1^*)와 같아질 것이다. 즉 $\alpha_1 = \alpha_1^*$인 경우에는 시장의 합리적인 기대를 반영하여 이익지속성이 효율적으로 주가에 나타난다.

순이익은 영업현금흐름(CFO)과 발생액(ACCR)으로 구성되어 있다. 따라서 수식 3과 수식 4는 다음과 같이 쓸 수 있다.

$$NI_{t+1} = \delta_0 + \delta_1 ACCR_t + \delta_2 CFO_t + \nu_{t+1} \quad (5)$$

$$(\gamma_{t+1} - \nu_{t+1} \mid \Phi_t) = \beta(NI_{t+1} - \delta_0^* - \delta_1^* ACCR_t - \delta_2^* CFO_t) + \varepsilon_{t+!} \quad (6)$$

*CFO*와 *ACCR*의 시계열 정보에 대하여 시장이 효율적이라면 예측계수와 시장평가계수가 같아질($\delta_1 = \delta_1^*$, $\delta_2 = \delta_2^*$) 것이다. 그리고 만약 $\delta_1 > \delta_2 (\delta_1 < \delta_2)$인 경우에는 역시 $\delta_1^* > \delta_2^* (\delta_1^* < \delta_2^*)$로 나타날 것으로 예상할 수 있다. 또한 시장에서 *ACCR*과 *CFO*의 정보가 차이가 없다고 판단하면 δ_1과 δ_2는 차이가 나지 않을 것이다.

(2) Sloan(1996)의 연구결과

앞서의 수식 5와 수식 6을 이용하여 발생액의 이상현상을 검증한 Sloan(1996, p.305 표 5)의 분석결과를 보자.

<표 5-6> 발생액 이상현상의 검증 - Mishkin 검증

Panel A: 재무변수의 실제 값을 이용한 회귀분석

계수	계수추정치	계수추정치의 표준오차
δ_1	0.765	0.004
δ_1^*	0.911	0.014
δ_2	0.855	0.003
δ_2^*	0.826	0.010
β	1.894	0.132
시장효율성 검증	$\delta_1 = \delta_1^*$ and $\delta_2 = \delta_2^*$	
우도비통계량	180.91	
한계유의수준	0.000	

Panel B: 재무변수의 10분위 순위값(decile rankings)을 이용한 회귀분석

계수	계수추정치	계수추정치의 표준오차
δ_1	0.565	0.004
δ_1^*	0.675	0.014
δ_2	0.838	0.004
δ_2^*	0.747	0.014
β	0.063	0.001
시장효율성 검증	$\delta_1 = \delta_1^*$ and $\delta_2 = \delta_2^*$	
우도비통계량	203.75	
한계유의수준	0.000	

(표와 관련된 상세한 내용은 Sloan(1996)을 참고바람)

수식 ⑤에 의한 발생액의 지속성계수는 0.765이고 영업현금흐름의 지속성계수는 0.855이다. 그런데 시장에서 투자자들이 판단하는 지속성 정도는 이론적인 지속성과 차이가 있다. 수식 ⑥에 의한 지속성 계수를 보면 발생액이 0.911이고 영업현금흐름은 0.826이다. 발생액의 계수에 국한시켜보면 이론적 지속성은 0.765이나 시장참여자는 0.911로 평가하고 있는 것이다. 즉 시장에서 발생액의 지속성이 과대평가되고 있는 것이다.

시장이상현상이 자본시장연구에서 의미를 가지는 것은 이 이상현상을 이용하여 주식투자를 하면 초과수익을 올릴 수 있으리라는 기대 때문이다. 발생액의 시장이상현상은 투자자들이 발생액에 포함된 정보를 이해하지 못하여

발생액의 특성이 미래의 주가에 과대하게 평가되는 현상으로서, 발생액의 수준이 클수록 시장에서 발생액을 과대평가하고 발생액이 낮을 경우에는 더욱 낮게 평가한다. 따라서 만약 투자자가 발생액의 수준이 낮은 기업의 주식을 보유하고(long position), 발생액 수준이 높은 기업의 주식을 미리 매각(short position)하면 다음 기간에는 초과수익률을 올릴 수 있을 것이다.

Sloan(1996, p.307, 표 6)의 검증결과는 〈표 5-7〉과 같다. 〈표 5-7〉은 표본기업들을 발생액수준(총자산으로 나눈 크기)의 크기에 따라서 10개의 집단으로

<표 5-7> 발생액 시장 이상현상의 검증 - 주가초과수익률

발생액 수준의 크기에 따른 portfolio	규모조정 주가수익률		
	Year t+1	Year t+2	Year t+3
Lowest	0.049 (2.65)**	0.016 (1.17)	0.007 (0.55)
2	0.028 (3.60)**	0.019 (1.65)	0.006 (0.68)
3	0.024 (3.84)	0.012 (2.27)*	−0.006 (−0.86)
4	0.012 (1.66)	0.001 (0.05)	0.020 (2.72)*
5	0.001 (0.03)	0.002 (0.22)	0.006 (0.86)
6	0.010 (1.43)	0.005 (0.72)	0.016 (1.90)
7	−0.022 (−0.22)	0.003 (0.60)	−0.006 (−0.83)
8	−0.021 (−3.03)**	−0.002 (−0.31)	−0.001 (−0.01)
9	−0.035 (−3.70)**	−0.018 (−2.52)*	−0.015 (−1.60)
Highest	−0.055 (−3.98)**	−0.032 (−2.25)*	−0.022 (−1.61)
Hedge	0.104 (4.71)**	0.048 (3.15)**	0.029 (1.64)

(표와 관련된 상세한 내용은 Sloan(1996) 참조바람)

나누어 정렬하고 각 portfolio에서의 초과이익을 계산한 것이다. 규모조정 주가수익률의 $(t+1)$년을 보면 portfolio로 나눈 기업 중에서 발생액이 가장 작은 기업의 초과수익률은 4.9%이고 발생액의 크기에 따라서 나눈 portfolio의 수익률이 점차 감소하여 가장 발생액이 큰 기업집단은 초과수익률이 -5.5%를 기록하고 있다. 이러한 현상을 이용하여 발생액이 낮은 기업의 주식을 보유하고(long position), 발생액 수준이 높은 기업의 주식을 미리 매각(short position)하면 투자자는 투자금액이 없어도 초과수익을 올릴 수 있을 것이다. 〈표 5-7〉에 의하면 헤지(hedge) 포트폴리오가 초과수익률은 10.4%나 된다. 2년 후$(t+2)$에도 초과수익률은 완전히 없어지지 않고 4.8%를 나타내고 있다.

3. 선행연구의 검토의 검토

Sloan(1996)이 발생액과 관련된 시장이상현상을 보고한 이후, Xie(2001)는 발생액을 비재량적 발생액과 재량적 발생액으로 분류하여 시장이상현상을 좀더 깊이 분석하였다. 각 항목에 대한 지속성 분석에서는 재량적 발생액의 지속성이 비재량적 지속성보다 낮고 영업현금흐름의 지속성이 가장 높았다. 시장효율성에 대한 분석에서는, 시장은 재량적 발생액과 비재량적 발생액 모두를 과대평가하고 있었는데 이 중에서 재량적 발생액을 더욱 과대평가하고 있었다. Chen과 Cheng(2002)은 Xie(2001)의 연구를 한 걸음 더 확장하여, 재량적 발생액에 대한 시장이상현상이 경영자가 재량적 발생액을 계상하는 동기에 따라서 차이가 있을 것이라고 예측하였다. 이들은 경영자가 재량적 발생액을 계상하는 동기를 경영자 자신의 이익을 높이려는 기회주의적인 동기와 기업의 사적정보를 시장에 전달하려는 신호(signalling)동기로 나누었다. 이론적으로 자본시장은 효율적이므로 기회주의적 이익조정은 주가에 반영되지 않아야 하고 신호동기로 인한 이익조정만 주가에 반영되어야 한다(Subramanyam 1996). 연구결과에 따르면, 투자자와 재무분석가들은 경영자의 서로 다른 이익조정동기를 탐지하지 못하고, 재량적 발생액의 의미를 미래의 주가에 제대로 반영하지 못하고 있음을 밝혔다.

발생액 시장이상현상이 검증된 이후 여러 연구들은 기존의 시장이상현상들과 발생액 시장이상현상이 서로 별개의 독립적인 이상현상인지를 연구하였다. 예를 들면, Collins와 Hribar(2000)는 발생액의 이상현상이 이익공시후 기간의 시장이상현상(post earnings announcement drift anomaly)과 어떠한 관계에 있는지를 연구하였다. 두 시장이상현상의 관계를 조사한 이유는 발생액은 순이익의 크기와 부호에 영향을 줄 수 있어서 두 이상현상이 서로 독립적으로 존재하지 않는 현상일 수도 있기 때문이다. 연구결과에 따르면, 발생액 시장이상현상과 이익공시후 기간의 시장이상현상은 서로 다른 이상현상인 것으로 분석되었다. 또 다른 예로, Desai 등(2004)은 발생액 이상현상과 Value-Glamour(VG) 이상현상이 서로 밀접한 관계가 있음을 보이고, 두 이상현상이 독립적으로 존재하는지를 검증하였는데, 두 이상현상은 별개의 것임이 밝혀졌다.

선행연구들이 순이익의 구성요소인 현금흐름과 발생액 중에서 발생액에 주된 관심을 두고 이에 대한 시장이상현상을 연구한 반면, Dechow 등(2008)은 현금흐름에 대한 시장이상현상을 조사하였다. 그들은 자유현금흐름(free cash flow: FCF)을 현금잔액의 변화분(CASH)과 투자자들에 대한 순지출(DIST_EQ) 및 채권자들에 대한 순원금상환(DIST_D)으로 분류한 후, 각 구성요소들에 대한 지속성과 이에 대한 시장의 반응을 조사하였다. 연구결과에 의하면, 현금흐름 구성요소 중에서 DIST_EQ의 지속성이 가장 높게 나타났다. 그리고 DIST_EQ와 DIST_D의 지속성에 대해서는 투자자들이 올바르게 평가하여 주가에 반영하고 있었으나 CASH의 지속성에 대해서는 시장에서 과대평가하고 있음이 밝혀졌다.

이상에서 살펴본 바와 같이 발생액 시장이상현상은 미국 자본시장의 비효율성에 대한 이상현상의 하나로 인정되고 있다. 이에 대하여 Pincus 등(2007)은 20개국의 자료를 이용하여 발생액의 시장이상현상이 국제적이고 일반적인 현상인지를 조사하였다. 연구결과에 따르면, 단지 미국, 영국, 캐나다, 그리고 오스트레일리아에서만 발생액의 시장이상현상이 관찰되어, 이 현상이 모든 나라에서 일반적으로 발생하는 현상은 아니라고 밝혔다.

국내에서는 나종길(2006)과 고종권과 윤성수(2006)가 발생액의 시장이상현상을 검증하였는데, 선행연구들과 같이 투자자들은 현금흐름에 비하여 발생액의 지속성을 과대평가하고 있었고, 회계발생수준은 미래의 주식수익률과 음(−)의 관계를 가지는 것으로 나타났다.[2] 백원선(2008)은 발생액을 현금거래와 비현금거래의 선후관계에 따라 구분하여 발생액 이상현상을 분석하였다. 즉, 유동발생액을 손익에 반영된 후에 현금수취/지급이 뒤따르는 매출채권, 매입채무 등의 "후현금유동발생액"과 현금수취/지급 후에 손익에 반영되는 선수금, 선급금 등의 "선현금유동발생액"으로 구분한 분석에서 주식시장참여자들은 후현금유동발생액과 선현금유동발생액을 각각 상대적으로 과소평가 및 과대평가하는 경향이 있다는 것을 보고하였다. 그리고 이화득 등(2008)은 이익기업(profit firm)과 손실기업(loss firm)에 있어서 시장이상현상이 차이가 있는지를 조사하였다. 미국기업에 대한 연구에서 Dopuch 등(2005)은 이익기업에서만 이러한 현상이 나타난다고 밝혔다. 검증결과에 따르면, 우리나라에서도 미국과 같이 시장이상현상이 이익기업 표본에서는 뚜렷하게 나타났으나 손실기업에서는 유의적으로 나타나지 않았다.

최관과 백원선(2007)은 발생액의 질에 따라서 발생액의 시장이상현상에 차이가 있는지를 분석하였다. 발생액의 질은 Dechow와 Dichev(2002)의 연구를 이용하여, 발생액이 영업현금흐름으로 실현가능성이 있으면 발생액의 질이 높은 것으로, 그렇지 않으면 발생액의 질이 낮다고 보았다. 선행연구에 의하면 발생액 시장이상현상은 발생액에 포함된 회계추정과 원가배분 및 회계선택 등이 미래현금흐름의 창출에 언제 얼마나 기여하는지를 평가하기 어려워 나타나는 현상으로 보고되고 있다. 따라서 현금흐름 관련 발생액은 시장이상현상이 나타나지 않거나, 현금흐름 무관 발생액보다 시장이상현상이 작게 나타나야 할 것으로 예측하였다.

Mishkin 검증에 의하면, 우리나라에서는 발생액의 질의 높고 낮음과 무관하게 시장에서 모두 과대평가되는 경향이 있는 것으로 나타났다. 그러나 질이 낮은 발생액(현금흐름 무관 발생액)은 질이 높은 발생액(현금흐름 관련 발생액)보다 시장에서 더욱 높게 과대평가되고 있어서 본 논문의 예상을 지지하였다. 또한 헤지 포트폴리오를 이용한 주식매매전략의 결과에 의하면 질이 낮은 발생액의 크기에 따라 구성된 헤지 포트폴리오에서만 유의한 비정상 주식수익률이 획득되어 이러한 연구결과를 재확인하였다.

2) 고종권과 윤성수(2006)에서는 발생액은 시장의 과대평가 결과가 나타났으나 영업현금흐름은 선행연구(Sloan 1996)와 같은 과소평가 결과를 보이지 않았다(p. 153, 표 7).

제 6 절 결 론

영업활동으로 인한 현금흐름은 현금기준 회계원칙이 적용되어 산출되는 경영성과 측정치라고 볼 수 있다. 그런데 회계실무에서는 발생기준 회계원칙을 적용한 순이익이 경영성과의 측정치로 널리 사용되고 있다. 현금흐름에 관한 연구의 주된 연구경향은 현금흐름과 순이익을 서로 비교·분석하여 발생기준 회계원칙의 역할이 무엇인지, 현금흐름과 순이익 중에서 어느 것이 투자자의 의사결정에 더욱 유용한지를 연구하였다.

1970년대 말까지 현금흐름은 단순히 순이익에 감가상각비를 가산하거나 영업활동으로부터의 순운전자본으로 측정하였다. 따라서 순이익과 그 성질이 크게 차이가 나지 않아서 현금흐름의 쓰임새나 유용성이 크지 않다고 판단하였다. 그러나 현금흐름에 관한 측정치가 개량되고부터는 순이익과는 다른 정보를 제공하고 있다는 것이 확인되었고, 미국에서는 1988년부터 현금흐름표가 주된 재무제표로 채택되어 현금흐름에 관한 연구가 본격화되었다.

1980년대에 들어 현금흐름에 관한 연구는 순이익과 비교하여 현금흐름과 순이익 중에서 어느 것이 더 투자자의 의사결정에 유용한가를 조사하였다. 초기에는 순이익과 현금흐름의 주가설명력을 서로 비교하였는데, 대부분의 연구에서 순이익이 현금흐름보다는 주가설명력이 높게 나타나 투자자의 의사결정에 순이익이 더욱 유용함을 보였다. 이러한 연구결과는 발생기준 회계원칙이 현금기준 회계원칙보다 투자자의 의사결정에 더욱 유용하다는 것을 나타내는 것이다.

순이익과 현금흐름의 차이는 발생액(accruals)이다. 따라서 많은 학자들은 발생액 자체가 주가설명력이 있는지를 분석해 보았다. 연구결과에 따르면, 발생액은 현금흐름이 설명하지 못하는 주가의 변동을 설명할 수 있는 정보를 가지고 있음이 밝혀졌다. 이는 발생기준 회계원칙의 유용성을 다시 한번 검정한 것이다.

그러면 발생액은 기업 경영성과의 측정치로서 어떠한 역할을 하는 것인가? 발생액은 현금흐름이 나타내지 못하는 경영성과의 시차(timing difference)

와 대응(matching difference) 문제를 완화시켜주는 역할을 한다. 이에 많은 연구들은 발생액의 크기에 따라서 순이익의 유용성이 차이가 있는지 또 미래현금흐름의 예측력에 차이가 있는지 등을 연구하게 되었다. 제4절의 마지막 부분의 연구인 Dechow 등(1998)과 Barth 등(2001)은 바로 이러한 맥락에서의 연구라고 볼 수 있다.

한편, 시장이 효율적이라면 회계정보인 발생액과 영업현금흐름의 특성이 주가에 그대로 반영될 것이다. 즉 투자자들이 발생액과 영업현금흐름의 지속성을 이해하고 이를 객관적으로 평가하여 투자의사결정에 반영하게 될 것이다. 그러나 많은 선행연구들은 발생액과 영업현금흐름의 객관적인 지속성이 투자자들이 기업을 평가할 때 과대 또는 과소 평가하고 있는 시장이상현상을 발견하였다. 즉 발생액이 큰 기업일수록 지속성이 낮고 미래의 주가에 과대평가 되어 있었다.

참고문헌

고종권, 윤성수(2006). 재무보고이익－세무보고이익의 차이와 이익, 현금흐름 및 발생액의 지속성과 자본시장의 반응. 「회계학연구」. 제31권 제1호(3월): 127～162.

김정교(1994). 현금흐름개념과 재무비율 유형. 「회계학연구」(제19호): 125～155.

_____(1998). 기업특성요인별 이익의 현금흐름요소와 발생주의요소의 증분정보내용. 「회계학연구」(제1호): 155～188.

나종길(1997). 회계이익 및 현금흐름의 일시성과 추가적 정보효과. 「회계학연구」(제1호): 81～108.

_____(2006). 회계발생의 정보성에 대한 투자자의 효율성. 「경영연구」. 제21권 제4호(11월): 1～30.

백원선(2009). 발생액의 지속성, 가치관련성 및 시장효율성. 「경영학연구」. 제38권 제1호: 165～191.

백원선, 이건창, 박연희(2001). 주식수익률과 기업성과 측정치간의 관계: 영업현금흐름, 당기순이익, 초과이익, 잉여현금흐름 및 경제적 부가가치간의 상대적 정보내용 비교. 「회계학연구」(제2호): 67～88.

송인만(1989). 회계이익정보의 유용성에 관한 실증적 연구: 주별수익률을 이용한 회계이익 공시시점의 검토. 「회계학연구」(제9호): 1～24.

송인만, 최관(1992). 회계변경의 이익유연화 현상과 주가반응. 「회계학연구」(제14호): 221～246.

최관(1993). 순이익과 현금흐름의 시계열 속성에 대한 결정변수. 「회계학연구」(제13호): 185～206.

_____(1991). 주식가격에 대한 회계이익과 현금흐름의 정보가치. 「회계학연구」(제16호): 1～27.

최관, 백원선(2007). 현금전환가능성에 따른 발생액의 질과 시장 이상현상. 「회계학연구」. 제32권 제3호(9월): 1～26.

최정호(1991). 우리나라 기업의 미래 현금흐름을 예측하기 위한 회계이익과 현금흐름 변수의 비교분석에 관한 연구. 「회계학연구」(제13호): 25～48.

최종서(1998). 현금흐름 정보와 발생계정 정보가 기업가치평가에 있어서 지니는 역할에 대한 연구. 「회계와 감사연구」(제34호): 231～253.

최종서, 장석오(1997). 발생주의와 현금주의의 주식수익률에 대한 상대적 설명력－발생조정 역할의 양면성을 중심으로. 「회계와 감사연구」(제33호): 275～300.

한봉희(1998). 발생주의적 조정의 유용성 저하에 관한 실증연구. 「회계학연구」(제4호): 53～80.

Ali, A.(1994). The Incremental Information Content of Earnings, Working Capital from Operations, and Cash Flows. *Journal of Accounting Research* 32 (Spring): 61～74.

Ball, R. and P. Brown(1968). An Empirical Evaluation of Accounting Income Numbers. *Journal of Accounting Research* 6 (Autumn): 159～178.

Barth, M. E., D. P. Cram, and K. K. Nelson(2001). Accruals and the Prediction of Future Cash Flows. *The Accounting Review* 76 (January): 27～58.

Bathke A. W., K. S. Lorek, and G. L. Willinger(1989). Firm-Size and the Predictive Ability of

Quarterly Earnings Data. *The Accounting Review* 64 (January): 49~68.

Beaver, W. and R. Dukes(1972). Interperiod Tax Allocation, Earnings Expectations, and the Behavior of Security Prices. *The Accounting Review* 47 (April): 320~332.

Beaver, W. H. and W. R. Landsman(1983). The Incremental Information Content of FAS 33 Disclosures (Stanford, CT : FASB).

Bernard, V. L. and T. L. Stober(1989). The Nature and Amount of Information in Cash Flows and Accruals. *The Accounting Review* 64 (October): 624~652.

Bowen, R., D. Burgstahler, and L. Daley(1986). Evidence on the Relationships between Earnings and Various Measures of Cash Flow. *The Accounting Review* 61 (October): 713~725.

______(1987). The Incremental Information Content of Accruals versus Cash Flows. *The Accounting Review* 62 (October): 723~747.

Brown, L. D. and M. S. Rozeff(1979). Univariate Time-Series Models of Quarterly Accounting Earnings per Share: A Proposed Model. *Journal of Accounting Research* 17 (Spring): 179~189.

Chen, X. and Q. Cheng(2002). Abnormal Accrual-Based Anomaly and Managers' Motivations to Record Abnormal Accruals. Working paper. University of Chicago and University of Wisconsin-Madison.

Cheng, C. S., W. S. Hopwood, and J. C. McKeown(1992). Nonlinearity and Specification Problems in Unexpected Earnings Response Regression Models. *The Accounting Review* 67 (July): 579~598.

Collins, D. W. and P. Hribar(2000). Earnings-based and Accrual Based Market Anomalies: One Effect or Two? *Journal of Accounting and Economics* 29 (February): 101~123.

Dechow, P. M.(1994). Accounting Earnings and Cash Flows as Measures of Firm Performance: The Role of Accounting Accruals. *Journal of Accounting and Economics* 18 (July): 3~42.

Dechow, P. M., S. P. Kothari, and R. L. Watts(1998). The Relation between Earnings and Cash Flow. *Journal of Accounting and Economics* 25: 133~168.

Dechow. P. M. and I. D. Dichev(2002). The Quality of Accruals and Earnings: The Role of Accrual Estimation Errors. *The Accounting Review* 77 (Supplement): 35~59.

Dechow. P. M., S. A. Richardson, and R. G. Sloan(2008). The Persistence and Pricing of the Cash Component of Earnings. *Journal of Accounting Research* 46(3) (June): 537~566.

Desai, H., S. Rajgopal, and M. Venkatachalam(2004). Value-glamour and Accruals Mispricing: One Anomaly or Two? *The Accounting Review* 79 (Summer): 355~385.

Dopuch, N., C. Seethamraju, and W. Xu(2005). The Pricing of Accruals for Profit and Loss firms. Working paper. Washington University.

Drtina, R. E. and J. A. Largay III.(1985). Pitfalls in Calculating Cash Flow from Operations. *The Accounting Review* 60 (April): 314~326.

Finger, C.(1994). The Ability of Earnings to Predict Future Earnings and Cash Flow. *Journal of Accounting Research* 32 (Autumn): 210~223.

Francis, J., R. LaFond, P. Olsson, and K. Schipper(2005). The Market Pricing of Accruals Quality. *Journal of Accounting and Economics* 39 (June): 295~327.

Freeman, R. and S. Tse(1992). A Nonlinear Model of Security Price Reponses to Unexpected Earnings. *Journal of Accounting Research* 30 (Autumn): 185~209.

Gombola, M. T. and J. E. Ketz(1983). A Note on Cash Flow and Classification Patterns of Financial Ratios. *The Accounting Review* 58 (January): 105~114.

Greenberg, R. R., G. L. Johnson, and K. Ramesh(1986). Earnings versus Cash Flow as a Predictor of Future Cash Flow Measures. *Journal of Accounting, Auditing, and Finance* 1 (Fall): 266~277.

Griffin, P. A.(1977). The Time-Series Behavior of Quarterly Earnings: Preliminary Evidence. *Journal of Accounting Research* 15 (Spring): 71~83.

Guay, W. R. and B. K. Sidhu(2001). The Usefulness of Long-Term Accruals, ABACUS Vol. 27, No. 1: 110~131.

Ijiri, Y.(1980). Recovery Rate and Cash Flow Accounting. *Financial Executive* (March): 54~60.

Largay, J. A. and C. P. Stickney(1980). Cash Flows, Ratio Analysis and the W. T. Grant Company Bankruptcy. *Financial Analysts Journal* 36 (July-August): 51~54.

Livnat, J. and P. Zarowin(1990). The Incremental Information Content of Cash Flow Components. *Journal of Accounting and Economics* 13: 25~46.

Lorek, K. S., T. F. Schaefer, G. L. Willinger(1993). Time-Series Properties and Predictive Ability of Funds Flow Variables. *The Accounting Review* 68 (January): 151~163.

Lorek, K. S. and G. L. Willinger(1996). A Multivariate Time-Series Prediction Model for Cash Flow Data. *The Accounting Review* 71: 81~101.

Mishkin, F.(1983). A Rational Expectations Approach to Macroeconometrics: Testing Policy Effectiveness and Efficient Markets Models. Chicago IL: University of Chicago Press for the National Bureau of Economic Research.

Paek, W.(2006). Persistence and Value Relevance of Accruals and Market Efficiency. Working paper. Sungkyunkwan University. [printed in Korean]

Pincus, M., S. Rajgopal, and M. Venkatachalam(2007). The Accrual Anomaly: International Evidence. *The Accounting Review* 82 (January): 169~203.

Rayburn, J.(1986). The Association of Operating Cash Flow and Accruals with Security Returns. *Journal of Accounting Research* 24 (Supplement): 112~133.

Sloan, R.(1996). Do Stock Prices Fully Reflect Information in Accruals and Cash Flows about Future Earnings? *The Accounting Review* 71 (July): 289~315.

Subramanyam, K. R.(1996). The Pricing of Discretionary Accruals. *Journal of Accounting and*

Economics 22 (April): 249～281.

Wilson, G.(1986). The Relative Incremental Information Content of Accruals and Cash Flows: Combined Evidence at the Earnings Announcement and Annual Report Data. *Journal of Accounting Research* 24 (Supplement): 165～200.

______(1987). The Incremental Information Content of the Accrual and Funds Components of Earnings after Controlling for Earnings. *The Accounting Review* 62 (April): 293～322.

Xie, H.(2001). The Mispricing of Abnormal Accruals. *The Accounting Review* 76 (July): 357～373.

제 6 장 회계정보와 재무예측

회계정보는 일반적으로 실제 발표된 과거의 정보를 일컫는다. 그러나 실무에서는 실제 발표된 사후적 정보뿐만 아니라 실제 정보에 대한 예측정보 또한 매우 빈번하게 사용된다. 정보를 예측하는 작업은 결코 쉽지 않으며 예측이 적절하게 이루어지지 않았을 경우 의사결정을 오도할 위험도 존재한다. 반면에 예측이 적절하게 이루어져서 예측치가 미래시점에 발표될 실제 회계정보에 대한 좋은 대용치(proxy)가 된다면 예측정보는 시의적절하게 의사결정이 이루어지도록 하는 이점을 지니고 있다.

본 장에서는 공표되는 회계정보예측에 대한 실태와 경제적 의미를 검토한다. 또한 국내에서의 회계정보예측을 개선하기 위한 정책적 시사점을 논의한다.

제 1 절 회계정보예측

1. 회계정보예측의 필요성

회계정보예측은 기업의 가치를 평가하는 데 있어서 매우 중요한 변수이다. 기업의 가치는 미래 순현금흐름의 현재가치로 표시되며, 미래현금흐름은 미래 기업영업의 결과와 밀접한 연관이 있다. 여기서 미래의 영업결과는 회계정보에 기초하여 예측해볼 수 있다. 물론 발생액(accrual)의 차이로 인하여 미래의 순현금흐름과 영업의 결과가 서로 일치하지는 않는다. 만약 발생액의 차이가 평균적으로 0의 값을 갖는다면 미래의 순현금흐름은 영업의 결과와 일치하며 이 영업의 결과는 곧 현재시점의 기업의 내재가치와도 연관될 수 있다. 따라서 영업결과를 적절하게 예측할 수 있다면 기업의 내재가치를 실제에 가깝게 추정할 수 있다. 이러한 이유에서 기업의 회계정보예측은 중요한 의미를 갖는다.

한편 은행은 과거자료인 재무제표도 중시하지만 최근에 와서는 미래상환능력에 맞춘 자산건전성 분류기준(forward looking criterion: FLC)도 매우 유용하게 사용하고 있다. 이 기준은 미래지향적인 재무제표의 중요성을 강조하고 있다. 실제로 금융기관에서는 기업의 미래상환능력을 감안한 신자산건전성 분류기준을 적용하고 있다. 이 기준에 의하면 기업은 은행에서 필요한 자금을 대출받기 위해서는 최소 3년간 추정재무제표(pro forma financial statements)를 제출해야 한다. 또 제출한 추정재무제표는 반드시 은행 신용조사역이나 기업분석역에게서 타당성을 검토받아야 한다. 여기서 추정재무제표는 결국 회계정보의 예측과정에서 산출되는 결과물이라고 볼 수 있다.

또한 재무분석가의 회계정보예측은 펀드매니저는 물론 일반 개인투자자도 투자의사결정시 미래의 영업의 결과에 대한 예측을 여러 가지 의사결정변수 중 중요한 요소로 활용하고 있다. 예를 들면, 신규상장되는 기업의 공모주식의 가치평가는 수익가치, 상대가치 및 자산가치에 의해서 결정되는데, 이 중 수익가치는 새로이 상장되는 기업이 상장 후 수익을 어느 정도 발생시키는지를 추정하여 계산한다. 따라서 수익가치의 평가가 회계정보의 예측과 무관하지 않다. 이때 예측치가 실제로 발표되는 수치와 많은 차이를 보이면 이로 인하여 정보이용자의 의사결정을 오도한 것으로 간주하여 주간사들은 영업정지 조치 등의 제재를 받을 수 있다. 이와 같이 회계정보의 예측은 시장참여자의 의사결정에 지대한 영향을 미치기 때문에 예측정보의 정확성이 중요한 관건이 된다.

증권회사에서 추정하는 예측변수도 각양각색이다. 이를 모두 나열해 보면, 매출액, 당기순이익, 영업이익, 주당순이익, 감가상각, 현금흐름, 자본금, 순자산, 주당현금흐름, *PER*, 경상이익률, 매출액경상이익률, 매출액순이익률, 주당순자산, 경상*PER*, *EVA* 등이 있다. 개별 증권회사는 이 중에서 보통 3, 4개의 변수를 예측하는데, 예측변수를 변경하는 경우도 자주 있다. 가장 빈번하게 예측되는 변수는 당기순이익, 영업이익, 주당순이익이다. IFRS가 도입되면서 영업이익이 별도로 공시되지 않을 수 있으므로 영업이익이 지속적으로 예측의 대상일지는 의문이다. 증권회사별로 예측치를 발표하는 행태에는 많은 차이가 있다. 대부분의 증권회사는 1년에 1회에 한해서 예측치를 발표하며 최근에 와서 대형 증권회사의 경우 1달에 한 번씩 또는 수차례씩 예측치를 발표하기도 한다. 또한 예측대상이 되는 기업수에도 많은 차이를 보이고 있다. 모든 상장기업에 대해서 회계정보를 예측하는 증권회사가 있는가 하면 일부의 상장기업에 대해서만 회계정보를 예측하는 증권회사도 있다. 또한 최근에 와서는 코스닥상장기업에 대한 관심이 높아지면서 코스닥기업에 대한 회계정보예측작업도 늘어나고 있다.

재무분석가 예측치는 buy side analyst와 sell side analyst가 있는데, 대부분의 연구에서는 sell side analyst의 자료만을 이용하여 연구를 수행한다. buy side analyst들은 투자신탁이나 연금펀드를 위해서 일하는데, 내부적인 투자의사결정을 위해서 예측치를 발표하며 이들이 발표하는 예측치는 내부목적용이므로 접근가능하지 않다.

2. 시계열모형에 의한 회계정보예측

회계정보를 예측하는 주체는 증권회사 기업분석부서일 것이다. 그러나 이러한 기관이 아니고도 과거의 시계열적인 회계변수의 흐름에 의해서 회계정보를 예측할 수 있다. 시계열분석은 회계학적인 내용이라기보다는 계량경제학(econometrics)의 내용이기 때문에 이곳에서는 이론적 논의는 최소화한다. 다만 시계열모형이 재무분석가 등의 회계정보예측과 비교되기 때문에 Box-Jenkins 모형의 근간이 되는 개괄적인 내용을 소개한다.

우리가 흔히 얘기하는 시계열분석은 Box-Jenkins모형을 의미한다. 가장 초보적인 단계의 Box-Jenkins모형은 랜덤워크모형(random walk model)이다. 이 모형은 대상연도 이전 연도의 실제치를 대상연도의 실제 회계정보에 대한 편의가 없는(unbiased) 추정치로 가정하는 방법이다. 그 다음 단계의 간단한 Box-Jenkins모형은 추세선을 감안한 랜덤워크모형(random walk with drift)이다. 즉, 이전 연도의 회계정보에 이제까지의 추세를 감안하여 조정한 추정모형이다. 추세를 결정함에 있어서는 추정기간 동안의 매년도의 대상변수의 차이로 추세를 구하고 추정기간 동안의 모든 추세의 평균을 구하여 추정 대상연도 이전 연도의 실제 회계정보에 위와 같이 구한 평균추세를 더하여 회계정보예측으로 사용한다. 또한 분기별 재무제표에 의한 시계열분석이 수행될 경우는 계절요인(seasonal adjustment)을 감안한 시계열분석이 수행되어야 한다. 백화점 영업 등과 같이 계절적 요인이 강한 산업일 경우는 반드시 이와 같은 계절적 요인을 고려해야 한다.

3. 회계정보의 예측과정

회계정보를 예측할 때에는 여러 가지 정보의 원천이 있다. 가장 중요한 정보의 원천은 기업이 시계열적으로 발표한 과거의 회계정보이다. 재무분석가는 이 이외에도 거시경제지표, 산업동향, 증권시향 등 여러 가지 시장에서 사용가능한 정보를 사용하게 된다. 이들이 사용하는 정보에는 기업의 내부정보도 포함된다. 기업의 내부 경영자와 외부 이용자 간에는 정보의 불균형(information asymmetry)이 존재할 수밖에 없기 때문에 내부 경영자가 발표하는 예측치 또한 매우 중요한 정보원천이다.

재무분석가를 포함한 기업의 다양한 외부 이해관계자는 물론 경영자 자신도 미래시점의 기업의 재무상태를 예측하고자 한다.[1] 재무예측(financial forecasting)은 기업의 투자활동의 결과 기업의 수익성과 자금흐름에 영향을 미침으로써 기업의 재무상태가 어떻게 변화할지를 예측하는 것이다. 경영자는 재무예측에 기초하여 기업이 필요로 하는 자금의 유동성과 융통성을 파악하기를 원하며, 이를 기초로 재무계획을 수립하고 예산을 편성할 수 있다. 또한 주주 및 채권자 등은 재무예측을 통하여 기업의 수익성, 배당지급능력, 단기채무상환능력 등에 대해 사전에 평가하고자 한다.

재무예측은 매출액을 예측하는 것으로부터 시작하여 이익과 소요자금 등을 예측하는 것이며 이에 근거하여 기업의 경영성과와 재무상태를 추정할 수 있다. 또한 이러한 재무예측과 예산을 기초로 기업의 미래시점의 추정재무제표가 작성될 수 있다. 이러한 관점에서 이익예측은 재무예측의 한 단계라고 할 수 있다. 이익예측이 어떠한 과정을 거쳐서 이루어지는지를 살펴보기로 한다.

(1) 매출액의 예측추정

매출액의 예측은 이익예측을 수행하기 위한 첫 번째 단계이다. 매출액의 예측기법은 과학적이고 객관적인 방법에 의한 계량적 분석과 전문가의 경험과 식

---

1) 이익예측과정은 권수영 교수의 강의자료를 기초로 작성하였다.

견에 기초한 주관적 판단으로 구분할 수 있다. 그러나 전문가들의 개인적인 예측조차도 형식적인 절차가 드러나지 않아서 그렇지 결국은 계량적 분석이 그들의 예측기법에 근간을 이룬다고 할 수 있다. 여기서는 매출액의 계량적 예측기법으로 시계열예측과 상관관계분석에 의한 예측을 소개하기로 한다.

■ 시계열예측

시계열예측은 과거 수년간의 매출액의 변동추이를 기초로 미래 매출액을 예측하는 기법이다. 시계열예측에서는 과거의 추세가 앞으로도 계속될 것이며, 추정기간과 예측기간 사이에 구조적인 변동이 없다고 가정한다. 매출액의 예측방법으로 과거의 매출액 자료를 기초로 매출액에 영향을 주는 계절적, 순환적, 우발적 요인을 고려하여 구축되는 Box-Jenkins모형을 들 수 있다. 또는 시계열 자료에 기초하여 추세선을 추정한 후 보간법(interpolation)에 의해 미래 매출액을 예측하는 방법이 있다. 그 밖의 손쉬운 방법으로 매년 그 해로부터 몇 년 전의 매출액의 평균값을 구한 뒤 이들 평균값의 추세선을 작성하는 이동평균법(moving average method)도 있다.

■ 상관관계분석에 의한 예측

상관관계분석에 의한 매출액의 예측기법은 매출액과 매출액에 영향을 미치는 요인들의 상관관계를 분석함으로써 매출액을 예측하는 방법이다. 매출액의 예측을 위해 가장 널리 쓰이는 모형으로는 회귀분석모형이 있다. 매출액을 종속변수로 하고 매출액에 영향을 미치는 요인들을 독립변수로 하여 각 변수들이 매출액에 미치는 영향 정도를 측정할 수 있다.

매출액에 영향을 주는 요인은 거시경제상황에 대한 변수(economy-wide factors), 산업성장, 산업내 경쟁 등 산업전반에 대한 변수(industry-wide factors), 제품의 다각화 및 신규제품의 개발 등의 해당 기업 관련 변수(firm-specific factors) 등으로 구분할 수 있다. 특히 거시경제 및 산업성장에 대한 예측은 국내외 경기상황의 예측, 정부정책의 방향, 산업의 특성 등 전문적인 지식이 요구된다고 할 수 있다. 이에 따라 경영자 또는 재무분석가는 한국은행, 산업은행, KDI 등의 권위있는 전문기관의 자료나 예측치를 참조하기도 한다. 따라서 예측작업은 단순히 경영과 관련된 지표뿐만 아니라 많은 거시경제적인 요인에 의해서 영향을 받는다.

그러나 무엇보다도 매출액의 예측에 중요한 변수는 바로 예측대상기업 고유의 투자·재무·영업계획이다. 즉, 기업의 생산능력과 설비투자를 파악하고, 추가적인 자금의 소요와 채무상환능력을 분석하여 영업활동과 경영전략을 고려하는 것이 매출액을 보다 정확하게 예측할 수 있다. 한편 그 기업이 다품종 제품을 여러 산업영역에 걸쳐서 제조·생산·판매하는 경우에는 더욱 복잡해질 수 있다.

(2) 추정손익계산서에 의한 이익예측

매출액의 예측이 이루어지면 이를 기초로 추정재무제표를 작성할 수 있다. 추정재무제표는 미래 일정기간의 경영성과와 재무상태를 나타낼 뿐만 아니라 이익예측을 가능하게 하여 재무계획이나 경영전략의 수립에 활용될 수 있다. 추정재무제표의 작성방법은 매출액백분율법(percentage of sales method)과 계정흐름법(account flow method)이 있다. 매출액백분율법은 재무제표상의 특정 항목이 매출액의 증감에 따라 일정비율로 증감한다는 가정하에 각 항목을 추정하는 방법이다. 계정흐름법은 계정별로 추적하여 그 증감을 추정하는 방법

<표 6-1> 추정손익계산서

손익계산서항목		산 출 방 법
매 출 액	×××	시계열예측, 상관관계분석에 의한 예측
매출원가	×××	매출액백분율(제품별·산업별 일정)
매출총이익	×××	
판매비와 관리비	×××	매출액백분율(기업고유의 영업정책)
영업이익	×××	기업의 주요 영업활동과 관련된 이익
영업외수익과 비용	×××	투자수준 및 부채규모에 기초하여 지급이자 등 추정
법인세차감전순익	×××	기업의 경상적인 경영여건하에서의 이익(경영자가 통제가능한 이익)
법인세비용	×××	과거 또는 예상 법인세율을 곱하여 산출
당기순이익	×××	

이다. 계정흐름법을 적용하기 위해서는 자세한 내부정보가 필요하기 때문에 재무분석가와 같은 외부이용자의 입장에서는 적절한 방법이 아니다. 여기서는 매출액백분율법에 대해 소개하기로 한다.

매출액이 일단 결정되면 이에 상응하는 매출원가를 추정해야 한다. 매출원가는 제조업체의 경우 원재료와 노무비 그리고 제조간접비를 집계하여 산출하고, 상품매매업체의 경우 매입비용에 매입운임 등의 부대비용을 가산하여 산출한다. 매출원가는 원재료의 수량과 소요노무시간 등 경쟁적인 생산가격이 어느 정도 형성되어 있고, 주어진 시설 및 유통망하에서 유사하기 때문에 그리 어렵지 않게 산출될 수 있다. 따라서 매출액에서 매출원가를 차감하여 구한 매출총이익은 제품별・산업별로 어느 정도 일정하다고 할 수 있다.

그 다음으로 추정이 필요한 항목은 급여, 광고비, 판매촉진비, 임차료, 수도광열비 등을 포함하는 판매비와 일반관리비(영업비)이다. 이 비용항목은 기존 매출액 대비 백분율을 계산한 다음 물가수준 및 수요・공급의 변동을 고려하여 산출할 수 있다. 판매비와 일반관리비는 통상적으로 하나로 묶어 표시되기 때문에 해석상 주의를 요한다. 예를 들어, 판매비와 일반관리비가 증가한 것이 판매촉진비나 광고선전비, 연구비 등이 증가하였기 때문이라면 이는 비용이 증가하였지만 기업에 대한 부정적인 뉴스는 결코 아닐 것이다. 그러나 단순히 일반관리비가 증가한 것이라면 효율성이 저해된 것으로 볼 수도 있다. 매출총이익에서 판매비와 일반관리비를 차감하여 산출되는 이익이 바로 영업이익이다. 이 영업이익은 기업고유의 영업정책이 반영된 이익으로 기업의 본연의 영업활동을 통해 벌어들인 이익을 나타낸다.

한편 매출원가와 판매비 및 관리비와는 달리 지급이자 등의 영업외비용은 매출액과 직접적으로 관련이 없기 때문에 매출액의 백분율로 추정하기에는 다소 무리가 있다. 이 경우에는 해당 기업의 투자활동수준과 사채 및 차입금 규모를 고려하여 추정해야 한다. 영업이익에서 영업외수익과 비용을 차감하면 바로 법인세차감전순익이 산출된다. 법인세차감전순익은 경영자가 중장기적으로 영업정책은 물론 투자・재무정책에 영향을 미칠 수 있으므로 통상적으로 경영자가 통제가능한(controllable) 이익이라고 한다. 법인세는 과거의 세율이나 예상세율을 적용하여 산출한다. 법인세차감전순익에서 법인세를 제거하고 나면 바로 당기순이익이 산출된다.

이러한 과정을 거쳐 산출되는 이익예측은 각 세부항목들의 추정이 정확하지 않음으로 인해 예측오차가 발생하게 된다. 국내외 정세의 급변, 예기치 못한 경기순환, 수입원자재 값의 급등과 환율변동 등은 경영자의 통제를 벗어나고 불확실성이 크기 때문에 이익예측을 빗나가게 하는 주요 요인들이다. 또한 감가상각비, 인건비, 지급이자 등과 같이 경영자의 통제가 어느 정도 가능하였어도 예기치 않게 급변함으로 인해 예측오차를 확대시킬 소지가 있다. 따라서 단순히 과거자료와 통상적인 관계식을 단순히 적용한다면 이익예측의 정확성에 문제가 있을 수도 있음을 유념해야 한다. 또한 예측과정에 있어서 위와 같은 수치화할 수 있는 변수만이 영향을 미치는 것이 아니라 정량화할 수 없는 요인도 영향을 미칠 수 있다. 따라서 예측작업에는 많은 정도의 주관적인 판단이 개입될 수밖에 없다.

제 2 절 재무분석가 예측치의 정확성

이익은 여러 가지 방법에 의해 예측될 수 있으나 크게 시계열모형에 의한 이익예측과 재무분석가에 의한 이익예측으로 구분할 수 있다. 시계열모형이 계량적인 모형이라면 재무분석가 예측치는 계량적 모형에 비계량적 정보를 결합하여 도출된 예측치이다. 재무분석가에 의한 이익예측정보는 많은 경우에 있어 투자자들이 대가를 지불하고 구입하고 있다. 만약 과거이익에 기초한 단순한 기계적 모형에 근거한 예측치보다 재무분석가의 이익예측치가 우월하지 않다면 이익예측의 유용성 또는 존재 자체가 의심스러울 수 있다. 또한 이익예측은 주식의 평가 및 선택에 사용되기 때문에 부정확한 이익예측은 잘못된 의사결정을 초래할 수 있다. 따라서 이익예측의 체계적인 오차의 크기와 성격을 규명함으로써 이익예측의 정확성과 속성을 이해하는 것이 선행되어야 한다.

이익예측의 정확성은 실제이익과 이익예측치의 차이를 이익예측치로 나눈 비율(이익예측오차)에 의해 측정된다. 이익예측오차가 작을수록 이익예측의 정확성이 높은 것으로 판단된다. 이를 공식으로 표시하면 다음과 같다.

$$예측오차 = \frac{|\,실적치 - 예측치\,|}{예측치}$$

대가를 지불하고 구입하는 재무분석가의 이익예측이 과거이익에 기초한 단순한 기계적 모형에 근거한 예측치보다 정확성의 관점에서 더 우월한지를 살펴보기 위해서는 다음과 같은 가설이 설정될 수 있다.

$$예측오차^{AF} < 예측오차^{TS}$$

즉, 재무분석가에 의한 예측오차(예측오차^{AF})가 시계열모형에 의한 예측오차(예측오차^{TS})보다 작을 것이라는 가설이 설정될 수 있다. 그러나 과연 재무분석가가 제공하는 이익예측정보의 정확성이 과거의 자료에만 기초한 것보다 실제로 더 높은지는(예측오차가 더 낮은지는) 실증적으로 검증해보아야 할 문제라고 할 수 있다.

1. 재무분석가의 정보적 우위와 시간적 우위

재무분석가의 예측치는 이미 과거에 발표된 회계정보를 이용하기 때문에 재무분석가가 가치를 부가하는지, 즉 시계열분석자료로는 구할 수 없는 정보를 창출하는지를 검증하기 위해서 시계열분석에 근거한 정보예측과 비교된다. 재무분석가의 이익예측이 시계열모형에 의한 예측치에 비해 상대적 우위를 갖는 것은 포괄적인 정보의 집합(broad information set)과 시간적인 우위(timing advantage)라고 할 수 있다(Brown 외 3인 1987).

첫 번째는 재무분석가가 갖는 정보의 우위란 재무분석가가 사용할 수 있는 정보에는 이미 발표된 시계열정보 이외에도 거시경제적 정보 등 시장에서 사용가능한 거의 모든 형태의 정보를 분석하여 반영할 수 있음으로 인해 발생하는 분석능력에서의 우위를 말한다. 반면에 시계열분석은 과거의 발표된 정보에 근거하여 예측치를 구성하기 때문에 재무분석가가 존재가치가 있으려면 당연히 시계열분석에 의한 예측치보다 정확한 예측치가 발표되어야 한다.

한편 시간적 우위란 시계열정보는 한 회계기간 동안 발생된 최근의 정보를 그때그때 반영하지 못하지만 재무분석가는 최근의 정보에 근거하여 회계정보예측에 반영할 수 있기 때문에 발생하는 예측능력상의 우위를 의미한다. 따라서 정확성 비교의 경우, 각 재무분석가의 예측능력의 차이를 고려하지 않더라도 예측시점의 차이에 따라, 즉 예측시점이 회계연도말에 근접한 정도에 따라 정확성이 차이를 보일 수 있다.

그러나 O'Brien(1988)은 재무분석가가 우월한 능력을 갖는다는 의견에 반대되는 주장을 하였다. 즉, autoregressive 모형이 IBES 예측치에 비해서 수익률과 더 밀접한 관계가 있음을 보였다. 그럼에도 불구하고 재무분석가의 예측치를 시장에서의 기대치의 대용치로 사용함은 일반적이다.

2. 재무분석가 이익예측치의 정확성 및 편의

(1) 이익예측오차의 크기

Brown과 Rozeff(1978)는 증권분석전문기관인 Value Line사의 연간 및 분기별 회계이익예측치가 시계열예측모형보다 예측오차가 작다는 면에서 보다 정확하다는 결과를 실증적으로 제시하였다. Brown, Griffin, Hagerman과 Zmijewski(1984)는 1975년부터 1980년까지의 233개의 기업을 표본으로 선택하여 Value Line에 발표된 재무분석가의 이익예측치와 과거 연구에서 사용된 세 가지 Box-Jenkins 시계열모형의 이익예측치를 비교하였다. 분석결과, Value Line의 재무분석가 예측은 모든 경우(예측기간×예측분기조합)에 대하여 Box-Jenkins 시계열모형보다 정확한 것으로 나타났으며, 각 예측모형 모두 예측기간이 짧아질수록(단기예측일수록) 절대예측오차의 평균은 감소하는 것으로 나타났다.

우리나라의 경우 윤성준과 허성관(1991)은 시계열에 의한 예측치와 재무분석가의 예측치를 실제이익과 비교하였는데 재무분석가의 예측이 시계열분석보다 더 정확함을 보여주지 못하였다. 그들은 업종별로 두 예측모형을 비교한 결과 재무분석가의 이익예측능력의 우월성이 특정 산업에 국한되어 있음을 보여주고 있다. 반면에, 이남주와 나인철(1991)은 우리나라에 있어서 랜덤워크모형에 의한 예측치와 매일경제신문에 게재된 예측치를 비교하여 재무분석가의 이익예측이 전년 실적치보다 정확하다는 결과를 얻었다. 이경주와 장지인(1992)도 재무분석가의 예측치가 시계열에 의한 예측치보다 정확하다고 결론지었다.

이윤원과 정우성(1993)은 네 재무분석가에 의한 예측치를 이용하여 개별기업에 대한 재무분석가의 예측치는 우량기업일수록, 대기업일수록, 그리고 많은 재무분석가에 의한 예측대상기업일수록 더 정확하게 예측됨을 보여주었다. 이는 우량기업, 대기업, 예측선호기업은 그 반대의 특성을 갖는 기업군에 비하여 투자자들의 관심이 높으므로 많은 정보가 시장에 유출되기 때문이다.

한편, 김권중(1998)은 시계열분석에 의한 회계정보예측과 재무분석가의 회계정보예측의 비교에서 선행연구들이 혼합된 결과를 보인 것은 소표본에 따른 검증력의 약화 또는 표본편의(selection bias)에 기인한 것으로 인식하고, 개선된 연구설계에 의해 재무분석가의 이익예측능력을 재검증하였다. 예측시점의 우위(timing advantage)를 통제하면 재무분석가의 예측능력이 랜덤워크모형에 비해 우월하지 않은 것으로 나타나고 있다. 또한 일부 재무분석가는 오히려 랜덤워크보다 유의하게 낮은 예측정확성을 보이고 있다. 회계연도 절반이 경과한 시점(7월)에서도 재무분석가의 예측정확성이 높다는 강력한 증거가 관측되지 않고 있으며, 검증방법에 따라서는 여전히 랜덤워크모형과 차이가 없을 정도이다. 이러한 결과를 김권중은 우리나라 재무분석가의 이익예측능력이 미국의 경우와는 상당히 다르다는 것을 보여주고 있다. 이는 재무분석가의 전문성이 결여되어 있다는 김정국과 권수영(1995)의 현황조사결과와도 일치하는 것이며, 재무분석가가 적절한 예측작업을 수행하지 못한다는 정우성(1997)의 실증분석과도 일맥상통한다.

(2) 이익예측오차의 편의

이남주와 나인철(1992)은 매일경제신문에 기사화된 재무분석가의 예측치를 사용하여 예측치에 편의가 없음을, 장지인과 태석준(1992)은 대우경제연구소의 예측치에 편의가 없음을 보여주었다. 반면 윤성준 · 허성관(1991)과 이경주 · 장지인(1992)은 모두 대우경제연구소의 예측이 낙관적이라는 결과를 보고하였다. 한편, 허성관(1991)은 기업공개시 11개 주간회사에 의해서 예측된 경상이익의 정확성을 비교하였는데 기업에서 예측된 경상이익은 예측오차율이 30%를 상회하고 있어서 주간사회사의 예측이 상당히 부실한 것으로 보고하였다.

한편, 이재경, 장범식 및 우영호(1995)는 1986년부터 1993년에 걸친 8년동안 신규공모한 기업 중 345개 기업을 대상으로 하여 매출액과 경상이익 예측오차의 편의 및 주간사회사의 예측성향을 분석하였다. 연구결과를 살펴보면, 기업규모가 클수록, 예측시점이 결산월에 가까울수록 예측정확성은 증가하나, 기업의 연령에 따라 예측정확성에 유의적 차이가 나타나지 않고 있다. 이는 주간사업무 경험의 누적에도 불구하고 매출액과 경상이익에 대한 예측정확성이 향상되지 않고 있는 것으로 비용항목의 변동에 대한 예측이 부실하기 때문인 것으로 추론하고 있다.

재무분석가의 예측이 낙관적일 수 있는 이유로는 몇 가지를 들 수 있다. 첫째, 재무분석가들은 예측정보의 한 원천(source)으로 기업의 예측치 혹은 목표치를 사용하기도 하는데, 경영자는 가능하면 낙관적인 예측을 수행할 것이고 이 낙관적인 예측이 재무분석가의 예측치 결정에 영향을 주게 된다. 둘째, 경영자로부터 기업내부의 정보를 수집해야 하는 재무분석가들은 경영자와 원만한 관계를 원할 것이므로 가능한 기업에 유리한 방향으로 예측치를 발표한다는 점이다.

장지인과 태석준(1992)은 과거의 예측오차에는 영구적인 이익을 변화시키는 부분이 존재하여서 예측오차 이후에 발표되는 예측수정은 이 예측오차에 유의적으로 반영한다고 보고하였다. 장지인과 태석준은 대우경제연구소의 자료를 이용하여 예측수정이 예측오차에 포함된 이익의 지속성(earnings persistence)을 반영한다는 사실을 관찰하였다. 이러한 실증분석결과가 다른 재무분석가에게도 존재하는지를 조사할 필요가 있다. 이는 과거의 예측오차가 영구적 이익의 변화에 기인한다고 믿는 정도에 대한 해석이 각 재무분석가에 따라 다를 수 있기 때문이다.

이윤원과 정우성(1994)은 개별기업이 회계처리방법을 변경하였을 경우, 재무분석가가 매출액, 이익, 주당순이익 등을 포함한 회계정보예측시 회계변경에 의한 영향을 반영하고 있는지를 밝히고자 하였다. 실증분석 결과는 회계변경기업에 대한 재무분석가 예측오차가 비변경기업에 비해 더 크고, 회계변경기업의 경우 변경 직전 연도에 비해 회계변경연도의 예측오차가 더 크게 나타났다. 또한 회계변경으로 인해 당기순이익에 미친 영향이 재무분석가의 예측오차를 결정하는 요인으로 작용하고 있는 것으로 나타났다. 이는 회계방법변경으로 인해 당기순이익에 미치는 영향을 재무분석가가 충분히 이익예측에 반영하지 못하고 있음을 의미한다. 이 논문의 의의는 회계방법의 변경이라는 환경의 변화를 재무분석가가 효과적으로 회계정보예측에 반영하는지 여부와 재무분석가의 판단에 있어 정확성과 편의 그리고 효율성을 보여준다고 하겠다.

미국 문헌에서도 재무분석가의 예측이 낙관적이라는 실증분석 결과가 대세였는데 최근의 문헌에서는 예측치가 낙관적이라는 주장이 덜 지지를 받는다. 그 사유는 (1) 과거의 예측치가 낙관적이라는 과거의 경험을 학습하게 되고, (2) 재무분석가의 인센티브가 변화되었으며, (3) 사용되는 데이터베이스가 개선되면서 표본선택편의(selection bias)와 survivor bias(생존편의)는 존재하지 않는다. 그러나 (1)의 내용도 설득력을 갖기 어려운 것이 재무분석가 예측은 이미 오랜 기간 계속되었기 때문에 특히나 최근에 와서야 재무분석가가 과거의 낙관적인 예측에 대해서 학습효과를 갖는다는 것은 이해가 어렵다.

Richardson et al.(1999)은 최근의 재무분석가의 예측치가 낙관에서 비관적으로 전환되었다고 주장한다. Abarbanell and Lehavy(2000)는 First Call, Zacks 및 IBES 같은 데이터베이스가 이익예측에서의 이익의 정의를 당기순이익에서 계속사업부분에서의 이익으로 변경하면서 이러한 현상이 발생하였다고 주장한다.

Kothari(2001)은 재무분석가 예측치의 편의와 관련된 다음과 같은 일반적인 의문을 제기한다. 즉, 재무분석가들은 일반적으로 예측을 수행함에 특별한 항목들을 고려하지 않으며 또한 일회성의 이득이나 손실을 반영하지 않는다. IBES는 특별한 항목이 존재하거나 일회성의 이득이나 손실이 재무제표에 포함되었을 경우는 이를 조정하는 작업을 수행한다.

또 하나의 중요한 문제점은 이미 예측된 예측치를 새로운 예측치와 합함으로 인한 효과이다. 새로운 예측치는 과거의 예측치에 비해서 편의가 낮다. 즉, 모든 예측치가 시간이 경과함에 따라서 수정되는 것이 아니므로 과거의 예측치의 영향에 의해서도 예측치에 편의가 있다고 보일 수 있다.

3. 재무분석가의 이익예측 결정요인 및 우월성 원천

(1) 재무분석가의 이익예측 결정요인

이익예측의 정확성과 관련하여 자연스럽게 이어지는 주제는 예측오차의 발생 원인이 무엇이며 예측오차의 크기가 어떻게 결정되느냐에 대한 질문이다. Barefield와 Comiskey(1975)는 예측오차의 결정요인을 ① 경제(economy-wide), ② 산업(industry-wide), ③ 각 개별회사(firm-specific) 요소로 분류하였다. 이들은 각 산업평균의 최소한 25%나 그 두 배의 예측오차를 가진 표본회사의 연차보고서를 조사하였다. 그 결과 거의 모든 경우에 있어서 재무분석가의 예측오차가 클 때 연차보고서의 성과에 커다란 영향을 미치는 내용이 주석에 기재되었음을 발견하였다. 즉, 예측오차의 상당부분이 바로 예측하기 어려운 기업고유의 요인에 의해 발생한다는 것이다.

Elton, Gruber, 그리고 Gultekin(1984)도 유사한 결과를 제시하고 있다. 즉, 예측오차의 대부분은 산업성과와 기업성과의 잘못된 예측에서 기인된다는 것이다. 보다 구체적으로 살펴보면, 미국 재무분석가의 합의된 예측치(consensus forecast)의 예측오차는 회계연도 중간에 당해연도 주당순이익을 예측한 경우 경제전체요인, 업종고유요인 및 기업고유요인을 잘못 예측함에 따른 평균자승오차가 각각 2.9%, 28.2%, 68.9%로 나타났다. 허성관(1991)의 연구에서도 기업공개시 재무분석가(주간사회사)가 예측한 신규공개기업의 경상이익예측오차가 경제전반요인 7.67%, 업종고유요인 8.06%였으며, 각 공개기업의 고유한 특성요인을 잘못 예측함으로써 발생한 오차의 비중이 84.27%로 나타났다. 이러한 연구결과는 재무분석가들이 상당한 시간을 보다 세밀한 기업분석에 할애해야 한다는 것을 의미한다.

Eddy와 Seifert(1992)는 이익예측오차의 크기를 결정짓는 요인들로 예측대상회사의 크기, 이익예측가능성, 적시성(timeliness), 부채비율, 이익예측시점과 이익공표시점 간의 시간적 간격의 길이 등을 설정하였다. 이익예측오차와 부채비율의 상관관계를 비례적인 것으로 예측한 이유는 부채비율이 높으면 레버리지 효과에 의해 이익의 가변성이 높고 이는 다시 이익예측오차의 크기를 크게 할 것으로 예상되기 때문이다. 이익예측오차와 Value Line의 적시성 순위 사이의 상관관계의 부호는 사전에 설정하지 않고 단지 기술적으로 검정하였다. 위에서 언급한 모든 변수들이 통계적으로 유의하게 나타나 부채비율이 낮을수록, Value Line의 이익예측난이도 지수로 측정된 과거이익의 가변성이 작을수록, 회사가 클수록, 이익예측치가 보다 최근의 것일수록, 그리고 예상되는 실적의 측정치로 사용된 Value Line의 적시성 지수(timeliness index)가 작을수록 이익예측오차는 작은 것으로 나타났다.

(2) 재무분석가의 이익예측 우월성의 원천

이익예측의 초기 연구들은 재무분석가에 의한 이익예측치와 시계열모형에 의한 이익예측치를 정확성 측면에서 상호 비교하였다. 후속연구는 재무분석가의 예측능력이 우월하다면 그 우월성이 어디에서 오는지를 실증적으로 분석하였다. Brown, Richardson 및 Schwager(1987)는 재무분석가들이 이익을 예측하는 데 있어서 보여주는 시계열예측모형에 대한 상대적 우수성을 약간 다른 각도에서 검토하였다. Brown 외 2인은 이러한 예측우수성을 재무분석가들(이 연구의 경우 Value Line 예측가)이 사용하는 정보의 세 가지 속성으로부터 검토하였다.

첫째, 이익예측 대상기업에 대해 다루어야 하는 정보의 양(dimensionality of the information set)이다. 시계열 예측모형은 과거의 이익정보 하나만을 사용하여 미래이익을 예측하므로 대상기업에 대하여 수집·처리해야 할 정보의 양이 많으면 많을수록 재무분석가의 예측이 시계열모형의 예측에 비해 정확성이 높다고 예상할 수 있다는 것이다. 정보의 양의 대용치로 기업규모(보통주식의 시장가치+장기부채의 장부가액)를 사용하여 측정하였다.

둘째, 정보관찰치의 편차(the variance of information observations)가 높을수록 예측력이 떨어지고 따라서 상대적 예측 우수성도 저하된다는 것이다. 이는 Cukierman과 Givoly(1982)의 정보관찰치의 편차가 증가함에 따라 예측치의 분산(divergence of forecasts)도 증가한다는 주장에 그 근거를 두고 있다. 정보관찰치의 편차에 대한 대리변수로서는 재무분석가들의 이익예측치의 분산도를 사용하였다.

셋째, 사용하는 정보들간의 상관관계(correlation among the information

variables)인데, 이는 사업부문수(the number of lines of business)로 측정하였다. 이에 대하여는 그들의 모형을 통해 재무분석가의 우수성과 정(+)의 관계를 예상하였다.

이익예측치의 우수성을 종속변수로 하고 위의 세 가지 변수 및 기타 통제변수(control variables)들을 독립변수로 한 회귀분석결과를 보면 사업부문수를 제외한 위의 두 변수는 통계적으로 유의한 변수로 나타났다. Brown 등은 사업부문수에 대해 이것이 '사용되는 정보들간의 상관관계'에 대한 적절한 대리변수가 못되는 것으로 추측하고 있다. 한편, Brown, Griffin, Hagerman 그리고 Zmijewski(1987)는 재무분석가는 지속적으로 예측치를 수정할 수 있기 때문에 정확도가 점점 높아지는 결과를 보여주었다. 이는 재무분석가가 기업에 대한 새로운 정보를 계속적으로 그들의 예측치에 반영시킬 수 있기 때문이다.

예측오차의 결정요인으로서 Bhushan(1989)은 시계열모형에 의한 예측정보에 비하여 재무분석가 예측정보의 상대적 우수성을 결정짓는 요인으로 특정기업을 추적하는 재무분석가의 수(number of analyst following), 소유지분구조, 수익률차이, 영업종류의 수 등을 직관과 논리에 의해 제시하였다. Bhushan(1989)은 여기서 한걸음 더 나아가 어떤 회사는 많은 분석가들이 이익예측을 하는 반면 어떤 회사는 상대적으로 적은 분석가들이 이익예측을 하는 차이를 가져오는 회사의 특성은 무엇인지를 분석하였다. 분석결과를 보면 회사의 이익을 예측하는 분석가의 수는 기관주주의 수, 회사주가수익률의 가변성, 회사의 주가수익률과 시장수익률의 상관계수의 제곱에 비례하며 회사 영업부문의 수에 반비례하는 것으로 나타났다.

최근의 연구에서는 재무분석가가 분석하는 기업의 수와 산업의 수, 즉 복잡성이 재무분석가의 예측에 미치는 영향에 대한 연구가 진행된다. 이는 과거의 number of analyst following과는 다른 접근이다.

이경주와 장지인(1992)은 재무분석가의 예측능력의 우수성이 기업규모에 따라 차이가 나는지를 검정하였는데, 결과는 기업규모는 예측오차에 영향을 주지 않는 것으로 나타났다. 또한 이경주와 장지인은 재무분석가의 우월성에 대한 원천은 재무분석가들이 이익정보 이외에도 다양한 내부정보를 이용하기 때문인 것을 보여주었다.

4. 개별 재무분석가 예측치간 정확성 비교

손성규(1995)는 개별 재무분석가 예측치간의 정확성을 비교하였다. 또한 이론상 개별 재무분석가의 예측오차들이 서로 상쇄할 가능성이 있으므로 다수 재무분석가의 합의예측치가 개별 예측치들보다 더 정확할 것이라고 기대하였다. 이러한 예측오차의 상쇄효과가 존재한다면 재무분석가의 예측치를 종합적으로 사용하는 장점이 존재한다. 그러나 미국의 예측치를 연구한 O'Brien(1988)에 의하면 가장 최근에 발표되어 시간적 우위를 갖는 개별 재무분석가의 예측치가 다수 재무분석가의 예측합의치(consensus)보다[2] 더 정확하다고 보여주었다. 이러한 O'Brien(1988)의 시간적 이점이 우리나라의 예측치에도 적용될 수 있는지를 검토하였다. 마지막으로 다수 재무분석가의 동일 회계연도/기업에 대한 회계예측을 비교함으로써 재무분석가간의 독립성을 간접적으로 검토하였다.

첫번째 가설에서는 재무분석가가 회계정보의 예측을 수정할 때 과거의 회계예측오차가 유의적으로 사용되는지를 살펴보았다. 장지인과 태석준(1992)은 대우경제연구소의 자료를 이용하여 예측치는 최근의 예측치에 가장 최근의 예측오차의 영구적인 부분에 포함되어 있는 정보를 가산하여 형성된다는 가설을 검증하였다. 이 연구에서는 대우경제연구소의 예측치를 사용하여 밝혀진 예측오차와 예측수정의 관계가 다른 재무분석가에 일반화되는지를 검토하였다.

재무분석가의 예측수정이 효율적이며 과거의 예측오차가 예측수정시 반영된다면 재무분석가는 자신의 오류에 유의적으로 반응할 것이다. 장지인과 태석준(1992)의 연구에서 적응계수라고 지칭된 예측수정에 예측오차를 회귀분석한 회귀계수(적응계수)가 자기회귀성(autoregressive)을 띠며 안정적(stationary)이기 위해서는 −1과 +1 사이에 존재해야 한다. t 회계연도의 예측오차가 동일한 정보에 근거한 2회계연도와 3회계연도 후의 예측에 영향을 주는 정도가 크다

2) 여기에서 합의치(consensus)의 개념은 다수의 재무분석가가 회계정보예측시 어느 특정 예측치에 일치한다는 의미가 아니라 다수 재무분석가의 회계예측치의 평균 또는 중앙값의 대표성을 갖는 수치를 의미한다.

면 적응계수 및 설명력이 높을 것으로 예측되었다. 그러나 적응계수는 기대한 수준과 비슷하였으나 설명력은 오히려 낮게 나왔다.

두 번째 가설은 재무분석가의 합의된 예측치가 재무분석가의 개별 예측치보다 정확한지 여부이다. 이는 결국 개별 재무분석가의 예측오차의 상호관계에 영향을 받을 것이다. 개별 재무분석가의 특유한/고유한(idiosyncratic) 예측오차가 서로 다른 방향으로 움직인다면 예측합의치는 이들 예측오차가 상쇄되어 합의치가 더 정확할 것이다. 그러나 개별 예측오차가 동일방향으로 발생되면 개별 예측치가 더욱 정확할 수도 있다.

손성규(1995)는 5대 재무분석가만의 예측치를 사용하였으므로 거의 모든 재무분석가의 방대한 데이터베이스를 이용한 O'Brien(1988)의 연구에서보다는 개별 예측오차를 상쇄하는 합의치의 장점이 미미할 것이라고 예측하였다. 국내의 경우 재무분석가는 그 당시 대부분 1년에 한 번밖에 예측치를 발표하지 않아서 재무분석가에 의해 평균적으로 한 달에 세 번 정도의 예측치가 발표되므로 일정시점에서의 재무분석가의 합의치, 예를 들어 매월의 합의치를 계산함은 큰 의미를 갖지 않는다.

예측시점의 문제는 국내자료를 이용한 실증결과가 없기 때문에 그 영향을 추론할 수밖에 없다. 장지인과 태석준(1992)은 재무분석가가 예측수정을 일단 발표하면 이를 수정없이 발표하는 경향이 있어 각 개별기업에 대하여 활발한 예측활동이 이루어지지 않는 것으로 보았다. 이러한 결과에 근거한다면 예측시점에 따른 정확성/편의의 측정은 예측시점에 따라 영향을 받을 것이나 미국의 결과보다는 예측시점이 정확도/편의에 미치는 영향이 적을 것으로 예측된다.

기업내부의 정보를 재무분석가들이 동시에 수정없이 발표할 때 예측치가 독립적이라 할 수 있다. 그러나 처음 발표하는 재무분석가의 예측이 이후에 발표되는 재무분석가 예측의 한 지표로 사용될 수도 있다. 또는 나중에 발표되는 재무분석가는 선행 예측치와 비슷한 예측치를 발표할 수도 있고 혹은 자신의 예측치에 확신이 없다면 앞선 다른 재무분석가의 예측치와 동일한 예측치를 발표할 수도 있다. 나중에 발표되는 예측수정이 앞선 예측치와는 별개로 독립적으로 결정된다면 나중에 발표되는 예측은 앞선 예측치를 확인(confirm)해주는 역할도 할 것이다. 그러나 나중에 발표된 예측치가 독립적으로 예측되어서 앞선 예측치를 확인해주는지 또는 추가적인 분석이 없이 앞선 재무분석가의 예측치와 동일한 예측치를 발표하는지는 현실적으로 구분할 수 없다. 손성규(1995)는 동일한 예측치를 발표하는 빈도수가 많은 것으로 미루어 볼 때 재무분석가 예측치간의 독립성을 의심할 만한 것으로 관찰하고 있다.

5. 경영자의 이익예측정보

이익정보와 이익예측정보가 시장참여자의 투자의사결정에 미치는 영향을 감안할 때 그 중요성은 재론의 여지가 없다. 그러나 이익예측정보는 재무분석가에 의해서만 제공되는 것은 아니다. 미국의 경우 기업의 내부자(insider)인 경영자들이 자발적으로 당해 기업의 이익예측치를 발표하기도 한다. 기업경영자들에 의한 자발적인 이익예측치 발표가 나름대로 자리를 잡기까지에는 상당한 시일이 소요되었다.

미국 SEC는 SEC에 정기적으로 서류를 제출해야 하는 기업들에게 자발적으로 기업이익예측치를 발표하도록 1973년에 처음으로 권고하였다. 그 후 SEC는 1976년에 이익예측치를 발표하는 기업들은 예측에 사용된 주요 가정들을 함께 발표하도록 하는 권고안을 발표하기도 하였다. 그러나 기업들로부터 많은 호응을 얻지 못하였다. 이에 따라 SEC는 1979년에 기업이 SEC에 제출하는 자료나 연차보고서에 미래예측자료가 악의로 만들어졌거나 합리적 기준 없이 만들어지지 않은 한 설사 추후에 정확하지 않은 것으로 나타난다 하더라도 연방증권법하의 책임조항의 적용을 피할 수 있다는 내용을 발표하였다. 즉 Safe Harbor Rule이라는 내용이며 우리나라에서도 이 내용이 면책조항으로 자본시장법(구 증권거래법)에 도입되었다.

한편, Conference Board(1981)에 의하면 이익예측치를 발표하기를 꺼려하는 이유로 다음 두 가지를 들고 있다. 첫째, 불확실성이 많이 내재함으로 인해 정확한 예측이 어려우며, 부정확한 예측으로 발생할지도 모르는 소송사건에 계류되기를 원하지 않는다. 둘째, 주가에 좋지 않은 영향을 미칠지도 모른다는 염려 때문이다. 반면에 기업의 입장에서 이익예측을 자발적으로 공표하는 경제적 유인도 존재한다. 첫째, 경영자의 이익예측의 활동을 통해 재무분석가를 비롯하여 시장참여자들과 돈독한 유대관계를 유지할 수 있다는 것이다. 둘째, 내부자와 외부이용자 간에 존재하는 정보비대칭(information asymmetries)을 줄임으로써 주가의 효율성을 높일 수 있는 유인이다. 셋째, 외부정보이용자의 정보수집비용을 줄이고 관심을 증대시킴으로써 새로운 자본을 유입할 수 있는 자금동원력이 증대된다는 점이다. 따라서 경영자의 이익예측은 기업의 입장에서 긍정과 부정의 양면성이 있는 것으로 파악된다. 다만 이러한 정보가 공개될 때에는 공정공시제도(Fair Disclosure Rule: FD)에 근거하여 모든 시장참여자에게 동일하게 정보가 전달되어야 한다. 이러한 제도도 미국과 우리나라 간에 차이가 없다.

경영자의 이익예측에 대한 연구는 재무분석가의 이익예측과 유사하게 정보의 유용성과 정확성에 대한 방향으로 이루어졌다. 특히 내부자가 발표한 정보로서 외부이용자인 재무분석가가 발표한 예측정보보다 정확성 측면에서 우월한지는 상당한 관심대상이었다. Schreuder와 Klaassen(1984)은 Amsterdam 주식거래소에 상장되어 있는 회사들을 대상으로 외부에 공표되지 않은 경영자의 예측치 자료를 사용하였다. 연구결과에 의하면 경영자의 이익예측치나 동일기업에 대한 재무분석가의 이익예측치가 통계적으로 유의한 차이를 보이지 않는 것으로 나타났다.

Hassel과 Jennings(1984)는 1979~1982년의 기간 동안에 만들어진 116개의 경영자이익예측치를 Zacks Investment Company's Service에 보고되는 재무분석가들의 종합이익예측치(analyst consensus forecasts)와 비교하였다. 분석결과 경영자이익예측치가 발표되기 전이나 동일시점에서 발표된 재무분석가의 이익예측치는 정확성이 경영자의 이익예측치에 비해 상대적으로 떨어지는 것으로 나타났다. 그러나 그 이후에 발표되는 재무분석가의 이익예측치는 경영자이익예측치보다 더 정확하다는 것을 제시하였다. 이러한 결과는 내부자로서의 경영자가 외부이용자가 가지고 있지 못한 기업고유의 정보를 보유하고 있음을 보여주고 있다. 또한 재무분석가는 경영자의 예측정보가 공표되면 이를 자신의 이익예측에 반영하는 것을 보여줌으로써 재무분석가의 정보처리과정을 시사한다는 점에서 흥미롭다고 할 수 있다.

그러나 재무분석가의 이익예측치와 경영자이익예측치의 상호비교시에는 몇 가지 어려움이 있음을 간과할 수 없다. 첫째, 이익예측을 함에 있어서 경영자와 재무분석가들의 손실함수(loss function)가 다를 수 있다. 따라서 이익예측을 보다 정확히 하고자 하는 경제적 유인에 차이가 생길 수 있다. 둘째, 재무분석가와 경영자들은 서로 정보교환을 할 필요를 느끼며 이러한 정보교환을 통해 상호이익을 누리게 된다. 경영자는 또한 재무분석가와의 좋은 관계를 유지하기 위하여 자신의 예측치를 재무분석가에게 제공할 유인이 있다. 재무분석가 또한 경영자와의 좋은 관계를 유지하기 위해서 기업에 호의적인 예측치를 발표할 수도 있다.

이러한 결과 외부 연구자들이 경영자와 재무분석가들의 이익예측치들이 정확성 측면에서 별 차이가 나지 않는 것을 발견해냈더라도 그러한 연구결과가 사실 그 자체를 나타내는 것인지, 아니면 경영자들이 훨씬 정확한 이익예측을 할 수 있으나 이미 그 정보를 재무분석가들에게 제공하였기 때문에 나타난 것인지 구별하기가 어렵게 된다. 셋째, 경영자들은 투자·재무·영업에 관한 결정을 통해 공표되는 기업이익 규모가 일정수준에 달하도록 어느 정도 조정할 수 있으나 재무분석가들은 그와 같이 예측치를 보다 정확하게 만들 수는 없다는 점이다(Foster 1986).

이익예측치를 자발적으로 발표하는 기업의 특징은 여러 연구에 의해 진행되었다. Imhoff(1978)와 Waymire(1985) 등은 상대적으로 이익의 가변성이 낮은 특성을 지니고 있음을 발견하였다. Ruland(1979)는 자산규모가 큰 기업이, Penman(1980)은 나쁜 소식이 있을 때보다는 좋은 소식이 있을 때 이익예측치를 자발적으로 발표하는 성향이 있다는 결과를 보여주었다. 이러한 연구결과가 의미하는 바는 경영자의 이익예측은 스스로의 선택에 의한(self-selected) 것이며 내생적으로 결정된(endogenously determined) 것이라는 점이다.

국내연구에서는 정우성(1997)이 경영자의 이익예측정보를 랜덤워크(random walk)모형에 의한 예측치 및 재무분석가의 예측치와 비교·분석하였다. 실증분석결과에 의하면 경영자의 이익예측정보는 랜덤워크모형에 의한 예측치보다 정확하며 재무분석가의 예측정보와 더불어 우수한 예측치로 보고되고 있다. 경영자의 이익예측정보와 관련된 더욱 자세한 내용은 제4장에 기술된다.

제 3 절 재무분석가 예측치의 유용성

1. 이익예측치의 정보효과

이익예측 분야에서 또 하나의 중요한 연구과제는 이익예측정보의 시장참여자들에게 유용한 정보로 받아들여지느냐 여부이다. 이익예측이 기업의 미래현금에 영향을 주는 정보를, 즉 주가에 영향을 주는 정보를 포함한다면 이익예측과 주가의 움직임 사이에는 상관관계가 존재해야 한다. 이러한 상관관계는 Sharpe에 의해 개발된 기대수익률을 제시하는 CAPM을 이용하여 주가의 움직임 중 특정 회계정보에 의한 부분을 초과수익률로 측정해냄으로써 분석해 볼 수 있다.

(1) 사건연구를 통한 정보효과 검증

사건연구는 회계정보와 주가움직임의 관계를 조사함으로써 투자자의 행태, 자본시장의 운영 그리고 재무분석가 기대모형의 형성과정을 이해하는 데 도움이 된다. Givoly와 Lakonishok(1979)은 Value Line사가 이익예측치를 공시할 때 초과수익률의 분산이 통계적으로 유의하게 증가하는 것을 검증하여 재무분석가의 이익예측이 시장에 새로운 정보를 전달하는 것이라고 해석하였다. Abdel-Khalik와 Ajinkya(1982)는 재무분석가들이 이익예측의 수정치를 발표할 때 유의적인 주가반응이 일어나며 그 반응의 크기는 수정의 크기와 양의 상관관계가 있음을 보여주었다. 이러한 이익예측과 주가수익률 간의 상관관계는 재무분석가의 이익예측이 자본시장에 유용한 정보를 전달한다는 것을 의미한다.

이러한 유용성에도 불구하고 Brown, Foster 그리고 Noreen(1985)은 2년 내지 3년 후의 중·장기 이익예측정보가 주가에 미치는 영향이 과소평가되는 경향이 있음을 지적하였다. Mendenhall(1991)은 투자자들이 이익발표시점에 이익에 포함된 이익지속성(earnings persistence)과 같은 미래이익에 관한 정보를 주가에 충분히 반영하지 못하고 나중에 추가적 정보(예를 들면, 이익예측치)가 이용됨에 따라 재평가하여 반영하는 현상을 관찰하였다. Lys와 Sohn(1990)은 재무분석가들에 의한 이익예측치는 유용한 정보인데, 이러한 이익예측치는 설사 다른 분석가들의 이익예측치의 발표나 기업회계정보의 공시 이후에 나온 것이라도 여전히 투자자들에게 유용한 정보가 되고 있다는 것을 보여주고 있다. 이러한 결과에 대해 Lys와 Sohn은 투자자들이 분석가들의 기업이익예측치가 어느 정도 오차를 포함하기 마련이므로 설사 어떤 이익예측치가 다른 이익예측치 발표 이후에 나온 것이라고 할지라도 일종의 확인효과(confirmatory effect)에 의해 투자자들이 그 정보유용성을 인식하기 때문이라고 보고 있다. 이러한 결과는 또한 재무분석가들이 이익예측을 행함에 있어서 독립적으로 이루어지는 것이지 먼저 발표된 이익예측치를 단순히 모방하는 것이 아니라는 사실을 투자자들이 인식한다는 것을 의미한다고 설명하고 있다.

(2) 상관성연구

이경주와 장지인(1992)은 재무분석가의 이익예측시점과 실제회계정보 공시시점 간의 누적초과수익률과 비기대이익의 관련성을 실증적으로 보여주는 관련성연구(association study)를 수행하여 두 변수 사이에 관련성이 있음을 보여주었다. 또한 재무분석가의 예측에 의한 비기대이익과 누적초과수익률 간의 관계가 시계열분석의 예측에 의한 비기대이익과 누적비정상수익률 간의 관계보다 밀접함을 보여주었다. 이 연구는 두 가지 점을 시사한다. 첫째, 재무분석가의 예측치가 시계열예측치보다 정확함을 보였으므로 이 예측치가 시장에서의 예측치로 사용되어서 주가와의 관련성에 있어서 시계열분석보다 더 밀접한 관계를 갖는다고 해석할 수 있다. 둘째, 재무분석가의 예측치가 시계열예측치보다 정확하지 않더라도 시계열분석은 분석모형에 따라 예측치가 달라질 뿐만 아니라 재무분석가의 예측과 달리 발표되는 예측치가 아니기 때문에 나타나는 결과일 수도 있다.

장지인과 태석준(1992)은 재무분석가의 이익예측 수정이 새로운 정보로 주식시장에 전달되어 주가가 이 정보를 반영함을 보여주는 이익예측에 정보효과(information content)가 존재함을 보여주었다. 이는 재무분석가의 예측이 기존의 시장에 유출된 정보 이외의 추가적인 정보를 제공함을 의미한다.

재무분석가의 회계예측을 이용한 효율성에 대한 국내에서의 연구로는 장지인과 태석준(1992) 그리고 손성규(1996)의 연구가 있다. 장지인 · 태석준(1992)과 이남주 · 나인철(1992)의 연구에서 다음의 회귀식은 공통적으로 추정되었으나 결과는 다르게 해석되었다.

$$\text{실제이익}_{it} = a + b\ \text{예측이익}_{ijt} + v_{it}$$

i는 기업, j는 재무분석가, t는 시점에 대한 첨자이며 v_{it}는 오차항이다. 이남주와 나인철(1992)은 a=0과 b=1의 결과가 재무분석가에 의한 不偏추정성 가설검증에 사용된다고 해석하였으나 장지인과 태석준(1992)은 같은 회귀식의 결과를 불편성과 효율성을 동시에 검증할 수 있다고 해석하였다. 장지인과 태석준(1992)은 합리적 기대가설에 의하면 재무분석가의 이익예측치는 예측할 당시의 모든 가용정보를 반영해야 하지만 모든 가용정보를 정의하고 측정하여 실증적 분석에 이용할 수 없기 때문에 일반적으로 합리적 기대가설에 대해서는 그 약조건만을 검증한다고 주장하였다. 이러한 맥락에서 장지인과 태석준(1992)은 예측치가 합리적이 되기 위한 필요조건으로 ① 예측치가 통계적으로 불편적(unbiased)이고, ② 효율적이며 나아가서 현재의 예측치는 과거의 실적치나 예측치를 이용함으로써 더 이상 예측치가 개선될 수 없어야 한다고 주장하였다. 그러나 장지인과 태석준(1992)이 포함시킨 추가적인 조건은 우리가 흔히 사용하는 Fama의 효율적 시장가설의 측면에서 이해될 수 있는 조건이다. 장지인과 태석준(1992)에서 논의된 효율성은 통계적 효율성의 개념으로 최소분산을 갖는 불편추정치의 개념이다.

재무분석가의 예측치는 미래의 현금흐름과도 연관되는 정보이기 때문에 자본시장에서 이들 정보가 내재가치에 영향을 미치는 정보로 작용할 수 있다. 따라서 재무분석가의 예측치는 주가반응을 유발시킬 수 있다. 즉, 회계정보의 예측에 정보효과가 존재하는 것을 검증할 수 있다.

그러나 재무분석가의 예측치가 정보효과를 보임이 당연한 것은 아니다. 이는 재무분석가의 예측치가 위에서 인용된 많은 기존의 연구에서 보고되듯이 편의를 보일 수 있고 또한 이들 예측치의 정확성에 항상 의문이 제기되기 때문이다. 우리가 흔히 정보효과가 있음을 보일 때에는 강제공시인 재무제표가 발표되는 시점에서의 정보효과를 검토한다. 그러나 미래 영업의 결과가 변화하였다는 사건은 기업이 자체적으로 발표한 정보는 아니더라도 재무분석가의 정보가 신뢰성이 있는 정보로 작용한다면 충분히 정보효과를 보일 수 있는 사건이다.

(3) 예측수정에 의한 정보효과 검증

재무분석가 이익예측치의 정보효과를 검증하기 위해서는 위에서 정의한 예측수정(forecast revision)에 따른 주가의 움직임을 검토할 수 있다. 즉 재무분석가의 예측치에 의해서 발표되는 회계정보예측의 방향이 긍정적인 방향으로 변경될 경우는 당연히 양의 주가반응을 예측할 수 있으며 반대방향으로의 예측의 변경이 있을 경우는 음의 주가반응을 예측할 수 있다.

미국의 대부분의 연구에서도 재무분석가의 회계정보예측이 기업의 내재가치에 영향을 미치는 사건임을 보였다. 미국에서의 대부분의 연구는 종합적인 회계정보예측 데이터베이스를 사용하였으나 Givoly(1985)와 O'Brien(1988)은 개별적인 재무분석가의 예측치를 이용하여 회계정보예측의 정보효과를 검토하였다. 정보효과를 해석함에 있어서 주의할 점은 회계정보예측의 변화와 동반한 주가변화의 인과관계이다. 대상기업의 내재가치에 영향을 미치는 경제적인 사건이 발생하였기 때문에 이를 반영하여 회계정보예측이 수정되었다고도 할 수 있다. 반면에 회계정보예측이 수정되면서 기업의 내재가치가 미래의 현금흐름 또는 이와 밀접한 관계가 있는 미래 영업의 결과와 연관되어 주가가 변동하였다고도 생각할 수 있다. 이 둘의 관계 중 어떠한 요인에 의해서 정보효과가 나타났는지를 구분함은 실질적으로 결코 용이하지 않다.

일반적으로 사용되는 재무분석가 예측정보의 정보효과는 다음과 같은 회귀식을 측정함으로써 검증할 수 있다.

$$CAR_{it} = a_1 + b_1\, REV_{it} + e_{it} \quad (1)$$

CAR는 예측정보가 발표되는 기간의 초과수익률이며 REV은 예측수정이다. 따라서 이 회귀식은 예측이 수정되는 방향과 크기에 따라 모형에서 설명되어지지 않은 수익률이 예측수정과 어떠한 관련성을 보이는지를 검토한다. b_1의 값이 양의 유의적인 값을 보인다면 이는 예측수정이 정보효과가 존재함을 보이는 결과이다.

이 회귀식은 일반적인 회계정보의 정보효과를 검토하는 연구와 매우 유사한 형태의 회귀분석이다. 주총일에 발표되는 회계정보가 정보효과가 있어서 내재가치의 변화를 유발시키는 사건임과 예측수정 또한 내재가치를 변화시키는 효과가 있어 주가반응을 유발시킴은 동일한 논리의 전개이다. b_1은 일반적인 회계정보의 정보효과를 검토하는 연구에서의 이익반응계수(earnings response coefficient)에 해당된다.

이러한 주가반응의 방향성이 기대이익의 변화와 동일한 방향성을 보일 뿐만 아니라 그 크기 또한 기대이익의 변화가 클 경우에 주가반응 또한 크다는 것을 예상할 수 있으므로 양의 유의적인 회귀계수를 기대할 수 있다. 손성규(1996)는 이 회귀식과 유사한 회귀식을 추정하여 양의 유의적인 회귀계수를 보였다. 따라서 국내에서의 거의 모든 연구에서 재무분석가의 회계정보예측에는 정보효과가 있음을 보이고 있다.

2. 시장기대치의 대용치

재무분석가 이익예측의 유용성과 관련하여 또 다른 쟁점은 재무분석가의 이익예측이 관찰가능하지 않은 시장기대치의 대용치로 사용될 수 있는지 여부이다. 자본시장에 근거한 회계연구에서 특정 회계정보가 시장에 유용한 정보를 전달하는지를 연구하기 위해서 시장이 예측하지 못한 비기대이익과 그러한 정보의 함축성에 대한 반응을 측정하는 초과수익률의 상관관계를 분석한다. 두 변수를 측정하기 위해서는 시장의 기대이익과 정상적인 기대수익률의 추정이 필요하다. 기대수익률은 자본자산가격결정모형에 이론적 기초를 둔 시장모형에 의하여 추정할 수 있는 반면 회계이익에 대한 시장기대치(market expectation)를 도출하기 위한 이익산출과정을 설명하는 이론적 모형은 아직 정립되어 있지 않은 상태이다.

시장기대치의 중요성은 기대이익이 상당한 측정오차(measurement errors)를 가지고 측정되었을 때 특정 회계수치의 정보유용성 효과를 파악하는 데 있어 검정력(power of test)이 줄어들어 정보효과가 없다는 귀무가설을 기각하지 못할 수 있다는 점에 있다. Ball과 Brown(1968) 이래 수많은 실증연구에서 시장기대이익의 대용치(surrogate)로서 과거의 실현된 이익자료를 이용한 시계열모형으로부터 도출된 예측치를 사용하여 왔다. 그러나 이러한 시계열모형으로부터의 추정치는 추정된 계수가 안정적이고 특정 모형이 이익의 속성을 반영한다는 가정을 필요로 하기 때문에 시장기대이익으로 사용하는 데 한계가 있는 것으로 여겨졌다.

최근에는 이익의 비기대부분을 좀더 정확하게 식별하기 위해 시장의 기대치로서 재무분석가의 이익예측치가 사용된다. 재무분석가의 이익예측치가 시장기대이익의 대용치로 사용될 수 있는 근거는 다른 모형에 비해 정확하고 투자자가 이성적이고 합리적이라는 가정에 근거를 두고 있다고 볼 수 있다. 구체적으로 시장기대이익의 대용치에 대한 선호도는 정확성과 이익예측오차와 초과수익률과의 상관성 두 가지로 판정될 수 있다. 재무분석가에 의한 이익예측이 시계열모형보다 정확하고 재무분석가의 예측정보가 자본시장의 정보내용을 보다 빨리 그리고 적절하게 반영한다고 볼 때 재무분석가의 이익예측치가 시장기대이익으로서 보다 적절하다고 보여지는 것이다.

Brown, Hagerman, Griffin 그리고 Zmijewski(1987)는 5가지 유형의 시계열모형과 Value Line의 이익예측들을 시장기대치로 측정하여 비기대이익을 산출하였다. 실증결과는 시계열모형으로 추정된 비기대이익보다 재무분석가의 이익예측으로 추정된 비기대이익이 초과수익률과 더 높은 상관관계가 있음이 관찰되었다. 일반적으로 시장의 종합적인 기대치는 관찰이 불가능하지만 재무분석가는 그들의 추천과 예측으로 투자자에게 영향을 미치기 때문에 시장참여자의 대표치로 간주될 수 있다고 보여지고 있다.

우리나라의 경우 이남주와 나인철(1992)은 실제회계정보와 재무분석가가 예측한 회계정보의 차이인 비기대회계정보(매출과 당기순이익)가 실제회계정보 공시기간의 누적비정상수익률과 관련성이 있음을 실증적으로 보인 사건연구(event study)를 수행하여 재무분석가의 예측치가 시장에서의 예측치(market's expectation)로, 즉 시장에서의 이익예측의 대용치(surrogate)로 사용됨을 보여 주었다.

3. 재무분석가 예측치의 효율성

위에서도 이미 재무분석가의 예측치가 낙관적으로 예측된다는 실증분석 결과를 보이는데, 그 다음의 질문은 자본시장이 이와 같은 편의가 있는 재무분석가의 예측에 반응하는지, 즉 고착화(fixated)되는지 아니면 예측된 수치에 반응하지만 예측치가 어느 정도 분석가의 의지가 개입된 수치라는 것을 감안하여 반응하는지와 관련된 시장효율성과 관련된 질문이다.

고착화와 관련된 내용은 보고되는 이익에 임의성이 개입될 때, 자본시장의 참여자가 보고되는 이익에 반응하는 것인지 아니면 시장이 정교한 투자자(sophisticated investor)가 되어서 보도되는 이익에 자의성이 개입된다는 것을 감안하여 이렇게 조정된 수치에 반응할 것인지의 이슈이다. 단, 이러한 논리가 재무분석가의 예측에도 그대로 적용될 수 있다.

재무분석가의 예측치가 얼마나 효율적인지는 여러 가지로 측정할 수 있다. 이를 측정하는 첫 번째 변수는 예측정확성을 들 수 있다. 즉, 정확한 예측이 효율적인 예측이라고 보는 것이다. 따라서 재무분석가 예측치의 효율성은 재무분석가의 예측치와 시계열분석에 의한 예측치의 정확성 비교와도 연관될 수 있다. 재무분석가 예측치의 효율성을 측정하는 두 번째 변수는 재무분석가가 시장에서 이용가능한 정보를 어느 정도 효율적으로 예측수정에 반영하였는지 여부이다.

Lys와 Sohn(1990) 그리고 손성규(1996) 연구에서의 연구방법을 설명하고 검증될 가설을 설정한다. 다음의 시간선은 사건의 연속성을 보여준다.

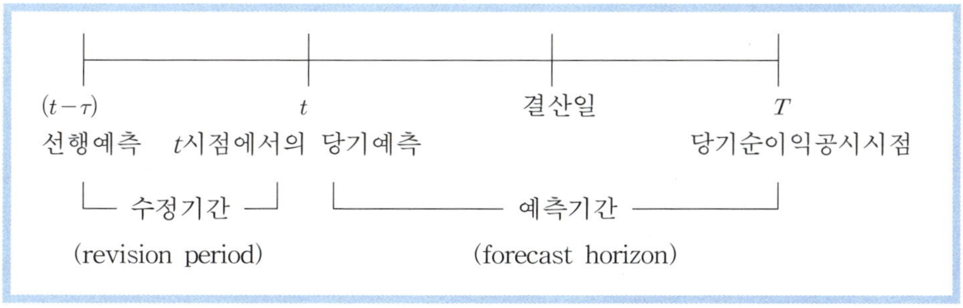

$(t-\tau)$시점에서의 선행예측은 T시점에 공시될 당기순이익을 예측하며 이 예측이 수정기간 동안 시장에 유출되는 정보에 따라 t시점에서의 당기예측으로 수정된다. $(t-\tau)$시점 이전이나 t시점 이후에도 당기순이익 예측이 발표될 수 있으나 위의 시간선은 $(t-\tau)$시점에서의 선행예측과 t시점에서의 당기예측만을 보이며 추가적인 예측이 있으면 이와 동일하게 분석된다. 수정기간은 선행예측 발표일로부터 당기예측 발표일 하루전까지의 기간으로 설정하며 예측기간은 당기예측발표일부터 당기순이익공시일까지로 설정한다.

이 연구에서는 두 기간 동안의 누적초과수익률(cumulative abnormal return)이 구해진다.

$$CAR1_{it}=\sum_{t-\tau}^{t-1} e_{it}$$
$$CAR2_{it}=\sum_{t+1}^{T} e_{it}$$

$CAR1$은 수정기간 동안의 누적초과수익률이며 $CAR2$는 예측기간 동안의 누적초과수익률이다.

실제 회계수치공시일로는 정기총회일을 사용한다. 실제회계정보가 시장에 알려지는 일자에 대해서는 논란이 있을 수 있으나 손성규(1996)의 연구는 결산공시일을 중심으로 한 사건연구(event study)가 아니기 때문에 회계정보의 정확한 공시일이 연구결과에 결정적인 영향을 미칠 것으로 보이지 않는다.

다음의 세 회귀분석이 효율성(efficiency) 검증의 기초가 된다.

$$REV_{it} = a_1 + b_1 CAR1_{it} + e_{it} \quad (1)$$
$$FE_{it} = a_2 + b_2 CAR1_{it} + c_2 CAR2_{it} + e_{it} \quad (2)$$
$$FE_{it} = a_3 + b_3 CAR1_{it} + e_{it} \quad (3)$$

회귀식 (1) 에서 회귀계수 b_1이 양의 부호이고 유의적이라면 이는 재무분석가의 예측수정치가 수정기간 중 주식시장에서 투자자에게 알려졌던 정보를 (일부 혹은 전부) 반영함을 보여준다. 재무분석가 예측의 정보효과를 검토하는 연구에서 설명변수와 종속변수가 바뀐 역회귀식(reverse regression)의 형태를 취하고 있다. 즉, 예측수정의 결과 기대이익예측액이 변화하였고 이 변화된 이익예측이 내재가치의 변화를 유발시켜서 CAR값이 영향을 받는다는 논리의 전개이다.

일부 혹은 전부를 반영하였는지는 이 회귀식을 보아서는 알 수 없다. 회귀식 (2) 의 회귀계수 b_2는 예측오차가 수정기간의 주식수익률과 상관관계가 있는지, 회귀계수 c_2는 예측기간 동안의 주식수익률이 예측발표일 이후의 투자자가 획득하는 정보를 반영하는지를 검증한다. 즉, 이 회귀계수는 예측기간 동안의 이익의 변화가 주식수익률의 변화와 正의 관계를 보이는가를 검증하며 이경주와 장지인(1992)이 재무분석가의 이익예측시점과 실제회계정보 공시시점 간의 누적초과수익률과 비기대이익의 관련성연구(association study)에서 검증한 관련성을 재검증하는 회귀계수이다. 즉, 사건연구에서는 이익의 변화와 내재가치의 변화를 단기간에 검토하지만 관련성연구에서는 비기대이익과 수익률의 변화를 장기간 동안에 검토한다. 만일 재무분석가의 예측이 비효율적이라면 예측오차는 예측발표 전까지의 기대이익의 변화를 반영하게 된다. 이는 수정기간 동안에 이미 발생한 시장에서의 기대이익의 변화를 재무분석가가 감지하지 못하고 예측수정이 완전하지 않음을 의미한다. 수정기간에 발생한 기대이익의 변화는 수정기간 동안의 누적초과수익률을 이용하여 측정한다. 이는 기업의 기대이익의 변화는 시장에 의해서 주가에 반영된다는 사실에 근거한다. 즉, 회귀계수 b_2가 양의 방향으로 유의적이면 예측수정시 일부의 정보는 반영되지만 모든 정보가 반영되는 것이 아님을 보여준다.

누적초과수익률 대신에 개별 누적수익률과 시장수익률이 사용된 차이와 당기순이익 대신에 주당당기순이익이 사용된 방법론상의 차이는 있으나 미국에서의 Lys와 Sohn(1990)의 회귀식 (1)과 유사한 결과에 의하면 수정기간 동안의 비기대이익은 수정기간 동안의 누적초과수익률에 의해서 7.02%의 설명력이 있음을 보여주었다. 또한 예측오차에 수정기간 동안의 누적초과수익률을 회귀분석한 회귀식 (3)의 결과에서 예측오차는 수정기간 동안의 누적초과수익률에 의해서 3.63%의 설명력을 가짐을 보여주었다. 즉, 34%[=3.63/(3.63+7.02] 정도의 이익변화 예측은 재무분석가의 예측이 정보적으로 효율적이었다면 예측수정에 반영되어서 예측의 정확도를 개선시킬 수 있음을 의미한다. 이 결과는 재무분석가의 예측치는 예측공표 전의 주가에 반영된 정보의 66%만을 반영하고 있음을 보여준다. 이렇게 측정한 66%의 수치가 재무분석가 예측치의 효율성을 측정하는 데 있어서 충분한 비율인지는 주관적인 판단일 수밖에 없다.

경제활동을 수행함에 있어서 많은 경제주체가 경제활동을 수행하면서 주가의 변화에 영향을 미친다. 주가는 모든 시장참여자에 의해서 결정된 균형가액이며 어느 경제주체도 이러한 주가의 흐름을 완전하게 파악하기는 어렵다.

4. 재무분석가 예측치와 이익성장성

회계정보예측치는 어느 한 시점에서 회계정보 성장성을 측정할 때 사용될 수 있다. 일반적으로 성장성은 과거의 자료를 가지고 측정하며, 측정이 용이하다는 이유로 대부분의 연구는 사후적인 성장성을 사용한다. 따라서 사전적인 성장성을 측정하기 위해서는 미래의 회계정보가 어떠한 추세로 변화되는지에 대한 분석이 필수적이며 회계정보예측은 이러한 용도로도 사용될 수 있다.

손성규(1997)는 재무분석가의 회계정보예측을 이용하여 예측된 성장성을 측정한다. 연구에 사용되는 변수를 설명하기 위하여 시간선(time line)을 다음과 같이 가정한다.

	t	$t+1$	$t+2$
예측되는 시점 :			
예측시점 t :	${}_t\ni_t{}^*$	${}_t\ni_{(t+1)}{}^{**}$	${}_t\ni_{(t+2)}{}^{***}$
예측시점 $(t+1)$:		${}_{(t+1)}\ni_{(t+1)}{}^*$	${}_{(t+1)}\ni_{(t+2)}{}^{**}$

여기서 *는 당해연도, **는 2회계연도, ***는 3회계연도 예측치를 지칭한다. $\ni$의 왼쪽 밑첨자는 예측시점을 나타내고 우측 밑첨자는 예측되는 시점을 나타내며 $\ni$는 당기순이익을 나타낸다. 예를 들어 ${}_t\ni_{i(t+1)}$는 t년도에 예측된 i 기업의 $(t+1)$년도 당기순이익 실제치에 대한 예측치이다.

재무분석가에 의해 공통적으로 예측되는 변수로는 매출, 영업이익, 당기순이익 등이 있으나 이곳에서는 당기순이익 예측치를 이용하여 성장성을 측정한다. 예측되는 성장성은 다음과 같이 측정한다. 이러한 성장성의 측정은 당해연도, 2, 3회계연도의 예측이 존재하는 재무분석가의 자료를 사용함을 가정한다.

$(G1)_{ijt}$[3]$=({}_{(t-k)}NI_{ij(t+1)} - {}_{(t-k)}NI_{ijt}) / \mid {}_{(t-k)}NI_{ijt} \mid$

$(G1)_{ijt}$ = i기업에 대해 재무분석가 j에 의해서 발표된 t년도 1년간의 성장성

${}_{(t-k)}NI_{ijt}$ = 재무분석가 j에 의해 $(t-k)$년도에 발표된 i기업의 t년도 당기순이익 예측, $k=0, 1$
$k=0$, 당해연도 예측
$k=1$, 2회계연도 예측

${}_{(t-k)}NI_{ij(t+1)}$ = 재무분석가 j에 의해 $(t-k)$년도에 발표된 i기업의 $(t+1)$년도 당기순이익 예측, $k=0, 1$
$k=0$, 2 회계연도 예측
$k=1$, 3 회계연도 예측

3) 실현된 성장성(g)과 구별하여 예측된 성장성은 G를 사용한다.

당해연도, 2회계연도, 3회계연도 예측이 발표될 수 있으므로 1년간의 성장성도 두 가지로 측정할 수 있다. 즉, t년에 발표된 예측일 경우는 $(t+1)$년을 예측한 2회계연도 예측과 $(t+2)$년을 예측한 3회계연도 예측이 존재할 수 있으므로 t년에 예측된 $(t+1)$년에서 $(t+2)$년간의 이익의 성장성을 측정할 수 있다. 또한 $(t+1)$년에는 $(t+1)$년 당해연도 예측과 $(t+2)$년의 2회계연도 예측이 발표되므로 반복하여 $(t+1)$년 당기순이익에서 $(t+2)$년 당기순이익으로의 성장성을 측정할 수 있다. $(G1)_{it}$는 i기업, t시점의 재무분석가에 의한 추측된 1년 후 성장성을 의미하는데, 이는 $(G1)_{ijt}$를 재무분석가에 대하여 평균한 값이다. 모든 j재무분석가에 의한 성장성 예측치가 있을 수 있으며 이 성장성은 j 재무분석가에 의한 성장성의 평균이므로 j첨자는 생략된다.

예측된 성장성을 이용하여 성장성이 어떠한 맥락에서 사용될 수 있는지를 개괄적으로 보이기 위해서 다음의 회귀식을 추정할 수 있다.

$$(E/P)_{it} = a_t + b_t{}^*\beta_{it} + c_t{}^*(G1)_{it} \qquad (2)$$

$(G1)_{it}$ = i기업, t시점의 재무분석가에 의해 추측된 1년 후 성장성

이 회귀식은 PER(또는 E/P비율)가 기업의 체계적 위험 및 성장성과 관련성이 있는지를 검토하기 위해 추정된다. Beaver와 Morse(1978)의 연구에서 3년 후까지의 성장성이 사용된 이유는 장기간의 파급효과를 검증하기 위함인데 미래의 성장성으로 갈수록 성장성의 영향이 점차적으로 감소할 것이므로 이 파급효과를 측정하지 못함은 감수하더라도 표본을 일정한 수준으로 유지하기 위하여 $(G1)_{it}$만을 독립변수로 사용하였다.

Zarowin(1990)은 Beaver와 Morse의 연구를 발전시켜 Beaver와 Morse에서 PER와 체계적 위험 및 성장성과의 유의적인 관계를 발견하지 못한 이유를 Beaver와 Morse가 성장성을 사용할 때 **실현된 성장성**(realized growth rate)만을 고려하였기 때문이며 그의 연구에서 예측된(estimated) 성장성을 사용할 때는 PER의 차이를 설명하는 변수로 장기간의 예측된 성장성이 유의한 관련성을 보인다고 보고하였다. 그러나 단기간의(1년간) 예측된 성장성은 이러한 관련성을 보이지 않았다. 그의 연구에서는 성장성에 대한 장기간의 실현된 성

장성과 장기간의 예측된 성장성의 상관관계는 상당한 차이를 보여서 성장성을 예측하는 데 예측오차가 많이 존재함을 보였다.

Zarowin은 투자자들이 같은 당기순이익에 대해서 가격을 달리 책정하는 이유는 이익이 사후적(ex-post)으로 실제 어떻게 변화되었는가에 의해 결정된다기보다 사전적(ex-ante)으로 이익의 성장성이 어떻게 변화될 것인가의 예측에 의해서 결정되기 때문임을 실증적으로 보여주었다. 따라서 사후적인 성장성은 과거의 재무제표에 포함된 정보에 기초하여 측정될 수 있으나 사전적인 성장성은 재무분석가의 재무예측치를 기초로 측정되어야 한다.

성장성의 개념은 가치주 및 성장주의 구분이 분명히 나타나면서 더욱 주목을 받고 있다. 성장주란 인터넷, 정보통신, 벤처기업, 생명과학(bio) 등과 관련되어 기업의 가치가 현재시점의 가치라기보다는 미래시점의 성장가능성에 근거하여 결정되는 주식을 일컫는다. 따라서 이러한 주식일수록 현재시점보다는 미래시점의 영업의 결과에 대한 가능성을 보고 기업의 가치가 결정되는 주식을 의미한다. 물론, 미래시점의 성장성은 확정적이지 않기 때문에 이러한 주식의 가치가 실현화될 수 없는 성장성 때문에 과장되어 평가될 가능성도 존재한다. 이와 같이 가치평가에 의해서 사용되는 성장성 또한 사전적인 성장성일 수밖에 없다. 순수한 연구 이외에는 실질적으로 사후적인 성장성이 사용되기는 어렵다. 또한 이러한 기업의 특징은 영업의 결과가 음의 값을 갖기가 쉽기 때문에 수익이 이익보다도 중요한 요인이 될 수도 있다.

제 4 절 재무분석가 예측의사결정과정

재무분석가의 이익예측을 보다 더 잘 이해하기 위해서는 그들의 이익예측이 어떻게 이루어지고 있으며 어떠한 속성을 지니고 있는지를 파악해야 한다. 이에 따라 본절에서는 재무분석가의 이익예측 의사결정과정을 살펴보기로 한다.

1. 재무분석가 예측행태 관련 연구

Mikhail, Walther와 Wills(1997)는 Sell-side 재무분석가가 경험이 축적될수록 더욱 정확한 예측을 발표하는지와 투자종목을 추천함에 있어서 더욱 성공적이어서 이들의 추천종목이 성공적인 투자결과를 초래하는지를 검증하였다. 이들은 재무분석가의 경험에 대한 대용치로서 과거에 대상기업에 대해서 몇 분기 동안 예측치를 발표하였는지를 사용하였다. 이들은 Learning by Doing이라는 일반적으로 통용되는 학습효과가 재무분석가의 회계정보예측에도 적용되는지를 검토한 결과 그들의 가설을 지지함을 보였다.

그들은 개별기업에 대한 경험이 증가하면서 예측이 정확해짐을 보였다. 그들은 동시에 이러한 경험의 증가로 인한 정확성의 개선이 산업에 대한 이해도의 심화에 기인하는지를 검토하였는데, 이와 관련해서는 유의적인 결과를 보이지 않는다. 즉, 재무분석가의 예측과 관련된 경험은 개별기업 연관 전문성이 중요한 것이지 해당 산업에 대한 전문성이 크게 중요하지 않다는 것을 의미한다. Herding behavior를 발전시키는 연구로는 Stickel(1992)이 Institutional Investor라는 잡지에서 선정하는 각 산업분야에서의 최고 전문가(All American research team)가 미치는 영향이 다른 재무분석가와는 차이가 있을 것이라는 접근을 시도하였다.

우리나라의 경제잡지에서도 산업별 전문 분석가와 관련되어 각 증권사의 분석가 중 누가 각 산업에서의 최고의 분석가인지의 기사를 접하게 되는데 학술적으로는 분야에 대한 전문성이 유의하게 차별화되지 않는다.

실증분석 결과에서는 경험이 많은 분석가가 예측오차를 보였을 때 시장이 더욱 유의적으로 반응하는 결과를 보인다.

Walther(1997)는 정교한 투자자(sophisticated investor)가 기대이익을 예측함에 있어서 시계열분석보다는 재무분석가의 예측치에 더욱 의존하는지를 연구하였다. 투자자의 정교함(sophistication)을 추정하기 위해서는 기관투자자가 투자한 정도, 이 기업에 대한 분석작업을 수행하고 있는 재무분석가의 수와 대상기업의 규모를 설명변수로 사용하였다. Walther는 기관투자자의 비중이 높을수록, 재무분석가의 수가 많을수록 또한 기업의 규모가 클수록 시장에서 재무분석가의 예측치에 더욱 비중을 둠을 보였다.

Das, Levine과 Sivaramakrishnan(1998)은 낙관적인 예측을 수행하는 재무분석가에게 어떠한 특징이 있는지를 횡단면적으로 살펴보았다. 구체적으로 과거예측의 정확성이 재무분석가의 편의와 연관되는지를 검토하였다. 이들 연구에서는 예측이 어려운 기업에 대해서 공적인 정보 이외 사적인 정보에 대한 수요가 높을 것으로 가설을 설정하였다. 여기서 그들은 재무분석가가 기업에 대해 낙관적인 정보를 제공하려 할 때 경영자가 재무분석가에게 사적인 정보를 제공할 유인이 있다는 논리를 전개하였다. 실증분석에 의하면, 재무분석가는 예측이 상대적으로 어려운 기업에 대해서 보다 낙관적인 회계정보를 예측하는 경향이 있다는 결과를 보여주었다. 이러한 추론은 학술적 연구와 실무적 보고서에서 오래전부터 기술되어 왔으나 실증적으로 그 결과를 보여주기는 이들의 논문이 처음이었다.

Clement(1999)는 재무분석가의 예측치가 재무분석가간에 차이가 발생하는 원인을 연구하였다. 이 연구 이전에는 재무분석가의 예측치에 차이가 있다는 것을 보였지만 이러한 차이가 무엇에 기인하는지는 연구된 바 없었다. Clement는 행동주의(behavioral accounting) 및 실험적(experimental accounting) 회계학연구에서 많이 사용되는 경험, 재무분석가가 속한 금융기관 및 재무분석가가 분석하는 기업/산업의 수를 설명변수로 사용하였다. 기업/산업의 수는 심리학에서 빈번하게 연구의 대상이 되는 업무의 복잡성(complexity)의 대용치로 사용되었다. 재무분석가의 경험은 재무분석가의 능력의 대용치로 사용되었고 재무분석가가 속한 금융기관은 재무분석가가 대형 금융기관에 의해서 고용될 때에 좀더 풍부한 정보를 소유할 수 있기 때문에 설명변수로 사용되었다. 실증분석 결과, 예측정확성은 재무분석가의 경험 및 재무분석가가 속한 금융기관을 통한 정보의 다양성과는 비례하며 복잡성과는 반비례하는 것을 보여서 설정된 가설이 모두 지지되는 결과를 보였다. 국내에서는 이와 같은 실험 및 행동주의에 근거한 연구는 아직까지 진행되지 못하고 있다.

국내의 문헌에서도 그와 같은 내용이 언급되듯이 미국의 경우에도 affiliated와 unaffiliated 재무분석가 간에 차이가 있을 수 있다. 즉, 미국보다는 우리나라에서 이러한 현상이 발생할 가능성이 더 높은데, 우리나라의 재벌기업이 증권사와 동시에 비금융기업을 동시에 소유한다면 증권사가 동일 재벌

기업집단 내의 기업에 대한 이익예측에서 배타적인 접근이 가능할 수도 있으며 동시에 더 우호적으로 예측을 수행할 수도 있다. 미국에서는 타 산업에서 영업을 수행하는 기업이 금융업까지 진출한다는 것이 어렵기 때문에 이러한 논의는 국내의 문헌에 제한된다.

그러나 엄밀하게 계열 금융회사에만 정보를 공개하였다면 이는 공정공시 제도를 위반하는 결과라고 할 수 있다.

국내에서는 권수영과 김정국(1997)이 재무분석가를 대상으로 한 설문조사를 통하여 이익예측환경 및 재무분석가의 예측행태를 살펴보았다. 이 연구에서는 재무분석가의 이익예측오차를 외부로 공표된 자료로 측정하지 않고 직접 설문조사하여 측정하였다. 이러한 접근에는 다음 두 가지 이유가 있다. 첫째, 공표된 이익예측치가 아니라 이익예측업무 담당자가 사후적으로 평가한 이익예측오차에 의해 이익예측의 정확성을 판단할 필요가 있다. 재무분석가가 이익예측을 하는 경제적 유인이 이익을 내부적으로 사전에 정확하게 예측하여 본인(기업) 또는 고객의 수익률을 높이는 데 있다면 공표되는 이익예측이 반드시 정확할 필요는 없다. 따라서 공표한 이익의 추정치와 실제 그들이 갖고 있는 내부예측치와는 괴리가 있을 수 있는 것이다.

둘째, 공표된 자료에서는 구할 수 없는 재무분석가의 행태 및 조직 관련 변수를 조사하여 이들이 예측오차에 영향을 미치는 정도를 조사할 수 있다. 즉 기존의 연구가 사용한 자료는 재무분석가가 담당하는 회사차원의 거시적 자료인 반면, 본 연구가 사용한 자료는 예측오차와 그 예측오차를 발생시킨 재무분석가의 특성과의 관계를 조사할 수 있게 하는 미시적 자료이다.

연구결과에 따르면, 담당종목에 대한 조사가 긴밀할수록, 이익예측업무에 할애하는 시간비율이 높을수록 또는 정보 및 자료의 분류・보관이 체계적으로 이루어질수록 이익예측오차가 작아지는 것을 관찰하였다. 이러한 결과는 재무분석가의 시간과 노력, 예측기간 그리고 자료의 구축 등에 따라 이익예측의 정확성이 결정된다는 것을 보여주고 있다. 따라서 이익예측의 정확성을 제고하는 것이 자본시장에서의 다양한 의사결정에 기초가 되고 정보효율성을 높인다면 위에서 분석된 환경적 요인들을 개선시키는 것이 무엇보다도 중요함을 알 수 있다.

Kinney 외 2인(2000)은 재무분석가의 예측과 회계감사에서 기술되는 중요성(materiality)을 연계하여 연구를 수행하였다. 이 연구는 재무분석가의 예측치가 낮은 분산을 보일 때 비기대이익이 작아도 주가는 크게 반응을 보이며, 재무분석가의 예측치가 높은 분산을 보일 때 비기대이익이 큼에도 불구하고 주가는 작게 반응을 보여주었다. 이러한 결과는 시장이 이미 영업의 결과의 안정성에 근거하여 비기대이익을 해석한다는 것임을 나타낸다고 할 수 있다.

2. 이익예측의 불일치정도

이익예측에 있어 또 다른 연구분야는 재무분석가의 의견불일치 정도(dispersion)이다. 이 의견불일치 정도는 미래이익의 예측에 있어서 재무분석가간의 횡단면적 분산으로 미래이익을 둘러싼 불확실성에 대한 중요한 정보를 전달한다. 과거의 이익분산은 미래이익의 불확실성을 부분적으로 반영하는 반면에 의견불일치 정도는 이익의 불확실성을 측정하여 기업의 사전적인(ex ante) 위험측정치로 사용될 수 있다. 실증분석 결과 재무분석가의 의견불일치 정도는 체계적인 위험, 주식수익률의 표준편차 및 이익성장변동성과 상관관계가 있는 것으로 나타나고 있다. 따라서 미래이익의 예측치에 대한 의견의 불일치는 기업의 사전적인 위험에 대한 유용한 정보를 가져다주는 것으로 보인다.

재무분석가 이익예측에 있어 일치하지 않는 경우 대두되는 쟁점은 개별적 예측치와 종합적 예측치의 예측오차 측면에서의 비교이다. 앞에서 살펴본 바와 같이 재무분석가들간에는 예측에 있어서 편의가 존재한다. 이들 편의를 제거하기 위한 가장 좋은 방법은 재무분석가의 예측치의 평균이나 중위수를 구하면서 편의를 제거하는 것이다. IBES의 summary tape에는 이미 이들 수치가 계산되어 있다. 중위수가 평균에 비해서 갖는 장점은 극단치(outlier)를 제거할 수 있다는 데 있다.

최근에 미국에서 재무분석가가 예측합의치에 예측치를 부합하려고 하는 현상(herding behavior)과 이에 따른 경제적 유인에 대한 연구가 널리 진행되었다. Cote와 Sanders(1997)는 herding 현상에 영향을 주는 요인으로 재무분석가의 명성, 예측능력, 합의치의 공신력, 여러 재무분석가 예측치의 분산을 들고 있다. 이들은 현장에서의 실험(field experiment)을 이용하여 이를 분석하였는데, 이들은 분석대상에게 특정기업에 대한 정보, 재무분석가의 합의치를 제공하고 이를 이용하여 예측을 수행하도록 하였다. 실험결과는 명성을 중요시하는 재무분석가가 herding에 관여할 가능성이 많은 것을 보였다. 또한 합의치의 공신력이 높을수록 herding 현상이 증가함을 보였다. 그러나 herding 현상은 합의치를 구성하는 재무분석가의 예측치의 분산과는 관련되지 않음을 보였다. herding 성향은 어떻게 보면 재무분석가들의 보수적인 성향을 나타낸다. 개별 분석가 혼자 동떨어진 예측치를 발표하여 penalize받기보다는 herding의 결과가 잘못된 예측으로 판명되더라도 분석가들이 집단적으로 비판을 받는 것이 모든 분석가들이 고려하지 못하였던 요인에 의해서 예측이 잘못되었다고 주장하기가 용이하다.

이는 프린스턴대학의 Daniel Kahneman과 Amos Tversky라는 두 심리학자가 1979년 발표한 prospective theory와도 일맥상통한다. 이를 쉽게 설명하면 주식투자로 1달러를 벌 때 느끼는 기쁨보다 1달러를 잃을 때 느끼는 슬픔이 더 크다는 의미이다. 즉, 이익을 추구하기보다는 손실을 회피하는 방식을 선호한다는 것이다. 재무분석가도 본인 혼자 소신 있는 예측치를 발표하면서 이 예측치가 정확함으로 인한 혜택을 누리기보다는 잘못된 예측을 혼자 수행하면서 입을 손실을 최소화하려는 경향이 있다는 것이다.

재무분석가들은 다른 증권회사에서 발표되는 회계정보예측 또한 정보를 이용하게 된다. 따라서 어느 산업에서 가장 뛰어난 재무분석가가 있다면 이들 재무분석가가 발표하는 예측이 그 산업을 예측하는 모든 재무분석가에 있어서 표준이 될 수 있다. 이러할 경우 이 재무분석가의 예측이 편의를 보인다면 다른 재무분석가의 예측 또한 편의를 보여 예측합의치를 사용할 경우 편의를 증폭시킬 소지도 있다.

따라서 예측합의치가 개별 예측치에 비해 우월하려면 예측편의가 다른 방향성을 보일 때에만 예측편의를 상쇄하는 효과가 있을 것이다. 그러므로 실제로 예측합의치가 개별 재무분석가의 예측치에 비해 정확성이 높은지는 실증적인 문제라고 할 수 있다. Coggin과 Hunter(1982)는 IBES자료에 포함된 재무분석가의 합의된 이익예측치가 대다수 기간에서 개별분석가의 예측치나 시계열모형에 의한 예측치보다 예측오차측면에서 우수함을 보여주었다. 이는 개별적 예측오류간에 완전한 상관관계에 있지 않는 한 예측오류가 서로 상쇄되기 때문인 것으로 보인다.

한편 재무분석가들은 경영자와의 개인면담을 통해 얻은 정보와 다른 분석가들이 공표한 예측치도 자신의 예측치 추정에 주요한 정보라고 지적하고 있다. Zacks(1979)는 기업이익예측업무 담당자들이 다른 여러 이익예측자들의 예측치 평균과 같은 합의된 예측치를 보다 잘 이용하기 위해서는 먼저 자신의 이익예측치를 종합, 이익예측치와 비교한 후 차이가 많이 나는 것에 주목해서 차이의 원인을 밝히고 예측치를 수정해 나가는 것이 바람직하다고 지적하였다. 한편 O'Brien(1988)은 IBES 데이터베이스에 있는 개별 재무분석가들의 이익예측치의 정확도를 조사하였다. 평균 회사 및 연도 효과를 조정한 회귀분석모형을 사용하여, O'Brien은 어떠한 분석가가 특출나게 지속적으로 정확히 이익을 예측하는 것은 아니라는 것을 발견하였다. 개인분석가들의 이익예측치를 종합, 이익예측치의 중간값(median consensus forecasts)과 비교한 Butler와 Lang(1991)도 어느 분석가가 지속적으로 다른 분석가들의 예측치의 중간값에 비해 정확도가 뛰어난 사례를 발견하지 못하였다. 이러한 연구들은 재무정보의 주이용자인 재무분석가들의 정보수집 및 처리과정을 이해하고 예측치의 유용성을 높이는 데 시사하는 바가 크다고 할 수 있다.

재무분석들이 herding 현상을 보일 것인지 아닌지는 그들이 어떻게 업적평가를 받는지와도 연관되어 있다. 모든 다른 예측이 실제치에 근접하였을 때, 해당 분석가의 예측만이 근접하지 않은 예측값을 보이는 경우를 해당 증권사에서 심하게 penalize한다면 거의 대부분의 분석가들은 herding하려는 현상을 보일 것이다. 반면에 이러한 penalty가 강하지 않고 오히려 해당 재무분석가만 특출나게 근접한 예측을 수행하였을 때의 보상이 강하다면 분석가들은 소신껏 예측을 수행할 수 있다. 그러나 각 증권사의 업적평가의 기준이 동일할 수 없으므로 일반적인 원칙이 존재하기는 어렵다.

제 5 절 결 론

기업을 둘러싼 다양한 이해관계자의 효율적 의사결정을 위해 이익예측의 정확성을 제고하는 방안이 요청된다. 이를 위해서는 이익예측정보를 체계적이고 신속하게 정리한 데이터베이스가 구축되어야 하며, 이익예측에 영향을 미치는 결정요인을 고려한 이익예측환경의 정립이 바람직하다고 판단된다.

이익예측정보의 데이터베이스를 구축하는 이외에도 이익예측환경이 다음과 같이 정립될 때 예측정보의 유용성은 제고되고 사회 전체적으로 자원배분이 효율적으로 이루어지도록 할 것이다.

첫째, 이익예측업무를 담당하는 재무분석가가 이익예측업무와 관련된 업무에 전념할 수 있는 이익예측환경이 조성되어야 한다. 기업분석을 위한 조사집중도가 높고 이익예측업무 시간할애비율이 높을수록 이익예측오차가 줄어드는 경향이 있는 것으로 나타났다. 이는 재무분석가의 이익예측의 우월성이 포괄적인 정보를 예측과정에 반영하기 때문이라는 점을 확인시켜주는 것이라 할 수 있다. 따라서 이익예측정보의 유용성을 제고하기 위해서는 충분한 시간을 갖고 이익예측업무를 전담할 인력의 확충이 필요하다.

둘째, 제도적 차원에서 공시제도의 정비와 자발적인 공시활동이 이루어져야 할 것이다. 재무분석가가 담당하고 있는 종목수가 많고 이를 집중적으로 조사·연구하는 데는 한계가 있기 때문에 중요한 사건이나 거래에 대한 정보가 신속하고 정확하게 전달될 수 있도록 공식적인 공시채널이 마련되어야 한다. 또한 기업들도 IR(Investor Relationship) 활동에 대한 관심을 갖고 의사소통경로를 마련하는 것이 결국에는 도움이 된다는 인식을 가져야 한다. 이러한 제도적 장치와 기업의 인식전환은 정보수집비용을 줄일 뿐 아니라 이익예측업무를 원활하게 하여 예측치의 정확성과 유용성을 높여 이용자들의 의사결정에 도움을 주리라 보여진다.

셋째, 이익예측업무를 담당하는 재무분석가의 전문화가 요청된다. 자산 및 자본금 총액에 의해 측정된 예측기관의 규모가 이익예측오차의 결정요인이 아니라는 점은 예측기관의 규모가 정보처리과정을 적절히 반영하지 못하는 대용치일 뿐만 아니라 이익예측업무가 물적자원이 아닌 인적자원에 의해 결정된다는 점을 시사한다고 볼 수 있다. 외국증권회사의 경우 국내증권회사에 비해 자산규모가 훨씬 미치지 못하지만 그들이 오랜 기간에 걸쳐 개발한 독자적인 첨단분석기법과 오랜 경험과 교육으로 무장된 전문인력으로 인해 이익예측능력이 뛰어나다. 이익예측능력은 전문적인 판단과 오랜 경험에 의해 제고될 수 있다는 점을 인식하여 이익예측담당자의 전문화가 요망된다고 하겠다.

참고문헌

권수영, 김정국(1997). 재무분석가의 이익예측정확성에 영향을 주는 요인분석. 「경영학연구」(제4호): 893~914.

김권중(1998). 재무분석가 이익예측능력의 재검증. 「회계학연구」(제3호): 157~181.

김정국, 권수영(1995). 증권산업내 기업이익 예측자들의 예측행태분석. 한국증권경제연구원.

손성규(1995). 다수 재무분석가에 의한 회계정보 예측의 비교, 「회계학연구」(제3호): 73~106.

______(1996). 재무분석가에 의한 회계정보예측의 효율성에 대한 연구. 「회계학연구」(제1호): 1~20.

______(1997). PER의 횡단면적 차이에 관한 연구. 「회계학연구」(제1호): 59~80.

______(1997). IBES를 이용한 주당순이익 예측치 정보의 원천과 성격. 「회계저널」(제1호): 25~44.

매일경제신문. 2000.11.15. 내년초 무더기 제재 우려.

윤성준, 허성관(1991). 시계열분석과 재무분석가에 의한 업종별 당기순이익예측의 비교. 「회계학연구」(제13호): 49~60.

이경주, 장지인(1992). 재무분석가의 기업회계이익 예측능력. 「회계학연구」(제14호): 193~214.

이남주, 나인철(1992). 재무분석가의 예측치를 이용하여 측정한 회계이익정보와 매출정보의 유용성에 대한 실증적 연구. 「증권학회지」(제14집): 523~553.

이윤원, 정우성(1993). 기업특성과 재무분석가 예측정보의 정확성. 「회계학연구」(제14호): 89~108.

______(1994). 회계변경이 재무분석가의 회계정보 예측오차에 미치는 영향, 「경영학연구」(제4호): 251~270.

이재경, 장범식, 우영호(1995). 공개기업가치와 공모주식의 발행가액 결정에 관한 연구. 「증권」(제83호): 3~25.

장지인, 이경주(1995). 재무분석가 기업이익예측능력의 국제비교. 「경영학연구」(제3호): 323~352.

장지인, 태석준(1992). 재무분석가에 의한 기업이익 예측의 정보내용. 「증권학회지」(제14집): 361~399.

정우성(1997). 경영자 이익예측정보의 정확성과 시장기대이익 대용치로서의 적합성. 「증권학회지」(제21집): 265~293.

정혜영, 김지홍, 주진규, 전성빈, 윤성식(1993). 『자본시장과 회계정보』. 양영각.

허성관(1991). 기업공개시 예측된 경상이익의 정확성과 예측오차의 원천 및 유형. 「회계학연구」(제12호): 1~14.

Abarbanell, J., and R. Lehavy(2000). Differences in Commercial Database Reported Earnings: Implications for Inferences in Research of Analyst Forecast Rationality, Earnings Management, and Earnings Response Coefficients. Working paper. University of North Carolina.

Abdel-Khalik, R. and B. Ajinkya(1982). Returns to Informational Advantages: The Case Of

Analysts' Forecast Revisions. *The Accounting Review* (October): 661~680.

Ball, R. and P. Brown(1968). An Empirical Evaluation of Accounting Index Numbers. *Journal of Accounting Research* (Autumn): 159~178.

Barefield, R. and E. Comiskey(1975). The Accuracy of Analysts' Forecasts of Earnings Per Share. *Journal of Business Research* (July): 241~252.

Beaver, W. and D. Morse(1978). What Determines Price-Earnings Ratios? *Financial Analyst Journal* (July/August): 65~76.

Bhushan, R.(1989). Firm Characteristics and Analyst Following. *Journal of Accounting and Economics* 11: 225~274.

Brown, L. and M. Rozeff(1979). Adaptive Expectations, Time-series Models, and Analyst Forecasts Revisions. *Journal of Accounting Research* (Supplement): 341~351.

Brown, L., P. Griffin, R. Hagerman, and M. Zmijewski(1987). An Evaluation of Alternative Proxies for the Market Expectations of Earnings. *Journal of Accounting and Economics*: 159~193.

Brown, L., R. Hagerman, P. Griffin, and M. Zmijewski(1987). Security Analyst Superiority Relative to Univariate Time-Series Models in Forecasting Quarterly Earnings. *Journal of Accounting and Economics*: 61~88.

Brown, L., G. Richardson, and S. Schwager(1987). An Information Interpretation of Financial Analyst Superiority in Forecasting Earnings. *Journal of Accounting Research* (Spring): 49~67.

Brown, P., G. Foster, and E. Noreen(1985). *Security Analyst Multi-Year Earnings Forecasts and the Capital Market*. Studies in Accounting Research #21. American Accounting Association.

Clement, M.(1999). Analyst Forecast Accuracy: Do Ability, Resources, and Portfolio Complexity Matter? *Journal of Accounting and Economics*: 285~303.

Coggin, T. and J. Hunter(1982). Analyst' EPS Forecasts Nearer Actual than Statistical Models. *Journal of Business Forecasting* (Winter): 20~23.

Cote, J. and D. Sanders(1997). Herding Behavior: Explanations and Implications. *Behavioral Research in Accounting*: 20~45.

Cukierman, A. and D. Givoly(1982). Heterogeneous Earnings Expectations and Earnings Uncertainty - Theory and Evidence. Working paper. Tel Aviv University.

Das, S., C. Levine, and K. Sivaramakrishnan(1998). Earnings Predictability and Bias in Analysts' Earnings Forecasts. *The Accounting Review*: 277~294.

Eddy, E. and B. Seifert(1992). An Estimation of Hypotheses Concerning Earnings Forecast Errors. *Quarterly Journal of Business and Economics*: 22~37

Elton, E., M. Gruber, and M. Gultekin(1984). Professional Expectations: Accuracy and Diagnosis of Errors. *Journal of Financial and Quantitative Analysis.*

Givoly, D.(1985). The Formation of Earnings Expectations. *The Accounting Review*: 372~286.

Givoly, D. and J. Lakonishok(1979). The Information Content of Financial Analysts' Forecasts of Earnings. *Journal of Accounting and Economics* (Winter): 165~185.

Hassell, J. and R. Jennings(1984). Relative Forecast Accuracy and the Timing of Earnings Forecast Announcements. Working paper. Florida State University.

Hopkins, P.(1996). The Effect of Financial Statement Classification of Hybrid Financial Instruments on Financial Analysts' Stock Price Judgements. *Journal of Accounting Research*: 33~50.

Imhoff, E.(1978). The Representativeness of Management Earnings Forecasts. *The Accounting Review* (October): 836~850.

Kinney, B., D. Burgstahler, and R. Martin(2000). The Materiality of Earnings Surprise. Working paper. University of Texas at Austin.

Kothari, S. P.(2001). Capital Markets Research in Accounting. *Journal of Accounting and Economics*: 104~231.

Lang, M. and R. Lundholm(1997). Voluntary Disclosure during Equity Offerings: Reducing Information Asymmetry or Hyping the Stock? Working paper. University of Michigan, Ann Arbor, MI.

Libby, R. and H. Tan(1999). Analysts' Reactions to Warnings of Negative Earnings Surprises. *Journal of Accounting Research*: 415~435.

Lin, H. and M. McNichols(1998). Underwriting Relationships, Analysts' Earnings Forecasts and Investment Recommendations. *Journal of Accounting and Economics*: 101~127.

Lys, T. and S. Sohn(1990). The Association between Revisions of Financial Analysts' Earnings Forecasts and Security-Price Changes. *Journal of Accounting and Economics*: 341~363.

McNichols, M.(1989). Evidence of Informational Asymmetries from Management Earnings Forecasts. *The Accounting Review*: 1~27.

Mendenhall, R.(1991). Evidence on The Possible Underweighting of Earnings-Related Information. *Journal of Accounting Research*: 170~179.

Mikhail, M., B. Walther, and R. Wills(1997). Do Security Analysts Improve Their Performance with Experience? *Journal of Accounting Research*: 131~157.

O'Brien, P.(1988). Analysts' Forecasts as Earnings Expectations. *Journal of Accounting and Economics*: 53~83.

______(1990). Forecast Accuracy of Individual Analysts in Nine Industries. *Journal of Accounting Research* (Autumn): 286~304.

Penman, S.(1980). An Empirical Investigation of the Voluntary Disclosure of Corporate Earnings Forecasts. *Journal of Accounting Research* (Spring): 132~160.

Richardson, S., S. Teoh, and P. Wysocki(1999). Tracking Analysts' Forecasts over the Annual Earnings Horizon: Are Analysts' Forecasts Optimistic or Pessimistic? Working paper. University of Michigan.

Ruland, W.(1979). The Time Series of Earnings for Forecast Reporting and Nonreporting Firms. *Journal of Business Finance and Accounting* (Summer): 187~201.

Schipper, K.(1991). Analyst's Forecasts. *Accounting Horizons*: 105~121.

Schreuder, H. and J. Klaassen(1984). Confidential Revenue and Profit Forecasts by Management and Financial Analysts: Evidence from the Netherlands. *The Accounting Review* (January): 64~77.

Stickel, S.(1989). The Timing of and Incentives for Annual Earnings Forecasts near Earnings Announcements. *Journal of Accounting and Economics*: 275~292.

______(1990). Predicting Individual Analyst Earnings Forecasts. *Journal of Accounting Research*: 409~417.

Walther, B.(1997). Investor Sophistication and Market Earnings Expectations. *Journal of Accounting Research*: 157~179.

Waymire, G.(1985). Earnings Volatility and Voluntary Management Forecast Disclosure. *Journal of Accounting Research* (Spring): 268~295.

Zarowin, P.(1990). What Determines Earnings-Price Ratio: Revisited. *Journal of Accounting, Auditing, and Finance*: 439~454.

제 7 장 회계정보와 회계선택

회계선택(accounting choice)에 대한 연구는 회계의 결정이 영업·투자·재무 관련 경영상의 여느 결정과 같이 기업의 가치에 영향을 미치는지를 다룬다. 합리적 기대와 완전시장하에서 정보의 비대칭(information asymmetry)은 존재하지 않으며 거래비용도 미미한 정도이다. 따라서 재무자료에 대한 공시는 별다른 역할을 하지 못하며 회계선택이나 회계규제도 기업의 가치에 영향을 미치지 않는다. 그러나 불완전시장하에서 시장기능을 보완할 회계규제에 대한 수요가 발생하며, 시장의 불완전성에 효율적으로 대처하기 위해 회계공시와 회계수치에 기초한 계약이 이루어진다. 이에 따라 회계선택과 회계규제는 회계수치에 기초한 계약에 영향을 미침으로써 기업의 가치에 영향을 미치게 된다.

제 1 절 회계선택의 개념과 연구

1. 회계선택의 정의

회계의 역할을 이해하기 위해서는 회계선택의 정의가 필요하다. 여기서는 Fields, Lys 및 Vincent(2001)가 회계선택에 대해 내린 정의를 소개한다.

> **회계선택**이란 회계시스템의 산출물을 형식이나 내용에 있어 특정 방식으로 영향을 미치는 의사결정이다. 회계시스템의 산출물에는 일반적으로 인정된 회계원칙에 따라 작성된 재무제표는 물론이고 세무보고와 규제당국에 대한 신고까지 모두 포함한다.

이 정의는 회계원칙의 선택, 특정 회계원칙을 적용하기 위한 요건, 공시수준을 결정하는 선택, 새로운 회계기준을 채택하는 시기의 선택까지 포괄하는 매우 광범위한 정의이다. 이 정의는 또한 회계수치에 영향을 줄 목적으로 영업·투자·재무활동에까지 영향을 미치는 실제 경영상의 결정(real business decisions)까지 포함한다. 구체적인 예로는 매출원가를 줄이기 위하여 생산량을 늘려 단위당 고정원가를 줄인다든지 이익을 늘리기 위해 연구개발비를 줄이는 등을 들 수 있다.

회계선택에 대한 연구는 회계연구에 있어서 매우 오래된 분야 중의 하나이다. 그럼에도 불구하고 아직까지도 회계선택을 결정하는 요인이 무엇이고 그 시사점은 무엇인지가 제대로 파악되지 못하고 있으며, 회계선택의 목적에 대한 충분한 공감대가 형성되어 있지도 않다. 회계선택을 제대로 이해하기 위해서는 경영자의 의도를 이해함으로써 그 실마리를 찾을 수 있다. 즉, 경영자의 판단 뒤에 숨어 있는 의도가 회계시스템의 산출물에 영향을 미치려는 것인지 아니면 다른 동기로 인해 유발된 것인지를 파악해야 할 것이다.

예를 들면, 연구개발비가 줄어든 이유가 이익을 좀더 좋게 보이기 위해 의도적으로 줄인 것인가, 아니면 연구개발 투자에 대한 미래 기대수익률이 낮아졌기 때문인가? 경영자는 투자자에게 기업의 내부정보를 제대로 전달할 수 있도록 회계선택을 하는 것인가, 아니면 보너스를 많이 받기 위해 이익을 늘리는 등 부여된 재량권을 기회주의적으로 행사하는 것인가? 결국은 경영자의 의도와 기업을 둘러싼 다양한 이해관계자의 경제적 유인을 이해하는 것이 회계선택과 그 선택으로 인해 산출된 회계정보를 이해하기 위한 열쇠이다.

2. 회계선택의 연구유형

회계선택의 출발점은 Modigliani와 Miller(1958)가 주창한 재무구조의 비관련성(MM이론)에 근거한다. 합리적 기대와 완전시장하에서 회계는 아무런 역할을 하지 못한다. 그러나 불완전시장하에서 비관련성이 유지되기 위한 조건 중에 적어도 하나 이상이 위배되면 회계는 관련성이 있게 된다. 비관련성 조건을 위배하는 회계적 정황은 대리인비용(agency cost), 정보비대칭(information asymmetry), 외부파급효과(externalities) 등이 존재하는 경우이다. 이때에 회계는 관련성을 가지게 되며, 회계선택 또한 의미가 있는 것이다. 회계선택에 대한 연구는 위의 세 가지 형태로 구분될 수 있다.[1)]

회계선택 연구의 첫 번째 유형은 경영자가 주주의 가치가 아닌 자신의 효익을 극대화하기 위한 결정을 내림으로 인해 발생하는 대리인비용의 존재

1) 회계선택의 연구유형을 분류한 방식은 Fields, Lys 및 Vincent(2001)의 논문을 참조하였다.

를 인식하는 경우이다. 기업은 기업과 관련된 계약당사자간의 이해관계를 조절함으로써 대리인비용을 줄이기 위해 경영자보상계약, 부채계약 등을 맺는다. 이러한 시각을 효율적인 계약 가설로 볼 수 있다. 그러나 이러한 계약이 사전적으로 모든 경우를 고려하여 이루어지지 않았기 때문에 사후적으로 보상을 늘리거나 채무이행조항을 회피하기 위한 수단으로 회계선택이 이루어지기도 한다. 이를 기회주의적 행동 가설로 분류한다.

회계선택 연구의 두 번째 유형은 보다 나은 정보를 갖고 있는 경영자와 그렇지 못한 투자자 사이에서의 관계를 의미하는 정보비대칭의 존재를 고려하는 것이다. 정보비대칭하에서 회계선택은 주가에도 영향을 미칠 수 있다. 회계선택은 보다 많은 정보를 보유한 내부자가 정보를 덜 갖고 있는 외부이용자에게 정보를 전달하는 장치로 사용되기도 한다. 그러나 회계선택은 이익이 많이 나면 주가도 높을 것이라는 경영자의 자기중심적 믿음에 의해 선택되기도 한다. 또는 경영자가 재무분석가의 이익예측치를 맞춰주기 위해 회계선택을 하기도 한다. 그 이유는 예측치에서 벗어날 때 주가가 떨어질 수도 있다고 판단하기 때문이다.

세 번째 연구 유형은 회계선택이 기업의 실제 소유주나 투자자와 같은 계약당사자가 아닌 제3자에게 경제적 영향을 받는지를 살펴보는 것이다. 제3의 이해관계자의 예로는 세무당국, 정부규제기관(금융감독원, 공정거래위원회, 무역위원회), 법원, 공급업체, 경쟁기업, 노동조합을 들 수 있다. 경영자는 제3자의 의사결정에 영향을 주고자 그들의 의사결정의 근거로 사용하는 회계수치에 영향을 미치기 위해 회계선택을 하기도 한다.

이러한 연구유형의 구분은 회계가 적어도 다음 세 가지 측면에서 중요하다는 시각에 기인한다. ① 회계는 오늘날 기업형태에서 계약당사자간에 발생하는 대리인비용을 완화하는 역할을 한다(Jensen과 Meckling 1976; Watts와 Zimmerman 1986). ② 회계는 경영자가 갖고 있는 내부정보를 전달하는 수단이며, 회계선택이 그 전달과정에서 중요한 가장 핵심적인 역할을 한다. ③ 회계규제는 재무자료에 대한 공시의 질과 양에 영향을 미치며 이로 인하여 부의 이전(wealth transfer)이 이루어질 수 있다.

3. 회계선택 동기

재무제표를 작성하는 과정에서 회계원칙을 적용할 때 작성자의 주관적 판단이 어느 정도 개입되게 마련이다. 예를 들어, 매출채권 중에서 회수가능한 금액이 얼마인지를 추정해야 하며, 기계장치의 취득원가를 내용연수에 걸쳐 어떻게 배분할 것인지를 결정해야 한다. 그러한 판단은 정보비대칭이 존재할 때 외부이용자에게 중요한 정보를 제공한다. 그러나 회계정보의 작성자는 자신의 의도대로 또는 유리하게 정보를 전달할 유인이 있기 때문에 회계선택에 제약이 전혀 가해지지 않을 경우 회계정보이용자에게 피해를 입힐 수도 있다. 예를 들어, 경영자는 주식매입선택권이 만료되기 전에 주가를 단기적으로 높이려는 목적으로 회계원칙을 선택할 수 있다. 반면에 경영자는 저평가된 주식을 외부에 알릴 목적으로 위의 동일한 회계원칙을 선택할 수도 있다. 이러한 상황에서 외부이용자가 특정 회계선택이 어떠한 동기에 의해 이루어졌는지를 파악하기는 그리 쉽지 않다.

회계선택에는 서로 상충되는 동기가 있기 때문에 계약당사자간에는 회계선택에 있어 어느 정도의 제약을 두는 것이 일반적이다. 규제당국도 회계선택에 있어 작성자에게 지나치게 재량권이 많이 부여되는 것에 우려를 표명하기도 한다. 그럼에도 불구하고 회계선택의 재량권이 완전히 배제될 수는 없다. 세법에서도 엄격한 규정을 세세하게 두고 있지만 그 규정을 해석하는 데 있어서 논쟁은 끊이지 않고 있다. 더욱이 예측치 못한 새로운 상황이 종종 발생하게 됨에 따라 기존의 원칙은 바뀔 수밖에 없다. 즉, 회계선택은 그 선택을 배제하는 것이 실질적으로 불가능하기 때문에 존재하는 것이다.

회계선택이라는 재량권이 경영자에게 어느 정도 부여되는 이유는 영업·투자·재무활동 등 경영 관련 실제의 결정을 바꿔서라도 원하는 회계수치를 얻으려는 경영자의 의지를 어느 정도 완화한다고 보기 때문이다. 예를 들어, 개발비를 그 성격에 관계없이 무조건 비용으로 처리한다면 일정 수준의 개발비를 유지하는 것이 기업의 입장에서 유리함에도 불구하고 개발비가 최적수준보다 현저하게 낮아지게 되는 경우도 있을 수 있다. 따라서 회계선택이라는 재량권이 어느 정도 부여됨으로 인해 기업의 실제 경영상의 결정이 왜곡되지 않도록 함으로써 대리인의 문제를 완화시켜 주기도 한다. 또한 회계선택은 정보를 전달하는 기능도 있기 때문에 회계시스템이 회계선택을 완전히 배제할 경우 그 선택으로 인해 전달될 수 있었을 정보를 얻을 수 없게 된다. 따라서 회계선택이 주어질 경우의 효익과 비용을 잘 따져봐야 할 것이다.

4. 회계선택의 연구흐름

1960년대와 1970년대 회계연구의 대부분은 시장이 효율적이라는 가정을 기본으로 하여 주가수익률과 회계정보의 상관관계를 조사하였다. 이 당시의 가장 중심이 된 연구주제는 투자자들이 대체적인 회계처리방법을 꿰뚫어볼(see through) 수 있느냐는 것이었다. 연구자들은 효율적 시장이라는 가정하에서 기업의 현금흐름에 영향을 주지 않는 한 단순히 회계처리방법을 바꾸더라도 주가에 대한 평가를 변경하지 않는다고 예상하였다.

그렇다면 효율적 시장하에서 회계선택이 관련성이 있는 이유는 무엇인가? 이에 대해 Watts와 Zimmerman은 현상을 설명하고 예측한다는 실증회계이론(positive accounting theory)이라는 기본 틀을 기초로 하여 회계선택의 관련성을 설명하려 하였다. 그들은 현금흐름에 영향을 미치지 않는 회계선택이라도 경영자의 경제적 유인과 기업이 맺는 여러 형태의 계약에 영향을 미칠 수 있기 때문에 기업의 가치에도 영향을 줄 수 있다고 보았다. 이러한 유형의 연구는 1970년대 말에 각광을 받기 시작하여 1980년대 중반까지 주종을 이루었다.

그러나 이런 실증회계연구에 대한 열정은 연구결과가 별로 설득력 있게 나오지 않음에 따라 점차 사라져 버리게 되었다. Bernard(1989)는 1980년대 최고의 3개 회계학술잡지에서 회계기준의 강제적 변경으로 인한 경제적 파급효과를 연구한 26개의 논문을 검토하였다. 그 결과 주가반응이 거의 없는 것으로 나타났으며, 주가의 움직임을 부채계약, 보상계약, 정치적 비용 등과 연결시켰으나 일관성 있게 주가반응을 설명하지 못하고 있다고 지적하였다.

Holthausen과 Leftwich(1983)는 자발적·강제적 회계처리방법의 변경에 대한 경제적 파급효과를 연구한 논문을 검토한 결과 기업규모와 부채비율만이 회계선택을 설명하는 변수임을 발견하였다. 그러나 기업규모와 부채비율 역시 정치적 비용이나 부채계약을 위반할 가능성을 측정하기에는 정교하지 못한 측정치이기 때문에 실증회계연구 결과에 대해 다소 유보적인 입장을 취하였다. 이러한 측정오차(measurement errors) 이외에도 잘못된 모형설정, 낮은 검정력 등도 문제점으로 지적되었다.

한편, 1970년대의 연구는 대체로 효율적 시장을 지지하는 결과를 보여주고 있지만 1970년대 후반부터 효율적 시장이라는 기본가정 자체에 문제가 있을 수도 있다는 결과가 나오기 시작하였다. 더욱이 그 실증결과는 효율적 시장 이외의 다른 가설과도 일치하여 과거의 연구가 대체적인 설명을 배제하지 못하였다는 문제점이 있었다(Lev와 Ohlson 1982; Dopuch 1989). 또한 1980년대에 적용된 연구방법 및 설계가 과연 투자자들이 현금흐름에 영향을 주지 않는 회계처리방법의 변경을 꿰뚫어보는지 여부를 적절하게 판단할 수 있도록 하였는지에 대해 의문이 제기되었다(Dopuch 1989; Bernard 1989).

제 2 절 재무정보와 계약비용

제3장에서 살펴본 바와 같이 선행연구는 회계정보가 시장참여자들의 의사결정에 유용하다는 것을 보여주고 있다. 더욱이 효율적 시장하에서 시장이 현금흐름에 영향을 주지 않는 회계원칙의 변경으로 인한 회계수치의 차이를 꿰뚫어본다는 것이다. 그러나 이러한 정보적 관점에서는 동일산업 내에 있는 기업들이 왜 동시에 회계원칙을 바꾸고, 경영자들이 회계선택에 왜 지대한 관심을 가지는지를 설명할 수가 없다.

Watts와 Zimmerman(1978, 1986)을 필두로 한 소위 로체스터 학파가 주창하는 실증회계이론(positive accounting theory)은 효율적 시장하에서 기업의 현금흐름에 영향을 주지 않는 회계원칙의 선택이나 변경이 계약비용(contracting cost)에 변동을 가져와 기업의 가치와 주가에 영향을 줄 수 있다고 보고 있다. 본 절에서는 계약비용 개념에 근간을 둔 실증회계이론이 어떻게 기업의 회계선택을 설명하고 예측하려는 시도를 하였는가를 알아보고자 한다.

1. 계약비용

경제학의 한 분야인 산업조직론에서는 기업의 조직구조를 설명하기 위한 기업이론(theory of firm)을 정립시키려는 노력이 활발하였다. Coase(1937, 1960)는 일련의 경제활동이 기업이라는 형태에 의해서 이루어지는 이유는 기업이 시장가격기구보다 계약비용(contracting cost)을 적게 할 수 있기 때문이라고 지적하였다. Jensen과 Meckling(1976)은 회사는 기업의 실체를 구성하는 계약의 총체(a nexus of contracts)라고 정의하여 조직을 계약으로 구성된 집합체로 보았다.

여기서 계약비용이란 초기 실증회계이론에서는 대리인비용(agency cost)을 의미하였다. 대리인비용은 자기이익을 추구하는 계약당사자들 사이에 계약조건을 이행하도록 하기가 어렵기 때문에 계약당사자에게 귀속되는 부의 감소를 의미한다. 즉, 대리인비용은 기업 또는 여타 조직에서 본인이 그 실체의 이윤을 스스로 추구했을 때와 대리인을 통해 이윤을 추구했을 때 발생되는 차이로 대리인을 고용함으로써 생기는 비용이다.[2] 이러한 계약비용은 추후 정보수집・처리비용, 재계약비용 등까지 포함하게 되었다.[3]

Jensen(1983)은 경제조직의 형태 및 구조는 계약비용을 최소화하도록 결정되며 우리가 관찰하는 현재의 경제제도가 특정 계약상황에 있어 계약비용을 가장 효율적으로 통제하고 있는 수단으로 생성・존속되고 있는 것이라고 주장

---

2) 이러한 대리인비용은 소유와 경영의 분리로 발생한다. 그러나 소유경영자에 의해 경영이 이루어지는 우리나라의 경우에는 다른 유형의 대리인비용이 발생한다. La Porta 외 2인(1999)은 오늘날 전세계적으로 대기업의 가장 핵심적인 대리인문제는 지배권을 갖고 있는 주주(지배주주)가 소액주주의 부를 이전시키는 것이라고 결론을 내리고 있다. 지배주주와 소액주주 간의 대리인문제는 대주주의 재량권을 제한하고 소액주주를 보호할 수 있는 통제장치가 별로 없을 경우에 더욱 심각하다. Johnson 외 2인(2000)은 지배주주는 그들의 부를 증대시키기 위해 기업의 자원을 유용하려는 강한 경제적 유인을 가지고 있다고 단언하고 있다. 이를 터널링(tunnelling)이라고 부르는데 구체적인 예로는 회사공금의 사적 유용, 소액주주를 차별하는 증권희석화, 의도적인 기업자원의 이전을 야기하는 기업결합 등이 있다.

동일한 대리인문제라고 해도 문화권별로 차이가 있다. 유럽과 같이 노조대표가 이사회에까지 이사를 파견하는 경우는 노사간의 이해상충이 가장 큰 이해관계자간의 차이이다. 우리나라의 경우는 최대주주와 소액주주 간의 이해상충이 가장 심각하며 미국의 경우는 주주와 채권자 간의 이해관계가 주된 이해상충이다.

3) See Watts and Zimmerman(1990), p.129.

하였다. 이와 같은 논리로 실증회계이론은 현재의 회계제도와 회계선택도 그 기업이 처한 형태 및 조직하에서 계약비용을 최소화하도록 결정된 것으로 설명하였다. 생산비용의 크기와 기업간의 차이가 한 기업의 가격결정과 산업구조를 설명하는 데 유용한 것처럼 계약비용의 크기와 기업간의 차이는 기업의 조직 및 회계정책을 이해하는 데 도움이 된다는 것이다.

2. 가격보호

계약비용에 있어 근간을 이루는 가정은 계약당사자는 계약상대방의 이익을 감소시키더라도 자기의 부를 극대화하려는 개인으로 구성되어 있다고 보는 것이다. 이러한 계약당사자가 계약비용을 최소화하려는 기능은 무엇인가. 실증회계이론에서 고려한 시장기능은 합리적 기대와 경쟁적 자본시장이다. 합리적 기대하에서 주인과 대리인이 계약을 맺을 때 주인은 대리인의 기회주의적 행동(opportunistic behavior)을 예견하고 계약을 체결할 때 이를 가격에 반영하여 가격보호(price protection)를 받으려 할 것이다. 경쟁적 자본시장하에서 결국 대리인은 기회주의적인 행동을 취하지 않는 것이 자신에게 가장 유리하다고 깨닫는 것이다. 따라서 자신의 행동을 제약하는 보증(bonding)행위를 채택하거나 감사인으로 하여금 계약의 준수여부를 판단하도록 하는 통제(monitoring)행위를 자청하게 되는 것이다.

(1) 주주와 소유경영자 관계에서의 가격보호

소유경영자(owner-manager)는 자신의 직위를 이용하여 유흥, 낭비, 태만 등의 개인적 효익을 추구할 수 있다. 효율적 자본시장하에서 미래사건에 대한 시장의 기대치가 불편적(unbiased)인 합리적 기대(rational expectation)를 형성하고 있기 때문에 외부주주는 소유경영자의 기회주의적 행동을 감안한 가격에서 주식을 구입하여 가격보호를 받으려 할 것이다.[4] 따라서 소유경영자는 자신이

4) 소유경영자(owner-manager)는 중요한 경영관련 결정에 지대한 재량권을 가지기 때문에 필요하다면 외부주주의 부를 희생하여 소유경영자 자신이나 자신이 소유한 다른 기업의 부를 극대화하

대리인비용을 부담하게 되기 때문에 스스로 자신의 행동을 제약하는 계약을 외부주주에게 제시할 유인이 생긴다.

만일 소유경영자가 기회주의적인 행동을 취하지 않는다는 약정(commitment)이 신뢰성 있게 전달된다면 자본시장은 대리인비용에 대한 손실에 대한 예측치를 낮게 산정하여 주식의 가격을 결정할 것이다. 이러한 대리인비용의 절감이 감사비용과 개인적 효익을 추구해서 얻은 혜택보다 크다면 소유경영자는 자발적으로 대리인비용을 줄이겠다는 계약과 감사방법을 제시할 것이다. 경영자는 자신이 대리인비용을 부담하기 때문에 대리인관계 문제를 감소시키기 위해 경영자 스스로 최적 행동을 선택할 것임을 본인 또는 외부주주에게 확신시킬 계약과 감사를 받는 제도적 장치를 도입하려는 동기가 있는 것이다.[5)]

(2) 채권자와 소유경영자 관계에서의 가격보호

채권자의 청구권이 있는 경우 소유경영자는 투자·재무결정에 있어 채권자의 부를 줄이는 기회주의적 행동을 취할 수 있다. 소유경영자는 기업의 현금흐름의 분산을 늘리는 위험한 사업(risky project)을 채택하여 부채상환이 어렵게 만들 수 있다. 또한 소유경영자는 자산을 매각하여 그 대금을 현금으로 배당할 수 있고, 극단적인 경우 채권자에게 껍데기만 남겨줄 수 있다. 추가적인 부채발생도 기업부실의 확률을 높일 뿐만 아니라 신규발행대금을 소유경영자 자신에게 배당으로 지급하면 기존의 채권자가 손실을 입을 수 있다.

그러나 합리적 기대하의 자본시장에서 소유경영자가 택하는 투자정책의 사후적인 부의 이전을 채권자는 예상하여 사전에 부채의 가격을 결정한다. 따

도록 그 회사의 자원을 분배할 수도 있다. Jung과 Kwon(2002)은 이러한 외부주주로부터 소유경영자로의 부의 이전이 재벌기업의 경우 더욱 현저하게 드러나고 있다는 설명과 일치되는 결과를 보여주고 있다.

5) 이러한 소유권과 계약을 근간으로 한 대리인비용과 밀접한 관계가 있는 본인-대리인(principal-agent)의 분석적 접근방법에서는 본인(주인)이 대리인의 행동을 관찰할 수 없을 때 직접 행동을 했을 때 택할 행동을 취하도록 유도하는 방법을 모색하는 것이다. 그러나 합리적 기대하에서 대리인비용은 대리인의 문제이지 본인의 문제가 아니기 때문에 본인-대리인의 문제는 시장의 역할이 고려되지 않고 있다고 볼 수 있다.

라서 부의 이전은 발생하지 않고 기회주의적 행동으로 인한 기업가치의 감소를 소유경영자 자신이 부담하게 된다. 그러므로 소유경영자는 자금을 기업 내에 유보하고 신규 부채발행의 규정을 사전에 명시하여 배당지급과 재무활동을 경영자 스스로가 제한하는 계약을 체결하려 할 것이다.

(3) 주주 및 채권자와 전문경영자 관계에서의 가격보호

위의 대리인비용분석은 기업소유자가 외부인에게 주식 또는 부채를 매각하고 본인이 소유경영자로 있을 경우 기업의 가치감소행동은 소유경영자가 결국 부담하게 된다는 것을 논의한 것이다. 그러나 대기업에서 지분을 극히 적게 소유한 전문경영자의 경우 새로운 주식 또는 부채의 시장가치의 감소로 인한 대리인비용의 부담이 극히 적기 때문에 전문경영자들이 스스로의 행동을 제한하는 계약을 체결하려는 유인 역시 적다고 할 수 있다. 그러나 다음과 같은 요인들로 인하여 전문경영자는 자신의 기회주의적 행동을 제약하는 계약을 체결하여 대리인비용을 줄이려 할 것이다.

첫째, 소유경영자가 기업공개시 정관과 같은 계약에 경영자의 행위를 제한하는 규정을 사전에 명시할 때 미래의 전문경영자가 자신의 효익을 증대시키고자 기업의 가치를 감소시키는 기회주의적 행위를 택하지 못하게 된다.

둘째, 기업내부에서 승진을 위한 경쟁이 있고 중간경영자는 그들의 상급자를 감시할 동기를 지니며 경영자의 기회주의적 행동은 제약을 받게 된다.

셋째, 상근 경영자가 아닌 사외이사, 독립적으로 감사업무를 수행하는 공인회계사, 경영자의 행위를 통제하는 대주주 또는 은행 그리고 비효율적 경영진의 경영권을 넘보는 잠재적 매수자 또한 경영자의 기회주의적 행동을 감시하는 기능을 하게 된다.

넷째, 기업외부의 경영자시장에서의 경쟁 때문에 경영자의 기회주의적 가치감소행동은 경영자시장에서 그들의 명성에 영향을 주고 그들의 미래보상은 감소할 수 있다.

따라서 전문경영인은 기회주의적인 행동으로 발생되는 비용을 스스로 부담하게 되기 때문에 가치감소행위를 제약하는 계약을 하게 되고 또 이 계약을 감시하도록 제도적 장치를 마련하려 할 것이다.

그러나 현실적으로 자본시장과 경영인력시장에서의 가격보호로 인하여 경영자가 기회주의적 행동을 제약하는 계약을 함으로써 대리인비용을 감소시키나 완전히 제거되지는 않는다. 이러한 비용이 존재하는데도 불구하고 기업이 기존의 형태로 존재하는 것은 대리인비용 이상의 효익이 존재하기 때문이다. 즉, 기업이 지니는 규모의 경제성(economies of scale), 기업의 일부를 매각하여 개인의 투자포트폴리오를 위험분산할 수 있는 효과, 전문경영자를 고용하여 전문화(specialization)를 추구할 때 얻는 효익 등이 대리인비용보다 크기 때문이다.

3. 계약과 회계정보

기업은 회사의 특정 소유권을 차지하기 위해 회사와 계약을 맺은 개인들로 구성되어 있다. 이 개인들은 자신의 효용을 극대화하고자 하는 과정에서 개인들 사이에 이해의 상충(conflicts of interest)이 발생한다. 가격보호가 존재하는 경우 이해의 상충으로 발생하는 대리인비용을 대리인이 고스란히 부담하게 된다. 따라서 대리인비용을 줄일 경우 그로 인한 기업가치의 증가분이 각 대리인에게 돌아가게 된다. 따라서 기업의 구성원들은 기업의 산출에 대한 각 개인의 구체적인 권리를 정하는 계약을 스스로 체결할 경제적 유인이 존재한다. 따라서 계약의 체결은 대리인비용을 감소시키는 것으로 보았다.

이러한 계약과정에서 회계정보를 사용한다. 기업이 대리인의 행동을 제약하기 위하여 회계수치를 사용하는 예는 경영자보상계획, 채무이행조항, 기업정관 등의 계약에서 찾아볼 수 있다. 경영자의 유인보상제도(incentive compensation schemes) 중 가장 많이 사용되는 것이 보너스계약이다. 이때 보너스의 산출공식은 회계이익에 토대를 두고 있으며, 이를 위하여 회계이익이 계산되어야 한다.

기업의 경영자와 은행 사이의 차입계약은 기업이 일정 수준 이상의 이자보상비율을 유지하도록 요구한다. 이 조항이 준수되는지 여부를 결정하기 위해서는 회계이익이 어떻게 산출되는지를 알아보려는 수요가 발생하게 된다. 외부감사인은 계약조항에 대한 침해여부를 판정하며 감사된 이익수치는 보너스계획에 사용되기 때문에 회계감사는 계약의 이행여부를 확인하는 역할을 한다.

경영자는 계약수행과정에서 회계처리방법의 선택권에 있어서의 재량권을 행사하여 기업전체의 가치를 증대시킬 수도 있고 계약상대방의 이익을 감소시키더라도 자기의 부를 극대화하는 방향으로 회계처리방법을 선택할 수도 있는 것이다. 따라서 회계정보에 기초한 계약은 경영자가 임의대로 회계원칙을 변경할 수 있다면 계약당사자의 기회주의적 행동을 줄이는 데 효과적이지 못할 것이다. 따라서 계약체결시점에서 계약당사자들은 사전적으로(ex ante) 사용할 방법들(accepted set)을 명시한다.

그러나 실제로 계약상대방이 경영자가 회계원칙을 선택할 수 있는 재량권을 완전히 없앨 수는 없다. 그 이유는 경영자가 어떠한 원칙이 피고용인의 근무의욕을 증대시키고 기업의 가치를 증대시킬 수 있는지를 가장 잘 알 수 있는 위치에 있기 때문이다. 또한 회계기준도 산업 및 기업의 특성을 무시하고 회계절차를 획일적으로 규정할 수는 없기 때문에 회계원칙의 선택을 인정할 수밖에 없다. 따라서 경영자의 기회주의적 행동이 사전적으로 예견되어서 가격보호가 이루어지나 회계선택의 재량권이 어느 정도는 경영자에게 있기 때문에 기회주의적 행동을 완전히 배제하지는 못한다.

이에 따라 인정된 회계절차의 집합이 생성하게 되었고 이러한 집합 안에서 회계절차를 선택하는 것은 경영자의 재량이 되는 것이다. 회계정보에 기초한 계약유형이 오랫동안 존속하는 이유는 그 계약의 형태가 대리인비용을 감소시키거나 기업의 가치를 극대화하는 측면에서 다른 어떤 형태의 계약유형보다 더 효율적이기 때문이다. 따라서 경영자가 재량권을 행사할 소지가 있음에도 불구하고 회계는 계약에서 구체적인 권리를 정하는 과정에서 어쩔 수 없이 여전히 사용되고 있다.

한편, 기업의 계약과정과 기업활동에 대한 정부의 규제로 인해 상당한 계약 및 정보비용이 발생하게 된다. 회계절차에 따라 이들 비용이 달라지기 때문에 기업의 현금흐름 또는 경영자의 보상에도 영향을 미친다. 따라서 경영자는 계약 및 정치규제에 따른 현금흐름에 대한 효과를 고려하여 회계절차를 선택한다. 이처럼 계약에서의 회계의 역할이 회계절차에 대한 경영자의 선택에 영향을 미치고, 이 선택이 기업의 현금흐름에 영향을 미치게 되는 것이다.

회계와 감사가 기업의 계약을 감시하는 수단으로 생성되었다는 가설은 투자와 평가의사결정을 위한 정보원천으로 발생하였다는 정보가설과 대조된다. 계약가설과 정보가설은 상호 배타적인 것은 아니나 계약가설에 초점을 맞추는 이유는 효율적 정보시장에서 기업의 현금흐름을 회계원칙의 선택과 연결시켜 설명할 수 있고 이를 토대로 기업이 사용하는 회계절차에 대한 예측을 할 수 있기 때문이다.

회계선택이 계약당사자의 부에 영향을 미치는 정도는 계약비용의 상대적 크기에 달려 있다. 예를 들어, 회계기준의 변경은 부채계약서상의 채무이행조항에 명시된 비율을 위반하게 하거나 위반할 가능성을 더 높일 수 있다. 이와 같이 기술적인 채무불이행(technical default)으로 추가담보설정, 원금의 조기상환 또는 재교섭관련 비용 등의 상당한 손실을 입을 수 있다. 또한 기업은 이러한 혼란을 피해가기 위해 차선책으로 기업의 재무·생산·영업 및 회계정책을 바꾸는 일까지 벌어질 수 있는 것이다.

제 3 절 회계정보와 경영자보상계약

내부대리인(소유주와 경영자)과 외부대리인(채권자와 주주 또는 현재의 주주와 미래의 주주)으로 인한 이해상충의 문제를 완화하기 위해 만들어진 여러 가지 형태의 계약들은 적어도 일부분이라도 회계수치를 이용한다. 예를 들면, 경영자의 보상계약, 부채계약 등은 공표된 재무제표에 표시된 수치에 기초하고 있다. Watts와 Zimmerman(1978, 1986)을 필두로 한 실증회계이론 관련 연구는 경영자들이 재무보고시 자신들이 바라는 목적(예를 들면, 경영자 보상의 극대화, 채무이행조건의 위반 회피 등)을 달성하기 위해 특정 회계처리방법을 선택하는 것으로 설명하였다.

1. 회계수치에 기초한 경영자보상

경영자의 보상은 일반적으로 기본급과 성과급으로 이루어져 있다. 단기적인 성과급은 재무제표에 보고되는 ROA나 ROE와 같은 회계성과지표로 연계되어 있고, 장기적인 성과급은 주가수익률에 연결되어 있다. 보너스제도가 경영자로 하여금 기업가치를 극대화하도록 유도하기 위해서는 보너스를 계산하는 데 사용되는 성과지표가 경영자 행동이 기업가치에 미치는 영향과 밀접한 관계를 가지고 있어야 한다. 다른 요소들이 다 같다면, 이익과 경영자의 행동이 기업가치에 미치는 영향의 상관관계가 크면 클수록, 이익에 기준을 두는 보너스제도는 경영자를 보상하는 데 더욱 많이 사용될 것이다. 연구개발 중심 기업에서는 회계이익과 이 기업의 시장가치에 경영자가 미치는 영향의 상관관계가 높지 않기 때문에 보너스제도를 비교적 잘 사용하지 않을 것이다.

이익기준 보너스제도가 동기부여 목적으로 경영자보상에 사용되려면, 경영자가 사용하는 이익을 어떻게 산출할 것인지 그 방법(또는 제약요건)을 사전에 논의하여야 한다. 또한 그 방법에 따라 제대로 산출되었는지를 확인할 수 있는 장치가 마련되어 있거나 외부로부터 감사를 받아야 한다. 더 나아가서 이익수치를 산출하기 위해 사전에 명시된 제약요건은 경영자 행동이 기업의 시장가치에 미친 영향을 반영할 수 있도록 하여야 한다. 그러나 경영자의 회계원칙의 선택이 완전히 제약을 받을 수는 없다. 그 이유는 어떠한 회계원칙이 종업원의 동기부여에 적합한지 그리고 정부의 규제에 따른 비용을 최소화하는 것인지를 사전에 알기 어렵기 때문이다.

따라서 경영자에게 선택할 수 있는 회계원칙을 제한하는 데는 한계가 있다. 회계원칙을 제한하면 할수록 경영자의 기회주의적 행동은 감소할 것이다. 그러나 기회주의적 행동의 감소로 인한 효익은 회계원칙을 제한함으로써 기업의 가치를 극대화한다든지 부채계약서의 채무이행조항을 위반할 가능성을 줄이는 것과 같은 다른 목적에 최적인 절차를 포기함으로써 발생하는 비용과 상쇄되어야 한다. 계약을 체결하고 계약의 이행여부를 통제하고 감사하는 비용이 존재하는 한 경영자의 임의적인(또는 임의적으로 보이는) 회계선택을 완전히 배제할 수는 없는 노릇이다. 그럼에도 불구하고 회계선택을 어느 정도 수준까지 제한할 필요가 있다면 경영자가 선택할 수 있는 회계절차의 유형과 이들이 기업 및 산업별로 달라지는 이유를 충분히 이해한 다음 제한해야 할 것이다.

회계이익에 기준을 두는 보상제도를 사용하는 이유로 흔히 비상장기업과 부서에 대한 평가를 들 수 있다. 비상장기업의 경우 기업가치의 변화를 측정하기 어렵기 때문에 이익이 기업가치의 변화를 나타내는 지표로 사용될 수 있기 때문이다. 또한 기업의 중간관리자들이 책임을 맡고 있는 기업의 부서별 시장가치는 관찰될 수 없다. 반면에, 회계이익은 기업의 여러 부서별로 산출될 수 있으며 시장가치의 지수도 부서별 영업성과를 측정하여 보너스를 결정할 수 있기 때문이다. 그렇다면 상장기업에서 전체를 총괄하는 경영자에게 재량적 요소가 있는 회계수치에 연계하여 보너스계약을 체결하는 이유는 무엇인가?

이에 대해 연구자들은 여러 가지 설득력 있는 설명을 제시하려 하였다. Dye와 Verrecchia(1995)는 회계선택의 제약을 덜 두는 것이 기업의 성과를 평가하는 데 더 유용한 신호효과(signal)를 초래한다고 제안하였다. Evans와 Sridhar(1996)는 모든 보고상의 융통성을 배제하는 것이 현실적으로 불가능하다고 하였다. 또한 그들은 경영자가 자신들에게 유리한 방향으로 발생액을 조정한다손 치더라도 실제의 경영활동 관련 의사결정을 바꿔 경영자 자신들에게 유리한 방향으로 바꾸는 것보다는 주주들에게 손실을 덜 끼친다고 주장하였다. 주인-대리인 모형에서 보면 주가 등에 기초하여 성과급을 부여할 경우 위험회피적인 경영자는 자신이 통제할 수 없는 부분에 연계하여 보상이 결정되는 위험에 대해 추가적인 보상을 요구하게 되므로 회계수치에 연계한다는 것이다.

2. 보너스제도 가설

(1) 보너스제도 가설

보너스제도가 있을 때 경영자의 보상은 보고이익이 증가함에 따라 일반적으로 증가한다. "다른 조건이 같다면, 보너스제도가 있는 기업의 경영자는 보고이익을 미래기간으로부터 당기로 이전시키는 회계원칙을 택할 것이다"라는 가설이 설정될 수 있다. 이러한 가설은 경영자의 회계선택이 보너스제도에 의해 영향을 받는다는 가정이 깔려 있다. 즉, 초기 당시의 연구들은 보너스제도가 있는지 없는지 여부를 더미변수로 놓고 보고이익을 늘리는 회계선택이 이루어졌는지를 검정하였다.

그러나 실제로 보너스제도에 회계이익과 연계하여 보너스가 결정되는지, 보너스를 결정하는 위원회가 경영자의 재량부분을 조정하지는 않는지, 그리고 실제로 경영자가 보고하는 대로 보상이 결정되었는지에 대해서는 확인이 이루어지지 않았다. 따라서 보너스 계획에 대한 자세한 내용들을 파악할 때 비로소 회계선택이 보너스에 미치는 영향을 정확하게 파악할 수 있을 것이다. 이러한 관점에서 Healy(1985)의 연구는 보너스제도의 성과산정공식을 기초로 구체적인 연구방법을 최초로 설계하였다는 점에서 그 의의가 있다고 할 수 있다.

(2) Healy의 보너스제도 가설 검정

Healy는 순발생액(=회계이익－영업활동으로 인한 현금흐름)이 보너스제도에 명시된 상한선과 하한선에 의해 영향을 받는지를 조사하였다. 여기서 순발생액은 모든 형태의 회계처리방법이 이익에 미치는 영향을 반영하기 때문에 회계처리방법 하나를 살펴보는 것보다 검정력이 높다고 할 수 있다. 그는 실제이익이 상한선보다 크거나 하한선보다 작을 때는 이익을 감소시키려는 유인이 존재하기 때문에 순발생액이 음(－)의 값을 가질 것으로 예상하였다. 반면에 실제이익이 상한선과 하한선 사이에 있을 때는 이익을 증가시키려 하기 때문에 순발생액이 양(＋)의 값을 가질 것으로 보았다.

Healy는 94개 기업의 1,527 관찰수의 실제 보상제도를 살펴보았으며 분석결과를 〈표 7-1〉과 같이 제시하였다.

〈표 7-1〉을 살펴보면, 음(－)의 순발생액 빈도수가 이익이 상한선보다 크거나 하한선보다 작을 때 더 높게 나오고 있다. 카이스퀘어 통계량도 순발생액의 부호가 상・하한선 대비 이익의 위치가 관련이 없다는 귀무가설을 5%

<표 7-1> 발생액과 보너스제도 상 · 하한선의 관계

실제이익	발생액 부호에 해당되는 관찰수			표준화된 평균발생액	t-값
	(+)	(−)	총빈도수		
상한선을 웃도는 경우	14	130	144	-0.0536	
상 · 하한선 사이에 있는 경우	489	798	1,287	-0.0117	7.46*
하한선을 밑도는 경우	30	66	96	-0.0437	4.32**
관찰빈도수	533	994	1,527		

* 상한선을 웃도는 경우와 상 · 하한선 사이에 있는 경우의 두 집단간 평균발생액의 차이

** 상 · 하한선 사이에 있는 경우와 하한선을 밑도는 경우의 두 집단간 평균발생액의 차이

수준에서 기각하고 있다. 이러한 결과는 이익이 상한선보다 높을 때는 보고이익을 이연시킴으로 인해서 상한선 초과이익을 미래에 보너스로 받도록 하려 할 것으로 이익의 유연화 가설과도 일치한다. 반면에 이익이 하한선보다 낮을 때는 보고이익을 늘리려 하지 않고 미래의 이익이 높아질 수 있도록 오히려 줄이는 현상이 관찰되었다. 이는 이익률분산을 줄이려는 이익의 유연화 가설과 대치된다는 점에서 주목을 끌었다.

(3) Healy 연구의 재검증

Healy의 논문은 보너스제도가 회계선택에 미치는 영향을 이해하기 위해서 보너스제도에 명시된 수치 등을 자세히 살펴본 첫 번째 연구였다. 그 후 많은 연구들이 Healy의 연구방법론을 개선하여 보너스가설을 재검증하였다. 특히 Gaver, Gaver 및 Austin(1995)과 Holthausen, Larcker 및 Sloan(1995)은 Healy의 연구방법에 문제점이 있음을 지적하고 경영자보상가설을 재검증하였다.

Gaver, Gaver 및 Austin(1995)은 기업의 경영성과가 하한을 벗어나는 경우 Healy의 주장과는 반대로 이익을 상향조정하는 결과를 제시하였다. 이는 경영자보상가설보다는 이익평준화 현상과 일치하는 결과라고 할 수 있다. Holthausen, Larker 및 Sloan(1995)도 Healy의 가설이 상한선에서만 지지됨을

보여주었으나 이익이 하한선 밑에 있을 때 이익을 하향조정한다는 증거를 찾아내지 못하였다.

이러한 결과의 차이는 방법론상의 문제점으로 인한 것으로 보여진다. Holthausen 외 2인과는 달리 Healy는 상한선과 하한선을 실제 보상자료에서 구한 것이 아니라 추정을 한 수치였다. 또한 Holthausen 등은 재량적 발생액을 Jones모형으로 추정하여 계산해냈으나 Healy는 총발생액을 재량적 발생액의 대용치로 사용하였다. 그 밖에도 Healy의 표본기간인 1930~1980년대에 비해 1980년대 이후 보너스제도가 상당히 바뀌어 비교가능하지 않을 수도 있다.

한편, Guidry, Leone 및 Rock(1999)은 한 회사 내에서 사업부별 내부자료를 가지고 분석한 결과 Healy의 보너스가설을 지지하였다. 그들은 기업수준(firm-level) 자료가 아닌 개별 사업수준(business-level)의 자료를 이용하고, 경영자의 보너스가 사업단위(business unit)의 순이익에 의해서만 결정되는 경우를 연구하였다. 그들은 선행연구들이 경영자보상은 순이익뿐만 아니라 기업의 주가나 장기적인 경영성과에도 영향을 받을 수 있는데 이를 통제하지 않았고, 이익조정 측정치도 정교하게 계산하지 못했다고 비판하였다.

우리나라는 이사회 내에 보상위원회가 구성된 기업도 있지만 그렇지 않은 기업도 있어서 등기임원에 대한 보너스가 반드시 어떠한 체계를 갖는 것은 아니다. 이러한 점에서 보상위원회는 법에 의해서 규정되는 감사위원회와는 차이가 있다. 국내연구에서도 내부 보상자료를 가지고 보너스 체계에 따라 이익조정이 이루어지는지를 살펴볼 필요가 있을 것이다.

3. 경영자보상계약 관련 연구

경영자보상계약 관련 연구는 경영자가 자신의 보상을 극대화하기 위해 이익을 늘리는 회계선택을 한다는 설명과 일관성 있게 나타나는 것으로 보고되었다. 그러나 이러한 검증결과는 다음과 같은 사항들을 고려하지 못한 관계로 그 결과에 기초한 추론이 다소 과대평가되었다고 할 수 있다.

(1) 효율적 계약 가설

성과급을 설정하는 주요 목적 중의 하나는 주인과 대리인의 경제적 유인을 조정하여 일치하도록 만드는 것이다. 그러나 연구자들은 경영자들이 자신의 보상을 극대화하기 위해 이익을 조정하는 것이 주주에게 혜택을 주지 않는다고 암묵적으로 가정하고 있다. 그러나 성과급 보상계약에서 경영자의 이해관계를 주주와 조정하여 일치시켰다면 그러한 이익조정행위는 주주에게도 혜택을 주는 일일 수도 있다.

예를 들면, 보고이익이 늘어날 경우 경영자의 보상이 늘어나면서 동시에 주가가 높게 형성될 수도 있고 부채계약에 명시된 조항을 위반할 가능성이 줄어들 수도 있다. 즉, 기회주의적 행동으로 해석한 경영자의 행위가 기업의 가치를 극대화하는 행위와도 일치할 수 있다. 효율적 계약 가설은 재무보고에 있어서 경영자 자신들의 보상을 늘릴 수도 있게 경영자에게 재량권이 부여되는 것은 주주의 이해관계에 반드시 어긋나는 것은 아니라고 보고 있다(Watts와 Zimmerman 1986).

(2) 견제와 균형장치

기회주의 가설의 또 다른 문제점은 다른 형태의 견제와 균형을 기하려는 장치가 무시되었다는 점이다. 예를 들어, 이사회의 보상위원회에서는 필요하다고 판단되면 보너스를 조정할 수 있는 권한이 있다. 합리적 기대로 특성이 지워지는 시장에서는 기회주의적으로 회계선택을 하는 경우 기대되는 효과를 이미 경영자보상계약에 고려해 놓기 때문에 기회주의적 행동으로 인한 경영자의 전체 보상금액은 증가하지 않을 것이라는 것이다.

또한 경영자의 보상 중에서 단기적인 보너스에만 초점을 맞춰 주식매입선택권 등은 고려되지 않았다는 점이다. 만약 경영자의 기회주의적 행동이 심할 것으로 예상이 된다면 기업의 가치를 극대화하는 것이 경영자의 보상이 증가하도록 주식매입선택권 등이 경영자 보상에 포함될 것이다. 따라서 보상위원회의 역할, 주식매입선택권과 같은 보완적 보상방법 등이 경영자보상계약 관련 연구에서 제대로 다루어지지 않았다.

(3) Big bath

Healy의 연구에서 이익이 하한선보다 낮을 때 보고이익을 줄이는 것은 경영자가 big bath라고 일컬어지는 행위를 행사한다는 설명과 일치한다. 즉, 이익이 기대보다 이하일 때 경영자는 미래에 성과를 개선하기 쉽도록 하기 위해 준비할(clearing the deck) 목적으로 당해연도에 가급적이면 온갖 비용을 인식하는 경향이다(Strong과 Meyer 1987). Big bath의 또 다른 예로는 새로 부임하는 경영자가 부임하는 해에 가급적 비용을 많이 인식하여 이익을 줄이고 다음 해부터 이익을 늘리려는 유인이 있는 경우를 들 수 있다(Pourciau 1993). 투자자는 이러한 행위에 대해 매우 긍정적으로 평가하는 것으로 나타나고 있다(Elliot와 Shaw 1988). 반면에, Dechow와 Sloan(1991)은 경영자가 직무를 마치고 떠나는 마지막 연도에 단기적으로 보너스를 많이 받기 위해 연구개발비를 줄이는 경향이 있으며, 이는 주주의 부를 격감시키는 것으로 나타났다. 따라서 Big bath 현상이라도 구체적인 상황에 따라 자본시장에서의 평가가 달라질 수 있음을 확인할 수 있다.

(4) 내생적으로 결정되는 문제

연구개발비, 광고비, 자본적 지출, 발생액 등의 감소는 경영자의 재량적인 행사에 의한 것이기보다는 영업성과가 좋지 않았기 때문일 수 있다. 경영자가 그 자리를 물러나는 것과 연구개발비 등이 줄어드는 것은 별개의 사건이 아닌 것이다. 즉, 좋지 않은 영업성과가 경영자를 물러나게 하였고, 연구개발에 대한 투자를 줄이게 한 것이다. 따라서 경영자가 떠나는 마지막 연도에 자신의 보상을 극대화하기 위하여 연구개발활동을 줄인다고 하는 것은 내생적으로 결정되는 문제(problems with endogeneity)를 파악하지 못한 것이다. 이와 같이 회계선택은 외생적으로 결정되기보다는 기업의 경제적 특성으로 인해 결정되는 것이기 때문에 이를 구분하기가 쉽지 않다.

제 4 절 회계정보와 부채계약

1. 부채계약서상의 채무이행조항

부채계약서(loan agreements)에서 회계수치를 사용하는 채무이행조항(debt covenants)들은 기업의 가치를 감소시킬 수 있는 투자·재무결정을 제한하기 위한 것이다. 배당과 주식매입의 제한은 배당에 의한 자금의 유출을 억제하기 위한 것이며, 일정수준 이상의 운전자본유지는 청산배당의 지급을 방지하기 위한 것이다. 합병이나 타기업에 투자활동 및 자산처분을 제한하는 조항은 기업의 위험부담과 청산배당의 지급을 방지하기 위함이다. 또한 부채계약의 조항에 명시된 부채비율, 자기자본비율 또는 이자보상비율이 충족되지 않을 경우 우선권이 높은 부채의 발행을 포함하여 신규차입을 금지하기도 한다. 이러한 조항들을 위반할 경우 채무불이행으로 간주되어 채권자는 담보차압과 같은 조치를 취할 권리를 갖게 된다. 채권발행기업은 재무제표를 검토하여 계약을 위반하지 않았다는 이행조항증서를 회계사의 서명과 함께 매년 제출하여야 한다.

이러한 형태의 조항들은 감사보고서의 회계수치를 이용하며 일반적으로 인정된 회계원칙(GAAP)에 의거하여 또는 일부 절차를 수정하여 작성한다.[6] GAAP 이외의 회계원칙을 사용할 경우 일반적으로 보수주의에 입각하여 GAAP에서 허용하는 이익과 자산가치의 증가를 허용하지 않으며, GAAP하에서 요구되지 않는 부채를 인식하거나 이익을 감소시킨다.

부채계약서가 왜 재무보고상에 보고되는 회계수치에 기초하여 작성되는지 그리고 회계처리방법 등을 선택할 수 있는 재량권을 왜 기업에 인정하여 주는 것일까? 그 첫 번째 이유는 통제의 용이성이다. 일반적으로 변동회계기준(floating GAAP)이 사용되는 이유는 통제하기가 그리 어렵지 않고 고정회계

6) 일부 절차를 사용하지 않는 경우 단지 부채계약만을 위하여 별도의 재무제표를 작성하는 데는 비용이 너무 많이 들기 때문에 회계수치를 완전히 재계산하지 않고 일부만을 수정하는 형태를 택하게 된다.

기준(frozen GAAP)을 일일이 명시하기도 쉽지 않기 때문이다.[7] 두 번째로 변동회계기준은 기업의 경영활동에 지나치게 많은 제약을 가하지 않는다는 장점을 지니고 있다.

2. 부채계약가설

어느 한 회계절차하에서 계약위반이 예상될 경우 경영자는 계약조항의 위반시 발생하는 비용을 감안하여 위반하지 않게 하는 다른 회계절차를 선택할 것이다. 만약 부채계약에 명시된 조항이 부채비율 또는 이자보상비율과 같은 회계수치로 규정되어 있고 이러한 비율이 계약의 제한규정을 위반할 가능성과 높은 상관관계를 가진다면, 회계처리방법을 변경하는 기업들의 특성(재무비율)을 가지고 기업별 회계절차의 변동을 설명할 수 있다. 다른 조건이 일정할 때, 부채비율이 크면 클수록 경영자는 보고이익을 미래로부터 당기로 이전하거나 증가시키는 회계절차를 선택하려 한다는 부채계약가설(debt hypothesis)을 설정할 수 있다. 즉, 계약조항에 명시된 부채비율과 이자보상비율의 제한규정에 가까운 기업의 경영자는 부채를 감소시키는 회계절차를 사용하려 할 것이다.

부채계약가설을 검증한 초기의 연구로 Dhaliwal(1980)은 기업의 부채계약에는 제한적인 채무이행조항이 존재하므로 부채와 회계방법들 간에 상관관계가 존재한다고 주장하였다. 특히 자기자본에 비하여 부채금액이 큰 기업은 부채계약을 위반할 가능성이 증가하므로 부채계약비용을 낮추기 위하여 보고이익을 높일 수 있는 회계처리방법을 채택하려는 동기가 있다고 보았다. 건설자금이자와 자본화 비용에 관한 연구에서도 부채계약가설과 유사한 결과를 얻었다(Bowen, Lacey 및 Noreen 1981). 또한 Press와 Weintrop(1990)은 채무이행조항을 위반할 가능성이 증가할수록 보고이익을 증가시키는 회계정책을 채택하고 있는 경향을 발견하였다.

---

7) 변동회계기준은 부채계약에 재무비율을 계산하기 위해 현행 회계원칙을 사용하도록 하는 기준이다. 반면에 고정회계기준은 회계기준이 추후에 바뀌더라도 부채계약이 이루어질 당시의 회계원칙을 사용하도록 하는 기준이다.

1980년대 부채계약가설을 검증한 대부분의 연구들은 부채계약에서의 조건을 위반할 가능성을 측정하기 위해 부채비율과 같은 정교하지 못한 대용치를 사용하였다. Lys(1984)는 부채비율이 내생적으로 결정되기 때문에 위반가능성에 대한 좋은 대용치가 아니라고 주장하였다. 반면에 Duke와 Hunt(1990)는 부채비율이 부채계약조건을 위반할 가능성을 측정하는 데 있어 나름대로 합리적인 대용치라고 보았다.

국내연구로는 부채비율이 높을수록 채무이행조항을 위반할 가능성이 높다는 부채계약가설을 그대로 받아들여 분석하였다. 최성규와 김경민(2005)은 부채비율이 증가할수록 재량적 발생액의 절대값이 증가하는 것으로 관찰하였다. 그러나 나종길과 최정호(2000)에 의하면 재량적 발생액 자체는 감소하는 것으로 나타났다. 이러한 현상이 부채증가에 따른 계약비용의 상승을 의식하지 않은 결과인지 아니면 다른 요인 때문인지 명확하지가 않다. 최효순(2008)은 재량적 발생액과 총부채비율 사이의 내생성을 통제하고 분석한 결과 부채계약가설이 지지되는 것으로 보여주었다. 그는 기존의 연구에서 부채계약가설이 지지되지 않은 이유가 이자비용 등의 부담이 클 경우 이익보다는 오히려 현금유출에 더 큰 비중을 두기 때문에 이익의 증가가 관찰되지 않은 것으로 해석하였다.

부채가 있는 기업이 선택하는 회계절차에 차이가 있다는 부채계약가설은 다음과 같은 문제점을 안고 있다. ① 보너스계약의 가설처럼 실제의 부채계약에 회계수치에 근거하여 채무이행조항을 규정하였는지 확인이 되지 않은 상태에서 단순한 부채계약의 존재유무를 가지고 부채계약가설을 검증하는 것은 문제가 있다. ② 기업이 그 채무이행조항에 얼마나 근접하고 있는지를(즉, 위반할 가능성이 높은지를) 관찰하기가 쉽지 않다. ③ 회계원칙의 변경으로 부채계약조항의 위반을 회피하려는 의도는 쉽게 관찰되며 일단 회계변경을 하면 미래의 재량권이 감소된다. ④ 경영자는 이익과 유보이익을 증가시키기 전에 다른 방법을 강구할 것이며 이익을 증가시키는 방법은 다른 비용을 유발시킨다는 것이다.

국내의 연구에서 주의할 점은 국내에서 사용되는 부채비율과 외국에서의 부채비율 간에 차이가 있다는 점이다. 우리가 사용하는 부채비율은 부채를 자기자본으로 표준화하는 비율이라 외국에서의 부채를 총자산으로 표준화하는 부채비율(debt ratio)이라기보다는 debt to equity ratio, 즉 부채자기자본비율이라고 볼 수 있다. 따라서 부채로 계상할지 아니면 자기자본으로 계상할지의 문제가 있는 이슈에 대해서는 우리가 사용하는 부채비율은 부채가 계상되면서 동시에 자기자본이 계상되지 않으므로 우리가 사용하는 부채비율에 미치는 영향이 크게 부각된다.

예를 들어, 운용리스가 금융(자본)리스로 자본화한다면 자산에 계상될 뿐만 아니라 부채에도 계상되므로 외국에서 사용하는 부채비율에서는 분자, 분모에 모두 영향을 미친다. 반면에 우리가 사용하는 부채비율의 경우는 분자에만 영향을 미칠 수도 있어서 그 영향이 크게 나타난다. 따라서 외국 연구에서의 부채비율과 우리가 사용하는 부채비율을 비교할 때에는 이러한 점에 주의를 기울여야 한다.

3. 실제 부채계약의 심층분석

1990년대에는 부채계약서가 회계선택에 미치는 영향을 검증하기 위하여 부채계약서의 실제 내용을 심층적으로 분석하기 시작하였다. 경영자가 부채계약에서의 조건을 위반하지 않기 위하여 회계선택을 한다는 부채계약가설을 검증하기 위하여 회계선택이 부채계약조건에 어느 정도 가까웠는지 또는 부채계약을 위반한 기업은 어떠한 특성을 지녔는지에 초점을 두었다.

(1) 실제 채무이행조건의 사용

Sweeney(1994)도 기업이 부채계약을 위반하게 될 경우 경영자가 어떠한 회계선택을 하는가를 1980년부터 1989년 중에 실제로 부채계약을 위반한 기업들을 대상으로 연구하였다. 연구결과에 의하면 이들 기업은 부채계약조건을 위반하지 않기 위하여 이익과 현금흐름을 증가시키는 조정을 함을 발견하였다. 이러한 회계선택은 회계처리방법 선택의 여지가 많고 부채계약의 위약비용이 큰 기업일수록 정도가 크게 나타났다. Sweeney의 연구는 채무불이행에 대해 부채비율과 같은 대용치를 쓰지 않고 실제 채무이행조건을 변수로 사용하였다는 점에서 공헌도가 있다 할 수 있다.

DeAngelo, DeAngelo 및 Skinner(1994)는 회계선택에 대한 실제 부채계약의 위반이 정말로 중요한지를 분석하였다. 그들은 부채계약을 위반할 가능성이 높은 기업일수록 이익을 증가시키는 회계선택을 할 것이라는 가설을 설정한 다음 배당을 줄일 정도로 재무적으로 곤경에 처한 76개의 기업을 선택하여 살펴보았다. 그 결과 통제기업에 비해 통계적으로 유의하게 이익을 증가시키는 회계선택을 하지 않은 것으로 나타나 회계선택은 부채계약의 위반을 회피하기 위해 이루어지기보다는 재무적 곤경을 반영하는 것으로 결론지었다.

DeFond과 Jiambalvo(1994)는 부채계약을 위반할 것 같은 기업들이 이익을 증가시키는 회계처리방법을 선택할 것이라는 부채계약가설을 검증하기 위해 부채계약을 위반한 기업에 초점을 맞추었다. 그들은 이 기업들이 위반하기 직전연도와 해당연도에 비정상 발생액이 통계적으로 양의 값을 갖는 것을 관찰하였다. 이는 재무상태와 경영성과가 나빠서 부채계약을 위반하게 되는 기업의 경영자는 이익을 상향조정하여 부채계약을 위반하지 않으려고 노력하고 있음을 나타내는 것이다. 그러나 이 연구는 발생액을 조정하여 계약을 위반하지 않은 기업들은 표본에 포함되지 않았을 것이기 때문에 선택적 편의(selection bias)의 문제가 있다고 볼 수 있다.

Haw, Jung 및 Lilien(1991)은 실제적으로 경제적인 효과가 있는 특정 회계선택을 살펴보았다. 즉, 그들은 확정급부형 연금제도에서 과다하게 적립이 되었을 때 기업의 입장에서는 이익이 발생되는데 이를 어느 시점에 정산하는 결정을 하는지를 살펴보았다. 그들은 기업의 다른 활동에서 이익이 줄어들거나 부채계약의 제약조건을 완화하기 위한 목적으로 정산하는 시점을 결정하는 것을 관찰하였다. 그러나 과다적립금의 정산이 부채계약에 미친 영향의 크기 그리고 정산이 부채계약에 실제로 영향을 주었는지는 조사되지 않았다.

그러나 여전히 중요한 것은 채무이행조항을 위배할 가능성을 측정할 지표의 활용이 여전히 미진한 실정이다. 이행조항 여유분(covenant slack)은 채무이행조항에 명시된 수준과 현재 수준의 차이라고 할 수 있다. 최근에 Dealscan database가 이용가능하게 됨에 따라 이행조항 여유분을 좀더 정확하게 계산해서 채무이행조항을 위배할 가능성을 정교하게 측정할 수 있게 되었다. 따라서 정교한 연구설계와 강력한 대용치로 과거의 연구를 재검증함으로써 그동안 논란이 되었던 부채계약가설을 명확하게 이해할 수 있을 것으로 기대된다.

(2) 채무이행조건과 보수주의

부채계약서와 회계상의 보수주의를 연계하는 연구흐름이 최근에 들어서서 활발하게 이루어지고 있다. Watts(2003)는 보수주의가 채권자 청구권의 하한선을 검증가능하게 해줄 뿐만 아니라 채무기업의 신용위험에 대한 조기경보장치와 같은 역할을 함으로써 부채계약의 효율성을 높인다고 주장하였다. Ball, Robin 및 Sadka(2008)는 보수주의가 기업의 신용위험이 높아질 때 채무이행조항을 통해 기업이 추구하는 프로젝트에 대한 의사결정권을 기업으로부터 채권자에게 이전한 것과 같은 역할을 한다고 하였다. Zhang(2008)은 보수주의는 bad news가 일어날 때 채무이행조항을 가능한 빠르게 위배하도록 함으로써 채권자가 기업이 어려워져서 발생할 수 있는 채권회수의 위험을 사전에 보호할 수 있게 한다고 하였다.

Ahmed et al.(2002)은 보수적인 회계처리를 하는 기업에 대해 대출시 금융기관이 금리를 상대적으로 낮춰줌을 실증적으로 보여주었다. Beatty, Weber 및 Yu(2008)의 실증분석에 의하면 차입 이후에도 보수적인 회계처리가 지속되게 함으로써 보수주의가 채무이행조항을 보완하는 역할을 하고 있는 것으로 관찰되었다. 또한 Roberts와 Sufi(2008)는 차입이 한 번에 그치는 것이 아니라 지속적으로 일어나는 경영활동이기 때문에 미래에 더 좋은 차입조건을 얻기 위해 차입 이후에도 지속적으로 보수적인 회계처리를 유지한다고 하였다.

제 5 절 회계선택의 경제효과

회계선택연구의 또 다른 유형은 자본시장에서의 회계선택의 영향을 살펴본 것과 계약당사자가 아닌 제3자에게 미치는 경제적 영향이 있다. 본 절에서는 정보비대칭이 존재할 때 회계선택이 주가나 자본조달비용에 영향을 미치는지에 대한 연구를 논의한 다음 회계선택이 미치는 파급효과에 대해 살펴보기로 한다.

1. 회계선택과 주가변동 및 자본조달비용

(1) 효율적 자본시장하에서 회계선택의 주가효과

효율적 자본시장하에서 회계선택이 기업의 미래현금흐름에 직접적인 영향을 미치지 않는 한 주가에 영향을 주지 않을 것으로 예상되었다. 이와는 대립되는 기능적 고착화 가설(functional fixation hypothesis)에서는 시장이 보고되는 이익에 기계적으로 고정화되어 있기 때문에 기업의 미래현금흐름에 영향을 미치지 않는 회계선택이라 할지라도 기업이 공표하는 회계수치가 어떻게 보고되느냐에 따라 주가가 영향을 받을 수 있다고 보았다. 따라서 자본시장에 기초한 회계선택 연구는 자본시장이 기업간 회계처리방법의 차이를 꿰뚫어 볼 정도로 효율적인지에 대해 오랫동안 관심을 가져왔다.

이 분야의 초기 연구들은 현금흐름에 영향이 없는 회계선택과 주가의 변동의 관련성을 조사함으로써 시장의 효율성을 검증하고자 하였다(Ball 1972; Kaplan과 Roll 1972). 이러한 연구들은 회계처리방법 변경시점의 주가수익률을 조사하였다. 이러한 연구의 결과, 대체로 회계변경으로 인한 공시효과는 별로 크지 않은 것으로 나타났다. 한편 회계변경으로 현금흐름에 영향이 있는 경우로서 후입선출법으로 변경하거나 후입선출법으로부터 변경하는 경우에 대해 많은 연구가 수행되었다. Ricks(1982)는 주식시장이 경제적 실질보다는 보고이익에 무조건적으로 반응한다는 결론을 제시하여 시장이 비효율적일 수 있음을 시사하였다. 그러나 Biddle과 Lindahl(1982)은 시장반응변수인 누적초과수익률을 종속변수로 하고 독립변수로 비기대회계이익과 회계변경으로 발생한 절세액을 사용하여 회귀분석한 결과 절세액의 계수가 통계적으로 유의한 양의 값을 보였다. 따라서 Ricks(1982)의 연구결과와는 달리 주식시장이 단순한 보고이익보다는 기업의 실질적인 현금흐름에 긍정적인 반응을 보인다는 것을 보여주었다.

Beaver와 Dukes(1973)의 연구는 회계처리방법의 차이가 현금흐름에는 영향을 미치지 않으나 회계이익에 영향을 미칠 때 자본시장이 어떻게 반응을 보이는지를 살펴보았다. 그들은 감가상각시 가속상각법과 정액법을 선택한 기업의 주가이익비율(price-earnings ratio: *PER*)의 차이를 살펴보았다. 가속상각법을 택한 기업의 *PER*가 정액법을 택한 기업의 *PER*보다 높았으나 정액법을 택한 기업이 가속상각법을 택한 것으로 하여 재계산해보니 두 집단간 *PER*의 차이는 사라져버렸다. 추가적인 분석에서도 두 집단간에 체계적인 위험, 이익의 성장가능성 등의 경제적 특성에 있어서 유의한 차이를 보이지 않았다. 이러한 결과는 전반적으로 자본시장이 현금효과가 없는 회계처리방법의 차이를 꿰뚫어본다는 효율적 시장가설을 지지하는 것으로 보인다.

그 밖의 많은 연구들이 회계처리방법의 차이에 대해 시장이 효율적인지를 연구하였다. Lee(1988)와 Dhaliwal, Guenther 및 Trombley(1997)는 LIFO기업과 FIFO기업 간 *PER*의 차이를 분석하였다. Dukes(1976)는 재무보고 목적으로 연구개발비를 비용처리한다 할지라도 시장은 연구개발비를 자산으로 평가한다는 것을 보여주었다. 한편 기업의 위험수준을 평가하는 데 있어서 연금부채가 재무제표에 반영되도록 하기 전에 시장이 부채로 간주하였다는 실증적 결과도 관찰되고 있다.

Beaver와 Engel(1996)은 자본시장이 은행의 대출관련 대손충당금을 재량적 부분과 비재량적 부분으로 구분하였다. 여기서 그들은 재량적 부분에 대해서는 긍정적으로 값을 매기고 비재량적 부분에 대해서는 부정적으로 값을 매기는 것을 관찰하였다. Beaver와 Engel은 이러한 결과를 경영자의 재량적인 보고행위에 대해 자본시장에서 효과가 있음을 보여주는 것이라고 해석하였다.

한편 Subramanyam(1996)은 경영자의 재량권이 이익의 지속성과 예측가능성을 반영하도록 하기 위하여 이익을 유연화하거나 사적인 정보를 전달한다고 하였다. 따라서 그는 조정된 이익이 경제적 가치와의 상관성을 높이기 때문에 시장이 재량적 발생액에 가치를 부여한다고 결론지었다. 그러나 이러한 결과는 재량적 발생액을 추정하는 데 있어서의 측정오차 또는 비효율적 시장에서 가격이 잘못 결정되는 것에 기인한다는 설명과도 일치한다. 그의 연구결과는 이러한 대체적인 설명을 배제하지 못하였다.

대부분의 연구결과를 종합해본다면, 시장은 현금흐름에 영향을 미치지 않으면서 회계처리방법의 차이로 인해 발생하는 이익에 미치는 효과를 구분해 낸다는 결론을 내릴 수 있다. 그러나 문제는 회계선택이 기업가치에 영향을 미치지 않는 경우에도 기업의 회계변경이 어느 시점에 동시에 이루어지는지, 기업의 회계선택에 대해 왜 경영자나 규제당국이 관심을 갖는지에 대한 설득력 있는 설명이 필요하다. 더 나아가서 특정 회계처리방법을 선택한 기업은 어떠한 특성을 지니고 있는지에 대한 이해가 요구되었다. 이러한 질문들에 대해 회계학자들은 계약비용에 기초한 실증회계이론을 도입하기도 하였고 추후에는 효율적 시장이라는 기본가정 자체에 의구심을 제기하기도 하였다.

국내연구로 김상헌과 백원선(2007)은 감액손실의 반복적 인식에 따른 감액손실의 차별적 주가관련성을 검증하였다. 감액손실은 주가에 부정적인 영향을 미치지만 반복적인 감액손실의 인식에 대해서는 보수적인 회계처리로 인식되어 덜 부정적인 평가를 내리는 것으로 나타났다. 연구자들은 이러한 결과에 대해 시장에서 감액손실의 인식을 기회주의적인 인식수단이라기보다는 미래경제적 효익의 창출가능성 관점에서 반복적 감액손실을 인식하는 것을 꿰뚫어보는 것으로 해석하였다.

(2) 계약이론에 기초한 회계선택의 주가효과

연구자들은 경영자의 회계절차의 선택과 변경을 주가효과와 연계시키기 위하여 계약이론을 활용하였다. 즉, 부채와 보상계약에서의 회계의 역할은 기업의 현금흐름에 영향을 주지 않는 회계절차의 변경이라도 주가에 영향을 미칠 수 있다는 것이다. 따라서 회계절차의 변경은 대리인비용에 영향을 주며 기업의 이해당사자 사이에 부를 이전시킬 수 있다는 계약이론에 근거해서 주가검증을 수행하였다. 회계절차변경의 주가효과에 대한 분석은 그 변경이 경영자에 의한 자발적인 것(voluntary change)인지 아니면 정부의 규제에 의한 강제적인 것(mandatory change)인지로 구분하였다.

기업의 업종변경이나 산업의 환경변화로 기업은 새로운 회계절차를 자발적으로 채택하는 경우가 있다. 회계처리방법의 변경은 계약조항의 위반가능성에 영향을 주고 이에 따른 기업의 손실이 발생한다. 그러나 자발적 회계변경은 인정된 절차의 집합 안에서 발생할 뿐만 아니라 그 효과가 다른 사건과도 관련이 있다. 이에 따라 주식시장은 이러한 변경을 어느 정도 예상하여 회계절차가 변경될 확률이 바뀔 때마다 주가에 반영되기 때문에 회계변경이 주가에 미치는 전반적 효과를 측정하기 어렵다.

기존의 계약은 계약작성시점의 회계원칙보다는 현행의 회계원칙에 따라서 산출된 회계수치를 사용하기 때문에 회계기준의 강제적 변경에 의하여 영향을 받는다. 이는 주주의 부를 이전하여 일부 회계절차의 비용과 최적계약기술을 변경시켜 미래의 계약에 영향을 준다. 회계절차집합의 제약은 채무불이행 확률을 줄일 수 있었던 기존절차가 기준에 의해 소멸되었을 때 발생하며 주가가 하락하는[8] 반면 경영자의 보너스를 증가시키려는 능력이 감소됨에 따라 주가는 상승하려는 경향이 있다. 또한 이러한 효과를 최소화시키기 위하여 기업이 주요 활동을 변경한다면 최적이지 않은 경영상의 의사결정으로 인해 비용이 발생하며 이것이 주가에 반영될 것이다.

계약이론 중 부채계약가설에 기초하여 회계선택과 주가의 관계를 살펴본 전형적인 국내연구로는 서정우(1994)의 논문을 들 수 있다. 그는 1990년 3월 유가증권의 평가에 있어서 저가기준의 강제규정 제정이 미치는 경제적 영향을 실증적으로 분석하였다. 본 논문은 유가증권 저가평가기준의 강제화는 기업들에게 음(－)의 초과수익률을 가져다줄 것이며 그 수익률은 유가증권의 비중이 클수록 그리고 부채비율이 클수록 증가할 것으로 연구가설을 설정하였다.

연구결과에 따르면 유가증권의 평가기준을 저가평가로 강제 변경함에 따라 기업의 누적초과수익률은 통계적으로 유의하게 음(－)의 반응을 나타내었다. 더욱이 이러한 시장의 반응은 제조업종 기업보다는 금융업종 기업에서 보다 강한 반응이 나타났다. 누적초과수익률을 기업의 특성으로 횡단면 회귀분석한 결과에서는 제조업종의 경우 기업규모와 유가증권의 비중이 유의하게 나타났으나, 금융업종의 경우는 부채비율이 유의하게 나타났다. 결국 부채비율은 그 비율이 커질수록 회계변경의 경제적 파급효과의 크기에 미치는 영향이 일관성 있게 나타나지 않았다.

회계기준의 강제적 변경시의 경제적 파급효과를 연구한 이러한 접근방법

---

8) 회계기준의 변경이 강제적으로 이루어지면 부채계약을 위반할 가능성이 높아지게 되고, 채권자와 추가담보의 설정, 금리의 인상, 원금의 조기상환, 재협상 등의 비용이 들어간다고 보는 것이다.

은 1980년대에 여러 가지 상황에서 많이 적용되었다. 그러나 사건일의 결정, 측정오차의 문제, 초과수익률의 계산방식, 결과에 대한 추론 등의 문제 등 방법론상의 문제점이 제기되었다. 더욱이 실증분석의 결과가 일관성 있게 나오지 못함으로 인하여 1990년대에 와서는 별다른 관심을 끌지 못하게 되었다.

(3) 회계선택에서 검정력 제고와 시장효율성 가정

자본시장에서 회계선택이 주가에 미치는 영향 관련 연구는 주가효과를 분석하는 것 이외에도 두 가지 측면에서 연구영역을 확대해 나갔다.

그 첫 번째는 자본시장에 기초한 방법론의 검정력을 높이기 위해 여러 가지 노력을 기울인 분야이다. 변수의 측정오차, 주가수익률모형의 가정, 주가수익률의 상관성, 사건일의 선정 등의 계량경제학적 문제를 해결하기 위한 방안이 논의되었을 뿐만 아니라 실증분석의 결과의 일관성을 확보하고 설명력도 높이려는 노력이 기울여졌다. 그럼에도 불구하고 회계선택에 대한 일관되고 명백한 추론을 하기는 어려운 것으로 평가되었다.

이에 따라 연구자들은 검정력을 높이기 위한 일환으로 경제적 유인이 아주 명확한 구체적 상황에 초점을 맞춤으로써 회계선택이 주가에 영향을 미치는지를 살펴보고자 하였다. Perry와 Williams(1994)는 경영자가 기업을 다 인수하려는(management buyout) 의도를 공표하기 전에 경영자의 회계선택을 살펴보았다. 그들은 경영자가 주가를 하락시킬 의도로 이익을 낮추기 위해 재량적 발생액을 조정하였다는 결과를 제시하였다. 그러나 이 연구는 그러한 이익조정이 실제로 주가의 하락을 가져왔는지 채권자에게는 이익을 늘리려는 유인은 없었는지 등은 고려하지 않았다.

두 번째 접근방법은 효율적 자본시장이라는 기본가정을 무조건적으로 채택하지 않는 것이었다. 1990년대에 들어서부터 시장효율성과 대치되는 결과들이 관찰되었고, 이에 따라 투자자들이 반드시 합리적으로 행동하고 결정하지는 않는다는 결론을 내리기에 이르렀다(Lakonishok, Shleifer 및 Vishny 1994). 이러한 시장의 효율성과 일치되지 않는 결과에 대해 시장의 투자자의 비합리성, 경영자의 신호유인, 계약상의 목적 등으로 설명하고자 하였다.

Vincent(1997)는 기업의 인수·합병과 관련하여 매수법과 지분풀링법을 사용하는 기업의 주가를 조사한 결과 매수법으로 처리하는 기업이 불리하다는 것을 발견하였다. 지분풀링법을 사용하는 기업이 매수법을 사용하였더라면 산출될 이익으로 수정한 후 계산한 *PER*가 매수법을 사용한 기업의 *PER*보다 훨씬 높게 나타났다. 이러한 결과는 시장이 보고되는 이익에 따라 보상을 해준다는 실무자들 사이에서 이루어지는 얘깃거리와 일치하는 것이다. Robinson과 Shane(1990)은 지분풀링법으로 회계처리되는 데에 대해 매수자들이 프리미엄을 추가로 지급하는 것으로 보고하고 있다.

한편 Hand(1990)는 기능적 고착화 가설(functional fixation hypothesis)을 수정하여 투자자의 정교한 수준이 높을수록 보고되는 이익에 따라 반응하는 정도는 달라짐을 보여주었다. 또한 Dharan과 Lev(1993)의 연구는 회계처리변경을 전후로 충분히 긴 기간에 걸쳐 주가의 수익률을 재검토한 결과 시장의 비효율성이 관찰되었다. 이와 같이 아직 완전하게 해결되지는 않았지만 시장이 보고된 회계이익에 기계적으로 고정화되어 있는 것처럼 반응한다는 징후가 도처에서 관찰되기에 이르렀고 연구자들도 자본시장의 효율성을 무조건적으로 받아들이지는 않게 되었다.

그러나 사건일을 길게 하여 회계변경기업의 성과를 살펴보았을 때에는 자본시장의 효율성에 대해 명확한 결론을 내리기가 쉽지 않다. 그 이유는 회계선택의 변경에 현금흐름효과가 있는 점과 회계선택이 자발적으로 이루어져 내생적(endogenous) 성격이 있기 때문이다. 기업간 회계처리방법의 선택에 있어서 차이를 보이는 것은 기업의 투자재무결정, 성장가능성, 부채 및 보상계약 등에 있어서 근본적인 경제적 차이가 있기 때문이다. 따라서 회계변경과 관련하여 정보효과와 주가수익률의 결정요인의 변화가 이루어졌을 가능성이 존재한다. 경제적 차이는 주가수익률과 주가이익배수에 영향을 미치기 때문에 이러한 부분을 통제하고 회계상의 차이로 인한 효과를 본다는 것은 결코 쉬운 작업이 아닌 것이다.

또한 시장이 효율적 또는 비효율적이라는 명백한 증거는 잡아내기가 어려운 듯하다. 시장에 기초한 연구들은 대부분 주가수익률이 발생되는 과정과 연구대상인 특정 사건에 대한 설정이 적절히 이루어졌다는 가정이 이루어져야 한다. 이러한 가정이 타당한지를 모르는 상태에서 시장효율성의 가설을 기각하기가 매우 어려울 뿐만 아니라 주가에 기초하여 회계선택에 대한 시사점을 모색하는 것은 그리 쉬운 작업은 아닌 것이다. 다만 이제는 자본시장의 효율성이라는 가설을 무조건적으로 받아들이지만은 않게 되었다는 것이 그동안의 연구를 통해 얻은 성과라면 성과라고 할 수 있다.

(4) 회계선택과 자본조달비용 및 공시수준

회계선택은 자본조달비용을 통해 기업가치에 영향을 미칠 수 있다. Botosan(1997)은 높은 공시수준을 유지할 경우 자본조달비용이 낮아지는지를 검토함으로써 회계선택에 새로운 장을 열었다. 연구결과에 의하면, 자신이 만든 공시지표로 측정된 공시수준과 자본조달비용은 기업규모와 위험수준을 통제하고 나서도 음의 관계가 관찰되었다. Botosan은 이러한 결과를 기업공시와 대체적인 정보원천 간의 균형을 취하는 것으로 해석하였다. 그러나 Botosan의 연구는 한 개의 산업을 한 회계연도만 들여다봤다는 점에서 일반화시키기에는 다소 무리가 있다. 더욱이 종속변수(자본조달비용)와 독립변수(공시지표) 모두 추정하는 데 있어서 측정오차가 있는 문제점이 있다.

회계선택과 공시수준을 연결시킬 수 있는 독특한 상황은 바로 사업부문별 보고(business segment reporting)이다. Hayes와 Lundholm(1996)은 자본시장과 경쟁업체에 의해 관찰되는 사업부문별 공시를 분석하여 모형을 만들었다. 그들은 모든 사업부문이 가급적이면 비슷한 결과가 나오도록 공시를 하여 경쟁업체에 별다른 정보를 드러내지 않을 때 기업의 가치가 가장 높은 것으로 나타났다. Harris(1998) 역시 경쟁이 심하지 않은 산업(산업집중도가 높은 산업)에서 경영을 할 경우에 산업부문(industry segment)으로 보고되지 않을 가능성이 높은 것으로 보고하였다.

이러한 사업부문별 정보에 대해 재무분석가들은 보고의 질적 수준과 부적절성을 비판하였다. 이에 따라 1997년에 재무회계기준서 제131호가 제정되었으며, 부문별 보고에 대한 이 회계기준은 기업의 내부보고조직과 일치하는 사업부문별 보고를 요구하고 있다. Ettredge, Kwon, Smith 및 Stone(2006)은 이익조정이 사업부문 차원에서 이루어지고 있으며, 이익조정의 정도는 기업의 수익성이 높을수록, 독과점 상태일수록 큰 것을 발견하였다. 반면에 기업이 외부로부터 자금조달 유인이 큰 경우에는 이익을 조정하는 정도가 낮아 기업이 자발적으로 이익정보의 유용성을 높이려 한다는 결과를 보고하였다. 또한 그들은 새로운 기준하에서 부문별 보고이익의 가변성이 더 높아짐에 따라 부문별 이익조정이 덜 이루어지는 것으로 관찰하였다.

Barth와 McNichols(1994)는 환경관련 채무에 대한 추정치가 기업의 시장가치를 설명하는 데 있어서 추가적인 설명력이 있는 것으로 보고하고 있다. 전반적으로 공시수준이 자본조달비용에 미치는 영향은 연구에 따라 서로 엇갈리는 결과가 관찰되고 있다. 공시의 수준을 높이는 데 따른 상대적 효익과 비용에 대한 연구가 보다 더 많이 축적되어야 할 것이다.

2. 정부규제와 규모가설

(1) 회계수치에 기초한 정부규제

정치과정이론에 의하면 정치과정은 정치인이 자신의 이익을 극대화시키기 위해 부의 이전을 모색하는 경쟁의 과정으로 보고 있다. 세금과 규제는 정부의 서비스, 보조금, 보호관세 및 정부가 창출한 독점 등을 통하여 사람들로부터 받아내는 부의 이전이라고 볼 수 있다. 정치과정에서 정부와 규제당국은 회계수치를 이용하여 부의 이전을 결정한다. 예를 들어, 정치과정에서 보고이익의 상승을 독점의 증거로 해석하고 독과점규제를 강화할 수 있다. 그러나 보고이익이 상승하게 되는 요인은 독점 이외에도 비교기준인 전기이익이 낮았거나 회계절차변경, 환율변동, 인플레이션 등에 기인할 수 있다. 그럼에도 불구하고 이러한 요인 중 실제 요인을 조사하는 데 소요되는 비용이 조사의 효익보다 크기 때문에 이익의 상승요인을 제대로 파악하지 못하게 된다.

또한 규제당국의 입장에서는 비록 불완전하지만 회계정보가 객관성이 있고 관찰이 쉽게 된다는 점에서 회계정보를 활용하고 있다. 이에 따라 회계수치는 규제산업의 요금과 제공되는 서비스의 양 및 유형을 결정하기도 한다. 경영자는 독점이윤을 누리는 것으로 분류되면 정부의 요금규제 및 조세정책에 영향을 줌으로 인해 부의 이전이 이루어질 수 있음을 인식한다. 이에 따라 이러한 부의 이전이 일어나는 것을 미연에 방지하기 위하여 그 이전을 감소시키기 위한 회계절차를 택하게 된다. 즉, 정치적 압력이나 정부의 규제를 예측하고 정부당국이 보고이익을 어떻게 사용하는지를 고려하여 기대이익과 분산을 감소시키려 한다.

(2) 기업규모와 정치비용

정부당국은 대기업의 실패가 정치적 위기가 될 수 있기 때문에 정치적으로 고려하지 않을 수 없다. 또한 정보를 산출하도록 하는 유인과 엄청난 정보비용으로 규제조치에 여러 가지 형태의 편의를 갖게 된다. 예를 들면, 실패한 기업의 자산이 과대평가되면 투자자의 손실이 명백하여 비난을 면하기 어려우나 성공한 기업의 자산이 과소계상되어 이익이 작아졌을 때에는 큰 문제가 없다. 따라서 규제기관은 발생될 정치적 위기를 고려하여 자산을 과대계상할 여지를 없애고 과소계상할 여지는 인정하는 경향이 있다.

정치인은 보고이익과 같은 회계수치를 이용하여 위기를 창조하거나 해결한다. 이에 따라 보고이익은 정부의 규제수단의 측정치로서 많이 사용되고 있다. 정치인과 규제기관이 보고이익을 이용하기 때문에 회사경영자는 보고이익을 감소시키는 회계절차를 택할 유인이 있다. 또한 많은 기업의 가격 또는 요금은 정부규제기관에 의해 결정된다. 대부분 가격 또는 요금은 회계에서 산출되는 원가를 이용한 공식을 기준으로 하여 수익은 영업비용, 감가상각비, 세금 그리고 일정 자본수익률의 합으로 결정된다. 법원 또한 회계법인의 감사의견, 기업이 제출한 감사보고서 등을 사용한다. 또한 잠재적인 세금효과는 회계절차의 선택에 영향을 미칠 수 있다. 기업이 특정 기간에 큰 이익을 보이면 뉴스거리가 되나 이익이 낮은 다른 기간에는 거의 주목되지 않는 비대칭성 때문에 기업은 정치적 규제를 최소화하기 위해서 보고이익의 이연뿐만 아니라 보고이익의 분산을 감소시키려 한다.

Watts와 Zimmerman(1978)은 대기업이 중소기업보다 정치적으로 더 민감하며 따라서 회계절차의 선택에 있어서 차이를 보일 수 있다는 규모가설(size hypothesis)을 설정하였다. 기업의 정치적 민감도가 규모에 따라 변화한다면 기업의 규모가 클수록 보고이익을 이연하는 회계절차를 채택할 가능성이 더 클 것이다. 규모가설은 대기업이 중소기업보다 정치적으로 민감하여 부의 이전(정치적 비용)이 크다는 가정에 근거를 두고 있다.

(3) 규모가설에 대한 비평

Zimmerman(1983)은 대기업의 유효세율이 높은 것은 대기업이 높은 정치적 비용을 부담하기 때문이라고 하였다. 그러나 그의 검증은 세금 이외의 정치적 비용을 통제하지 않았다. 예를 들면 대기업은 중소기업에 비해 더 많은 정치적 혜택을 받기 때문에 높은 세율이 정치적 비용의 부담을 나타내는 명백한 증거로 볼 수는 없다.

대기업은 정치과정의 주요 표적이지만 동시에 커다란 부의 이전을 받는 수혜자이기도 하다. 대기업은 재무적으로 곤란할 경우 파산하도록 정부가 방관하지 않을 것이라는 인식이 있다. 여기서 기업의 규모와 법인세율의 관계는 시간별, 산업별로 변동하기 때문에 기업규모가 정치적 비용을 정확히 측정하지 못할 수 있다. 또한 정부규제가 경기변동에 따라 변동하는 경향도 있다. 불경기에 있어서의 규제는 생산자 보호적이지만 호경기에는 소비자 보호적이다. 따라서 기업규모는 정치적 혜택, 경기변동 등의 상황에 따라 정치적 비용을 제대로 측정해내지 못할 수 있다.

한편 회계변경은 계약비용과 정보비용이 존재하는 정치적 과정으로 인하여 주가에 영향을 미칠 수 있다. 자발적인 회계변경은 기업가치에 영향을 주는 기타 변화들의 결과이며 시장에 의해 예상되기 때문에 정치적 과정에서 유발되는 주가효과는 측정하기가 어렵다. 그러나 강제적 회계변경의 경우 보고이익의 수준 또는 분산을 감소시키는 회계절차를 추가할 경우 정치과정을 통해 주가를 상승시키고, 보고이익의 수준 또는 분산을 증가시키는 절차를 추가할 경우 주가는 하락한다고 예측할 수 있다.

3. 회계정보의 잠재적 파급효과

회계선택의 동기에 대한 세 번째 유형은 계약당사자가 아닌 제3자가 회계정보를 그들의 의사결정에 이용하는 경우이다. 이러한 경우에 기업의 공시정책이 제3자에게 잠재적으로 영향을 미칠 수 있기 때문에 기업이 보고하는 회계수치를 조정하려는 유인이 생긴다는 것이다. 이와 관련되어 설정되는 가설은 세금을 줄이거나 이연시키기 위해 또는 정부기관의 규제를 회피하기 위해 회계선택을 한다는 것이다. 여기서 정치적 비용(political costs)가설은 규모가설을 보다 포괄적으로 해석할 뿐만 아니라 좀더 강력한 상황에서 검정하는 것으로 볼 수 있다.

정치적 과정이 회계실무에 영향을 미치는 이유는 정보, 로비 및 담합비용이 존재하기 때문이다. 따라서 정치과정에서 회계수치는 감지된 위험을 해결하기 위해 실시되는 규제조치에 사용된다. 정치과정에 대한 이러한 견해하에서 정치적으로 민감한 기업의 경영자들은 보고이익을 미래의 기간으로 이연하고 이익의 변동성을 감소시키는 회계절차를 선택함으로써 정치적 규제의 영향을 고려한다. 경영자는 대체적인 회계절차의 비용과 효익을 고려하여 규제과정, 보상계획 그리고 부채계약 등을 함께 고려한 최적의 회계절차를 선택하게 된다.

(1) 정치적 비용가설

일반적으로 세금을 최소화하기 위해 회계선택을 한다는 것은 별로 놀라운 일이 아니다. 그러나 세금을 최소화하지 않고 오히려 어느 정도는 납부하려는 경우도 관찰되기도 한다. 이러한 결과는 그 세금절감을 상쇄하는 다른 고려사항이 존재하기 때문인 것으로 보인다. 예를 들어, 정규언(1993)은 기업들의 법인세유연화 동기와 수단을 살펴보고 이익과 법인세의 변동성 비교를 통하여 법인세 유연화 현상을 검증하였다. 실증분석결과를 종합해보면 법인세의 변동성을 표시하는 변이계수가 순이익의 변동성을 표시하는 변이계수보다 작은 것으로 나타났다. 이러한 결과는 순손실이 한 번 이상 발생하여 구조적으로 순이익의 변동성이 크게 측정되는 경우를 제외한 순이익만 발생하였던 기업에서도 관찰되었다. 이는 법인세의 부담에 있어 불이익을 당하지 않기 위해 안정적인 법인세 납부를 도모했기 때문으로 보인다.

정치적 비용가설은 이익이나 세금에만 국한된 것은 아니다. 정부가 제시한 규정을 맞추기 위해 또는 규제를 피해가기 위해 이익조정을 행하는 경우도 흔히 관찰된다. 예를 들어, 유가증권상장규정에서는 회계자료에 기초하여 주권의 신규상장요건을 규정하고 있다.[9] 따라서 주식을 상장하려는 기업은 이러한 요건을 맞추기 위하여 때로는 의도적으로 회계수치를 조정하려는 유인이 발생할 수도 있을 것이다. 또한 직접공모주식을 평가하는 경우 모집가액 또는 매출가액의 적정성에 대하여 전문기관의 평가를 받아야 한다.[10] 이때 유가증권 발행가액의 평가는 자산가치와 수익가치에 따라 평가하는데 기업은 높은 가액으로 평가받기 위하여 회계수치를 조정하려는 유인을 가질 수 있다.

독점규제 및 공정거래에 관한 법률에서는 기업집단에 편입된 기업에 대하여 각종 규제를 가하고 있다. 즉, 기업집단에 속한 기업 간에는 채무보증을 제한하는가 하면 상호출자도 엄격하게 규제하고 있다. 또한 이를 규제하기 위하여 기업결합의 신고와 주식소유현황 등의 신고의무를 부가하고 있다. 이와 같이 기업집단에 속하게 되면 추가적인 규제를 받게 되므로 기업집단에 속하지 않으려는 유인을 가질 수도 있으며 이미 속한 기업은 정부의 규제요건을 맞추기 위하여 회계수치를 조정하려는 유인을 가질 수도 있다.

(2) 정치적 비용과 회계선택

정부의 규제가 회계선택에 미치는 효과에 대한 연구는 대부분 산업별 규제에 기초하고 있다. 이러한 연구의 한 흐름은 특정 제약에 대해 회계선택을 어떻게 하느냐에 초점을 맞추고 있다. 또 다른 흐름은 소위 정치적 비용이라는 가설로 지나치게 이익이 많이 날 경우 규제를 심하게 받을 것을 예상하여 이익을 줄이려는 유인이 있는지에 대한 연구이다.

첫 번째 흐름과 관련된 연구로 은행업에서 자본의 건전성을 위해 자기자

---

9) 신주상장요건 중 회계수치와 관련된 사항을 살펴보면 다음과 같다.
① 매출액이 최근 3사업연도 평균 150억원 이상이고 최근 사업연도에 200억원 이상일 것
② 최근 사업연도말 현재 부채비율이 거래소가 따로 정하는 산정방식에 의한 상장법인의 동 업종 평균부채비율의 1.5배 미만일 것
③ 최근 3사업연도에 각각 영업이익, 경상이익 및 당기순이익이 있고, 최근 사업연도의 납입자본이익률이 25% 이상으로서 최근회계연도의 납입자본이익률 합계가 50% 이상일 것
④ 최근 사업연도말에 자본잠식이 없을 것
⑤ 자산가치가 액면가액의 1.5배를 초과하고 수익가치가 액면가액을 초과할 것

10) 유가증권발행신고 등에 관한 규정 제4조.

본비율의 일정 수준을 유지하도록 요구되고 이를 지키지 못했을 경우 업무의 제약을 받거나 정부의 개입이 이루어지는 등 규제비용이 발생하는 경우를 들 수 있다. 경영자는 대출금과 관련하여 대손충당금의 설정, 대손상각, 유가증권 평가손익 등을 조정함으로써 규제관련 비용을 회피하려 한다는 증거가 관찰되었다(Moyer 1990). 그러나 Moyer는 은행이 지나치게 많은 수익이 나는 것을 막기 위해 이익을 줄이려 한다는 일반적 형태의 정치적 비용가설은 지지되지 않는 것으로 보고하였다.

Petroni(1992)는 보험업에 있어서 보험회사는 규제당국의 개입이 있기 전에 손실충당금을 하향조정하는 경향이 있음을 발견하였다. Adiel(1996) 역시 보험회사가 규제비용을 줄이기 위해 손해가 나더라도 재무상 재보험 거래를 맺는 것으로 보고하고 있다. 요약하면, 경영자는 규제당국의 개입을 회피하기 위하여 회계선택을 하는 것으로 결론을 내리고 있다.

이러한 연구들은 규제당국이 회계조작을 발견하지 못하거나 조정해내지 못할 가능성이 충분히 있다고 보아 정보처리비용이 무시하지 못할 정도라는 가정을 암묵적으로 하고 있다. 이 분야의 미래 연구들은 규제당국의 개입으로 인한 비용을 구체적으로 고려하여 어떠한 방식으로 규제가 이루어져야 하는지를 논의하는 것이 필요할 것으로 보인다.

가격이 규제되는 산업에 관한 연구에서는 경영자가 현금흐름의 유입을 늘리는 회계수치나 절차를 선택하려 한다는 결과를 보여주고 있다. Eldenburg와 Soderstrom(1996)은 규제하에 있는 병원은 예산을 과다책정하고 비용을 환자에게 전가하는 경향이 있다는 결과를 제시하고 있다. D′Souza(1998)는 전력산업의 기업들이 재무회계기준서 제106호를 채택하는 과정에서 미래 요율의 회복이 불확실할수록 재량적인 회계선택을 하여 요율의 회복을 극대화하려는 유인이 크다는 사실을 발견하였다.

비규제산업에서도 이익을 조정하려는 동기가 아주 명백한 구체적인 상황에 초점을 맞춘 연구들도 있다. Jones(1991)는 국제무역위원회(International Trade Commission: ITC)가 수입품으로 인한 자국기업의 피해를 조사하는 시점에 그 기업은 이익을 줄이는 방향으로 재량적 발생액을 보고하였음을 발견하였다. ITC는 자국기업의 피해척도로서 세전이익에 초점을 맞추기 때문에 외국기업과의 경쟁으로 인한 피해를 주장하기 위해 당연히 이익을 줄이려는 유인이 강한 것이다.

Han과 Wang(1998)은 1990년도의 페르시안 걸프전쟁에서 휘발유가격이 급등한 기간 동안 정유회사의 발생액을 조사하였다. 그들은 휘발유가격의 급등으로 이익이 많이 날 것 같은 정유회사들은 이익을 줄이는 방향으로 재량적 발생액을 보고하였으며 가급적 이익보고를 늦춘 경향이 있음을 관찰하였다. Han과 Wang은 이러한 기업들의 행위를 정치적 비용을 줄이기 위한 노력으로 해석하였다.

Blacconiere와 Pattern(1994)은 Union Carbide 회사의 Bhopal 공장에서 화학물질이 누출된 시점에 화학 관련 기업들의 공시수준이 주가에 미친 영향을 살펴보았다. 그들은 재무보고에 환경 관련 공시를 광범위하게 한 기업일수록 그렇지 않은 기업에 비해 주가가 덜 심하게 하락하였음을 보여주었다. 그들은 투자자들이 평상시의 환경 관련 공시가 미래의 규제관련 비용을 부담하는 데 있어서 긍정적으로 작용한 것으로 해석하였다.

국내연구로 김지홍과 고윤성(2006)은 외환위기 이후 정부의 획일적인 200% 목표부채비율을 달성하기 위하여 기업들이 이익을 증가시키는 조정을 통하여 부채비율을 감소시켰는가를 검증하였다. 연구결과 이익조정 측정치인 재량적 발생액과 부채변화액은 음(－)의 관계로 유의적으로 관찰되어 기업들은 외환위기 이후 목표부채비율을 달성하기 위하여 이익조정을 통하여 부채비율을 감소시킨 것으로 나타났다. 연구자들은 기업 상황을 고려하지 않은 정부의 획일적인 정책추진이 오히려 기업들에게 이익조정 동기를 제공할 수 있기 때문에 향후 정부가 정책을 추진함에 있어서 신중한 고려가 뒷받침되어야 한다고 역설하고 있다.

(3) 정치적 비용가설에 대한 국내연구

국내의 연구들은 정치적 비용가설을 검증하기보다는 통제변수로서 기업규모를 정치적 비용의 대용치로 사용하였다. 그러나 정치적 비용을 유발시키는 구체적인 상황에서 정치적 비용가설을 연구한 논문은 그리 많지 않은 실정이다. 국내 몇몇 연구에서 기업규모와 조세회피 그리고 노사협상에서의 이익조정 상황에서 수행한 연구가 있다.

조성표(1990)와 노현섭과 정문현(1995)은 우리나라 자료를 이용하여 기업 규모와 유효세율의 관계를 분석하였다. 실증결과를 살펴보면, 대기업의 유효세율이 중소기업보다 낮게 나타나 국외 선행연구들과 상반되게 관찰되었다(Zimmerman 1983; Kern and Morris 1992). 윤순석과 고대영(2006)은 노사분규라는 정치적 상황이 경영자의 이익조정에 영향을 미치는지를 조사하였다. 분석결과, 노사분규가 발생한 연도에 경영자가 이익을 줄이는 것으로 나타났다. 이와 같은 결과에 대해 노사분규라는 악재가 재발되는 것을 방지하기 위해 다음연도의 협상에서 유리한 위치를 차지하기 위해 이익을 감소시키는 것으로 해석하였다.

국내연구에서 정치적 비용가설을 가장 구체적인 상황에서 연구한 대표적인 논문으로는 고대영과 김문태(2007)의 연구를 들 수 있다. 그들은 정유사가 계속되는 유가급등기간 동안 재고자산을 이용하여 지속적으로 이익을 감소시키는지 그리고 공정거래위원회가 담합으로 의심하여 조사하는 기간에 과징금의 정부규제를 피하기 위하여 이익을 감소시켰는지를 살펴보았다. 분석결과 정유사들은 원유가격이 하락한 분기에 재고자산을 감소시키고, 상승한 분기에 재고자산을 증가시킴으로써 매출원가를 늘리는 방법으로 이익을 감소시켰다. 또한 담합조사기간의 발생액 평균은 비조사기간에 비해 낮게 나타났으며, 회귀분석결과에서도 담합조사 분기의 계수가 유의한 음(-)의 값을 가져 담합조사기간에 발생액을 낮춘 것으로 나타났다. 이러한 결과는 독과점에 대한 시장감시와 정부규제가 정유사로 하여금 정치적 비용을 완화하기 위해 이익을 낮춘 것으로 판단된다.

4. 회계선택에 대한 기타 연구

(1) 연구개발비의 회계처리

최성규와 최광현(1998)은 경영자가 R&D 지출에 대한 회계처리에 재량권을 행사함에 있어 특정방법 “자본화/비용화”을 선호하는 동기에 대한 실증분석을 실시하였다. 연구대상기업은 한국거래소에 상장된 제조기업으로 국한하여

1984년부터 1995년까지 12년간 조사하였으며 대상기업은 매출액 대비 R&D 비율 평균이 0.5% 이상이며 이 요건을 충족한 기업을 3개 이상 포함한 산업에 한정하였다. 실증모형은 다음과 같이 설계되었다.

$$y_t = \gamma_0 + \gamma_1 \Delta DT_t + \gamma_2 SM_t + \gamma_3 TR_t + \gamma_4 \Delta RD_t + \gamma_5 \Delta RE_t + \gamma_6 MP_t + \gamma_7 SZ_t + \varepsilon_t$$

(+) (−) (−) (+) (−) (−) (?)

y_t = R&D지출에 대한 재량적 자본화율 또는 재량적 비용화율
ΔDT_t = 부채비율의 변동 = (부채비율$_t$ − 부채비율$_{t-1}$) / 부채비율$_{t-1}$
SM_t = 이익의 유연화 = (경상이익$_t$ − 경상이익$_{t-1}$) / 매출액$_t$
TR_t = 법인세 부담률 = 법인세$_t$ / R&D지출 전 경상이익$_t$
ΔRD_t = R&D 지출의 변동 = (R&D$_t$ / $Sales_t$ − R&D$_{t-1}$ / $Sales_{t-1}$)
ΔRE_t = 유보율의 변동 = $(RE_t - RE_{t-1}) / RE_{t-1}$
MP_t = 더미변수로서 시장지배적사업자이면 1, 아니면 0
SZ_t = 규모변수로서 총자산의 상용로그 값
( ) = 기대부호

특정 연도의 연구개발지출에 대한 재량적 자본화율 또는 재량적 비용화율 y_t는 다음과 같이 표현될 수 있다.

$$y_t = ACR_t - ncr_t \quad \forall \text{ if } y_t > 0, \text{then } y_t = \text{재량적 자본화율},$$
$$\text{if } y_t < 0, \text{then } y_t = \text{재량적 비용화율}$$

ACR_t = t기의 R&D지출에 대한 실제 자본화율
ncr_t = 기업회계기준을 엄격하게 적용했을 경우의 자본화율

위 식에서 비재량적 자본화율은 관찰할 수 없는 관계로 추정이 불가피하다. 따라서 ncr_t은 DeAngelo(1986)의 추정방법에 따라 t기의 추정 비재량적 자본화율로 $t-1$기의 실제 자본화율을 사용하였다. 이에 따라 y_t 역시 추정된 재량적 자본화율/비용화율이다.

동기변수를 설정한 이유를 살펴보면 다음과 같다. ① 전년도에 비해 부채비율의 증가율이 높을수록 경영자는 R&D지출을 자본화하여 부채비율을 감소하려는 유인이 있을 것으로 가설을 설정하였다(ΔDT_t). ② 경영자는 기대 이상

(이하)의 이익이 예상될 경우 R&D지출을 비용화(자본화)함으로써 이익을 유연화하려는 유인을 가질 것으로 기대된다(SM_t). ③ 법인세부담률이 낮을 경우 경영자는 R&D지출을 자본화하여 최소한의 세금을 부담하고 추후 법인세부담률이 높을 때 R&D지출을 비용화하여 장기적으로 세부담을 최소화하고자 할 것이다(TR_t). ④ 경영자는 R&D지출증가율이 높을수록 R&D지출이 보고이익에 미치는 영향을 감소시키는 자본화를 선호할 것이다(ΔRD_t). ⑤ 유보율이 증가할수록 경영자는 자신에게 불리한 부의 이전효과를 최소화하기 위하여 R&D 지출의 비용화를 선호할 것이다(ΔRE_t). ⑥ 시장지배적 사업자는 기업의 이윤이 독과점적 지배로 오는 초과이윤으로 해석될 수 있기 때문에 당기이익을 감소시키기 위해 R&D지출의 비용화를 선호할 것이다(MP_t). ⑦ 대기업은 정치적 민감도가 높으므로 정치적 비용을 감소시키기 위해 R&D지출을 비용화시키려 할 것이다(SZ_t).

<표 7-2> 회귀분석 결과

설명변수	완전모형	부분모형
절편	−0.124 (−1.30)	−0.124 (−1.30)
ΔDT_t	0.51 (2.25)**	
SM_t	−0.003 (−1.95)**	−0.003 (−1.95)**
TR_t	−0.050 (−1.46)*	−0.050 (−1.46)*
ΔRD_t	0.018 (10.00)***	0.018 (10.00)***
ΔRE_t	−0.013 (−1.02)	−0.013 (−1.02)
MP_t	−0.035 (−1.84)**	−0.035 (−1.84)**
SZ_t	0.007 (1.38)	0.007 (1.38)
F값 R^2	18.26*** 13.13%	20.35*** 12.60%

***/**/* 각각 1%, 5%, 10% 수준(양측검증)에서 유의함.

완전모형의 F값이 18.26으로 0.01% 수준에서 유의하여, 본 연구의 동기변수 집단은 R&D지출의 재량적 자본화/비용화를 측정하는 데에 있어서 영향력이 있는 것으로 나타났다. 전반적으로 모든 변수는 가설과 일치된 부호를 보여주고 있다. 또한 유보율의 변동(ΔRE_t)과 규모를 제외한 나머지 변수는 최소 10% 수준에서 유의하다. 따라서 부채비율의 증가율이 클수록, 당기이익이 기대이익에 미치지 못할수록, 법인세부담률이 낮을수록, R&D지출의 증가율이 클수록, 시장지배적 사업자가 아닌 기업일수록 경영자는 R&D지출의 자본화를 선호하는 것으로 나타났다.

규모가 양(+)의 부호를 보여준 것은 미국 자료를 사용한 정치적 비용가설의 검증결과(예 : Watts and Zimmerman 1978)와 상반된다. 미국의 경우 정치적 비용을 줄이기 위해서는 순이익을 감소시켜야 한다. 그러나 부실기업의 빈번한 정리, 재무구조의 개선요구, 특혜금융 등이 관습화된 우리나라 기업환경에서는 대기업의 정치적 비용을 줄이기 위해 오히려 당기이익을 증가시킨 것으로 보인다. 다만, 우리나라 대기업의 당기이익 증가유인은 대기업이면서 시장지배적 사업자일 경우 제약을 받을 수 있다. 본 연구에서 규모변수가 양(+)의 부호인 것은 대기업의 이익증가유인과 이익감소유인 중 이익증가유인이 지배한 것으로 여겨진다.

한편, 김정교와 신태용(2005)은 연구개발비 회계처리에 따른 가치관련성을 검증한 결과 전액 자본화법에 의한 회계정보의 가치관련성이 선택적 자본화법이나 전액 비용화법에 의한 가치관련성보다 높게 나타났다. 그들은 이러한 결과에 대해 기업회계기준이 자본화 요건을 과도하게 제한함으로써 이론상의 선택적 자본화법의 효과가 충분히 실현되지 않았기 때문인 것으로 해석하였다. 또한 경영자들이 과도한 재량권을 행사하거나 단기적인 성과를 달성하기 위해 선택적 자본화를 기회주의적으로 적용하기 때문일 가능성을 배제하지 않았다. 한봉희(2006)도 1999년의 기준 개정 이후 연구개발비의 가치관련성은 이를 전액 비용처리한 기업의 경우 그다지 변하지 않았으나, 부분적으로라도 자본화한 기업의 경우 자본화한 부분과 비용처리한 부분 모두 상승한 것으로 관찰하였다.

(2) 회계선택과 실제 경영상의 의사결정

회계선택은 기업의 실제 경영상의 영업·투자·재무 관련 의사결정에 영향을 미치기도 한다. 이화득(2001)은 리스회계처리방법의 선택이나 리스의 선택에 영향을 주는 경제적 요인을 분석하였다. 본 논문은 경영자의 선택대상을 자산을 구입하여 자본화하는 리스와 자본화하지 않는 리스로 구분하여 기업의 리스선택에 영향을 주는 요인을 기업의 고정자산 성장률에 따라 차별적으로 분석하였다.

연구결과에 따르면, 부채비율은 기업의 리스선택 및 자산의 구입 결정에 영향을 미치는 것으로 나타났고(부채비율가설) 기업규모도 의사결정에 영향을 주는 요인으로 나타났다(정치비용가설). 정치비용을 대리하는 기업규모가 리스선택에 미치는 영향은 저성장기업과 고성장기업 사이에 차이가 난다는 결과를 보여주고 있다. 고성장기업들 중 기업규모가 클수록 자산의 구입 또는 금융리스를 선택함으로써 보고이익을 감소시킨다는 정치비용가설과 일치하는 연구결과를 보여주고 있다.

권수영, 김문철 그리고 김정국(1998)은 증권회사가 보유중인 상품주식으로부터의 평가손을 재무제표에 전혀 반영하지 않거나 일부만을 반영하였을 때 두 가지 문제점이 있음을 관찰하였다. 첫 번째 문제는 증권회사의 정확한 경영성과를 파악하기 어렵다는 점이다. 보다 심각한 두 번째 문제는 상품주식의 평가손을 반영하지 않을 경우 증권회사의 상품주식운용의 행태를 비합리적인 방향으로 왜곡시킨다는 점이다. 실제로 그들은 평가손이 재무제표에 반영되지 않음으로 인해 당기순이익을 높이고자 평가손이 난 주식을 매각하지 않고 계속 보유하고, 평가익이 나는 주식만을 선택적으로 매각하여 불건전한 상품주식운용이 이루어짐을 관찰하였다. 따라서 유가증권의 시가주의 회계가 증권회사의 경영성과에 대한 올바른 정보를 제공하는 것 이외에도 건전한 주식운용 형태를 유도한다는 점에서 그 의의가 있음을 역설하고 있다. 이 논문은 회계선택이 기업의 실제 경영상의 의사결정에 영향을 미칠 수 있음을 단적으로 보여주는 연구라 할 수 있다.

제 6 절 사후적 기회주의를 통제하기 위한 장치

합리적 기대하에서 주인과 대리인이 계약을 맺을 때 주인은 대리인의 기회주의적 행동을 감안하여 계약을 체결하기 때문에 대리인은 기회주의적인 행동을 취하지 않겠다는 것을 설득할 수 있을 때 자신에게 가장 유리하다고 깨닫는다. 따라서 계약과정에서 자신의 행동을 제약하는 bonding을 하며, 이 과정에서 회계정보를 사용한다. 그러나 계약수행과정에서 회계처리방법의 선택시 재량권을 경영자로부터 완전히 배제시킬 수는 없다. 따라서 경영자가 임의대로 회계원칙을 변경할 수 있다면 계약당사자의 기회주의적 행동을 줄이는 데 효과적이지 못할 것이다. 이러한 문제를 해결할 수 있는 방안이 효과적인 통제장치인 건전한 기업지배구조를 갖추는 것일 것이다. 기업지배구조는 매우 광의의 개념인바 회계적인 관점에서 최근 들어 활성화되는 통제장치가 바로 감사위원회의 운영과 내부회계관리제도의 정착을 들 수 있다. 본 절에서는 이 두 통제장치와 관련된 연구를 살펴본다.

1. 통제장치로서 감사위원회의 역할

감사위원회(audit committee)는 회계정보 및 감사와 관련된 분야를 전문적으로 다루는 이사회의 하부위원회이다. 기업의 목적은 주주의 부의 극대화이다. 주주(principal)의 목적을 달성하기 위해서 고용된 경영자가 대리인(agent)이며 이에 대한 감시역할을 수행하는 것이 이사회이다. 따라서 이사회(감사위원회)는 주주를 대신하는 대리인(agent)이기는 하지만 다른 대리인인 경영자를 감시하는 역할을 수행한다. 감사위원회의 특화된 역할이 재무제표에 대한 인증, 내부통제 검토와 관련된 확인 등이 포함되기 때문에 감사위원회는 회계투명성과 밀접하게 연관된다.

(1) 감사위원회 관련 국외연구

감사위원회와 관련한 초기의 연구들은 주로 감사위원회를 자발적으로 설치하는 동기 및 감사위원회 설치기업의 효과와 같은 분석을 하였다. 이러한 분석들은 감사위원회 설치기업과 비설치기업을 비교하는 방법을 이용하였다. Pincus et al.(1989)은 감사위원회를 자발적으로 설치한 기업의 특성을 분석하여 경영자의 지분율, 부채비율, 대규모기업, 이사회에서의 사외이사 비율, Big5 감사인, 계열회사간 지분율이 감사위원회의 자발적 도입에 영향을 미치는 것을 보여주었다. 그들은 회계정보의 신뢰성과 기업의 투명성에 대한 수요가 큰 기업들이 감사위원회를 자발적으로 도입한다고 해석하였다.

Beasley(1996)는 이사회의 특성과 회계부정(accounting fraud)사건 발생의 관련성을 살펴본 결과 감사위원회의 존재여부 자체는 회계부정사건의 발생확률과 관련이 없음을 관찰하였다. 반면에 McMullen(1996)은 감사위원회를 설치하고 있는 기업이 그렇지 않은 기업보다 감사인 교체가능성, 주주의 소송에 직면할 가능성, 이익조정, 기타 불법행위 등에 관련된 가능성이 적은 것으로 보고하였다. 따라서 감사위원회의 존재와 그 역할에 대한 연구는 일관된 결론을 보여주고 있지 못했다.

또 다른 분야의 연구는 감사위원회의 운영상 특성이 감사위원회의 효과성에 더 중요한 결정요인이라고 보고, 감사위원회 특성을 조사한 논문들이다. Abbott and Parker(2000)는 감사위원회 특성과 외부감사인 선임의 관계를 분석하였고, Carcello and Neal(2000)은 재무적으로 부실한 기업의 경우 감사위원회의 독립성이 외부감사인의 보고행위에 미치는 영향을 조사하였다. 또한 Vicknair et al.(1993)과 Beasley and Salterio(2001)의 연구에 와서는 이사회 특성이 감사위원회 특성에 미치는 영향을 조사하였는데, 이들의 연구에서 이사회와 감사위원회 간의 관계를 분석한 이유는 이사회의 특성과 감사위원회의 특성이 밀접한 관계가 있기 때문이다.

감사위원회 및 이사회의 특성과 이익조정 간의 관계를 조사한 연구는 Chtourou et al.(2001), Xie et al.(2003), Klein(2002), Choi et al.(2003) 등이 있다. Chtourou et al.(2001)은 이사회와 감사위원회의 운영이 효과적일수록 기업의 이익조정이 감소됨을 보여주었다. Xie et al.(2003)은 이사회 및 감사위원회

구성원 중에서 기업이나 재무관련 배경이 있는 위원이 포함될수록,[11] 이사회 및 감사위원회의 모임횟수가 증가할수록, 그리고 경영위원회 내 사외이사 수가 많을수록 기업의 이익조정이 감소한다고 보고하였다. Klein(2002)도 감사위원회 및 이사회의 독립성과 기업의 이익조정 사이에 음(-)의 관련성을 보고하였다.

(2) 감사위원회 관련 국내연구

국내자료를 가지고 수행한 연구로 Choi et al.(2003)은 감사위원회의 경우 독립성과 전문성이 기업의 이익조정에 영향을 미치는 것으로 나타났다. 보다 구체적으로 이 연구는 감사위원들 중 대학교수 또는 재무전문가가 포함되어 있는 경우 이익조정이 감소하고, 감사위원들이 해당기업의 주식을 보유하고 있으면 이익조정이 증가한다는 사실을 보였다. 이와 반대로 이상철과 이경태(2003)의 연구에 따르면 감사위원회의 설치는 기업의 이익조정을 감소시키지는 않는 것으로, 감사위원회의 사외이사 비율이 증가할수록 기업의 이익조정은 감소하는 것으로 나타났다. 그러나 이 연구는 감사위원회가 도입된 2000년도 한해의 검증결과라는 점에서 한계점이 있다.

전규안 외 2인(2004)은 분석기간을 2000년 및 2001년으로 확장하여 분석한 결과 감사위원회 설치기업의 경우 도입 전과 비교하여 감사위원회 도입 후 기간동안 이익조정이 유의하게 감소하지 않았으며, 감사위원회 설치기업과 미설치기업 간에도 유의적인 차이가 관찰되지 않았다. 저자는 이를 감사위원회제도가 완전히 정착되지 않았거나 운영이 미숙한 때문인 것으로 해석하였다.

손성규 외 2인(2004)은 최근 우리나라 기업들이 운영하고 있는 감사위원회가 적정한 회계정보의 제공에 효과적인지에 대하여 실증적으로 분석하였다. 그들은 감사위원회의 특성을 독립성, 전문성 및 활동성으로 측정하여 과거의 회계오류를 발견하는 데 효과적인지를 분석하였다. 실증분석 결과, 감사위원회

---

11) 영국에서는 재무 전문지식으로 만족하는 것이 아니라 최근의 지식을 습득하고 있어야 한다고 제도가 되어 있다고 한다. Audit Committee all (non executive directors) at least one must have significant <u>recent</u> and relevant financial expertise. Berenbeim, R. 2004. Ethics Programs: The Role of the Board. Conference Board. "How to Prevent Corporate Corruption".

설치여부와 회계오류발견 사이에는 관련성이 없었으며, 감사위원회의 특성 중 활동성만 오류발견과 관련이 있는 것으로 나타났다. 이는 감사위원회 도입 자체보다는 운영이 중요하다는 점에서 유사하나 감사위원회 특성 중 활동성만 유의하다는 점에서 차이가 있다.

2. 통제장치로서 내부회계관리제도의 역할

미국은 Enron scandal 등 대규모 회계부정사건이 연이어 발생한 이후 2002년 7월에 회계투명성을 확보하기 위한 일환으로 Sarbanes-Oxley Act(SOX) 법안을 제정하였다. 특히 이 법안의 Section 404에서는 내부통제제도에 대한 별도 규정을 두어 내부통제제도의 중요성을 강조하고 있다. 이러한 법안은 우리나라 회계제도 개혁에도 영향을 미쳐 2004년 4월에는 여러 회계제도 개혁법안이 법제화되었다. 법안 중 하나로 일정 요건을 갖춘 기업들은 내부회계관리제도(internal control over financial reporting)를 구축·운영해야 하며, 외부감사인은 내부통제제도의 효과성을 평가하고 내부회계관리제도 검토보고서를 감사보고서에 첨부하여 제출하여야 한다. 기업이 내부통제제도를 구축·운영하는 근본 목적은 부정과 회계오류의 발생을 줄여 회계정보의 신뢰성을 높이는 것이다.

(1) 내부회계관리제도 관련 국외연구

미국에서 2002년에 SOX가 입법화되기 전에도 내부통제와 관련된 몇몇 연구가 이루어졌으나, 내부통제와 관련된 본격적인 연구는 2002년부터 대부분 수행되기 시작하였다. 2002년 이후 미국에서 수행된 관련 연구는 내부통제상 중요한 취약점의 내용을 분석한 연구부터 시작하여 중요한 취약점과 외부감사·감사위원회·이익의 질 등과의 관련성, 중요한 취약점에 대한 공시가 시장에 미치는 영향 등 다양하고 폭넓은 연구가 진행되고 있다. Ge와 McVay(2005)는 2002년 8월부터 2004년 11월까지의 기간 동안 보고된 261개 회사의 중요한 취약점의 내용을 최초로 분석하였다. 그들은 493가지의 중요한 취약점을 특정 계정과 관련된 취약점, 종업원 교육훈련, 결산보고 및 회계정책의 적용, 수익의 인식, 업무분장, 계정의 조정(account reconciliation), 종속회사 관련, 상급 경영자 및 기술적 문제의 순서로 분류하였다. 이 중 특정 계정과 관련된 중요한 취약점이 119개로 가장 많았는데, 여기에는 매출채권, 매입채무 및 재고자산과 관련된 중요한 취약점이 대부분이었다. 또한 규모가 큰 외부감사인이 중요한 취약점을 파악하는 능력이 뛰어나다는 분석결과를 제시하였다.

Krishnan(2005)은 감사위원회가 독립적이고 전문성이 높을수록 내부통제의 중요한 취약점이 적다는 증거를 발견하였다. 또한 경영자의 재무전문성과 정직성이 높을수록 내부통제의 취약점이 적으며, 기업의 재무적 곤란이 많을수록 내부통제의 품질이 낮다는 연구 결과를 제시하였다.

Doyle et al.(2005)은 Ge와 McVay(2005)의 연구와 동일한 261개 표본기업에 대해서 내부통제의 취약점의 결정요인과 이익의 질 간의 관련성을 분석하였다. Doyle et al.은 기업의 규모가 작을수록, 수익성이 낮을수록, 영업의 복잡성이 높을수록, 성장성이 높을수록, 그리고 구조조정하에 있을수록 내부통제의 중요한 취약점이 많다는 증거를 발견하였다. Bryan and Lilien(2005)도 내부통제의 취약점을 보고한 기업이 그렇지 않은 기업에 비해 소규모이고, 경영성과가 낮으며, beta가 더 높다는 증거를 제시하였는데, 이는 Doyle et al.의 연구 결과와 유사한 것이다.

Franco et al.(2005)은 내부통제의 중요한 취약점과 시장에서의 반응 간의 관련성을 분석하였다. 그들은 2003년 9월 1일부터 2004년 12월 31일까지 내부통제의 취약점을 보고한 102개 기업에 대해서 사건연구(event study)를 수행한 결과, 공시 후 3일간 누적비정상수익률이 -1.8%임을 발견하였다. 이러한 결과는 투자자들이 내부통제에 대한 정보에 가치를 부여하고 있다는 증거이며, 내부통제에 대한 공시가 있기 전까지 내부통제에 대한 취약점을 인지하지 못하고 있음을 보여주는 것이라고 주장하였다.

Hogan(2005)은 내부통제의 취약점과 이익조정 간의 관련성을 분석하였다. 내부통제가 취약할수록 감사인은 더 많은 입증절차를 수행하기 위해서 더 많은 감사보수를 청구할 것이라는 가설을 뒷받침하는 증거를 발견함으로써, 내부통제가 취약하더라도 외부감사인이 적절하게 입증절차를 수행한다면 이익조정을 억제할 수 있다고 주장하였다.

(2) 내부회계관리제도 관련 국내연구

우리나라에서는 최근에 내부회계관리제도가 도입되었기 때문에 검토보고 현황에 대한 기초적인 실증분석 또는 내부통제의 취약점에 대한 실태 분석은 아직 이루어지지 않고 있다. 이명곤(2005)은 중소기업의 내부통제제도의 구축방향을 파악하기 위하여 설문조사를 통해서 내부회계관리제도 구축을 위한 기본적인 규정 및 보고서 양식들을 제시하였다. 또한 오기훈과 윤훈수(2005)는 국내 내부회계관리제도의 도입과 SOX 404조 규정의 국내기업 적용사례를 기초로 하여 제도적 정비가 필요함을 주장하였다. 권수영과 이재은(2005)은 미국의 SOX 404조가 적용된 미국의 실제자료와 실증적 연구결과 내용을 검토하고, 내부통제 프로젝트 경험이 있는 국내의 책임자 등의 면담내용을 등을 토대로 하여 국내기업들이 내부회계관리제도를 도입할 때 고려해야 할 제도적·실무적 개선방안을 제시하였다.

권수영, 신현걸, 정재연(2006)은 국내 대기업과 중견기업의 내부회계관리제도의 구축과정을 소개함으로써 실무적으로 부딪히는 어려움과 문제점을 제시하고, 제도적 개선을 위하여 외감법상 내부회계관리제도의 내용과 「모범규준」, 「검토기준」 간의 내용의 일관성, 내부회계관리제도 운영지원기구의 역할, 내부회계관리제도 관련 이해관계자들의 기대차이 조정, 국내 경제환경의 특수성을 감안한 국내 제도적용시 고려해야 할 사항 등을 제시하였다. 그리고 조현우와 유경연(2006)은 내부회계관리제도의 의무시행 이전연도에 비해 이후연도의 재량적 발생액이 유의하게 감소하였다는 증거를 발견하였으나, 내부회계관리제도 검토보고서의 내용을 분석하지는 않았다.

신현걸(2007)은 비상장기업까지 포함한 3,210개의 표본기업을 대상으로 최근에 감사보고서에 첨부되어 공시된 내부회계관리제도 검토보고서의 내용을 통하여 우리나라 기업의 내부회계관리제도의 운영실태를 분석하였다. 연구 결과 표본기업 중 55개 기업(약 1.7%)에서 내부회계관리제도의 중요한 취약점이 발견되었다고 보고하였으며, 59개 기업(약 1.9%)은 내부회계관리제도 운영실태 보고서를 제시하지 않아 감사인이 검토절차를 수행하지 못하였다고(검토범위 제한) 보고하였다. 중대한 취약점을 유형별로 구분한 결과 내부통제를 운영하는 조직과 문서화의 미비, 회계자료의 수집 및 회계처리에 대한 통제절차의 취약의 순으로 많았다. 내부회계관리제도의 중요한 취약점과 기업의 재무적 특성 간의 단일변량 분석 결과 기업규모가 작을수록, 부채비율이 높을수록, 수익성이 낮을수록 내부회계관리제도의 중요한 취약점이 있는 것으로 나타났다.

한편, 황국재 외 2인(2008)은 내부회계관리제도의 도입 및 검토의견이 감사보고시차에 미치는 영향을 살펴보았다. 실증연구 결과 내부회계관리제도 도입 이후 감사보고시차가 증가하였으며, 이는 감사인의 책임과 의무가 강화됨에 따라 감사의 추가적인 노력이 들어가기 때문인 것으로 해석하였다. 손성규와 정기위(2009)는 내부회계관리제도 도입 후 도입 전에 비해 회계오류발생금액과 발생빈도가 유의하게 감소하였으며, 내부회계관리제도를 도입한 기업이 미도입 기업보다 회계오류발생금액과 발생빈도가 유의하게 낮음을 관찰하였다. 저자들은 이를 내부회계관리제도 도입으로 인해 회계정보의 신뢰성이 향상된 것으로 해석하였다.

제 7 절 실증회계이론에 대한 비평과 미래연구

실증회계이론은 처음 Watts와 Zimmerman이 제시한 1970년대 말이나 지금이나 논란의 대상이다. 1980년대 실증회계연구는 앞에서 살펴본 논문의 연구설계에서 크게 벗어나지 않았다. 그러나 이러한 유형의 연구들은 1990년대에 들어서면서 그 비평이 거세지기 시작하였다. 본 절에서는 회계선택의 동기나 경제적 효과를 설명하려 했던 실증회계이론을 비평하고 미래의 연구방향을 제시한다.

1. 기회주의적 행동 vs. 효율적 계약

실증회계이론이 제시한 계약비용을 최소화하기 위한 회계처리방법의 선택에 있어서의 논리는 합리적 기대와 경쟁시장을 통한 계약을 전제로 모든 계약비용을 사전적으로 예측하고 통제할 수 있다는 가정에 기초를 두고 있다. 따라서 사후에 있을 기회주의적 행동도 예견하여 사전적으로 사용가능한 회계처리방법이 미리 결정된다는 것이다.

그러나 계약당사자들은 모든 발생가능한 미래의 상황을 예견할 수 없으며, 기회주의적 행동도 발생한 후에나 발견가능한 것이다. 이러한 경우 계약당시와 상황이 달라짐으로써 생기는 적응비용, 새로운 상황하에서의 재협상비용 등의 사후적 계약비용이 발생할 수 있다. 이를 회피하기 위한 과정에서 기회주의적 행동을 취하게 되므로 이를 여하히 통제하느냐는 계약당사자의 사전적 의사결정에 달려 있다.

사전단계에서 결정되는 회계처리방법은 하나만 있는 것이 아니고 경영자에게 사후적으로 여러 방법 중에 하나를 선택할 수 있는 재량권을 현실적으로 부여하고 있다. 이는 기회주의적 행동을 어느 정도까지 통제할 수 있는지를 염두에 두고 사전단계에서 내린 결정이다. 즉 일반적으로 인정된 집합체 중에서 사전적인 선택과 사후적인 선택은 서로 독립적으로 결정되는 것이 아닌 것이다. 그러나 대부분의 실증연구는 사후적 회계처리방법 선택에 초점을 맞추고 있다.[12] 기업의 가치를 극대화하는 효율성목적으로 규정된 회계처리방법들이 규정되었다고 해놓고 사후적 선택현상을 기회주의적으로 다시 설명하는 것은 논리적 연계성이 부족한 듯하다.

2. 내생성 문제

회계선택 연구에 있어서 또 다른 어려움은 기업의 재무구조, 조직구조, 계약 등의 선택이 내생적으로 결정되어 자가선택 편의(self-selection bias)의 문제가 발생한다는 점이다. 기업들은 여러 가지 효익과 비용을 고려하여 특정 회계선택을 취한 것이므로 그러한 기업을 표본으로 선정하는 경우 다른 상황하에서

12) 회계선택이 기회주의적 행동으로 이루어진다기보다는 정보적 관점에서 기업의 실상을 더 잘 나타내기 때문이라는 연구논문도 있다. Holthausen과 Leftwich(1983)은 기업이 기업의 가치를 가장 잘 전달할 수 있는 방법으로 회계선택을 한다고 주장하였다. 권수영과 송창준(1994)은 기업집단의 계열회사 등이 연결대상에서 제외된 이유는 이익조작 등의 목적이라기보다는 상호간의 경제적 의존관계가 낮기 때문인 것을 관찰하였다. 이러한 실증결과는 회계선택이 정보적 관점에서 효율적 계약으로도 이루어짐을 보여주고 있다.

의 일반화는 어렵게 되는 것이다. 연구자는 이미 만들어진 회계선택을 없던 것으로 하고 분석을 할 수는 없는 노릇이다.

이러한 내생성의 문제는 회계선택 연구에 있어서 연구과제가 부정확하고 적절하지 못하게 설정되는 데서 비롯된다. 무엇이 특정 회계선택을 하도록 만들었나를 알아보려고 하기보다는 그 회계선택이 연구자가 단정하고 있는 특정 경제적 유인과 일치하는지를 살펴보는 데 그치고 있다. 특정 경제적 동기와 일치한다는 것이 다른 경제적 동기와 일치하는 것을 배제하는 것을 의미하지는 않는다. 이러한 관점에서 볼 때 그동안의 연구는 회계선택이 경영자의 기회주의적 행동에 의한 것인지, 주주의 부를 극대화하기 위한 노력인 것인지 아니면 사적인 정보를 시장에 전달하기 위한 수단으로 이용된 것인지를 구분해내지 못했다고 할 수 있다.

내생성의 문제를 극복하기 위해서는 회계처리방법의 선택이 최적의 계약체결과정에서 내생변수로 포함될 수 있는 이론을 개발하는 것이다. 즉, 계약체결시점에 있어서 최적의 회계처리방법 그리고 체결 이후의 상황변동에 따른 회계처리방법의 변경까지도 계약내용에 효율적으로 포함된다는 이론이다. 예를 들면, 경영자는 회계정책만 따로 분리하지 않고 생산정책, 투자정책, 재무정책, 조직구조 등과 회계정책을 동시에 고려하여 기업의 가치를 극대화하는 효율적인 결정을 한다고 보는 것이다.

3. 변수측정의 문제

회계선택에 대한 실증연구는 동시성, 측정오차, 생략변수 등 계량경제에서 흔히 접하는 문제점을 지니고 있다. 이에 따라 검정력이 낮으며 검정결과에 대한 신뢰성도 높지 않다. 그러나 무엇보다도 실증회계이론에서 사용되는 설명변수가 적절히 선택되지 않고 있다. 우선 특정 계약상황에서 야기되는 계약비용의 내용과 그 크기를 측정하는 것이 중요하므로 무엇보다 계약비용을 측정하고 그 크기는 어떻게 결정되는가를 파악하여야 할 것이다. 예를 들어, 부채비율이 부채계약을 위반했을 때 발생하는 비용의 크기를 산정해야 할 것이다. 그리고 정치적 비용과 경영자보상으로 사용되는 기업규모와 보너스유무 역시 정확한 변수가 아니다. 이러한 변수는 다른 경제적 특질을 반영하는 대용치일 수도 있기 때문이다.

부정확한 변수의 측정은 설명변수에만 국한되어 있지 않다. 종속변수로 활용되는 회계처리방법의 선택이 실증검증의 판별력을 떨어뜨린다. 기업의 경영자는 최적의 한 가지 회계처리방법을 선택하는 것이 아니라 여러 가지 회계처리방법을 사용할 것이며 쉽게 포착이 되지 않는 발생회계를 가지고 할 유인도 있다. 정치적 비용가설은 현재의 단순한 형태에서 보다 현실적인 각종 규제과정을 분석하여 기업규모 이외의 변수를 개발하여야 할 것이다.

가장 중요한 연구방향은 실증회계이론과 실증적 검증의 연계성을 강화하는 것이다. 예를 들어, 계약이론이 예측하는 부채계약조항을 위반하거나 재교섭할 때 발생하는 비용의 크기가 경영자의 회계처리방법의 선택에 영향을 준다면 관련 비용의 크기를 실증적으로 측정하여야 할 것이다. Watts와 Zimmerman(1990)은 경영자가 회계처리방법을 사후에 선택한다는 가설과 회계처리방법의 집합이 사전에 결정되는 효율성가설을 통합하여 실증적 검증을 하여야 한다고 주장하고 있다.

4. 여러 종류의 회계선택을 종합적으로 고려하여 결정

대부분의 연구는 회계선택을 결정짓는 유인이 무엇인지를 이해하기 위해 한 가지 회계처리방법의 선택을 조사하지만, 실제에 있어서 경영자는 특정 목적을 달성하기 위해 여러 가지 회계처리방법을 동시에 선택한다. 이에 따라 회계선택 하나씩 조사하는 것은 회계선택이 포트폴리오 관점에서 이루어져 얻어지는 전반적인 효과를 분명치 않게 만들 수 있다.

이러한 문제점을 피하기 위해 흔히 사용되는 방법은 특정 기간 동안의 모든 회계선택의 순효과를 반영하는 재량적 발생액에 초점을 맞추는 것이다. 그러나 발생액에 기초한 회계선택에 대한 연구는 재량적 발생액을 추정하는 모형이 이익조정을 충분히 발견해낼 수 있어야 한다. 이에 대해서 Jones 모형 등이 어느 정도 이익조정 부분을 잡아내는 데 효과적이기는 하나 검정력이 아주 높은 것은 아닌 것으로 나타나고 있다(Dechow, Sloan 및 Sweeney 1995).

5. 회계선택에 대한 다양한 경제적 유인

회계선택에 대해 여러 가지 특히 서로 상충될 수 있는 경제적 유인이 있을 수 있다. 그러나 대부분의 연구는 회계선택에 대한 결정이 한 가지 동기에 의해 이루어진 것으로 간주한다. 예를 들면, 경영자는 자신들의 보상을 극대화하기 위해 회계상의 재량권을 행사한다고 본다. 이러한 관점에는 경영자가 주주의 부를 희생시키는 행동을 취했다는 가정이 암묵적으로 전제되어 있다. 그러나 그렇다면 왜 보상계약이 그러한 재량권을 부여하는지에 대한 질문에 명쾌한 답이 주어져야 한다. 어쩌면 경영자의 행동은 기대하지 못했을 뿐만 아니라 주주의 입장에서도 바람직한 것일지도 모른다. 예를 들어, 경영자의 보상을 극대화하는 것으로 보이는 회계선택은 부채계약을 위반할 가능성을 줄여주거나 주식의 가치를 높게 평가하도록 할 수도 있다.

회계선택의 목표를 하나씩 고려하는 것은 경영자가 갖고 있는 여러 가지 목표간의 상호작용과 균형을 이루어가는 과정을 반영하지 못하게 되는 것이다. 이에 따라 실제로는 여러 가지 다른 경제적 동기와도 일치하는데도 불구하고 특정 경제적 동기에 기인하는 것으로 결론을 내릴 수도 있는 것이다. 예를 들어, 이익을 늘리는 회계선택을 한 것은 경영자 자신의 보상을 극대화하기 위해 기회주의적 행동을 취한 것과도 일치하지만 부채계약을 회피하여 기업의 가치를 높이기 위한 행동과도 일치하는 것이다.

여러 가지 경제적 동기간의 상충으로 인한 문제는 계량경제학에서의 상관변수 생략의 문제('correlated omitted variable' problem)의 특별한 경우로 볼 수 있다. 이러한 문제를 해결하기 위한 전형적인 방법은 통제변수를 모형에 추가하는 것이다. 그러나 이러한 해결방법 역시 다음 두 가지 문제점을 지니고 있다. 첫째, 회계선택의 생략된 결정요인으로 사용되는 대용치가 정교하지 못하거나 부적절하다. 둘째, 경제적 동기가 서로 상관관계가 있고 이를 측정하는 변수들의 오차가 서로 틀릴 때 추론상의 문제가 발생한다.[13)]

13) 예를 들어, 보상관련 동기와 정치적 비용이 상관관계가 있고 전자의 대용치가 후자의 대용치보다 정확하게 측정된다고 해보자. 이 경우 경제적으로 정치적 비용이 회계선택을 설명하는 더 중요한 변수일지라도 통계적으로 보다 정확하게 측정된 보상관련 변수가 통계적으로 유의하게

회계선택에 대한 여러 가지 경제적 동기를 동시에 고려한 논문으로 자산의 재량적 감모상각을 조사한 Francis, Hanna 및 Vincent(1996)를 들 수 있다. 그들은 경영자의 보상을 늘리고 이익을 조정하려는 목적이 자산의 재량적 감모상각을 결정하는 요인인 것으로 관찰하였다. 그들은 특히 자산의 가치가 애매모호하여 감모상각의 시기와 크기에 대한 융통성이 클수록 이 두 가지 경제적 유인이 확연하게 나타난다고 하였다. 또한 시장은 경영자의 재량으로 인한 자산의 감모상각보다는 자산의 가치가 실제로 감소하였을 때 더 부정적으로 반응하였음을 보여주고 있다.

앞으로의 자본시장에서 회계선택에 대한 연구는 기본가설의 논리적 연계성을 강화하고 내생성 문제를 해결하는 방안을 모색할 때 회계환경을 둘러싼 다양한 경제적 현상을 설명할 수 있을 것으로 기대된다. 특히 보다 정교한 변수의 측정과 회계선택을 다른 경영의사결정과 종합적으로 고려하는 연구설계는 연구의 검정력과 신뢰성을 제고할 것이다. 이러할 때 회계선택과 관련하여 이루어진 다양한 경제적 유인을 이해하고 이를 통해 정책적 시사점을 찾아낼 수 있을 것으로 보인다.

회계선택을 설명하는 것으로 나타날 수 있다.

참고문헌

고대영, 김문태(2007). 정치적 비용가설에 대한 실증분석: 정유사의 이익관리를 중심으로. 「회계학연구」(제16권 제4호): 269~290.

권수영, 김문철, 김정국(1998). 증권회사 상품주식평가손의 회계처리에 관한 실증적 연구. 「회계학연구」(제23호): 25~49.

권수영, 송창준(1994). 계열회사 간 내부거래와 채무보증에 기초한 경제실체에 대한 검증. 「회계학연구」(제19호): 23~49.

권수영, 신현걸, 정재연(2006). 내부통제와 내부회계관리제도. 「한국회계학회 연구보고서」 06-04.

권수영, 이재은(2005). 강화된 내부회계관리제도의 원활한 국내 정착방안에 대한 연구: 미국과 국내 내부통제 실무경험을 중심으로. 「회계저널」(제15권 제1호): 115~145.

김상헌, 백원선(2007). 감액손실의 반복적 인식과 기업특성 및 주가관련성. 「경영학연구」(제36권 제3호): 657~678.

나종길, 최정호(2000). 부실기업의 이익조정과 주식시장의 반응. 「회계학연구」(제25권 제4호): 55~85.

노현섭, 정문현(1995). 기업규모와 유효세율간의 관계: 정치적 비용가설과 조세혜택가설의 검증. 「세무학연구」(제6호): 85~114.

서정우(1994). 시장효율성과 회계규제의 경제적 영향. 「회계학연구」(제19호): 1~22.

서정우, 홍창목(1993). 우리나라 실증회계연구(Positive Accounting Research)에 대한 검토. 「회계학연구」(제17호): 125~150.

손성규, 정기위(2009). 내부회계관리제도의 도입이 회계오류의 발생에 미친 영향. 「회계저널」(제18권 제2호): 221~249.

손성규, 최정호, 이은철(2004). 감사위원회의 효과: 회계오류를 중심으로. 「회계학연구」(제29권): 61~90.

신현걸(2007). 내부회계관리제도 검토보고 현황 분석. 「회계학연구」(제16권 제1호): 107~128.

오기원, 윤훈수(2005). 내부회계관리제도의 운영과 개선과제. 제1회 삼일포럼 발표자료. 삼일회계법인.

윤순석, 고대영(2006). 노사분규와 이익조정. 「회계학연구」(제31권 제3호): 95~120.

이명곤, 이세철, 이혜경(2005). 중소기업 내부통제제도의 구축방향. 「회계저널」(제14권 제3호): 38~67.

이상철, 이경태(2003). 감사위원회 도입이 이익조정에 미치는 영향. 「회계학연구」(제28권): 143~172.

이화득(2001). 리스선택과 기업특성에 관한 연구. 「회계학연구」(제3호): 123~145.

전규안, 최종학, 박종일(2004). 감사위원회의 설치와 이익 조정 사이의 관계. 「회계학연구」(제29권): 143~177.

정규언(1993). 법인세유연화에 관한 연구. 「회계학연구」(제16호): 339~356.

조성표(1990). 우리나라 기업의 정치적 비용에 관한 실증연구: 명시적 조세와 암묵적 조세를 중심으로. 「회계학연구」(제10호): 177~205.

조현우, 유경연(2006). 내부회계관리제도와 회계정보의 신뢰성. 「회계와 감사연구」(제44호): 119~145.

최성규, 김경민(2005). 부채비율과 경영자의 이익조절. 「회계학연구」(제30권 제3호): 113~145.

최성규, 최광현(1998). 연구개발회계처리방법 선택유인에 관한 실증적 연구. 「회계학연구」(제23호): 137~155.

최효순(2008). 기업의 이익조정 유인에 대한 부채계약가설 재검증. 「회계학연구」(제33권 제1호): 69~96.

한봉희(2006). 국제회계기준에 따른 연구개발 지출의 회계처리기준 변경에 대한 시장반응. 「회계학연구」(제31권 제1호): 97~125.

황국재, 김기범, 이아영(2008). 내부회계관리제도가 외부감사에 미친 영향: 감사보고시차를 중심으로. 「회계저널」(제17권 제2호): 121~154.

Abbott, L. and S. Parker(2000). Auditor Selection and Audit Committee Characteristics. *Auditing: A Journal of Practice & Theory* (19): 47~66.

Ahmed, A., B. Billings, R. Morton, and M. Harris(2002). The Role of Accounting Conservatism in Mitigating Bondholder-shareholder Conflict over Dividend Policy and in Reducing Debt Cost. *The Accounting Review* (77): 867~890.

Ball, R., A. Robin, and G. Sadka(2008). Is Financial Reporting Shared by Equity Markets or by Debt Markets? An International Study of Timeliness and Conservatism. *Review of Accounting Studies* (13): 168~205.

Barth, M. and M. McNichols(1994). Estimation and Market Valuation of Environmental Liabilities Relating to Superfund Sites. *Journal of Accounting Research* (Supplement): 177~209.

Beasley, M.(1996). An Empirical Analysis of the Relation Between the Board of Director Composition and Financial Statement Fraud. *The Accounting Review* 71(October): 443~465.

Beasley, M. and S. Salterio(2001). The Relationship between Board Characteristics and Voluntary Improvements in Audit Committee Composition and Experience. *Contemporary Accounting Research* (18): 539~570.

Beatty, A., J. Weber, and J. Yu(2008). Conservatism and Debt. *Journal of Accounting and Economics* (45): 154~174.

Beaver, W. and E. Engel(1996). Discretionary Behavior with Respect to Allowance for Loan Losses and the Behavior of Security Prices. *Journal of Accounting and Economics* (August-December): 177~206.

Beaver, W. and R. Dukes(1973). Interperiod Tax Allocation and Delta Depreciation Methods: Some Methods Empirical Results. *The Accounting Review* (July): 549~559.

Bernard, V.(1989). Capital Market Research in Accounting during the 1980s: A Critical Review from the State of Accounting Research as We Enter the 1990s. Boards of Trustee of the University of Illinois. Champaign.

Blancconiere, W. and D. Pattern(1994). Environmental Disclosures, Regulatory Costs, and Changes in Firm Value. *Journal of Accounting and Economics* (November): 357~377.

Botosan, C.(1997). Disclosure Level and the Cost of Equity Capital. *The Accounting Review* 72: 323~349.

Bowen, R., E. Noreen, and J. Lacey(1981). Determinants of the Corporate Decision to Capitalize Interest. *Journal of Accounting and Economics* (August): 151~179.

Bryan, S. and Lilien, S.(2005). Characteristics of firms with material weaknesses in internal Control: An assessment of Section 404 of Sarbanes Oxley. Working paper. Wake Forest University and City University of New York.

Carcello, J. and T. Neal(2000). Audit Committee Characteristics and Auditor Reporting. *The Accounting Review* (75): 453~468.

Choi, J., K. Jeon, and J. Park(2004). The Role of Audit Committee in Decreasing Earnings Management: Korean Evidence. *International Journal of Accounting, Auditing and Performance Evaluation*(Vol. 1): 37~60.

Chtourou, S., J. Bedard, and L. Courteau(2001). Corporate Governance and Earnings Management. Working paper. University of Sfax.

Coase, R.(1937). The Nature of the Firm. *Economica* 4: 386~405.

______(1960). The Problem of Social Cost. *Journal of Law and Economics*: 31~44.

DeAngelo, H., L. DeAngelo, and D. Skinner(1994). Accounting Choice in Troubled Companies. *Journal of Accounting and Economics* (January): 113~143.

Dechow, P. and R. Sloan(1991). Executive Incentives and the Horizon Problem: An Empirical Investigation. *Journal of Accounting and Economics* (March): 51~89.

DeFond, M. and J. Jiambalvo(1994). Debt Covenant Violation and Manipulation of Accruals. *Journal of Accounting and Economics* (January): 145~176.

Dhaliwal, D.(1980). The Effect of the Firm's Capital Structure on the Choice of Accounting Methods. *The Accounting Review* 55: 78~84.

Doyle, J., W. Ge and S. McVay(2005). Determinants of weaknesses in internal control over financial reporting and the implications for earnings quality. Working paper. University of Utah, University of Michigan, and New York University.

D'Souza, J.(1998). Rate-regulated Enterprises and Mandated Accounting Changes: The Case of Electric Utilities and Post-retirement Benefits other than Pensions (SFAS No. 106). *The Accounting Review* (July): 387~410.

Duke, J. and J. Hunt(1990). An Empirical Investigation of Debt Covenant Restrictions and Accounting-related Debt Proxies. *Journal of Accounting and Economics* (January): 45~64.

Eldenburg, L. and N. Soderstrom(1996). Accounting System Management by Hospitals Operating in a Changing Regulatory Environment. *The Accounting Review* (January): 23~42.

Elliot, J. and W. Shaw(1988). Write-offs as Accounting Procedures to Manage Perceptions. *Journal of Accounting Research* 26 (Supplement): 91~119.

Ettredge, M., S. Kwon, D. Smith, and M. Stone(2006). Proprietary Costs, Cross-segment Profit Smoothing and the Impact of SFAS No. 131. *Review of Accounting Studies* (March): 91~117.

Fields, T., T. Lys, and L. Vincent(2001). Empirical Research on Accounting Choice. *Journal of Accounting and Economics* (September): 255~307.

Franco, G. D., Guan, Y., and Lu, Hai(2005). The wealth change and redistribution effects of Sarbanes-Oxley internal control disclosure. Working paper. University of Toronto.

Gaver, J., K. Gaver, and J. Austin(1995). Additional Evidence on Bonus Plans and Income Management. *Journal of Accounting and Economics* (February): 3~28.

Ge, W., and S. McVay(2005). The disclosure of material weaknesses in internal control after the Sarbanes-Oxley Act. Working paper. New York University and University of Michigan.

Guidry, F., A. Leone, and S. Rock(1999). Earnings-based Bonus Plans and Earnings Management by Business-unit Managers. *Journal of Accounting and Economics* (January): 113~142.

Hagerman, R. and M. Zmijewsky(1979). Some Economic Determinants of Accounting Policy Choice. *Journal of Accounting and Economics* (August): 141~161.

Han, J. and S. Wang(1998). Political Costs and Earnings Management of Oil Companies During the 1990 Persian Gulf Crisis. *The Accounting Review* (January): 103~117.

Harris, M.(1998). The Association between Competition and Managers' Business Segment Reporting Decisions. *Journal of Accounting Research* (Spring): 111~128.

Hayes, R. and R. Lundholm.(1996). Segment Reporting to the Capital Market in the Presence of a Competitor. *Journal of Accounting Research* 34: 261~279.

Healy, P.(1985). The Impact of Bonus Schemes on the Selection of Accounting Principles. *Journal of Accounting and Economics* (April): 85~107.

Hogan, C. E.(2005). Internal control weaknesses and earnings management. Working paper. Southern Methodist University.

Holthausen, R., D. Larcker, and R. Sloan(1995). Annual Bonus Schemes and the Manipulation of Earnings. *Journal of Accounting and Economics* (February): 29~74.

Holthausen, R. and R. Leftwich(1983). The Economic Consequences of Accounting Choice: Implications of Costly Contracting and Monitoring. *Journal of Accounting and Economics* (August): 77~117.

Jensen, M.(1983). Organization Theory and Methodology. *The Accounting Review* (April): 319~339.

Jensen, M. and W. Meckling(1976). Theory of the Firm: Managerial Behavior, Agency Costs, and Ownership Structure. *Journal of Financial Economics* (Autumn): 305~360.

Johnson, S., R. La Porta, F. Lopez-de-Silanes, and A. Shleifer(2000). Tunneling. *American Economic Review Papers and Proceedings* 90: 22~27.

Jones, J.(1991). Earnings Management During Import Relief Investigations. *Journal of Accounting Research* (Autumn): 193~228.

Jung, K. and S. Kwon(2002). Ownership Structure and Earnings Informativeness: Evidence from Korea. *International Journal of Accounting* (Issue 3): 301~325.

Klein, A.(2002). Audit committee, Board of director characteristics, and earnings management, *Journal of Accounting and Economics* (33): 375~400.

Krishnan, J.(2005). Audit committee quality and internal control: An empirical analysis. *The Accounting Review* (80): 649~675.

Lakonishok, J., A. Shleifer, and R. Vishny(1994). Contrarian Investment, Extrapolation and Risk. *Journal of Finance* (December): 1541~1578.

La Porta, Rafael La Porta, F. L de Silanes, and A. Shleifer(1999). Corporate Ownership Around the World. *Journal of Finance* (April): 471~518.

McMullen, D.(1996). Audit Committee Performance: An Investigation of the Consequences Associated with Audit Committee. *Auditing: A Journal of Practice & Theory* (15): 87~103.

Modigliani, F. and M. Miller(1958). The Cost of Capital, Corporation Finance, and the Theory of Investment. *American Economic Review* (March): 261~297.

Moyer, S.(1990). Capital Adequacy Ratio Regulations and Accounting Choices in Commercial Banks. *Journal of Accounting and Economics* (July): 123~154.

Perry, S. and T. Williams(1994). Earnings Management Preceding Management Buyout Offers. *Journal of Accounting and Economics* (September): 157~179.

Petroni, R.(1992). Optimistic Reporting in the Property Casualty Insurance Industry. *Journal of Accounting and Economics* (December): 485~508.

Pincus, K., M. Rusbarsky, and J. Wong(1989). Voluntary Formation of Corporate Audit Committee among NASDAQ Firms. *Journal of Accounting and Public Policy* 8: 239~265.

Pourciau, S.(1993). Earnings Management and Non-routing Executive Changes. *Journal of Accounting and Economics* (January-July): 317~336.

Press, E. and J. Weintrop(1990). Accounting-based Constraints in Public and Private Debt Agreements. Their Association with Leverage and Impact on Accounting Choice. *Journal of Accounting and Economics* (January): 65~95.

Roberts, M. and A. Sufi(2008). Renegotiation of Financial Contracts: Evidence from Private Credit Agreements. Working Paper. University of Chicago.

Strong, J. and J. Meyer(1987). Asset Write-downs: Managerial Incentives and Security Returns. *Journal of Finance* 42: 643~661.

Subramanyam, K.(1996). The Pricing of Discretionary Accruals. *Journal of Accounting and Economics* (August-December): 249~281.

Sweeney, A.(1994). Debt-covenant Violations and Managers Accounting Responses. *Journal of Accounting and Economics* (May): 281~308.

Vicknair, D., K. Hickman, and K. Carnes(1993). A Note on Audit Committee Independence: Evidence from the NYSE on Grey Area Directors. *Accounting Horizons* (7): 53~57.

Watts, R.(2003). Conservatism in Accounting, Part I: Explanations and Implications. *Accounting Horizons* (17): 207~221.

Watts, R. and J. Zimmerman(1978). Towards a Positive Theory of the Determination of Accounting Standards. *The Accounting Review* (January): 112~134.

______(1986). *Positive Accounting Theory*. Prentice Hall, Englewood Cliffs. NJ.

Xie, B., W. Davidson Ⅲ, and P. DaDalt (2003). Earnings Management and Corporate Governance: The Roles of the Board and the Audit Committee. *Journal of Corporate Finance* (9): 295~316.

Zhang, J.(2008). The Contracting Benefits of Accounting Conservatism to Lenders and Borrowers. *Journal of Accounting and Economics* (45): 27~54.

Zimmerman, J. 1983. Taxes and Firm Size. *Journal of Accounting and Economics* (August): 119~149.

Zmijewski, M. and R. Hagerman(1981). An Income Strategy Approach to the Positive Theory of Accounting Standards Setting/Choice. *Journal of Accounting and Economics* (August): 129~149.

제 8 장

이익조정과 보수주의

이익조정과 분식회계가 사회적으로 큰 관심사가 되고 있다. 이는 특히 외환위기 이후 여러 도산기업과 부실기업의 회계정보가 조작되었거나 신뢰성이 없음이 밝혀지고, 금융기관의 부실채권에 대한 대손충당금의 설정과 보유 유가증권의 평가가 적정하지 않음이 밝혀지면서 큰 문제점으로 대두되었기 때문이다.

이익조정과 분식회계에 관해서는 학문적으로도 많이 연구되었다. 사실 과거에는 회계담당자들이나 회계학자들이 분식회계와 이익조정에 대한 현상을 밝히는 것을 꺼리는 경향이 있었다. 왜냐하면 회계정보는 신뢰성과 객관성이 있어야만 하는데 회계를 담당하는 사람들 스스로가 회계정보가 믿기 어렵다(?)고 주장할 수는 없었기 때문이다. 그러나 최근에는 매우 다양한 방향으로 이익조정에 대한 연구가 행하여지고 있다. 예를 들면, 어느 정도의 기업들이 이익을 조정하거나 조작하는지, 어떠한 상황에 처한 기업들이 이익조정을 하는지, 어떠한 기업특성을 가진 기업들이 이익조정을 시도하는지, 이익조정을 하면 이 사실이 주가에 반영되는지, 그리고 이익조정이 자원의 효율적 배분에 영향을 주는지 등이 연구되고 있다.

이익조정 연구는 정책적인 면에서나 학문적인 면에서 많은 공헌을 할 수 있다. 예를 들면, 이익조정 현상에 대한 연구는 투자자나 채권자 등 기업의 이해관계자들로 하여금 회계정보의 신뢰성을 평가하는 데 도움을 줄 것이고, 정책기관들로 하여금 보다 효율적이고 효과적인 회계정책을 세우는 데 도움을 주며, 감사인들로 하여금 어떠한 상황과 특성을 가진 기업들에 대하여 보다 주의깊은 감사를 실시하여야 할지 판단하게 해줄 수 있다. 그리고 이익조정의 동기와 이익조정 현상에 대한 깊이 있는 연구가 수행되면 학문적으로도 경영자의 회계선택 행태를 설명하고 예측할 수 있게 될 것이며, 어느 정도까지 회계처리에 관한 재량권을 경영자에게 주어야 기업가치를 최대화할 수 있는지에 대한 이론도 개발할 수 있게 될 것이다.

본 장에서는 제7절에서 보수주의에 대한 연구도 정리한다. 보수주의란 여러 가지로 정의되어 사용되고 있어서 개념적으로도 이해하기가 쉽지 않지만 1990년대 후반부터 많은 연구가 수행되었다. 가장 영향력이 있는 연구는 보수주의 측정치를 중심으로 한 Basu(1997)의 연구와 미국의 보수적 회계처리의 연도별 경향을 연구한 Givoly와 Hayn(2000)의 연구이다. 이들의 연구로부터 보수주의와 개별기업의 특성들이 밝혀졌고, 한 걸음 더 나아가서 국가별로도 보수적 회계처리 정도에 차이가 있는지도 연구되었다.

제 1 절 이익조정에 관한 연구[1)]

이익조정 분야에 있어서 연구방법론상의 가장 중요한 문제는 이익조정의 측정치를 정확히 개발하는 것이다. 지금까지 선행연구들은 주로 발생액을 이용하여 이익조정 여부를 판단하였다. 그러나 이러한 접근법은 주로 발생액을 재량적 발생액과 비재량적 발생액으로 분리하는 과정에서, 이익조정이 없는 상황에서의 발생액의 행태에 관하여 무리한 가정을 하게 되었다. 이에 따라 재량적 발생액의 측정에 많은 측정오차를 포함하게 하는 한계점이 생겼고, 발생액 중에서 구체적으로 어떠한 항목이 이익조정의 수단으로 사용되었는지 설명하기 어려웠다. 이러한 한계점을 극복하고자 방법론을 개선하여 발생액 대신 순이익과 현금흐름 등의 경영성과의 분포도를 이용하여 이익조정 여부를 검정하는 연구방법이 시도되고 있으며, 특정 산업에 있어서 경영성과에 큰 영향을 주는 일부 발생항목에 국한하여 이익조정 연구를 시도하고 있다. 본 장에서는 각 연구방법론상의 문제점과 한계점을 설명하여 앞으로 이 분야를 연구할 때 보다 주의깊은 연구설계를 할 수 있도록 하였다.

본 장은 크게 일곱 부분으로 구성되어 있다. 먼저 제2절에서는 이익조정에 대한 개념을 설명하였다. 이익조정은 이익조작이나 이익평준화 등과 상당히 혼동되어 사용되고 있는 관계로 개념을 정립할 필요가 있다. 제3절은 이익조정의 측정치에 대하여 설명하면서 Jones 모형에 의한 재량적 발생액을 비판적으로 평가하였다. 또한 재량적 발생액 이외의 이익조정 측정치에 대해서도 논의하였다. 제4절은 이익조정의 동기를 법인세 절감의 동기, 주식가격에 영향을 미칠 동기, 정부의 규제정책에 의한 동기, 경영자 보상 최대화의 동기, 부실기업의 이익조정 동기, 감사품질과 이익조정, 그리고 이익조정과 시장반응

1) 제8장은 한국회계학회 Monograph 「이익조정과 이익조작 연구의 검토」(최관과 김문철, 2003년)에서 많은 내용이 참조되었다.

으로 나누어 설명하고 이를 비판적으로 검토하였다. 제5절에는 실제 기업활동에 의한 이익조정을 살펴보았다. 제3절과 제4절의 대부분의 연구들은 발생액을 이용한 이익조정현상을 연구한 것이다. 기업의 실제 경영활동을 통해서도 이익조정이 행해질 수 있다. 제6절에서는 이익조정 연구의 결과를 토대로 실용적인 측면에서 이익조정에 대한 학술적 연구가 어떠한 공헌을 할 수 있는지를 설명하였다. 이와 더불어 이익조정 연구의 최근 추세와 향후 방향을 제시하였다. 마지막 제7절에서는 보수적 회계처리에 대해 살펴보았다.

제 2 절 이익조정의 개념과 현상

1. 이익조정의 개념

이익조정(earnings management)은 연구자에 따라서 상당히 다른 의미로 정의되고 있다. Schipper(1989)는 이익조정을 "어떠한 사적인 이득을 얻을 의도를 가지고 외부에 재무보고를 하는 과정에 의도적으로 개입하는 것"[2]이라고 정의했다.

그는 이익조정방법을 크게 두 가지로 보았는데, 한 가지는 투자나 재무에 관한 의사결정을 조정하여 실제로 자원의 흐름에 영향을 주면서 이익을 조정하는 방법이다. 예를 들면, 경영자는 연구개발비의 수준을 변경하거나 광고선전비를 조정하여 순이익에 영향을 줄 수도 있고, 연말에 매출시기를 조정하거나 유가증권을 처분하는 등의 방법으로 순이익을 조정할 수 있다. 다른 한 가지 방법은 실질적인 자원의 흐름과는 관계없이 회계처리방법을 변경하여 순이익을 조정하는 것이다. 예를 들면, 경영자는 재고자산의 단가산정방법이나 감가상각방법의 선택과 변경을 통하여 순이익에 영향을 줄 수도 있고, 불량채권의 대손상각비 추정이나 유형자산의 잔존가액이나 내용연수 추정을 통해서

2) 원문은 다음과 같이 표현하고 있다: "…purposeful intervention in the external financial reporting process, with the intent of obtaining some private gain(as opposed to, say, merely facilitating the neutral operation of the process."

도 순이익을 조정할 수 있다.

Schipper는 두 가지 중에서 어떠한 방법을 사용하더라도 이익조정을 GAAP가 허용하는 범위 내에서 행하여지는 것으로 보았다.

유사한 정의지만 Healy와 Wahlen(1999)은 이익조정을 "기업의 경제적 성과에 대하여 투자자나 채권자를 오도하거나 회계수치에 의해서 결정되는 계약관계에 영향을 주기 위하여 경영자가 재무보고나 회계처리과정에 개입하여 공시되는 재무정보를 변경시키는 것"[3]이라고 정의했다. 그들은 이 정의에 대하여 추가적 설명으로, 이익조정은 회계추정을 변경시키거나 회계처리방법의 선택을 조정하거나 비용의 지출이나 수익의 인식시점을 조정하는 등 여러 가지 방법으로 행하여질 수 있고, 이익조정의 목적을 투자자나 채권자를 오도하는 것으로 보았다.

이익조정과 유사한 용어로서 이익조작(earnings manipulation)이 있다. 연구자에 따라서는 이 두 용어를 구분하여 사용하는 경우도 있고 구분하지 않는 경우도 있다. 이익조정과 이익조작을 구분하는 경우에는 이익조정은 GAAP 범위 내에서 재무나 생산에 관한 의사결정을 조정하거나 회계추정이나 회계처리방법의 선택을 통하여 보고이익을 조정하는 것을 가리키고, 이익조작은 GAAP를 위반하여 이익조정을 하는 것을 가리킨다. 이익조정에 관한 대부분의 선행연구에서는 이익조정과 이익조작을 구분하지 않았다. 이는 경영자가 이익조정과 이익조작을 하는 경제적 동기가 서로 다르다고 보기 어렵고 또한 이익조정과 이익조작의 경제적 결과도 구분할 수 없기 때문이다. 그러나 GAAP를 벗어나는 이익조정만을 연구대상으로 하는 경우에는 이익조정이란 용어를 사용하는 대신 이익조작이라는 용어를 사용하고 있다.

이익조정과 혼동하기 쉬운 또 다른 용어로는 이익평준화(이익유연화)가 있다. 이익평준화(income smoothing)란 보고이익이 회계기간 간에 심하게 변동하는 것을 방지하기 위하여 보고이익을 목표이익(target income)이나 표준이익(standard income)에 근접하도록 조정하는 것을 의미한다. 이익평준화에 관한

3) 원문은 다음과 같이 표현하고 있다 : "Earnings management occurs when managers use judgement in financial reporting and in structuring transactions to alter financial reports to either mislead some stakeholders about the underlying economic performance of the company or to influence contractual outcomes that depend on reported accounting numbers."

연구는 상당히 오래전부터 행하여져 왔는데 Ronen과 Sadan(1981)에 잘 정리되어 있다. 최근에는 이 분야에 관한 연구가 많지 않다. 연구의 범위나 용어의 정의를 보아서 이익평준화는 '이익조정'에 포함시키는 것이 적절할 것이다.

2. 이익조정이 얼마나 행하여지고 있는가?

"우리나라의 재무제표는 신뢰성이 낮고, 상당수의 회사가 재무제표를 조작한다"라는 말을 자주 듣는다. 신문에서도 다음과 같은 기사를 자주 접하게 된다.

> 정부는 "분식회계를 더 이상 방치하지 않겠다"고 말해 향후 분식결산에 대한 정부의 강도 높은 처벌을 예고했다. (중략) 분식회계는 우리 기업에 만연된 고질적인 병폐이기 때문에 그 관행을 뜯어고치는 일이 그렇게 단순하지만은 않다는 데 문제가 있다. 최근 금융감독원이 100개 상장기업 가운데 약 3분의 1이 과거 11년간 분식을 해온 것으로 나타났다고 밝힌 것만 보아도 상황의 심각성을 읽을 수 있다.
>
> (동아일보 2001년 3월 3일, 일부 자구 수정함)
>
> 앞으로 상장·등록 기업이 분식회계로 검찰에 의해 기소되거나 증권선물위원회로부터 검찰고발 등의 제재를 받으면 즉각 관리종목으로 지정된다. 금융감독위원회는 13일 분식회계 기업에 대한 시장제재를 강화하기 위해 이같은 내용의 '유가증권 상장규정 및 유가증권협회등록규정 개정안'을 승인했다. 개정된 규정은 16일부터 시행된다. (후략)
>
> (중앙일보 2003년 6월 14일)

그러나 공시되는 재무제표의 어느 정도가 조작되었는지는 알 수가 없다. 여기에 대해서는 실증적인 연구도 거의 행하여지지 않았다. 사실 재무제표가 조작되었는지에 대한 정확한 사실은 해당 기업의 경영자나 회계담당자만이 알 수 있으므로, 재무제표 항목 중에서 어느 항목이 조작되었고 공시되는 전체 재무제표 중에서 어느 재무제표가 조작된 것인지를 알아내기는 매우 어렵다. 왜냐하면 어느 기업도 자신의 재무제표가 조작되었다고 말하지 않을 것이기 때문이다.

황교선(1990)은 134개 상장기업의 경영자를 대상으로 조사한 결과 80%

이상의 기업이 기간이익을 조정하고 있다고 주장하였다. 그는 우리나라 기업들은 이익조정 방법으로 수익과 비용지출에 대한 기간조정보다 회계정책의 변경을 더 많이 사용하고 있다고 밝혔다. 예를 들면, 기업들은 조세특례제한법상의 각종 준비금 설정과 감가상각비, 퇴직급여충당금 전입, 대손상각비 조정 등을 주로 사용하여 이익을 평준화시키고 있다고 하였다. 황교선의 연구는 주로 경영자 면담과 설문조사에 의존하여 연구방법이 精緻하지 못하다는 한계점은 있어도 이익조정에 대한 실무계의 전반적인 현황을 보고하고 있어서 상당히 흥미로운 연구이다.

기업의 이익조정 가능성을 연구하면서 Burgstahler와 Dichev(1997)는 기업은 순이익이 감소할 때나 순손실을 보고하게 될 때 이익을 조정할 것이라고 보고 이러한 현상을 연구하였다. 연구결과를 보면 전년도에 비해서 순이익이 감소하게 될 미국 기업 중에서 적어도 8~12%는 이익을 조정하여 전년도보다 순이익을 증가시키고, 순손실을 보고하게 될 기업 중에서 30~44%는 이익을 조정하여 순이익을 보고하고 있다고 밝혔다.

Gu와 Lee(1999)도 전반적인 기업의 이익조정 현상을 연구하였다. 그들은 이익조정이 없는 경우에는 경영자가 이익조정에 사용하는 재량적 발생액이 각 분기별로 큰 변화가 없지만, 이익조정이 있는 경우에는 다른 분기에 비하여 회계연도 말인 4/4분기에 큰 변화를 보일 것이라고 보았다. 이에 따라 각 분기별 재량적 발생액의 변화(variability)를 조사하였다. 연구결과에 의하면 4/4분기의 재량적 발생액이 다른 분기에 비하여 약 2~2.5배의 분산을 가지고 있었다. 따라서 이들은 보수적으로는 5.4%, 많게는 14%의 기업이 이익조정을 행하고 있다고 주장하였다.

이러한 선행연구들은 기업들이 실제로 이익을 조정하고 있음을 나타내고 있다. 연구방법이 정치하지 못하여 연구결과를 그대로 받아들이기는 어렵지만 황교선(1990)의 연구는 우리나라 기업의 대부분이 이익조정을 행하고 있음을 짐작하게 해주고 있고, 미국의 연구도 상당수의 미국기업들이 이익조정을 하고 있음을 나타내고 있다. 그런데 앞서 살펴본 연구들은 이익조정이 GAAP 범위 내에서 이루어진 것인지 아닌지 구분하지는 않았다. GAAP를 위반한 이익조작 연구는 우리에게 기업의 이익조정 현상을 좀더 잘 알 수 있도록 해준다.

최관과 백원선(1998)은 이익조작으로 금융감독원의 감리에 지적당한 기업들의 특성을 연구하였다. 금융감독원은 외부감사 결과를 조사하여 감사인이 GAAS를 위반했는지에 따라서 감리지적 여부를 판단하는데, 대부분의 경우에 피감사기업이 GAAP를 위반한 사실을 감사인이 지적하지 않았거나 못했을 때 감리지적을 받게 된다. 일반감리대상이 된 상장기업의 숫자와 감리에 지적당한 기업의 숫자는 〈표 8-1〉과 같다.

<표 8-1> 일반감리대상기업과 감리지적기업의 수*

내 용	90	91	92	93	94	95	96	97	98	99	00	01	02	합계
감리선정기업	189	117	81	101	74	76	43	94	50	41	6	14	51	937
감리지적기업	31	39	17	17	11	17	6	24	17	10	2	2	8	201
지적비율(%)	16	33	20	16	14	22	13	25	34	24	30	14	15	21

(자료 : 금융감독원)

* 감리는 일반감리, 수시감리, 특별감리, 그리고 위탁감리로 나누어진다. 일반감리란 상장기업을 대상으로 일부기업을 선정하여 감리를 시행하고 GAAP와 GAAS 위반 여부에 따라서 감리지적을 하는 것이다. 수시감리는 신규상장예정회사에 대한 감리이고 특별감리는 분식회계가 예상되는 기업에 대한 감리이며 위탁감리는 한국공인회계사회에서 금융감독원에 위탁하는 비상장기업에 대한 감리이다.

〈표 8-1〉에서 보듯이 감리대상이 된 기업 중에서 13~33%의 기업이 감리지적을 받았다. 이는 많은 기업들이 GAAP를 위반하고 있고, 외부감사인이 이를 적절히 지적하여 감사의견에 반영하지 못하고 있음을 가리킨다. 특히 1993년부터 1996년까지는 금융감독원이 상장기업 전체에 대하여 무작위 표본추출(random sampling)로 감리대상기업을 선정하였기 때문에 외부감사를 받아서 적정의견이 표명된 기업이라도 13~22%의 기업은 GAAP를 심각하게 위반하고 있다고 볼 수 있다. 감리지적이 된 기업들 중에서 대부분의 기업들이 이익을 조작하였다.

따라서 기업들의 이익조정은 상당히 만연해 있다고 볼 수 있고, 특히 GAAP를 위반하면서까지도 이익을 조작하는 경우가 빈번히 이루어지고 있음을 알 수 있다. 만약 어떠한 특성이 있는 기업이, 어떠한 상황에 속한 기업이, 또는 어느 산업에 속한 기업이 주로 이익조정을 하는지를 알 수 있으면 회계정책당국이나 실무계에 많은 도움이 될 것이다(박종성 1999; 최관과 최국현 2003). 또한 이익조정을 하는 경우 어떠한 재무제표 항목과 어떠한 회계처리방법이 주로 사용되는지를 알 수 있으면 이 또한 회계정책당국과 실무계에 지대한 공헌을 할 수 있을 것이다.

제 3 절 이익조정의 측정치

1. 이익조정의 수단

이익조정의 대상인 순이익은 수익에서 비용을 차감한 금액이다. 기업의 수익과 비용은 매우 많은 항목들로 구성되어 있어서 이익이 조정된 경우에 어떠한 항목이 조정되었는지, 어느 항목의 조정이 쉬운지 알기 어렵다. 이에 대해서는 깊이 있는 연구도 드물다. 대신에 많은 선행연구들은 수익과 비용의 개별항목보다 순이익을 구성하는 모든 항목을 동시에 고려하는 방법을 선택하고 있다.

순이익(NI)은 영업활동으로 인한 현금흐름(CFO)에 발생액(accruals)을 더한 금액으로 정의된다.

$$NI = CFO + Accruals$$

NI는 발생기준 회계원칙으로 산출된 기업의 경영성과이고 CFO는 현금기준 회계원칙으로 산출된 경영성과이므로 발생액은 현금기준 회계원칙과 다른 발생기준 회계원칙으로부터 산출되는 항목으로 볼 수 있다.

이익조정을 연구하는 대부분의 논문들은 CFO는 경영자가 재량적으로 조정하기 어려운 것으로 가정하고 있다. 실제로 현금의 유입과 유출은 발생기준 회계원칙의 적용으로 생성되는 발생액보다 좀더 객관적이고 확정적인 성질을 가진다. 그러나 CFO도 경영자가 재량적으로 조정할 수 있는 여지가 있으므로 이에 대하여 아무런 관심을 기울이지 않는 것은 잘못된 것이다(Burgstahler와 Dichev 1997). 예를 들면, 순이익을 증가시킬 목적으로 다음 회계기간으로 예정된 판매액을 연말에 현금매출로 무리하게 처리할 수 있고, 이번 회계기간에 지출하여야 할 광고비나 연구개발비 등을 다음 회계기간에 현금으로 지출하고 비용을 인식할 수 있다. 따라서 발생액과 동시에 *CFO*도 재량적 조정의 대상이 되었는지 주의깊게 분석하는 것이 필요하다. *CFO*의 재량적 조정에 대해서는 제5절에서 상세하게 설명한다.

발생액의 조정으로 순이익이 조정되는 과정을 간단한 수치로 예를 들어 보자.

<표 8-2> *NI*, *CFO*, 발생액(accruals)의 관계

영업활동으로 인한 현금흐름(*CFO*)		₩2,000,000
발생액(accruals) :		
차감 : 감가상각비	₩ −100,000	
가산 : 매출채권의 증가	+ 80,000	
가산 : 재고자산의 증가	+200,000	
가산 : 매입채무의 감소	+ 60,000	240,000
순이익(*NI*)		₩2,240,000

(Scott 1997, 일부 수정함)

매출채권의 증가는 세 가지 원인으로 나누어볼 수 있다. ① 영업활동의 결과 매출채권이 증가한 경우이고, ② 경영자가 신용정책을 좀더 관대하게 변경한 경우, ③ 부실채권에 대한 대손충당금을 과소계상한 경우이다. 이 중에서 ①의 이유로서 매출채권이 증가한 경우는 비재량적 성격을 가지나 ②와 ③은 경영자의 의도가 개재된 경우에는 재량적 발생액으로 분류할 수 있다.

재고자산의 증가는 다음 연도의 수요증가에 대비하여 재고자산을 증가시키는 경우나 이번 회계연도에 판매가 부진하여 재고자산이 누적된 경우, 그리고 재고자산의 감모손실이나 평가손실을 과소계상한 경우로 나누어볼 수 있다. 수요변동이나 기업의 재고자산정책에 따른 재고자산의 증가는 비재량적인 성질을 가지나 만약 재고자산 감모손실이나 평가손실에 경영자의 의도가 개입하면 이 부분은 재량적 발생액이 된다. 이와 같이 순이익은 발생액의 증감에 직접적인 영향을 받게 되는데, 만약 경영자가 의도적인 목적으로 발생액을 조정하면 이에 따라서 순이익도 조정된다.

경영자가 순이익을 조정할 수 있는 또 하나의 중요한 방법은 회계변경이다. 회계변경이란 회계추정의 변경과 회계처리방법의 변경을 의미하는 것으로, 예를 들면 무형자산인 연구개발비의 상각기간을 조정한다든가 유형자산의 내용연수나 감가상각방법을 변경하는 경우이다. 그런데 기업이 회계변경을 하게 되면 일반적으로 재무제표 주석에 회계변경 사실과 회계변경으로 인하여 변경된 순이익을 공시하여야 하고 감사보고서에도 회계변경의 영향을 공시하여야 하므로 이해관계자들이 순이익의 증감이 회계변경에 의한 것이라는 사실을 쉽게 알 수 있다. 그런데 때에 따라서는 회계변경으로 인한 금액이 매우 클 수도 있다. 예를 들면, 삼성전자는 1994년 연구개발비 상각기간을 조정하여 4,600억원의 상각비용을 추가로 계상하였고 1995년에는 유형자산의 내용연수를 조정하여 전년도에 비하여 1조원 가깝게 감가상각비를 추가로 계상하여 순이익을 감소시켰다. 1996년과 1997년에도 회계변경을 하여 막대한 금액의 이익조정이 있었다. 1994년의 회계변경은 GAAP에서 허용된 방법이었고 1995년의 회계변경은 세법의 관련 규정이 변경되어 이를 이용하였으며 1996년과 1997년은 외화환산과 관련된 회계변경이었다.

그런데 제7장에서 논의한 바와 같이 이익조정을 하는 경우 특정 회계처리방법이나 회계추정을 변경하기보다는 여러 가지 회계처리방법을 동시에 고려하여 소정의 목적을 달성하고자 할 것이다. 따라서 특정 회계변경 하나를 통한 이익조정을 살펴보는 것은 검정력이 그리 높지 않을 수 있다. 따라서 대부분의 이익조정 연구는 회계선택의 순효과를 반영하는 재량적 발생액의 크기로 이익조정 여부를 검증하는 것이다.

2. 재량적 발생액

재량적 발생액(discretionary accruals: *DA*)은 발생액(accruals)에서 비재량적 발생액(nondiscretionary accruals: *NDA*)을 차감하여 계산한다.

$$DA = Accruals - NDA$$

발생액은 기업의 재무제표에서 간단히 계산할 수 있다.[4] 그러나 *DA*와 *NDA*는 재무제표에 공시되지 않으므로 추정에 의존할 수밖에 없다. 일반적으로 *DA*는 발생액에서 *NDA*의 추정치를 차감하여 계산하므로 *DA*의 정확성은 *NDA*를 얼마나 정확하게 추정하였는가에 달려있다. 이익조정 연구에서 이익조정 여부의 검증은 *DA*의 통계적 유의성으로 판단하므로 *NDA*를 정확히 추정하는 작업은 매우 중요하다.[5]

선행연구에서는 *NDA*를 추정하기 위하여 여러 가지 모형이 사용되었다. Healy(1985)는 이익조정이 행하여지지 않았으리라고 생각되는 일정기간 동안의 *TA*의 평균값을 *NDA*의 추정치로 사용하였다. 이 방법은 *NDA*가 매기간 일정하다는 가정에 기초하고 있어서 만일 *NDA*가 기간별로 변화한다면 *NDA*를 추정하는 측정오차가 발생한다. DeAngelo(1986)는 직전연도의 발생액을 이번 연도 *NDA*의 추정치로 사용하였다. 따라서 이번 기에 기업의 영업활동이나 경제적 환경이 직전연도와 다르고 이들이 발생액에 영향을 준다면 *NDA*는 부정확하게 추정될 수 있다. Dechow와 Sloan(1991)은 동일산업에 속한 타기업들의 발생액의 중위수를 *NDA*의 추정치 계산에 사용하였다. 그런데 이 방법은

---

4) 발생액은 다시 유동발생액(current accruals)과 비유동발생액(noncurrent accruals)으로 나누어 정의할 수 있다. 유동발생액은 영업활동으로 인한 운전자본(working capital accruals from operation)과 *CFO*의 차이이고, 비유동발생액은 순이익과 영업활동으로 인한 운전자본의 차이이다.

우리나라의 재무자료를 이용하여 유동발생액과 비유동발생액을 계산할 때에는 한봉희(1998)의 연구를 참조하는 것이 좋다. 예를 들면,

유동발생액 = 현금과 예금, 유가증권, 단기대여금 및 미수금을 제외한 유동자산의 증가
　　　　　 − 단기차입금, 미지급금 및 유동성장기부채를 제외한 유동부채의 증가
비유동발생액 = t년도 당기순이익 − t년도 영업활동으로 인한 운전자본(1993년 이전)
　　　　　　 = t년도 현금유입이 없는 수익 − t년도 현금유출이 없는 비용(1994년 이후)
영업활동으로 인한 현금흐름 = 당기순이익 − (유동발생액 + 비유동발생액)

5) *NDA*를 정확히 추정하기 위해서는 일반적인 상황, 즉 이익조정이 없는 상황에서 발생액의 시계열 행태를 잘 이해하고 있어야 한다. 그러나 최근까지도 이에 대한 연구는 찾아보기가 쉽지 않다. 배길수(1999)는 발생액의 시계열 속성을 조사하고, 발생액 예측에 사용된 여러 모형들의 예측능력을 비교하였는데, 시계열 Jones 모형이 발생액 예측에 있어서 가장 우월하였으며, 발생액의 시계열 속성을 백색잡음(white noise)으로 파악하는 경우에도 예측력이 상당히 우수하게 나타났다.

NDA에 영향을 주는 요인이 산업전체에 관련된 것뿐만 아니라 기업의 개별적인 특성도 고려되어야 한다면 기업의 개별적인 특성이 반영될 수 없는 한계점을 가진다.

Jones(1991)는 식 ① 과 같이 매출액 변화(ΔREV)와 유형자산(PPE)을 이용하여 NDA를 추정하였다.

$$\frac{TAC_{jt}}{A_{jt-1}} = a_0\left(\frac{1}{A_{jt-1}}\right) + a_1\left(\frac{\Delta REV_{jt}}{A_{jt-1}}\right) + a_2\left(\frac{PPE_{jt}}{A_{jt-1}}\right) + \varepsilon_{jt} \quad ①$$

TAC_{jt} : 기업 j의 t 년도 발생액
ΔREV_{jt} : 기업 j의 t 년도 매출액 변화분(first difference)
PPE_{jt} : 기업 j의 t 년도 설비자산
A_{jt-1} : 기업 j의 $t-1$년도 총자산
ε_{jt} : 기업 j의 t 년도 오차항

$$DA_{it} = \left(\frac{TAC_{it}}{A_{it-1}}\right) - \left[\hat{a}_0\left(\frac{1}{A_{it-1}}\right) + \hat{a}_1\left(\frac{\Delta REV_{it}}{A_{it-1}}\right) + \hat{a}_2\left(\frac{PPE_{it}}{A_{it-1}}\right)\right] \quad ②$$

DA_{it} : 기업 i 의 t 년도 재량적 발생액

추정식 ① 에서 종속변수는 NDA의 추정치이고 ΔREV와 PPE는 개별기업의 영업활동과 경제적 여건 변화를 반영하기 위하여 포함되었다. 〈표 8-2〉의 발생액 구성요소 중에서 매출채권, 재고자산, 그리고 매입채무는 기업의 영업활동수준에 따라서 변동하게 되는데, Jones 의 식에서 ΔREV가 영업활동수준을 통제하는 역할을 한다. 〈표 8-2〉에서 감가상각비는 기업의 경제적 여건의 변화를 나타낼 수 있는데, 식 ① 에서 PPE가 감가상각비의 변동을 통제하는 역할을 한다. 감가상각비가 매출액과 다르게 변화분(change) 대신에 원변수(level)를 그대로 사용한 것은 감가상각비는 총액이 발생액에 포함되기 때문이다. 식의 좌변과 우변을 총자산으로 나눈 것은 기업규모를 통제하고 회귀식의 이분산성(heteroscedasticity)을 감소시킬 목적이다. 그런데 Jones 의 식은 ΔREV와 PPE를 설명변수로 사용하고 있어서 매출액과 유형자산을 이용한 이익조정의 가능성은 배제하고 있는 한계점이 있다.[6]

Dechow 등(1995)은 Jones모형에서 매출액이 이익조정의 수단으로 사용

되지 않는다는 가정을 완화하여 DA의 계산시 매출액의 변화에서 신용매출 변화분을 차감하여 재량적 발생액을 추정하는 식을 수정하였다. 선행연구에서는 경영자가 신용매출을 이익조정의 수단으로 사용할 수 있다는 연구결과가 있었다(Kreutzfeldt와 Wallace 1986). Dechow 등(1995)이 수정한 식은 다음과 같다.

$$DA_{it} = (\frac{TAC_{it}}{A_{it-1}}) - [\hat{a}_0(\frac{1}{A_{it-1}}) + \hat{a}_1(\frac{\Delta REV_{it} - \Delta AR_{it}}{A_{it-1}}) + \hat{a}_2(\frac{PPE_{it}}{A_{it-1}})]$$

ΔAR_{it} : 기업 i의 t년도 매출채권 변화분(first difference)

Jones 모형과 Dechow 등(1995)에 의해 수정된 Jones 모형은 시계열 회귀모형으로 개발되었다. 시계열모형으로 NDA를 추정하면 각 기업의 발생액의 움직임을 개별적으로 분석할 수 있는 장점이 있는 반면, 회귀계수가 시계열적으로 일정하다는 제약적 가정을 해야 하고, 분석대상이 되는 특정기간을 제외한 나머지 기간 동안에는 이익조정이 없다는 가정을 해야 하는 단점이 있다. 또한 시계열 분석에는 상당한 기간의 시계열 자료가 필요한데 우리나라와 같이 기업 재무자료가 충분히 집적되어 있지 않은 경우에는 표본기업의 수를 충분히 확보할 수 없는 한계점이 있다. 그리고 우리나라는 급격하게 경제가 발전, 팽창하고 있기 때문에 상당한 기간의 시계열 분석에는 경제환경의 구조적 변화(structural changes)의 영향도 고려해야 한다.

시계열모형의 한계점을 극복하기 위하여 Jones 모형을 횡단면적으로 적용하여 DA를 계산할 수도 있다. 횡단면 분석은 시계열 분석의 한계점을 완화시

6) 발생액 중에서도 유동발생액이 이익조정의 대상으로 좀더 쉽게 사용될 수 있다(Kreutzfeldt와 Wallace 1986; Guenther 1994). 따라서 여러 연구들은 재량적 발생액 중에서 재량적 유동발생액을 따로 추정하여 이익조정 여부를 검증하는 데 보충적으로 사용하거나 재량적 유동발생액만으로 이익조정 여부를 검증하고 있다(Rangan 1998). 재량적 유동발생액의 추정은 Jones의 NDA 추정식 ①과 ②에서 PPE를 포함하는 설명변수를 제외하고 계산한다.

킨다는 점 이외에 횡단면적으로 산업전반의 경제적 환경의 변화가 비재량적 발생액에 미치는 영향을 반영할 수 있는 장점이 있다. 그러나 횡단면 모형은 개별기업의 특성이 고려되지 못하고, 횡단면적으로 모든 기업이 동일한 회귀계수를 가진다는 가정을 해야 하는 한계점이 있다(DeFond과 Jiambalvo 1994; Subramanyam 1996). 또한 횡단면 모형을 적용하기 위해서는 *NDA*를 추정할 때 추정의 대상이 되는 기업들이 주의깊게 선택되어야 한다. 만약 특정 상황에서 이익조정이 연구되는 경우라면 식 (1)의 추정대상기업들은 이 특정 상황과는 아무런 관련이 없는 기업들이 선택되어야 한다.

그런데 지금까지 밝혀진 바로는 실증분석 목적으로 Jones 모형을 적용했을 때, 모형이 그렇게 안정적이거나 정확하지는 않았다(Bernard와 Skinner 1996). 예를 들어, Subramanyam(1996)이 Jones 모형을 연도별로 두 자리 수의 산업분류마다 횡단면 회귀분석을 한 결과에 의하면, $\hat{a_1}$ 회귀계수의 평균이 0.06이며 중위수가 0.07, 최대치 2.68, 최소치 −6.30이고 표준편차가 0.37이나 된다. $\hat{a_2}$ 회귀계수는 평균이 −0.07, 중위수 −0.07, 최대치 1.13, 최소치 −1.29이며 표준편차는 0.10으로서 $\hat{a_1}$보다는 안정적이었다. Subramanyam이 Jones 모형을 시계열로 회귀분석한 결과는 $\hat{a_1}$과 $\hat{a_2}$가 더욱 불안정하다. 또한 Jones 모형은 비재량적 발생액을 매출액 변화와 유형자산으로만 추정하고 있어서 대부분의 비경상적 이득과 손실 그리고 특별항목들을 '재량적'으로 분류하고 있다. 물론 비경상항목들 중에서 일부는 재량적 항목이겠지만 많은 항목들이 비재량적 항목일 것이다. 이러한 사실들은 Jones 모형으로 추정한 재량적 발생액에 비재량적 항목이 포함될 수 있고, 재량적 발생액이 주가나 다른 경제적 환경이나 기업의 경영성과에 따라 변화할 수 있음을 나타낸다(백원선 2000).

이상에서 살펴본 바와 같이 선행연구들은 여러 가지 방법으로 *NDA*를 추정하였고 각 방법은 나름대로의 장단점이 있다. 사실 이익조정 연구에서 가장 중요한 것은 *DA*를 정확하게 추정하는 것이다. *DA*는 발생액에서 *NDA*추정치를 차감하여 계산하기 때문에 *NDA*가 정확하게 추정되지 않으면 *DA*의 추정치에 *NDA*의 측정오차가 포함된다. *DA*추정치에 포함된 *NDA*는 이익조정 검증에 문제를 일으킬 수 있다(McNichols와 Wilson 1988; McNichols 2000). 예를 들면, *DA*에 비하여 *DA*추정치에 포함된 *NDA*가 상대적으로 크고(large in mean) 변화가 많으면(volatile), 이익조정이 존재하리라고 예상되는 상황에서 실제로는 이익조정이 있음에도 불구하고 이익조정현상이 검증되지 않을 가능성이 크다. 따라서 연구자는 이익조정현상이 존재하지 않는지, 아니면 *DA*의 검증력(power of test)이 약한지 판단할 수 없다.

또한 *DA*추정치에 포함된 *NDA*는 이익조정이 예상되는 상황과 같은 방향으로 증감할 수도 있다. 예를 들면, 신주발행시 이익의 상향조정이 예상될 때 *DA*추정치에 포함된 *NDA*가 어떠한 이유로든간에 신주발행시에 증가할 수 있다. 이렇게 되면 실제로는 이익조정이 행하여지지 않았음에도 불구하고 이익조정이 행하여진 것과 같은 분석결과가 나타난다. 따라서 *NDA*의 정확한 측정은 이익조정 연구의 중요한 과제이다.

Dechow 등(1995)은 앞서 언급한 Healy(1985), DeAngelo(1986), Dechow와 Sloan(1991), Jones(1991), 그리고 Dechow 등(1995)이 변형한 Jones 모형에서 산출된 재량적 발생액이 모두 이익조정 여부를 검증하는 데 효과적으로 사용될 수 있는가를 연구하였는데, 연구결과에 의하면 모든 모형들이 이익조정 여부의 검증에 효율적으로 사용될 수 있다고 밝혔다. 그리고 각 모형의 검증력을 비교했을 때 5가지 모형 중에서는 연구자들이 Jones 모형을 변형한 모형이 이익조정 여부를 검증하는 데 검증력이 가장 우수하게 나타났다.

그리고 Dechow 등(1995)에서는 실제로 이익조정이 없는 경우임에도 경영성과가 매우 좋은 기업에서는 음(−)의 재량적 발생액이 나타나고 경영성과가 매우 나쁜 기업에서는 양(+)의 재량적 발생액이 나타나는 경향이 있음이 발견되었다. 이는 만약 연구대상이 되는 상황이 기업의 경영성과에 따라서 변동이 된다면 재량적 발생액으로 추정한 이익조정현상이 연구대상이 되는 상황보다 오히려 기업의 경영성과에 따라서 결정되는 위험이 있을 수 있음을 나타낸다.

따라서 앞으로의 연구에서는 이익조정현상을 검증할 때 경영성과를 통제하는 노력이 필요할 것이다. 이를 위하여 비재량적 발생액을 추정하는 회귀식 (1)의 우변에 기업의 경영성과를 나타낼 수 있는 영업활동으로 인한 현금흐름이나 경영성과 정도를 나타내는 더미변수를 사용해볼 수도 있을 것이고 (Kasznik 1999), 이익조정현상을 검증할 때 연구대상이 되는 기업들을 경영성과에 비례하여 몇 단계의 포트폴리오로 분류한 후 각 단계에서 재량적 발생액의 통계적 유효성을 검증해볼 수 있을 것이다(Jeter와 Shivakumar 1999).

지금까지 살펴본 바와 같이 여러 연구들이 재량적 발생액을 보다 정확하게 측정하려는 노력을 하였지만, Guay 등(1996)은 선행연구에서 산출된 재량적 발생액의 검증력에 대하여 비판하였다. 그들은 Dechow 등(1995)에서 연구대상이 되었던 5가지 모형을 이용하여 재량적 발생액을 추정하고 이를 주가와 연결시켜서 각 모형의 유효성을 분석하였는데, 5가지 모형 모두 모형설정(specification)에 문제가 있고 재량적 발생액을 정확히 계산하지 못한다(imprecision)고 주장하였다. 그들은 특히 Healy(1985), DeAngelo(1986), 그리고 Dechow와 Sloan(1991)에서 산출된 재량적 발생액은 발생액을 구성하는 재무제표 항목들을 랜덤하게 분류하여 어느 부분을 재량적 발생액으로 정의한 후 이를 가지고 이익조정 여부를 검증한 결과와도 큰 차이가 없다고 주장하였다.

그러나 Healy(1996)는 Guay 등(1996)에서 연구대상으로 삼은 기간이 경영자가 이익조정의 동기를 가진 상황이나 시기가 아닌 일반적인 기간이었음을 강조하면서, 이익조정현상이 존재하는 상황이나 시기에서 위 모형들을 이용하여 계산된 재량적 발생액은 이익조정 여부를 판단하는 데 효과적일 수 있다고 반박하였다.

3. 재량적 발생액 이외의 이익조정 측정치

재량적 발생액 이외의 이익조정 측정치를 개발하거나 이용하여 이익조정 여부를 검증한 연구는 많지 않다. 이는 연구자가 전체 이익이 아닌 일부 손익항목만을 이용하여 이익조정 여부를 검증할 경우, 해당 손익항목이 아닌 다른 재량적 항목이 조정되면 효과적으로 이익조정 여부를 검증하기 어렵기 때문이다. 그러나 특정항목을 이용한 이익조정이 연구되면 경영자의 이익조정 방법과 행태에 관하여 좀더 깊이 있게 이해할 수 있어서 회계정책을 세우는 데 큰 도움이 될 것이다. 특정항목을 이용한 이익조정 연구를 살펴보자.

Bartov(1993)는 경영자가 고정자산과 투자자산 처분손익의 시기를 조정하여 이익을 조정하는지를 연구하였다. 경영자는 고정자산이나 투자자산의 처분시기를 어느 정도 재량적으로 조정할 수 있으므로 이를 이용하여 기간이익의 증감에 영향을 줄 수 있다. 연구결과에 따르면 경영자는 자산처분손익의 시기를 조절하여 이익을 평준화시키는 노력을 하며, 부채비율이 높을수록 채무이행조항(debt covenants)을 위반하지 않기 위하여 이익을 상향조정하는 것으로 나타났다.

박한순(2001)은 Bartov(1993)와 유사하게 한국기업들이 부동산처분손익을 이용하여 이익을 조정하는지를 연구하였다. 우리나라는 토지와 건물 등의 부동산 가격이 지속적으로 상승하여 일반적으로 부동산 취득원가나 장부가액이 시가보다 크게 낮아서 부동산을 처분하면 처분이익이 크게 계상되고 기업의 현금흐름이 향상된다. 연구자는 1990년부터 1994년까지 부동산 처분을 공시한 기업을 표본기업으로 하여 이익유연화가설과 부채비율가설을 검증하였다. 구체적으로 말하면, 저자는 예상이익이 적거나 부채비율이 높은 기업의 경영자가 부동산 처분이라는 실질거래에서 발생하는 이익을 이용하여 보고이익의 변동성을 줄이고 보고이익을 증가시켰는지를 검증하였다. 연구결과는 연구자의 예측을 지지하였다.

McNichols와 Wilson(1988)은 부실채권에 대한 대손설정액을 이용하여 이익평준화 현상을 연구하였다. 대손설정액(비재량적 대손설정액)은 기초대손충당금과 2개 연도의 대손상각비를 이용하여 추정하였고, 이를 실제 대손설정액에서 차감하여 재량적 대손설정액을 계산하였다. 연구결과에 의하면, 기업의 경영성과가 아주 높거나 아주 낮은 경우에는 경영자가 이익을 하향조정하는 것으로 밝혀졌다. 이는 이익이 매우 높은 경우에는 이익을 평준화하기 위하여 이익을 하향조정하고, 이익이 매우 낮은 경우에는 다음 회계기간의 이익을 높이기 위하여 이번 기의 이익을 더욱 낮게 보고하는 Big bath 현상으로 볼 수 있다.

박한순(1996)은 증권관리위원회의 감사인 지정이 있는 경우 피감사기업에 대하여 감사인의 독립성이 높아지기 때문에 피감사기업의 이익조정을 방지 또는 감소시킬 수 있을 것으로 보고 감사인 지정시의 이익조정에 대하여 연구하였다. 실증분석 결과에 의하면 감사인 지정연도에 재량적 발생액이 통계적으로 유의하게 감소하는 현상을 발견하지는 못하였다. 그러나 그는 발생액을 구성항목별로 구분하여 각 항목별로 경영자의 이익조정 여부를 추가적으로 관찰하였는데, 재고자산, 이연자산, 퇴직급여충당금 전입, 전기오류수정손실 등이 발생액을 감소시키는 데 통계적으로 유의하게 작용하고 있음을 발견했다.

발생액을 이용한 앞으로의 연구에서도 이 연구들과 같이 개별 발생항목들의 움직임을 주의깊게 관찰하면 좀더 의미 있는 연구결과를 얻을 수 있을 것이다. 특히 발생액 구성항목 중에서 매출채권과 재고자산은 기업의 자산에서 차지하는 비중도 크고, 부정이나 조정의 대상도 되기 쉽기 때문에 이러한 항목에 대한 깊이 있는 연구가 필요할 것이다. 그리고 유형자산이나 투자자산의 처분손익, 회계변경, 전기손익수정손익[7]과 같이 이익조정의 수단이 되기 쉬운 항목들에 대하여 집중적인 연구를 하면 경영자의 이익조정 행태를 이해하는 데 큰 도움을 줄 것이다.

선행연구와 다르게 Burgstahler와 Dichev(1997)는 재량적 이익조정항목을 측정하지 않고 재무제표에 보고된 순이익과 순이익변화의 횡단면적 분포를 이용하여 이익조정현상을 연구하였다. 연구결과에 의하면 순이익 변화의 분포도상으로 순이익의 변화가 없는 $0에 근접해서는 순이익의 감소보다 순이익의 증가가 많은 분포(비중)를 차지하고 있고, 순이익 금액의 분포도상으로 순이익 $0에 근접해서 순손실보다 순이익이 차지하는 분포(비중)가 유의하게 크게 나타났다. 이는 근소하게 순이익이 하락하는 경우에는 이익을 조정하여 근소하게라도 순이익이 상승하도록 하며, 근소하게 순손실이 발생하는 경우에는 손익을 조정하여 근소하게라도 순이익이 발생하도록 하는 이익조정 행태를 나타낸다. Burgstahler와 Dichev는 적어도 순이익 감소기업의 8~12%가 이익조정으로 순이익 증가를 나타내고, 근소하게 순손실이 발생하는 기업의 30~44%가 이익조정으로 순이익을 보고한다고 주장하였다.

DeGeorge 등(1999)도 이익분포를 이용하여 이익조정현상을 검증하였다. 그들은 경영자는 자신의 보수를 극대화하고 자신의 위치를 확고히하기 위하여 이익조정을 할 동기를 가진다고 전제하고, 경영자는 가능한 한 순손실보다 순이익을 발생하도록 하고 적어도 전년도보다 이익이 증가하도록 하며, 재무분석가의 이익예측치에 근접하도록 이익을 조정하리라고 예측하였다. 선행연구인 Burgstahler와 Dichev(1997)와의 차이점은 DeGeorge 등(1999)은 이익조정을 경

7) 김문철과 황인태(1998)는 전기손익수정손익이 기업의 이익조정에 사용되고 있다고 가정하고, 이 금액의 크기를 이익의 신뢰성으로 보아 감사품질의 차이를 연구하였다. 연구결과에 의하면 대형 회계법인이 소형 회계법인에 비하여 피감사기업의 전기손익수정손익을 작게 계상하고 있었다.

영자의 심리적이고, 행동적(behavioral)인 현상으로 설명한 것이다. 분포도를 이용하여 연구한 결과는 연구자들이 예측한 대로, 경영자는 우선 순이익을 산출하는 것을 가장 중요하게 여기고, 그 다음에 직전 4분기보다 순이익을 증가시키며, 마지막으로 순이익을 재무분석가의 예측치에 가깝게 조정하려는 의도를 가진 것으로 나타났다.

Burgstahler과 Dichev(1997)와 DeGeorge 등(1999)의 가장 큰 공헌점은 선행연구처럼 재량적 발생액을 추정하지 않고도 이익조정을 검증하였다는 것이다. 재량적 발생액의 추정에는 여러 가지 제약적인 가정을 해야 하는데, 이 연구에서의 연구방법은 이러한 문제점들을 가지고 있지 않다. 이 연구의 또 다른 공헌점은 과거의 연구들은 발생액이 이익조정의 주대상이 된다고 가정을 하고 재량적 발생액으로 이익조정 여부를 검증하였으나, *CFO*와 *WCO*도 이익조정의 대상이 됨을 분석한 것이다(예를 들면, 연구개발비나 광고선전비의 절감). 그러나 이 연구방법은 연구대상기업의 수가 매우 적은 소표본 연구에서는 이익조정 검증시 분포도 적용이 어렵고, 이익조정이 어떠한 항목을 통하여 이루어지는지를 알 수 없는 연구방법론적 한계점이 있다.

일반 기업이 아닌 은행업에서는 부실채권에 대한 대손설정액(loan loss reserves)을 이용하여 이익조정을 연구하고 있다(Moyer 1990; Scholes 등 1990; Collins 등 1995; Beatty 등 1995). 이는 은행업에서 대손설정액이 단일항목으로 순이익에 가장 큰 영향을 미치기 때문이다. 선행연구들은 은행이 대손설정액을 이용하여 이익과 필요자본을 조정을 하는 것으로 보고하고 있으며, 시장에서도 재량적 대손설정액을 비재량적 대손설정액과 구분하여 인식하는 것으로 나타났다(Beaver와 Engel 1996).

제 4 절 이익조정의 동기와 선행연구

이익조정의 경제적 동기에 대해서는 아직 포괄적인 이론이 개발되지 않은 것으로 보인다. 이러한 이론이 개발되면 여러 가지 상황하에서 기업의 이익조정을 설명하고 예측할 수 있어서 연구내용도 풍부해지고 연구결과의 해석도 명확해질 수 있을 것이다. 지금까지 수행된 전통적인 연구로서 이익조정현상을 부분적으로 설명할 수 있는 이론은 이익평준화이론과 실증회계이론이 있다. 먼저 이 두 이론을 간략히 살펴보고 여러 가지 이익조정의 동기를 살펴보자.

1. 이익평준화 동기

이익평준화(income smoothing)란 이익유연화(income smoothing)라고도 하는데 보고되는 순이익의 변동을 감소시키려는 노력 또는 그 현상을 의미한다. 오랫동안 많은 학자들이 경영자의 이익평준화 행태를 검증하였으며, 선행연구가 Ronen과 Sadan(1981)에 잘 정리되어 있다. 기업이 이익평준화를 하는 이유는 여러 가지 측면에서 주장되고 검증되었지만 이를 몇 가지로 정리해보면 다음과 같다.

첫째로 이익평준화를 통하여 장기적으로 조세를 절감할 수 있다. 예를 들어 우리나라에서 조세당국은 일반적으로 기업의 과세표준을 수입금액으로 나눈 과세표준율을 기업에 대한 과세기준으로 삼고 있다. 만약 과세표준율이 전년도에 비하여 현저하게 하락하거나 증가하면 조세당국은 해당 기업에 대한 조사를 강화하게 되므로 경영자는 특별한 경기변동이 없는 한 과세표준율을 전년도와 유사하게 유지하려고 한다. 따라서 결산시 당기순이익이 낮아 과세표준율이 과거연도에 비하여 현저하게 하락하게 되면 비록 기업회계상 아무런 오류가 없다고 해도 조세당국의 주의를 경감시키기 위하여 당기순이익을 증가시킬 수 있도록 이익을 조정할 수 있다. 반면, 결산시 기대수준에 비하여 당기순이익이 증가하여 과세표준율이 증가한 경우에는 보고이익을 감소시킬 수 있는 회계처리방법을 선택하여 조세를 이연시킬 수 있다.

둘째로 이익평준화는 경영자의 개인적인 효용을 극대화시키는 도구로 사용될 수 있다. 보고이익이 기대수준에 비하여 낮을 경우 주주들은 경영자에 대하여 책임을 물을 수 있기 때문에 경영자는 자신의 지위를 확보하기 위하여 이익을 증가시키는 회계처리방법을 채택하게 된다. 반면 보고이익이 예년에 비하여 크게 증가하면 경영자는 다음 회계기간이나 그 다음 회계기간의 예측할 수 없는 손실을 예방하기 위하여 보고이익을 이연시키는 회계처리방법을 선택할 수가 있다.

셋째로 이익평준화는 기업가치에 대한 평가를 높이기 위하여 이용된다. 기업의 가치는 미래기대이익(현금흐름)의 할인된 현재가치로 볼 수 있는데, 이 현재가치를 계산할 때 사용하는 할인율은 기업의 불확실성과 정비례 관계에 있다. 현금유입액에 대한 불확실성은 미래의 영업환경에 관한 것이기 때문에 이미 지나간 과거의 영업환경과는 관계가 없지만 일반투자자나 재무분석가들은 기업의 과거 순이익의 흐름이나 기타 영업실적 등을 미래의 현금유입액을 예측하는 자료로 사용한다. 따라서 안정적인 순이익의 시계열흐름은 현금흐름액에 대한 불확실성을 감소시켜 투자자들이 기업의 현재가치를 계산할 때 사용하는 할인율을 감소시키고 이는 결과적으로 기업가치의 산정에 긍정적인 영향을 미친다.

마지막으로 이익평준화는 이해관계자들로 하여금 기업의 파산가능성에 대한 평가를 감소시킬 수 있다. 기업의 이해관계자들은 기업의 내부 경영의 사결정과정과 운용상태에 대한 직접적인 정보를 접하기 어렵기 때문에 이익이 평준화된 기업은 그렇지 않은 기업보다는 적어도 한 회계기간에서 다음 회계기간으로 이익을 이연시킬 수 있는 이익에 대한 유연성(flexibility)이 있다고 평가하게 된다. 따라서 이익평준화는 상대적으로 기업의 파산가능성에 대한 평가를 감소시켜서 기업의 자본조달능력을 높이고 자본조달비용을 낮추며, 고객, 종업원, 원재료 공급자 등의 이해관계자들과 유리한 계약을 체결할 수 있다.

DeFond 과 Park(1997)은 경영자의 이익평준화를 기업의 현재와 미래 성과간의 관계 속에서 파악하고자 하였다. 구체적으로 기업들은 현재의 성과가 나쁘고 미래의 성과가 좋을 것으로 예상되는 경우에는 미래의 회계이익 중에서 일부를 현재 시점으로 빌려와 양(+)의 재량적 발생액을 취하지만, 현재의 성과가 좋고 미래의 성과가 나쁠 것으로 예상되는 경우에는 현재의 회계이익을 저축하여 미래에 사용하기 위해서 음(−)의 재량적 발생액을 취한다는 것을 보고하였다. Hunt 등(1995)은 이익평준화가 주식가격에 미치는 영향을 분석하였는데, 이익평준화 현상이 클수록 주식시장에서 우호적인 반응을 받음을 나타내었다. 이와 유사하게 송인만과 이용호(1997)도 이익평준화 현상의 정보효과를 분석하면서 재량적 발생액, 특별이익 및 전기손익수정손실 등이 이익평준화의 주요 도구로 사용된다는 것과 평준화된 이익에 대하여 주식시장 참여자들이 우호적인 반응을 보인다는 것을 보고하였다. 또한 송인만과 최관(1992)은 회계변경과 이익평준화 현상 간의 관계를 분석하였는데, 기업들은 회계변경 후의 보고이익이 정상이익 또는 기대이익에 가까워지도록 하는 방향으로 회계변경을 하는 경향이 있음을 보고하였다.

이익평준화 현상은 일본에서도 보고되고 있어 국가에 상관없이 일반적인 현상인 것으로 생각된다. Mande 등(2000)은 일본기업의 경영자들이 단기성과에 기초하여 연구개발비 지출을 행하는지에 대해 실증적으로 고찰하였다. 많은 선행연구들은 미국기업의 연구개발비 지출패턴을 연구하였으며 주요 연구결과에 따르면 미국 경영자의 경우 매년 이익성과에 따라 연구개발 예산액을 조정하는 것으로 나타나 이익수준에 초점을 맞춘 단기적 의사결정을 하는 것으로 알려져 있다. 일본에서도 1991년부터 시작된 장기불황기간 동안 기업들이 전후(戰後) 처음으로 연구개발비 지출을 감소시킨 바 있다. 연구 결과 다양한 산업에서 일본기업들은 이익을 평준화시키고자 연구개발비 예산을 조정하는 것으로 나타나고 있다. 흥미로운 결과 중의 하나는 연구개발비의 조정이 경기가 확장되는 시기에 더 크다는 점이다. 이러한 연구결과는 일본기업의 경영자도 미국기업의 경영자와 마찬가지로 단기적 시각의 의사결정을 내리고 있음을 의미한다.

2. 실증회계이론에 있어서의 경제적 동기

실증회계이론(positive accounting theory)은 자본시장 회계학 연구의 한계점을 극복해보고자 시도되었다. 1960년대 후반부터 연구가 활발히 진행되었던 자본시장 회계학 연구에서는 주로 회계정보의 공시가 주가에 어떠한 영향을 주는지, 회계처리방법의 변경이 주가에 어떠한 영향을 주었는지를 연구하였으나 이 연구들은 회계정보와 주가의 관계를 평면적이고 기계적으로만 설명하고, 경영자가 왜(why?) 이러한 회계처리방법을 선택하게 되었는지, 왜 이러한 관계가 나타나게 되었는지에 관해서는 깊이 있는 설명을 하지 못하였다. 이에 미국 로체스터 대학의 학자들이 중심이 되어 왜(?)라는 질문에 대답할 수 있는 회계이론을 만들고자 하였다.

제7장에서 논의된 바와 같이 실증회계이론에서는 회계처리방법의 선택이 기업의 계약관계에 따라서 결정될 수 있다고 보고 다음과 같은 3가지의 대표적인 가설을 설정하였다(Watts와 Zimmerman 1986).

① **보너스제도가설**(bonus plan hypothesis) : 다른 조건이 일정하다면, 경영자는 자신의 보상(compensation)을 최대화하기 위하여 이익을 조정한다는 가설이다.

② **부채계약가설**(debt covenant hypothesis) : 다른 조건이 일정하다면, 기업은 회계수치에 근거를 둔 부채계약이 위반될 가능성이 있는 경우 이를 회피하고자 이익을 조정한다는 가설이다. 만약 기업이 부채계약을 위반하게 되면 부채를 조기에 상환해야 되거나 차입이자율이 높아지게 되어 높은 계약비용을 치르게 된다. 부채계약에 사용되는 회계수치는 주로 부채비율, 이자보상률, 순자산비율 등으로서 대부분 이익을 상향조정할 때 이러한 비율들이 향상된다.

③ **정치적 비용가설**(political cost hypothesis) : 다른 조건이 일정하다면, 기업은 높은 정치적 비용을 지불할 가능성이 클 경우 현재의 이익을 미래의 기간에 이연시키는 조정을 한다는 가설이다. 예를 들면, 오일쇼크 기간 동안 정유사들이 높은 순이익을 내자 많은 사람들이 정유사가 기름가격을 너무 높게 책정했다고 비난하였고 이에 따라 미국 정부는 이들의 순이익에 세금을 추가로 부담시켰다. 따라서 정치적 비용을 지불할 가능성이 높은 기업일수록 당해 기간의 순이익을 낮게 보고하도록 이익조정을 행하게 된다. 일반적으로 기업의 규모가 클수록 사회적 영향이 크고 많은 사람들의 관심의 대상이 되기 쉽기 때문에 높은 정치적 비용을 부담할 가능성이 높다.

실증회계이론에서 제시한 3가지 가설은 많은 학자들에 의해서 연구되었다. 이 연구들은 대부분 위의 가설이 지지됨을 검증하였다. 따라서 우리는 다른 조건이 일정하다면, 기업은 계약비용을 감소시키기 위하여 필요한 이익조정을 행함을 알 수 있다. 그러나 제7장에서 논의된 바와 같이 최근에는 이 연구가설들에 대한 연구가 활발하게 이루어지고 있지 않다. 이는 기업의 계약비용 변수들에 대한 정확한 대용치(proxy)의 개발이 어렵기 때문이다. 예를 들면, 정치적 비용가설에서는 계약비용의 대용치로 기업규모를 주로 사용하고 있고, 부채계약가설에서는 주주와 채권자 사이의 계약비용으로 주로 부채비율을 사용하고 있으며, 경영자보상가설에서는 주주와 경영자 사이의 계약비용으로 보너스제도를 사용하고 있는데, 이 대용치들이 계약비용을 잘 나타내는 데는 많은 한계점이 있기 때문이다.

3. 법인세 절감

기업은 장기적으로 법인세를 최소화하려고 한다. 이러한 목적으로 대부분의 우리나라 경영자들은 기업의 보고이익을 회계기간 간에 큰 변동성 없이 유지시키려고 한다(물론 이는 이익평준화와도 관계있는 현상이다). 만약 당해 회계기간에 과세표준이 크게 증가하면 법인세가 증가할 것이므로 과세표준을 하향조정할 여유가 있으면 과세표준을 감소시키게 된다. 반대로 과세표준이 크게 하락하면 이를 그대로 보고할 경우 세무당국으로부터 세금을 과소 납부하려는 의도를 가진 기업으로 의심받을 수 있기 때문에 이익을 어느 정도 상향조정시킬 동기를 가지게 된다. 이에 대하여 정규언(1993)은 우리나라 기업들이 법인세 납부와 관련된 불이익을 피하기 위하여 법인세 납부액을 안정적으로 유지하려는 동기를 분석하였는데, 법인세의 변동이 순이익의 변동보다 작은 것으로 나타나 기업들이 이익유연화 이외에 법인세유연화도 꾀하고 있는 것으로 나타났다.

법인세규정의 변경은 기업의 법인세를 변화시키므로 경영자는 세법규정이 바뀔 때 법인세를 최소화하기 위하여 이익을 조정할 동기를 가진다. 미국의 많은 선행연구들은 세법규정의 변경에 대응하여 기업들이 이익조정을 통하여 법인세를 최소화하는 현상을 검증하였다(Sholes 등 1992; Maydew 1997; Guenther 1999). 그러나 우리나라에서 법인세규정과 이익조정을 연결시킨 연구는 매우 적다.

박춘래와 김성민(1995)은 1991년도에 최저한세제도가 시행될 때 기업들의 세무조정 행태를 연구하였다. 최저한세제도는 조세감면혜택을 받는 기업들로 하여금 일정수준까지만 조세감면을 허용함으로써 기업의 법인세를 증가시키는 결과를 가지고 온다. 따라서 연구자들은 기업들이 최저한세 시행전 연도에 조세감면항목을 많이 계상할 것으로 예상하였다. 103개 표본기업을 대상으로 한 연구결과에 의하면, 최저한세 시행전 연도인 1990년에는 조세감면항목을 많이 계상하여 연구자들의 예상과 같이 법인세 부담을 줄이고 있었으나, 1991년도 세무조정시에는 예상과 달리 감면항목과 금액이 크게 감소하지 않았다. 그리고 1991년도에 최저한세를 납부한 기업들은 비납부기업보다 1992년 세무조정시보다 더 감면을 줄이고 있었으며, 세부담을 줄이는 세무조정시 일시적 차이 항목보다는 영구적 차이 항목들을 많이 사용하고 있음을 발견했다. 연구자들은 기업의 이러한 세무조정 행태가 장기적으로 법인세를 줄이는 세무조정 행태의 예라고 주장하였다.

백원선과 최관(1999)은 법인세최소화 동기와 이익조정의 관계를 보다 일반화시켜서 연구하였다. 선행연구에 따르면 경영자는 자신의 보상을 극대화하기 위하여 부채계약 위반이나 정치적 표적이 됨에 따른 비용을 줄이기 위하여 이익을 조정하는 것으로 알려져 있다. 하지만 이와 같은 기업의 특성과 관련되는 동기에 따라 이익을 조정할 경우 기업이 부담해야 하는 법인세액이 달라지게 된다. 특히 법인세를 추가로 부담하게 되는 경우에 과연 기업들이 이를 감수하면서 기업특성 또는 계약관련 동기만을 고려하여 이익조정을 할 것인가는 의문의 여지가 있다. 기업들이 합리적인 의사결정자라면 계약관련 동기에 따른 이익조정으로 얻을 수 있는 혜택과 법인세 추가부담이라는 비용을 동시에 평가하여 자신의 부를 극대화하는 방향으로 의사결정을 하게 될 것이다.

만약 기업의 법인세 부담이 높은 경우에는 이익의 상향조정으로 인한 법인세 추가부담이 경영자 보상증가, 부채계약 위반가능성 또는 정치적 표적가능성의 회피 등으로 얻을 수 있는 혜택보다 오히려 클 수도 있을 것이다. 따라서 이러한 기업들은 자신들의 현금흐름에 실질적인 도움이 되도록 법인세 부담을 낮추는 쪽으로 이익을 조정할 것이다. 연구결과에 따르면, ① 법인세 부담이 클 것으로 예상되는 기업은 그렇지 않은 기업에 비하여 이익을 낮추는 방향으로 조정하는 것으로 나타났다. ② 법인세 부담과 기업특성변수, 기타

계약변수들을 동시에 고려한 경우에도 재량적 발생액과 법인세 부담은 음(−)의 관계를 갖는 것으로 관찰되었다. 이는 법인세 부담이 클 것으로 예상되는 기업이 이익을 낮추어 법인세 부담을 줄이는 쪽으로 이익을 조정하고 있음을 의미한다.

박종일과 김경호(2002)도 법인세 절감을 경영상의 다른 여러 가지 조건과 연결시켜서 종합적인 관점에서 살펴보았다. 경영자가 기업의 가치를 높이기 위하여 회계이익을 높게 보고하면 법인세 부담이 증가하고, 법인세를 절감하기 위하여 회계이익을 낮게 보고하면 자본시장에 악재로 작용하여 기업가치가 감소하게 된다. 경영자는 기업의 보고이익을 결정할 때 이러한 재무보고와 세무보고상의 상충관계에 자주 직면하게 된다. 이때 경영자의 가장 좋은 전략은 회계이익은 높게 보고하고 과세소득은 낮게 보고하는 전략이다. 저자들은 경영자가 재무 및 세무보고 의사결정에서 회계이익 최적화와 세금절감의 이중목적을 달성하기 위하여 재량적 발생액을 이용한 이익조정과 조세혜택을 이용한 세금절감을 적절히 고려하고 있는지를 조사하였다. 재량적 발생액을 이용하면 과세소득을 증가시키지 않고 이익을 증가시킬 수 있는 가능성이 있고, 조세혜택을 잘 이용하면 이익의 증가 없이 세금을 낮출 수 있다. 따라서 저자들은 경영자는 보고이익을 높이기 위해서는 재량적 발생액을 사용할 것이며, 세금절감을 하는 방법으로는 조세혜택을 사용할 것으로 예측하였다. 실증분석결과는 저자들의 예측을 지지하였다. 이러한 결과는 경영자가 재무 및 세무보고 의사결정에서 회계이익의 최적화와 세금절감의 이중목적을 충족시키기 위하여 재량발생액과 조세혜택을 적절히 고려하고 있음을 보고하는 것이다.

우리나라에서는 아직 세법규정의 변경으로 인한 경영자의 이익조정 행태 또는 세무조정 행태에 대한 연구가 매우 적다. 이는 세금계산시 세무조정이 세무조정계산서를 통하여 이루어지는데, 이 자료가 공시자료가 아니어서 연구자료의 입수에 큰 한계점이 있기 때문이다. 이에 따라 대부분의 연구가 소표본을 대상으로 이루어지고 있고, 연구결과의 외적 타당성도 부족한 형편이다. 그러나 세무계산시 경영자가 어떠한 항목에 대하여 가장 자율성을 행사하고 있는지 그리고 어떠한 항목이 주로 조정의 대상이 되는지를 연구하면 세무정책당국의 정책입안에 큰 도움을 줄 수 있을 것이다. 또한 기업의 유효법인세율의 변경에 따른 이익조정 여부를 발생액 전체적인 관점이 아닌 중요 발생액 항목별로 연구하면 경영자의 법인세 절감 행태도 이해할 수 있을 것이다.

4. 자본시장과 관련된 동기

회계정보는 투자자와 재무분석가에 이용되어 기업의 주가와 자본비용에 영향을 줄 수 있기 때문에 경영자는 이익을 조정하여 자신의 부를 극대화하거나 주주의 부에 영향을 줄 수 있다. 자본시장과 관련된 이익조정 연구들은 상당수 있지만 경영자 매수와 주식발행 그리고 재무정보의 예측과 관련된 연구들을 간략히 살펴보자.

DeAngelo(1986)는 경영자 매수(management buyout)에 앞서 경영자가 이익조정을 하는지 여부를 조사하였다. 경영자 매수란 상장기업의 경영자가 자신이 일하는 기업의 주식을 모두 매입하여 기업을 사(私)기업으로 만드는 것(going private)을 말한다. 경영자는 주식을 매입한 후 기업을 잘 운영하여 비싼 값으로 되팔거나, 기업의 자산이나 공장을 분리하여 매각하고 매각차익을 얻게 된다. 주식매수에 앞서 경영자는 기업의 이익을 하향조정하려는 동기를 가진다. 왜냐하면 기업이익이 기업가치를 평가하는 데 사용되고, 또한 주가에 간접적으로 영향을 주므로, 이익을 하향조정하면 주가가 하락하여 주식을 좀 더 싸게 살 수 있는 가능성이 높아지기 때문이다. DeAngelo는 1973년부터 1982년까지 경영자 매수가 발생한 64개 기업에 대하여 이익조정 여부를 분석하였다. 이익조정 여부는 총발생액의 차이를 재량적 발생액으로 보고 경영자 매수전에 재량적 발생액이 하락하는지를 검증하였다. 그러나 연구결과에 의하면 경영자 매수전에 경영자에 의한 이익조정은 발견하지 못하였다.

그러나 Perry와 Williams(1994)는 DeAngelo(1986)의 연구가 표본기업의 수(64개)가 너무 적고 이익조정 여부를 검증하는 방법에 문제가 있다고 비판하고, 경영자 매수전의 이익조정 여부를 재연구하였다. 그들은 1981년부터 1988년까지의 175개의 경영자 매수 기업을 연구대상으로 하고, 이익조정 여부의 검증은 Jones(1991)모형으로 재량적 발생액을 계산한 후 이의 통계적 유의성을 검증하였다. 연구결과는 선행연구와 다르게 재량적 발생액이 모두 음(−)

으로 나타나서 경영자 매수전에 기업의 이익이 하향조정됨을 나타내었다.

Erickson과 Wang(1999)은 피합병회사를 인수하는 대가로 합병회사의 주식을 교부하는 합병을 연구대상으로 하여 합병직전에 합병회사가 이익을 상향조정하는지를 분석하였다. 합병기업은 자신의 주가가 높을수록 더 적은 수의 주식을 교부하고도 피합병회사를 인수할 수 있기 때문에 주가를 높일 목적으로 합병직전에 이익을 상향조정할 동기를 가진다. 연구결과에 따르면 합병직전 4분기에 합병기업이 이익을 상향조정함이 관찰되었다. 추가분석에 따르면 합병기업의 전체 주식 중에서 피합병기업에 교부하는 주식의 비중이 클수록 이익의 상향조정도 큰 것으로 나타났다.

주식발행과 관련된 이익조정 연구는 다시 신규상장기업의 경우와 유상증자기업의 경우로 나누어볼 수 있다. 신규상장기업의 경우, 아직 주식시장에서 기업의 가치가 정해지지 않았기 때문에 신주발행가액의 결정에 기업의 회계정보가 큰 영향을 미칠 수 있다. 신규상장기업의 입장에서는 가능한 발행가격이 높을수록 기업에 유입되는 현금이 많아지기 때문에 이익을 상향조정하여 발행가격을 높이려는 동기를 가지게 된다. Teoh 등(1998b)은 상장전과 상장후의 기간을 모두 분석대상으로 삼고 이익조정 여부를 연구하였는데 상장연도에 이익을 증가시키는 현상을 발견하였다. 여기에서 흥미로운 결과는 이익조정을 행하는 시기가 발행가격에 영향을 줄 수 있는 상장직전 연도가 아니라 상장연도라는 점이다.

우리나라는 공모주식의 발행가격을 결정하는 데 회계수치인 주당경상이익과 주당순자산을 이용하고 있다. 따라서 선행연구와 같이 경영자는 회계수치를 조정하여 발행가격을 높이려는 유인을 가질 수가 있다. 최관과 김문철(1997)은 신규상장 4년전부터 신규상장 3년후까지의 기간을 대상으로 신규상장기업의 이익조정현상을 연구하였는데 Teoh 등(1998b)의 연구와 같이 상장연도 전에서는 이익조정현상을 발견하지 못하였고 신규상장 연도에 이익의 상향조정현상을 발견하였다. 또한 그들의 연구에서는 상장직후 연도에서도 이익조정현상이 발견되었다. 연구자들은 이러한 현상을 우리나라의 신주발행가제도 및 기업공개 사후관리제도로서 설명하였다.

유상증자의 경우 미국은 대부분 일반공모방식(public offering)을 통해서 이루어진다. 이때 경영자는 구주주의 부를 보호하기 위하여 가능한 한 신주의 발행가액을 높이고자 한다. 이를 위하여 경영자는 기업의 미래 전망을 밝게 보이도록 기업의 이익을 상향조정하려는 동기를 가지게 된다. 유상증자시 이익조정을 연구하면서 Teoh 등(1998a)은 자본시장이 기업의 이익조정을 인식하지 못하고 주가를 높이 평가하면 경영자는 높은 가격으로 주식을 발행할 수 있고, 이는 기존 주주의 부에 유리한 영향을 주게 된다고 보았다. 연구자들은 1970년부터 1989년까지 유상증자를 실시한 1,248개 기업의 회계수치를 분석하였다. 이익조정 여부는 Dechow 등(1995)이 개발한 수정된 Jones 모형으로 추정한 재량적 발생액으로 검증하였다.

분석결과에 의하면, 재량적 유동발생액이 유상증자 2년전부터 유상증자연도까지 계속 증가하여 유상증자연도에 최대치가 되고, 그 이후 연도부터는 계속 하락하였다. 재량적 유동발생액의 이러한 시계열 분포는 유상증자 2년전부터 유상증자연도까지 이익의 상향조정을 나타내는 것이다. Rangan(1998)도 기업이 유상증자시에 이익조정을 하는지에 대하여 연구하였다. 그녀는 1987년부터 1990년까지 유상증자를 실시한 230개 기업의 분기별 재무제표를 연구대상으로 하였는데, 기업이 유리한 조건으로 유상증자를 하기 위해서는 유상증자 공시전 분기와 유상증자 분기, 그리고 그 이후 2분기까지 이익조정을 하리라고 예측하였다. 연구결과에 의하면, 예측과는 달리 기업들은 유상증자 분기와 그 직후 분기에서만 이익을 상향조정하는 것으로 나타났다.

Teoh 등(1998a)과 Rangan(1998)의 연구는 경영자가 자본시장의 주식가격에 영향을 주기 위하여 유상증자시 이익조정을 한다는 연구결과는 동일하지만, 유상증자기업의 이익조정시기에 대해서는 서로 일치하지 않은 결과를 보이고 있다. 이러한 차이는 두 연구의 연구대상 연도가 다른 이유도 있겠지만, 재량적 발생액의 계산에서 Teoh 등(1998a)은 수정된 Jones 모형을 횡단면적으로 이용하였고 Rangan(1998)은 이를 시계열적으로 이용한 차이일 수도 있다고 보여진다.

한국은 미국과 달리 그동안 구주주 우선 배정방식(right offering)을 통하여 유상증자를 실시하고 있다. 그리고 주식의 발행가격은 시가를 기준으로 한 기준주가를 산정하고 이에 20%에서 30% 정도의 높은 할인율을 적용하고 있어서, 미국에 비해 기존 주주의 부가 제3자에게 이전될 수 있는 가능성이 적게 보일 수 있다. 그러나 유상증자후 시장에서는 이를 고려하여 권리락 가격이 낮게 형성될 뿐만 아니라 우리사주 지분까지 고려하여 권리락 가격이 형성된다. 따라서 우리나라에서도 유상증자시에 기존 주주의 부가 제3자에게 이전될 가능성이 존재하므로 경영자는 이익조정을 통하여 주가를 높여 발행가격을 높이려는 동기가 여전히 존재한다.

최관과 백원선(1999)은 유상증자기업을 대상으로 유상증자 2년전부터 2년 후까지의 이익조정 여부를 분석하였는데, 여러 가지 모형에 의하여 측정된 재량적 발생액이 모두 유상증자연도까지 증가하다가 유상증자연도에 최대치가 되고 그 이후에는 감소하는 추세를 나타내어 기업들이 유상증자연도에 이익을 상향조정하고 있음을 발견하였다. 그들은 추가분석에서 유상증자연도에 이익을 상향조정한 기업일수록 유상증자 직후 연도에 순이익이 더욱 하락함을 보여서, 재무관리 분야에서 연구된 유상증자후의 주가수익률 하락을 설명할 수 있는 하나의 근거로 제시하고 있다.

주가와 관련된 연구는 아니지만 Kasznik(1999)은 경영자의 자발적 이익예측과 이익조정의 관련성을 연구했다. 그는 경영자가 이익을 예측한 금액이 실제 보고이익과 차이가 있을 경우 경영자는 이 차이를 좁히는 이익조정을 할 것이라고 보았다. 연구결과에 의하면, 경영자가 이익을 과대예측한 경우에는 이익을 상향조정하지만, 이익을 과소예측한 경우에는 이익을 조정하지 않았다. 그는 이러한 현상을 경영자가 이익을 과대예측했을 때 이를 믿고 투자한 투자자가 이익이 예측치보다 낮아서 투자손실을 볼 경우 투자자가 법적 대응을 할 수도 있기 때문으로 보았다.

Kasznik(1999)은 경영자의 자발적 이익예측을 연구하였지만, 경영자는 재무분석가가 기업의 이익을 과대예측하면 시장의 욕구를 충족시킬 목적으로 이익의 상향조정을 꾀할 수도 있을 것으로 보이므로 앞으로 재무분석가의 이익예측과 경영자의 이익조정에 대해서도 연구가 가능할 것이다.

5. 정부의 규제정책과 이익조정

기업은 정부의 규제정책에 따라서 이익조정을 할 동기를 가질 수 있다. 예를 들면, 정부가 독점산업이나 과점산업의 높은 초과이익에 대하여 추가로 과세를 하기 위한 조사를 실시한다면 기업들은 세금을 줄이기 위하여 이익을 하향조정하는 회계선택을 할 것이고, 정부에 물자를 조달하기로 한 기업이 원가가산 금액으로 조달물품의 대가를 지급받는다면 기업은 원가를 증가시키는 회계조정을 실시할 것이다. 정부의 규제정책이 기업의 이익조정에 어떠한 영향을 줄 수 있는가 하는 것은 회계정책 담당자들이 많은 관심을 가지는 분야이다.

규제정책과 이익조정에 관한 선행연구들은 대부분 금융기관을 대상으로 연구하고 있다. 이는 미국 은행들은 회계수치로 표현되는 최소자본 요구액을 만족시켜야 하고 보험회사들은 최소한의 재무건전성을 유지해야 하는 규정이 있기 때문에 이들 금융기관을 대상으로 많은 연구가 이루어졌다. 은행에 대한 연구들(Scholes 등 1990; Beatty 등 1995; Collins 등 1995)에서는 경영상태나 재무구조가 취약하여 겨우 최소 자본유지액에 근접하는 은행들은 부실충당금의 상각을 과소계상하고, 유가증권처분을 통하여 이익을 추가로 실현시키며, 대출금의 손실충당금을 과소설정하는 방법으로 이익을 상향조정함을 검증하였다. 보험회사에 대한 연구(Petroni 1992; Adiel 1996)에서도 재무건전성이 취약한 회사들이 claim loss reserves를 과소계상하고 재보험계약을 체결하는 경우가 많음을 보였다.

우리나라는 외환위기 이후 금융기관의 부실이 큰 문제가 되고 있다. 이미 상당수의 종합금융회사와 보험회사가 부도로 문을 닫고, 시중은행들도 서로 합병을 하였고 또 꾀하고 있다. 정부에서도 금융기관에 대한 감시와 감독을 엄격히 할 필요성을 새삼 느끼고 있으며, 금융기관들로 하여금 부실채권을 줄이고 이에 대한 대손처리를 요구하고 있다. 특히 1998년부터는 금융기관에 대하여 어느 선의 BIS 비율을 충족시키도록 강력한 요구를 하고 있다. 따라서 외환위기를 전후하여 은행들의 회계조정 가능성이 어느 때보다 높을 것으로 예상할 수 있는데, 이에 대한 연구가 매우 미흡한 실정이다. 이익조정 여부에 대한 연구도 중요하지만 우리나라 은행들은 어떠한 상황에서 어떠한 방법으로 그리고 어떠한 항목들을 이용하여 이익조정을 실시하는지를 연구하면 학문적으로뿐만 아니라 실무적·정책적으로도 많은 공헌을 할 수 있는 연구가 될 것이다.

금융업이 아닌 일반 제조업을 대상으로 Jones(1991)는 미국 ITC(International Trade Commission)가 수입제한조치를 위한 조사를 하는 동안 기업들이 이익을 조정하는지를 분석하였다. 그는 정부가 관세인상이나 수입물량감소 등의 수입제한 조치를 위한 조사를 할 때 해당 산업에 종사하는 기업들이 이익을 가능한 한 하향조정하여 정부로 하여금 수입제한조치를 유도할 것이라고 보았다. 비록 연구대상이 된 기업의 수가 23개밖에 되지 않았지만 Jones는 해당 기간 동안 기업들이 이익을 하향조정함을 발견하였다. Jones의 연구는 금융업이 아닌 일반 제조업을 대상으로 연구했다는 공헌도 있지만 그보다는 이익조정 여부를 검증하는 재량적 발생액의 추정식을 주의깊게 개발한 공헌이 매우 크다. Jones의 연구 이후 지금까지 이익조정의 많은 연구들은 Jones가 개발한 추정식을 사용하거나 이를 약간씩 변형해서 연구에 응용하고 있다.

Cahan(1992)은 독점관련 규정 위반으로 조사받은 48개 기업의 이익조정을 연구하였다. 정부는 반독점규정 위반을 심사할 때 회계이익이 지나치게 높을 경우 독점력이 있다고 판단을 하기 때문에, 독점관련 규정 위반에 관한 조사를 받은 기업들은 독점판정을 피하기 위하여 이익을 하향조정할 것이라고 보았다. 연구결과에 따르면 이들 기업들은 실제로 심사를 받는 기간 동안에 이익을 하향조정한 것으로 나타났다. Key(1999)도 케이블 TV(cable TV)산업에 종사하는 기업들이 케이블 요금을 지나치게 높게 책정하여 높은 이익을 얻고 있다고 사회적 불만이 고조되어 국회가 케이블 산업에 종사하는 기업들을 조사할 때 경영자가 이익조정을 행하였는지를 연구하였는데, 조사기간 동안 이들 기업이 이익을 하향조정함을 밝혔다. Jones와 Cahan 그리고 Key의 연구는 앞서 언급된 실증회계이론의 정치적 비용가설을 지지하는 연구들로 볼 수 있다.

정부의 규제정책과 관련된 이러한 연구들은 정부의 정책에 따라서 기업이 이익조정을 할 수 있음을 나타내고 있다. 따라서 정부가 정책을 입안하고 실시할 때에는 기업에 어떠한 영향을 줄 수 있을지 미리 고려하는 것이 바람직할 것이다.

6. 경영자보상계약

경영자보상계약이 이익을 조정할 동기가 있다는 Healy(1985)의 연구는 제7장에서 살펴보았다. Healy는 경영성과가 보상계약에서 규정하는 상한이나 하한을 벗어나면 보상과 관련이 없기 때문에, 이익이 이 범위를 벗어나면 오히려 이익을 하향조정한다는 결과를 제시하였다. 그러나 Gaver 등(1995)과 Holthausen 등(1995)은 Healy의 연구를 재검증한 결과 경영성과가 하한을 벗어나는 경우 이익을 상향조정하는 현상이 있음을 보여주었다. 반면에, Guidry 등(1999)은 사업수준(business level)에서 살펴본 결과 Healy의 연구와 일치하는 결과를 보여주고 있다.

이렇게 여러 학자들 사이에 서로 다른 연구결과를 보이는 것은 이들이 선택한 경영자보상의 측정치와 이익조정 측정치가 서로 다르고 연구대상기간이나 연구대상표본도 다르기 때문이지만, 경영자 보상가설 자체도 모든 상황에서 일관성 있게 지지되기는 어렵다는 것을 말해주고 있다.

우리나라에서의 경영자 보상계약에 따른 이익조정 연구는 미국보다도 더욱 어렵다. 이는 우리나라가 아직 기업의 경영성과에 기초하여 보상계약을 체결하는 경우가 많지 않고, 소유주 경영기업이 많으며, 경영자보상계약에 대한 기업들의 연구자료를 얻기가 거의 불가능하기 때문이다.

경영자보상가설과는 다르지만 정규언(1992)은 경영자 변경시에 이익조정이 있는지를 연구하였다. 그는 신임 경영자는 경영자가 변경된 회계연도에 이익을 대폭 감소시켜서 낮아진 순이익을 전임 경영자의 책임으로 돌릴 것으로 예측했다. 연구결과에 따르면 신임 경영자는 경영자가 변경된 회계연도의 이익과 발생액을 감소시키고 이를 다음 회계기간에 반전시키는 것으로 나타났다. 또한 회계기간초에 경영자가 변경된 경우보다 회계기간중에 경영자가 변경된 경우에 이익과 발생액의 감소가 더욱 크게 보고되었다.

7. 부실기업의 회계선택과 이익조정

재무적으로 곤경에 처한 기업들이나 부채계약을 위반한 기업들의 회계선택이나 이익조정도 상당히 활발히 연구되었다. 만약 정상적인 기업과 비교하여 부실기업의 회계선택에 특성이 있거나 이익조정을 한다는 것이 밝혀지면, 이는 투자자나 채권자 그리고 재무분석가들이 부실기업의 회계정보를 이해하고 해석하는 데 큰 도움을 주게 될 것이다.

Healy와 Palepu(1990)는 재무상태나 경영성과가 악화되어 배당제한규정을 위반할 가능성이 높은 기업이 어떠한 회계 및 배당정책을 선택하는가를 연구하였다. 그들은 배당제한규정을 위반할 상황에 처한 기업들은 이익을 증가시키는 회계선택을 하여 배당제한규정에 걸리지 않으려고 할 것이라고 예상하였다. 그러나 연구결과에 의하면 이러한 기업들은 이익을 증가시키는 회계선택을 하기보다는 오히려 배당을 감소시키거나 중단하는 것으로 나타났다. 이러한 결과는 배당제한에 직면한 기업들은 이익조정이라는 편법보다는 배당자체를 제한하고 있으므로, 채권자들의 권익옹호를 위하여 제정한 부채계약조항 중에서 배당제한규정이 원래의 목적대로 기업의 재무정책을 규제하는 역할을 하고 있음을 나타낸다.

DeAngelo 등(1994)은 1980년부터 1985년 사이에 3년 이상 순손실이나 영업손실을 나타낸 기업들의 회계선택을 연구하였다. 그들은 재무적으로 곤경에 처한 기업의 경영자들은 자신의 위치를 확고히 하고, 이사회 등의 간섭을 배제하며, 부채계약을 위반하지 않기 위하여, 이익을 증가시키는 회계선택을 할 것으로 예측하였다. 그러나 이들 기업들은 오히려 재고자산을 급격히 감소시키거나, 현금이 지출되지 않는 비용을 증가시킴으로써 순이익을 감소시켰다. 연구자들은 이러한 현상에 대해 재고자산을 감소시키는 것은 재고자산을 매각함으로써 현금을 확보하고자 하는 의도이고 현금이 지출되지 않는 비용을 계상한 것은 경영자가 이익조정을 통하여 채권자 등의 이해관계자들에게 기업의 어려운 상황을 오도하지 않고 있는 그대로를 보이기 위함으로 해석하였다.

앞서 살펴본 두 연구들은 재무적으로 부실한 기업들을 연구하였지만, 제7장에서 논의한 바와 같이 DeFond과 Jiambalvo(1994)와 Sweeney(1994)는 실제로 부채계약을 위반한 기업들을 대상으로 회계선택과 이익조정을 연구하였다. DeFond과 Jiambalvo(1994)는 부채계약 위반 직전연도에 양의 재량적 발생액을 관찰하여 재무상태와 경영성과가 좋지 않을 경우 이익을 상향조정하여 부채계약을 위반하지 않으려 한다는 설명과 일치하고 있다. Sweeney(1994)도 기업이 부채계약을 위반한 기업의 경우 부채계약의 조건을 위반하지 않기 위하여 이익과 현금흐름을 증가시키는 조정을 함을 발견하였다. 이러한 회계선택은 회계처리방법 선택의 여지가 많고 부채계약의 위약비용이 큰 기업일수록 정도가 크게 나타났다.

이와 같이 재무적으로 곤경에 처한 기업의 회계선택 또는 이익조정에 대한 연구는 서로 상반된 연구결과를 나타내고 있다. Healy와 Palepu(1990) 그리고 DeAngelo 등(1994)은 이익을 증가시키는 조정 대신에 오히려 이익을 감소시키는 조정을 함을 나타내었다. 이들의 논리는 ① 이익을 증가시키는 회계선택은 자본시장에서 기업에 대한 나쁜 이미지를 주게 되어 미래의 자본조달비용을 증가시키는 등 암묵적 비용(implicit costs)이 매우 크고, ② 재무적 상황이 악화되면 현금흐름을 증가시키고자 재고자산이나 매출채권 등을 처분하며, ③ 경영자는 기업의 어려운 상황을 이해관계자들에게 인식시켜서 해결책을 모색하고자 하기 때문에 이익을 증가시키는 조정을 하지 않는다는 것이다.

반면에 DeFond과 Jiambalvo 그리고 Sweeney는 기업이 부채계약조건을 위반하지 않기 위하여 이익을 증가시킴을 검증하였다. 이들의 논리는 ① 실증회계이론에서 주장된 바와 같이 부채계약을 위반하게 될 것 같은 기업은 부채계약 위반가능성을 감소시키기 위하여 이익을 상향조정할 것이고, ② 이러한 기업들은 현금부족 상태가 되므로 현금흐름을 증가시키는 회계선택을 하게 될 것이라는 것이다.

우리나라에서는 장휘용(1997)이 경영난을 겪고 있는 기업들이 회계조정을 하는가를 연구하였다. 그는 1990년대에 부실화된 42개 기업을 조사하였는데, 부실기업의 수익성은 부실 3년전까지 계속 악화되다가 부실 2년전부터는 오히려 향상되나, 부실 1, 2년전에는 재무제표 상호간에 존재하는 논리적 연관성도 존재하지 않음을 분석하였다. 그는 이러한 회계현상을 부실기업들이 부실 2년전부터 심한 회계조정행위를 하기 때문이라고 추정하였다. 그는 추가적으로 우리나라 상장기업의 10~15%는 재무적으로 상당히 부실하고 공시하는 회계정보의 신뢰성도 낮으므로 이들에 대하여 감사인 지정과 감독기관의 관리가 필요하다고 주장하였다.

최관과 정병욱(1998)은 1990년대에 부도가 발생한 55개 기업을 조사하였는데, 장휘용(1997)과는 달리 부도발생 직전연도에는 이익조정현상을 발견하지 못하였다. 그들은 부도발생 직전연도에 순이익은 크게 하락하나 현금흐름은 오히려 증가하는 회계현상을 발견하고, 이는 경영자가 기업의 부도발생을 방지하기 위하여 현금흐름을 확보하는 노력이라고 해석하였다.

김경호와 박종일(1999)은 선행연구와 달리 비교적 장기간인 부도발생 8년전부터 부실기업의 회계조정을 관찰하였다. 연구결과에 의하면 부실기업들은 부도발생 8년전부터 2년전까지는 이익을 증가시키는 조정을 하나, 오히려 부실발생 직전연도에는 이익조정행위가 나타나지 않았다. 이들은 이러한 현상을 부실기업은 상당히 오랜 기간 동안 회계조정을 하여 부실발생연도에 가까워질수록 어떠한 회계방법의 선택도 기업의 부실화를 지연시킬 수가 없어서 회계조정행위가 발견되지 않았다고 주장하였다.

부실기업의 회계조정 행태에 대한 연구는 우리나라와 같이 회계정보의 신뢰성이 낮은 경우에 더욱 중요성이 크다고 본다. 부실기업의 이익조정행위가 밝혀지면 기업의 이해관계자들이 기업을 이해하는 데 도움을 줄 것이고 감독기관의 정책수립에도 도움을 줄 것이다. 특히 대기업 그룹들이 도산하는 과정에서는 천문학적인 분식회계가 밝혀지고 있어서 부실기업 전체를 대상으로 하는 연구도 중요하지만 깊이 있는 사례연구도 경영자의 회계선택을 잘 설명할 수 있어서 실용적·학문적 공헌도가 클 것이라고 보인다. 그리고 재무제표 전체나 발생액에 의존하지 않고, 매출채권이나 재고자산 등 특정 중요항목들을 집중적으로 조사하는 것도 큰 의미가 있을 것이다.

8. 이익조작기업의 특성과 예측

이익조작기업에 대한 연구에서 가장 어려운 점은 연구대상이 되는 이익조작기업을 파악하는 것이다. 어떤 기업이든 스스로 이익조작을 했다고는 하지 않을 것이므로 객관적으로 이익조작을 행한 기업을 밝혀내어 이들을 대상으로 연구하여야 한다. 이러한 연구의 한계점으로 이익조작 연구들은 대부분 감리지적기업들을 대상으로 연구하고 있다. 감리에 지적되는 경우는 감사인이 GAAS를 적용하지 못한 경우인데 일반적으로 기업이 GAAP를 위반하였으나 감사인이 이를 지적하지 못하였을 때 감리에서 지적되고 있다.

이익조작기업에 대한 논문들은 대부분 이익조작기업의 특성을 파악하는 연구들이다. 만약 이익조작기업의 특성이 밝혀지면 투자자의 투자분석이나 재무분석가의 신용분석에 응용되어 이익조작가능성이 큰 기업들을 식별해낼 수 있어서 올바른 의사결정에 도움을 줄 수 있다. 또한 금융감독원과 한국공인회계사회의 감리에서 감리대상기업의 선정기준에 응용되어 이익조작가능성이 큰 기업을 감리대상에 포함시키고, 이러한 기업들에 대하여 중점적인 감리와 감독을 하는 데 도움을 줄 수 있다.

Beneish(1994)는 SEC에 의해서 이익조작으로 감리지적을 받은 48개의 기업과 각종 미디어서치(media search)에서 이익조작기업으로 확인된 26개의 기업에 대하여 이익조작과 재무제표 변수 간의 관계를 연구하였다. 이익조작과 재무제표 변수 간의 관계를 연구한 이유는 만약 기업이 이익조작을 목적으로 이익을 부당하게 증가시키려면 수익을 과대계상하거나 비용을 과소계상하는 등의 회계처리를 하여 기업의 재무제표 항목들에 영향을 주게 될 것이므로, 재무제표 항목들을 주의깊게 관찰하면 기업의 이익조작 여부를 판단할 수 있는 여지가 있을 것이기 때문이다. 연구방법으로 Beneish는 이익조작기업의 재무제표 변수들을 통제기업의 변수들과 비교·분석하여 이익조작기업과 통제기업을 구분하는 분석을 하였다. 연구결과에 의하면 매출채권 증가율, 매출총이익 감소율, 자산질(quality)의 감소율, 매출액 성장률, 그리고 발생액(accruals)의 증가율 등이 이익조작기업의 특성을 나타내는 변수들로 나타났다.

Beneish(1997)는 Beneish(1994)의 연구를 개선시켰다. Beneish(1997)에서는 이익조작기업의 통제기업으로 재량적 발생액이 큰 기업들을 대응시켰는데, 이는 대부분의 이익조작기업들의 재량적 발생액이 크기 때문에 이익조작기업에 재량적 발생액이 큰 기업을 대응시켜서 기업의 특성들을 비교·분석하면 양 기업집단간에 재량적 발생액의 수준이 통제되어 이익조작기업의 특성을 좀더 보수적인 입장에서 파악할 수 있기 때문이다. 연구결과에 의하면, 이익조작기업을 나타내는 특성변수들은 신용매출 증가율, 총자산에서 차지하는 발생액 비율, 주가수익률, 현금매출 하락률로 나타났다. Beneish는 이러한 이익조작기업의 특성을 이익조작기업의 예측에 사용해 보았는데 예측정확성에 통계적 유의성이 있었다. 또한 연구결과로서 도출된 모형과 수정된 Jones 모형으로 예측한 이익조작기업을 비교하여 이익조작기업의 오분류에 의한 비용을 비교하였는데 연구결과를 이용한 모형으로 이익조작기업을 예측할 때 그 비용이 훨씬 낮음을 나타내었다.

우리나라에서는 최관과 백원선(1998)이 이익조작기업들의 특성을 연구하였다. 그들은 Beneish(1994, 1997)에서와 같이 이익조작기업을 일반기업과 대응시켜서 이익조작기업의 재무적 특성을 분석하였다. 이익조작기업으로는 금융감독원의 감사보고서 일반감리에서 이익조작을 이유로 감리지적을 받은 기업을 사용했고, 이에 대응시키는 통제기업으로는 일반감리를 받았으나 감리에 지적되지 않은 기업과 일반 상장기업을 사용하였다. 재무적 특성변수로는 금융감독원의 일반감리 대상기업 선정기준과 재량적 발생액을 사용하였다. 연구결과에 의하면 금융비용부담이 클수록, 전기손익수정손익이 클수록, 그리고 재량적 발생액이 큰 기업일수록 이익조작기업으로 나타났다. 그리고 이러한 이익조작기업의 특성을 이용하여 이익조작기업을 예측하면 통계적으로 유의하게 이익조작기업이 예측됨을 보였다.

최관과 백원선(1998)은 이익조작기업의 특성으로 재무적 변수에 국한하여 연구한 반면, 박종성(1998)은 이익조작기업의 재무적 특성뿐만 아니라 비재무적 특성과 이익조작기업을 감사한 감사인의 특성변수까지 고려하여 이익조작기업 예측모형을 개발하고 이 예측모형의 예측정확성을 검증하였다. 그는 이익조작기업으로 금융감독원의 일반감리에서 감리지적을 받은 기업들을 선정하고, 이들 기업의 특성을 통제기업의 특성과 비교하여 예측모형을 개발하였다. 연구결과에 의하면 기업의 부채비율과 총자산대비 발생액 그리고 감사인의 계속감사기간이 예측모형에서 사용될 중요한 변수로 파악되었다. 즉 부채비율이 높을수록, 발생액 비율이 높을수록, 그리고 계속감사기간이 짧을수록 이익조작기업일 가능성이 높은 것으로 나타났다.

최근 기업의 이익조작에 관한 연구에서는 이익조작과 기업의 지배구조를 연결시키고 있다. 이 연구들은 기업의 지배구조가 이익조작가능성에 영향을 주는지를 조사하였다. 이러한 연구들은 기업의 이익조작을 감소시키기 위해서 필요한 바람직한 지배구조를 파악하는 정책적인 의미가 있다.

Dechow 등(1996)은 이익조작을 사유로 감리에 지적된 기업을 연구하면서, 이익조작기업들은 최고경영자가 이사회에서 의사결정의 영향력이 컸고, 최고경영자가 기업의 설립자인 경우가 많았으며, 또한 감사위원회가 없는 경우가 많음을 나타내었다.

Beasley(1996)는 재무제표 분식기업의 이사회구성에 관해서 연구하였다.

그는 기업의 이사회에서 사외이사의 비중이 높고, 또 사외이사 중에서 기업과 특수한 관계가 없는 독립적인 구성원(independent board members)이 많을수록, 그리고 독립적인 감사위원회가 있는 경우에 분식회계가능성이 낮을 것으로 보았다. 이는 이러한 지배구조를 가진 기업일수록 경영자의 독단적인 회계선택을 방지하여 투명하고 객관적인 회계보고를 할 수 있으리라고 본 것이다. 분식회계기업의 특성을 파악하기 위하여 Beasley는 분식회계를 한 75개 기업을 연도, 규모, 산업, 상장된 증권시장이 유사한 대응기업과 비교하여 이사회 구성과 감사위원회 유무의 특성을 비교하였다. 연구결과에 의하면 재무제표 분식을 한 기업일수록 이사회에서 차지하는 사외이사의 비중이 낮고, 사외이사 중에서 독립적인 구성원이 차지하는 비중이 낮음을 발견하였다. 그러나 감사위원회 유무는 재무제표 분식여부와 통계적으로 유의한 관계를 나타내지 않았다.

Klein(2002)도 감사위원회 및 이사회의 구성상의 특징이 이익조정과 관련되는지 검토하였다. 감사위원회의 독립성과 비정상적 발생액 간에는 음의 관계가 밝혀졌으며 이사회 독립성과 비정상적 발생액 간에도 역시 음의 관계가 있는 것으로 나타났다. 이는 감사위원회와 이사회의 독립성이 높을수록 이익의 과대계상이 낮아짐을 의미한다. 또한 Klein은 이사회나 감사위원회의 독립성이 감소하면 그후 비정상적 발생액이 크게 증가하는 것으로 보고하였다. 특히 이사회나 감사위원회의 구성에 있어서 외부이사가 과반수를 넘지 못하고 소수그룹을 구성할 때 가장 확연히 나타났다. Klein의 연구결과는 감사위원회와 이사회가 보다 독립적인 구성원으로 이루어질 때 재무회계과정에 대한 보다 효과적인 감독이 이루어질 수 있음을 보여준다.

이익조작기업의 특성에 관한 최근의 가장 포괄적인 연구는 Beasley 등(1999)이다. 그들은 1987년부터 1997년까지 SEC의 감리활동결과 분식회계를 한 것으로 판명된 200개 기업의 기업특성을 분석하였다. 분석결과에 의하면, 분식회계기업은 일반적으로 규모가 작고, 상장되지 않은 기업이고, 경영성과가 매우 저조하며, 분식회계금액은 기업규모에 비하여 상당히 큰 금액이고, 기업들은 한 회계연도가 아니라 여러 회계연도에 걸쳐서 분식회계를 행하였으며, 분식회계의 유형은 대부분 수익을 조기인식하거나 가공의 수익을 인식하여 이익을 과대계상한 것으로 나타났다. 또한 기업의 지배구조와 관련된 분식회계기업의 특성은 아래와 같다.

① 대부분의 경우(72%) 최고경영자가 분식회계에 관여함
② 감사위원회가 제 구실을 하지 않음
③ 이사회 구성원 중에서 사외이사가 차지하는 비중이 낮음
④ 창업자나 소유자가 이사회의 구성원임

따라서 이들의 연구결과에서도 기업의 지배구조가 분식회계와 밀접한 관련이 있음을 알 수 있다.

그런데 우리나라에서는 2000년대에 들어와서 사외이사와 감사위원회의 필요성을 인식하여 기업소유구조 개선작업을 실시하고 있어서, 이익조정과 기업의 지배구조를 연결시키는 실증연구는 아직 이른 단계이다. 그러나 공시되는 자료에는 기업의 지분율을 기관지분율과 개인지분율, 대주주 1인의 지분율 등으로 나눈 것을 찾을 수 있다. 만약 지분율 중에서 기관지분율과 소액주주지분율이 기업의 통제구조와 관계가 있다면 이들과 이익조정을 연결시킬 수 있다. 예를 들면, 기관지분율이 높을수록 기업에 대한 기관의 감시와 감독이 강화될 수 있으므로 경영자가 이익조정을 시도할 가능성이 줄어들 수 있고, 소액주주지분율이 많을수록 기업에 대한 사회적 관심이 높아질 수 있으므로 경영자가 이익조정을 시도할 가능성이 감소할 수 있을 것이다.

기업의 소유구조와는 거리가 있지만 특수관계자와의 거래와 기업의 이익조정가능성도 연결시켜서 연구할 수 있다. 우리나라는 독특하게 재벌이라는 기업집단이 사회에서 차지하는 비중이 큰데, 재벌에 속하는 기업들은 기업집단 속에서 상호출자와 지급보증, 내부거래를 빈번히 행하고 있다. 이러한 기업구조 속에서는 특수관계가 있는 기업들 사이에 내부거래를 통하여 이익을 조작할 수 있는 여지가 많으며, 심한 경우 교묘하게 거액의 분식회계를 행할 가능성도 있다. 최관 등(2001)에 의하면 특수관계자와의 채권이 총자산에서 차지하는 비중이 큰 기업일수록 금융감독원의 감리에 지적될 가능성이 높은 것으로 나타났다. 따라서 특수관계자와의 거래행태를 살펴보면 이익조정의 가능성이 큰 기업을 밝혀낼 수도 있다.

9. 감사인의 감사품질을 측정하는 도구로서의 이익조정 측정치

회계감사 분야에서는 감사인 간의 감사품질이 차이가 있는지에 대하여 많은 연구가 수행되었다. 감사품질의 차이는 실무적 용도로서의 중요성이나 차별적 감사수요의 파악을 위하여 중요한 연구주제이다. 최근 이익조정에 관한 연구가 활발해지자 상당수의 논문들이 이익조정의 측정치를 사용하여 감사품질의 차이를 검증하고 있다. 일반적으로 우수한 감사품질을 제공하는 감사인은 그렇지 못한 감사인보다 이익조정에 대하여 보수적인 태도를 견지할 것이므로 피감사인인 기업이 이익조정을 적게 할 것이라고 예측할 수 있다.

Becker 등(1998)은 두 감사인 유형 사이에 이익조정의 대용변수로서의 재량발생액을 비교한 결과 Big 5(B5) 피감사기업이 Non-Big 5(NB5) 피감사기업보다 유의하게 낮다는 것을 발견하였고, 이에 근거하여 B5가 NB5보다 우수한 감사품질을 가진다고 주장하였다. 미국에서는 B5가 NB5보다 높은 감사품질을 유지한다는 연구결과가 여러 측면에서 일관되게 나타나고 있다.

그러나 우리나라에서는 주요 감사인 유형인 B5제휴법인과 국내법인 사이의 감사품질 차이에 대하여 일관된 결과가 나타나지 않고 있다. 예를 들어 김문철과 황인태(1998)는 전기손익수정항목이 기업의 이익조정에 사용된다는 관점에서 B5제휴법인과 국내 대규모 회계법인의 피감사기업 사이에 전기손익수정금액의 크기를 비교 분석하였는데, 두 기업간에 유의적인 차이를 발견할 수 없었다. 박종일 등(1999)은 Becker 등(1998)의 연구결과와 상반되게 B5제휴법인의 피감사기업들이 국내법인의 피감사기업보다 높은 재량발생액을 가지고 있다고 보고하면서 B5제휴법인이 국내법인보다 우수한 감사품질을 제공하고 있다는 근거를 찾을 수 없다고 보고하였다. 그러나 이들의 연구는 두 집단간의 재량발생액의 차이를 단일변량분석으로 연구하여 감사인의 차이 이외에 재량발생액에 영향을 줄 수 있는 변수들을 통제하지 않은 결과이다. 나종길과 최관(2003)도 피감사기업의 감사인을 B5제휴법인과 국내법인을 분류한 후 공시된 재무제표를 이용하여 재량발생액을 계산하고 두 집단간의 차이를 다변량 분석하였는데, 박종일 등(1999)과 다르게 B5제휴법인의 재량발생액이 낮게 나타나 B5제휴법인들이 국내법인보다 높은 품질의 감사서비스를 제공하고 있다고 주장하였다.

그리고 박종성과 최기호(2001)는 우수한 감사품질을 제공하는 감사인에게 감사받은 기업은 그렇지 않은 기업보다 이익조정의 정도가 작을 것이라고 예측하고, 기존 감사인보다 높은 품질의 감사인으로 감사인을 교체한 경우와 기존 감사인보다 낮은 품질의 감사인으로 감사인을 교체한 경우에 있어서의 이익조정 정도를 비교분석하였다. 감사품질에 대해서 Big5와 업무제휴를 한 법인은 고품질 감사인으로, 국내법인은 저품질 감사인으로 분류하였고, 이익조정은 재량발생액으로 측정하였다. 연구결과에 따르면 우수한 감사인으로 교체한 경우에는 이익의 과대계상 정도가 감소하였고 낮은 품질의 감사인으로 교체한 경우는 이익의 과대계상이 증가하여 이들의 예측이 지지되었다. 이에 연구자들은 감사인의 감사품질과 기업의 이익조정 정도는 관련성이 있을 뿐 아니라, 우리나라에서도 감사인 간의 감사품질이 존재한다고 결론지었다.

나종길과 최기호(2001)는 피감사기업의 이익조정 정도가 감사의견에 미치는 영향과 이러한 영향을 밝혀내는 정도가 감사인의 감사품질에 따라서 차이가 있을 것이라고 보고 연구하였다. 이들은 기업의 이익조정 정도가 클수록 재무제표상의 오류 및 불규칙성 정도가 높을 것이므로 재량발생액이 큰 기업일수록 비적정의견을 받을 가능성이 클 것이며, 높은 품질의 감사인일수록 이러한 성향을 밝혀낼 가능성이 더욱 클 것으로 예측하였다. 재량발생액은 수정 Jones 모형의 독립변수에 CFO를 추가하여 발생액과 순현금흐름이 갖는 음의 상관관계를 통제한 후(CFO모형) 추정하였다. CFO모형으로 추정한 재량발생액은 적정의견을 받은 기업집단과 비적정의견을 받은 기업집단 간에 유의적인 차이가 없었다. 이에 연구자들은 재량발생액이 감사의견에 유의적인 영향을 주지 않는다고 결론을 맺었다. 연구자들은 이어서 재량발생액과 B5제휴법인 간의 관계도 조사하였다. 연구결과에 따르면 재량발생액이 감사의견에 미치는 정도가 B5의 경우에 다소 높게 나타나지만 통계적 유의성을 보이지 않아서, B5제휴법인과 국내법인 간에 유의적인 감사품질의 차이를 발견하지 못하였다.

10. 이익조정과 시장반응

보고이익에 대한 시장반응의 연구결과는 일관되게 보고이익이 주가와 유의한 관계를 보이는 것으로 나타나고 있다.

Subramanyam(1996)은 시장에서 재량발생액을 어떻게 평가하는지를 연구하였다. 그는 재량발생액이 서로 대립되는 두 가지의 역할을 할 수 있다고 보았다. 하나는 경영자가 재량발생액을 이용하여 역사적원가회계가 전달할 수 없는 기업의 미래수익성에 대한 사적정보를 시장에 제공하므로 결과적으로 이익의 유용성을 향상시키는 역할을 한다고 보았다. 다른 하나는 경영자가 재량발생액을 기회주의적으로 이용하여 이익을 왜곡시키고 투자자에게 그릇된 정보를 제공하므로 이익에 대한 기능고착화(functionally fixated on earnings)를 하게 하는 역할을 할 수 있다고 보았다. 재량발생액의 정보가치는 회귀분석으로 조사하였는데, 종속변수로 주식수익률을 놓고 독립변수로는 이익과 그 구성요소를 놓고 분석하였다. 연구결과에 의하면, 재량발생액은 영업현금흐름이나 비재량이익(영업현금흐름+비재량발생액)에 비하여 주식수익률에 대한 추가적 설명력이 있는 것으로 나타났다. 이는 시장에서 경영자의 재량적 회계처리에 대하여 가치를 부여하는 것으로 재량발생액이 경영자의 사적 정보를 시장에 제공하고 있고 이는 투자자들이 유용하다고 판단한다는 것을 의미한다. Subramanyam은 특정 상황에서 경영자가 재량발생액을 기회주의적으로 이용하여 시장에 그릇된 정보를 제공하여 이익의 유용성을 감소시킬 수 있으나 시장 전체적으로 보면 기회주의적 왜곡보다는 기업의 미래 수익성에 대한 사적 정보를 제공하는 역할이 더욱 크다고 결론내리고 있다. 그러나 재량발생액의 회귀계수는 비재량발생액의 회귀계수에 비해 낮게 나타나고 있는데 이는 시장에서 재량발생액이 부분적으로 이익조정에 사용되고 있다거나 비재량발생액에 비해 미래지속성이 낮은 것으로 여겨지고 있음을 시사하고 있다.

우리나라에서도 이익조정의 정보효과가 연구되었는데, 기업 전체적으로 재량발생액의 정보효과를 연구한 Subramanyam(1996)과 달리, 표본기업을 이익조정가능성이 높은 기업과 낮은 기업 집단으로 나눈 후에 이익조정의 정보효과를 분석하였다. 일반적인 연구결론은 이익조정이 높은 기업일수록 이익의 정보효과가 감소하는 것으로 나타났다. 이익조정의 수단으로는 재량발생액, 특별손익, 그리고 전기손익수정금액이 사용되었다. 연구들을 살펴보자.

최종서(1998)는 이익조정 정도에 따라서 회계이익 구성요소의 정보효과가 차이 있는지를 연구하였다. 저자는 만약 이익조정이 많이 행하여졌다면 회계이익의 신뢰성이 저하되어 정보효과가 낮을 것으로 예측하였다. 이익조정의 정도는 수정 Jones모형으로 추정된 재량발생액의 절대치의 크기를 사용하였고 정보효과는 12개월 동안의 주식수익률과 회계이익의 구성요소의 관계를 보았다. 연구모형은 다음과 같다.

$$SAR_{i,t} = a_0 + a_1 \triangle CF_{i,t} + a_2 \triangle AC_{i,t} + a_3 D_{i,t^*} \triangle CF_{i,t} + a_4 D_{i,t^*} \triangle AC_{i,t} + \varepsilon_{i,t}$$

여기에서 $SAR_{i,t}$는 결산시점을 기준으로 9개월 전부터 3개월 후까지 12개월 동안의 규모조정누적초과수익률이고 CF는 현금흐름, AC는 총발생액이다. 재량발생액의 절대액의 크기는 $D_{i,t}$로 나타내어 절대액이 크면 1을, 그렇지 않으면 0을 주었다. 만일 이익조정이 큰 경우에 현금흐름의 정보효과가 낮다면 a_3가 음(−)으로, 발생액의 정보효과가 낮다면 a_4가 음(−)이 된다. 위의 연구모형과 이를 확장한 모형의 분석결과에 의하면, 재량발생액의 절대치가 높은 집단의 현금흐름 및 발생조정의 회귀계수는 발생액의 절대치가 낮은 집단의 회귀계수에 비하여 작게 나타나 이익조정가능성이 클수록 회계이익 구성요소의 정보효과가 낮은 것으로 보고되었다. 최종서의 연구는 이익조정과 회계이익의 정보효과를 결합시킨 점에서 의미 있는 연구이다. 그런데 이 연구에서 이익조정의 크기를 재량발생액의 절대치로 나타내었으나, 대부분 경영자의 자의적, 기회주의적 이익조정은 이익의 과대계상이므로 표본기업은 재량발생액이 양(+)인 경우와 음(−)인 경우로 나눈 후 정보효과 분석을 추가하였으면 좀더 타당성 있는 연구결과가 도출되었으리라고 생각한다.

김정재(2000)도 이익조정가능성이 큰 기업들의 이익의 정보효과를 연구하였다. 그는 이익조정이 행해지면 일반적으로 회계이익의 신뢰성이 낮아지고 이에 따라서 회계이익의 정보효과가 낮아질 것으로 예측하였다. 그런데 기업에 따라서 이익조정 동기가 서로 다르므로 이익조정가능성은 일반화하기 매우 어렵다. 이에 저자는 적자를 면하기 위한 동기와 전년도 이익을 상회하기 위한 동기를 이익조정의 가장 일반적 동기로 보고 해당 회계연도의 이익증가율이 양(+)인 기업에 대한 순이익의 정보효과를 연구하였다. 해당 회계연도에 순이익을 보고하고 이익증가율이 양(+)인 기업을 대상으로 한 것은 이 기업들이 이익조정을 했을 가능성이 매우 크고, Hayn(1995)과 Basu(1997)의 기업청산 옵션(liquidation option)가설에 따르면 이러한 기업들의 이익반응계수가 다른 기업보다 크기 때문에 표본기업의 동질성을 높이기 위해서이다. 순이익을 보고하고 이익증가율이 양(+)인 기업들은 다시 총발생액, 순특별손익, 총전기손익수정손익(총전기오류수정손익)의 크기에 따라서 3, 4, 5등분하여 각 집단에서의 정보효과를 서로 비교하였다. 일반적으로 총발생액이 클수록, 순특별손익이 클수록 이익과대계상의 가능성이 크고, 총전기손익수정손익이 클수록 이익조정가능성이 크다.

각 집단별로 정보효과는 다음의 모형을 사용하여 비교하였다.

$$CAR_{i,t} = a_0 + a_1 \triangle E_{i,t} + a_2 E_{i,t} + e_{i,t}$$

CAR : 해당연도 4월부터 다음 해 3월까지의 누적비정상수익률
E : 회계이익(기초의 시장가치로 나눈)

위의 모형에서 이익변동의 이익반응계수는 a_1이고, 이익수준의 이익반응계수는 a_2이다. 따라서 복합 이익반응계수는 $a_1 + a_2$이고 이익조정 크기에 따른 집단별로 비교하였다(Biddle 등 1997; Lev와 Zarowin 1999 참조). 연구결과에 따르면 총발생액, 순특별손익 및 총전기손익수정손익의 크기로 추정된 이익조정가능성이 큰 기업의 회계이익의 이익반응계수는 이익조정가능성이 작은 기업의 이익반응계수에 비하여 작게 나타났다. 이는 이익조정으로 인한 회계이익의 신뢰성 하락이 회계이익의 정보효과를 떨어뜨리는 것으로 보인다. 이 연구는 이익조정가능성에 따른 정보효과를 잘 나타내는 논문으로 생각한다. 그리고 특별손익과 전기손익수정손익은 일시성이 큰 항목들이므로 순이익에서 이들의 비중이 큰 경우에는 정보효과가 하락함은 자연스러운 결과로 보인다. 또한 순이익에서 총발생액이 큰 경우도 다음해의 총발생액 반전현상이 크고 또

한 일시성 있는 회계이익의 비중이 커서 정보효과의 결과에 어느 정도 영향을 주었을 것이다.

이익조정에 대한 시장반응을 다룬 연구 중에 이익조정이 적발되어 시장에 알려지는 경우의 주가반응을 고찰한 연구도 있다.

Feroz 등(1991)은 1982~1989년의 표본기간 중에 SEC 감리지적을 받은 기업을 대상으로 감리지적사실이 최초로 공표되는 시점의 시장반응을 조사하였다. 연구 결과 감리지적이 공표된 시점의 2일간 주가반응이 −13%로 나타나고 있으며 회계적 문제가 있다는 사실이 먼저 시장에 알려져 있던 경우에도 -6%의 주가반응이 보고되고 있다. Dechow 등(1996)은 1982~1992년을 대상으로 SEC에 의해 이익조정관련 감리지적을 받은 기업의 시장반응을 분석하였다. 연구결과 이익조정이 최초로 시장에 알려지는 시점에서 평균 -9%의 주가반응을 경험하는 것으로 보고하고 있다. 또한 회사의 이익조정이 시장에 알려진 후에는 매수호가-매도호가 스프레드(bid-ask spread)가 증가되고 재무분석가의 관심이 떨어지며 차입이자율의 상승 및 재무분석가의 예측오차의 분산이 증가하는 것으로 나타나고 있다. 이러한 연구결과는 이익조정에 대한 감리지적으로 인해 투자자에게 해당 회사의 전망이 과거에 추정한 전망에 비해 더 어둡다는 것을 인식하게 하고 아울러 회사의 공시신뢰도도 하락하게 됨을 의미한다. 한편 감리지적의 공표로 인해 유의한 음(−)의 시장반응을 발생한다는 연구결과는 평소에 투자자들이 기업의 이익조정 내용에 대해 완전히 파악하고 있지 못함을 시사한다.

제 5 절 실제 영업활동에 의한 이익조정

전통적으로 이익조정에 대한 연구는 회계처리방법의 선택을 통한 발생액의 조정에 초점을 두어왔지만, 최근에는 기업의 실제 활동을 통하여 현금흐름에 직접 영향을 주는 이익조정 연구가 행해지고 있다. 실제 활동(real activity management: RAM)에 의한 이익조정이란 자산의 처분시기를 통한 이익조정, 신용매출의 신용조건 변동에 의한 매출액의 변동, 생산활동의 증감을 통한 매출원가와 재고자산의 조정, 실제 비용지출을 조정하여 현금흐름에 영향을 주는 경우 등을 예로 들 수 있다. 대표적인 몇 가지 예를 살펴보자.

■ 현금할인의 증가나 신용조건의 완화를 통한 신용매출의 촉진

매출액의 증가는 당기순이익을 증가시키나 현금할인조건과 신용조건의 완화는 현금흐름을 감소시킨다. 그리고 현금할인을 증가시키거나 신용조건을 완화시키는 매출정책은 매출액을 증가시키지만 이후의 회계연도에 기업이 과거의 판매정책으로 되돌아가면 이러한 영향은 없어진다.

■ 생산량 증대를 통한 매출원가의 감소

경영자는 필요 이상으로 생산량을 늘려서 순이익을 증가시킬 수 있다. 생산량이 증가하면 고정제조간접비가 더 많은 생산량 단위로 배분되어 단위당 고정비가 감소하므로 단위당 생산원가가 낮아진다. 이는 매출원가의 감소를 가져오고 순이익을 증가시킨다. 그러나 기업은 생산량의 증가를 위하여 더 많은 원가를 투입하므로 주어진 매출액 수준에서 현금흐름은 감소한다.

■ 광고선전비, 연구개발비, 일반관리비와 판매비를 포함한 재량적 비용의 절감

이러한 재량적 비용의 지출을 감소시키면 당기순이익은 증가한다. 하지만 이러한 비용은 다음 회계기간 이후에 지출되어 현금흐름과 순이익을 감소시키게 된다.

Roychowdhury(2006)은 RAM에 의한 이익조정의 측정방법을 개발했다. 이를 살펴보기로 하자.

먼저 '현금할인의 증가나 신용조건의 완화를 이용한 신용매출의 촉진으로 영업활동 현금흐름(cash flows from operating activity: CFO)을 조정한 정도'는 정상수준의 매출액과 관련된 영업현금흐름을 추정하여 실제 매출액에서 차감하여 계산한다. 이 모형은 정상적인 CFO가 매출액 및 매출액의 변화분과 선형함수라는 것을 암묵적으로 가정하고 있다. CFO와 매출액(sales)의 관계는 Dechow 등(1998)에 의해 개발된 모형을 원용했다. 정상수준의 매출액을 추정하는 모형은 다음과 같다. 모형에서 총자산을 분모로 사용한 것은 기업규모에 따른 차이를 통제하기 위한 것이다.

$$CFO_{it}/A_{i,t-1} = a_0[1/A_{i,t-1}] + b_1[Sales_{it}/A_{i,t-1}] + b_2[\Delta Sales_{it}/A_{i,t-1}] + \varepsilon_{it}$$

생산량을 늘려서 순이익을 조정하는 정도는 한 회계기간 동안의 정상적인 생산원가(Prod)를 추정한 후 실제 생산원가를 차감하여 측정한다. 생산원가는 한 회계기간의 제품제조원가인 매출원가(CGS)와 재고자산증가액(△INV)의 합으로 정의된다. 매출원가가 당기 매출액과 선형관계에 있다고 가정하면 다음 식을 도출할 수 있다.

$$COGS_{it}/A_{i,t-1} = a_0[1/A_{i,t-1}] + b_1[Sales_{it}/A_{i,t-1}] + \varepsilon_{it}$$

재고자산도 매출액과 밀접한 관계를 가지므로, 재고자산의 증가분(ΔINV)은 다음과 같이 추정할 수 있다.

$$\Delta INV_{it}/A_{i,t-1} = a_0[1/A_{i,t-1}] + b_1[\Delta Sales_{it}/A_{i,t-1}] + b_2[\Delta Sales_{i,t-1}/A_{i,t-1}] + \varepsilon_{it}$$

위 두 식을 이용하여 정상적인 생산원가(Prod)는 다음의 식으로 도출된다.

$$Prod_{it}/A_{i,t-1} = a_0[1/A_{i,t-1}] + b_1[Sales_{it}/A_{i,t-1}] + b_2[\Delta Sales_{it}/A_{i,t-1}] + b_3[\Delta Sales_{i,t-1}/A_{i,t-1}] + \varepsilon_{it}$$

재량적 비용(DisExp)의 지출을 통한 이익조정도 비슷한 방법으로 추정한다. 먼저 정상적인 재량적 지출액을 추정한 후 이를 실제 지출액에서 차감하여 과대 또는 과소하게 지출된 금액을 계산한다. 재량적 지출액은 여러 가지로 정의할 수 있으나 일반적으로 광고선전비, 연구개발비, 판매관리비 등의 합으로 정의한다. 정상적 재량적 비용 지출액의 추정식은 다음과 같다.

$$DisExp_{it}/A_{i,t-1} = a_0[1/A_{i,t-1}] + b_1[Sales_{i,t-1}/A_{i,t-1}] + \varepsilon_{it}$$

앞의 세 가지 RAM 측정치는 모두 실제치에서 추정치를 차감하여 계산한다. 이를 비정상 CFO, 비정상 생산원가, 비정상 재량적 비용이라고 명명하면 주어진 매출액 수준에서 이익을 증가시키는 이익조정은 낮은 비정상 CFO, 높은 비정상 생산원가, 낮은 비정상 재량적 비용을 통하여 행해질 것이다. 왜냐하면 신용조건의 완화는 외상매출은 증가시키나 현금매출은 감소시킬 것이고, 생산량의 증가는 생산원가를 높일 것이며, 재량적 비용의 지출을 억제하면 비정상 재량적 비용이 낮아질 것이기 때문이다. 이 세 가지 측정치를 모두 함께 고려하면 종합적인 이익조정 정도도 나타낼 수 있을 것이다.

Cohen 등(2008)은 2002년 Sarbanes-Oxley Act(SOX)가 제정되기 전후로 미국기업들의 이익조정을 연구했다. SOX는 Enron사를 비롯하여 미국의 여러 대기업들이 회계부정사건으로 도산하고 사회적 문제가 되자 회계감사법인에 대한 철저한 감시와 감독을 위하여 제정한 법률이다. 또한 SOX는 회계부정에 대한 처벌수위도 높이고 사전적인 감독을 엄격하게 시행하도록 하였다. Cohen 등은 발생액을 이용한 전통적인 이익조정 측정방법과 더불어 RAM을 이용하여 SOX 제정 전후의 이익조정 여부를 연구했다. 저자들은 SOX 제정 이후에는 회계법인과 규제기관이 이익조정에 대한 감시, 감독을 더욱 철저히 하므로 이익조정이 감소했을 것으로 예측했다.

연구기간은 1987년부터 2005년까지인데, 연구기간을 2002년 SOX 제정시점을 기준으로 SOX 제정 이전기간은 pre-SOX 기간(2000~2001년)과 post-SOX 기간(2002~2005년)으로 나누었다. 그리고 pre-SOX 기간과 post-SOX 기간 동안 이익조정 정도가 어떻게 변하는지, 그리고 발생액을 이용한 이익조정과 RAM을 이용한 이익조정 간에 어떤 차이가 있는지를 살펴보았다. 연구모형은 다음과 같다.

$$Dep = a + b^* Time + C^* SCA + d^* SOX$$

여기에서, 종속변수 Dep는 여러 이익조정 측정치를 나타낸다. 즉, 재량적 발생액의 절대값(ABS_DA), 양(+)의 재량적 발생액(positive DA), 음(−)의 재량적 발생액(negative DA)과 RAM에 의한 측정치인 비정상 현금흐름(R_CFO), 비정상 생산원가(R_PROD), 비정상 재량적 비용(R_DISX), 그리고 RAM에 의한 세 가지 이익조정치를 합한 RM_PROXY를 종속변수로 두었다. Time은 연구대상연도에서 1987을 차감한 수이다. 따라서 최근 연도로 올수록 Time은 큰 값을 갖고, 최근으로 올수록 이익조정이 증가하면 회귀계수 b는 양(+)의 계수를 갖는다. SCA는 연구대상연도가 2000~2001년이면 1을, 그렇지 않으면 0의 값을 갖는 더미변수이고, SOX는 연구대상연도가 2002~2005년이면 1의 값을 갖고 그렇지 않으면 0의 값을 갖는 더미변수이다. 따라서 만일 pre-SOX 기간에 이익조정이 증가했으면 c는 양(+)의 계수를 갖고, post-SOX 기간에 SOX의 영향으로 이익조정이 감소했다면 d가 음(−)의 계수를 보일 것이다. 연구결과는 〈표 8-1〉과 같다.

패널 A에서 Time 변수의 회귀계수 b는 종속변수가 재량적 발생액의 절대값(ABS_DA)이나 양(+)의 재량적 발생액(positive DA)인 경우에는 양(+)의 값을 갖고 있다. 이는 시간이 지날수록 이익조정이 많아지고 있음을 나타낸다. 음(−)의 재량적 발생액(negative DA)도 회귀계수가 음(−)이어서 시간이 갈수록 이익조정이 커짐을 보이고 있다. 그리고 회귀계수 c의 값이 종속변수가 ABS_DA이거나 positive DA이면 유의한 양의 값을, 종속변수가 negative DA이면 음의 값을 갖고 있어서 pre-SOX 기간에는 전체 기업들이 이익조정을 증가시켰음을 알 수 있다. 그러나 post-SOX 기간을 나타내는 SOX의 회귀계수 d는 c와 반대부호를 보이고 있다. 이는 post-SOX 기간에는 이익조정이 유의하게 감소했음을 보이는 것이다.

한편, 실질 활동 이익조정은 R_DISX를 제외하고는 전체 기간이나 pre-SOX 기간에 양(+)의 회귀계수를 보이지 않아서 이익조정이 증가했다고 볼 수 없다. 반면 post-SOX 기간에는 양의 회귀계수를 보이고 있어서 이익조정이 증가했음을 알 수 있다. 즉, SOX 기간을 중심으로 pre-SOX 기간에는

<표 8-1> SOX 전후 기간의 이익조정

Panel A: 1987~2005년의 이익조정측정치의 시계열분석

$$Dep_{jg} = a + b \times Time + c \times SCA + d \times SOX$$

종속변수	$\hat{a}$	$\hat{b}$	$\hat{c}$	$\hat{d}$	수정 R^2
ABS_DA	0.053***	0.003***	0.027***	−0.015***	0.024
Positive_DA	0.028***	0.002***	0.026***	−0.019**	0.029
Negative_DA	−0.040***	−0.003***	−0.012***	0.006***	0.015
R_PROD	−0.040***	−0.002	0.008	0.032***	0.009
R_CFO	0.022***	−0.003***	−0.007***	0.007**	0.007
R_DISX	0.028***	0.005***	0.008***	−0.011***	0.010
RM_PROXY	−0.018***	−0.005***	0.033**	0.041***	0.011

Panel B: 이익조정측정치간의 상관관계

	DA	*ABS_DA*	*R_CFO*	*R_PROD*	*R_DISX*	*RM_PROXY*
DA	1	0.398***	−0.237***	−0.029***	−0.163***	−0.331***
ABS_DA	0.298***	1	−0.184***	−0.047***	−0.174***	−0.153***
R_CFO	−0.214***	−0.114***	1	−0.274***	−0.142***	0.447***
R_PROD	−0.024***	−0.314***	−0.183***	1	−0.243***	0.579***
R_DISX	−0.143***	−0.164***	−0.214***	−0.187***	1	0.487***
RM_PROXY	−0.237***	−0.149***	0.381***	0.427**	0.422***	1

*, **, *** 은 각각 10%, 5%, 1% 수준에서 유의함

(표와 관련된 상세한 사항은 Cohen 등(2008), p.771, 표 2를 참조)

재량적 발생액이 증가했고 RAM 이익조정은 유의적인 변동이 없으나, post-SOX 기간에는 재량적 발생액이 감소한 반면 RAM 이익조정은 증가하고 있다. post-SOX 기간에 이러한 현상이 나타나는 것은 SOX의 규정으로 인하여 회계부정에 대한 감시와 감독이 엄격해져서, 기업이나 경영자가 외부감사인이나 투자자들이 발견하기 어려운 이익조정수단을 채택하는 것으로 해석된다.

Pre-SOX 기간과 post-SOX 기간에 재량적 발생액의 증감과 RAM에 의한 이익조정의 증감방향이 일치하지 않고 서로 다른 방향을 나타낸다는 것은 두 가지 이익조정방법이 서로 대체적인(substitute) 관계에 있음을 의미한다. 즉 기업들은 한 가지 방법에 의한 이익조정이 어려우면 다른 방법에 의한 이

익조정을 피할 수 있다는 것이다. 이는 〈표 8-1〉의 panel B에서도 알 수 있다. DA와 ABS_DA는 RAM의 이익조정 측정치인 R_CFO, R_PROD, R_DISX, 그리고 RM_PROXY와 음(−)의 상관관계를 갖고 있다. 재량적 발생액에 의한 이익조정이 작으면 RAM에 의한 이익조정이 더 커지는 현상을 나타내는 것이다.

Zang(2007)은 재량적 발생액과 RAM에 의한 이익조정의 상호관계를 좀더 체계적이고 깊이 있게 살펴보았다. 그녀의 연구결과도 Cohen 등(2008)과 같이 두 가지 이익조정방법이 서로 대체적인 관계에 있음을 나타내었다. 그리고 추가적으로 기업이 이익조정을 할 경우에는 먼저 RAM을 이용하고 그 다음으로 회계처리방법의 선택에 의한 발생액의 조정을 시도한다고 주장했다.

Mizik과 Jacobson(2007)은 유상증자(seasoned equity offerings: SEO)시의 이익조정과 자본시장 반응을 연구하면서 재량적 발생액과 RAM에 의한 이익조정 간의 관계를 연구했다. 주식시장은 기업의 이익조정 정도를 주가에 적절하게 반영하지 못했는데, 이는 기업이 RAM에 의한 이익조정을 한 경우에 더욱 뚜렷이 나타났다. 이는 투자자들이 재량적 발생액에 의한 이익조정보다 RAM에 의한 이익조정을 더 알아내기 어려운 때문으로 해석된다. 그리고 추가적인 연구에서 SEO 시점에서 RAM에 의한 이익조정으로 이익을 과대계상한 기업들은 그 이후 장기적인 주가수익률이 하락하는 결과가 나타났다. Cohen과 Zarowin(2008)도 SEO 전후로 재량적 발생액을 이용한 이익조정과 RAM을 이용한 이익조정을 비교하면서 이 두 방법의 이익조정 중에서 어느 방법이 기업에 더 부담을 주는가를 연구했다.

제 6 절 이익조정 연구의 공헌점

많은 선행연구들은 경영자가 이익을 조정할 동기를 가지고 있고, 실제로 이익조정을 행하고 있음을 보고하였다. 그러면 이익조정은 좋은 것일까? 나쁜 것일까? 이에 대한 대답은 간단하지 않다. 많은 사람들은 이익조정이 기업의 이해관계자들을 오도하여 그릇된 의사결정을 하게 할 수 있고, 회계정보의 신뢰성을 떨어뜨릴 수 있으므로 '나쁜 것'으로 인식하고 있다. 그러나 만약 이익조정을 통하여 경영자가 기업의 사적 정보(private information)를 기업외부에 전달하고, 계약비용(contract costs)을 절감하게 할 수 있다면 이는 바람직한 것이라고 볼 수도 있다. 물론 GAAP를 벗어나는 분식회계라면 좋고 나쁘고를 떠나서 범법적인 행위이다. 따라서 이익조정에 대한 수용가능성은 개별 상황이나 이익조정의 방법 그리고 그 정도에 따라서 상당한 차이를 보일 수 있다(이효익과 최관 1996).

본 장은 이익조정 측정치와 동기를 중심으로 이익조정에 관한 선행연구들을 비판적으로 검토하였다. 먼저 본 장은 이익조정이 실제로 행하여지고 있는지를 선행연구를 통해서 알아보고, 우리나라에서 이익조정과 분식회계가 상당히 만연하고 있음을 지적하였다. 그 다음으로 이익조정 측정치에 관한 논의에서, 현재 널리 사용되고 있는 Jones 모형의 문제점을 지적하고 좀더 측정오류가 적은 이익조정 측정치가 필요하며, 재량적 발생액이 아닌 다른 대체적 방법론의 필요성을 지적하였다. 또한 본 장은 이익조정의 동기를 여러 가지로 분류한 후 선행연구들을 비판적으로 검토하였다. 이익조정에 관한 연구초기에는 이익평준화 현상과 실증회계이론으로 이익조정현상을 설명하였고, 1980년 후반과 1990년대에는 주가와 관련된 동기, 법인세 절감을 위한 동기, 정부의 규제정책에 관한 동기, 경영자보상과 관련된 동기, 부실기업의 회계선택, 이익조작기업의 특성과 예측, 이익조정과 주가반응까지 검토하였다.

이익조정 연구는 기업 이해관계자들의 의사결정에 많은 도움을 줄 수 있다. 먼저 이익조정 연구는 회계정책기관의 회계정책 결정에 직접적인 공헌을 할 수 있다. 정책당국은 기업이 실제로 이익조정을 하는지, 이익조정이 어느 정도 만연되어 있는지를 알아야 하며, 이익조정이 회계처리방법의 선택에 의해서 행하여지는지 아니면 매출채권이나 재고자산과 같은 특정 항목에 의해서 행하여지는지를 파악하여야 한다. 그리고 어떠한 상황에서 경영자가 이익조정의 동기를 가지게 되는지도 이해하고 있어야 한다. 또한 GAAP를 벗어나서 심각한 분식회계를 행하는 기업이 다른 기업과 어떠한 특성에서 차이가 있는지를 알 수 있으면 이러한 기업에 대한 감시나 감독에 더욱 주의를 기울일 수 있다. 만약 기업지배구조와 같은 특성이 부당한 이익조정을 제한할 수 있음이 밝혀지면 기업지배구조를 합리적으로 개선해나갈 수도 있을 것이다.

예를 들면, 요즘 사회적인 관심이 되고 있는 사외이사제도나 감사위원회의 구성이 분식회계를 예방할 수 있다면 이익조정 연구는 이러한 제도의 도입과 관련된 의사결정에 큰 도움이 될 수 있을 것이다.

이익조정 연구는 투자자나 채권자로 하여금 회계정보의 신뢰성을 판단하는 데도 도움을 준다. 만약 특정 상황, 즉 신규상장이나 유상증자시 경영자가 이익을 조정함이 알려지면 해당 상황에서 보고이익에 대한 평가를 합리적으로 할 수 있을 것이고, 특정 재무제표 항목이 이익조정의 대상이 된다면 해당 항목을 분석함에 좀더 노력을 기울이게 될 것이다. 그리고 부실기업의 경우 수년 전부터 이익조정이나 분식결산이 행하여진다는 것이 밝혀지면 이들 기업에 대한 투자나 융자 의사결정에 큰 도움이 될 것이다.

이익조정 연구는 기업의 재무제표를 감사하는 감사인에게도 큰 도움을 줄 수 있다. 만약 이익조정이 행하여지는 상황에 대한 연구가 이루어지면 기업의 상황에 따라서 감사인이 감사범위를 결정하는 데 중요한 정보를 제공할 수 있고, 이익조정의 중요한 수단이 밝혀지면 해당 재무제표 항목에 대한 감사증거를 좀더 충분히 수집할 수 있다.

이익조정 연구는 학문적으로도 유용하다. 이익조정 동기와 이익조정 현상이 깊이 있게 연구되면 경영자의 회계선택 행태를 이론적으로 설명하고 이를 어느 정도 예측할 수도 있다. 그리고 재량적 회계처리에 대한 주가반응이 깊이 있게 연구되면 어느 정도까지 회계처리에 관한 재량권을 경영자에게 주어야 기업의 가치를 최대화할 수 있는지도 알 수 있다. 또한 선행연구들은 발생액에 중점을 두어 재량적 회계선택을 연구하고 있는데 발생액을 구성하는 개별 항목이나 다른 재무제표 항목들도 연구되면 해당 항목의 신뢰성을 판단할 수 있고 더 나아가 재무제표 전체에 대한 신뢰성을 알 수 있을 것이다.

이익조정 연구는 기업 이해관계자들의 의사결정에 큰 도움을 줄 수 있지만 연구수행에 여러 가지 한계점이 있다. 가장 어려운 점은 이익조정 여부를 판단하는 이익조정 측정치에 측정오류가 많다는 점이다. 선행연구들은 여러 가지 방법으로 이익조정 측정치를 개발하였지만 아직도 만족할 수준은 되지 못한다. 더구나 이익조정 여부의 판단이 아니라 어느 정도, 얼마만큼의 이익조정이 행하여졌는지를 객관적으로 증명할 수 있는 이익조정 측정은 아직 불가능한 실정이다. 지금까지는 주로 발생액에 의존해서 이익조정 여부가 검증되었지만 앞으로는 실제 경영활동에 의한 영업현금흐름을 포함하여 좀더 세부적인 항목에도 관심을 기울여야 할 것이다. 세부적인 항목에 관한 연구는 이익조정이 어떠한 방법으로 행하여졌는지를 좀더 직접적으로 알 수 있게 해 줄 수 있다. 이익조정 연구의 또 다른 한계점은 이익조정이 검증되었다면 과연 이익조정이 결과적으로 이해관계자의 의사결정에 어느 정도 영향을 주었는지 그리고 이것이 자원배분에 영향을 주었는지를 알아야 하는데, 아직 이익조정과 자원배분을 연결시킨 연구는 찾아보기가 어렵다.

최근 분식회계와 이익조정이 사회적으로 큰 관심의 대상이 되고 있다. 그러나 수년전 외환위기 당시에도 회계정보의 투명성과 신뢰성이 큰 문제점으로 등장했지만 IFRS를 도입한 지금도 회계처리의 객관성이 크게 높아진 것 같지는 않다. 회계정보는 사회, 문화, 경제에 영향을 받은 기업활동을 화폐액으로 나타낸 것이기 때문에 하루아침에 또는 단시일 내에 투명성이나 신뢰성이 높아질 수는 없을 것이다. 이의 개선에는 사회 전체의 인식의 변화와 더불어서 상당한 시간이 소요될 것이다. 이익조정이나 분식회계에 대한 연구는 우리나라 회계정보의 신뢰성과 투명성을 높이고 회계제도의 개선에 큰 기여를 할 수 있는 실용적인 연구분야이므로 많은 연구가 기대된다.

제 7 절 보수적 회계처리

1. 보수주의의 개념과 연구

회계에서 보수주의(conservatism)의 개념을 한마디로 정의하기는 어렵다. 회계학 교과서에서는 보수주의를 현재 진행중인 사건의 결과에 대하여 불확실성이 존재하고 있을 때 이에 관련된 순자산 및 순이익의 금액을 모든 불확실성과 이에 따른 위험을 충분히 고려하여 평가하는 것이라고 기술하고 있다(이효익 등 2009). 또한 기업회계기준의 일반원칙에서는 '2 이상의 선택가능한 회계처리방법이 있는 경우에는 보다 재무적 기초를 견고히하는 방법으로 회계처리할 것'을 규정하고 있다. 미국의 SFAC No.2에서는 보수주의를 기업이 처한 상황의 불확실성과 위험을 적절히 고려할 수 있도록 불확실성에 대한 신중한 회계처리(a prudent reaction to uncertainty to try to ensure that uncertainty and risks inherent in business situation are adequately considered)로 나타내고 있다. 또한 국제회계기준에서도 보수적 회계처리를 신중성(prudence)의 개념으로 정리하여 '회계처리가 불확실한 상황에서 추정이 필요한 경우, 자산이나 수익이 과대평가되지 않고 부채나 비용이 과소평가되지 않도록 상당한 정도의 주의를 기울여 회계처리하는 것'으로 규정하고 있다. 그러나 국제회계기준에서는 이러한 '신중을 기하더라도 비밀적립금의 창출, 과도한 충당부채의 계상, 고의적인 자산 또는 수익의 과소평가, 부채 또는 비용의 과대평가는 재무제표의 중립성이 상실되어 신뢰성이 없을 수 있으므로' 과도한 보수적 회계처리에 주의를 기할 것을 부연하고 있다.

보수주의가 여러 가지 의미로 해석되고 있지만, 수익과 비용의 관점에서 보면, 회계처리에 불확실성이 존재할 때에 경제적 손실은 가능한 빨리 인식하고 경제적 이득은 수익이 실현될 때까지 인식을 지연하는 것으로 해석할 수 있다. 그래야 기업의 자산·수익이 과대평가되지 않고 부채·비용이 과소평가되지 않아서 재무적 기초를 견고히하는 관점에 따른 회계처리를 할 수 있다. 또한 이러한 방법이 진행중인 사건에 대한 불확실성과 위험을 감안하는 회계처리방법이 된다.

보수주의가 회계관습으로 자리잡은 지는 오래되지만 보수주의 자체가 체계적이고 본격적인 연구의 대상이 된 것은 최근의 일이다(Watts 2003a; Watts 2003b). Basu(1997)는 보수주의를 기업에 관한 bad news보다 good news를 재무제표에 인식할 때 보다 엄격한 검증가능성(verifiability)이 요구되는 현상으로 해석하였다. 이러한 관점에서 볼 때 보수적 회계처리에서는 기업의 경제적 손실이 순이익에 더욱 신속하고 적극적으로 반영되게 된다. 예를 들어, 우발이득보다는 우발손실을 보다 쉽게 인식하고, 유형자산의 가치증가는 인식하지 않아도 손상차손은 인식하는 것이다. Basu(1997)는 보수주의 현상을 순이익과 주가수익률의 관계, 현금흐름과 주가수익률의 관계, 비기대이익의 지속성, 그리고 bad news와 good news의 이익반응계수(earnings response coefficients)와 같은 측정치를 이용하여 여러 측면에서 연구를 하였다. 연구결과는 일관성 있게 미국의 회계처리가 보수주의에 입각하여 행하여지고 있는 것으로 검증되었다.

Basu(1997)의 연구가 보수주의 현상에 대한 횡단면적인 실증연구라면, Givoly와 Hyan(2000)는 미국에서 과거 약 50년간 보수적 회계처리의 추세에 대한 시계열적 연구이다. 이들은 음(−)의 누적 발생액이 증가하면 이를 보수적 회계처리의 증거로 보았으며, 음(−)의 발생액뿐만 아니라 Basu(1997)가 보수주의 여부의 측정치로 사용한 순이익과 주가수익률의 관계, 순이익의 비대칭도(skewness)와 변량(variability), 그리고 M/B(Market-to-Book Ratio)를 사용하여 보수주의의 정도를 분석하였다. 연구결과에 따르면, 여러 가지 측정치로 연구한 결과는 일관성 있게 회계처리가 점차 보수적으로 행하여지는 것으로 나타났다. 이는 장기간에 걸쳐서는 현금흐름과 감가상각전 당기순이익의 합계액이 같아져야 하는데 장기간에 걸쳐서 누적된 현금흐름이 당기순이익보다 계속 많아지는 보수적 회계처리 현상으로 해석할 수 있다.

이외에도 보수주의를 측정하는 측정치를 개발한 연구들로는 Beaver와 Ryan(2000)과 Penman과 Zhang(2002) 등이 있다. 먼저 Basu(1997)와 Givoly와 Hyan(2000)의 연구를 보수주의 측정치에 중점을 두고 살펴보고, 그 다음으로 Penman과 Zhang(2002), 그리고 Beaver와 Ryan(2000)의 연구를 살펴보기로 하자.

2. 보수주의 측정치를 중심으로 한 선행연구

(1) Basu(1997)의 연구

Basu(1997)는 보수주의를 good news보다 bad news를 순이익에 먼저 반영하는 회계처리방법으로 정의했다. 이 정의는 good news는 bad news보다 회계사건(accounting events)으로 인식하기 위해서 더 높은 검증(verification)요건을 필요로 한다는 뜻이기도 하고, good news와 bad news는 회계적 인식에서 비대칭적 적시성(asymmetric timeliness)을 갖는 의미로 해석할 수 있다. 예를 들면, 전통적으로 유형자산의 손상차손(impairment)은 인식하지만 유형자산의 평가이익을 잘 인식하지 않으며, 재고자산의 저가기준평가(lower of costs or

[그림 8-1] 유형자산의 잔존내용연수 변경에 따른 장부금액의 인식

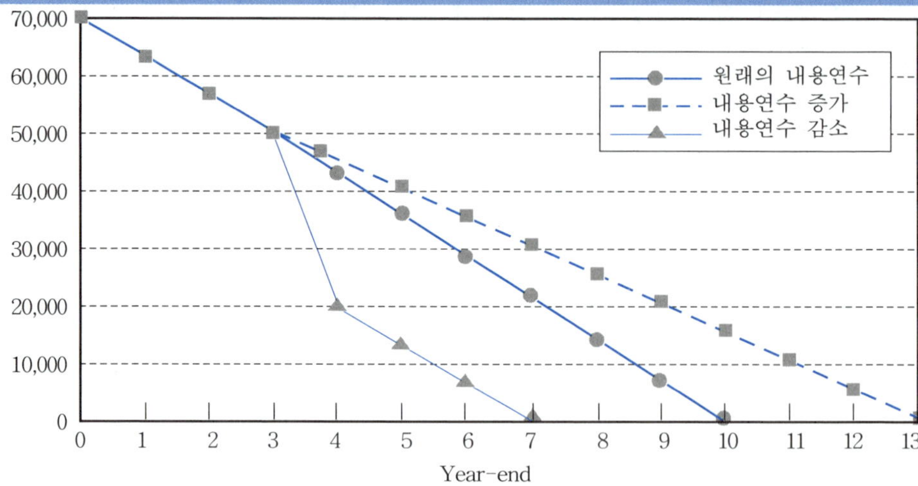

(Basu 1997, p.4, 그림 1 panel A)

market)에서 미실현평가손실은 쉽게 인식하지만 미실현평가이익은 인식하지 않는다.

보수주의의 이러한 정의를 유형자산의 감가상각으로 좀더 살펴보자. [그림 8-1]은 ₩70,000에 취득한 유형자산을 내용연수에 걸쳐 상각할 때 장부금액의 감소를 나타낸다. 유형자산을 처음 취득했을 때 내용연수는 10년이었으나 새로운 정보가 bad news이어서 내용연수가 줄어들 수 있고 새로운 정보가 good news이어서 자산의 내용연수가 증가할 수도 있다. 내용연수가 줄어드는 것은 자산의 용역잠재력 감소를 말하므로 기업에 불리한 정보이고 내용연수의 증가는 용역잠재력이 더 많은 것이므로 기업에 유리한 정보이다.

[그림 8-2]는 유형자산 내용연수의 변화에 따른 순이익의 증감을 보여주고 있다. 내용연수가 감소하는 bad news를 접하면 회계담당자는 자산 용역잠재력의 감소를 손상차손으로 인식하고 bad news가 발생한 기간의 순이익에 반영한다. 반면 내용연수가 증가하는 good news의 경우에는 용역잠재력의 증가를 한꺼번에 인식하지 않고 남아있는 잔존내용연수 동안 나누어서 순이익

[그림 8-2] 내용연수 변경시 순이익의 변동

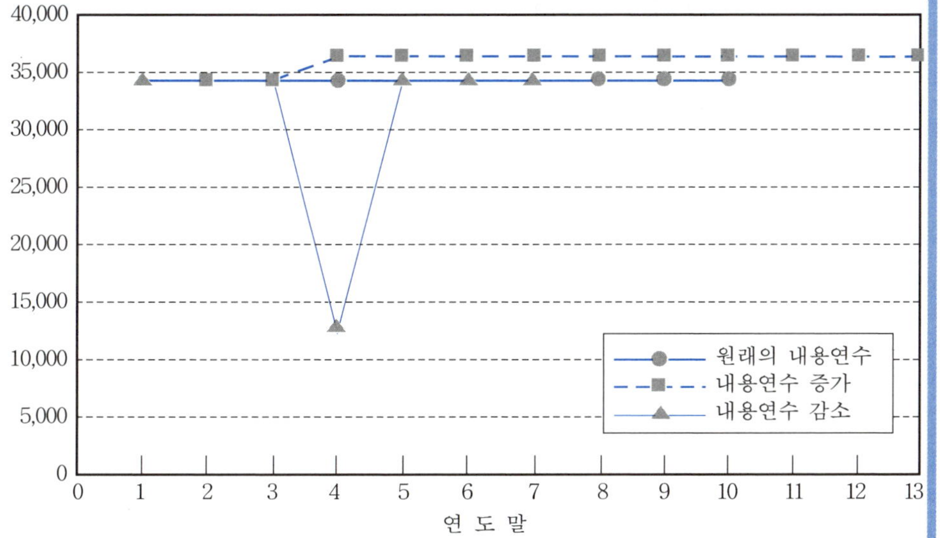

(Basu 1997, p.5, 그림 1 panel B)

에 반영한다. 이러한 회계처리는 보수주의를 잘 나타내고 있다. 즉 bad news는 회계사건으로 즉시 인식하지만 good news는 여러 회계기간에 걸쳐서 인식되고 있다.

Basu는 보수주의의 이러한 특성을 고려하여 네 가지의 가설을 검증했다.

① 순이익은 good news보다 bad news를 더 적시성 있고 신속하게 반영한다(보수주의의 이러한 성질을 bad news의 비대칭적 적시성(asymmetric timeliness)이라고 한다).

② good news보다 bad news의 경우에 earnings-return 관련성이 cash flow-return 관련성보다 크다.

[그림 8-2]에서 보면 bad news는 순이익에 신속하게 반영되나 현금흐름에는 상당한 시차를 두고 반영된다. 기업의 주가는 공시되는 모든 news를 즉시 그리고 충분히 반영하므로 earnings-return의 관련성은 cash flow-return의 관련성보다 클 것이다.

③ 비기대이익의 감소보다 비기대이익의 증가가 더 지속성이 높다. [그림 8-2]에서 보면 bad news의 경우에는 이익의 감소가 즉시 그리고 갑자기 발생되나 내용연수가 증가한 good news는 순이익을 점차 증가시키고 증가된 순이익이 수년간 계속 지속되고 있음을 알 수 있다.

④ bad earnings news에 대한 ERC가 good earnings news에 대한 ERC보다 작다. bad earnings news는 일시적(temporary) 성격이 크지만 good earnings news는 지속적인(permanent) 성격이 크기 때문에 순이익의 한 단위에 대한 주가반응은 good earnings news가 더 크다.

본 교재에서는 보수주의 측정치와 직접 관련되는 ①의 가설검증과정만 살펴보기로 한다. 연구모형식은 다음과 같다.

$$X_{it}/P_{i,t-1} = \alpha_0 + \alpha_1 DR_{it} + \beta_0 R_{it} + \beta_1 R_{it} \times DR_{it}$$

여기에서, X_{it} =회계연도 t동안 i기업의 주당순이익
$P_{i,t-1}$ =t년도초의 주가
R_{it} =t년도 4월부터 $t+1$년도 3월까지의 주가수익률
DR_{it} =R_{it}가 음이면 1이고, 양이면 0인 더미변수

종속변수는 순이익이고 독립변수는 주당수익률이다. 공시되는 모든 정보는 주가에 즉시 충분히 반영되므로 R_{it}가 음(−)이면 bad news, 양(+)이면 good news라고 볼 수 있다. Basu는 이와 같이 R_{it}를 이용하여 good news와 bad news를 정의했다.[8)]

회귀식에서 $R_{it}<0$이면 $DR_{it}=1$이므로 bad news(R_{it})의 회귀계수는 $(\beta_0+\beta_1)$이고, $R_{it}>0$이면 $DR_{it}=0$이므로 good news(R_{it})의 회귀계수는 β_0이다. 만약 bad news가 순이익에 보다 신속하게 반영된다면 회귀계수 $(\beta_0+\beta_1)$이 good news의 회귀계수인 β_0보다 클 것이다. 왜냐하면 bad news가 순이익

---

8) 이러한 정의는 물론 상당한 한계점을 갖는다. 순이익을 감소시키는 사건 중에는 주가를 상승시키는 것도 있다. 예를 들어 은행이 미래 수익창출능력에 자신이 있어서 당기에 대손상각과 손상차손을 인식한 경우에 주가는 이를 반영해서 더 증가할 수도 있다.

에 반영되는 정도가 good news가 반영되는 정도보다 클 것이기 때문이다. 따라서 만약 기업이 보수적 회계처리를 하고 있다면 bad news에 대한 회귀계수 $(\beta_0+\beta_1)$이 good news에 대한 회귀계수 β_0보다 클 것이므로 $\beta_1>0$이 된다.

연구결과는 다음과 같다.

〈표 8−3〉에서 β_1은 0.216으로서 통계적으로 유의한 회귀계수이다. 따라서 보수적 회계처리의 실무관행이 검증되었다. 기업들은 bad news를 good news 보다 즉시에 순이익에 반영하고 있다. good news와 bad news에 대한 회귀계수의 차이는 (0.059+0.216)/0.059=4.6배이다. 만약 이 배수의 차이가 더 크다면 보수적 회계처리의 정도가 더 크다고 말할 수 있을 것이므로 이를 보수적 회계처리의 정도를 측정하는 추정치로도 사용가능하다(Givoly와 Hayn 2000, p.293).

〈표 8-3〉에서 주의할 만한 또 하나의 통계치는 bad news와 good news의 설명력이다. 전체 연구 표본기업을 good news 기업($R_{it}>0$)과 bad news 기업 ($R_{it}<0$)으로 나눈 후에 각각의 기업들에 대하여 연구모형식을 적용했을 때 good news의 경우에는 $R^2=2.09\%$이나 bad news의 표본기업에서는 $R^2=6.64\%$로 나타났다. 이는 bad news가 순이익에 보다 충분히 적시성 있게 반영

<표 8-3> 회계정보의 특성과 보수적 회계처리

$$X_{it}/P_{i,t-1}=\alpha_0+\underset{(+)}{\alpha_1} DR_{it}+\underset{(+)}{\beta_0} R_{it}+\underset{(+)}{\beta_1} R_{it}*DR_{it}$$

Panel A: 회귀식의 분석결과

α_0	α_1	β_0	β_1	수정 R^2
0.064 (75.44)*		0.113 (47.40)*		7.99
0.090 (68.03)*	0.002 (0.86)	0.059 (18.34)*	0.216 (20.66)*	10.09
		$R_{it}>0$	$R_{it}<0$	
수정 R^2(%)		2.09	6.64	
표본수		25.531	17.790	

(Basu 1997, p.13, 표 1 panel A)

되기 때문이다. 이에 따라서 R^2의 차이(R^2=6.64%/R^2=2.09%=3.17)도 보수적 회계처리의 정도를 측정하는 데 사용할 수 있는 측정치이다(Givoly와 Hayn 2000, p.293).

(2) Givoly와 Hayn(2000)의 연구

지난 40여년간 미국기업의 수익성은 지속적으로 하락하는 경향을 보였다. 많은 학자들이 여러 가지로 그 이유를 설명했으나 Givoly와 Hayn(2000)은 회계처리의 보수성으로 이를 설명했다.

순이익과 영업현금흐름의 관계는 다음과 같이 나타낼 수 있다.

$$\text{순이익}(NI)=\text{발생액}(\text{accruals})+\text{영업현금흐름}(CFO)$$

Givoly와 Hayn(2000)은 지난 40여년간 미국기업의 수익성이 하락했지만 영업현금흐름에는 큰 변화가 없음을 실증적 자료로 보이고 그 이유를 음(−)

<표 8-4> 5년간의 기간으로 나눈 손실발생빈도와 ROA

기 간	손실발생빈도 (%)	ROA	
		평균	중위수
1950~1955	1.67	0.078	0.072
1956~1960	4.64	0.067	0.065
1961~1965	6.57	0.063	0.061
1966~1970	9.27	0.054	0.056
1971~1975	15.48	0.035	0.046
1976~1980	16.40	0.035	0.048
1981~1985	28.62	−0.035	0.034
1986~1990	35.81	−0.074	0.021
1991~1998	33.58	−0.080	0.018

(Givoly와 Hayn 2000, p.296 표 1 수정)

의 발생액이 증가했기 때문이라고 설명했다. 즉 위의 식에서 *CFO*는 큰 변화가 없으나 회계처리의 보수성으로 음(−)의 발생액(accruals)이 증가하여 순이익이 하락한 것이라는 설명이다.

〈표 8-4〉는 1950년부터 1998년까지 5년간의 기간들을 묶어서 미국기업들의 *ROA* 하락과 손실기업들의 비중을 나타낸다. *ROA*는 1950~1955년에 평균(중위수)이 7.8%(7.2%)이었다가 1991~1998년에 -8%(1.8%)로 하락하였다. 그러나 〈표 8-5〉를 보면 *CFOA*는 1950~1955년에 평균(중위수)이 9.7%(10.1%)이고 1991~1998년에 8.8%(8.9%)로 큰 변화가 없다.

이러한 이유는 시간이 갈수록 회계처리의 보수성으로 음(−)의 발생액이 증가한 것으로 설명할 수 있다. 발생액은 순이익과 영업현금흐름의 차이이기 때문이다. [그림 8-3]에서는 발생액의 하락을 보여주고 있다.[9] 즉 누적총발생액(1: cumulative total accruals)과 누적비영업발생액(3: cumulative nonoperating accruals)이 시간이 갈수록 음(−)의 값을 가지는 것을 분명히 볼 수 있다. 영업발생액(2)은 오히려 비영업발생액과는 달리 급격하게 증가(+)하고 있으나

〈표 8-5〉 5년간의 기간으로 나눈 손실발생빈도와 CFOA

기 간	손실발생빈도 (%)	CFOA	
		평균	중위수
1951~1955	11.02	0.097	0.101
1956~1960	10.57	0.090	0.095
1961~1965	12.41	0.085	0.090
1966~1970	17.54	0.066	0.072
1971~1975	13.60	0.083	0.084
1976~1980	10.67	0.094	0.095
1981~1985	10.09	0.104	0.107
1986~1990	8.19	0.093	0.092
1991~1998	6.57	0.088	0.089

(Givoly와 Hayn 2000, p.302 표 3 수정)

9) 총발생액=순이익−영업현금흐름
영업발생액(operating accruals)=Δ매출채권+Δ재고자산+Δ선급비용−Δ매입채무−Δ미지급세금
비영업발생액(nonoperating accruals)= 총발생액−영업발생액

[그림 8-3] 여러 가지 발생액의 추세

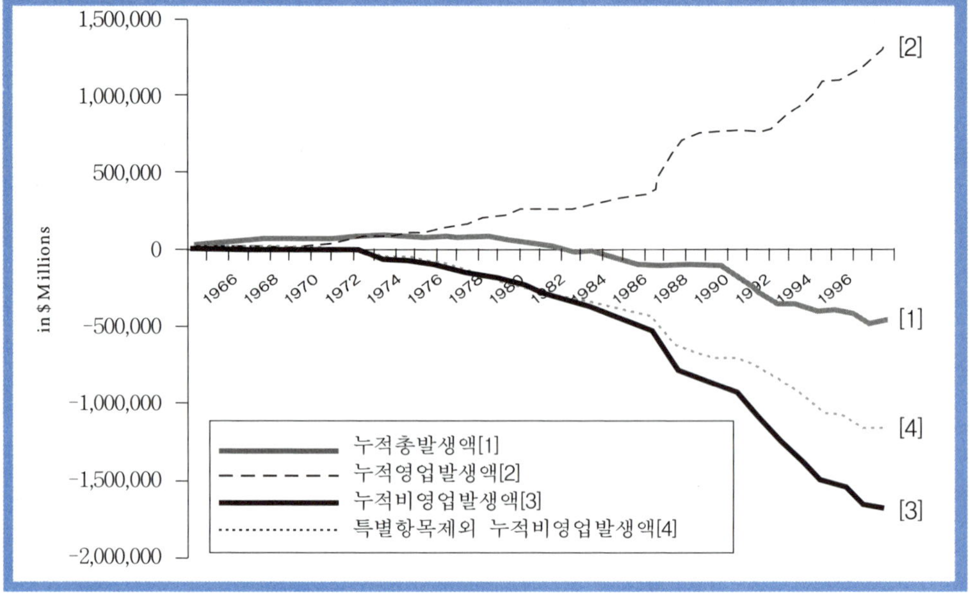

두 발생액의 합인 총발생액은 음(−)의 수치로 증가한다.

[그림 8-3]은 모두 회계처리의 보수성과 보수적 회계처리 정도가 증가했음을 보여주는 것이다. 1950년부터 지금까지 회계원칙들은 상당히 보수적 회계처리의 정도를 강화해오고 있고, 이에 따라서 실무에서도 점점 더 보수적인 회계처리를 하고 있는 것이다. Givoly와 Hayn(2000)은 이러한 회계처리의 보수성이 증가한 이유로 기업들의 구조조정, 합병 회계처리, 연금비용의 증가, 경제성장과 인플레이션 등을 이유로 설명하였다(pp. 305~307).

(3) Penman과 Zhang(2002)의 연구

Penman과 Zhang(2002)은 보수적 회계처리와 이익의 질, 그리고 주가수익률 간의 관계를 연구하면서 보수주의 측정치를 개발하였다. 이 연구에서 사용한 보수주의 측정치는 비록 널리 사용되지는 않았으나 보수적 회계처리를 이해하는 데 도움이 될 수 있다. 이들은 순자산의 장부금액을 상대적으로 낮게 계산하게 하는 회계처리방법과 측정치를 선택하는 것을 보수적 회계처리(conservative accounting)라고 정의했다. 예를 들면, 물가상승시에 재고자산 원가배분방법으로 FIFO 대신 LIFO를 선택한다든지, 연구개발비를 이연하지 않고 바로 상각한다든지, 감가상각시 내용연수를 짧게 추정한다든지, 불량채권에 대한 대손충당금을 충분히 적립하는 것을 보수적 회계처리로 보았다. 이들의 연구에서 사용한 보수적 회계처리의 측정치는 재무상태표 항목을 이용한 C-score와 이들의 변동성을 이용하여 손익계산서에 대한 영향을 계산하는 Q-score이다.

$$\text{C}-\text{score}:\text{C}=\text{ER}/\text{NOA}$$

여기에서 ER은 회계처리상 기록이 되지 않는 적립액으로 정의된다. 예를 들어 ① 후입선출 회계처리로 인한 재고자산충당금 ② 상각된 연구개발비 ③ 비용처리된 광고선전비가 ER에 포함된다. NOA는 영업자산에서 영업부채를 차감한 금액이다. 영업자산과 영업부채는 자산과 부채에서 재무적 자산과 부채를 차감한 금액이다. 만약 C점수가 높다면 보수적 회계처리 정도가 높은 것을 의미한다.

$$Q^A-\text{score}:\text{Q}=(ER_{it}/NOA_{it})-(ER_{it-1}/NOA_{it-1})$$

$$Q^B-\text{score}:\text{Q}=(ER_{it}/NOA_{it})-\text{산업중위수}(ER_{it}/NOA_{it})$$

C-score가 재무상태표에서의 보수적 회계처리를 의미한다면, Q-score는 손익계산서상의 보수적 회계처리를 나타낸다. 기업이 NOA의 성장보다 빠른 속도로 보수적으로 적립금(ER)을 증가시키면 Q-score는 커질 것이고 반대의 경우에는 음(+)의 값을 가질 것이다. 만약 보수적 회계처리가 회계의 질이 높다면 Q-score가 높을수록 회계의 질이 높다고 말할 수 있을 것이다.

(4) Beaver와 Ryan(2000)의 연구

Beaver와 Ryan(2000)은 Feltham과 Ohlson(1995)의 기업가치 평가모형을 응용하여 보수적 회계처리 여부를 밝혀내는 측정치를 고안하였다.[10] 이들은 기업 순자산의 장부가치와 시장가치의 차이는 회계인식의 편의와 회계인식의 지연에 의해서 상당부분 결정된다고 주장하였다. '회계인식의 편의'란 보수적 회계처리로 인하여 시장가치와 순자산의 장부가액이 지속적으로 차이를 보이는 현상을 의미하고, '회계인식의 지연'이란 회계처리에서 비기대손실을 적시성 있게 인식하나 비기대이익은 인식을 지연시킴으로써 기업의 시장가치와 순자산의 장부가액이 일시적으로 차이를 나타내는 현상이다. Beaver와 Ryan(2000)의 연구모형은 다음과 같다.

$$BTM_{it} = \alpha_t + \alpha_i + \sum_{K=0}^{n} \beta_k RET_{it-k} + e_{it}$$

단, BTM_{it}는 기업 i의 t년도 말 B/M 비율
RET_{it-k}는 기업 i의 회계연도 $t-k$에서의 연간 주가수익률(배당 제외)
α_i는 기업특성변수
α_t는 시간특성변수

종속변수는 B/M이고 설명변수는 기업특성변수, 시간특성변수, 그리고 현재와 과거 주가수익률을 가진 회귀식이다. 여기서 기업특성변수는 보수적 회계처리로 인한 지속적인 편의를 나타내고 시간특성변수는 경제전반의 일시적인 종속성을 나타낸다. 과거 주가수익률은 장부가액에 반영되지 않은 기업에 관한 시장의 정보를 포함하여 BTM을 설명한다.

위의 식에서 기업의 보수적 회계처리의 여부는 α_i가 나타낸다. 만약 기업이 지속적으로 보수적인 회계처리를 하고 있다면 시장가치보다 장부가액이 작게 계상되어 있을 것이므로 α_i는 음(−)의 값을 가질 것이다. Beaver와 Ryan(2000)은 가속상각법에 의한 감가상각비와 연구개발비가 보수적 회계처리

10) Ahmed 등(2002)도 이 모형을 응용하여 연구에 사용하였다.

이므로 가속상각법을 채택한 기업과 연구개발비의 비용처리가 많은 기업일수록 α_i가 음(-)의 값을 가질 것이라고 보고 위 연구모형에 대한 실증검증을 하였는데, 예상과 같이 α_i가 음(-)의 회귀계수를 갖고 있었다. 반면에 보수적 회계처리와 관계가 없는 α_t는 유의한 회귀계수가 나타나지 않았다.

Ahmed 등(2002)은 배당정책과 보수주의에 대한 연구에서 Beaver와 Ryan(2000) 연구모형을 사용했다. 그들은 보수적 회계처리가 순이익과 이익잉여금을 감소시키므로 주주에게 과도한 배당을 해야 하는 기업은 보수적 회계처리를 채택하여 배당가능이익을 감소시켜서 채권자의 위험을 경감시킬 것이라는 가설을 세우고 이를 검증하였다. Jain과 Rezaee(2004)도 이 연구모형을 이용하여 Sarbanes-Oxley 법의 통과 이후로 미국기업의 보수적 회계처리 경향이 높아졌음을 연구하였다.

3. 보수주의에 관한 선행연구 검토

(1) 국가별 보수주의 연구

Ball 등(2000)은 국가별로 보수적 회계처리 정도에 차이가 있는지를 연구하였다. 이들은 판례법을 채택하고 있는 국가와 실정법을 채택하고 있는 국가를 구분하여 분석하였다. 여러 가지 측면에서 볼 때, 실정법 채택 국가들은 판례법 채택 국가보다 이해관계자간에 발생한 정보의 불균형을 해소하는 방법으로 (회계)규정이나 제도를 더 많이 사용하게 되고, 반면에 판례법 채택 국가들은 상대적으로 공시된 재무제표에 더 의존하게 된다. 따라서 판례법 채택 국가들이 회계처리시에 기업의 손실을 적시성 있게 인식하고 보수적 회계처리를 채택할 것으로 예측하였다. 이들은 판례법 채택 국가와 실정법 채택 국가간에 보수적인 회계처리정도의 차이를 Basu(1997)의 연구모형을 이용하여 검증하였다. 연구결과에 따르면 판례법 국가인 미국, 호주, 캐나다, 영국은 실정법 국가인 프랑스, 독일, 일본보다 경제적 손실을 인식하는 측면에서 좀더 적시성 있고 보수적인 회계처리를 하고 있음을 보고하였다.

Pope와 Walker(1999)는 미국과 영국 간에 보수적 회계처리의 정도에 차이가 있는지 조사하였다. 보수주의 정도의 측정은 Basu(1997)의 방법론을 채택하였다. 연구결과에 따르면, 경상이익의 측면에서는 미국이 영국보다 더욱 보수적인 회계처리를 하고 있지만 특별손익까지 고려한 순이익 측면에서는 양국가 간에 유의한 차이가 없는 것으로 보고하였다. 또한 Huijgen과 Lubberink(2003)도 미국과 영국 간의 보수적 회계처리 정도를 연구하였다. 이들은 영국기업 중에서 미국과 영국 모두 상장된 기업과 영국에만 상장된 기업을 대상으로 비교하였다. 두 국가에 모두 상장된 기업들이 회계실패 때 소송대상이 될 가능성이 높고, 또한 전문적인 투자자들에게 회계정보를 제공하게 되므로 보수적인 회계처리를 더욱 할 것으로 예측하였다.[11] 연구결과는 예측과 같이 양국가에 모두 상장한 기업들의 보수적 회계처리 경향이 높게 나타났다.

Tazawa(2003)는 Basu(1997)의 방법론을 이용하여 일본에서 보수적 회계처리를 연구하였다. 연구결과는 일본에서도 보수적 회계처리가 행하여지고 있음을 보고하였다.

(2) 한국의 선행연구

우리나라에서는 최관과 전성일(2005)이 1990년대 말에 발생한 외환위기 이후에 보수적 회계처리가 강화되었는지를 연구하였다. 우리경제사에 있어서 외환위기는 커다란 전환점이라고 할 수 있다. 회계업계에서는 외환위기 이후 여러 회계 관련 법규를 정비하고 국제적으로 인정되는 수준의 회계기준과 감사기준을 제정하였다. 최관과 전성일(2005)은 세 가지 측정치로 외환위기 전·후의 보수적 회계처리를 비교하였다. 먼저 Basu(1997)의 연구모형을 이용하여 bad news가 good news보다 순이익에 반영되는 민감도의 차이를 분석하였고, Beaver와 Ryan(2000)의 연구모형을 이용하여 순자산/시장가치의 크기를 비교하였으며, 마지막으로 재량적 발생액을 추정하여 이익조정의 크기를 살펴보았다. 연구결과에 따르면, 세 가지 측정치로 조사한 보수적 회계처리의 정도가 모두 일관성 있게 외환위기 전보다 후 기간에 뚜렷이 높게 나타났다.

박종찬(2005)은 1997년 금융위기 이후 시행된 우리나라의 회계제도 개혁

11) 또한 Huijgen과 Lubberink(2002)는 미국과 네덜란드에 모두 상장된 기업과 네덜란드에만 상장된 기업을 비교하였는데 Huijgen과 Lubberink(2003)의 연구결과와 유사한 결과를 보고하였다.

이 이익의 적시성과 보수성에 끼친 영향을 분석하였다. 그는 Basu(1997)의 연구모형을 이용하여 1997년 금융위기 기간을 전후로 금융위기 이전기간과 이후기간으로 구분하고 이익의 적시성과 보수성을 측정한 결과 금융위기 이후 이익의 적시성과 보수성이 모두 증가한 것으로 나타났다. 특히 이익의 적시성의 증가는 경제적 손실에 대한 보다 적시적 인식에 기인하는 것으로 밝혀졌다. 이러한 연구결과는 금융위기 이후 우리나라의 회계제도 개혁으로 인하여 보수적 회계처리가 증가되었다는 것을 보여주며, 기업 재무제표의 투명성을 높이는 데도 성공적이었음을 시사하는 결과로 볼 수 있다.

김정옥과 배길수(2006)는 기업의 특성이 회계실무에서 관행적으로 사용하고 있는 보수주의에 미치는 영향을 분석하였다. 구체적으로 일반부채비율과 금융기관차입금의 비율, 기관투자자지분율 및 외국인투자자지분율, 그리고 상장여부가 보수주의와 갖는 관계를 살펴보았다. 연구모형으로는 Basu의 모형과 Penman과 Zhang(2002) 모형을 사용하였다.[12] 연구결과 일반부채비율이 높은 기업의 회계보수성이 유의하게 높게 나타났다. 이는 기업들이 자본조달비용을 낮추기 위한 수단의 하나로 보수주의를 이용한다는 것을 의미한다. 그러나 금융기관차입금의 비중은 회계보수성과 유의한 음의 관계를 보였는데, 이는 금융기관이 기업 정보에 대한 직접적인 접근과 감시 및 통제가 가능하기 때문에 일반채권자들에 비해서 보수적인 회계를 요구하는 정도가 상대적으로 낮은 것으로 해석된다. 또한 외국인투자자지분율이 높을수록 기업의 회계는 더 보수적인 것으로 나타났는데 이는 내국인투자자에 비해 정보에 대한 접근이 제한되어 있는 외국인투자자는 정보비대칭을 해결하기 위한 수단으로 보수주의를 이용한다는 증거를 제시한다. 그러나 기관투자자는 보수주의와 체계적인 관계를 보이지 않았으며 상장기업의 보수성은 비상장기업에 비해 현저히 높은 것으로 나타났다.

문상혁 등(2006)은 보수주의 회계처리가 장기적으로 기업의 자본비용감소로 이어지는지를 검토하고, 정보비대칭성이 존재하는 상황하에서 보수주의 회

12) Basu(1997)모형은 보수성의 차이를 그룹별 분석을 통해서 검증하는 것이므로 기업간 차이를 통제하는 데 한계가 있다. 이러한 한계점을 보완하기 위해 Penman과 Zhang(2002)의 모형을 이용하였는데 이들의 방법은 보수주의를 기업별로 점수화하여 이를 기업의 특성과 횡단면 회귀분석을 할 수 있는 장점을 가진다.

계처리는 정보이용자들이 이를 제대로 인식하지 못함으로 인해 주식시장에서 과소평가를 초래할 수 있는지를 검증하였다. 또한 상대적으로 정보우위에 있는 투자자는 보수주의 회계처리로 인해 단기적으로 과소평가된 주식은 매수하고 과대평가된 주식은 매도하는 투자전략을 수립함으로써 보수적 회계처리를 전략적으로 이용할 수 있다는 점에서 보수주의 회계처리를 선호하는지를 분석하였다. 연구결과, 보수주의 회계처리는 장기적으로 자본비용감소를 초래하고, 보수적으로 회계처리한 기업의 장기적 수익률과 보수주의 측정치 간에는 유의한 양(+)의 관계를 보였으며, 정보우위에 있는 외국인투자자의 경우 장기간의 회계이익을 고려하여 당기의 보수적 회계처리를 더욱 선호하고 있다는 결과를 얻었다.

백원선과 이수로(2004)는 보수주의 회계처리방법이 기업의 이익지속성에 어떤 영향을 미치는지와 주식시장참여자로부터 어떠한 평가를 받는지를 검증하였다. 보수주의는 미래 불확실성을 감소시키려는 의도하에 적용되는 회계원칙이지만 수익과 비용의 대응을 왜곡시켜 이익지속성 및 가치관련성을 떨어뜨리는 결과를 초래할 수 있다. 보수주의 회계처리에 따른 이익지속성을 분석하기 위하여 Sloan(1996)의 순이익, Ohlson(1995)의 초과이익 및 Feltham과 Ohlson(1995)의 초과영업이익의 1차 자기회귀모형에 적용시켜 자기상관관계의 크기를 분석하였고, 보수주의 이익에 대한 주가배수를 검증하였다. 보수주의는 수익·비용의 대응을 왜곡시키므로 이익지속성 및 가치관련성을 감소시킬 가능성이 크다. 연구결과에 따르면 보수적으로 회계처리한 경우의 이익은 그렇지 않은 경우의 이익보다 지속성이 낮았으며, 보수적으로 회계처리한 경우의 이익에 대한 주가배수는 그렇지 않은 경우의 이익에 대한 주가배수보다 더 작게 나타났다. 이러한 결과는 이익의 질의 측정치의 하나로 제시되는 보수주의는 이익지속성 또는 미래이익예측력 등 다른 이익의 질을 나타내는 측정치와의 일관성을 결여하고 있다는 것을 보여준다.

최종원과 이경태(2008)는 집단소송제 도입 등과 맞물려 기업(임원)의 잠재적 소송비용이 크게 증가되었음에 착안하여 국내 경영진들이 높아진 잠재적 소송비용에 대해 인식하고 있으며 의사결정과정에서 이를 적절히 반영하고 있는가에 대해서 검증하였다. 2000년부터 2006년까지 국내 비금융업에 속한 상장기업들을 대상으로 실증분석한 결과에 따르면 잠재적 소송비용의 크기가 큰 기업일수록 보수적 회계처리 성향이 강화되고 있는 것으로 나타났다. Basu(1997)의 보수주의 분석모형과, 성과조정 수정 Jones모형(2005)으로 추정한 재량적 발생액을 이용한 분석을 통해 잠재적 소송비용의 크기가 보수주의적 회계선택에 영향을 미치고 있음이 일관성 있게 나타났다. 이는 외환위기 이후 제정, 보완된 여러 법적 규제들이 경영자, 감사인들의 의사결정에 영향을 미치고 있음을 확인한 결과이며, 잠재적 소송비용이 보수적 회계처리를 강화시킨 것은 회계투명성 향상에도 기여함을 시사해주고 있다.

참고문헌

김경호, 박종일(1999). 기업부실화 이전의 이익조정에 대한 연구. 「회계저널」(제1호): 259~284.

김문철, 황인태(1998). 감사의 품질차이가 전기손익수정에 미치는 영향. 「회계학연구」(제2호): 1~26.

______(1998), 감사의 품질차이가 전기손익수정에 미치는 영향, 「회계학연구」. 제23권 제2호: 1~26.

나종길, 최관(2003). 회계발생액과 차별적 감사수요. 「회계학연구」. 제28권 제1호: 1~32.

나종길, 최기호(2001). 이익조정에 대한 비적정의견 성향과 감사품질. 「회계학연구」. 제26권 제3호.

박종성(1999). 피감사회사 특성과 감사인 특성을 이용한 감리지적 예측. 「회계학연구」: 1~32.

박종성, 최기호(2001). 차별적 감사수요와 자발적 감사인 교체. 「회계학연구」. 제26권 제3호.

박종일, 김경호(2002). 세금비용과 이익조정이 회계이익과 과세소득의 차이에 미치는 영향. 「회계학연구」(제2호): 81~116.

박종일, 이명곤, 원형연(1999). 재량적 발생액을 이용한 감사인의 감사품질분석. 「회계와 감사연구」. 제35호: 289~319.

박종찬(2005). 1997년 금융위기 이후 회계제도 개혁에 따른 이익의 적시성과 보수성 변화. 「회계학연구」. 제30권 제4호(12월): 1~26.

박춘래, 김성민(1995). 최저한세 시행전후 기업들의 세무조정행태. 「회계학연구」(제4호): 79~98.

박한순(1996). 감사인 지정이 경영자의 이익조정 행위에 미치는 영향. 「회계학연구」(제3호): 33~62.

______(2001). 부동산처분이익을 이용한 이익조절. 「회계학연구」(제1호): 89~106.

배길수(1999). 발생액 예측모형과 각 모형의 예측오차 비교. 「회계학연구」(제2호): 29~50.

백원선(2000). 이익조정 수단으로서의 재량적 발생액 추정치의 성과 비교. 「회계학연구」(제3호).

백원선, 최관(1999). 이익조정과 법인세 최소화 동기. 「회계학연구」(제1호): 115~140.

송인만, 이용호(1997). 이익유연화 현상과 정보효과: 투자자가 유용한 정보를 얻을 수 있는가? 「회계학연구」(제4호): 193~220.

송인만, 최관(1992). 회계변경의 이익유연화 현상과 주가반응. 「회계학연구」(제14호): 221~246.

이효익, 최관(1996). 기업의 이익조정에 대한 윤리적 수용가능성. 「회계학연구」: 21~43.

이효익, 최관, 백원선(2009). 『IFRS 회계원리』. 신영사.

장휘용(1997). 부실기업표본을 이용한 우리나라 상장기업의 회계조정행위 분석. 「회계학연구」(제4호): 61~90.

정규언(1992). 경영자 변경과 이익이연 행위. 「회계학연구」(제14호): 27~48.

최관,(1998). 감리지적기업의 이익조작에 관한 실증적 연구. 「회계학연구」(제2호): 133~161.

최관, 김문철(1997). 신규상장기업의 이익조정에 관한 실증적 연구. 「회계학연구」(제2호): 1~28.

최관, 백원선(1999). 유상증자기업의 이익조정에 관한 실증적 연구. 「회계학연구」(제4호): 1~28.

최관, 전성일(2005). 외환위기와 보수적 회계처리. 「회계학연구」 제30권 제3호(9월): 215~242.

최관, 정문종, 최국현(2001). 「금융감독원 감리선정모형 개발」. 금융감독원 연구보고서.

최관, 정병욱(1998). 부도발생기업의 회계선택. 「경영학연구」(제2호): 495~512.

최관, 최국현(2003). 회계부정기업의 특성에 관한 연구: 감리지적기업을 중심으로. 「회계학연구」(제2호).

최종서(1998). 재량적 발생조정이 이익구성요소의 정보효과에 미치는 영향. 「회계학연구」. 제23권 제4호: 81~116.

한봉희(1998). 발생주의적 조정의 유용성 저하에 관한 실증연구. 「회계학연구」(제4호): 53~80.

황교선(1990). 경영자의 기간이익 유연화 경향에 관한 연구. 「회계학연구」(제10호): 63~88.

Adiel, R.(1996). Reinsurance and the Management of Regulatory Ratios and Taxes in the Property-Casualty Insurance Industry. *Journal of Accounting and Economics* 22 (August-December): 207~240.

Ahmed, A. S., B. K. Billings, R. M. Morton, and M. Stanford-Harris(2002). The Role of Accounting Conservatism in Mitigating Bondholder-Shareholder Conflicts over Dividend Policy and in Reducing Debt Cost. *The Accounting Review* 77 (October): 867~890.

Ball, R., S. P. Kothari, and A. Robin(2000). The Effect of International Institutional Factors on Properties of Accounting Earnings. *Journal of Accounting Economics* 29 (February): 1~51.

Bartov, E.(1993). The Timing of Asset Sales and Earnings Manipulation. *The Accounting Review* 68 (October): 840~855.

Basu, S.(1997). The Conservatism Principle and the Asymmetric Timeliness of Earnings. *Journal of Accounting and Economics* 24 (December): 3~37.

Beasley, M.(1996). An Empirical Analysis of the Relation between Board of Director Composition and Financial Statement Fraud. *The Accounting Review* 71 (October): 443~465.

Beasley, M., J. Carcello, and D. Hermanson(1999). Fraudulent Financial Reporting: 1987-1997. An Analysis of U.S. Public Companies, Committee of Sponsoring Organizations of the Treadway Commission.

Beatty, A., S. Chamberlain, and J. Magliolo(1995). Managing Financial Reports of Commercial Banks: The Influence of Taxes, Regulatory Capital and Earnings. *Journal of Accounting Research* 33 (Autumn): 231~261.

Beaver, W. and E. Engel(1996). Discretionary Behavior with Respect to Allowances for Loan Losses and the Behavior of Security Prices. *Journal of Accounting and Economics* 22 (August-December): 177~206.

Beaver, W. and S. Ryan(2000). Biases and Lags in Book Value and their Effects on the Ability of the Book-to-Market Ratio to Predict Book Return on Equity. *Journal of Accounting Research* 38 (Spring): 127~148.

Becker, C., M. DeFond, J. Jiambalvo, and K. Subramanyam(1998). The Effect of Audit

Quality on Earnings Management. *Contemporary Accounting Research* 15 (Spring): 1~24.

Beneish, M.(1994). The Detection of Earnings Manipulation. Working paper. Duke University. Durham, NC.

______(1999). Incentives and Penalties Related to Earnings Overstatements that Violate GAAP. *The Accounting Review* 74 (October): 425~457.

Beneish, M. D.(1997). Detecting GAAP Violation: Implication for Assessing Earnings Management among Firms with Extreme Financial Performance. *Journal of Accounting and Public Policy* 16 (Fall): 271~309.

Bernard, V. and D. Skinner(1996). What Motivates Manager's Choice of Discretionary Accruals? *Journal of Accounting and Economics* 22 (August-December): 313~325.

Biddle, G., R. Bowen, and J. Wallace(1997). Does EVA Beat Earnings? Evidence on Association with Stock Return and Firm Values. *Journal of Accounting and Economics* 24 (December): 301~336.

Burgstahler, D. and I. Dichev(1997). Earnings Management to Avoid Earnings Decreases and Losses. *Journal of Accounting and Economics* 24 (December): 99~126.

Cahan, S.(1992). The Effect of Antitrust Investigation on Discretionary Accruals: A Refined Test of Political-Cost Hypothesis. *The Accounting Review* 67 (January): 77~95.

Cohen, D., A. Dey, and T. Lys(2008). Real and Accrual-Based Earnings Management in the pre-and post-Sarbanes-Oxley Period. *The Accounting Review* 83 (May): 757~787.

Cohen, D. and P. Zarowin(2008). Accrual-Based and Real Earnings Management Activities around Seasoned Equity Offerings. Working paper, New York University.

Collins, J., D. Shackelford, and J. Wahlen(1995). Bank Differences in the Coordination of Regulatory Capital, Earnings and Taxes. *Journal of Accounting Research* 33 (Autumn): 263~291.

DeAngelo, L.(1986). Accounting Number as Market Valuation Substitutes: A Study of Management Buyouts of Public Shareholders. *The Accounting Review* 61 (July): 400~420.

DeAngelo, H., L. DeAngelo, and D. Skinner(1994). Accounting Choice in Troubled Companies. *Journal of Accounting and Economics* 17 (January): 113~143.

Dechow, P. and R. Sloan(1991). Executive Incentives and the Horizon Problem: An Empirical Investigation. *Journal of Accounting and Economics* 14 (March): 51~89.

Dechow, P. M., R. Sloan, and A. Sweeney(1995). Detecting Earnings Management. *The Accounting Review* 70 (April): 193~225.

______(1996). Causes and Consequences of Earnings Manipulations: An Analysis of Firms Subject to Enforcement Actions by the SEC. *Contemporary Accounting Research* 13 (Spring): 1~36.

Dechow, P. M., S. P. Kothari, R. L. Watts(1998). The Relation between Earnings and Cash

Flows. *Journal of Accounting and Economics* 25 (May): 133~168.

DeFond, M. and J. Jiambalvo(1994). Debt Covenant Violation and Manipulation of Accruals. *Journal of Accounting and Economics* 17 (January): 145~176.

DeFond, M. and C. Park(1997). Smoothing Income in Anticipation of Future Earnings. *Journal of Accounting and Economics* 23 (July): 115~139.

DeFond, M. and K. Subramanyam(1998). Auditor Changes and Discretionary Accruals. *Journal of Accounting and Economics* 25 (February): 35~68.

Degeorge, F., J. Patel, and R. Zeckhauser(1999). Earnings Management to Exceed Thresholds. *Journal of Business* 72(1): 1~33.

Erickson, M. and S. Wang(1999). Earnings Management by Acquiring Firms in Stock for Stock Mergers. *Journal of Accounting and Economics* 27 (April): 149~176.

Feltham, J. and J. Ohlson(1995). Valuation and Clean Surplus Accounting for Givoly, D. and C. Hyan. 2000. The Changing Time-Series Properties of Earnings, Cash Flows and Accruals: Has Financial Reporting Become More Conservative? *Journal of Accounting and Economics* 29 (June): 287~320.

Feroz, E., K. Park, and V. Pastena(1991). The Financial and Market Effects of the SEC's Accounting and Auditing Enforcement Releases, *Journal of Accounting Research* 29 (Supplement): 107~142.

Gaver, J., K. Gaver, and J. Austin(1995). Additional Evidence on Bonus Plans and Income Management. *Journal of Accounting and Economics* 19 (February): 3~28.

Gu, Z. and C. Jevons Lee(1999). How Widespread Is Earnings Management? The Intra-Year Timing Evidence. Working paper. Carnegie Mellon University.

Guay, W., S. Kothari, and R. Watts(1996). A Market-Based Evaluation of Discretionary Accrual Models. *Journal of Accounting Research* 34 (Supplement): 83~105.

Guenther, D.(1994). Measuring Earnings Management in Response to Corporate Tax Rate Changes: Evidence from the 1986 Tax Reform Act. *The Accounting Review* 69 (January): 230~243.

Guidry F., A. Leone, and S. Rock(1999). Earnings-Based Bonus Plans and Earnings Management by Business Unit Managers. *Journal of Accounting and Economics* 26 (January): 113~142.

Hayn, C.(1995). The Information Content of Losses. *Journal of Accounting and Economics* 20 (September): 125~153.

Healy, P.(1985). The Effect of Bonus Schemes on Accounting Decisions. *Journal of Accounting and Economics* 7 (April): 85~107.

______(1996). Discussion of a Market-Based Evaluation of Discretionary Accrual Models. *Journal of Accounting Research* 34 (Supplement): 107~115.

Healy, P. and J. Wahlen(1999). A Review of the Earnings Management Literature and its Implications for Standard Setting. *Accounting Horizon* 13 (December): 365~384.

Healy, P. and K. Palepu(1990). Effectiveness of Accounting-Based Dividend Covenants. *Journal of Accounting and Economics* 12 (January): 97~124.

Holthausen, R., D. Larcker, and R. Sloan(1995). Annual Bonus Schemes and the Manipulation of Earnings. *Journal of Accounting and Economics* 19 (February): 29~74.

Huijgen, C. and M. Lubberink(2003). Earnings Conservatism, Litigation, and Contracting: the Case of Cross-Listed Firms. *Journal of Business Finance & Accounting* 32 (September): 1275~1309.

Hunt, A., S. Moyer, and T. Shevlin(1995). Earnings Volatility, Earnings Management, and Equity Value. Unpublished Working paper. University of Washington.

Jain, P. K. and Z. Rezaee(2004). The Sarbanes-Oxley Act of 2002 and Accounting Conservatism. Working paper. University of Memphis.

Jeter, C. and Shivakumar(1999). Cross-Sectional Estimation of Abnormal Accruals Using Quarterly and Annual Data: Effectiveness in Detecting Event-Specific Earnings Management. *Accounting and Business Research* 29 (Autumn): 299~320.

Jones, J.(1991). Earnings Management during Import Relief Investigation. *Journal of Accounting Research* 29 (Autumn): 193~228.

Kaplan, R.(1985). Comment on Paul Healy: Evidence on the Effect of Bonus Schemes on Accounting Procedures and Accrual Decisions. *Journal of Accounting and Economics* 7 (April): 109~113.

Kasznik, R.(1999). On the Association between Voluntary Disclosure and Earnings Management. *Journal of Accounting Research* 37 (Spring): 57~82.

Key, K.(1997). Political Cost Incentives for Earnings Management in the Cable Television Industry. *Journal of Accounting and Economics* 23 (November): 309~337.

Klein, A.(2002). Audit Committee, Board of Director Characteristics, and Earnings Management. *Journal of Accounting and Economics* 33 (August): 375~400.

Kothari, S. P. and R. Watts(1998). The relation between earnings and cash flows. *Journal of Accounting and Economics* 25 (May): 133~168.

Kreutzfeldt, R. and W. Wallace(1986). Error Characteristics in Audit Populations: Their Profiles and Relationships to Environmental Factor. *Auditing: A Journal of Practice and Theory* 6 (Fall): 20~43.

Lev, B., and P. Zarowin(1999). The Boundaries of Financial Reporting and How to Extend Them. *Journal of Accounting Research* 37 (Autumn): 353~385.

Mande, V., R. File, and W. Kwak(2000). Income Smoothing and Discretionary R&D Expenditures of Japanese Firms. *Contemporary Accounting Research* 17 (Summer): 263~

302.

Maydew, E.(1997). Tax-Induced Earnings Management by Firms with Net Operating Losses. *Journal of Accounting Research* 35 (Spring): 83~96.

McNichols, M.(2000). Research Design Issues in Earnings Management Studies. *Journal of Accounting and Public Policy* 19 (Winter): 313~345.

McNichols, M. and G. Wilson(1988). Evidence of Earnings Management from the Provision for Bad Debts. *Journal of Accounting Research* 26 (Supplement): 1~31.

Mizik, N. and R. Jacobson(2007). Myopic Marketing Management: Evidence of the Phenomenon and its Long-term Performance Consequences in the SEO Context. *Marketing Science* 26 (May): 361~379.

Moyer, S.(1990). Capital Adequacy Ratio Regulation and Accounting Choices in Commercial Banks. *Journal of Accounting and Economics* 13 (July): 123~154.

Penman S. H., X. J. Zhang(2002). Accounting Conservatism and the Relation between Returns and Accounting data. *The Accounting Review* 77 (April): 237~264.

Perry, S. and T. Williams(1994). Earnings Management Preceding Management Buyout Offers. *Journal of Accounting and Economics* 18 (September): 157~180.

Petroni, K.(1992). Optimistic Reporting in the Property Casualty Insurance Industry. *Journal of Accounting and Economics* 15 (December): 485~508.

Pope, P. F. and M. Walker(1999). International Differences in Timeliness, Conservatism, and Classification of Earnings. *Journal of Accounting Research* 37 (Supplement): 53~99.

Rangan, S.(1998). Earnings Management and the Performance of Seasoned Equity Offerings. *Journal of Financial Economics* 50 (October): 101~122.

Ronen, J. and S. Sadan(1981). *Smoothing Income Numbers: Objectives, Means, and Implications.* Addison-Wesley.

Roychowdhury, S.(2006). Earnings Management through Real Activities Manipulation. *Journal of Accounting and Economics* 42 (December): 335~370.

Schipper, K.(1989). Commentary on Earnings Management. *Accounting Horizons* 3 (December): 91~102.

Scott, W.(1997). *Financial Accounting Theory*. Prentice Hall.

Sholes, M., G. Wilson, and M. Wolfson(1992). A Firm's Responses to Anticipated Reductions in Tax Rates: The Tax Reform Act of 1986. *Journal of Accounting Research* 30 (Supplement): 161~185.

Subramanyam, K.(1996). The Pricing of Discretionary Accruals. *Journal of Accounting and Economics* 22 (August-December): 249~281.

Summers, S. and J. Sweeney(1998). Fraudulently Misstated Financial Statements and Insider Trading: An Empirical Analysis. *The Accounting Review* 73 (January): 131~146.

Sweeney, A.(1994). Debt-Covenant Violations and Managers's Accounting Responses. *Journal of Accounting and Economics* 17 (May): 281~308.

Tazawa, M.(2003). The Timeliness of Earnings and Accruals under Conservatism in Japan. Working paper. Nagoya City University(May).

Teoh, S., I. Welch, and T. Wong(1998a). Earnings Management and the Underperformance of Seasoned Equity Offerings. *Journal of Financial Economics* 50 (October): 63~99.

______(1998b). Earnings Management and the Long-Term Market Performance of Initial Public Offerings. *Journal of Finance* 53 (December): 1935~1974.

Watts, Ross L.(2003a). Conservatism in Accounting, Part Ⅰ: Explanations and Implications. *Accounting Horizons* 17 (3, September): 207~221.

______(2003b). Conservatism in Accounting, Part Ⅱ: Evidence and Research Opportunities. *Accounting Horizons* 17 (4, December): 287~301.

Watts, R. and J. Zimmerman(1986). *Positive Accounting Theory*. Englewood Cliffs, NJ: Prentice Hall.

Zang, A.(2007). Evidence on the Tradeoff between Real Manipulation and Accrual Manipulation. Working paper. Duke University.

제 9 장

재무제표에 기초한 기본적 분석

기업의 과거주가(크기, 패턴, 거래량 등)에 근거하여 그 기업의 미래주가를 예측하는 기법을 기술적 분석(technical analysis)이라 한다. 이에 반해 기본적 분석(fundamental analysis)은 주가가 아닌, 이보다 근원적인 요소에 근거하여 그 기업의 기본가치(fundamental value) 혹은 내재가치(intrinsic value)를 추정하는 방법을 일컫는다. 기본적 분석에는 현 주가가 궁극적으로 내재가치로 귀착할 것이라는 가정이 깔려 있다. 이러한 기저하에 현 주가와 기본적 분석으로 추정한 내재가치를 비교함으로써 저평가 혹은 고평가된 주식을 찾아내려는 것이 기본적 분석의 주요 목적이라고 할 수 있다. 기본적 분석은 주가와 내재가치 간의 괴리를 인정할 경우에 그 의의가 있다. 이에 효율적 자본시장 가설이 풍미하였던 1960년대부터 근 30여년간 기본적 분석에 관한 연구는 미미한 수준에 머물러 있었다. 그러나 재무와 회계 관련 연구에서 효율적 자본시장 가설에 반하는 수많은 증거가 최근까지 지속적으로 누적되어 왔으며 이와 더불어 Ohlson(1995)의 연구는 회계자료와 기업가치 간의 구조적 관계를 명쾌히 제시하기에 이르렀다. 이로 인해 기본적 분석 연구는 새로운 활력을 갖게 되었다(Bauman 1996; Bernard 1995).

제 1 절 기본적 분석

기본적 분석은 기업의 현 운영상황을 파악하고 미래 전망을 예측함으로써 기업의 가치를 추정하는 것이다. 이를 위해 기업의 회계자료뿐만 아니라 거시경제상황, 산업전망, 제품수요, 기업전략 등과 같은 非회계자료를 평가한다. 그러나 기본적 분석에서 무엇보다도 가장 중요한 것은 기업의 재무제표 자료를 분석하는 것이다. 실제로 증권시장에서 재무분석가나 신용평가사의 기업가치 분석은 그 기업의 재무제표 분석(financial statement analysis)을 토대로 하여 이루어지고 있다. 문제는 이러한 기본적 분석이 명확한 이론적 모형 없이 단편적인 논리에 근거하여 행해져 왔다는 점이다. 즉 실무계에서 행해온 전통적인 기본적 분석은 각종 재무비율들을 단편적으로 평가하거나 이에 임의적으로 가중치를 부여하여 하나의 수치로 종합하는 식의 재무비율 분석(financial ratio analysis)에 불과하였다. 학계에서도 주가 자체가 기업의 내재가치를 잘 반영하고 있다는 효율적 자본시장 가설의 여파로 1980년대 말까지 기본적 분석에 의미를 부여할 수가 없었고 따라서 기본적 분석은 연구의 사각지대가 되어 왔었다.[1)]

기본적 분석 연구에 대한 관심은 Ball과 Brown(1968) 이래로 자본시장 회계연구를 종합적으로 그리고 비판적인 시각에서 재검토하고 있는 Lev와 Ohlson(1982), Lev(1989), 그리고 Bernard(1989)의 세 연구에서 비롯된다고 할 수 있다. 이 연구들은 회계정보와 주가의 통계적 상관관계로써 회계정보의 유용성을 검증하는 식의 정보적 관점(information perspective) 연구의 한계를 인지하면서 이를 탈피하기 위한 일환으로 재무제표 자료와 기업가치 간의 구조적 관계 모형을 정립하고 이에 바탕을 둔 기업가치 평가 연구의 필요성을 강조하고 있다. Ohlson(1995)은 이러한 요구에 부합하는, 기본적 분석 연구 패러다임의 초석이 되는 연구이다.[2)] Ohlson은 회계정보가 현 주가를 통계적으로 얼마나 설명하는가를 실증적으로 검증하는 데 만족해 왔던 전통적인 정보적 관점에서 재무제표 자료를 중심으로 미래이익을 예측하고 이러한 예측을 바탕으로 기업의 내재가치를 추정하는 측정적 관점(measurement perspective) 또는 기본적 관점(fundamental perspective)으로 회계학 연구의 패러다임을 바꾸는 분수령 역할을 하였다고 할 수 있다.

제2절 전통적인 재무비율 분석

재무비율(financial ratios)은 투자자와 증권분석가들이 기업의 가치평가에 빈번히 이용하는 지표이다. 문제는 재무비율이 왜 어떻게 기업가치로 연결되는가에 대한 이론적 근거가 명확하지 않다는 점이다. 따라서 재무비율 분석은 대개 단편적으로 이루어지고 있으며 이에 근거한 결론이 분석자의 주관에 치우

1) 효율적 시장가설하에서 기본적 분석의 의의를 구태여 찾고자 한다면, 주가가 내재가치로부터 지나치게 이탈하는 것을 방지하는 역할을 한다는 점을 들 수 있다(Bauman 1996).

2) Feltham and Ohlson(1995)도 Ohlson(1995)과 더불어 기본적 분석의 초석이 되는 연구이지만 이 장에서는 줄곧 편의상 Ohlson만을 언급한다.

칠 수 있다는 단점이 있다. 그러나 재무비율은 여전히 기업가치 평가에 중요한 원초적인 분석자료이므로 기본적 분석의 기초로서 그 비율들 각각의 정의와 의미를 이해할 필요가 있다.

재무비율 분석(financial ratio analysis)이란 기업의 재무제표 자료에 기초하여 재무비율을 계산해내고 그 재무비율을 기간간 혹은 기업간 비교하여 기업의 재무상태와 경영성과를 분석·평가하는 기법이다. 재무비율은 한 관심 있는 재무항목을 매출, 자산 등과 같은 기업규모를 나타내는 수치로 나누어 계산한 비율이다. 기업규모를 통제하여야만 재무항목의 기간간 혹은 기업간 비교가 의미 있게 된다. 재무비율은 그 비율 단독으로는 별 의미가 없다. 재무비율은 그 무엇과 비교를 함으로써 의미를 찾을 수 있다.

재무비율의 기간간 비교란 한 기업에 대해 재무비율의 시간적 변화추이를 파악하는 것이다. 이로써 시간적으로 그 기업의 수익성이 개선되고 있는지 안정성이 높아지고 있는지 등의 여부를 평가할 수 있다. 재무비율의 기업간 비교란 한 주어진 기간에 있어 우리 기업의 재무비율을 타기업의 재무비율과 비교하는 것이다. 이로써 우리 기업의 수익성이 혹은 안정성이 타기업에 비해 우월한지의 여부를 평가할 수 있다. 기업간 비교에서 비교대상기업으로 우리 기업과 동종산업에 속한 경쟁기업을 택하는 것이 좋다. 경쟁기업의 재무비율을 얻기가 용이하지 않다면 대신에 동종산업의 재무비율 평균치를 이용할 수 있을 것이다. 각 산업별 재무비율의 평균치는 한국은행에서 매년 발간하는 『기업경영분석』과 산업은행에서 매년 발간하는 『재무분석』이라는 책자에서 손쉽게 얻을 수 있다.

재무비율을 이용한 기업의 재무상태 평가는 재무상태표 자료에 근거하여 기업의 안정성(위험도)을 평가하는 것이다. 또한 기업의 영업성과 평가는 손익계산서 자료를, 규모를 나타내는 재무상태표 자료로 나누어 기업의 수익성을 평가하는 것이다. 기업의 수익성은 마진율과 자산운용의 효율성(자산회전율)에 의해 결정된다고 볼 수 있다.

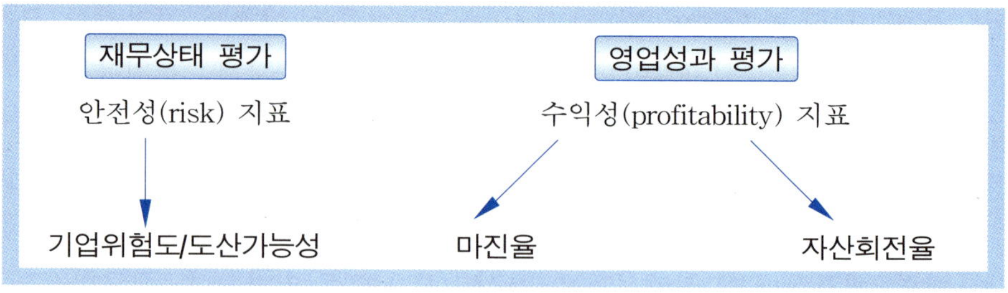

기업경영의 목적은 주주와 채권자의 투자에 대한 이익창출의 극대화이다. 따라서 기업의 혹은 사업부의 총체적인 경영성과는 투자 대비 창출된 이익률(return on investment: *ROI*)로 평가한다. *ROI*의 대표적인 측정치로 총자본이익률(return on assets: *ROA*), 자기자본이익률(return on equity: *ROE*), 그리고 경제적 부가이익(economic value added: *EVA*)을 들 수 있다. *ROA*는 마진율과 자산회전율을 곱한 개념이다. *ROE*와 *EVA*는 이에 기업위험도(risk)를 추가로 고려한 종합적인 경영성과 측정치이다.

재무비율은 기업의 영업주기(operating cycle)와 현금회전주기(cash cycle)를 파악하는 데 도움을 준다. 경영자는 영업주기와 현금회전주기의 추이변화를 살펴보고 이 지표들을 타기업과 비교함으로써 재고관리나 고객신용관리와 같은 중요 영업활동에 큰 문제가 없는지를 일차적으로 쉽게 파악할 수 있다.

1. 총체적 성과지표

(1) 총자본이익률

총자본이익률(return on asset: *ROA*)은 총자본, 즉 자산의 투자이익률을 나타낸다.

> *ROA* = (당기순이익 + 세후이자비용) / 평균자산(혹은 기초자산)

자산은 채권자의 지분(부채)과 주주의 지분(자본)으로 구성되어 있다. 부채와 자본의 구성비율을 재무구조(financial structure 혹은 capital structure)라 한다. 자산의 이익창출능력은 그 재원형태(부채와 자본의 구성형태)와 무관하므로 *ROA*는 재무구조와 독립적으로 계산하는 것이 바람직하다. 분자인 당기순이익에 이자비용을 세전이 아닌 세후 상태로 가산하는 것이 바로 이러한 이유 때문이다.

(2) 자기자본이익률

자기자본이익률(return on common equity: *ROE* 혹은 *ROCE*)은 보통주 주주에 귀속되는 자본의 투자이익률을 나타낸다.

ROE = (당기순이익 − 우선주배당금) / 평균자본(혹은 기초자본)

우선주가 있을 경우 분자인 당기순이익에서 우선주배당금을 차감하고 분모인 자본에서 우선주자본금을 차감하여야 한다. 이 비율은 보통주 주주의 자본 1원 투자에 대해 보통주 주주에게 귀속되는 이익액수를 나타낸다. *ROE*는 전문경영인과 사업부 등의 경영성과 평가지표로 흔히 이용된다. 금년에 성취한 *ROE*가 기업의 적정 자기자본이익률보다 높은지의 여부로 경영성과를 평가한다. 적정 자기자본이익률은 부채의 이자율에 위험도보상률을 가산함으로써 얻을 수 있다. 기업위험도(firm risk)는 사업위험도(business risk)와 재무위험도(financial risk)로 구분된다. 사업위험도는 기업이 영위하는 사업에 내재된 위험도를 일컬으며 영업위험도(operating risk)라고도 한다. 일반적으로 성장성이 큰 벤처기업의 경우 사업위험도가 높으며 안정적인 굴뚝기업의 경우 사업위험도가 낮다. 재무위험도는 재무구조의 함수로서 부채비율이 높을수록 재무위험도가 높다고 할 수 있다. 사업위험도보상률은 사업위험이 클수록, 그리고 재무위험도보상률은 재무위험이 클수록 높아진다.

> 적정 자기자본이익률
> = 부채의 이자율 + 사업위험도보상률 + 재무위험도보상률

부채의 이자율로 회사채이자율을 사용한다면 총위험도보상률(사업위험도보상률+재무위험도보상률)은 기업에 따라 3% 내지 10% 정도로 책정하는 것이 일반적으로 무난하다고 사료된다.[3)]

*ROE*를 3가지 비율의 곱으로 나타내어 분석 · 평가하는 기법을 듀퐁분석(Dupont analysis)이라 한다. 듀퐁분석은 기업의 *ROE*에 문제가 있을 때 그 원인 규명에 도움을 준다.

$$
\begin{aligned}
ROE &= \text{당기순이익} / \text{자본} \\
&= (\text{당기순이익} / \text{매출액}) \times (\text{매출액}/\text{자산}) \times (1 + \text{부채} / \text{자본}) \\
&= ROS \times \text{Asset Turnover} \times (1 + D/E)
\end{aligned}
$$

매출액순이익률(return on sales: *ROS*)은 매출액에서 당기순이익이 차지하는 비율을 나타낸다. 매출액순이익률이 낮은 주된 이유로 부가가치가 낮은 제품의 취급과 방만한 비용관리를 들 수 있다.

총자본회전율(asset turnover)은 자산의 효율적인 운영을 총괄적으로 나타내는 지표이다. 총자본이란 타인자본(부채)과 자기자본(자본)의 합, 즉 자산을 의미한다. 총자본회전율은 자산 1원당 창출한 매출액이다. 기업이 구조조정의 일환으로 downsizing(자본압축전략)을 하는 경우가 빈번한데 이는 매출의 창출에 도움이 되지 않는 자산을 처분함으로써 총자본회전율을 개선시키기 위함이다. 총자본회전율의 하부 비율로 고정자산회전율을 계산하기도 한다.

---

3) 부채의 이자율(예로 회사채 이자율)도 사업위험과 재무위험의 영향을 받는다. 따라서 위의 공식에서 사업위험도보상률과 재무위험도보상률은 자기자본에 대한 추가적인 위험도보상률로 간주하여야 한다. 참고로 과거 미국 주식시장의 자료에 근거하여 추정한 equity premium(적정 자기자본이익률과 무위험이자율의 차이)은 7%에서 9% 정도인 것으로 알려져 있으나, Claus and Thomas(2001)는 증권분석가의 예측치를 이용하여 검증한 결과 equity premium이 이보다 훨씬 낮게(즉, 3% 정도) 추정된다고 보고하고 있다.

$$고정자산회전율 = \frac{매출액}{평균고정자산(혹은\ 기초고정자산)}$$

고정자산회전율(fixed-asset turnover)은 고정자산 1원당 창출한 매출액을 의미하며 고정자산의 효율적인 운영을 나타내는 지표이다. 이 비율은 특히 고정설비를 이용하여 제품을 제조하는 제조기업의 근원적인 효율성 지표라 할 수 있다.

듀퐁분석에 따르면 마진율(*ROS*)이 클수록, 자산회전율(asset turnover)이 클수록, 그리고 부채비율(*D*/*E*)이 클수록 *ROE*가 증가한다. 마진율이 양(+)일 경우 부채비율이 클수록 *ROE*는 증가하나, 마진율이 음(−)일 경우 부채비율이 클수록 *ROE*는 오히려 감소하게 됨에 유의해야 한다. 부채비율이 클수록 기업의 재무위험이 높아진다. 그 반대급부로, 양(+)의 마진율을 유지하는 한, 수익성(*ROE*) 또한 높아진다(즉, 위험과 수익률 간의 trade-off).

*ROE*는 실무에서 가장 널리 쓰이는 재무비율 지표라고 할 수 있다. 듀퐁분석에 의하면 *ROE*는 수익성과 위험도의 속성을 모두 지니고 있다. 이에 대해 Penman(1991)은 실증적으로 과연 그러한지, 더 나아가 현재의 *ROE*가 기업의 미래 수익성에 대해 예측가치가 있는지를 살펴보고 있다. Penman은 ① *ROE*가 위험도보다는 수익성의 지표이며, ② 현재의 *ROE*가 평균회귀(mean reverting) 과정을 나타내긴 하지만 그 수준이 수년 동안 미래 *ROE*로 연결되므로 미래 수익성의 예측가치가 있다는 증거를 제시한다. 그러나 ③ 현 *ROE*의 예측가치는 현 *P*/*B*(주가순자산비율; price-book ratio)에 상당히 종속적(dependent)이라는 점을 지적하고 있다. 또한 ④ *ROE*는 일시적 이익을 파악하는 데 도움이 되며, ⑤ 주가에는 이미 반영되었으나 아직 이익으로 산입되지 않은 타정보를 나타내는 속성이 있다는 것을 보고하고 있다.

(3) 경제적 부가이익

*ROA*나 *ROE*는 비율측정치이나 경제적 부가이익(economic value added: *EVA*)은 금액측정치이다.

$$EVA = \text{세후영업이익} - (\text{투하자산} \times WACC)$$

*EVA*는 기업이 한 기간 동안의 영업결과로 창출한 "진정한(true)" 이익을 나타내는 수치이다. 영업이익, 경상이익, 당기순이익 등 손익계산서상의 이익항목은 투하자산에 대한 기회비용을 충분히 고려하기 전의 수치이다. 따라서 이러한 이익항목의 값이 양(+)이라 할지라도 기회비용이 그보다 클 경우 기업은 실제상으로는 손실을 본 것이다. 반면에 *EVA*는 기회비용을 충분히 감안한 후의 수치이므로 *EVA*는 기업의 진정한 이익, 즉 적정이익을 보장한 후의 초과이익수치를 나타낸다고 할 수 있다. 예로 한 기업의 2002년 *EVA*가 100억원이라면 그 기업이 그 해에 창출한 초과이익, 즉 경제적 부가이익은 100억원이며 그만큼 기업가치가 증가했다고 할 수 있다. 반대로 *EVA*가 −100억원이라면 경제적 부가손실이 100억원이며 그만큼 기업가치가 감소하였다고 할 수 있다. *EVA*는 다음과 같이 계산한다.

$$\begin{aligned} EVA &= \text{세후영업이익} - \text{투하자산에 대한 기회비용} \\ &= \text{세후영업이익} - \text{투하자산에 대한 세후자본비용} \\ &= \text{세후영업이익} - (\text{투하자산} \times WACC) \end{aligned}$$

기업이 창출한 영업이익에 대해 청구권이 있는 자는 정부(국세청), 채권자, 그리고 주주이다. 정부에는 법인세를 납부하므로 영업이익에서 우선 법인세를 공제하여 세후영업이익(after-tax operating income)을 얻는다. 세후영업이익에서 기회비용(opportunity cost)으로 채권자에게 지불할 이자(타인자본비용)와 주주에게 보상할 적정 자기자본비용을 차감하고 남은 순액이 *EVA*이다.

세후영업이익은 100% equity-financing(100% 자기자본)을 가정하고 영업이익에 (1−법인세율)을 곱하여 계산한다. 이는 자산의 이익창출능력이 그 재원형태(부채와 자기자본의 구성형태)와 무관하므로 세후영업이익을 기업의 재무구조와 독립적으로 산출하기 위함이다.

$$\text{세후영업이익} = \text{영업이익} \times (1 - \text{법인세율})$$

세후가중평균자본비용(after-tax weighted average cost of capital: *WACC*) 또는 간단히 가중평균자본비용은 다음과 같이 세후이자율(타인자본비용)과 자기자본비용의 가중평균으로 계산한다.

$$WACC = \{\text{세후이자율} \times (\text{부채}/\text{투하자산})\} + \{\text{자기자본비용} \times (\text{자본}/\text{투하자산})\}$$

여기서 세후이자율 = 세전이자율 × (1 − 법인세율)
자기자본비용 = 세전이자율 + 위험도보상률

2. 회계정보와 주가 연계비율

(1) *P/B*

주가순자산비율(price-book ratio: *P/B* 또는 *PBR*) 혹은 시장장부가치비율(market-to-book value ratio: *M/B* 또는 *MBR*)은 보통주 시가총액을 장부가총액으로 나눈 값이다.[4]

$$P/B = \text{보통주시가총액} / \text{보통주장부가총액}$$

*P/B*가 1보다 높다는 것은 기 투자한 자본, 즉 순자산 장부가액에 비해 예상되는 미래이익의 현재가치, 즉 주식의 시가가 높다는 것을 의미한다. 투자자들이 기업의 미래 전망(prospects)을 밝게 볼수록 *P/B*가 높게 나타난다.

---

4) *P/B*는 장부가(*B*)가 음일 경우 그 크기의 연속성이 없어진다. 따라서 *P/B*(혹은 *M/B*)를 변수로 하는 실증연구에서 이를 역수인 *B/P*(혹은 *B/M*)로 흔히 측정한다.

예를 들어, P/B는 부가가치가 높은 high-tech 기업의 경우 높게, 부가가치가 낮은 low-tech 기업의 경우 낮게 나타나는 경향이 있다.

(2) *P/E*

주가이익비율(price-earnings ratio: P/E 혹은 PER)은 보통주 1주당 시가를 보통주 1주당 순이익, 즉 주당순이익으로 나눈 값이다.[5)]

$$P/E = \text{보통주시가} / \text{주당순이익}$$

P/E는 기업의 현 주가가 현 주당순이익의 몇 배인가를 나타내는 지표이다. 증권분석가들은 흔히 이 주가이익비율을 동종산업에 속하는 국내외 다른 기업과 비교하여 해당 기업의 현 주가가 고평가되었는지(overvalued) 혹은 저평가되었는지(undervalued)를 판단하는 기준의 하나로 삼고 있다.

기업간의 P/E가 높고 낮은 데 대해 다음의 네 가지 이유가 개진될 수 있다.

① 성장기업의 경우 현재의 이익에 비해 미래의 이익이 높을 것으로 기대되므로 P/E가 높고, 사양기업의 경우 그 반대이므로 P/E가 낮다.

② 현재의 이익에 비해 기업가치, 즉 미래이익의 현재가치가 과대평가되었을 때 P/E가 높고, 현재의 이익에 비해 기업가치가 과소평가되었을 때 P/E가 낮다.

③ 주가는 예상되는 미래이익의 현재가치이다. 기업의 위험도가 클수록 미래이익을 현재가치로 할인하는 할인율이 크므로 주가는 낮아진다. 따라서 기업의 위험도가 클수록 P/E가 낮다.

④ 주당순이익이 일시적인 손실로 인해 낮아졌을 경우 P/E가 높을 것이며, 일시적인 이익으로 인해 높아졌을 경우 P/E가 낮을 것이다.

---

5) P/E는 이익(E)이 음수일 경우 그 크기의 연속성이 없어진다. 따라서 P/E를 변수로 하는 실증연구에서 이를 역수인 E/P로 흔히 측정한다.

"저 P/E 투자전략"이니 "P/E가 낮은 기업에 투자하라"는 전략은 이 네 가지 중 두 번째 이유를 염두에 둔 것이다.

(3) *P/B*와 *P/E*의 이론적 의미

Penman(1996)과 Fairfield(1994)는 *P/B*가 미래이익 수준의 지표인 반면 *P/E*는 미래이익 성장의 지표라는 것을 이론적으로 설명하면서 모두 이를 지지하는 실증결과를 제시하고 있다. Penman(1996)은 P/B를 다음과 같이 정의하고 있다.

$$\frac{P_t}{B_t} = E(\sum_{m=1}^{T} X_{t+m}^{cd} | z_t) / E(\sum_{m=1}^{T} X_{t+m}^{cd} | BV_t)$$

이러한 P/B의 정의에서 분모는 현재의 장부가액(BV_t)에 내재된 정보로 기대할 수 있는 미래의 누적이익($\sum X_{t+m}^{cd}$)이며 분자는 현재의 모든 정보(z_t)를 이용하여 시장에서 예측한 미래의 누적이익($\sum X_{t+m}^{cd}$)이다.[6] 한 기업의 현 장부가는 그 기업의 과거 전 기간 동안의 평균이익을 대변한다고 볼 수 있으므로 분모에서 기대되는 미래 누적이익은 이에 근거한 정상적인 수준의 이익일 것이다. 따라서 위 정의에 따르면 *P/B*는 과거이익에 근거한 정상이익 대비 시장에서 기대하는 미래이익의 수준, 즉 미래의 초과이익(abnormal earnings) 수준을 나타내는 측정치가 된다. Fairfield(1994)의 P/B에 대한 해석도 이와 일맥상통한다. 그는 다음과 같이 P/B를 도출하여 정의하고 있다.

$$\frac{P_t}{B_t} = 1 + \frac{\sum_{m=1}^{T}(1+r)^{-m} AX_{t+m}}{B_t}$$

6) 여기서 위 첨자인 cd는 cum-dividend(배당 포함)의 약어이다.

위 식에서 AX는 (장부가에서 기대되는 정상이익을 초과하는) 미래 초과이익을 뜻한다. 따라서 여기서도 P/B는 Penman(1996)이 정의한 바와 같이 미래 초과이익 수준의 기대치를 나타내는 지표가 된다.

P/E는 P/B를 ROE로 나눈 비율로 볼 수 있다.

$$\frac{P_t}{E_t} = \frac{P_t / B_t}{ROE_t}$$

위 식에서 분자인 P/B는 위에서 논의하였듯이 (장부가 대비) 미래이익 수준의 기대치를 나타낸다. 반면에 위 식의 분모인 ROE는 (장부가 대비) 현재이익 수준을 나타내므로 *P/E*는 현재이익 수준 대비 미래이익 수준의 기대치, 즉 미래이익의 성장기대치를 나타낸다고 할 수 있다.

(4) *P/E*와 *PEG*, 그리고 기대수익률

P/E는 회계이익(E)이 경제적 이익과 같다면 자본투자(P)에 대한 기대수익률(r; expected rate of return)을 나타낸다고 볼 수 있다:

$$r = \frac{1}{P/E} = \frac{E}{P}$$

그렇다면 P/E가 높을(낮을) 경우 기대수익률(r)이 작다(크다)는 것이므로 증권분석가들은 해당 주식에 대해 매도(매수) 의견을 제시하게 된다.

반면에 PEG는 회계이익이 경제적 이익과 같지 않더라도 그 성장률이 미래 기간 동안 일정하게 지속될 경우 자본투자에 대한 기대수익률(r)을 나타내는 지표가 될 수 있다(Easton 2004).

$$r = \sqrt{\frac{1}{PER * 100}}$$

이에 PEG가 높을(낮을) 경우 기대수익률(r)이 작다(크다)는 것을 시사하므로 증권분석가들은 해당 주식에 대해 매도(매수) 의견을 제시하게 된다. Easton(2004)은 PE와 PEG 각각에 근거하여 추정한 두 기대수익률의 타당성을 비교한 결과, 후자(PEG)가 하향편의가 있긴 하지만 전자(PE)에 비해 기대수익률 측정치로서 우월하다는 실증결과를 제시하고 있다.

PEG는 Lynch(2000)가 주식을 평가하는 데 사용한 지표로서 P/E를 회계이익의 성장률(g)*100로 나눈 것이다. 일례로 P/E가 10이고 g가 10%라면,

$$PEG = \frac{P/E}{g * 100} = \frac{10}{0.1 * 100} = 1$$

Lynch(2000)는 주식이 시장에서 올바로 평가된다면 P/E가 이익의 성장률(g)을 나타내야 하는바, 만일 P/E가 g보다 작다면, 즉 PEG가 1보다 작다면 해당 주식은 저평가된 것이며, 반대로 P/E가 g보다 크다면, 즉 PEG가 1보다 크다면 해당 주식은 고평가된 것이라는 논리를 펴고 있다. 이는 PEG가 높다(낮다)면 기대수익률이 작으므로(크므로) 해당 주식을 매도(매수) 추천하게 된다는 위의 논리와 일치한다.

(5) *EV*/ *EBITDA*

EV*/ *EBITDA는 기업가치(Enterprise Value: EV)를 이자비용, 법인세비용, 감가상각비 및 무형자산상각비 차감전 이익(Earnings Before Interest, Taxes, Depreciation and Amortization: $EBITDA$)로 나눈 것이다. EV와 $EBITDA$는 흔히 다음과 같이 계산한다.

$$EV = \text{자본의 시가} + \text{부채} - \text{현금}$$

$$EBITDA = \text{영업이익}(EBIT) + \text{상각비(Depreciation \& Amortization)}$$

*EV*는 기업이 영업에 투입한 자산의 시가측정치이다. 이자비용 차감전 세전이익(*EBIT*; Earnings Before Interest and Taxes)은 영업이익으로서 감가상각비와 무형자산상각비가 차감된 상태이다. 그런데 감가상각비와 무형자산상각비는 현금유출을 동반하지 않으므로 이를 다시 *EBIT*에 가산(add back)한 결과인 *EBITDA*는 영업현금흐름의 측정치라 할 수 있다. 따라서 *EV*/*EBITDA*는 회계이익 대신에 영업현금흐름을 사용한 *P*/*E*의 개념으로서 기업을 인수한 후 피인수기업의 영업현금흐름(*EBITDA*)으로 피인수기업의 자산인수가격(*EV*)을 회복하는 데 몇 년이 걸리는지를 나타내는 지표이다.

3. 배당관련 비율

(1) 배당성향

당기순이익은 주주의 몫이다. 당기순이익 중 일부는 현금배당으로 주주에게 환원되며 나머지는 기업이 이익잉여금으로 유보하여 재투자한다. 배당성향(dividend payout ratio 혹은 earnings yield)은 당기순이익 중 현금배당으로 주주에게 지급된 금액의 비율이다.

배당성향 = 주당배당액 / 주당순이익
　　　　= 총현금배당액 / 당기순이익

성장기기업(growing firms)의 경우 재투자를 많이 해야 하므로 배당성향이 낮으나 성숙기기업(mature firms)의 경우 재투자가 그다지 필요 없으므로 배당성향이 높다.

(2) 배당수익률

배당수익률(dividend yield)이란 배당금액 대비 주식시가의 비율, 즉 시가배당률을 말한다.

액면배당률 = 주당현금배당액 / 액면가액
= 총현금배당액 / 유통주식 자본금총액
배당수익률(시가배당률) = 주당현금배당액 / 주당 시가
= 총현금배당액 / 유통주식 시가총액

국내 기업은 통상적으로 액면배당률을 발표한다. 그러나 투자자 입장에서는 시가배당률, 즉 배당수익률이 의미 있는 수익률 수치이다. 시장개념의 주식투자수익률(stock return)은 배당수익률(dividend yield)과 시가상승이익률(capital gain rate)의 합이다.

제 3 절 기본적 분석 연구의 이론적 발전

기본적 분석의 초점은 기업의 내재가치(intrinsic value)를 추정하는 것이다. 여기에 숨은 기본적 가정은 기업의 현 주가가 때로는 그 내재가치에서 일탈(deviate)하지만 궁극적으로 이 내재가치로 돌아온다(gravitate toward)는 것이다. 기본적 분석의 핵심은 재무제표 분석(financial statement analysis)이라 할 수 있다. 재무제표 분석에 기초하여 기업의 내재가치를 추정하기 위해서는 회계자료를 기업가치에 연결시키는 구조적인 모형이 필요하다. 흥미롭게도 이러한 모형을 명시하려는 노력이 1960대 이전에 이미 진행되었으나(Preinreich 1938; Edwards와 Bell 1961), 1960년대 말부터 시작된 소위 정보관점회계라는 시각에 밀려 중단되게 되었다.

정보적 관점(information perspective)에 의한 회계는 효율적 시장가설(efficient market hypothesis: EMH)에 근거한 실증적 관점에 입각한(positive view) 회계이다. 효율적 시장가설하에서는 현 주가가 모든 알려진 정보를 순식간에 효율적으로 반영하므로 아무리 통찰력 있게 재무제표를 분석하더라도

이에 근거하여 추정한 기업의 내재가치는 현 주가보다 열등하게 된다. 정보관점회계의 패러다임하에 1980년대 말까지의 회계학 연구는 회계자료와 기업가치 간의 구조적인 관계를 밝히려는 이론적 노력을 등한시한 채 회계자료가 현 주가를 얼마나 설명하는지를 통계적으로 검증하는 데 주력하였다.

Lev(1989)는 정보관점회계의 패러다임이 그다지 큰 결실을 맺지 못하고 있다고 지적하면서 회계학 연구가 가치측정과 평가(measurement and valuation)라는 새로운 패러다임으로 방향 전환할 필요가 있다고 지적하고 있다.[7] 정보관점회계 패러다임하에서의 회계학 연구는 시장이 미리 알고 있는 회계자료와 기업가치 간의 관계를 이차적으로 밝힐 뿐이다. 따라서 이 패러다임은 회계학 연구의 유용성을 부인하는 치명적인 단점이 있다. 즉 이 패러다임은 회계학 연구가 시장에서 알지 못하고 있는 것을 발견할 가능성을 애초부터 배제하고 있다(Bernard 1995). Ohlson(1995)은 정보관점회계에서 기본적 분석 회계로의 패러다임 전환을 예고한다는 점에서 큰 의의가 있다. Ohlson은 회계자료와 기업가치 간의 구조를 어떻게 명시할 수 있는가를 이론적으로 시도한 연구로서 회계학 연구의 패러다임을 단순히 주가를 설명하는 정보관점에서 미래이익의 예측에 초점을 둔 기본적 분석 관점으로 전환시키는 분수령 역할을 하는 연구라고 볼 수 있다.

이와 더불어 회계관련 연구에서 효율적 자본시장에 반하는 수많은 증거가 누적됨에 따라 기본적 분석에 대한 연구는 더욱더 탄력을 받게 되었다. 효율적 자본시장에 반하는 증거로서 이익발표 후 주가표류현상(post-earnings-announcement drift)을 포함하여 주식시장이 회계정보에 뒤늦게 반응한다는 것을 보이는 여러 실증연구를 들 수 있다(Foster, Olsen 및 Shevlin 1984; Bernard와 Thomas 1989 & 1990; Freeman과 Tse 1992; Ou와 Penman 1989). 또한 재무학계에서 최근까지 지속적으로 발견되어온 가격이례현상들, 예로 P/E anomaly (Basu 1983), P/B anomaly(Reinganum 1988; Piotroski 2000), Size anomaly(Banz 1981; Keim 1983) 등도 효율적 자본시장의 타당성을 의심케 하는 중요한 증거이다. 주가표류현상, P/E 이례현상 그리고 P/B 이례현상 등은 한편으로 시장

7) Lev(1989)는 정보관점회계 패러다임하에서 근 30년간 지속적인 연구방법의 진전에도 불구하고 회계이익과 주가 간의 R^2가 불과 0.05 정도에 머물렀다는 것은 실망스러운 결과라고 지적하고 있다.

에 미반영된 기업위험도 때문이라고 할 수 있으나(Fama와 French 1995), 다른 한편으로 이익이나 장부가 등 회계지표에 비해 현 주가가 너무 높거나 낮게 책정된 결과로도 볼 수 있다. 후자는 시장의 비효율성을 시사하는 것인데, 이의 이유로 Lakonishok, Shleifer 및 Vishny(1994)는 "시장이 기업의 과거 성장률을 naive하게 연장(extrapolation)하여 미래매출과 이익성장률을 예측한 결과임"을 주장하면서 이에 대한 증거를 제시하고 있다. 이에 반해 Dechow와 Sloan(1997)은 "시장이, 증권분석가의 이익예측이 체계적으로 낙관적인 편의를 보이고 있음에도 불구하고, naive하게 이러한 예측을 믿고 따른 결과임"을 지지하는 증거를 제시하고 있다. Piotroski(2000)는 P/B 이례현상이 기업의 재무건전도와 관련이 없을 뿐 아니라 분기이익 발표시점에 강하게 나타난다는 점을 지적하면서 그 원인이 기업위험도에 있다고 보기는 힘들며 따라서 시장이 과거 회계정보에 뒤늦게 반영한 결과라고 주장하고 있다.

1. 정보적 관점

기업가치가 미래배당흐름의 현재가치라는 것은 가치평가의 근간이 되는 재무이론이다. 이에 따르면 기업가치의 측정에는 미래배당의 예측이 선결조건이며, 기본적 분석 연구는 회계자료 및 비회계자료로서 미래배당을 예측하는 데 초점을 맞추어야 한다. 그러나 이러한 논지는 Modigliani-Miller(M-M)의 "기업가치가 배당정책에 무관하다"는 명제 때문에 실증적으로 극복할 수 없는 난관에 봉착한다. 왜냐하면 M-M은 배당예측이 미래의 무한대의 기간 동안 행해지지 않는 한 무의미하다는 것을 내포하기 때문이다. Penman(1992)은 이 문제를 "dividend conundrum"이라고 명명하고 있다. 효율적 자본시장 가설의 도입으로 연구자들은 이 문제를 우회할 길을 찾게 되었다. 그 가설에 따르면 현 주가는 미래 전 기간에 걸친 배당흐름의 현재가치이므로 현 주가를 설명하는 것은 미래의 전 배당을 예측하는 것과 동일한 효과를 갖게 된다. 정보관점회계에서 현 주가를 설명하는 것에 초점을 맞춘 것은 바로 이런 연유 때문이라 할 수 있다(Bernard 1995).

회계자료가 현 주가를 통계적으로 얼마나 설명하는가로 회계정보의 유용성을 판단하는 것이 정보적 관점 회계의 골자이다. 대다수의 연구는 회계이익(혹은 회계이익변화)과 주가(혹은 주가변화) 간의 동시적인 상관관계를 검증하는 것에 집중되어 있다. Bernard(1989)가 지적하고 있듯이 정보관점회계에서도 회계이익과 주가 간의 구조적인 관계를 파악하는 데 진전이 있었다. Ball과 Brown(1968)은 단순히 회계이익의 증감여부만을 고려하나, Beaver, Clarke 및 Wright(1979)는 회계이익의 크기까지 고려하여 주가와 연결시키고 있다. Beaver, Lambert 및 Morse(1980)는 회계이익에 대한 주가반응이 고정적이라는 가정하에 회계이익과 주가 간의 함수관계를 명시하고 이를 검증하고 있다.

Kormendi와 Lipe(1987)는 더 나아가 회계이익에 대한 주가반응이 이익의 지속성에 따라 가변적이라는 모형을 도출하고 이를 검증하고 있다. 회계이익에 대한 주가반응이 가변적이라는 것을 밝히는 Kormendi와 Lipe의 연구는 그 후 수많은 이익반응계수 연구로 이어지게 되었다. 회계이익과 주가의 관계 명시와 이를 검증하는 통계방법론상에 많은 진전이 있었지만 여전히 이를 뒷받침할 엄격한 이론의 부재와 이로 인한 실증결과의 타당성 저하는 정보적 관점 회계의 큰 한계로 지적되고 있다. 또한 정보적 관점 회계는 위에서 지적하였듯이 회계학 연구가 시장에서 알지 못하고 있는 것을 발견할 가능성을 애초부터 배제하고 있다는 점에서 그 한계가 있다고 할 수 있다(Bernard 1995).

2. Ohlson에 의한 기본적 관점

기본적 가치평가모형의 근간은 Ohlson(1995)에 의해 마련되었다고 할 수 있다. Ohlson은 정보적 관점 패러다임이 풍미하기 이전에 진행되었던 Preinreich (1938)와 Edwards와 Bell(1961)의 연구를 이어받아 회계자료를 직접적으로 기업가치에 연결시키는 가치평가모형을 다음과 같이 도출하였다.

$$V_t = BV_t + \sum_{\tau=1}^{\infty}(1+r)^{-\tau}E_t[X^a_{t+\tau}] \quad (1)$$

여기서 V_t $=t$ 시점의 기업가치
BV_t $=t$ 기말의 순자산 장부가
r $=$ 할인율
$X^a_{t+\tau} = X_{t+\tau} - rBV_{t+\tau-1}$
$=t+\tau$ 기의 초과이익(abnormal earnings)
X_t $=t$ 기의 회계이익

위 Ohlson 모형(잔여이익모형, 또는 EBO 모형)은 "기업가치가 미래배당흐름의 현재가치이다"라는 고전적인(classical) 재무이론에 회계의 순증관계(clean surplus relation)만을 가정하고 엄격하게 도출된 결과이다.[8] 즉 Ohlson 모형은 단순하고 합리적인 가정에 바탕을 두었기 때문에 그 타당성을 부인하기 어려운 엄격한 이론모형이다.[9] 정보적 관점 회계하에서 회계자료는 기업가치를 결정하는 요인에 영향을 미치는 시그널(signal)에 불과하다. 그러나 Ohlson 모형에서는 회계자료, 즉 현 장부가와 미래(초과)이익이 기업가치를 결정하는 직접적인 요인변수이다. Ohlson 모형은 회계연구를 "주가를 설명하는" 패러다임에서 "미래이익을 예측하는" 패러다임으로, 즉 기본적 분석 관점으로 전환시키는 촉매역할을 한다고 볼 수 있다.

위의 모형에서 미래이익의 예측기간은 무한대이다. Ohlson(1995)은 실증적인 차원에서 위 모형의 유한 예측기간 버전을 개발하여 다음과 같이 제시한다.

---

8) 위의 수식 (1)에서 초과이익(abnormal earnings, X^a)은 해당 기간의 이익에서 기초 투자액(즉 기초 장부가)에 대한 기회비용을 차감한 후 얻게 되는 잔여이익(residual income)이다. 잔여이익의 개념과 이를 바탕으로 기업가치를 평가하는 모형은 Edwards와 Bell(1961) 등에서 이미 제시된 바 있다. 이에 수식 (1)의 초과이익모형(abnormal earnings model) 혹은 잔여이익모형(residual income model)을 EBO(Edwards-Bell-Ohlson)모형이라 지칭하기도 한다.

9) 정보관점회계 연구에서도 주가를 회계이익으로 평가하는 모형을 개발하는 노력이 지속적으로 있었다. 그러나 그러한 모형의 개발이 회계이익과 배당을 동일시하거나 그 두 변수간에 관계를 비현실적으로(ad hoc) 가정하였으므로 이론적으로 엄격하다고는 볼 수 없다.

$$V_t^T = BV_t + \frac{(1+r)^T}{(1+r)^T - 1} \sum_{\tau=1}^{T} (1+r)^{-\tau} E_t[X_{t+\tau}^a] \quad \text{(1A)}$$

모형 (1A)에 따르면 미래 초과이익을 특정 T기간 동안만 예측하면 된다. 미래초과이익이 유한적이라는 것은 자유경쟁시장에 대한 미시경제학의 논리에 비추어볼 때 타당성이 있다. 문제는 T기간의 길이이다. 위에서 지적하였듯이 미래배당에 근거하여 기업가치를 평가하는 고전적인 재무이론의 최대 약점은 배당을 무한기간 동안 예측해야 한다는 점이다. T가 길수록 고전적인 배당모형에 비해 Ohlson 가치평가모형의 실증적인 우월성은 사라지게 된다. 이와 관련하여 Bernard(1995)는 상당히 고무적인 결과를 제시하고 있다. 재무분석가의 이익예측자료를 이용하여 T를 4년으로 놓고 위 식 (1A)를 검증했을 때 그 R^2는 0.68로서 상당히 높게 나타났다. 이와는 대조적으로 4년간의 미래배당 예측에 근거한 회귀모형의 R^2는 0.29에 불과하였다. Bernard의 이러한 결과는 Ohlson의 가치평가모형이 향후 기본적 분석 실증연구에 유용한 토대가 될 수 있음을 시사하고 있다.

Ou(1990) 그리고 Ou와 Penman(1989)에 따르면 기본적 분석은 두 과정으로 구분될 수 있다. 첫째는 회계 및 비회계 정보를 미래이익에 연결시키는 예측과정(predictive link)이며, 둘째는 미래이익을 기업가치에 연결시키는 가치평가과정(valuation link)이다. 위의 Ohlson 모형은 두 번째의 가치평가과정만을 제시하는 원시모형이다. 따라서 이에 추가적으로 어떠한 정보가, 특히 어떠한 회계자료가 미래이익으로 어떻게 연결되는가, 즉 첫 번째의 예측과정을 밝히는 기본적 분석 연구가 요구된다. Ohlson(1995)은 예측과정의 하나로 Linear Information Dynamics(LID)를 제시하면서 위의 원시모형을 다음과 같이 보다 현실적인 기본적 분석 모형으로 발전시킨다.

$$V_t = BV_t + \alpha_1 X_t^a + \beta v_t \quad \text{(2)}$$

여기서 $v_t = t$ 기간의 비회계정보[10]

10) O_t에는 장부가(BV_t)와 회계이익(X_t) 이외의 타회계정보도 포함된다고 볼 수 있다.

Ohlson의 모형 (2)에 따르면 현 재무제표에 아직 반영되지 않았지만 가치관련성이 있는(value-relevant) 비회계정보(v_t)를 파악하는 것이 기본적 분석의 중요한 과제 중의 하나가 된다. Ohlson의 모형 (2)는 하나의 특정 예측과정을 가정한 후에 도출된 결과이다. 따라서 향후 연구에서 예측과정에 대한 명시가 진전됨에 따라 기본적 분석 과제가 보다 구체화될 수 있으며 한편으로는 그 과제의 초점 자체가 바뀔 수도 있을 것이다.

3. 기본적 분석 연구의 향후 연구방향

향후 기본적 분석 연구는 Ohlson(1995)의 회계자료에 근거한 기업가치평가 모형을 이론적인 토대로 하여 발전할 것으로 기대된다. Ohlson 모형은 미래초과이익을 핵심변수로 한 매우 원시적인 형태에서 출발한다. Ohlson은 LID를 가정함으로써 미래초과이익을 현재의 초과이익과 현재의 비회계정보로 대치한 이차적인 가치평가모형을 동시에 제시하고 있다. 향후 기본적 분석 연구의 과제는 다음의 몇 가지로 기대된다.

첫째, LID 가정을 보완하거나 발전시킴으로써 Ohlson 모형의 현실성과 실증가능성을 제고시킬 수 있는 이론적인 연구이다.

둘째, GAAP에 근거한 공식 회계자료(특히 비회계이익 자료) 및 비회계정보가 어떻게 미래초과이익의 예측에 이용될 수 있는지를 실증적으로 밝히는 연구이다. 미래초과이익의 예측력을 높이기 위해서는 모든 기업과 기간에 동일한 잣대를 적용하는 것이 아니라 각 기업과 기간의 특성을 고려한, 즉 "contextual"한 접근방법을 채택할 필요가 있을 것이다.

셋째, (미래초과이익의 예측을 매개로 한) 회계자료 및 비회계정보에 의거한 투자전략으로 arbitrage 이익을 얻을 수 있는지에 관한 실증연구이다. 이러한 연구는 기본적 분석 연구의 유용성을 입증함은 물론 추후 자본시장의 효율성을 제고시킨다는 점에서 중요하다.

넷째, 기업가치평가에 적정한 미래이익 예측기간을 확인하는 연구이다. 이 연구는 회계자료에 근거한 기본적 분석 모형이 고전적인 배당모형에 비해 실증적으로 얼마나 우월한지를 보인다는 점에서 중요하다고 할 수 있다.

마지막으로, 기본적 분석의 궁극적인 목표는 기업 내재가치의 산정이다. 이를 위해서는 미래이익의 예측과 더불어 미래이익을 할인할 기업의 적정 자본비용(cost of equity capital)을 추정하는 것이 필요하다. 자본비용의 추정은 재무경제학의 핵심 숙원과제이나 현재까지도 만족스러운 결과를 얻지 못하고 있다.[11] 이에 최근 회계자료로써 자본비용을 추정하는 여러 연구들이 진행되었다. Baginski와 Wahlen(2003)은 ROE를 이용하여 Beaver, Kettler 및 Scholes(1970)와 유사하게 회계베타의 추정을 시도하였으며, Gebhardt 외 2인(2001)은 Ohlson 모형에 미래 ROE 예측치를 적용하여 자본비용의 추정을 시도하였다. 회계자료를 이용하여 자본비용을 추정하는 이러한 연구들이 향후에도 지속적으로 발전해 나가리라 기대된다.

제 4 절 기본적 분석 관련 실증연구

기본적 분석은 과거와 현재의 주가를 참고하지 않고 기업의 내재가치를 추정하는 기법이다. Ohlson(1995)은 회계이익이 부의 창출(wealth creation)에서 비롯된 가치의 올바른 측정치라는 단순한 직관에 근거하고 있다. 이를 기초로, 기업의 내재가치가 (과거이익의 누적적인 결과인) 현 장부가와 미래초과이익 현재가치의 합이라는 엄격한 이론모형을 제시하고 있다. 이에 따르면 기업의 내재가치 추정에 있어 가장 중요한 미지수는 미래이익이다. 따라서 기본적 분석의 수행은 다음의 두 단계로 이루어지는 것이 바람직하다. 첫째 단계는 회계 및 비회계 자료에 근거한 기본적 변수를 이용하여 미래이익을 예측하는 예측과정(predictive link)이며, 둘째 단계는 예측한 미래이익을 기업 내재가치에 연결시키는 가치평가과정(valuation link)이다. 기본적 변수를 미래이익을 매개로 하지 않고 기업 내재가치(현 주가 또는 미래주가)로 직접 연결시키는 Holthausen과 Larcker(1992)식의 연구방법은 바람직하지 않다. 왜냐하면 그러할 경우 연구결과가 기본적 변수의 미래수익성 속성 때문인지 기업위험도 속

11) 재무경제학에서는 전통적으로 자본비용을 베타로 추정해 왔으나, 현재 베타는 실증연구 결과 기업위험도를 만족스럽게 나타내지 못하는 것으로 간주되고 있다.

성 때문인지를 구별하기 어렵기 때문이다.

기존 연구의 대다수는 valuation link 검증시 기업 내재가치의 대용치로 현 주가를 사용하고 있다(Ou 1990; Lev와 Thiagarajan 1993).[12] 이러한 주가설명 연구는 연구자가 파악해낸 기본적 변수에 시장이 효율적으로 반응했는지를 검증한다는 점에서 혹은 그 변수가 기본적 정보로서 잠재적으로 가치가 있는지를 검증한다는 점에서 나름대로 의의가 있다. 그러나 이러한 수동적인 접근방식보다는 내재가치를 현 주가와 독립적으로 보고 기본적 정보 변수에 근거하여 미래주가를 예측할 수 있는지 즉 투자수익(trading profits)을 얻을 수 있는지를 검증하는 것이 연구의 실무적 유용성을 높이는 바람직한 방향이다(Ou와 Penman 1989; Abarbanell과 Bushee 1998). 또한 Nissim과 Penman(2001)이 제시한 바와 같이 실무에서 흔히 이용하는 전통적인 재무비율들을 미래이익과 연결시킴으로써 이들이 기업가치 평가에 얼마나 유용한 변수들인가를 밝히는 연구도 많이 기대된다.

1. 기본적 분석에 의한 투자전략

(1) 이익이 증가할 확률에 기초한 투자전략

Ou와 Penman(1989)은 회계지표(주로 재무비율)를 이용하여 1년 후 미래이익의 증감을 예측하고 이를 근거로 arbitrage 투자전략을 수립하였을 때 얼마나 투자수익을 얻을 수 있는가를 검증하였다. 그들은 다음의 LOGIT 모형을 적용하여 미래이익의 증감을 예측하였다.

$$y_{jt+1} = (1 + exp(-X_{jt}'\Theta))^{-1}$$

12) 이러한 검증방식은 효율적 자본시장 가설에 입각한 정보관점회계의 영향이라고 볼 수 있다. 다른 한편으로 연구자들은 미래주가를 예측하는 연구가 현 주가를 설명하는 연구에 비해 통계적으로 유의한 결과를 제시하기 힘들기 때문에 미래주가 예측 연구를 회피하는 경향이 있다.

여기서 y_{jt+1}은 j기업의 $t+1$년도 미래이익의 증감여부(증가이면 1, 감소이면 0)이다.[13] X_{jt}는 j기업의 t년도 회계지표벡터이며 Θ는 모수(parameter)이다. Θ에 기업과 연도를 나타내는 아래첨자가 없는 것에서 알 수 있듯이 위의 모형은 횡단면적 그리고 시계열적으로 pooling한 모형이다. 회계지표로서 68개나 고려되는데 이에는 실무계와 교과서에서 언급되는 거의 모든 것이 포함된다.

Ou와 Penman은 실증결과의 타당성을 높이기 위해 표본기간을 모형추정기간(estimation period)과 추정된 모형을 예측에 사용하는 검증기간(test period, holdout period)으로 분리하였다. 1차로 1965년부터 1972년까지가 추정기간이며 이에 대한 검증기간은 1973년부터 1977년이다. 2차로 1973년부터 1977년까지가 추정기간이며 이에 대한 검증기간은 1978년부터 1983년이다. Ou와 Penman은 1차와 2차 각각의 추정기간 동안 위의 모형을 우선 단일변량(univariate)으로 추정하여 통계적으로 유의하지 않은($p \geq 0.10$) 회계지표를 제거한 후, 남은 변수들(1차와 2차 추정기간에 각각 34개)로 다변량(multivariate) 추정을 하여 다시 한번 유의하지 않은 변수를 제거하였다. 결과적으로 남은 변수는 1차 추정기간에 16개이며 2차 추정기간에 18개이다. 이 변수들로 위의 모형을 (두 기간에 대해 각각) 최종적으로 추정한 후 그 추정된 모수($\hat{\Theta}$)를 해당 검증기간에 적용하여 미래이익(1년 후의 이익)이 증가할 확률(Pr)을 예측하였다.

$$Pr_{jt+1} = (1 + exp(-X_{jt}'\hat{\Theta}))^{-1}$$

Pr은 0과 1 사이 값을 갖는다. 그 값이 0.5보다 크면 미래이익의 증가를 뜻하고 0.5보다 작으면 감소를 뜻한다. Pr은 (0.5, 0.5)를 절삭점(cut-off point)으로 하였을 때 미래이익의 증감을 평균적으로 61%의 경우 옳게 예측하였으며, (0.6, 0.4)를 절삭점으로 하였을 때는 67%를 옳게 예측하는 것으로 나타났다. Pr은 재무제표가 함유하고 있는 미래이익에 대한 기본적 정보의 요약치로

13) 미래이익의 증감은 random-walk with drift 모형으로 파악한다. 즉 eps_{t+1} - eps_t - $drift_t$가 0보다 크면 증가이고 반대의 경우 감소이다. $drift_t$ 항은 t년 포함 그 이전 4년간의 평균 Δeps로 측정한다.

볼 수 있다. Ou와 Penman은 이 *Pr*을 이용하여 특정 arbitrage 투자전략(*Pr*이 0.6 이상일 경우 long position을 택하고 *Pr*이 0.4 이하일 경우 short position을 택함)을 수립하였을 때 얼마나 투자수익을 얻을 수 있는가를 검증하였다. 그 결과 시장조정(market-adjusted) 초과주가수익률로 측정한 투자수익은 향후 2년 동안 12.56%에나 달하였다.[14)]

*Pr*은 이론적 근거 없이 통계적 기법을 적용하여 기계적으로 도출한 측정치이다. 따라서 이에 근거한 투자수익은 *Pr*의 (미래수익 속성이 아닌) 기업위험도 속성을 포착한 결과일 수도 있다. Ou와 Penman은 *Pr*을 기존의 여러 기업위험도 측정치(베타, *E*/*P*, 주가분산성 등)와 비교하는 추가분석을 시도한 후 이러한 가능성을 부인하고 있다. 그러나 초과수익을 기업규모를 조정하여 측정하였을 경우 *Pr*에 근거한 2년간의 투자수익이 대폭(12.56%에서 7.02%로) 감소하였다는 점과 *Pr*로 인한 초과주가수익률이 최소 향후 3년간이나 지속된다는 점을 고려할 때 *Pr*이 미지의 기업위험도와 관련되어 있을 가능성을 배제하기는 어렵다고 사료된다.

(2) 기본적 정보의 현재 주가설명력

Ou와 Penman(1989)은 재무제표에 내재된 기본적 정보의 미래주가 예측력을 검증하였다. 반면에 Ou(1990)는 동일한 방법으로 그 기본적 정보의 현재 주가설명력을 검증하고 있다. Ou에서 *Pr*의 추정기간은 1965년부터 1977년까지이며 검증기간은 1978년부터 1983년까지이다. *Pr* 추정에는 최종적으로 8개의 재무비율 변수가 선정되었다. *Pr*의 미래이익 증감 예측력은 Ou와 Penman의 경우와 비슷하게 나타났다. Ou는 이 *Pr*이 회계이익에 추가적인 정보효과가 있는지를 재무제표가 공시되는 회계기말 후 3개월 기간 동안의 초과주가수익률을 살펴봄으로써 검증하였다. 초과주가수익률은 시장모형(market model)으로

14) 투자수익은 재무제표 정보의 공시기간을 고려하여 회계기말 후 3개월이 지난 시점부터 측정하였다. 위의 12.56%는 실행가능성을 고려하여 투자기간을 일치시킨(alignment) 12월 결산기업 표본에 대한 결과이다. 표본을 모든 월의 결산기업으로 확장하였을 경우 투자수익은 더 높게(14.53%) 나타났다. 투자수익은 월별주가수익률의 합으로(즉 monthly rebalancing) 계산하였다. 대신에 월별주가수익률의 곱으로(즉 buy-and-hold) 계산하였을 경우 투자수익은 더 높게(12월 결산기업의 경우 16.84%) 나타났다.

계산하였다. 회계이익의 증감을 통제한 후 *Pr*이 0.5를 초과하는 그룹과 0.5 이하인 그룹간의 초과주가수익률 차이는 4% 내지 5%에 달하였으며 통계적으로 유의하였다. Ou의 결과는 재무제표에 내재된 비이익(non-earnings) 자료가 미래이익에 대한 정보를 함유하고 있으며, 재무제표 공시기간 중 이러한 정보에 대해 투자자들이 적절히 반응하고 있다는 것을 시사한다.

(3) *Pr*측정치와 증권분석가의 이익예측치

Stober(1992)는 Ou와 Penman의 *Pr*측정치와 증권분석가의 이익예측치(analysts' earnings forecasts) 간의 관계를 분석하였다. 증권분석가의 이익예측치로 IBES에 수록된 1년 후의 *EPS* 예측치를 이용하였다. 분석기간은, Ou와 Penman의 검증기간(1973~1983)과 일치시키려 하였으나 IBES 자료가 1975년 이후부터 이용가능한 관계로, 1975년부터 1983년까지로 결정하였다. ((0.6, 0.4)를 절삭점으로 한) *Pr*과 증권분석가의 이익예측은 1년 후의 이익증감에 대해 77.5% 경우 의견합치를 보는 것으로 나타났다. *Pr*과 증권분석가의 예측치가 의견 합치되는 경우 그 두 예측치의 정확도(1년 후 이익증감을 옳게 예측하는 확률)는 78%에 달하였으나, 의견 합치가 되지 않는 경우 증권분석가 예측치의 정확도는 54% 그리고 *Pr*의 정확도는 이보다 낮은 46%에 머물렀다.

흥미롭게도 *Pr*의 예측이 증권분석가의 예측과 다를 경우에만 *Pr*에 근거한 arbitrage 투자전략이 성공적으로 나타났다. 이 경우 향후 2년 동안의 기업규모 조정 초과주가수익률(size-adjusted abnormal returns)은 9.24%에 달하였다. 이는 *Pr*이 시장에 아직 반영되는 않은 중요한 정보를 함유하고 있음을 지지하는 결과이다. 그러나 *Pr*의 초과주가수익률 효과가 향후 5년까지도 단조로운 형태로 지속된다는 추가결과로 미루어볼 때, Stober는 *Pr*이 시장에 미반영된 미래이익에 관한 정보를 함유하고 있기보다는 기업위험도를 포착하고 있을 가능성이 높은 것으로 결론짓고 있다.

(4) 재무제표 정보와 미래주가

Ou와 Penman은 재무제표 정보와 미래이익 간의 고리(예측과정, predictive link)로 *Pr*을 추정해낸 후 이 *Pr*과 미래주가 간의 고리(가치평가과정, valuation link)를 이차적으로 검증하고 있다. 이에 반해 Holthausen과 Larcker(1992)는 재무제표 정보를 직접 미래주가로 연결시키는 방식으로 *Pr*(즉 1년 후의 주가가 상승할 확률)을 추정하였다. 기존 연구에 따르면 이익과 주가 간의 상관관계는 그다지 크지 않다(Lev 1989). 이에 Holthausen과 Larcker는 미래이익을 매개로 하지 않고 직접 *Pr*을 추정함으로써 *Pr*의 미래주가 예측력을 높일 수 있을 것으로 기대하고 있다. *Pr* 추정방법은 LOGIT 모형에서 종속변수를 달리(즉 1년 후 초과주가수익률의 부호로) 사용한 것을 제외하고는 기본적으로 Ou와 Penman의 경우와 같다. 검증기간은 1978년부터 1988년까지이다. Ou와 Penman의 경우 1973년부터 1983년까지이다. 표본에는 Ou와 Penman에 추가적으로 OTC(over-the-counter)기업이 포함되었다.

검증결과 그들의 *Pr*에 기초한 arbitrage 투자전략으로 얻을 수 있는 투자수익(기업규모 조정 초과주가수익률)은 1년 동안 8% 그리고 2년 동안은 10%로 나타났다. 투자수익을 시장조정모형(market-adjusted model) 혹은 Jensen의 alpha에 근거한 시장모형(market model)으로 계산하였을 경우 이보다 낮게 나타났지만 여전히 유의하였다. 반면에 Holthausen과 Larcker는 미래이익에 근거한 *Pr*을 계산한 후 Ou와 Penman을 반복(replication)하여 보았으나 투자수익을 전혀 얻을 수 없었다. Holthausen과 Larcker는 이를 검증기간과 표본의 차이 때문이라고 분석하면서 그렇기 때문에 Ou와 Penman의 결과는 외적타당성이 높지 않다고 지적하고 있다.

Holthausen과 Larcker는 *Pr*을 미래주가에 연계하여 직접 추정하였기 때문에 그 *Pr*에 근거한 투자수익이 *Pr*의 미래수익력 정보 때문인지 기업위험도 속성 때문인지 구별하기 어려운 맹점이 있다. Holthausen과 Larcker는 그들의 결과가 *Pr*의 기업위험도 속성 때문일 가능성을 배제시키기 위해 초과주가수익률의 계산시 CAPM beta와 기업규모 효과를 조정해 보았으며, 추가로 기업위험도 대용치로 거론되는 *P*/*E*, *P*/*B*, 기업규모, 과거 주가수익률을 통제해 보았으나 결과는 변하지 않았다. *Pr*은 재무제표 자료의 요약지표라고 볼 수 있다. 따라서 Holthausen과 Larcker의 결과는 재무제표 자료가 미래주가에 대한 정보를 함유하고 있다는 것을 지지하는 결과이다. 그러나 Pr의 추정이 Ou와 Penman의 경우와 마찬가지로 이를 뒷받침할 경제적인 논리가 전혀 없이 기계적인 통계적 방법에 의존하였기 때문에 Holthausen과 Larcker는 Pr로 인하여 왜 투자수익을 얻을 수 있었는지는 여전히 수수께끼이며 따라서 Pr이 미래수익력을 반영하는지 혹은 미지의 기업위험도를 반영하는지는 아직 확실치 않다고 결론짓고 있다.

(5) 베타와 기업규모를 고려한 Ou와 Penman 연구의 재검증

Greig(1992)는 Ou와 Penman(1989)의 Pr이 CAPM 베타와 기업규모를 반영하고 있으며 이 두 변수를 올바로 통제하였을 경우 Pr에 근거한 arbitrage 투자수익이 사라진다는 증거를 제시한다. 이에 근거하여 Greig는 Pr이 미래수익력을 반영하는 것이 아니라 기업위험도 속성을 포착하는 것이라고 지적하고 있다. Greig는 Ou와 Penman과 기본적으로 같은 표본에 대해 같은 방법으로 Pr을 측정하였다. 검증에는 Jensen의 alpha에 근거한 CAPM 모형을 사용하였다.

$$R_{At} = \alpha_A + \beta_A(R_{mt} - R_{ft}) + \varepsilon_{At}$$

여기서 R_{At}는 Pr이 0.6 이상이면 long position을, 0.4 이하이면 short position을 택한 hedge portfolio의 t년도 월별 주가수익률이다. t는 Pr 측정 후 3년까지의 개별 연도를 지칭한다. $R_{mt} - R_{ft}$는 해당 월별 시장위험도 프리미엄 측정치이다. α_A는 이 검증의 초점으로서 CAPM 베타 통제 후 Pr에 근거한 월별 arbitrage 투자수익을 나타낸다. α_A는 첫째 연도에 월별 0.4%(연간 약 5%)로 나타났으며 둘째 연도에는 월별 0.25%(연간 약 3%)로 나타났다. 이는 베타를 통제한 후에도 Pr에 근거하여 향후 2년간 8% 정도의 arbitrage 투자수익을 올릴 수 있다는 것을 의미한다.

그러나 이러한 투자수익은 기업규모를 통제하였을 때 미미한 수준으로 감소하였다. 즉 표본을 기업규모로 5등분한 후 가장 큰 규모의 그룹, 가장 작은 규모의 그룹 그리고 중간의 세 그룹에 대해 α_A를 각각 추정해본 결과 2년 동안의 투자수익은 거의 대부분 사라지는 것으로 나타났다. 추가로 기업규모를 직접적으로 통제한 개별기업 수준 회귀검증에서 *Pr*은 1년 후 초과주가수익률과 오히려 부(−)의 관계가 있는 것으로 나타났다. Greig는 이러한 결과들에 근거하여 Ou와 Penman의 *Pr*이 기업위험도를 포착하였을 개연성이 높다는 결론을 내리고 있다.

2. 실제 기본적 정보에 기초한 주가설명력

Lev와 Thiagarajan(1993)은 증권분석가가 기업분석에 실제적으로 사용하고 있는 직관적 논리에 근거하여 기본적 정보를 찾아낸 후 이의 타당성을 현재 주가와 결부시켜 검증하고 있다. Ou와 Penman(1989)은 미래이익을 예측하는 데 유용한 기본적 정보를 통계모형에 근거하여 기계적으로 찾아내었다. 이와는 달리 Lev와 Thiagarajan은 기본적 정보를 증권시장 전문가의 논리에 근거하여 파악한다는 점에서, 즉 기본적 분석의 이론적 근거를 제시한다는 점에서 연구의 공헌도가 있다. 그러나 Lev와 Thiagarajan은 기본적 정보의 타당성을 (미래주가의 예측력이 아니라) 현재주가의 설명력으로 검증하였다는 점에서 연구의 실무 유용성에 한계가 있다. 즉 그들의 연구는 Bernard(1995)가 지적하였듯이 시장에 이미 알려져 있는 바를 검증하는 것이지 알려져 있지 않은 그 무언가를 찾아내는 시도가 아니다.

Lev와 Thiagarajan은 증권분석가가 사용하는 기본적 정보를 *Wall Street Journal, Value Line* 발행지, *Quality of Earnings* 발행지 등을 탐색하여 수집하였다. 그들이 선정한 기본적 변수는 ① 매출증가율 대비 재고증가율, 매출채권증가율, 매출총이익증가율, 판매관리비증가율 및 주문잔고(order backlog)증가율, ② 산업평균 대비 자본적지출증가율과 R&D 지출증가율, ③ 매출채권증가율 대비 대손충당금증가율 그리고 ④ 유효법인세율증가율, 직원 1인당매출증가율, 후입선출법 사용여부 및 회계감사의견의 적정여부의 총 12가지이다. 증권분석가들은 이러한 기본적 정보가 각각 이익의 질(earnings quality) 또는 이익의 지속성(earnings persistence)을 판단하는 데 도움이 되며, 따라서 미래이익의 증감을 예측하는 데 중요한 신호(signal)가 된다고 간주하고 있다.

일례로 그 논리를 하나 소개하면, (매출 대비) 매출채권의 증가는 제품판매의 어려움으로 인한 신용기간의 연장 그리고 이익관리(earnings management)를 목적으로 한 대손충당금의 불충분한 적립 및 매출의 조기 인식에 기인하였을 가능성이 크다. 따라서 증권분석가들은 일반적으로 매출채권증가율이 클수록 적신호로 간주한다. Lev와 Thiagarajan은 위 12개의 변수가 기본적 정보로서 타당한지를 현재주가를 종속변수로 한 다음의 횡단면적 연간 회귀식으로 검증하였다. 검증기간은 1974년부터 1988년까지이다.

$$R_{t,i} = a + b_0 \Delta PTE_{t,i} + \sum_{j=1}^{12} b_j S_{t,ji} + \nu_{t,i}$$

위 모형에서 현재 주가(R_i)는 시장모형(market model)에 입각한 1년간(회계기말 후 4번째 월부터)의 초과주가수익률이다. 12개의 기본적 정보 변수(S_j, $j=1$부터 12까지)는 모두 비회계이익 변수이므로 회계이익(ΔPTE, 세전이익)이 통제변수로서 모형에 포함되었다. 검증 결과 R&D증가율과 대손충당금증가율을 제외하고는 모든 기본적 변수가 증권분석가의 논리와 합치하는 방향으로 유의하게 정보효과가 있는 것으로 나타났다.

기본적 변수의 정보효과는 거시경제상황에 따라 다를 수 있다. 예를 들어 재고자산의 증가는 경제가 불황일수록 적(赤)신호가 될 가능성이 높다. Lev와 Thiagarajan은 거시경제상황에 따른 상황적 분석(contextual analysis)을 추가로 수행한 후 이러한 논리를 지지하는 흥미로운 결과를 보고하고 있다. 예로 재고자산과 매출채권의 증가는 인플레이션이 클수록 (적신호로서의) 정보효과가 크게 나타났다. 이는 매출채권 및 재고자산의 보유비용(즉 이자율)이 인플레이션이 높을수록 증가하기 때문으로 사료된다. 또한 재고자산의 증가는 GNP성장률이 낮을수록, 즉 경제가 불황일수록, 그리고 자본적 지출의 감소는 GNP성장률이 클수록, 즉 경제가 호황일수록 (적신호로서의) 정보효과가 크게 나타났다. 이러한 결과는 상황적 분석 연구가 향후 기본적 분석 연구를 한 단계 진전시킬 중요한 패러다임이 될 수 있다는 것을 시사한다.

마지막으로 Lev와 Thiagarajan은 12개 기본적 정보의 단순 합으로 종합한 지표가 Kormendi와 Lipe(1987)의 시계열적 이익지속성 계수보다 이익의 지속성을 훨씬 더 잘 반영한다는 검증결과를 (이익반응계수의 크기로써) 제시하고 있다. 또한 이 지표가 기업의 향후 3년 동안이나 미래이익을 예측하는 데 도움을 줄 수 있다는 결과를 제시하고 있다.

(1) 기본적 정보와 증권분석가의 이익예측

Abarbanell과 Bushee(1997)는 Lev와 Thiagarajan(1993)이 입증한 기본적 정보와 현 주가 간의 관계가 미래이익을 매개로 하는지의 예측과정(predictive link)을 명시적으로 검증하고 있다. 더 나아가 Abarbanell과 Bushee(1997)는 기본적 정보의 내용이 증권분석가의 이익예측에 적시적으로 반영되는지를 검증하고 있다. 후자의 검증은 증권분석가의 보고가 투자자들이 재무제표 자료를 해석하여 기업가치에 대한 기대치를 형성하는 데 가교역할을 하고 있을 가능성을 검증한다는 점에서 의의가 있다. Abarbanell과 Bushee의 검증기간은 1983년부터 1990년까지이다. 그들의 세 가지 주요 검증모형은 기본적으로 다음과 같다.

$$\Delta EPS_{t+1,i} = a + b_0 \Delta EPS_{t,i} + \sum_{j=1}^{9} b_j S_{t,ji} + \nu_{t,i} \quad (3)$$

$$\Delta REVEPS_{t+1,i} = a + b_0 \Delta EPS_{t,i} + \sum_{j=1}^{9} b_j S_{t,ji} + \nu_{t,i} \quad (4)$$

$$CAR_{t,i} = a + b_0 \Delta EPS_{t,i} + \sum_{j=1}^{9} b_j S_{t,ji} + \Delta REVEPS_{t+1,i} + \nu_{t,i} \quad (5)$$

Abarbanell과 Bushee는 Lev와 Thiagarajan의 12가지 기본적 정보 중 9가지만을 사용하였다.[15] 식 (3)은 기본적 정보(S_j, $j=1$ to 9) 각각이 1년 후 이익증감(ΔEPS_{t+1})을 예측하는 데 도움이 되는지를 검증하는 모형이다. 식 (4)는 기본적 정보 각각이 증권분석가의 1년 후 이익예측 수정 ($\Delta REVEPS_{t+1}$)에

15) Abarbanell와 Bushee(1997)는 표본감소를 우려하여 Lev와 Thiagarajan의 12가지 기본적 정보 중 주문잔고(order backlog)증가율, R & D증가율, 그리고 대손충당금증가율의 세 가지를 제외하였다.

이용되는지를 검증하는 모형이다. 마지막으로 식 (5)는 투자자들이 증권분석가의 이익예측 수정($\Delta REVEPS_{t+1}$)에 추가적으로 각 기본적 정보에 반응하는지를 검증하는 모형이다.

식 (3)의 검증결과, 기본적 정보는 대다수가 미래이익의 증감을 예측하는데 도움이 되는 것으로 나타났다. 그러나 Lev와 Thiagarajan이 시사한 방향과는 반대로 자본적 지출의 증가는 미래이익의 감소로, 그리고 매출채권의 증가는 미래이익의 증가로 연결되는 것으로 나타났다. 식 (4)의 검증결과, 기본적 정보가 대체로 증권분석가의 이익예측 수정에 반영되는 것으로 나타났다. 단 매출채권의 증가는 증권분석가가 이익예측 수정에 반영되지 않는 것으로 나타났다. 마지막으로 식 (5)의 검증결과, 투자자들의 기본적 정보에 대한 반응은 증권분석가의 이익예측에 추가적인 것으로 나타났다.

이는 증권분석가의 예측이 투자자들이 파악한 재무제표 자료에 근거한 기본적 정보 내용을 불충분하게 반영한다는 것을 시사한다. Abarbanell과 Bushee는 이에 대한 원인으로 기본적 정보가 미래이익뿐 아니라 미지의 기업위험도도 반영하고 있을 가능성을 제시하고 있다. 그러나 이보다는 증권분석가가 재무제표에 함유된 기본적 정보 내용에 불충분하게 반응(underreaction)하였을 가능성을 강조하고 있다. 더 나아가 투자자들도 증권분석가와 마찬가지로 재무제표 정보에 불충분하게 반응한다는, 즉 시장이 비효율적(inefficient market)일 가능성을 제기하고 있다.

(2) 기본적 정보와 미래주가

Abarbanell과 Bushee(1997)는 Lev와 Thiagarajan(1993)의 각 기본적 정보와 미래이익 간의 예측과정(predictive link)을 검증하였다. Abarbanell과 Bushee(1998)는 이의 연장으로 각 기본적 정보와 미래주가 간의 가치평가과정(valuation link)을 검증하고 있다. Abarbanell과 Bushee(1997)와 더불어 Abarbanell과 Bushee(1998)는 경제적 논리에 근거하여 predictive link를 검증한다는 점에서 Ou와 Penman(1989)에 비해 진일보한 연구이며, 미래주가로 valuation link를 검증한다는 점에서 Lev와 Thiagarajan에 비해 진일보한 연구이다.

Abarbanell과 Bushee(1998)는 Lev와 Thiagarajan의 기본적 정보에 근거

하여 투자전략을 수립하였을 때 총체적으로 얼마나 arbitrage 투자수익을 얻을 수 있는지, 그리고 이 총체적인 투자수익에 각 기본적 정보가 얼마나 공헌하는지를 검증하고 있다. 검증기간은 1974년부터 1988까지이다. 검증모형은 기본적으로 다음과 같다.

$$BHCAR_{t+1,i} = a + \sum_{j=1}^{9} b_j \, Rank \;\; S_{t,ji} \\ + b_{10} Rank \;\; BETA_{t,i} + b_{11} Rank \;\; \Delta EPS_{t,i} + \nu_{t,i}$$

여기서 $BHCAR_{t+1}$은 기본적 정보 파악 후 1년 동안의 buy-and-hold 기업규모 조정 주가수익률이며, $Rank \;\; S_{t,j}(j=1 \text{ to } 9)$는 각 기본적 정보의 fractional decile rank이다.[16] Abarbanell과 Bushee(1998)는 Lev와 Thiagarajan의 기본적 변수를 역으로 정의하였다. 따라서 $Rank \;\; S_{t,j}$는 호(好)신호일 경우 큰 값을 갖는다. $Rank \;\; BETA_t$와 $Rank \;\; \Delta EPS_t$는 각각 베타와 현재 연도의 이익증감에 대한 fractional decile rank로서 통제변수 역할을 한다. 위 모형검증에서 초점은 $b_j(j=1 \text{ to } 9)$의 추정이다. 각 b_j 추정치는 해당 기본적 정보의 내용이 가장 나쁜 포트폴리오 1과 가장 좋은 포트폴리오 10 간의 향후 1년 동안의 주가수익률 차이를 나타낸다. 따라서 9개 b_j 추정치의 합은 (Lev와 Thiagarajan이 기대한 방향으로) 기본적 정보를 이용하여 향후 1년 동안 얻을 수 있는 최대의 총 arbitrage 투자수익을 의미하며, 각 b_j 추정치는 기본적 정보 각각이 이 투자수익에 공헌하는 정도를 의미한다.

검증결과 총 arbitrage 투자수익은 13.2%로 나타났으며, 9개의 기본적 정보 중 재고자산증가율과 판매관리비증가율이 그 투자수익에 가장 큰 공헌을 하는 것으로 나타났다. 그러나 자본적 지출의 증가는 Lev와 Thiagarajan이 시사한 바와는 반대로 미래주가에(즉 위의 투자수익에) 유의하게 부(−)의 영향을 미치는 것으로 나타났다. 위의 13.2%는 Lev와 Thiagarajan에 따른 기본적 정보의 해석(즉 호신호, 적신호 여부)을 바탕으로 얻은 투자수익이다. 그 대신에

16) $Rank \, S_{t,j}$는 각 기본적 정보를 크기에 따라 0부터 9까지의 값으로 순위를 매긴 후, 그 값이 0과 1 사이가 되도록 9로 나눈 결과이다.

Abarbanell과 Bushee(1997)의 실증결과(즉 각 기본적 정보와 미래이익간의 상관관계 부호)에 따라 기본적 정보의 호(好), 적(赤) 여부를 판단하고 투자전략을 수립하였을 경우 총 arbitrage 투자수익은 17.2%에 달하였다.

Abarbanell과 Bushee(1998)는 그들의 투자수익이 ① 미래이익의 실현과 높은 연관성이 있고, ② 향후 1년 동안만 지속되며, ③ 투자수익의 대부분이 분기이익발표시점에 집중되어 있으며, 그리고 ④ Fama와 French(1992)에서 기업위험도의 대용치(proxy)로 제기된 기업규모나 P/B를 통제한 후에도 변함이 없었다는 추가분석 결과를 제시한다. 이는 그들이 기본적 분석으로 얻은 arbitrage 투자수익이 미래수익성의 예측에 기인한 것이지 미지의 기업위험도를 포착한 결과가 아니라는 강력한 증거가 된다.

3. 전통적인 재무비율을 활용한 연구

(1) 재무비율과 잔여이익 가치평가모형

Nissim과 Penman(2001)은 전통적인 재무비율들을 Ohlson(1995)의 잔여이익 가치평가모형(혹은 EBO 모형)의 framework에 연결시킴으로써 전통적인 재무비율들이 기업의 내재가치 평가에 어떻게 활용될 수 있는가를 보이고 있다. Ohlson 모형에 의거 0시점의 기업의 보통주 가치는 다음과 같이 표기될 수 있다.

$$V_0^E = CSE_0 + \sum_{t=1}^{\infty} \rho_E^{-t} \, [RE_t] \qquad (6)$$

여기서 CSE = 보통주 장부가 (book value of common stock equity)
RE = 잔여이익 (residual income)
ρ_E = 1 + 보통주 자본비용 (cost of equity capital)
밑 첨자 0, t는 시점 혹은 기간을 지칭함.

위 수식 (6)에 따르면 기업가치의 평가에는 RE_t(잔여이익 또는 초과이익)의 예측이 요구된다. 그런데 RE_t는 아래와 같이 $ROCE_t$(return on common equity, 보통주자본이익률)와 CSE_{t-1}(장부가)의 함수이므로 이를 위해서는 $ROCE_t$와 CSE_{t-1}를 예측하여야 한다.

$$RE_t = [ROCE_t - (\rho_E - 1)]\ CSE_{t-1} \qquad (7)$$

여기서 $ROCE_t = CNI_t / CSE_{t-1}$

CNI = 포괄적 이익 (comprehensive net income).

$ROCE$는 수익성을 대표하는 전통적인 재무비율이다. Nissim과 Penman은 다음의 분석과정을 통해 $ROCE$를 drive하는 근본적인 인자들(fundamental drivers)을 전통적인 재무비율/값들로서 찾아낸다. 즉 $ROCE$의 예측에 근본적으로 어떠한 재무비율/값 인자들을 예측하는 것이 필요한가를 밝히고 있다.

우선 CSE(장부가)를 순영업자산(net operating assets: NOA)과 순재무부채(net financial obligations: NFO)로 나누어 생각한다($CSE = NOA - NFO$). 여기서 NOA는 영업자산(operating assets: OA)에서 영업부채(operating liabilities: OL)를 차감한 것이며 NFO는 재무부채(financial obligations: FO)에서 재무자산(financial assets: FA)을 차감한 것이다. 기업에서 이익을 창출하는 주요 원천은 NOA이다. 그 이익은 영업이익(operating income: OI)이다. NFO에 대해서는 순재무비용(net financial expenses: NFE)이 발생한다. 그러면 NOA의 수익률은 순영업자산이익률(return on net operating assets: $RNOA$)이고 NFO의 비용률은 순차입률(net borrowing cost: NBC)이다.

$$RNOA = OI / NOA$$
$$NBC = NFE / NFO$$

재무부채가 없다면 $ROCE$는 $RNOA$와 동일하다. 재무부채가 생김에 따라 기업의 재무위험도는 높아지며, 동시에 재무레버리지 효과로 인해 $ROCE$는 높아지게 된다(즉, 위험과 수익률의 trade-off).

$$ROCE = RNOA + [FLEV \times SPREAD] \quad (8)$$

여기서 $RNOA = OI / NOA$

$FLEV = NFO / CSE$

$SPREAD = RNOA - NBC$

위 수식에서 $RNOA$와 NBC의 차이를 $SPREAD$라고 하면, 재무레버리지 효과는 $FLEV$(재무레버리지; financial leverage)와 $SPREAD$(재무스프레드)를 곱한 값이다.

수식 (8)은 CSE(장부가)를 NOA(순영업자산)와 NFO(순재무부채)로 구분한 결과이다.

$$CSE = NOA - NFO$$

여기서 한 걸음 더 나아가 NOA(순영업자산)를 OA(영업자산)와 OL(영업부채)로 구분하자.

$$NOA = OA - OL$$

그러면 수식 (8)에서와 같은 논리로 $RNOA$는 영업자산이익률(return on operating assets: $ROOA$)에 영업레버리지 효과를 더한 값으로 생각할 수 있다.

$$RNOA = ROOA + [OLLEV \times OLSPREAD] \quad (9)$$

여기서 $ROOA = (OI + io) / OA$

$OLLEV = OL / NOA$

$OLSPREAD = ROOA - (io / OL)$

$ROOA$는 영업자산(OA)의 이익률이다. 그런데 OA는 일부 OL로 충당되었다(financed)고 볼 수 있다. 따라서 OA가 창출한 총이익은 OI에 io(영업부채에

대한 내재이자율; implicit interest charge on operating liabilities)를 더한 값으로 보는 것이 타당하다. 수식 (8)에서와 유사하게 수식 (9)에서 영업레버리지 효과는 영업레버리지(operating liability leverage: *OLLEV*)와 영업스프레드(operating liability spread: *OLSPREAD*)를 곱한 값이다.

수식 (8)에 수식 (9)를 대입하면,

$$ROCE = ROOA + [OLLEV \times OLSPREAD] + [FLEV \times SPREAD] \quad (10)$$

그런데 자산이익률은 매출이익률과 자산회전율의 곱이므로 영업자산이익률(*ROOA*)은 다음과 같이 기본적으로 매출이익률(profit margin: *PM*)과 영업자산회전율(operating assets turnover: *ATO*)의 곱으로 표기된다.

$$\begin{aligned} ROOA &= (OI + io) / OA \quad (11) \\ &= [(Sales\ OI + io) / OA] + [Other\ OI / OA] \\ &= [(Sales\ OI + io) / Sales \times Sales / OA] + Other\ OI / OA \\ &= [Sales\ PM \times ATO^{*}] + [Other\ OI / OA] \end{aligned}$$

수식 (11)에서는 *OI*를 매출영업이익(Sales *OI*)과 비매출영업이익(Other *OI*)의 합으로 간주한다.[17)]

수식 (11)을 대입하여 수식 (10)을 다시 한번 확장하면,

$$\begin{aligned} ROCE = {} & Sales\ PM \times ATO^{*} + Other\ OI / OA \quad (12) \\ & + [OLLEV \times OLSPREAD] + [FLEV \times SPREAD] \end{aligned}$$

Nissim과 Penman은 수식 (12)로서 *ROCE*의 근본적인 인자들이 매출이익

17) 비매출영업이익(Other *OI*)의 예로 투자주식에 대한 손익 혹은 배당수입금을 들 수 있다. Nissim and Penman(2001)에서는 투자채권은 재무자산으로 분류하나 투자주식은 영업자산으로 분류한다.

률(Sales *PM*), 영업자산회전율(*ATO*), 영업레버리지(*OLLEV*), 영업스프레드(*OLSPREAD*), 재무레버리지(*FLEV*), 재무스프레드(*SPREAD*), 그리고 비매출영업이익률(Other *OI*/*OA*)의 7가지라는 것을 밝히고 있다.

수식 (6)과 (7)에서 보는 바와 같이 기업가치의 평가에는 *ROCE*에 추가로 *CSE*를 예측하는 것이 필요하다. 이에 Nissim과 Penman은 CSE의 근본적인 인자를 다음과 같이 매출, 순영업자산회전율(*ATO*), 그리고 재무스프레드(*FLEV*)의 3가지로 파악해내고 있다.

$$CSE = Sales \times NOA / Sales \times CSE / NOA$$
$$= Sales \times 1 / ATO \times 1 / (1 + FLEV) \quad (13)$$

수식 (12)과 (13)에 제시된 근본적인 인자들은 모두 실무에서 흔히 이용하는 전통적인 재무비율 혹은 값이다. Nissim과 Penman은 기업가치의 평가에 *ROCE*와 *CSE*의 예측이 요구되는데, 이를 위해 예측해야 할 근본 변수들을 전통적인 재무비율 혹은 값들로 제시하고 있다는 데 의의가 있다.

앞의 수식 (6)은 무한기간 가치평가모형이다. Nissim과 Penman은 추가로 잔여이익(residual earnings: *RE*)의 성장(growth)을 고려한 종가(terminal value 혹은 continuing value) 유한기간 모형을 분석한 결과도 제시하고 있다. 또한 재무자산과 부채가 시가로 평가될 경우에 *RE*는 잔여영업이익(residual operating income: *ReOI*)으로 좁혀진다는 데 착안하여 *ReOI*에 근거한 축소분석 결과도 제시하고 있다.

마지막으로 Nissim과 Penman은 위에서 기업가치의 근본 인자로 파악된 재무비율과 값들에 대한 포괄적인 기술적 분석(descriptive analysis) 결과를 제시하고 있다. 이 기술적 분석은 COMPUSTAT에 1963년부터 1999년까지 수록된 모든 기업(중간에 상장폐지된 기업 포함)인 약 65,000기업/년에 대해 수행되었다. 이러한 기술적 분석 결과는 근본 재무비율과 값들이 횡단면적으로 그리고 시간적으로 어떻게 변하고 있는지를 보여줌으로써 향후 이 변수들에 대한 예측을 하는데, 이를 통해 기업가치를 평가하는 데 유용한 기초를 제시하고 있다.

(2) 주가배수(Price Multiples)를 이용한 가치평가

증권가 실무에서는 P/E와 같은 주가배수가 주식의 평가에 빈번히 사용되고 있다. 이러한 평가는 세 단계로 이루어진다. 우선 주가배수(price multiple) 계산에 이용될 가치동인(value driver)으로서의 회계측정치를 선정한다. 둘째, 평가대상기업과 유사한 기업군을 대상으로 하여 선정한 회계측정치를 이용한 평균주가배수를 계산한다. 마지막으로 평균 주가배수를 해당 기업의 회계측정치와 곱함으로써 해당 기업의 적정주가를 계산해낸다. Liu 외 2인(2002)은 주가배수에 이용될 회계측정치로서 증권분석가의 미래이익 예측치를 사용할 때가 실제주가를 가장 잘 설명한다는 실증결과를 제시하고 있다. 그 다음은 과거이익, 현금흐름과 장부가, 그리고 매출의 순서로 주가를 잘 설명하는 것으로 나타났다. 특이하게도 잔여이익(residual income) 모형에 근거하여 복잡하게 계산해낸 내재가치측정치는 단순히 계산한 주가배수보다 오히려 주가설명력이 낮은 것으로 나타났는데, 이는 아마도 복잡한 모형을 사용함으로 인해 측정오류가 추가되었기 때문으로 생각된다.

(3) *ROA*와 수익성 및 자산효율성과의 관계

자산이익률(ROA)을 매출이익률(profit margin: PM)과 자산회전율(asset turnover: ATO)의 곱으로 분해하여 기업성과를 평가하는 것을 듀퐁분석(Dupont Analysis)이라고 한다. Fairfield와 Yohn(2001)은 이러한 듀퐁분석이 미래이익을 예측하는 데 도움이 되는지를 실증적으로 살피고 있다. 그들은 1978년부터 1996년까지의 23,674기업/년의 표본에 대해 ΔROA_{t+1}를 종속변수로 하고 PM_t과 ATO_t의 쌍 혹은 ΔPM_t와 ΔATO_t의 쌍을 독립변수로 하는 회귀분석을 시행하였다. PM_t과 ATO_t을 독립변수의 쌍으로 하는 분석에서 두 변수는 모두 유의하지 않게 나타났으나, ΔPM_t과 ΔATO_t을 쌍으로 하는 분석에서는 (ΔPM_t는 유의하지 않았으나) ΔATO_t가 유의하게 나타났다. Fairfield와 Yohn은 추가로 ΔPM_t과 ΔATO_t의 쌍이 실험표본(out-of-sample)을 대상으로 한 예측검증에서 ΔROA_{t+1}를 예측하는 데 유의하게 도움이 된다는 결과를 제시하고 있다. 이에 근거하여 저자들은 ROA를 단순히 수준(level) 차원에서 자산회전율과 매출이익률로 분리하는 것은 미래이익을 예측하는 데 도움이 되지 않지만, 변화(change) 차원에서 *ROA*의 변화를 자산회전율의 변화와 매출이익률의 변화로 분리하는 것은 미래이익을 예측하는 데 유용하다는 것을 지적하고 있다.

Fairfield와 Yohn(2001)은 듀퐁(Dupont)분석에 기반한 자산회전율의 변동(△ATO)이 미래이익을 예측하는 데 도움이 된다는 결과를 제시하고 있다. 이에 더 나아가 Soliman(2008)은 △ATO의 미래이익 예측력이 기존의 Abarbanell and Bushee(1997) 등의 연구에서 제시된 기본적 분석 변수들을 통제한 후에도 유의하게 나타난다는 결과를 제시하고 있다. 또한 △ATO에 동시적인 주가반응과 미래 주가반응이 모두 나타나고 있으며, 증권분석가들의 동시적인 이익예측수정과 미래이익예측오차가 모두 △ATO에 연관되어 있다는 결과를 제시하고 있다. 이는 투자자들과 증권분석가들이 전통적인 비율분석의 일환인 듀퐁분석 정보를 그들의 의사결정에 활용하고 있긴 하나 거기에 담긴 정보를 충분히 이용하고 있지 않다는 것을 시사한다. Fairfield와 Yohn(2001) 그리고 Soliman(2008)은 전통적인 재무비율 분석이 미래이익을 예측하는 데 도움이 됨으로써 기업가치를 평가하는 데 잠재적으로 유용하다는 것을 실증적으로 보여주었다는 점에서 그 의의가 있다.

백원선 외 2인(2004)은 *ROE* 구성요소를 일차함수로 표시한 관계식에 근거해서 *ROE*의 구성요소와 *P/B*와의 관계를 검토하였다. 실증 결과 *ROE*의 세 구성요소인 *PM*, *ATO*, *LEV*로 분해하는 경우 *P/B*에 대한 설명력이 유의하게 증가한다는 사실을 추가적으로 밝혔다. 또한 미래 *ROE*는 세 가지 구성요소 중 *ROS*와 가장 밀접한 관계를 보였으며, *P/B*는 *LEV*과 가장 관련이 있다는 결과를 제시하였다. 권수영과 문보영(2009)은 *ROE*와 그 구성요소가 미래 수익성 및 가치관련성에 미치는 영향이 기업수명주기에 따라 달라지는지를 분석하였다. 실증분석 결과 당기수익성과 그 구성요소가 미래의 수익성 및 가치관련성을 설명하는 정보유용성이 기업수명주기에 따라 다른 것으로 관찰되었다. 성장기에는 당기수익성의 유용성과 가치관련성이 성숙기에 비해 낮은 반면 쇠퇴기에는 오히려 높은 것으로 나타났다. 미래수익성을 예측하는 데 있어서 성장기에는 총자산회전율이 덜 중요하였으며, 성장기에는 부채비율이, 쇠퇴기에는 매출액이익률이 더욱 중요한 역할을 하였다. 또한 성장기에는 매출액순이익률이 성숙기 대비 가치관련성을 덜 갖는 반면, 쇠퇴기에는 매출액순이익률과 재무레버리지가 성숙기보다 높은 가치관련성을 갖는 것으로 나타났다. 이러한 실증결과는 재무제표분석에서 널리 쓰이는 자기자본이익률과 그 구성요소가 기업수명주기에 따라 예측유용성이나 가치관련성과 관련하여 차별적인 의미를 지니고 있음을 보여준다.

4. 최근 연구동향

기본적 분석 연구는 과거 회계이익에 근거한 연구, 과거 非회계이익에 근거한 연구, 그리고 과거 非재무제표 자료에 근거한 연구로 나눌 수 있다. 과거 회계이익에 근거한 연구로서 Lipe와 Kormendi(1994)와 Finger(1994)를 들 수 있다. Lipe와 Kormendi는 이익의 최적 시계열적 구조를 ARIMA(p,1,0)의 가정하에 파악하려고 시도하였다. 118개 기업을 대상으로 자기회귀 차수(autoregressive order)인 p의 값을 변경시키면서 검증한 결과 ARIMA(4,1,0)일 경우 모형의 설명력이 가장 높은 것으로 나타났다. 또한 시장은 회계이익의 이러한 시계열적 속성을 효율적으로 주가에 반영하는 것으로 나타났다. Finger는 Fortune 500대 기업에 속하는 50기업을 대상으로 이익의 시계열적 모형을 AR(2)로서 추정한 후 그 모형의 미래이익 예측력을 random-walk 모형과 비교 검증하였다. 그 결과 AR(2) 모형은 random-walk 모형에 비해 1년 후 이익을 예측하는 데 있어 다소 뒤지게 나타났지만 장기이익(즉 4년 후와 8년 후 이익)을 예측하는 데 있어서는 월등하게 나타났다.

위에서 논의한 Ou와 Penman(1989)과 관련 연구, Lev와 Thiagarajan(1993)과 관련 연구, 그리고 Fairfield와 Yohn(2001) 및 Soliman(2008)과 같은 전통적 재무비율을 이용한 연구들은 모두 과거 非회계이익에 근거한 연구로 분류할 수 있다. 그 밖의 과거 非회계이익에 근거한 기본적 분석 연구로서 Bernard와 Noel(1991), Stober(1993), Sougiannis(1994) 그리고 Lev와 Sougiannis(1996)를 들 수 있다. Bernard와 Noel 그리고 Stober는 각각 재고자산과 매출채권에 대한 정보를 상세히 분석함으로써 미래의 매출과 이익을 예측하는 데 도움을 얻을 수 있다는 결과를 제시하고 있다. Sougiannis는 R&D 지출이 미래이익의 창출로 연결된다는 결과(즉 predictive link)를 제시하고 있으며, Lev와

Sougiannis는 R&D 지출정보가 미래주가와 연관되어 있다는 결과(즉 valuation link)를 제시하면서 이를 이용한 arbitrage 투자수익의 가능성을 제기하고 있다. 과거 非재무제표 자료를 분석한 연구는 Lev와 Thiagarajan의 일부분(즉 order backlog 변수와 직원 1인당 매출액 변수)과 Amir와 Lev(1996) 정도이다.[18] 이러한 연구는 현재 매우 희소하며 따라서 앞으로 이 분야에 상당한 진전이 있을 것으로 기대된다.

5. 기본적 분석 관련 국내 연구

(1) Ou와 Penman의 연구 재검증

기본적 분석 관련 국내논문으로 Ou와 Penman(1989)의 방법을 국내기업에 적용한 정혜영(1991)의 연구와 Ou(1990)의 방법을 국내상황에서 재검증한 정경만(1994)의 연구를 들 수 있다. 이 연구들은 국내 주식시장에서도 非회계이익 정보가 회계이익 정보에 추가적으로 현 주가에 대한 설명력이 있으며, 또한 재무제표 정보가 미래이익과 미래주가를 예측하는 데 유용하다는 결과를 제시하고 있다.

정혜영은 Rosenberg-Marathe(RM) 모형과 Ou-Penman(OP) 모형을 국내시장에 적용하였다. 정혜영은 이 두 각 모형에 따라 기업이 공시한 재무제표에서 기업가치에 영향을 미치는 변수들을 추출한 후 주가수익률을 예측하였다. 이어서 모형에서 예측한 내재가치와 현재주가를 비교하여 과대평가된 주식은 처분하고 과소평가된 주식은 취득하는 투자전략(trading strategy)에 따라 얼마나 시세차익(trading gain)을 얻을 수 있는지를 계산하였다. 검증결과 미국시장과 비교하여 우리나라 시장에서 RM 모형과 OP 모형의 강건성은 다소 떨어지게 나타났으나 이를 이용한 투자성과는 의외로 높게 나타났다. 이에 정혜영은 우리나라 회계정보의 공정성이 낮기 때문에 재무제표의 유용성이 낮다는 세간의 주장이 그다지 설득력이 없다고 지적하고 있다. 향후 연구과제로서

18) Amir and Lev(1996)의 내용은 제11장에서 논의한다.

정혜영은 선진국과 우리나라의 회계정보의 예측력을 비교하여 그 예측력 차이의 원인을 규명하고 이에 근거하여 국내 회계정보의 유용성을 높일 수 있는 방안을 강구할 필요성을 제시하고 있다.

정경만(1994)은 logit 모형을 이용하여 재무제표 자료의 유용성을 미래이익 예측 및 주가수익률 변동에 대한 설명력의 측면에서 검토하였다. 이익예측은 이익의 변화방향을 고려하였고 logit 모형으로부터의 Pr값을 개별기업의 미래이익력을 나타내는 지표로 사용하였다. 검증결과 비이익 재무제표 자료의 미래이익 예측력은 높게 나타났으며 그 예측력은 이익자료보다도 우월하였다. 또한 비이익 재무제표 자료는 주가수익률의 변동을 이익정보에 추가적으로 유의하게 설명하는 것으로 나타났다. 그러나 비이익 재무제표 자료를 이용한 헤지투자에서는 초과수익률이 높게 나타나지 않았으며 통계적 유의성도 낮았다. 정경만은 이러한 실증분석 결과가 우리나라 주식시장의 효율성에 대한 간접적 증거가 될 수 있으며 이러한 결과들은 비이익 재무제표 자료가 미래이익에 대한 투자자의 기대에 영향을 미칠 수 있다는 점을 시사하는 증거라고 주장하고 있다.

(2) Lev와 Thiagarajan의 연구 재검증

한봉희(1998)는 기본적으로 Lev와 Thiagarajan(1993)의 방법을 이용하여 국내기업을 대상으로 비이익 재무제표 정보의 가치관련성을 검증하였다. 표본은 1981년부터 1995년까지의 금융 및 서비스산업을 제외한 4,261기업/년이다. 비이익 재무제표 변수들로서 재고자산, 매출채권, 설비투자액, 매출총이익, 판매관리비, 대손충당금, 유효법인세율, 노동인력 및 감사의견을 고려하였다.[19] 이러한 재무제표 변수들이 비기대이익에 추가적으로 가치관련성이 있는지를 초과주가수익률과의 동시적인 상관관계로서 살펴보았다. 이의 검증에는 다음의 횡단면적 회귀분석을 이용하였다.

19) Lev와 Thiagarajan(1993)에서 추가로 고려하고 있는 연구개발비, 주문잔고(order backlog) 및 재고자산평가방법의 3가지 변수는 자료의 문제 혹은 변수측정의 문제로 인해 한봉희(1998)에서는 제외되었다.

$$CAR_{t,i} = a + b_0\, UE_{t,i} + \sum_{j=1}^{9} b_j\, Rank\ S_{t,ji} + \nu_{t,i}$$

여기서 $CAR_{t,i}$ $= t$ 년도 i 기업의 기업규모 조정 누적초과주가수익률

$UE_{t,i}$ $= t$ 년도 i 기업의 비기대이익

$Rank\ S_{t,ji}$ $= t$ 년도 i 기업의 j 번째 비이익 재무제표 변수,

$j = 1, 2, \quad, \cdots, 9$

Lev와 Thiagarajan은 시장모형으로 초과주가수익률을 추정하였으나 이 연구에서는 기업규모 조정 초과주가수익률을 사용하였다. 또한 Lev와 Thiagarajan과는 달리 이익통제변수로서 세전이 아니라 세후 비기대이익을 이용하였으며 재무제표 변수들을 raw값이 아니라 서열값으로 측정하였다(Abarbanell와 Bushee 1997 & 1998). 자료의 기술적 분석 결과 국내기업의 재무자료에는 극단치가 적지 않게 있는 것으로 사료되므로 이로 인해 회귀계수의 추정이 지나치게 영향을 받지 않도록 비기대이익 변수(UE)와 초과주가수익률 변수(CAR)를 그 분포의 양쪽 끝 부분값(±1값)에서 "winsorize"하였으며 재무제표 변수들은 모두 서열값으로 측정하였다. 또한 회귀분석시 Besley 외 2인(1980)에 의거하여 극단치 처리를 추가로 하였다.

이 연구에서 재무제표 변수들의 호신호/적신호 여부에 대한 판단은 기본적으로 Lev와 Thiagarajan의 논리를 따르나 9개 변수 중 설비투자, 대손충당금 및 유효법인세율의 3개의 변수들에 대해서는 우리나라의 독특한 기업상황과 회계실무를 고려하여 그 판단을 달리하고 있다. Lev와 Thiagarajan에서는 설비투자의 증가를 호신호로 간주한다. 그러나 과거 국내기업은 기업가치의 제고보다 기업규모의 확충 그 자체의 목적으로 설비투자를 증가시켰다는 비판을 받고 있다. 그렇다면 국내기업의 경우 설비투자의 증가는 자본시장에서 오히려 적신호로 받아들여질 수 있다. Lev와 Thiagarajan은 이익관리(earnings management) 측면에서 대손충당금의 증가를 호신호로 간주한다. 그러나 국내기업은 과거 대손충당금을 세법에 명시된 비율만큼 설정하는 경향이 있기 때문에 대손충당금의 증가는 실제적으로 부실채권의 증가 때문일 가능성이 있으며 따라서 오히려 적신호로 간주될 수 있다. 또한 Lev와 Thiagarajan은 유효법인세율의 감소가 일시적이며 따라서 일반적으로 적신호로 간주된다고 제

시하고 있다. 그러나 국내기업은 과거 국세청의 세무조사를 피하기 위하여 법인세액을 매출액 대비 일정하게 유지하는 경향이 있는 것으로 추측되므로 유효법인세율 변화의 일시성이 의문시된다. 오히려 국내기업의 경우 유효법인세율의 감소는 조세감면법 등에 의한 법인세의 영구적인 감소 때문일 수 있으므로 호신호가 될 가능성도 있다.

검증결과, 재고자산, 설비투자, 매출총이익, 판매관리비, 그리고 감사의견이 비기대이익에 추가적으로 유의하게 가치관련성이 있는 것으로 나타났다. 매출채권은 부분적으로 유의하게 나타났다. 설비투자(의 증가)는 국내기업의 경우 적신호로 판단될 가능성이 있는 것으로 예상했으나 Lev와 Thiagarajan의 결과와 일치하게 호신호인 것으로 나타났다. 대손충당금(의 증가)은 Lev와 Thiagarajan의 예상 그리고 국내 회계실무를 고려한 그 반대의 예상과 모두 어긋나게 전혀 유의하지 않게 나타났다. 유효법인세율(의 감소)은 Lev와 Thiagarajan의 결과와 어긋나게 그러나 국내 회계실무를 고려한 예상과는 일치하게, 유의하지는 않지만, 어느 정도 호신호로서 가치관련성이 있는 것으로 나타났다.

유의하게 나타난 변수의 종류는 Lev와 Thiagarajan의 결과와 비슷하나 유의도는 대체로 그들의 연구보다 낮게 나타났다. 이는 국내기업의 비이익 재무제표 정보가 이익정보에 추가적으로 가치관련성이 있으나 그 심도가 미국기업에 비해 다소 떨어진다는 것을 시사한다. 흥미롭게도 재무제표 변수들의 정보효과는 이익의 정보효과가 비교적 높은 1988년 이전보다는 낮은 1989년 이후의 기간에 높게 나타났다. 또한 일부 재무제표 변수들의 정보효과는 거시경제상황(경제성장과 인플레이션)에 따라 조건적으로 다르게 나타났다. 이는 비이익 재무제표 정보의 가치관련성을 평가하는 데 상황적 특성(contextual aspect)을 고려할 필요가 있다는 것을 시사한다.

추가적으로 회귀분석에서 유의하게 드러난 6개의 재무제표 변수들을 종합한 요약치의 크기에 따라 5개의 포트폴리오를 구성한 후 두 극단(즉 가장 호신호와 적신호) 포트폴리오간의 헤지 포트폴리오 수익률을 계산하였는데 이는 연평균 23.5%에 달하는 것으로 나타났다. 비기대이익을 통제하였을 경우 헤지 수익률은 7.3%로 줄어들었지만 그 크기는 여전히 통계적으로 유의하였다. 이러한 포트폴리오 수익률 결과는 비이익 재무제표 정보가 이익정보에 추가적으로 가치관련성이 있다는 회귀분석의 결과와 일치한다. 포트폴리오별 이익반응계수도 재무제표 변수들의 요약치가 가장 호신호일 경우에 다른 경우들보다 현저하게 높게 나타났다. 이는 비이익 재무제표 정보가 이익의 지속성을 평가하는 데도 도움이 된다는 것을 시사한다. 회귀분석 결과와 마찬가지로 이러한 포트폴리오 수익률과 이익반응계수 차이는 1988년 이전보다 1989년 이후의 기간에 강하게 나타났다.

참고문헌

권수영, 문보영(2009). 기업수명주기 하에서 자기자본이익률의 구성요소와 미래수익성 및 가치관련성. 「경영학연구」(제38권 제4호): 1135~1171.

백원선, 조현우, 호용익(2004). 자기자본이익률 구성요소와 미래수익성 및 가치관련성. 「경영학연구」(제33권 제5호): 1329~1354.

정경만(1994). 비회계이익자료를 이용한 이익예측에 관한 연구. 「회계학연구」(제18호): 47~83.

정혜영(1991). 재무제표정보와 주가수익률 예측. 「회계학연구」(제12호): 31~56.

한봉희(1998). 기본적분석에 근거한 비이익 재무제표정보의 유용성에 관한 연구. 「회계학연구」(제3호): 1~29.

Abarbanell, J. and B. Bushee(1997). Fundamental Analysis, Future Earnings, and Stock Prices. *Journal of Accounting Research* 35: 1~24.

______(1998). Abnormal Returns to a Fundamental Analysis Strategy. *Accounting Review* 73: 19~45.

Amir, E. and B. Lev(1996). Value-Relevance of Nonfinancial Information: The Wireless Communication Industry. *Journal of Accounting and Economics* 22: 3~30.

Baginski, S., and J. Wahlen(2003). Residual Income Risk, Intrinsic Values and Share Prices. *Accounting Review* 78(1): 327~351.

Ball, R. and P. Brown(1968). An Empirical Evaluation of Accounting Income Numbers. *Journal of Accounting Research* 6: 159~178.

Banz, R.(1981). The Relationship Between Return and Market Value of Common Stocks. *Journal of Financial Economics* 9: 3~18.

Basu, S.(1983). The Relationship Between Earnings' Yield, Market Value and Return for NYSE Common Stock. *Journal of Financial Economics* 12: 129~156.

Bauman, M.(1996). A Review of Fundamental Analysis Research in Accounting. *Journal of Accounting Literature* 15: 1~33.

Beaver, W., R. Clarke, and W. Wright(1979). The Association Between Unsystematic Security Returns and the Magnitude of the Earnings Forecast Error. *Journal of Accounting Research* 17: 316~340.

Beaver, W., P. Kettler, and M. Scholes(1970). The Association Between Market Determined and Accounting Determined Risk Measures. *The Accounting Review* 45: 654~682.

Beaver, W., R. Lambert, and D. Morse(1980). The Information Content of Security Prices. *Journal of Accounting and Economics* 2: 3~28.

Bernard, V.(1989). Capital Markets Research in Accounting During the 1980's: A Critical

Review. The State of Accounting Research As We Enter the 1990's: Illinois PhD Jubilee 1939~1989. Edited by T. J. Frecka. Urbana-Champaign. IL: University of Illinois.

______(1995). The Feltham-Ohlson Framework: Implications for Empiricists. *Contemporary Accounting Research* 11: 733~747.

Bernard, V. and J. Thomas(1989). Post-Earnings-Announcement Drift: Delayed Price Response or Risk Premium? *Journal of Accounting Research* 27: 1~36.

______(1990). Evidence That Stock Prices Do Not Fully Reflect the Implications of Current Earnings for Future Earnings. *Journal of Accounting and Economics* 13: 305~340.

Bernard, V. and J. Noel(1991). Do Inventory Disclosures Predict Sales and Earnings? *Journal of Accounting, Auditing & Finance* 6: 145~181.

Besley, D., E. Kuh, and R. Welsch(1980). *Regression Diagnostics*. New York: John Wiley & Sons, Inc.

Claus, J. and J. Thomas(2001). Equity Premia as Low as Three Percent? Evidence from Analysts' Earnings Forecasts for Domestic and International Stock Markets. *Journal of Finance* 56: 1629~1666.

Dechow, P. and R. Sloan(1997). Returns to Contrarian Investment Strategies: Tests of Naive Expectations Hypotheses. *Journal of Financial Economics* 43: 3~27.

Easton, P.(2004). PE Ratios, PEG Ratios, and Estimating the Implied Expected Rate of Return on Equity Capital. *Accounting Review* 79(1): 73~95.

Edwards, E. and P. Bell(1961). *The Theory and Measurement of Business Income*. Berkeley, CA: University of California Press.

Fairfield, P.(1994). P/E, P/B and the Present Value of Future Dividends. *Financial Analysts Journal* 50: 23~31.

Fairfield, P. and T. Yohn(2001). Using Asset Turnover and Profit Margin to Forecast Changes in Profitability. *Review of Accounting Studies* 6: 371~385.

Fama, E. and K. French(1992). The Cross-section of Expected Stock Returns. *Journal of Finance* 47: 427~465.

______(1995). Size and Book-to-Market Factors in Earnings and Stock Returns. *Journal of Finance* 50: 131~155.

Feltham, G. and J. Ohlson(1995). Valuation and Clean Surplus Accounting for Operating and Financial Activities. *Contemporary Accounting Research* 11: 689~731.

Finger, C.(1994). The Ability of Earnings to Predict Future Earnings and Cash Flow. *Journal of Accounting Research* 32: 210~223.

Foster, G., C. Olsen, and T. Shevlin(1984). Earnings Releases, Anomalies, and the Behavior of Security Returns. *The Accounting Review* 59: 574~603.

Freeman, R. and S. Tse(1992). A Nonlinear Model of Security Price Responses to Unexpected

Earnings. *Journal of Accounting Research* 30: 185~209.

Gebhardt, W., C. Lee, and B. Swaminathan(2001). Toward An Implied Cost-of-Capital. *Journal of Accounting Research* 39: 135~176.

Greig, A.(1992). Fundamental Analysis and Subsequent Stock Returns. *Journal of Accounting and Economics* 15: 413~442.

Holthausen, R. and D. Larcker(1992). The Prediction of Stock Returns Using Financial Statement Information. *Journal of Accounting and Economics* 15: 373~411.

Keim, D.(1983). Size Related Anomalies and Stock Return Seasonality. *Journal of Financial Economics* 12: 13~32.

Kormendi, R. and R. Lipe(1987). Earnings Innovations, Earnings Persistence, and Stock Returns. *Journal of Business*: 323~345.

Lakonishok, J., A. Shleifer, and R. Vishny(1994). Contrarian Investment, Extrapolation, and Risk. *Journal of Finance* 49: 1541~1578.

Lev, B.(1989). On the Usefulness of Earnings and Earnings Research: Lessons and Directions from Two Decades of Empirical Research. *Journal of Accounting Research* 27 (Supplement): 153~192.

Lev, B. and S. Thiagarajan(1993). Fundamental Information Analysis. *Journal of Accounting Research* 31: 190~215.

Lev, B. and J. Ohlson(1982). Market-Based Empirical Research in Accounting: A Review, Interpretation, and Extension. *Journal of Accounting Research* 20 (Supplement): 249~322.

Lev, B. and T. Sougiannis(1996). The Capitalization, Amortization, and Value- Relevance of R&D. *Journal of Accounting and Economics* 21: 107~138.

Lipe, R. and R. Kormendi(1994). Mean Reversion in Annual Earnings and Its Implications for Security Valuation. *Review of Quantitative Finance and Accounting* 4: 27~46.

Liu, J., D. Nissim, and J. Thomas(2002). Equity Valuation Using Multiples. *Journal of Accounting Research* 40(1): 135~172.

Lynch, P.(2000). *One Up on Wall Street.* New York, NY: Simon and Schuster.

Nissim, D. and S. Penman(2001). Ratio Analysis and Equity Valuation: From Research to Practice. *Review of Accounting Studies* 6: 109~154.

Ohlson, J.(1995). Earnings, Book Values, and Dividends in Security Valuations. *Contemporary Accounting Research* 11: 661~687.

Ou, J.(1990). The Information Content of Nonearnings Accounting Numbers as Earnings Predictors. *Journal of Accounting Research* 28: 144~163.

Ou, J. and S. Penman.(1989). Financial Statement Analysis and the Prediction of Stock Returns. *Journal of Accounting and Economics* 11: 295~329.

Penman, S.(1991). An Evaluation of Accounting Rate-of-Return. *Journal of Accounting,*

Auditing & Finance 6: 233~255.

______(1992). Return to Fundamentals. *Journal of Accounting, Auditing & Finance* 7: 465~483.

______(1996). The Articulation of Price-Earnings Ratios and Market-to-Book Ratios and the Evaluation of Growth. *Journal of Accounting Research* 34: 235~259.

Piotroski, J.(2000). Value Investing: The Use of Historical Financial Statement Information to Separate Winners from Losers. *Journal of Accounting Research* 38: 1~51.

Preinreich, G.(1938). Annual Survey of Economic Theory: The Theory of Depreciation. *Econometrica* 6: 219~241.

Reinganum, M.(1988). The Anatomy of a Stock Market Winner. *Financial Analysts Journal* 39: 16~28.

Rosenberg, B. and V. Marathe(1976). Common Factors in Security Returns: Microeconomic Determinants and Macroeconomic Correlates. *Proceedings of the Seminar on the Analysis of Security Prices* (May), University of Chicago: 61~116.

Soliman, M.(2008). The Use of DuPont Analysis by Market Participants. *The Accounting Review* 83(3): 823~853.

Sougiannis, T.(1994). The Accounting Based Valuation of Corporate R&D. *The Accounting Review* 69: 44~68.

Stober, T.(1992). Summary of Financial Statement Measures and Analysts' Forecasts of Earnings. *Journal of Accounting and Economics* 15: 347~372.

______(1993). The Incremental Information Content of Receivables in Predicting Sales. Earnings, and Profit Margins. *Journal of Accounting, Auditing & Finance* 8: 447~473.

제 10 장

회계정보와 가치평가

회계정보를 이용한 가치평가는 1990년대 초반부터 매우 활발하게 진행되어 온 재무회계의 연구주제이다. 회계정보와 기업가치를 연결시켜주는 이론적 모형이 개발되었으며 이를 기초로 다양한 실증연구들이 수행되어 왔다. 본 장에서는 먼저 회계정보를 이용한 가치평가모형을 소개하고 이를 기초로 수행된 다양한 실증연구결과를 논의한다. 장의 말미에서는 가치평가연구가 재무회계에 공헌한 바를 설명하고 아울러 미래 연구방향에 대한 논의도 이루어진다.[1)]

제 1 절 가치평가연구의 출현배경

1960년대 이전까지만 해도 회계정보를 이용하여 기업의 내재가치를 구하고 이를 투자의사결정에 활용하는 기법인 기본적 분석(fundamental analysis)이 활발히 연구되었다. 그러나 1960년대 중반에 제기된 효율적 시장가설(efficient markets hypothesis)이 널리 수용됨에 따라 기본적 분석에 대한 연구는 별다른 주목을 받지 못하게 되었다. 이에 따라 자본시장 회계연구는 주가와 회계정보의 관련성을 검증하는 방향으로 진행되어 오게 되었다.

Ball과 Brown(1968)의 연구를 필두로 회계정보의 주가관련성에 대한 많은 연구가 이루어져 왔고 이들 연구들이 회계정보의 유용성이나 특성을 이해하는 데 큰 공헌을 한 것도 사실이다. 그러나 지나치게 주가관련성에 편중된 재무회계연구로 인하여 회계학의 연구범위는 상당히 제한되었고, 특히 연구결과가 실무계에 대하여 제공하는 시사점이란 측면에서 큰 한계에 부딪히게 되었다. 이는 인접학문 분야인 재무학과 크게 대비되는 현상이다. 재무학 분야에서는 1950년대 말부터 Markowitz의 포트폴리오 이론, Sharpe와 Lintner의 CAPM 모형, Black과 Scholes의 옵션가격결정모형 등이 개발되어 실무계에 지대한 영향을 미친 바 있다. 회계정보가 주가와 관련성을 갖는다는 연구결과는 1960년대에 큰 논란이 되었던 회계정보의 유용성을 밝히는 데는 큰 공헌을 하였으나 실무계에 대해 제공하는 시사점은 그다지 크지 못하였다. 이와

1) 본 장의 제3절에서 제6절까지의 내용 중 많은 부분은 "김권중과 김문철. 2002. 한국회계학회 특별연구서. 기업가치 평가와 회계연구"의 내용 중 일부를 요약·재정리한 것이다.

같은 회계학의 추세가 이어오던 중 1980년대 들어 재무학 분야에서는 효율적 시장가설에 배치되는 실증연구결과가 빈번히 보고되기 시작하였다. 이에 따라 그 당시까지 당연하게 수용되어 왔던 효율적 시장가설에 대하여 의문이 제기되게 되었다.

효율적 시장가설하에서는 주가가 기업가치와 관련된 정보를 이미 충분히 반영하고 있다고 보기 때문에 주가가 존재하는 한 대체적인 기업가치평가가 별로 요구되지 않았다. 그러나 주가가 기업의 진정한 내재가치를 정확히 반영하지 못하는 상황하에서, 만일 기업내재가치를 정확히 추정하는 모형을 개발할 수 있다면 이를 기초로 한 투자전략을 통하여 초과수익률을 획득할 수 있다. 사실 실무계에서 기업의 가치평가는 다양한 의사결정에 있어서 매우 중요한 작업이다. 기업의 회계정보를 활용하여 기업가치를 추정할 수 있다면 그 적용범위는 매우 광범위할 것이다. 효율적 자본시장가설이 제시되기 전인 1960년대 초반까지도 회계정보를 분석하고 이를 기초로 기업가치를 추정하는 분석방법에 대한 연구가 존재하였다. 그러나 당시의 연구는 회계정보와 기업가치를 연결시켜주는 이론적 모형이 개발되어 있지 못하여 기업가치와 회계정보의 연결고리가 취약했다. 그러나 1980년대에 들어서면서 효율적 시장가설에 대한 신념이 흔들리게 되고 회계분야에서는 Ohlson(1995)이 회계정보를 기업가치와 연결시키는 이론적 모형을 개발하기 시작하였다. 이러한 회계정보 평가모형은 회계수치와 기업가치의 직접적인 연결고리를 제시하였다는 점에서 종전의 자본시장연구와 크게 차이난다. 종전의 자본시장연구의 시각은 정보적 시각(information perspective)에 입각하여 주가와 회계수치의 관련성을 해석하였다. 주가는 배당할인모형에 따라 미래배당액의 현가 합으로 결정된다고 보았으며, 따라서 가치평가를 위해서는 미래배당액이 추정되어야 한다. 이러한 시각하에서 회계정보는 기업가치를 결정하는 직접적인 변수라기보다는 미래배당을 추정하는 데 유용한 정보를 제공하는 변수로 해석하였다. 그러나 기업가치평가모형의 개발로 회계연구는 가치측정의 시각(measurement perspective)으로 이전되었으며 회계정보에 기초한 기업가치평가를 주된 주제로 삼게 되었다.

실제로 1990년대에 들어서면서 회계정보를 이용한 기업가치평가 분야가 재무회계에서 가장 활발한 연구분야가 되었으며 그러한 추세는 계속되고 있다. 본 장에서는 회계정보에 기초한 가치평가모형을 구체적으로 살펴보고 이들 모형을 기초로 이루어진 주요 실증연구 내용을 논의한다.

제 2 절 회계정보에 기초한 가치평가모형

1. 초과이익모형

초과이익모형(residual income model: RIM)은 회계정보를 이용한 가치평가모형의 가장 대표적인 모형이다. RIM의 기본적인 아이디어는 일찍이 Preinreich (1938), Edwards와 Bell(1961) 등에 의해 제시된 바 있으며 1990년대 초반 Ohlson의 가치평가모형의 정립을 통해 보편화되었다.[2] RIM은 배당할인모형(dividend discount model: DDM)과 순증관계(clean surplus relation)로부터 도출된다. 배당할인모형은 재무학에서 주주가치를 나타내는 이론적 모형으로서 가장 널리 받아들여지고 있다. 순증관계란 기말의 순자산가액은 기초 순자산가액에 회계이익을 가산하고 배당(증자나 감자로 인한 자본증감까지를 고려한 순배당을 말함)을 차감하여 산출된다는 등식관계를 말한다. 배당할인모형에서 초과이익모형이 도출되는 과정을 단계별로 살펴보자.

1단계: 주주지분의 가치는 배당할인모형(DDM)에 따라 미래 기대배당의 현가의 합으로 표시된다.

$$P_t = \sum_{\tau=1}^{\infty}(1+r_e)^{-\tau}E_t[d_{t+\tau}] \quad (1)$$

P_t = t 기말의 주주지분의 시장가치
d_t = t 기의 배당
r_e = 자기자본비용[3]

2) 초과이익모형의 기본적 아이디어는 Edwards와 Bell(1961)에서 이미 제시된 바가 있다. 또한 Ohlson(1995)은 엄격한 이론적 모형개발을 통하여 초과이익모형을 재소개하였다. 이와 같이 초과이익모형의 개발에 중요한 공헌을 한 세 학자의 이름을 따서 초과이익모형을 EBO(Edwards-Bell-Ohlson) 모형이라고 지칭하기도 한다.

2단계: 다음과 같은 순증관계(clean surplus relation)가 성립된다고 가정한다.

$$BV_t = BV_{t-1} + X_t - d_t \quad (2)$$

BV_t = t기말의 순자산가액
X_t = t기의 회계이익
d_t = t기의 배당

3단계: 2단계의 식에서 $d_t = BV_{t-1} + X_t - BV_t$로 식을 재배열한 뒤에 식 (1)의 d_t 대신 대입하여 정리하면 다음과 같은 식으로 표현된다.

$$P_t = BV_t + \sum_{\tau=1}^{\infty}(1+r_e)^{-\tau}E_t[X^a_{t+\tau}] - (1+r_e)^{-\tau}E_t[BV_{t+\tau}] \quad (3)$$

단, $X^a_t = X_t - r_e \cdot BV_{t-1}$ (t기의 초과이익)

만일 장부금액의 증가가 $(1+r_e)^\tau$보다 더 작다고 가정하면 $(1+r_e)^{-\tau} E_t[BV_{t+\tau}]$는 τ가 무한히 커짐에 따라 0으로 접근하게 되며 이에 따라 식 (3)은 다음과 같이 된다.

$$P_t = BV_t + \sum_{\tau=1}^{\infty}(1+r_e)^{-\tau}E_t[X^a_{t+\tau}] \quad (4)$$

식 (4)를 보면 주주지분의 가치는 현재의 장부금액과 미래 기대되는 초과이익의 현가 합으로 구성되어 있음을 알 수 있다. 여기서, 초과이익은 해당 기간의 이익에서 기초 투자액에 자기자본비용을 곱하여 산정된 자본사용대가를 차감함으로써 산정되는 잔여이익(residual income)의 개념이다.[4] 초과이익모

3) 수식 (1)에서는 자기자본비용을 할인율로 사용하고 있다. 본래 Ohlson(1995)이 초과이익모형을 도출함에 있어서는 무위험이자율을 사용하였는데 그 이유는 여러 경제변수의 영향을 받아 내생적(endogenous)으로 결정되는 기업의 위험도를 명시적으로 고려할 때 모형 도출과정이 너무 복잡해지기 때문이었다. 그러나 Ohlson은 실무적인 의사결정 목적으로 수식 (1)을 이용할 경우 기업위험도가 외생적으로(exogenous) 주어졌다고 간주하고 무위험이자율 대신에 기업의 위험프리미엄을 고려한 자기자본비용(cost of equity)을 사용하여도 무방하다고 결론내리고 있다.

형을 이용하여 주주지분가치를 산정할 때 가장 핵심적인 과제는 기업의 미래 이익과 장부금액에 대한 정확한 예측이다.

위의 식 (4)의 양변을 BV_t로 나누면 다음과 같이 표현된다.

$$\frac{P_t}{BV_t} = 1 + \sum_{\tau=1}^{\infty}(1+r_e)^{-\tau}E_t[(ROE_{t+\tau} - r_e)BV_{t+\tau-1}/BV_t] \qquad (5)$$

식 (5)는 주가-장부비율(Price-to-Book Ratio: PBR)의 의미를 명확하게 보여주고 있다. BV_t는 주주가 기업에 투하한 자본을 의미한다. 기업의 경영능력에 따라 주주로부터 투하된 자원의 가치는 투하된 가치에 비해 더 증가될 수도 있고 더 감소될 수도 있다. 식 (5)에서 주가-장부비율이 1보다 크다는 의미는 미래의 ROE가 자기자본비용(r_e)을 초과할 것으로 예상된다는 것이며 이는 결국 미래에 양의 초과이익이 기대됨을 의미한다. 반대로 주가-장부비율이 1보다 작다는 것은 기업이 음의 초과이익을 벌어들일 것으로 예상됨을 의미한다. 따라서 이러한 기업은 투하자본에 대하여 벌어들여야 할 최소한의 이익도 벌어들이지 못할 것으로 예상되는 회사이다.

RIM은 이론적으로는 배당할인모형이나 현금할인모형(discounted cash flow model: DCF)과 동일하지만 실제로 기업가치평가를 수행하는 과정에서 여러 장점을 가지고 있다.

첫째, RIM은 주주지분가치(기업가치)의 증가를 가져오는 직접적 요인(driver)에 초점을 두고 있다. 식 (5)에서 보듯이 주주지분가치와 순자산가액의 차이는 미래 초과이익의 현재가치인데, 미래 초과이익은 미래의 ROE와 순자산의 크기에 의해 결정된다. 그러므로 RIM은 기업의 미래 수익성과 성장성이 가치창출의 요인임을 직접 나타내고 있다. 이에 반해 DDM은 가치의 '창출'(creation)보다는 창출된 가치의 '분배'(distribution)측면에 초점을 두고 있어서 가치창출요인에 대한 정보를 제공하는 데 한계가 있다. 또한 배당을 하지

4) Ohlson의 연구를 비롯하여 많은 연구에서 초과이익(residual income)이란 용어 대신에 비정상이익(abnormal earnings)이란 용어를 사용하고 있다. 그러나 '비정상이익'이란 표현이 마치 실현이익에서 기대이익을 차감한 비기대이익을 연상시킬 수 있어 이를 방지하고자 본서에서는 '초과이익'이라는 용어를 사용한다. 초과이익모형에서 초과이익은 얼마든지 예상가능하며 실현이익 중에서 기대이익을 벗어난 부분을 지칭하는 개념이 아님에 유의하여야 한다.

않는 기업의 경우에는 미래배당 예측을 위한 실적자료가 없어서 DDM을 적용하기 매우 어렵게 된다. DCF 모형에서는 잉여현금흐름(free cash flow: FCF)을 가치창출의 척도로 사용하고 있는데 잉여현금흐름은 당해 기간중 창출된 가치(value added)를 정확히 나타내지 못한다. FCF는 영업활동 현금흐름에서 투자액을 차감하여 산정되므로 투자액이 증가할수록 작아진다. 이와 같이 투자액을 현금유출로만 처리하기 때문에 FCF는 영업활동에서 창출된 가치와 투자를 적절히 구분하지 못하게 되고 결국 해당 연도의 가치창출을 올바르게 반영하지 못하게 된다.

둘째, RIM은 주주지분가치와 회계변수 간의 관계를 명확하게 보여줌으로써 가치평가에 있어 회계변수의 역할을 분명하게 제시하고 있다. 즉, 재무상태표와 손익계산서의 요약치인 순자산가액과 이익이 주주지분가치와 어떠한 관련을 가지는가를 이론적으로 보여준다.

셋째, RIM에서 주주지분가치는 현재의 순자산가액과 미래 초과이익 현재가치의 합계로 측정되는데, 순자산가액은 가치평가시점에서 관찰가능한 변수이므로 미래 초과이익만을 예측하면 된다. 순자산가액은 일반적으로 주식가치에서 큰 비중을 차지하고 있다. 이에 반해 DDM과 DCF의 경우에는 가치평가를 위해 미래의 배당이나 잉여현금흐름을 모두 예측해야 한다. 따라서, RIM은 DDM이나 DCF와 비교할 때 예측치에 의존하는 정도가 훨씬 작으며 이에 따라 가치추정상 오차를 감소시킬 수 있는 가능성이 크다.

넷째, RIM은 회계수치에 기초한 가치평가모형이지만, 기업간 회계방법의 차이에 관계없이 모든 기업에 대해 적용가능하다. 기업간에 회계처리방법상 차이가 존재한다고 해도 순증관계 자체는 항상 성립하기 때문에 RIM 또한 각 기업에 대해 모두 성립하게 된다.

2. Ohlson 모형

Ohlson은 앞서 설명한 RIM에다 정보변수에 대한 선형 시계열(linear information dynamics: LID)가정을 추가하여 기업가치를 평가시점의 관찰가능한 회계변수로 나타내는 모형을 도출하였다. Ohlson이 사용한 LID 가정을 구체적으로 나타내면 식 ⑥ 및 ⑦과 같다.

$$X^a_{t+1} = \omega X^a_t + v_t + \varepsilon_{1t+1} \quad ⑥$$

$$v_{t+1} = \gamma v_t + \varepsilon_{2t+1} \quad ⑦$$

ω, γ = 0보다 같거나 크고 1보다 작은 지속성계수
v_t = 초과이익에 반영되지 않은 가치관련정보
ε_{1t+1}, ε_{2t+1} = 평균이 0인 오차항

식 ⑥은 초과이익이 1차 자기회귀과정[5)](autoregressive process; 이하 AR(1)으로 표현)으로 표현됨을 의미하고 있다. AR(1)의 시계열가정은 상당히 단순하지만 기업간 경쟁으로 인해 초과이익이 점차 줄어드는 현상을 잘 나타낸다고 볼 수 있으며 기업가치를 관찰가능한 회계변수로 구성된 폐쇄해(closed form solution) 형태로 나타낼 수 있게 한다. 또한 식 ⑥은 비회계정보 v_t도 추가적으로 초과이익에 영향을 미친다는 것을 보여준다. 한편, 식 ⑦은 초과이익에 영향을 미치는 비회계정보 자체도 AR(1) process를 따른다는 것을 의미한다. 위 AR(1) process의 지속성(persistence) 계수인 ω와 γ는 모두 0 이상이나 1보다는 작은 것으로 가정되고 있다. 만일 지속계수가 0이면 과거의 변수값이 미래의 변수값에 전혀 영향을 미치지 않으며 0과 1 사이에 있으면 과거 변수값의 일부가 미래 변수값에 영향을 미치게 된다. 만일 지속계수가 1이면 과거 값이 100% 그대로 미래에 영향을 미치는, 즉 랜덤워크(random walk) 모형이 된다. 그러나 LID의 가정을 보면 지속계수가 1인 경우는 제외되어 있는데, 이는 초과이익이 기업간 경쟁에 의하여 궁극적으로 소멸될 것이라는 가정이 전제되어 있기 때문이다.

RIM에 위의 LID가정을 추가하면 다음과 같은 기업가치평가함수가 도출된다.

---

5) 변수 X_t가 다음과 같은 시계열 행태를 따를 때 p차 자기회귀과정을 따른다고 하고 $AR_{(p)}$라고 표시한다.

$$X_t = \alpha + \beta_1 X_{t-1} + \beta_2 X_{t-2} + \ldots + \beta_p X_{t-p} + \varepsilon_t$$

ε_t는 평균 0과 $\sigma_\varepsilon{}^2$의 분산을 갖고 t와 s(단, $t \neq s$)에 대한 ε_t와 ε_s는 서로 상관관계를 갖지 않는 확률변수이다. X_t는 자신의 과거 관측치들에 대하여 회귀하고 있으므로 자기회귀과정이란 이름이 사용된다.

$$P_t = BV_t + \alpha_1 X_t^a + \alpha_2 v_t \quad (8)$$

$$\alpha_1 = \frac{\omega}{(1 + r_e - \omega)}$$

$$\alpha_2 = \frac{(1 + r_e)}{(1 + r_e - \omega)(1 + r_e - \gamma)}$$

또한 위의 모형을 변형하면 다음과 같이 표현될 수 있다.

$$P_t = (1-k)BV_t + k(\phi X_t - d_t) + \alpha_2 v_t \quad (9)$$

$$\phi = (1 + r_e)/r_e$$

$$k = r\omega/1 + r_e - \omega$$

식 (9)는 주주지분의 가치가 자본화된 이익에서 배당을 차감하여 구한 가치추정치와 순자산 장부금액의 가중평균을 기타 정보 v_t에 대해 조정하여 결정됨을 보여준다. 이익자본화가치와 순자산장부금액의 가중평균에서 가중치는 이익의 지속성에 따라 결정된다. 예를 들어, 이익이 완전히 일시적인 성격을 갖는 경우, 즉 $\omega = 0$인 경우에는 $k = 0$이 되어 장부금액에 모든 가중치가 부여된다. 반대로 $\omega = 1$인 경우에는 모든 가중치는 이익자본화 가치에 부여됨을 알 수 있다.

3. Feltham-Ohlson 모형

Feltham과 Ohlson(1995)은 Ohlson(1995) 모형을 확장하여 기업의 활동을 재무활동과 영업활동으로 세분한 가치평가모형을 개발하였다. 이들이 재무활동과 관련된 금융자산과 영업자산을 구분한 이유는 두 범주의 자산간에 회계상의 차이가 존재할 수 있기 때문이다. 구체적으로, 금융자산에 대하여는 장부금액이 공정가치에 상당히 근접하는 불편회계(unbiased accounting)가 적용되는 반면에 영업자산은 보수주의 회계의 영향으로 편의(bias)를 포함할 가능성이 높다. 따라서, Feltham-Ohlson 모형에서는 금융자산으로부터의 초과이익은 0이고 기업의 초과이익은 모두 영업자산에서 발생한다고 가정한다. Feltham-Ohlson 모형의 주요 내용을 살펴보면 다음과 같다.

먼저, 기업의 초과이익이 영업자산으로부터만 발생된다는 가정을 RIM과 결합하면 주주지분의 가치는 다음과 같이 표현된다.

$$P_t = BV_t + \sum_{\tau=1}^{\infty}(1+r_w)^{-\tau}E_t\left[OX^a_{t+\tau}\right] \quad (10)$$

$OX^a_t = OX_t - r_w \cdot OA_{t-1}$($t$기의 초과영업이익)

OX_t = t기의 영업이익

OA_t = t기말의 영업자산

r_w = 가중평균자본비용

Feltham-Ohlson은 초과영업이익과 영업자산을 포함한 정보변수들의 시계열 행태를 다음과 같은 LID로 표현하였다.

$$OX^a_{t+1} = \omega_{11}OX^a_t + \omega_{12}OA_t + \nu_{1t} + \varepsilon_{1t+1} \quad (11)$$

$$OA_{t+1} = \omega_{22}OA_t + \upsilon_{2t} + \varepsilon_{2t+1} \quad (12)$$

$$\nu_{1t+1} = \gamma_1\nu_{1t} + \varepsilon_{3t+1} \quad (13)$$

$$\nu_{2t+1} = \gamma_2\nu_{2t} + \varepsilon_{4t+1} \quad (14)$$

$0 \leq \omega_{11} < 1,\ \omega_{12} \geq 0,\ 1 \leq \omega_{22} < 1+r_w,\ |\gamma_1|,\ |\gamma_2| < 1,$

$\nu_{1t},\ \nu_{2t}$ = 기타 정보

$\varepsilon_{1t+1},\ \varepsilon_{2t+1},\ \varepsilon_{3t+1},\ \varepsilon_{4t+1},$ = 평균이 0인 오차항

위의 식은 Ohlson 모형의 선형시계열 행태와 비교할 때 두 가지 차이점을 보이고 있다. 첫째, 영업자산에 대한 시계열 행태가 추가되어 있고 둘째, 영업자산이 미래 초과영업이익에 영향을 주고 있다는 점이다. 영업자산의 계수 ω_{12}는 영업자산에 대한 회계의 보수성을 나타낸다. ω_{12}가 0의 값을 가지면 불편회계를 의미하고 ω_{12}가 양의 값을 가지면 보수적 회계를 의미한다. ω_{11}은 초과영업이익의 지속성을 나타내는 계수이며 ω_{22}는 영업자산의 성장성을 나타낸다. 위

와 같은 선형 시계열 행태를 이용하여 가치평가함수를 도출하면 다음과 같다.

$$P_t = BV_t + \alpha_1 OX_t^a + \alpha_2 OA_t + \beta \cdot \nu_t \quad (15)$$

$$\alpha_1 = \frac{\omega_{11}}{(1 + r_w - \omega_{11})}$$

$$\alpha_2 = \frac{\omega_{12}(1 + r_w)}{(1 + r_w - \omega_{22})(1 + r_w - \omega_{11})}$$

$$\beta = (\beta_1, \beta_2) = \left[\frac{1 + r_w}{(1 + r_w - \omega_{11})(1 + r_w - \gamma_1)}, \frac{\alpha_2}{(1 + r_w - \gamma_2)}\right]$$

$$\nu_t = (\nu_{1t}, \nu_{2t})$$

위의 식에 따르면 t시점에서의 주주지분가치는 t시점의 순자산 장부금액 BV_t, t기의 초과영업이익 OX_t^a, t시점의 영업자산 OA_t, 그리고 기타 정보에 의하여 결정된다. 앞서 살펴본 Ohlson 모형에 따른 가치평가함수와의 큰 차이는 영업자산이 포함되어 있다는 점이다. 만일 불편적 회계가 적용되고 있다면 ω_{12}는 0의 값을 가지며 영업자산은 가치평가에 있어서 순자산장부금액에 대한 추가적 역할을 하지 않는다. Feltham-Ohlson모형의 체계에서 보면 Ohlson 모형의 가치평가함수는 ω_{12}가 0의 값을 갖는 특수한 경우(즉, 영업자산의 회계도 불편적 회계인 경우)라고 볼 수 있다. ω_{12}가 양의 값을 갖는 보수적 회계의 경우에는 OA_t가 가치평가함수에서 역할을 하게 되며, 기간이 경과하더라도 초과영업이익은 0으로 수렴하지 않고 양의 값을 가지게 된다.

Feltham-Ohlson 모형은 유형자산에 대한 조기감가상각이나 연구개발비와 같은 무형자산 지출에 대한 전액비용화 등의 보수적 회계처리방법이 사용되는 경우에 미래 초과이익이 0으로 수렴하지 않을 수 있음을 보여주며 이러한 보수적 회계처리가 기업가치평가에 미치는 시사점을 제공하고 있다. Ohlson 모형은 보수적 회계처리가 기업가치평가에 미치는 영향을 고려하지 못하고 있는 데 반하여 Feltham-Ohlson 모형은 이러한 문제를 포괄한다는 점에서 보다 현실에 부합되는 일반화된 가치평가모형이라고 할 수 있다.

4. Ohlson · Juettner-Nauroth 모형

Ohlson과 Juettner-Nauroth(2005)는 기대이익과 미래이익의 성장에 기초한 가치평가모형을 제시한 바 있다. 이들이 개발한 모형(이하 'OJ모형'이라 함)은 초과이익모형의 단점을 극복하고 아울러 실무에서 애널리스트들이 가치평가시에 빈번히 활용하는 P/E 비율에 대한 이론적 기반을 제시하고 있다는 공헌점을 가진다. 구체적으로 OJ모형에서 기업의 주주가치는 크게 두 가지 요소로 구성된다. 하나는 차년도 이익을 자본화한 부분이고 두 번째 부분은 미래 비정상이익성장(abnormal earnings growth: AEG)을 자본화한 부분이다. 이를 수식으로 표현하면 다음과 같다.

$$P_t = \frac{eps_{t+1}}{r} + \frac{1}{r}\left[\frac{AEG_{t+2}}{(1+r)} + \frac{AEG_{t+3}}{(1+r)^2} + \frac{AEG_{t+4}}{(1+r)^3} + \cdots\right]$$

eps_{t+1} = $t+1$기의 이익예측치

$AEG_{t+i} = eps_{t+i} + r \cdot dps_{t+i-1} - (1+r)eps_{t+i-1}$

r = 자기자본비용

위의 식은 미래의 무한기간에 대한 AEG를 포함하고 있다. OJ모형에서는 다음과 같은 두 가지 가정을 추가한다.

(가정1) $P_t = \sum_{\tau=1}^{\infty}(1+r)^{-\tau}dps_{t+\tau}$, $dps_{t+\tau} = t+\tau$ 기에 대한 기대배당

(가정2) $z_t = \frac{1}{r}AEG_{t+1} = \frac{1}{r}[eps_{t+1} + r \cdot dps_t - (1+r)eps_t]$로 정의되며

$\{z_t\}_{t=1}^{\infty}$는 다음과 같은 조건을 만족한다.

$z_{t+1} = \gamma \cdot z_t, \quad t = 1,2,\cdots, \quad 1 \le \gamma \le (1+r), \quad z_t > 0$

위 가정을 추가하면 무한 기간에 대한 OJ모형은 다음과 같이 표현된다.

$$P_t = \frac{eps_{t+1}}{r} + \frac{AEG_{t+2}}{r(1+r-\gamma)}$$
$$= \frac{eps_{t+1}}{r} + \frac{z_{t+1}}{(1+r-\gamma)}$$

위의 OJ모형은 다음과 같이 달리 표현될 수도 있다.

$$P_t = \frac{eps_{t+1}}{r} \cdot \frac{g_2-(\gamma-1)}{r-(\gamma-1)}$$

단, $g_2 = \left[\frac{(eps_{t+2}+r \cdot dps_{t+1})}{eps_{t+1}} - 1\right]$

즉 위의 식으로 표현되는 OJ모형에는 두 가지 이익성장률을 사용하고 있는데 하나는 단기이익성장률 g_2로서 차차기이익(배당금에 대한 이익을 포함한)과 차기이익을 비교하여 산정되고 또 하나는 장기이익성장률(γ-1)로서 비정상이익성장(AEG)의 영구성장률이 사용된다.

위에 제시된 OJ모형을 살펴보면 현재 주가는 1기후 이익예측치, 1기후 배당금, 2기후 이익예측치와 일정하게 가정된 영구성장률(γ-1)로 표현됨을 알 수 있다.

OJ모형은 앞서 논의한 초과이익모형과 일관성을 가진다. 두 모형간의 관계를 구체적으로 살펴보자.

순증관계($bps_t = bps_{t-1} + eps_t - dps_t$, bps는 주당장부가치)가 성립한다고 가정하면 다음에서 보는 바와 같이 비정상이익성장(AEG)은 초과이익 변동액과 항상 일치한다.

$$AEG_t = eps_t + r \cdot dps_{t-1} - (1+r)eps_{t-1}$$
$$= eps_t - eps_{t-1} - r(eps_{t-1} - dps_{t-1})$$
$$= eps_t - eps_{t-1} - r(bps_{t-1} - bps_{t-2})$$
$$= eps_t - r \cdot bps_{t-1} - (eps_{t-1} - r \cdot bps_{t-2})$$

$$= RE_t - RE_{t-1}$$
$$= \Delta RE_t$$

앞서 살펴본 바와 같이 무한기간에 대한 AEG 모형은 다음과 같다.

$$P_t = \frac{eps_{t+1}}{r} + \frac{1}{r}\left[\sum_{\tau=1}^{\infty}(1+r)^{-\tau}AEG_{t+\tau+1}\right]$$

위의 식에서 $AEG_{t+\tau+1}$을 $\Delta RE_{t+\tau+1}$로 대체하고 eps_{t+1}/r 대신에 $bps_t + RE_{t+1}/r$[6]을 대입한 후 정리하면 다음과 같이 된다.

$$\begin{aligned}
P_t &= \frac{eps_{t+1}}{r} + \frac{1}{r}\left[\sum_{\tau=1}^{\infty}(1+r)^{-\tau}\Delta RE_{t+\tau+1}\right] \\
&= bps_t + \frac{RE_{t+1}}{r} + \frac{1}{r}\left[\frac{RE_{t+2}-RE_{t+1}}{(1+r)} + \frac{RE_{t+3}-RE_{t+2}}{(1+r)^2} + \cdots\right] \\
&= bps_t + \frac{\left[(1+r)^{n-1}r\ \ RE_{t+1} + (1+r)^{n-2}r\ \ RE_{t+2} + \cdots + r\ \ RE_{t+n} + RE_{t+n+1}\right]}{r(1+r)^n} \\
&= bps_t + \frac{RE_{t+1}}{(1+r)} + \frac{RE_{t+2}}{(1+r)^2} + \cdots + \frac{RE_{t+n}}{(1+r)^n} + \frac{RE_{t+n+1}}{r(1+r)^n}
\end{aligned}$$

위의 식에서 n이 무한대로 접근함에 따라 $\frac{RE_{t+n+1}}{r(1+r)^n}$이 0으로 수렴한다면 위의 식은

$$\begin{aligned}
P_t &= bps_t + \frac{RE_{t+1}}{(1+r)} + \frac{RE_{t+2}}{(1+r)^2} + \frac{RE_{t+3}}{(1+r)^3} + \cdots \\
&= bps_t + \sum_{\tau=1}^{\infty}(1+r)^{-\tau}RE_{t+\tau}
\end{aligned}$$

과 같이 정리되어 초과이익모형과 동일해짐을 알 수 있다.

---

6) $RE_{t+1} = eps_{t+1} - r \cdot bps_t$이며 이를 재배열하면 $eps_{t+1}/r = bps_t + RE_{t+1}/r$이 된다.

한편 OJ모형은 미래이익을 이용하여 가치평가를 한다는 점에서 Gordon모형과 유사하다.[7] 실제적으로 OJ모형은 Gordon모형을 일반화한 형태로 이해할 수 있다. Gordon의 영구성장모형은 다음과 같은 가정에 기초한다. 첫째, 주가는 미래 기대되는 배당의 현가 합으로 결정된다. 둘째, 배당성향은 매기 일정하다. 셋째, 이익은 일정률 g_p(=OJ모형의 γ-1에 해당)로 영구성장한다. 이러한 가정에 기초하여 주가는 다음과 같이 표현된다.

$$P_t = \frac{eps_{t+1}}{(r-g_p)}, \quad r\text{은 자기자본비용임}$$

위 식의 우변에 eps_{t+1}/r를 더하고 다시 빼면 다음과 같이 표현된다.

$$P_t = \frac{eps_{t+1}}{r} - \frac{eps_{t+1}}{r} + \frac{eps_{t+1}}{r-g_p}$$

$$= \frac{eps_{t+1}}{r} + \frac{g_p \cdot eps_{t+1}}{r(r-g_p)}$$

위 식에 $g_p \cdot eps_{t+1}$ 대신에 $eps_{t+2} - eps_{t+1}$로 대체하면 다음 식이 도출된다.

$$P_t = \frac{eps_{t+1}}{r} + \frac{(eps_{t+2} - eps_{t+1})}{r(r-g_p)}$$

OJ모형은 위의 식에 다음과 같은 일반화 가정을 추가함으로써 도출된다.

첫째, OJ모형은 Gordon모형과 동일하게 주가는 미래 기대되는 배당의 현가 합으로 가정한다.

둘째, OJ모형은 배당성향에 대하여 아무런 가정도 부과하지 않는다. 그 대신, 배당지급으로 인해 감소되는 이익부분에 대해 조정함으로써 MM의 배당 가치무관련성과 일관성을 갖는다. 즉 위 식의 $(eps_{t+2} - eps_{t+1})$ 대신에 OJ모형에서는 $[eps_{t+2} - eps_{t+1} - r \cdot (eps_{t+1} - dps_{t+1})]$을 사용한다. 즉, 비정상이익성장은 t+2기 이익변동액에서 (t+1기 이익－t+1기 배당금)×r[8]을 차감하여 산

7) OJ모형과 Gordon모형의 비교는 Gode와 Mohanram(2003)의 논문 내용을 참조하였다.

8) [(t+1기 이익－t+1기 배당금)×r]은 t+1기에 발생한 이익에서 배당으로 유출된 금액을 차감한

정한다. 만일 기업의 배당성향이 100%라고 가정하면 비정상이익성장은 $(eps_{t+2} - eps_{t+1})$로 된다.

셋째, Gordon모형에서는 단일 영속성장률 $g_p(=\gamma\text{-}1)$을 사용하는 반면에 OJ모형에서는 $g_2 = \left[\frac{(eps_{t+2} + r \cdot dps_{t+1})}{eps_{t+1}} - 1\right]$와 장기성장률 $(\gamma\text{-}1)$을 사용하고 있으며 g_2와 $(\gamma\text{-}1)$은 상이한 값을 취할 수 있다. 또한 배당성향이 일정 수준을 초과하면 단기성장률 g_2는 장기성장률$(\gamma\text{-}1)$에 점근적(asymptotical)으로 접근한다고 가정한다.

OJ모형은 다음과 같은 장점과 한계점을 가진다.

먼저 장점을 살펴보자. 첫째, OJ모형은 기업가치를 평가함에 있어 미래이익에 큰 비중을 둔다. 이는 주식시장에서 애널리스트를 비롯하여 투자자가 기업가치를 평가할 때 미래이익과 미래이익의 성장률이란 측면에서 의사결정하는 것과 일관된다. 애널리스트는 일반적으로 미래 2년간의 이익예측치 및 향후 5년간의 장기성장률을 제공한다. OJ모형을 이용하면 이러한 애널리스트들의 이익예측정보를 직접적으로 이용할 수 있다. 이러한 OJ모형은 궁극적으로 투자자들이 가장 빈번하게 사용하는 시장배수인 P/E에 직접적인 초점을 두고 있다고 할 수 있다. 둘째, OJ모형은 미래 이익예측치를 이용하여 가치평가를 하므로 미래 장부금액이나 ROE의 예측을 필요로 하지 않는다. 또한 OJ모형 이용시에는 1기후 배당을 제외하고는 미래배당을 예측할 필요가 없다. 셋째, OJ모형은 초과이익평가모형과는 달리 순증관계 가정 없이 도출된다. 넷째, OJ모형을 이용할 때 요구되는 이익예측 대상기간은 일반적으로 DCF모형에 비해 짧으며 가치평가금액 중에서 잔여가치에서 비롯되는 비중이 더 작다.

한편, OJ모형은 다음과 같은 한계점도 가지고 있다.

첫째, OJ모형을 이해하기 위해서는 발생주의 회계가 이루어지는 원리에 대해 이해하고 있어야 한다. 둘째, OJ모형을 이용하기 위해서는 배당부 이익(cum-dividend earnings)과 비정상이익성장의 개념을 이해하고 적용할 수 있어

후의 순투자액에 대한 정상이익 또는 자본사용대가를 의미한다.

야 한다. 셋째, OJ모형은 가치평가를 하기 위해 미래 예측되는 이익을 자기자본비용으로 할인하여야 한다. 따라서 가치평가결과가 추정된 자기자본비용에 민감하게 영향을 받는다. 이에 반해 초과이익모형은 가치평가시 요구수익률에 영향을 받지 않는 장부금액에도 기초하고 있으므로 이러한 단점이 덜 심각하다. 넷째, OJ모형은 초과이익모형에 비해 가치창출에 대한 분석이나 성장동인을 이해하는 데 있어서는 우월하지 못하다. 기업은 자산에 투자를 하고 이들 자산을 영업에 활용함으로써 가치창출을 한다. 초과이익모형에서는 자산에 대한 투자를 명확하게 인식하며 자산으로부터의 수익률이 요구수익률을 초과할 때 가치가 창출된다는 면이 보다 명확하게 드러난다. 이와 같이 OJ모형은 전략적 선택을 분석하는 목적으로는 한계를 갖는데 대부분의 전략분석에는 투자의사결정이 따르기 때문이다. 투자분석의 핵심은 투자로 인해 가치창출이 되는가를 파악하는 것이며 이 목적으로는 초과이익평가모형이 유용하다.

제 3 절 회계정보가치평가모형에 대한 검증

본 절에서는 초과이익모형과 Ohlson(1995) 모형 및 Feltham-Ohlson 모형(1995)의 타당성을 실증분석한 연구들을 검토한다. 먼저 Ohlson 모형 및 Feltham-Ohlson 모형이 기초하는 LID 가정의 적절성을 검증하는 연구를 살펴보고 다음으로 초과이익모형의 주가추정 정확도를 다른 가치평가모형과 비교 분석한 연구를 논의한다.

1. Ohlson 모형과 Feltham-Ohlson 모형에 대한 검증연구

Dechow, Hutton과 Sloan(1999)은 Ohlson모형의 타당성을 실증적으로 검증하였다. 그들은 Ohlson모형을 인용하거나 실증분석한다고 주장하는 많은 연구들이 실제로는 Ohlson모형의 핵심적 특성인 LID를 제대로 고려하지 못하고 있음을 지적하고 그들의 연구에서는 LID의 적절성을 실증적으로 면밀히 분석하고 있다. 또한 이들은 다른 연구에서 종종 무시하였던 기타 정보(other information)를 고려하고 있다.

먼저, 그들은 Ohlson 모형의 핵심적인 LID가 실증적으로 지지되는가를 살펴보았다. Ohlson 모형에 의하면 초과이익과 기타 정보는 AR(1)의 시계열과정을 따르는 것으로 가정되어 있는데 실제로 ω과 γ값은 각각 0.62와 0.32로 나타나 0과 1 사이에 존재하는 것으로 보고되었다. 또한 정보변수의 시계열 행태가 AR(1)만으로 잘 표현되는가를 검토하기 위하여 과거 3기간에 대한 시차변수를 추가하여 보았으나 추가된 시차변수의 역할은 미미한 것으로 나타나 AR(1)의 적절성이 확인되었다.

또한 차기연도 초과이익에 대한 예측력을 비교한 결과 금기 초과이익만을 기초로 예측한 경우에 비해 재무분석가의 이익예측치를 고려한 경우의 예측정확도가 더 높은 것으로 나타났다. Ohlson모형의 모수(ω 및 γ)값에 대한 다양한 가정과 기타 정보(υ)의 고려여부에 따라 여러 가지 모형을 설정하고 각 모형이 산출하는 주가예측치와 실제 주가를 비교한 결과, 기타 정보를 고려한 경우가 실제 주가를 보다 정확히 예측했으며 특히, $\omega=1$, $\gamma=0$, 즉 재무분석가의 이익예측치를 자본화한 매우 단순한 주가예측치가 가장 정확한 것으로 나타났다. 이러한 모형은 주가예측시 장부금액에 전혀 비중을 두지 않는 방법이다. 즉, 장부금액이 장기적 초과이익에 대한 추가적 정보를 가지고 있기 때문에 합리적으로 주가에 반영되어야 한다는 예상과 일치하지 않는 결과라고 볼 수 있다. Dechow 등은 추가적인 분석을 통해 시장이 가격 설정시에 장부금액에 대하여 Ohlson 모형이 제시하는 만큼의 가중치를 두지 않는다고 결론내리고 있다.[9]

끝으로 Dechow 등은 제반 모형들의 미래 주식수익률 예측력을 비교하여 보았다. 구체적으로 각 모형의 주가예측치를 실제 주식가격으로 나누어 비율을 산정하고 이 비율의 크기에 따라 10개 포트폴리오를 구성하였다. 이 비율의 순위에 기초하여 높은 값을 갖는 포트폴리오는 가장 과소평가된 주식들이며 반대로 가장 낮은 비율의 포트폴리오는 가장 과대평가된 포트폴리오이다. 각 모형별로 1년 후 주식수익률을 산정한 결과 기타 정보를 고려하지 않은 Ohlson 모형이 기타 정보를 고려한 경우에 비해 더 큰 초과수익률을 올리는

9) 물론 이러한 연구결과에 대한 다른 해석은 Ohlson모형이 잘못 설정된 모형이라는 것이다.

것으로 나타났다. 이는 동일기간 주가와의 비교결과와 일치하지 않는 것이다.

Dechow 등은 이러한 일련의 상호 불일치하는 결과를 다음과 같이 해석하였다. 즉, 시장에서 투자자들이 주가설정시 재무분석가의 이익예측치에 과도한 가중치를 부여하고 순자산 장부금액에는 너무나 작은 가중치를 부여한다. 따라서 같은 기간의 주가와의 비교에서는 이익예측치를 자본화하는 모형이 가장 높은 성과를 보이나 이는 초과이익의 장기적 성질을 간과한 것이므로 향후 수익률의 관점에서는 오히려 이익예측치를 고려하지 않고 내재가치를 산출한 모형이 보다 우월한 성과를 보인다는 것이다. 따라서, 이러한 해석은 주가가 Ohlson 모형이 제시해주는 초과이익의 평균회귀성향을 충분히 반영하고 있지 못함을 시사한다고 할 수 있다.

Myers(1999)도 Ohlson 모형의 LID에 대한 실증분석을 하였으며 Feltham과 Ohlson(1995, 1996)의 LID들도 함께 검증하고 있다. 검증의 첫 단계는 개별기업을 대상으로 여러 LID모형들에 대한 모수를 추정하고 이를 이용하여 주식가치를 추정한 다음 주가추정치를 실제 주가와 비교하는 방식으로 수행되었다. 표본기업은 1975~1996년의 기간에 대해 최소한 15년의 자료가 입수가능한 2,601개 상장회사들이 이용되었다. Myers는 총 4가지의 LID를 대상으로 검증하였는데, 첫 번째 LID는 Ohlson모형에서 기타 정보를 생략한 것이고, 두 번째와 세 번째는 보수적 회계를 고려하고 있는 Feltham과 Ohlson의 모형들이며, 마지막으로 네 번째 LID는 기타 정보까지 포함한 Ohlson 모형의 LID로서 수주 잔고(order backlog)를 그 대용치로 사용하였다.

그러나 위의 LID모형들은 일반적으로 가치평가과정을 잘 표현하지 못하는 것으로 나타나고 있다. 첫 번째 LID의 경우 실제 주가에 대한 주가추정치 비율의 중위치가 0.41에 불과하였다. 보수적 회계의 문제를 고려하기 위해 추가적 모수를 포함시킨 두 번째 LID와 세 번째 LID의 경우는 주가추정치 대 실제 주가비율의 중위치가 각각 0.64와 0.92로 높아지고 있다. 그러나 표본기업의 60~80%의 경우에 보수적 회계를 반영하는 모수가 음(negative)의 부호를 갖는 것으로 나타나고 있다. 이러한 결과는 Feltham과 Ohlson(1995, 1996)에서 기대되는 부호와 일치하지 않는 결과이다. 또한 실제 주가를 종속변수로 하고 기업별로 추정된 LID 모수를 이용하여 계산한 주가추정치를 독립변수로 사용한 회귀분석의 설명력은 장부금액만을 독립변수로 사용한 회귀분석의 경우에 비해 더 높지 않은 것으로 나타나고 있다. 그러므로 Myers가 검증한 여러 LID모형들은 전반적으로 낮은 주가추정능력을 보이고 있다. 마지막으로, 기타 정보의 역할을 보기 위하여 수주잔고를 사용한 네 번째 LID의 결과는 예상과 달리 미래 초과이익에 대한 예측력이 없는 것으로 나타났다. 이는 가치평가시 추가하는 기타 정보의 선정에 신중해야 함을 시사하고 있다.

Stober(1996)는 1964~1993년의 30년간을 표본기간으로 하여 Feltham-Ohlson 모형을 검증하였다. LID모형의 모수는 각 기업별로 추정되었으며, 기타 정보는 0으로 설정하였고 LID로부터 추정된 모수의 크기에 따라 회귀계수가 영향을 받는지를 보기 위한 상호작용 항을 추가하였다. 그러나 보수적 회계를 나타내는 모수가 전체 표본의 75%에 대해 음의 값으로 나타났으며 이는 Myers(1999)의 분석결과와 일치하고 있다. 다만, 모수 추정치의 크기를 순위로 변환시켜 검증하는 경우에는 가치평가모형의 추정계수와 LID의 모수 순위값 사이에 이론에서 제시하는 관계가 존재하는 것으로 나타나고 있다.

Hand와 Landsman(1999)은 Ohlson 모형에 제시된 배당과 주가의 관계를 집중적으로 실증분석하고 있다. Ohlson 모형의 도출과정에서 정보비대칭(information asymmetry) 문제는 고려되지 않으므로 MM 이론에서처럼 배당이 증가하면 그만큼 주가가 떨어지는 dividend displacement가 발생한다. 그러나 현실적으로는 정보의 비대칭이 존재하고 있으므로 과연 배당이 Ohlson 모형에서처럼 주식가치와 일 대 일의 displacement 특성을 갖고 있는지 아니면 오히려 주가와 양(positive)의 관계를 갖고 있는지를 검증하였다. 이들은 주가와 배당 간의 관계를 검증할 때 기타 정보를 0으로 설정한 후 분석하였으며, 또한 Ohlson(2001)의 제안에 따라 IBES의 이익예측치를 포함시켜 기타 정보의 영향을 고려한 분석도 수행하였다.

실증분석결과에 의하면, 배당은 주가와 유의한 양의 관계를 일관되게 보이고 있어서 displacement 특성과는 다르게 나타나고 있다. Hand와 Landsman은 그러한 양의 관계에 대한 설명으로 신호가설(signaling hypothesis)과 잉여현금흐름가설(free cash-flow hypothesis)을 제시하고 검증하였다. 두 가설 모두 주가와 배당 간에 양의 관계를 예측하지만 그 내용에는 차이가 있다. 신호가설은 현재 이익은 저조하지만 미래의 수익성이 좋을 것으로 예상되는 기업이 당해 기업의 미래 전망에 대한 정보를 신뢰성 있게 전달하고자 배당을 지급하는 경우에 좀더 설득력을 가진다. 반면에, 잉여현금흐름가설은 현재의 양호한 성과로 인해 기업 내에 많은 잉여현금흐름이 있는 기업이 이를 배당으로 지급함으로써 현금자원을 낭비하지 않겠다는 의도를 보이는 경우에 보다 많은 설득력을 가진다. 실증분석결과에 의하면, 배당에 대한 양의 계수는 이익을 기록한 기업보다 손실을 기록한 기업의 경우가 3배 정도 큰 것으로 나타나고 있다. 이러한 결과에 대해 Hand and Landsman은 적자기업의 경우 신호가설이, 그리고 흑자기업의 경우는 잉여현금흐름가설이 더 적절한 것으로 해석하고 있다.

초과이익모형을 이용함에 있어서 가장 중요한 작업은 미래 초과이익의 정확한 예측이라고 할 수 있다. 이에 따라 미래초과이익의 결정요인을 살펴보는 연구가 이루어졌다.

Cheng(2005a)은 초과이익에 영향을 미치는 요인에는 실질적인 기업가치 창출(economic rents)요인과 기업가치에 대한 회계처리(conservative accounting) 요인이 있다고 보고 이들 요인들이 초과이익을 증가시키는지에 대해 실증분석하였다. 본 연구는 초과이익의 결정요인을 파악하는 데 있어서 산업수준과 개별기업수준으로 구분하여 고찰하였다. 주요 연구결과에 따르면 산업수준의 비정상적 ROE는 산업집중도, 산업수준의 진입장벽, 산업차원의 보수주의 회계요인에 따라 증가하는 것으로 나타났으며 개별기업의 초과 ROE와 산업수준의 초과 ROE의 차이도 역시 시장점유율, 기업규모(규모의 경제와 관련됨), 기업수준의 진입장벽 및 기업 개별적인 보수회계 요인에 따라 증가하는 것으로 나타났다. 또한 이러한 초과이익 결정요인을 초과이익모형에 반영함으로써 MB 비율의 변동에 대한 설명력을 유의하게 증가시키는 것으로 나타났다.

Cheng(2005b)은 후속연구를 통해 초과이익평가모형의 투입변수로 자주 활용되는 재무분석가의 이익예측정보에 비정상 ROE의 결정요인이 충분히 반영되는지를 실증분석하였다. 먼저 가치평가에 유용한 것으로 알려진 22개 요인을 선정하고 이를 경제적 렌트(economic rent)의 대용치, 보수적 회계의 대용치, 이익의 질에 대한 신호, 일시적 이익의 대용치, 산업 특성 및 위험과 리스크와 성장성 대용치의 6개 범주로 분류한 다음 재무분석가의 이익예측치가 이들 요인을 충분히 반영하는가를 분석하였다. 먼저 재무분석가의 이익예측치의 유효성을 검증하기 위해서 이익예측치의 1년후 ROE에 대한 예측력 및 현재 시점의 MB비율에 대한 설명력을 살펴보았다. 연구 결과 모형설정(specification)에 따라 차이는 있지만 재무분석가의 예측치는 22개 정보원천에 포함된 정보의 45~83%를 반영하는 것으로 나타났다. 그러나 재무분석가 예측치가 충분히 반영하지 못하는 요인들도 있는 것으로 판명되었다. 구체적으로 이익예측력 검증에서는 보수적 회계와 일시적 이익의 효과를 충분히 반영하지 못하는 것으로 나타났고 MB비율에 대한 설명력 검증에서는 경제적 렌트(시장점유율, 자본집약도, 연구개발비 집약도로 측정), 보수적 회계 및 위험요인을 충분히 반영하지 못하는 것으로 나타났다. 이러한 결과는 기업가치평가에 있어서 애널리스트 예측치를 미래 예측치로서 활용하는 것의 정당성을 확인해 주는 것이며 동시에 이익예측치 활용의 개선방향에 대하여도 시사점을 제시한다.

신승묘(1996)는 Ohlson 모형에 입각하여, 주가에 대한 설명변수로 현재의 장부금액, 당기이익, ROE 증가율, 투자증가율, 그리고 자기자본비용의 대용치로서의 베타를 도출해내고, 이들 설명변수들이 주가를 유의적으로 설명하는지 검증하였다. 연구결과에 따르면 현재의 장부금액, 당기이익, ROE 증가율, 투자증가율은 주가와 유의적인 양의 관련성을 보였고 베타는 유의적인 음의 관계를 보였다. 이는 주식가치평가에 있어서 회계정보의 유용성을 지지하는 결과로 볼 수 있다. 또한 이 연구에서는 이익의 지속성 및 위험에 따라서 주가평가시 순자산과 이익에 대한 계수가 다르다는 Ohlson 모형에 근거해, 당기 ROE의 크기에 따라 주가평가시 순자산과 이익에 대한 계수가 기업별로 어떻게 차이나는가를 검증하였다. 연구결과, 당기 ROE가 큰 기업의 경우에는 미래 이익지속성이 낮아 ROE가 보통수준인 기업의 경우보다 이익에 대한 계수는 작고 순자산에 대한 계수가 컸으며, 당기 ROE가 음수인 기업의 경우는 일반적으로 위험이 높게 평가됨에 따라 ROE가 보통수준인 기업에 비하여 순자산과 이익에 대한 계수가 모두 작았다.

또한 최근에 수행된 자산재평가가 순자산과 이익에 대한 계수에 미치는 영향을 검증한 결과, 최근에 자산재평가를 한 기업의 경우는 그렇지 않은 기업의 경우보다 주가평가시 순자산에 대한 계수는 더 작고 이익에 대한 계수는 크게 나타났다. 이에 대한 해석으로 최근에 자산재평가를 한 기업의 경우에는 그렇지 않은 기업에 비하여 순자산가액이 시가에 근접함으로써 순자산에 대한 계수가 작아지는 동시에, 회계상의 이익이 진실한 이익(true income)

에 가까워져서 이익에 대한 계수는 커지기 때문이라고 주장하였다.

백원선과 최관(1998)은 Ohlson 모형에서 정의된 초과이익의 지속성이 순자산과 회계이익에 대한 상대적 주가배수에 미치는 영향을 실증분석하였다. Ohlson 모형에 따르면, 초과이익의 지속성이 높은 기업의 회계이익에 대한 주가배수는 초과이익의 지속성이 낮은 기업의 회계이익에 대한 주가배수보다 높고, 초과이익의 지속성이 높은 기업의 순자산에 대한 주가배수는 초과이익의 지속성이 낮은 기업의 순자산에 대한 주가배수보다 낮게 된다. 연구결과에 따르면, 초과이익이 지속적인 경우에 회계이익에 대한 주가배수는 비지속적인 경우에 비하여 높은 반면, 순자산에 대한 주가배수는 낮은 것으로 나타났다. 또한 초과이익이 비지속적인 집단에서는 순자산의 설명력이 회계이익의 설명력보다 유의하게 큰 반면, 초과이익이 지속적인 집단에서는 양자의 차이가 유의하지 않은 것으로 나타나고 있어 Ohlson 모형의 예측과 일치하는 것으로 나타나고 있다. 특히, 이러한 결과는 선행연구에서 순자산 및 회계이익에 대한 상대적 주가배수에 영향을 미치는 것으로 확인된 재무건전성이나 회계처리의 보수성 정도를 통제한 후에도 여전히 유의하게 나타나고 있다.

김권중과 김진선(2006)은 재무제표에 보고된 영업고정자산 신규투자액 정보가 Ohlson(1995) 모형에 제시되고 있는 '기타 정보'의 한 요소가 될 수 있는지를 실증적으로 분석하였다. Ohlson모형에서 '기타 정보'(other information)란 재무제표에 반영되지 않은 비회계정보를 의미한다. 비금융업종에 속한 상장기업을 대상으로 하여 실증분석한 결과, 현재 및 과거 3년까지의 영업고정자산 신규투자액 정보는 미래 초과이익에 대해 유의한 설명력을 가지고 있는 것으로 나타났다. 또한 영업고정자산 신규투자액 변수들이 포함된 초과이익 회귀모형의 설명력은 현재의 초과이익만이 독립변수로 포함된 경우에 비해 3배에 달하고 있다. 또한 현재 및 과거 3년까지의 영업고정자산 신규투자액 정보는 주식가격에 대해서도 유의한 설명력을 갖고 있으며, 주가수준 회귀모형의 설명력은 영업고정자산 신규투자액 변수들이 포함되지 않은 경우에 비해 거의 4배에 이르는 것으로 나타났다. 따라서 영업고정자산 신규투자액 정보의 유용성이 실증적으로 확인된 것으로 해석할 수 있다.

오준환(2003)은 시장변수(주가)와 재무변수(장부가치, 순이익)를 활용한 초과이익모형, 비용자본화모형, 내재가치모형 등으로 지식자산가치를 측정하고,

각 측정방법의 적정성을 변수간 동시 및 선도모형과 전통적 재무변수모형에서 평가하였다. 동시 및 선도모형의 분석결과, 장부에 인식되지 않은 지식자산가치가 주가에 반영되고 있으며, 초과이익모형이 다른 측정모형보다 지식자산가치를 상대적으로 적정하게 측정하는 것으로 나타났다. 또한 측정과정에서 산업특성을 반영하는 초과이익모형이 그렇지 않은 측정모형보다 기업의 경쟁우위, 초과수익력 등을 의미하는 지식자산가치를 적정하게 측정하는 것으로 분석되었다

이종천과 오웅락(2004)은 Ohlson모형과 옵션모형을 기업특성이 상이한 코스닥 일반기업과 벤처기업의 가치평가에 적용함으로써 기업특성에 따라 기업가치평가모형의 적합성이 상이할 수 있는가를 실증적으로 검증하였다. 연구결과에 따르면 일반기업의 경우 Ohlson모형과 옵션모형 간 기업가치 평가의 적합성에 차이가 없는 것으로 나타났으나 벤처기업의 평가에 있어서는 새로운 수익모형으로의 전환가능성이 높은 벤처기업의 특성을 반영하는 부분선형 옵션모형이 Ohlson모형보다 더 적합한 것으로 나타났다. 또한 기업특성이 다른 일반기업과 벤처기업의 Ohlson모형 간 계수와 설명력에 많은 차이가 있음을 보여주고 있어 Ohlson모형에 의해 기업가치를 평가하는 경우 기업특성을 고려할 필요성을 보여주었다.

이종천 등(2008)은 Ohlson모형에 기초한 LID 초과이익모형, Frankel과 Lee(1998)가 사용한 초과이익모형과 회귀분석을 통해 추정한 초과이익모형[10]을 비교하여 LID 잔여이익모형의 LID 가정에 대한 타당성을 실증적으로 검증하고, 기업가치평가모형으로서 LID 잔여이익모형의 타당성을 평가하였다. Ohlson의 LID모형, Frankel과 Lee의 초과이익모형 및 회귀분석에 의한 초과이익모형의 예측오차를 비교한 결과 Frankel과 Lee의 초과이익모형이 실제 주식가치에 가장 근접한 것으로 나타났다. 또한 Ohlson의 LID 초과이익모형의 예측과 달리 잔여이익 지속계수의 크기와 지속계수가 기업가치에 미치는

10) 회귀분석에 의한 초과이익모형은 다음과 같이 추정된다.

$$MV_t = \beta_0 + \beta_1 BV_t + \beta_2 X_t^a + \varepsilon_t$$

연도별 회귀분석에 의해 절편(β_0)과 회귀계수(β_1, β_2)를 추정하고 추정된 회귀식에 개별 기업의 잔여이익과 순자산을 대입하여 다음과 같이 개별기업의 기업가치 $\widehat{P}_t$를 추정한다.

$$\widehat{P}_t = \widehat{\beta}_0 + \widehat{\beta}_1 BV_t + \widehat{\beta}_2 X_t^a$$

영향은 서로 무관한 것으로 나타나 LID 가정이 개선될 필요성이 제기되었다. 이외에도 Frankel과 Lee의 초과이익모형은 적절한 자본비용을 사용함으로써 예측오차를 상당히 감소시킬 수 있는 것으로 나타났다.

2. RIM과 DDM 및 DCF의 성과비교

RIM의 구조는 이론적인 측면에서는 명확하지만 실증적으로 검증하는 것은 쉽지 않다. RIM은 주가가 미래 기대배당의 현가 합이라는 가설에서 출발하고 있다. 따라서, RIM을 기각한다는 것은 주가가 미래 기대배당의 현가 합과 같지 않다는 것을 의미한다. 따라서 이러한 결론이 쉽게 도출될 수 있는가에는 많은 의문이 든다. RIM을 제대로 검증하기 위해서는 무한기간에 대한 초과이익 및 투자자의 미래기대치를 정확히 파악하여야 하나 현실적으로 유한기간을 대상으로 검증할 수밖에 없다. 따라서, RIM 자체보다는 RIM의 근사치를 검증하는 결과가 초래된다. 따라서, 회귀분석의 설명계수는 1보다 작을 것이고 회귀계수도 본래 기대되는 계수에서 벗어날 가능성이 크다. 그러나 회귀계수가 본래의 값에서 얼마나 벗어날 것인가를 파악하기는 거의 불가능하다. 따라서, RIM을 기각하기 위한 객관적인 기준을 도출하는 것은 매우 어렵다. Bernard(1995)는 주가에 대한 RIM의 설명력으로 68%를 보고한 바 있는데 물론 이러한 설명력이 높기는 하지만 이론적으로는 RIM이 100%의 설명력을 보여야 한다.

(1) RIM과 DDM의 비교

Bernard(1995)는 주식가치평가모형이 실무적으로 유용성을 가지려면 요구되는 미래 예측기간(forecast horizon)이 되도록 짧아야 하며 또한 짧은 예측기간을 가지고도 주식가치의 많은 부분을 포착할 수 있는 모형이 우월한 모형이라는 관점에서 RIM과 DDM을 비교하고 있다.

Bernard는 미래 4년간을 예측기간으로 설정하고 Value Line의 예측치를 사용하여 주식가격에 대한 RIM 및 DDM 투입요소들의 설명력을 비교 분석하였다. 즉, RIM의 경우 순자산가액과 미래 4년간의 초과이익 예측치가 독립변수로 사용되었고, DDM의 경우 미래 4년간의 배당예측치가 독립변수로 사용되었다. 회귀분석결과에 의하면, RIM은 실제 주식가격에 대해 68%의 설명력을 갖고 있는 데 비해, DDM의 설명력은 29%에 그치고 있다. 또한, RIM의 경우 예측기간말 시점에서의 PB 프리미엄 예측치를 추가적 독립변수로 포함시키면 회귀모형의 설명력이 80%에 이르고 있다. 이러한 분석결과를 토대로, Bernard는 RIM의 실행시에 예측기간을 4년 정도로 하더라도 큰 문제가 없는 것으로 해석하고 있다.

(2) RIM, DDM 및 DCF의 비교

Penman과 Sougiannis(1998)는 RIM, DDM 및 DCF에 의한 주가추정치를 직접 산정하고 이를 통해 각 모형의 성과를 비교 분석하였다. 모형별로 주가추정치를 산정함에 있어서 이들의 연구에서는 예측자료 대신에 실제로 실현된 자료가 이용되었다. 예를 들어, RIM에 의한 주가추정치를 구하기 위해서는 미래의 이익예측치 등이 필요한데, 예측치를 이용하는 대신에 미래기간의 실현된 실제 이익을 사용한 것이다. 이와 같이 사후적으로 실현된 자료(ex post data)를 사용하여 사전적인(ex ante) 추정오차를 측정하기 위해서는 실현된 수치가 평균적으로 사전적인 합리적 기대치와 일치하며 또한 주식가격이 효율적이라는 가정을 필요로 한다. 이들은 사후적 수치를 사전적 예측치에 대한 대용치로 사용하는 데서 발생하는 오차를 통제하고 기간별 또는 기업별로 존재할 수 있는 시장 비효율성을 고려하기 위해 개별 주식별로 검증하는 대신 포트폴리오를 대상으로 검증하였다. 또한 잔여가치에 대한 가정에 따라 모형들의 성과가 어떻게 영향을 받는지도 검증하였다. 실증분석결과에 의하면, 주가추정 오차를 통한 비교에서 RIM이 DDM이나 DCF보다 일관되게 우월한 성과를 보이는 것으로 나타나고 있다.

Francis 외 2인(2000)은 Value Line의 예측자료를 이용하여 RIM과 DDM 및 DCF의 주가추정 정확도를 비교 분석하였다. 이들의 연구는 앞에서의 Penman과 Sougiannis(1998)와 비교하여 몇 가지 차이점이 있다. 먼저, 각 모형별로 주식가치를 추정함에 있어서 실현된 사후적 자료를 사용하지 않고 예측자료를 사용하고 있다.[11] 그러므로 이들의 연구는 주식가치를 추정해야 하는 투자자의 실제 의사결정 상황을 고려하고 있다. 이에 따라 모형간의 성과 비교도 포트폴리오 수준이 아닌 개별 주식을 대상으로 하고 있다. 또한, 모형간의 비교에 있어 Penman과 Sougiannis(1998)는 주가추정의 오차에 초점을 두었으나,[12] Francis 외 2인은 주가추정의 오차 및 주가설명력의 관점에서 모형들의 성과를 검토하고 있다. 미래 예측기간은 5년으로 설정하고, 5년 후의 기간에 대하여는 0% 또는 4%의 성장률을 가정하여 주가추정치를 산정하였다.

절대오차율 중위치에 의한 비교결과를 보면, RIM이 30%, DDM이 69%, 그리고 DCF가 41%의 수준을 보여 RIM이 가장 우수한 것으로 나타나고 있다. 또한, 주식가격에 대한 설명력의 측면에서도 RIM은 71%, DDM은 51% 그리고 DCF는 35%를 보여 RIM의 주가설명력이 가장 높게 나타나고 있다. RIM의 이러한 우월성에 대해 추가적으로 분석한 결과, RIM에 의한 주가추정치는 관찰가능한 순자산가액에 의해 설명되는 부분이 많은 반면, DDM과 DCF의 경우는 잔여가치(terminal value)가 주가추정치에서 차지하는 비중이 매우 크기 때문인 것으로 제시되고 있다.

한편, 회계방법의 보수성이 RIM의 성과에 미치는 영향을 보기 위하여 표본기업을 연구개발비/총자산의 크기에 따라 두 집단으로 나누어 RIM의 성과를 비교하여 보았고, 또한 회계적 자의성의 영향을 보기 위하여 총발생액/총자산의 절대값 크기에 따라 표본기업을 나누어 성과비교를 반복하였다. 이러한 분석의 결과, 회계방법의 보수성이나 회계처리의 자의성은 RIM의 내재가치 추정에 거의 영향을 미치지 않는 것으로 나타나 RIM의 우월성은 회계처리방법과 무관한 것으로 나타나고 있다.

마지막으로, Francis 외 2인은 각 모형에서 주식가치 추정시 이용하는 투

11) Francis 외 2인(2000)은 자신들의 표본기업에 대해 Penman과 Sougiannis(1998)의 방법론을 적용한 경우도 분석하고 있다. 이들에 의하면 사후적 실현치를 이용한 가치추정치가 사전적 예측치를 이용한 가치추정치보다 체계적으로 낮게 나타났으며, 또한 추정의 편의나 정확도에 있어서 사전적 예측치를 사용한 경우가 월등히 우수한 성과를 보이는 것으로 나타나고 있다.

12) 포트폴리오 수준에서 산출한 추정오차이므로 포트폴리오에 속한 개별 주식들의 추정오차가 상쇄된 후의 결과이다. 그러므로 Penman과 Sougiannis(1998)가 검토한 추정오차는 주가추정의 정확도보다는 추정편의(bias)의 문제에 관한 것이라고 보아야 한다.

입요소의 속성이 모형의 성과에 영향을 주는가를 살펴보기 위해, 배당, 잉여현금흐름 및 초과이익의 예측난이도(precision 및 predictability)를 비교하였다. 분석 결과, 배당의 예측난이도가 가장 낮게 나왔으며 초과이익의 예측난이도가 잉여현금흐름의 경우에 비해 훨씬 낮은 것으로 나타나고 있다. 그러나 예측난이도에 따라 분류된 소그룹별로 RIM을 적용했을 때 그룹별로 성과의 차이는 나타나지 않고 있어 투입요소 속성의 차이가 모형의 성과에 어떠한 영향을 미치는지는 명확하지 않다.

(3) 모형간 성과비교연구에 대한 논쟁

Lundholm과 O'Keefe(2001a)는 RIM과 DCF의 주가추정능력을 비교하는 것은 이론적으로 동일한 모형들에 대한 비교이므로 그러한 실증분석은 특별한 의미를 갖지 못한다는 주장을 제기하고 있다. RIM과 DCF는 모두 DDM으로부터 도출되며 따라서 일관된 가정하에 측정된 미래 예측치들을 사용하여 주식가치를 산정한다면 결국 동일한 주가추정치에 이르게 된다는 것이다. 이들은 선행연구들에서 보고된 모형간의 성과차이는 모형간의 본질적 차이 때문이 아니라 연구수행시 두 모형에 대해 사용한 가정들(예를 들어, 잔여가치에 관한 가정)이 서로 일관성을 결여한 데서 비롯되었음을 지적하고 있다.

이러한 Lundholm과 O'Keefe(2001a)의 주장에 대하여 Penman(2001)은 반론을 제기하고 있다. DDM, DCF 및 RIM이 이론적으로 동일한 것은 인정되나 이들 모형을 실무에 사용함에 있어서는 유한기간(finite period)의 예측에 한정될 수밖에 없고, 따라서 어떤 모형을 사용하는가에 따라 가치평가 결과에 차이를 가져오게 된다는 것이다. Penman에 따르면 가치평가모형의 선택은 결국 미래에 대하여 어떠한 추정회계(pro forma accounting)를 선택할 것인가의 문제로 귀결되므로 유한기간의 예측에 있어 모형간에 차이가 있게 된다는 것이다.

Lundholm과 O'Keefe(2001b)는 Penman(2001)에 대하여 다시 반박하는 논문을 발표하였다. 이들의 반론에 의하면, 가치평가를 위해서는 미래에 대한 추정재무제표 자료가 사용되어야 하는데, 이 자료는 RIM을 이용하는 경우나 DCF를 이용하는 경우에 모두 이용가능한 정보라는 것이다. 또한 이들은 가치평가모형의 선택이 미래에 대한 추정회계방법의 선택이라는 Penman(2001)의 주장에 대해서도 비판하고 있다. 추정회계의 문제와 가치평가의 문제는 구분되는 것이며 DDM, DCF 및 RIM이 동일한 추정회계정보를 이용하지 못할 이유가 없다는 것이다. 그리고 만일 각 모형이 모두 동일한 추정재무제표 자료를 충분히 이용할 수 있다면 각 모형에 의한 내재가치 추정치는 동일하다는 것이다. 이러한 논쟁과 관련하여, Courteau 외 2인(2001)은 5년의 예측기간을 설정하고 예측기간말 시점에서 이론적으로 이상적인 잔여가치를 사용할 때 DCF와 RIM이 실증적으로 동일한 결과를 보이는지 검증하였다. DCF와 RIM은 이론적으로 같은 모형이므로 이론적으로 정확한 잔여가치를 사용할 때 두 모형의 주가추정치가 동일하게 산정되는 것은 당연하다고 할 수 있다. 그러나 현실에서는 그러한 이상적인 잔여가치를 구할 수 없으므로 그 대용치로서 Value Line이 발표하는 5년 후 시점에서의 주가예측치를 사용하여 검증하였다. 또한 이들은 모형간 비교뿐만 아니라, Value Line의 주가예측치를 잔여가치로 사용할 경우의 주가추정오차가 성장률 가정에 따른 잔여가치를 사용하는 경우에 비해 더 작은지도 아울러 검증하였다.

Courteau 외 2인의 분석결과에 의하면, Value Line의 주가예측치를 사용할 때 절대오차율 중위치가 DCF의 경우 13.7%, 그리고 RIM의 경우는 14.2%로 나타나서 선행연구에서 보고되었던 RIM의 우월성이 확인되지 않고 있다. 또한 DCF와 RIM의 모형 내에서도, 주가예측치에 따른 잔여가치를 사용하는 경우가 성장률 가정에 따른 잔여가치를 이용하는 경우에 비해 월등히 성과가 우수한 것으로 나타나고 있다. 그리고 Value Line 주가예측치 대신에 전통적으로 사용되는 성장률 가정의 잔여가치를 사용하는 경우에는 선행연구에서와 같이 RIM이 DCF에 비해 다소 우월한 성과를 보이는 것으로 제시되고 있다. 잔여가치 산정시 성장률을 0%로 가정하였을 때 DCF와 RIM의 절대오차율 중위치는 각각 42.8%와 38.8%이며, 2%의 성장률을 가정한 경우에는 각각 35.5%와 36.4%로 보고되고 있다. 또한 Courteau 외 2인은 주식가격에 대한 설명력의 관점에서 DCF와 RIM의 성과를 비교하였다. 실제 주식가격을 각 모형의 주가추정치에 대해 회귀분석한 결과, 주가예측치에 의한 잔여가치를 사용하는 경우에는 DCF와 RIM이 각각 93.7%와 93.0%의 R^2를 보임으로써 거의 차이가 없는 것으로 나타나고 있다. 반면에, 성장률 0%의 가정에 따른 잔여가치를 사용한 경우 DCF는 67.9%, 그리고 RIM은 80.0%의 설명력을 보이고 있으며, 2%의 성장률을 가정한 경우에는 DCF가 60.5%, 그리고 RIM은 77.0%의 설명력을 보여 RIM의 성과가 상대적으로 우수한 것으로 나타나고 있다.

이러한 Courteau 외 2인(2001)의 여러 분석결과를 토대로 할 때, 이론적으로 동일한 모형인 DCF와 RIM이 보이는 주가추정능력의 차이는 결국 어떠한 잔여가치를 사용하느냐에 좌우되는 것임을 볼 수 있다. 그러므로 DCF 대 RIM의 비교에서 핵심적인 것은 여러 가치평가모형들에 대해 실무상 일관된 가정을 항상 공통적으로 적용할 수 있는가의 문제이다. 예를 들어, 이론적으로 이상적인 잔여가치 추정치가 항상 입수가능하다면 모형간의 상대적 우월성 비교는 의미가 없게 된다. 그러나 그러한 자료가 입수가능하지 않은 경우에는 주가추정에서 관찰가능한 변수가 상당한 비중을 갖고 있는 RIM의 유용성이 더 클 것이다. 또한 어느 모형을 사용하든 간에 미래기간에 대한 예측이 요구되는데, 재무분석가들이 제시하는 기업성과 예측치는 주로 이익에 대한 예측치이다. 그러므로 가치평가의 투입요소 관점에서 볼 때 RIM은 보다 용이하게 사용될 수 있는 이점을 갖고 있다고 할 수 있다.

3. RIM과 시장배수모형의 성과비교

김권중 외 2인(1998)은 상속세법의 비상장주식 평가에 대한 문제점을 고찰하고 상속세법 대 RIM의 유용성을 실증분석하였다. 비상장주식의 경우 주가추정치의 정확성 정도를 평가할 수 없으므로 실증분석은 상장주식을 대상으로 하여 수행되었다. 상속세법은 비상장주식을 평가함에 있어서 주당 순자산가액(자산가치)과 최근 3년간 가중평균 주당순손익을 자본환원율로 나누어 산출된 금액(수익가치)을 1 대 1 비중으로 평균하여 주식가치를 산출한다. RIM을 이용한 주가추정치는 초과이익의 시계열 행태를 반영하는 자기회귀모형(autoregressive model)을 사용하여 미래 초과이익을 추정하고 이의 현재가치를 자기자본 장부가치에 더하는 방법으로 산정하였다.

RIM의 주가추정치와 상속세법 주가추정치의 추정오차율을 분석한 결과,

상속세법 추정치는 평균적으로 실제 주가보다 현저히 작게 산출되는 반면 RIM의 추정치는 평균적으로 실제 주가와 유사하게 나타나고 있다. 이처럼 상속세법 추정치가 실제 주가보다 현저히 작게 산출되는 것은 자산가치와 수익가치에 동일한 비중을 적용하고 있기 때문이다. 또한, RIM의 추정치는 상속세법의 추정치보다 유의하게 낮은 절대예측오차율을 보이고 있다. 이러한 결과는 대부분의 표본연도에 있어, 그리고 모든 기업규모 그룹에 대해 일관되게 나타나고 있으며, 따라서 RIM의 추정치는 상속세법의 주가추정치보다 유의하게 높은 예측정확성을 갖는 것으로 나타나고 있다.

김권중(1999)은 1988~1995년 중 신규상장된 기업들을 표본으로 하여 RIM 대 시장배수모형(산업평균 P/E 및 P/B)의 주가추정능력을 실증분석하였다. 또한 공모주 실제발행가의 주가추정 정확성도 함께 비교 분석되었다. 김권중(1999)은 초과이익을 산업평균 및 기업 개별적 초과이익(firm-specific abnormal earnings)으로 구분하여 RIM을 확장하였으며, 구체적으로 아래의 모형이 사용되었다.

$$P_t = BV_t + [P_t^I - BV_t^I] + \sum_{\tau=1}^{T} \frac{E_t(\Delta X^I_{t+\tau} - r_e \Delta BV^I_{t+\tau-1})}{(1+r_e)^\tau} \quad (16)$$

$$(T=5,\ 7,\ 10)$$

위에서 $[P_t^I - BV_t^I]$는 산업평균 미래 초과이익의 현재가치를 나타내며 이는 동일업종의 평균 PB 프리미엄을 이용하여 측정되고 있다. 위 식에서 우변의 마지막 항은 기업의 개별초과이익 부분을 나타내고 있다. 개별초과이익의 시계열 행태를 1차 자기회귀과정으로 모형화하여 개별초과이익의 지속계수를 추정하고 이를 이용하여 미래의 개별초과이익을 추정하였으며 자기자본비용 r_e로 할인하였다. 개별초과이익은 5년, 7년 및 10년의 기간에 대해 예측되었으며 검증결과는 예측기간의 장·단에 영향을 받지 않고 있다. 실증분석결과에 의하면, RIM의 주가추정치는 평균적으로 상장후 실제 주가에 상당히 근접하고 있으며, 또한 실제 발행가, P/E 및 P/B모형들의 경우에 비해 현저히 높은 주가추정 정확도를 갖고 있는 것으로 나타나고 있다.

위의 후속연구인 김권중(2001)의 연구는 위에서 사용된 산업-개별프리미엄 접근법의 이론적 근거를 명확히 하고 나아가서 대규모 표본인 상장기업을 대상으로 보다 일반화된 검증을 수행하고 있다. 12월 결산 상장기업을 대상으로 3월말 시점에서 주식가치를 추정하고 이를 실제 주가와 비교한 결과, 산업-개별프리미엄 접근법은 Ohlson(1995) 모형, 「유가증권 분석기준」의 본질가치, 그리고 산업평균 P/E모형에 비해 현저히 낮은 오차율을 갖고 있는 것으로 제시되고 있다. 또한 (개별초과이익을 포함하지 않고) 산업평균 PB 프리미엄만을 포함한 단순모형의 주가추정능력도 검증되었는데, 이 단순모형은 Ohlson(1995) 모형과 유사한 주가추정능력을 갖고 있고 또 본질가치나 산업평균 P/E모형보다 유의하게 낮은 오차율을 갖고 있는 것으로 나타나고 있다. 이러한 김권중(1999, 2001)의 연구결과는 산업-개별프리미엄 접근법이 추후 RIM의 한 효과적 실행방법이 될 수 있는 가능성을 제시하고 있다.

제 4 절 회계정보가치평가모형을 활용한 실증연구

1. 투자전략수립에 활용

(1) RIM을 이용한 투자성과

Frankel과 Lee(1998)는 IBES의 미래 예측치를 사용하여 RIM에 의한 주식가치를 추정하고 이를 이용한 투자전략의 성과를 실증분석하였다. 미래 초과이익의 예측기간(forecast horizon)으로는 1년, 2년, 3년의 세 가지를 사용하였으며, 잔여가치에 대해서는 마지막 예측연도의 초과이익이 그후 영구적으로 지속된다는 가정을 도입하였다. 3기간 예측치를 사용한 경우를 구체적으로 나타내보면 다음과 같다.

$$V_t = BV_t + \sum_{\tau=1}^{2} \frac{E_t[X_{t+\tau} - r_e \cdot \ BV_{t+\tau-1}]}{(1+r_e)^{\tau}} + \frac{E_t[X_{t+3} - r_e \cdot \ BV_{t+2}]}{(1+r_e)^2 \ r_e} \quad (17)$$

먼저 주식가격과 RIM에 의한 주가추정치의 상관관계를 보면, 예측기간이 1년인 경우 상관계수가 0.80이었으며, 예측기간이 2년 및 3년인 경우에는 상관계수가 각각 0.81과 0.82로 나타나고 있다. Frankel과 Lee는 주가추정치(V)를 주식가격(P)으로 나눈 비율(V/P)이 미래의 주식수익률에 대해 예측력이 있는가를 분석하였다. 이는 V/P가 1보다 크면 저평가된 주식이고, 반면에 V/P가 1보다 작으면 고평가된 주식으로 보는 투자전략을 말한다. 실증분석결과에 의하면, V/P는 B/M 비율이나 기업규모와 같은 지표보다 미래의 주가변화를 더 잘 예측하는 것으로 나타나고 있다. 구체적으로, 높은(낮은) V/P 주식은 향후 3년 동안 더 높은(낮은) 초과수익률을 얻는 것으로 보고되고 있다.

또한 재무분석가 예측치가 RIM의 실행에서 갖는 중요성을 고려하여 Frankel과 Lee는 IBES 예측치에 내재된 오류가 예측가능한가를 추가로 분석하였다. 분석결과에 따르면, IBES 예측치의 오류는 예측가능한 것으로 나타나고 있다. 구체적으로, IBES의 이익예측치는 분석대상기업의 과거 매출성장이 클수록, P/B비율이 높을수록, 장기적 이익성장이 클수록, 그리고 현재 ROE보다 미래의 기대되는 ROE가 높은 기업일수록 지나치게 낙관적인 경향을 보이는 것으로 나타나고 있다. 이와 같이 예측오차에 영향을 주는 요인을 이용하여 IBES의 예측오차에 대한 추정치를 구하고 이를 기초로 투자하면 초과수익률을 얻을 수 있는 것으로 보고되고 있다. 또한 V/P 기준과 IBES의 예측오차를 동시에 고려하는 투자전략은 V/P, IBES의 예측오차 및 B/P 중 어느 하나만을 기초로 실행되는 투자전략에 비해 훨씬 높은 수익률을 얻는다는 결과를 제시하고 있다.

그러나 Lo와 Lys(2000)는 Frankel과 Lee(1998)의 연구결과에 대하여 몇 가지 문제점을 제시하고 있다. 먼저, 주식가격과 주가추정치의 상관관계를 해석하기 위한 명확한 판단기준이 없으며, 상관계수의 크기는 사용되는 자료의 규모요인(scale factor)에 대해 민감하게 변동한다는 점이 지적되고 있다. 예를 들어, 주식가격이 매우 큰 몇 개 관찰치를 제외하면 주식가격과 주가추정치의 상관계수는 급속히 감소하기 때문에 Frankel과 Lee의 연구에서 보고된 상관관계는 상당히 과장되었을 가능성이 크다는 것이다. 그런데 여기서 어려운 점은 보고된 상관계수 중에서 어느 정도가 규모효과(scale effect)에서 기인하는지를 정확히 평가하기란 매우 어렵다는 것이다.

끝으로, Frankel과 Lee는 *V*/*P*에 의한 투자전략이 초과수익률을 발생시킨다고 주장하지만, *V*/*P*가 누락된 위험요소에 대한 대용치라고 보는 해석도 가능하다. 예를 들어, *V*/*P*가 높게 산출된 기업들이 사실은 내재가치 산정시 적용된 할인율이 실제 할인율보다 낮은 기업들이라면 *V*/*P*는 단순히 위험요인을 충분히 고려하지 못한 결과일 뿐이라는 것이다.

Ali 등(2003)은 Frankel과 Lee의 연구결과가 시장의 일시적인 가치평가오류에서 기인한 것인지 아니면 위험대용치를 누락한 데서 연유한 것인지에 대하여 다음과 같이 검증하였다. 첫째, Frankel과 Lee의 연구에서 나타난 초과수익률이 이익공시기간에 집중되어 있는가를 분석하였다. 만일 초과수익률이 위험요인의 누락에서 발생했다면 Frankel과 Lee의 투자전략에서 얻어지는 초과수익률이 이익공시기간에 몰릴 이유가 없기 때문이다. 만일 초과수익률이 이익공시기간에 집중된다면 이는 가치평가오류가 존재하다가 이익공시기간에 수정되는 것으로 이해할 수 있다. 연구 결과 Frankel과 Lee의 투자전략에서 획득되는 초과수익률은 이익공시시점에 부분적으로 집중되어 있음을 발견하였다. 둘째, Frankel과 Lee의 *V*/*P*가 위험요인들과 연관을 갖는지 검증하였으며 연구결과 몇몇 위험요인과의 사이에 유의한 연관관계를 발견하였으나 관련성의 방향을 고려할 때 *V*/*P*와 위험요인이 직결되는 것으로 보기는 어려운 것으로 결론내리고 있다. 끝으로 제반 위험요인을 통제하고도 여전히 *V*/*P*전략은 초과수익률을 획득하는 것으로 나타나 *V*/*P*효과는 위험요인보다는 가치평가오류에서 기인하는 것으로 결론내리고 있다.

(2) RIM 및 기타 모형에 의한 추정내재가치와 주가의 시계열관계

Lee 외 2인(1999)은 내재가치에 대한 여러 지표들을 비교하여 어떠한 지표가 내재가치를 가장 잘 반영하는지를 실증분석하였다. 다른 연구들이 RIM 주가 추정치가 일정시점의 주식가격 또는 미래수익률을 얼마나 잘 설명하는가에 초점을 둔 것과는 달리, 이들의 연구는 내재가치와 주식가격의 시계열적 관계에 초점을 두고 있다.

Lee 외 2인은 주식가격이 항상 내재가치와 일치한다는 가정 대신에, 주식가격과 내재가치는 장기적으로 서로 접근하는 하나의 공적분 시스템(cointegrated system)으로 모형화하였다. 이들은 이러한 분석체계를 가지고, 우월한 가치추정치는 현재 주식수익률과 더 높은 상관관계를 가질 뿐 아니라 미래수익률에 대해서도 보다 정확한 예측을 할 수 있음을 보이고 있다. 실증분석은 Dow Jones Industrial Average($DJIA$)에 속한 30개 주식에 대해 배당수익률(D/P), E/P, B/M 및 RIM에 기초한 내재가치 추정치를 주식가격으로 나눈 비율 V/P를 계산하고 이들 지표의 미래 수익률에 대한 예측력을 비교하는 방식으로 수행되었다. 실증분석결과에 의하면, D/P, E/P 및 B/M과 같은 전통적 지표는 전반적으로 미래수익률에 대한 예측력이 매우 낮은 것으로 나타났다. 반면에 $DJIA$에 속하는 30개 주식의 총계 V/P 비율은 미래 시장수익률에 대해 유의한 예측력을 갖고 있는 것으로 나타나고 있다.

이상의 논의를 요약하면, 여러 연구들의 실증분석에서 RIM을 이용한 투자전략은 대체적으로 초과수익을 획득할 수 있는 것으로 나타나고 있다. 그러나 이러한 초과수익이 실제로는 기업의 위험요인에 대한 부적절한 통제에서 초래된 것이라는 해석도 가능하다. 그러므로 향후의 연구에서는 개선된 분석방법을 사용하여 검증과정에서 관측되는 초과수익에 대한 해석을 보다 명확히 할 필요가 있다.

2. 시장배수모형에 대한 이론적 근거 제시

주가배수 P/E와 P/B는 실무상 기업의 가치평가나 투자종목의 선정을 위해서 매우 빈번히 사용되고 있는 지표이다. 예를 들어, 신규상장기업의 발행가액 결정, 기업인수 및 합병시 인수가격의 결정, 비상장주식의 가치분석, 주식투자시 종목선정 기준 등 매우 다양한 용도로 사용되고 있다. 그러나 이와 같이 빈번히 사용되는 시장배수의 이론적 근거에 대하여 RIM이 개발되기 전에는 명확한 설명이 제시되지 못하였다. 본 소절에서는 P/E에 대한 전통적인 견해를 살펴보고 이어서 RIM에 기초한 P/E 및 P/B에 대한 경제적 의미를 설명한다.

(1) *P/E*와 *P/B*에 대한 전통적인 견해

시장배수 P/E의 본질에 대한 전통적인 견해는 Beaver와 Morse(1978)의 연구에 잘 제시되어 있다.

$$P_0 = \frac{d_0(1+g)}{(1+r_e)} + \frac{d_0(1+g)^2}{(1+r_e)^2} + \frac{d_0(1+g)^3}{(1+r_e)^3} + \cdots \quad (18)$$

$$= \frac{d_0(1+g)}{(r_e-g)}$$

여기서

P_0 = 0기말 주가, d_0 = 0기말 배당

g = 성장률, r_e = 자기자본비용

배당성향이 k로 일정하다고 가정하면 $d_0 = E_0 \times k$가 되고 이를 위의 식 d_0 대신에 대입한 뒤 양변을 E_0로 나누면 다음과 같은 식이 도출된다.

$$P_0/E_0 = \frac{k(1+g)}{r_e-g} \quad (19)$$

위의 식에 의하면, 기업의 P/E는 배당성향, 자본비용 및 미래이익의 성장률로 결정된다. 만일, 배당성향이 100%(즉, $k=1$)이고 성장률 g도 0이라고 가정하면,

$$P_0/E_0 = \frac{1}{r_e}$$

이 된다.

따라서, P/E 비율은 자본비용의 역수로 표시되며 1원의 이익이 얼마의 주주가치로 전환되는가를 보여주는 자본환원율(capitalization rate)로 해석된다.

그러나 P/E 비율에 대한 이러한 해석은 미래 배당과 이익의 관계가 일정한 비율(k)로 고정되어 있다거나 또는 미래이익이 100% 배당으로 지출된다는 비현실적이고 제약적인 가정에 기초하고 있다.

한편, 전통적인 견해에 따른 시장배수 P/B의 의미는 다음과 같이 도출된다. 식 ⑲ 의 양변에 E_0를 곱하면 P_0에 대한 식으로 표현된다.

$$P_0 = \frac{k(1+g)}{r_e - g} \times E_0 \qquad (20)$$

ROE는 $E_0(1+g)/BV_0$이므로 위의 식 E_0 대신에 $ROE \times BV_0/(1+g)$를 대입하고 정리하면 다음과 같은 식이 산출된다.

$$P_0 = \frac{k}{r_e - g} \times ROE \times BV_0 \qquad (21)$$

식 ㉑ 의 양변을 BV_0로 나누면 다음과 같이 표현된다.

$$P_0 / BV_0 = \frac{k \times ROE}{r_e - g} \qquad (22)$$

성장률 $g = ROE \times (1-k)$이므로 이를 식 ㉒ 에 대입하면

$$P_0 / BV_0 = \frac{ROE - g}{r_e - g} \qquad (23)$$

식 ㉓ 을 보면, P/B는 ROE와 자본비용과의 상대적 크기에 따라 결정된다. ROE가 자본비용보다 크면 P/B는 1보다 크게 되고 ROE가 자본비용보다 작으면 P/B는 1보다 작은 값을 가지게 된다. 위에서와 보는 바와 같이 전통적인 견해하에서 P/B의 해석도 P/E의 경우와 마찬가지로 미래 배당과 이익의 관계가 일정한 비율(k)로 고정되어 있다거나 미래수익성 ROE가 일정하다

는 비현실적인 가정에 기초하고 있다.

이에 반해 RIM은 이러한 불필요한 제약조건을 사용하지 않고서도 P/E와 P/B의 경제적 의미에 대하여 명확한 설명을 제공하여 준다.

(2) RIM을 이용한 시장배수의 해석

Fairfield(1994)는 RIM을 이용하여 P/E와 P/B의 경제적 의미를 제시하였으며 실증분석을 통하여 그 해석을 지지하는 결과를 보고하였다. RIM을 이용하여 기업의 주주가치를 순자산과 미래초과이익으로 표현하면 다음과 같다.

$$
\begin{aligned}
P_t &= BV_t + \sum_{\tau=1}^{\infty} \frac{E_t(X_{t+\tau} - r_e BV_{t+\tau-1})}{(1+r_e)^{\tau}} \\
&= BV_t + \sum_{\tau=1}^{\infty} \frac{E_t[(ROE_{t+\tau} - r_e)\ BV_{t+\tau-1}]}{(1+r_e)^{\tau}}
\end{aligned} \tag{24}
$$

위 식의 양변을 BV_t로 나누면 P/B는 다음과 같이 표현된다.

$$
P_t / BV_t = 1 + \frac{\text{미래 기대되는 초과이익의 현가합}}{BV_t}
$$

따라서, P/B는 기업이 미래초과이익을 획득할 수 있는 능력을 나타낸다. 위의 식에서 미래 기대되는 초과이익이 0이라면 P/B 비율의 값은 1이 되고 또한 미래초과이익의 현가 합이 양(음)이면 P/B는 1보다 큰(작은) 값을 가지게 된다.

한편, RIM을 기초로 하여 P_t를 달리 표현하면 다음과 같다.[13)]

13) 식 (25)는 CSR과 초과이익의 정의를 이용하여 변수간의 대입을 반복함으로써 유도된다. 보다 상세한 유도과정은 Fairfield(1994)의 p.25를 참조할 것.

$$P_t = \phi\left(X_t + \frac{E_t(\Delta X^a{}_{t+1})}{(1+r_e)} + \frac{E_t(\Delta X^a{}_{t+2})}{(1+r_e)^2} + \ldots + \frac{E_t(\Delta X^a_T)}{(1+r_e)^T}\right) - d_t \quad (25)$$

여기서 $\phi = (1+r_e)/r_e$

식 (25) 의 우변에 있는 d_t를 좌변으로 이항하고 양변을 X_t로 나누면 다음과 같이 P/E 비율이 얻어진다.

$$\frac{(P_t + d_t)}{X_t} = \phi + \frac{\phi}{X_t}\left(\sum_{\tau=1}^{\infty} \frac{E_t(\Delta X^a{}_{t+\tau})}{(1+r_e)^{\tau}}\right) \quad (26)$$

식 (26) 에서 P/E 비율은 자본화율 ϕ와 미래 예상되는 초과이익의 성장분을 자본화한 현가의 합으로 구성됨을 알 수 있다. 만일 미래초과이익의 기대치가 현재의 초과이익과 동일하다고 예측되는 경우에는 식 (26) 에서 $E_t(\Delta X^a{}_{t+\tau})$의 값이 0이 되고 이러한 주식은 정상적인 P/E 비율인 ϕ로 거래된다. 반면에 ϕ보다 높거나 낮은 P/E값을 갖는 주식은 미래초과이익이 증가 또는 감소할 것으로 기대된다. 따라서, P/E 비율은 예상되는 미래초과이익의 변화와 직결됨을 알 수 있다. Fairfield(1994)는 위에서 도출한 P/E와 P/B의 의미가 실제 자료에 의해 지지되는가를 분석하였다. 연구결과, P/B는 미래 ROE와 양의 관계를 보였으며 P/E는 미래이익의 증가와 양의 관계를 나타내어 위에서 논의된 P/E와 P/B에 대한 해석을 지지하는 것으로 나타났다.

Penman(1996)도 RIM을 이용하여 P/E와 P/B의 경제적 의미를 분석하였으며 또한 두 비율간의 관계도 고찰하였다. 이 연구는 Fairfield 연구에 비해 보다 엄격하게 이론적 모형에 기초하고 있으며 포괄적인 분석을 실시했다는 점에서 차별화된다.

Penman은 P/B 비율이 미래 기대되는 수익성을 반영하고 있으며 P/E 비율은 현재 수익성에 대비한 미래 수익성의 증가를 나타냄을 보여주었다. 실제 자료를 이용하여 검증한 결과 위에서 제시한 P/E와 P/B 비율의 의미는 모두 지지되는 것으로 나타났다. 또한, Penman은 P/E와 P/B가 기업의 수익성에 대하여 상이한 정보를 제공하기 때문에 두 비율을 동시에 고려하면 주가에 반영되어 있는 시장의 기대치를 추론할 수 있다고 주장하였다.

P/E와 P/B가 모두 높은 기업의 경우에는 미래 기간에 양의 초과이익이 기대되며 아울러 미래초과이익도 현재의 초과이익에 비해 증가할 것으로 기대되는 회사이다.[14] 이러한 회사는 높은 성장률을 보이는 가장 성과가 좋은 그룹에 속한다. 반대로 P/E와 P/B가 모두 낮은 기업은 미래에 기대되는 초과이익이 음이며 미래초과이익도 현재초과이익에 비해 감소할 것으로 예상되는 회사이다. 이러한 회사의 미래수익률은 투하자본에 대한 자본비용에도 미치지 못할 것으로 예상되며 또한 미래초과이익이 현재초과이익보다도 더 떨어질 것으로 기대되므로 매우 심각한 상황에 처한 회사라고 할 수 있다. P/B는 높으나 P/E가 낮은 회사는 미래에 양의 초과이익을 기록할 것으로 기대되지만 초과이익수준은 현재와 비교하여 하락할 것으로 예상된다. P/B가 낮고 P/E가 높은 기업은 미래초과이익이 음일 것으로 예상되고 있으나 미래초과이익이 현재초과이익에 비해서는 증가될 것으로 전망되는 회사이다. 마지막으로, P/E 및 P/B와 현재 ROE 간의 관계를 분석한 결과 P/E는 ROE와 별로 뚜렷한 관계를 보이지 못하는 반면에 P/B는 높은 양의 상관관계를 보이는 것으로 나타났다. P/E의 경우 현재 ROE와 관련이 없는 것은 P/E가 미래수익성과 현재수익성의 관계에 따라 결정되는 것이지 현재수익성만을 반영하는 것이 아니기 때문이다. P/B 비율의 결정요인 역시 미래 기대되는 수익성이며 현재수익성 그 자체는 아니다. 그러나 미래수익성과 현재수익성 간에는 유의한 양의 시계열 상관관계가 존재하기 때문에 미래수익성에 기초한 P/B와 현재수익성 간에는 양의 관계가 존재할 수 있게 된다.

3. 자본비용의 추정

신뢰성 있는 자기자본비용(cost of equity)의 추정은 매우 중요한 과제이다. 자기자본비용의 효과적 측정은 재무제표분석 및 기업가치평가, 기업의 자본예산

14) 여기서, P/E가 높다(낮다)는 것은 정상적 $P/E(=(1+r_e)/r_e)$에 비해 높다(낮다)는 것을 의미하며, P/B가 높다(낮다)는 것은 정상적인 P/B인 1.0보다 높다(낮다)는 것을 의미한다.

은 물론 회계기준 개선과 회계연구와도 관련된다. 그동안 학계 및 실무에서 CAPM에 의해 자기자본비용을 측정할 때에는 장기간의 평균 주식수익률(realized return)을 이용하여 시장위험프리미엄(market risk premium)을 추정하고 이에 베타계수를 적용하여 위험프리미엄을 측정하는 방법이 흔히 사용되어 왔다. 베타계수 또한 일정 기간의 주식수익률 자료를 사용하여 추정된다. 그러나 재무학 분야에서는 그러한 측정방법의 유효성에 대해 의문이 제기(예를 들어 Fama와 French 1997; Elton 1999)되면서, 가치평가모형을 기초로 내재된 자기자본비용(implied cost of capital)을 추정하고자 하는 다양한 연구가 시도되었다.

최근 10여년간 가치평가모형을 기초로 자기자본비용을 추정하고자 하는 일련의 연구가 진행되었다. 새로운 자기자본비용의 추정방법 제시 및 타당성을 검증하고자 하는 시도(Botosan 1997; Claus와 Thomas 2001; Gebhardt 외 2인, 2001; Botosan과 Plumlee 2002)와 함께 기존에 제시된 자기자본비용간의 효율성을 비교 검증하는(Gode와 Mohanram 2003; Easton과 Monahan 2005; Botosan과 Plumlee 2005) 다양한 연구가 수행되었다. 이에 비하여 우리나라의 경우 재무분석가의 예측정보가 비교적 최근 들어 이용가능해짐에 따라 자기자본비용과 관련된 연구의 진행은 아직까지 미미한 실정이다(황이석 외 2인 2008; Ahn 외 3인 2008). 이하에서는 회계정보를 이용한 자기자본비용의 추정에 대한 국내외 선행연구를 살펴본다.

Botosan(1997)은 기업의 공시수준(disclosure level)이 자본비용에 미치는 영향을 평가하기 위하여 RIM을 이용하여 주식가격에 '내재'된 자기자본비용(implied cost of equity)을 추정하였다. 이러한 내재자본비용은 RIM을 이용하여 다음과 같이 측정된다.

$$P_t = BV_t + \sum_{\tau=1}^{T} \frac{E_t[X_{t+\tau} - r_e \cdot BV_{t+\tau-1}]}{(1+r_e)^{\tau}} + \frac{E_t[P_T - BV_T]}{(1+r_e)^T} \quad (27)$$

위에서 P_t = t시점의 주식가격
BV_t = t시점의 순자산가액
$X_{t+\tau}$ = $t+\tau$기간의 회계이익
r_e = 자기자본비용
$P_T - BV_T$ = T시점의 주가－장부금액 프리미엄

식 (27) 은 RIM을 재표현한 것으로서, 주식가격은 순자산가액과 미래 T기간 동안의 초과이익의 현재가치, 그리고 미래 T기간말에서 기대되는 주가-장부금액 프리미엄 $E_t[P_T - B_T]$의 합계로 표현되고 있다. Botosan은 미래 4개 연도에 대해 Value Line의 자료를 사용하여 구체적인 예측치를 추정하였고 잔여가치는 미래 4기간말에서 기대되는 주가-장부금액 프리미엄을 Value Line의 예측치를 이용하여 추정하였다. 이와 같이 주식가격, 순자산가액, 향후 4년간의 미래 예측치들이 구해지면 이를 RIM에 대입하여 자기자본비용 r_e를 산출한다. 1990년의 122개 기업을 대상으로 측정한 결과 표본기업들의 자기자본비용은 평균 20.1%로 산출되었으며, 전통적 CAPM 방법에 따라 측정된 자기자본비용은 평균 17%이었다. 또한 RIM을 이용하여 추정된 자기자본비용은 베타와 양의 관계에 있고 기업규모와는 음의 관계에 있는 것으로 나타나고 있다. 기업의 공시수준과 관련하여 분석한 결과, 재무분석가의 주목을 덜 받는 기업의 경우 베타와 기업규모를 통제한 후에도 자기자본비용은 공시수준이 높아짐에 따라 감소하는 것으로 나타나고 있다. 그리고 가장 공시를 많이 하는 기업과 가장 적게 하는 기업을 비교하면 자기자본비용의 크기는 거의 9%의 차이가 있는 것으로 분석되고 있다.

Claus와 Thomas(1999)는 자기자본비용의 구성요소인 시장위험프리미엄의 크기를 추정하기 위해 RIM을 활용하고 있다. 이들의 연구에서 사용된 RIM의 실행모형은 다음과 같다.

$$P_t = BV_t + \sum_{\tau=1}^{5} \frac{E_t[X_{t+\tau} - r_e BV_{t+\tau-1}]}{(1+r_e)^{\tau}} + \frac{E_t[X_{t+5} - r_e BV_{t+4}](1+g)}{(r_e - g)(1+r_e)^5} \quad (28)$$

위에서 g = 물가상승률

연구의 초점이 시장의 평균적 위험프리미엄을 측정하는 데 있으므로 사용된 변수들은 개별 기업의 자료를 합산한 시장 전체의 이익, 순자산 및 주가로 측정되었다. 미래 5년간에 대한 시장 전체의 초과이익을 예측하고 그 후의 기간에 대해서는 미래 5차연도의 초과이익이 일정률 g로 증가한다는 가정을 도입하고 있다. 여기서 초과이익 증가율 g는 미래 물가상승률 예상치로서 현재의 명목 무위험이자율(10년만기 국채수익률)에서 실질 무위험이자율을 차감하여 측정하고 있다. IBES 자료를 사용하여 미래 5년간의 예측치를 구하고 이를 식 (28)에 대입하여 시장의 평균 자기자본비용 r_e를 측정하였으며 이 측정치에서 무위험이자율을 차감함으로써 최종적으로 시장위험프리미엄이 측정되었다. 1985~1998년의 표본기간에 대해 추정한 결과, 시장위험프리미엄은 약 3% 정도로 측정되고 있다. 이러한 크기는 기존의 많은 연구들에서 사용되었던 Ibbotson Associates(1998)의 시장위험프리미엄 추정치 7~8%보다 상당히 낮은 수준이다.[15)]

Gebhardt 외 2인(2001)은 위의 연구들과 유사한 방법을 사용하여 대규모 표본을 대상으로 기업의 위험프리미엄을 추정하였다. 이들의 연구에서는 미래 3년에 대해서는 IBES의 예측치 자료를 이용하여 초과이익을 예측하고 그 후의 기간에 대해서는 산업평균 ROE와 성장률 가정을 결합하여 잔여가치가 추정되고 있다. 이러한 과정을 거쳐 추정된 내재자본비용에서 10년만기 국채이자율을 차감하여 최종적으로 위험프리미엄이 측정된다. 이들의 분석결과에 의하면, 표본기간 1979~1995년에 대한 기업의 평균 위험프리미엄은 2~3%로서 Claus와 Thomas(1999)의 결과와 일치하고 있다. 또한 기업의 위험프리미엄은 산업에 따라 체계적인 차이를 보이는 것으로 나타나고 있다. 위험프리미엄과 기업특성변수들과의 관계에 대해 분석한 결과, 위험프리미엄은 레버리지가 높을수록, 재무분석가의 관심이 적을수록, 기업규모가 작을수록, 유동성이 낮을수록, 그리고 이익의 변동성이 클수록 더 높은 것으로 분석되고 있다. 또한 이상수익률이 나타나는 변칙현상(anomaly)의 변수들(예를 들어, B/M 비율)과도 유의한 관계에 있는 것으로 분석되고 있다. 이러한 결과를 토대로 Gebhardt 외 2인은 위험프리미엄 예측모형을 개발하고 있으며, 이 모형에 의한 위험프리미엄 예측치는 차년도의 위험프리미엄을 60% 정도 설명하는 것으로 제시되

15) Ibbotson Associates는 1926년부터 최근 연도까지의 기간에 대해 미국 자본시장의 주식 및 채권 수익률을 분석하고 있으며, 이에 의하면 (사용된 무위험이자율에 따라) 시장위험프리미엄은 7~8% 정도인 것으로 제시되고 있다. 이러한 Ibbotson Associates의 추정치는 재무관리 교과서에서도 흔히 인용되고 있다.

고 있다.

배당할인모형(DDM: dividend discount model)에 기초한 연구로 Botosan과 Plumlee(2002)는 기업의 연간보고수준(levels of annual report), 공시의 적시성(timely disclosure) 및 IR활동과 자기자본비용 간의 관계를 검증하였다. 추정기간은 4년으로 설정하고 필요한 미래 예측자료를 포함하여 자기자본비용을 산출하였다. Botosan과 Plumlee(2002)가 내재자기자본비용의 추정을 위하여 사용된 모형은 다음과 같다.

$$P_t = \sum_{\tau=1}^{T}(1+r)^{-\tau}E_t[d_{t+\tau}] + (1+r)^{-T}E_t(P_T)$$

여기에서 P_t : t시점의 주가
d_t : t시점의 배당
r : 자기자본비용

연구 결과 연차보고서의 공시수준은 자기자본비용과 음의 관계를 보인 반면 기타 홍보자료와는 양의 관계에 있는 것으로 관측되었으며, IR정보와는 체계적인 관계를 보이지 않는 것으로 나타났다.

최근에 들어서는 Ohlson과 Juettner-Nauroth(2005)의 비정상이익성장모형(AEGV: abnormal earnings growth valuation model)을 활용하여 자기자본비용을 추정하고자 하는 연구가 활발히 진행되었다.

Gode와 Mohanram(2003)은 비정상이익성장모형을 기초로 산출한 위험프리미엄(rp_{OJ})과 초과이익모형으로부터 추정한 두 가지 위험프리미엄(rp_{RIV1} (Gebhardt 외 2인, 2001), rp_{RIV2}(Liu 외 2인, 2002))을 비교 분석하였다. 구체적으로 각 모형에서 추정된 위험프리미엄과 위험요인 간의 상관관계 및 사후 실현수익률과의 상관관계를 비교하였다. rp_{OJ}의 산출에 있어 차기 기대주당배당금(dps_1)은 당기 주당순이익(eps_0)이 양수인 경우 당기 배당성향을 차기 기대주당순이익(eps_1)과 곱하여 산출하고 음수인 경우에는 당기 주당총자산의 6%를 적용하였으며, 배당성향의 범위는 0과 1 사이로 제한하였다. 이와 함께 산업 전반의 성장률인 명목장기성장률($\gamma-1$)은 무위험이자율(10년만기 국채수익률)에서 3%를 차감하여 적용하였다. 이들 연구에서 내재된 자기자본비용의 추정을 위하여 활용된 초과이익성장모형은 다음과 같다.

$$P_t = \frac{eps_1}{r} + \frac{(eps_2 - eps_1 - r(eps_1 - dps_1))}{r(r-g_p)}$$

이를 지속성장률 $g_p = \gamma - 1$로 하여 재정리하면 다음과 같다.

$$r = A + \sqrt{A^2 + \frac{eps_1}{P_0}(g_2 - (\gamma - 1))}, \quad A \equiv \frac{1}{2}\left((\gamma-1) + \frac{dps_1}{P_0}\right), \quad g_2 = \frac{eps_2 - eps_1}{eps_1}$$

여기에서 P_t : t시점의 주가
eps_t : t시점의 주당순이익
dps_t : t시점의 주당배당금
g_2 : 단기성장률
g_p : 지속성장률
r : 자기자본비용

그들은 초과이익모형도 이용하였는데 추정기간 이후 초과이익의 행태를 가정함에 있어서, 과거 산업평균 자기자본이익률 산정시 음의 자기자본이익률을 기록한 기업을 제외시키고 추정해보기도 하고(rp_{RIV1}), 이들을 포함시켜 추정(rp_{RIV2})하기도 하였다. 실증분석결과에 따르면 rp_{OJ}는 위험대용치와 일관되고 유의한 관계를 보였다. 반면에 rp_{RIV1}은 대체적으로 위험대용치와 일관되고 유의한 관계를 보였으나, rp_{RIV2}는 위험요소와 체계적인 관계를 보이고 있지 않았음을 보고하였다. 전반적으로 RIV1이 OJ모형에 비해 우월한 성과를 보였으나 RIV2는 OJ모형에 비해 훨씬 떨어지는 결과를 보였다. 이는 초과이익모형을 수행함에 있어서는 가치평가에 투입되는 정보에 따라 결과가 매우 민감하게 변할 수 있음을 의미한다.

Easton(2004)는 비정상이익성장모형에서 미래비정상회계이익 성장을 0으로 가정하는 수정 주가-이익성장모형(MPEG: modified price-earnings growth model)과 추가적으로 미래 1기간의 주당배당금을 0으로 가정하는 주가-이익성장모형(PEG: price-earnings growth model)에 의한 자기자본비용 추정모형을 제시하였다. Easton(2004)에서 내재된 자기자본비용의 추정을 위하여 활용된 모형은 다음과 같다.

r_{MPEG} : $P_0 = (eps_2 + r_e{}^*dps_1 - eps_1)/r_e^2$, 단, $eps_2 \geq eps_1 \geq 0$
r_{PEG} : $P_0 = (eps_2 - eps_1)/r_e^2$, 단, $eps_2 \geq eps_1 \geq 0$

여기에서 P_t : t 시점의 주가
eps_t : t 시점의 주당순이익
dps_t : t 시점의 주당배당금
r_e : 자기자본비용

연구결과 r_{PEG}와 r_{MPEG}가 적용상의 타당성은 있으나 부분적으로 하향편의가 있음을 보고하였다.

Easton과 Monahan(2005)은 회계학 실증분석에서 빈번히 활용되는 7가지 자기자본비용 측정방법의 신뢰성을 실현수익률과의 관계를 통하여 검증하였다. 자기자본비용의 측정에는 r_{PE}, r_{PEG}, r_{MPEG}, $r_{\triangle agr}$(Easton 2004), r_{GM}(Gode와 Mohanram 2003), r_{CT}(Claus와 Thomas 2001), r_{GLS}(Gebhardt 외 2인 2001)의 7가지 방법이 활용되었다. 연구 결과에 따르면 전반적으로 기대수익률 측정치의 신뢰성이 낮은 것으로 나타났으며, 가장 단순한 가정하에 산출된 r_{PE} 이상의 신뢰성을 보인 측정치도 없었다. 이와 함께 회계이익의 장기성장률 예측치가 낮은 기업의 경우 r_{CT}가 신뢰성 있는 측정치로 나타났으며, 재무분석가의 예측오차가 낮은 기업의 경우 모든 측정치가 기대수익률과 양의 관계를 나타내고 있음을 보고하였다.

Botosan과 Plumlee(2005)도 선행연구에서 제시된 자기자본비용 추정치간의 신뢰성을 비교·분석하였다. 위험프리미엄의 추정은 $r_{DIVPREM}$(Botosan과 Plumlee 2002), $r_{GLSPREM}$(Gebhardt 외 2인 2001), $r_{GORPREM}$(Gordon과 Gordon 1997), r_{OJPREM}(Gode와 Mohanram 2003), $r_{PEGPREM}$(Easton 2004)의 모형을 활용하였다. 분석결과 $r_{DIVPREM}$과 $r_{PEGPREM}$이 위험요소와 일관된 관계를 보이고 있어 기대 위험프리미엄의 측정방법으로서 $r_{DIVPREM}$과 $r_{PEGPREM}$이 다른 추정방법에 비하여 우수한 것으로 보고하였다.

우리나라의 경우 재무분석가의 예측정보 등 기업의 미래 재무상태나 영업전망에 관한 정보의 제공이 비교적 최근에 이루어짐으로 인하여 가치평가 모형을 활용하여 내재된 자기자본비용을 추정하고, 추정된 자기자본비용과 위험요인 또는 재무회계정보의 질과의 관계를 검증하거나, 자기자본비용 추정모형간의 효과성을 비교·분석하는 연구가 이루어지고 있다.

황이석 등(2008)은 초과이익모형(RIM)과 비정상이익성장모형(AEGV)을 활용하여 2000년부터 2005년까지 유가증권거래소 상장법인과 코스닥 등록법인을 표본으로 자기자본비용을 산출하였다. 구체적으로 선행연구에서 소개된 네 가지의 추정모형을 이용하여 한국주식시장에 상장된 기업들의 자기자본비용을 추정하고, 주가 및 재무분석가 예측치에 관한 엄격한 가정들을 완화해봄으로써 이러한 가정들이 자기자본비용 추정치에 미치는 영향을 실증적으로 검증하였다. 그 결과, 국내기업들의 자기자본비용은 약 14.8%(r_{CT}, r_{GLS})에서부터 22.5%(r_{GM}, r_{MPEG})까지로 나타났으며, 추정치 간에 높은 상관관계가 있는 것으로 나타났다. 또한 자기자본비용 추정치에서 무위험이자율을 차감한 자기자본 위험프리미엄은 약 9.7%~17.3%로 파악되었다. 또한 재무분석가들의 예측속성과 자기자본 위험프리미엄의 관계를 살펴본 결과, 실적치에 비하여 예측치가 낙관적일수록, 재무분석가 예측치의 분산이 클수록, 그리고 재무분석가의 수가 적을수록 자기자본 위험프리미엄이 높게 추정되는 것으로 나타났다. 마지막으로, 정보가 주식가격에 얼마나 빨리 반영되는지를 간접적으로 분석할 수 있는 수정주식가격 개념을 도입하여 주식시장의 효율성 정도가 자기자본 위험프리미엄에 미치는 영향을 분석한 결과, 주식시장이 비효율적으로 나타난 일부 연도에서 자기자본 위험프리미엄이 큰 것을 발견하였다.

Ahn 외 3인(2008) 또한 초과이익모형(RIM)과 비정상이익성장모형(AEGV)을 기초로 2001년부터 2006년까지 우리나라 상장기업을 대상으로 네 가지 자기자본비용을 추정하고 위험요소와의 관계를 통하여 신뢰성을 비교하였다. 분석결과 자기자본비용 추정치의 범위는 평균 11%($RIVI_{ICOE}$(Gebhardt 외 2인 2001))에서부터 17%($OJ2_{ICOE}$(Gode와 Mohanram 2003))까지로 나타났다. 이와 함께 과거 실현수익률을 활용한 모형에 비하여 예측정보를 활용한 모형의 신뢰성이 높게 나타났으며, 초과이익모형(RIM)을 기초로 산출된 자기자본비용이 비정상이익성장모형(AEGV)을 기초로 산출된 자기자본비용에 비하여 상대적으로 높은 설명력을 보였음을 보고하였다.

위와 같이 여러 연구들은 다양한 가치평가모형을 이용하여 시장위험프리미엄과 자기자본비용을 추정하는 새로운 방법을 제시하고 있다. 특히, 대규모 표본을 사용한 연구들의 경우 시장위험프리미엄의 크기에 대해 종래의 인식과는 상당히 다른 결과를 제시하고 있다. 또한, 기존의 이론에서 설명되지 못하였던 기업특성변수들이 위험프리미엄과 유의한 관계에 있는 것으로 분석되고 있다.

이러한 연구들은 사후적(ex post) 주식수익률 자료에 의존하지 않고 사전적(ex ante) 관점에서 위험프리미엄을 측정한다는 점에서 중요한 공헌을 하고 있다. 그러나 아직은 위 연구들만으로 자본비용추정 연구가 완료되었다고 볼 수는 없으며, 위 연구들의 한계점을 보완하는 추가적 연구가 수행될 필요가 있다. 위에서 본 바와 같이, 위험프리미엄 추정치는 가치평가모형의 구체적 실행모형을 어떻게 설계하는가에 따라 영향을 받을 수 있으므로 잔여가치의 효과적 추정방법에 대한 추가적 연구가 필요한 것으로 보인다. 또한, 예측기간(forecast horizon)에 대해 적용되는 재무분석가 예측치의 잠재적 편의(bias)도 앞으로 연구되어야 할 문제이다.

4. 회계정보 가치관련성에 대한 연구모형으로 활용

1990년대에 들어와 RIM과 Ohlson(1995) 모형 등이 학계에 전파되면서 실증회계연구의 방법론도 변화하게 되었다. 앞서 논의한 바와 같이, RIM은 회계변수와 주식가치의 관계를 이론적으로 나타내고 있다. RIM은 DDM에서 도출된 것이므로 RIM은 회계변수의 역할에 대한 엄격한 이론모형으로 이해될 수 있다. 이러한 이유로 RIM과 이에 근거한 Ohlson 모형 등은 실증회계연구의 새로운 방법론을 제공하게 되었다.

1990년대 중반 이후 미국 학계에서 널리 사용되고 있는 실증연구의 방법은 주식가격을 종속변수로 사용하는 주가수준분석(price-levels analysis)과 주식수익률(raw return)을 종속변수로 사용하는 주식수익률분석(returns analysis)이다. 앞에서 언급하였듯이 1970~1980년대에는 엄격한 이론모형의 결여로 인해 전자의 방법이 널리 사용되지 않았으나, 이제는 RIM의 전파에 따라 활발히 사용되고 있다. 더구나 RIM은 기존 연구들에서 무시되었던 순자산가액(book value of equity) 변수의 중요성을 인식하게 하였으며, 또한 RIM에 근거한 Ohlson 모형은 '현재'의 회계정보와 주식가치의 관계에 대해 실증연구자가 이용할 수 있는 하나의 개념적 틀을 제공하고 있다.

주식수익률 분석방법도 RIM/Ohlson 모형에서 직접 도출될 수 있으며, 여기서는 실현수익률(raw return)이 종속변수로 사용된다. 주가수준분석과 주식수익률분석은 동일한 가치평가이론에 근거하지만 후자의 경우 회계정보의 적시성(timeliness) 정도를 분석한다는 점에서 차이가 있다. 회계정보의 가치관련성 연구는 제11장에서 보다 상세히 설명된다.

제 5 절 기타의 회계정보가치평가모형

1. 주가배수모형

LeClair(1990)는 비상장회사 평가방법으로 빈번히 쓰이는 P/E 방법과 장부가치조정법을 비교검토하였다. P/E 방법을 적용함에 있어서 순이익은 최근 2개년간의 보고이익의 평균치를 사용하였다. 1984년에 순이익을 기록한 1,165개 회사를 대상으로 검증한 결과 P/E 방법이 더 정확한 것으로 판명되었다.

Alford(1992)는 유사회사를 선정할 때 가장 중요한 요소가 무엇인가를 밝히기 위하여 유사회사가 선택되는 기준들(산업분류, 기업규모, 이익성장률 등)이 바뀜에 따라 P/E 방법의 정확성이 어떻게 변화하는지 고찰하였다. 주요 연구결과에 따르면, 3자리 표준산업분류기호로 정의되는 산업에 따라 유사회사를 선정하는 것이 상당히 효과적인 것으로 나타났다. 또 다른 연구결과로 유사회사 선정시 산업분류와 더불어 기업규모나 자본구조차이 등에 대한 추가적 조정이 이루어져도 그 효과는 미미한 것으로 나타나고 있다.

Cheng과 McNamara(1995)는 Alford의 연구를 확장하여 P/E 방법뿐만 아니라 P/B 방법의 정확성에 대하여도 평가하였다. 주요 연구결과에 따르면, 유사회사를 동종산업에서 선정하고 P/E 방법과 P/B 방법을 함께 사용하는 방법이 가장 정확성이 높은 것으로 판명되었다. 본 연구의 결과를 보면 실무상에서 가장 널리 사용되는 P/E 방법만을 사용하는 것보다는 P/B 방법을 보완적으로 함께 사용함으로써 평가의 정확성을 높일 수 있음을 알 수 있으며 이는 이익과 순자산장부금액이 모두 기업가치평가에 중요함을 의미하는 것이다.

Kaplan과 Ruback(1995)은 경영자에 의한 기업매수(management buy-outs)를 대상으로 여러 평가방법의 정확성을 비교하였다. 주요 연구결과를 보면, CAPM에 의해 구해진 자본비용을 적용한 현금흐름할인법이 P/E 방법과 거의 동일한 평가정확도를 보이고 있어 유사회사이용법이 이론적으로 보다 우월한 CAPM 방법에 비해 별로 손색이 없음을 알 수 있다.

Kim과 Ritter(1999)는 미국의 신규상장기업을 대상으로 유사회사이용법의 유용성을 검증하였다. 연구결과 과거 회계자료를 이용한 유사회사이용법은 신규상장기업의 가치평가에는 그다지 유용하지 않은 것으로 나타났다. 특히, 신생기업이나 하이테크 산업에 속하는 기업의 경우에 유사회사이용법은 그 적용에 큰 한계가 있는 것으로 판명되었다. 그러나 상장 후 미래기간에 대한 이익예측치를 사용하여 계산된 PER은 훨씬 정확한 가치평가를 제공하는 것으로 나타났다.

국내에서는 송인만과 박철우(1995)가 Ohlson(1991)모형을 기초로 하여 신규공모주식의 발행가격의 결정시 자산가치, 수익가치, 그리고 상대가치를 사용하는 논리적 타당성을 검증하고 신규공모주식 발행가격 결정방법의 개선점을 제시한 바 있다. 이들은 유사회사를 이용한 상대가치법의 타당성을 검증하고자 신규공모기업의 유사회사에 대한 상대적 주가수준이 신규공모회사의 유사회사에 대한 상대적 주당경상이익수준 및 상대적 주당순자산비율과 관련을 갖는지를 검증하였다. 연구결과에 따르면 이들 변수간에는 유의한 관계가 존재하는 것으로 나타났으며, 특히 상대적 주당순자산비율이 상대적 주가수준에 큰 영향을 미치는 것으로 보고되었다.

김진선(1998)은 개별기업간의 PER의 차이와 그 요인분석을 실시하였다. 연구결과 PER을 이용한 가치평가를 위하여 유사기업 선정시 소속산업을 기준으로 하는 방법은 주가예측에 있어서 별로 효과가 없는 것으로 나타났으며 자기자본이익률을 이용하는 경우가 가장 낮은 예측오차를 보이는 것으로 나타났다. 또한 자기자본이익률과 업종기준 또는 다른 재무변수와 조합한 비교기준을 사용하는 경우에도 자기자본이익률만을 적용한 경우에 비해 주가예측오차가 더 감소되지 않는 것으로 나타나 *PER* 모형 적용시 자기자본이익률이 유사회사 선정기준으로 가장 우수하다는 결과를 보고하였다.

장범식과 이재경(1998)은 공모가 산정 자율화 이후 그 중요성이 증대되고 있는 상대가치계산방식의 대안으로서 *PER* 방식을 우리나라 시장에 적용하고 그 정확성을 검증하였다. 연구결과 유사기업 선정시 표준산업분류보다는 주당순이익 또는 주당경상이익을 선정기준으로 사용했을 때 예측오차가 크게 감소한다는 결과를 보고하였다.

강효석과 조장연(2000)은 1992~1996년에 신규상장된 기업을 대상으로 *PER* 모형, *PBR* 모형과 Leibowitz와 Kogelman(1990)의 성장기회가치(Franchise Factor: FF)모형의 주가예측 정확도를 비교 분석하였다. 연구결과 FF모형은 단순히 *PER*이나 *PBR* 모형만을 이용한 경우보다 상장 후 주가를 더 정확히 예측하는 것으로 나타났다. 또한 유사회사를 선정하는 데 있어서 산업기준이나 *ROE* 기준보다 주당순자산을 기준으로 할 때 예측오차가 최소화된다는 결과도 보고하였다.

김지홍과 유승혜(2001)는 신규공모기업이 공시하는 상대가치 정보의 자산가치 및 수익가치에 대한 상대적 정보효과를 살펴보고 또한 개선된 상대가치평가모형을 제시하고자 하였다. 이 연구는 거래소 상장기업뿐만 아니라 코스닥 신규등록기업까지를 표본으로 사용하고 있어 종전 연구에 비해 보다 광범위한 분석을 하고 있다. 연구결과 상대가치는 자산가치와 수익가치에 비해 정보효과가 상대적으로 크게 나타났고 상대가치가 공시되는 신규공모기업의 경우에 발행가격결정과 균형시장가격 형성시 회계정보를 상대적으로 많이 이용하고 있었으며 상대가치를 공시하지 않는 증권거래소 신규상장기업과 코스닥 신규등록기업은 회계정보 활용도가 낮은 것으로 나타났다. 또한 증권거래소 신규상장기업과 코스닥 신규등록기업 모두 균등가중 *PER*+*PBR* 모형보다는 변동가중 *PER*+*PBR* 모형의 주가예측 정확성이 높은 것으로 나타났다. 증권거래소 신규상장기업은 업종+*ROE* 기준으로 유사기업을 선정하였을 때가 모든 상대가치평가모형에서 주가예측도가 높았으며 코스닥 신규등록기업은 업종+주당순매출액 기준으로 유사기업을 선정했을 때 주가예측도가 높은 것으로 나타났다.

2. EVA모형

(1) EVA모형의 이론적 배경

경제적 부가가치(Economic Value Added: EVA)는 영업활동에서 창출된 세후이익에서 영업활동에 투하된 자본사용대가를 공제하여 산정된다. '경제적 부가가치'라는 용어는 미국의 컨설팅회사인 Stern Stewart사에서 사용한 명칭인데 기본 개념은 앞서 RIM에서 설명한 초과이익과 동일하다. 다만, RIM은 주주지분가치에 초점을 맞추고 있는 반면 EVA모형은 기업전체가치를 평가대상으로 하고 있다는 점이 차이날 뿐이다. 컨설팅회사마다 초과이익에 기초한 가치평가모형을 나름대로 개발하고 각기 다른 명칭을 사용하고 있기 때문에 서로 상이한 모형인 것처럼 보이지만 기본 개념에서는 동일하다. 예를 들어, McKinsey사가 사용하는 초과이익모형은 경제적 이익(Economic Profit: EP)모형이라고 부르고 있는데 그 내용은 EVA와 대동소이하다. 본 소절에서는 편의상 EVA로 통일하여 사용한다.

EVA는 한 기간의 초과이익이므로 EVA모형을 이용한 기업의 가치는 투하자본과 미래기간에 발생할 것으로 예상되는 EVA의 현가를 합계하여 산정된다. 이를 식을 이용하여 구체적으로 표현하면 다음과 같다.

$$\begin{aligned} FV_t &= IC_t + \sum_{\tau=1}^{\infty}(1+r_w)^{-\tau} E_t(NOPAT_{t+\tau} - r_w \cdot IC_{t+\tau-1}) \\ &= IC_t + \sum_{\tau=1}^{\infty}(1+r_w)^{-\tau} E_t(EVA_{t+\tau-1}) \end{aligned} \quad (29)$$

여기서, FV_t = 기업가치
IC_t = 영업활동 투하자본
$NOPAT_t$ = 세후순영업이익
r_w = 가중평균자본비용
EVA_t = 경제적 부가가치

위의 식에서 EVA는 세후영업이익에서 영업활동에 투하된 자본에 대한 사용대가를 차감하여 산정된다. 식 (29)의 우변의 두 번째 항은 미래 EVA의 현가합인데 이를 시장부가가치(Market Value Added: MVA)라고 부른다. MVA는 기업전체가치와 투자자들이 기업에 제공한 총투하자본과의 차액이며 MVA의 극대화가 곧 기업가치의 극대화로 연결된다.

EVA를 계산함에 있어서 세후영업이익은 기업회계기준에 따라 산정된 수치에 조정작업을 행하여 구해진다. 회계수치에 조정을 행하는 이유는 경영자의 자의적 회계처리나 회계기준의 결점으로 인하여 왜곡된 부분을 수정하기 위함이다. 예를 들어, 경영자의 자의적 추정이 개재되는 대손충당금이나 제품보증비의 경우에는 실제 대손액이나 제품보증관련 현금지출액을 사용한다. 또한 교육훈련비, 신제품의 시장기반 구축비용, 연구개발비 등은 이들 지출로부터 발생되는 미래효익을 측정하기 어렵다는 이유로 지출한 기간에 전액 비용처리하도록 회계기준에서 규정하고 있다. 이에 반해 EVA에서는 이들 지출액을 자산으로 계상하고 내용연수에 걸쳐 상각하도록 조정한다.

다음에서는 EVA 개념에 대한 이해를 돕기 위해 EVA의 산출과정을 좀 더 세분하여 제시한다.

EVA = 영업활동 현금흐름(1) + 발생항목(2) + 세후이자비용(3)
  − 자본비용(4) + 회계조정액(5)

(1)+(2)	= 당기순이익
(1)+(2)+(3)	= 세후순영업이익
(1)+(2)+(3)−(4)	= 초과이익
(1)+(2)+(3)−(4)+(5)	= EVA

위에서 볼 수 있듯이 EVA는 회계수치에 기초하여 산정한 초과이익에 일부 회계항목에 대한 조정을 행한 수치이다.

EVA모형은 기업가치평가를 위해서뿐만 아니라 매기 경영자의 성과평가에도 활용될 수 있다. EVA는 세후영업이익에서 자본비용을 차감하여 구해지므로 관리회계분야에서 제시된 사업부 평가지표로서의 잔여이익법과 그 맥락을 같이하고 있다. 예를 들어, 사업부문의 성과평가에 EVA를 활용하게 되면 사업부의 경영자는 EVA를 극대화하고자 할 것이므로 최저필수수익률 이상의 이익률을 나타내는 투자안은 모두 채택하게 된다. 이에 따라 사업부의 최적의사결정과 회사 전체의 최적의사결정이 일치하게 되며 기업가치증가를 가져오게 된다.

EVA를 경영자의 성과평가지표로 사용하는 경우에는 경영자의 자의적 회계처리의 영향을 배제한다는 측면에서 일부 회계항목의 조정이 필요하다고 볼 수 있다. 그러나 구체적으로 어떤 회계항목에 대해 조정이 이루어져야 하는가에 대해서는 합리적인 기준이 존재하지 않는 한계점이 있다.

또한 기업가치평가를 위하여 EVA모형을 사용하는 경우에도 이러한 회계조정이 적절한가에 대해서는 의문의 여지가 있다. EVA 산정시 회계수치에 대해 이루어지는 조정은 대부분 발생항목(accruals)을 취소시켜 현금흐름수치로 환원시키는 것이다. 그러나 발생항목은 투자자의 기업 미래전망예측에 유용한 정보를 제공하고 있을 수 있으며 이러한 발생항목의 제거는 기업의 미래 성과예측에 대한 회계정보의 유용성을 오히려 감소시키는 결과를 가져올 수도 있다.

(2) EVA의 주가관련성에 대한 실증연구

EVA와 회계이익의 유용성을 비교하기 위하여 이들 성과측정치와 주가의 관련성을 비교한 실증연구들이 있다. 먼저, O'Byrne(1996)은 EVA모형, NOPAT모형 그리고 FCF모형의 기업가치에 대한 설명력을 비교한 바 있다. 1993년 Stern Stewart Performance 1000에 속한 기업의 1985~1993년의 9년간 자료를 이용하여 수행된 실증분석결과에 따르면 NOPAT과 EVA의 자본화된 가치를 사용한 단순회귀분석에서 NOPAT과 EVA의 설명력은 각각 33%와 31%인 것으로 나타나 두 성과치 간에 기업가치의 설명력에 있어서 별다른 차이가 없는 것으로 보고되고 있다. 그러나 O'Byrne은 NOPAT을 이용한 회귀분석이 사실상 EVA의 회귀분석과 실질적으로 동일한 모형설정이라고 지적하고 순수한 NOPAT의 회귀분석은 절편이 제외된 형태로 이루어져야 한다고 주장하였다. 또한 EVA가 양인 경우와 음인 경우를 구분하고 기업의 규모효과 및 산업요인을 통제한 후 수행한 회귀분석에서 EVA의 기업가치에 대한 설명력은 56%에 달하는 것으로 나타났다. O'Byrne은 이러한 결과를 기초로 EVA가 기업가치에 대해 NOPAT이나 FCF보다 더 우월한 예측치라고 결론내리고 있다.

Biddle 외 2인(1997)은 EVA와 회계이익 중 어느 항목이 보다 높은 주가 관련성을 보이는지에 대해 실증분석하였다. 연구결과에 따르면, 회계이익이 EVA나, 잔여이익 그리고 영업활동으로 인한 현금흐름보다 주식수익률 및 주가와 더 높은 관련을 갖는 것으로 나타나고 있다. 또한 EVA의 구성요소를 가지고 수행한 추가 정보성(incremental information content)분석에서는 EVA의 구성요소의 추가적 공헌도가 영업현금흐름이나 회계발생항목에 비해 훨씬 더 낮게 나오는 것으로 판명되고 있다. 이러한 연구결과를 기초로 Biddle 등(1997)은 회계이익이 주가관련성이란 측면에서 EVA보다 더 우월한 성과지표라고 결론내리고 있다.

국내에서는 백원선 외 2인(2001)이 영업현금흐름, 당기순이익, 초과이익, 잉여현금흐름 및 경제적 부가가치와 주식수익률 간의 연관관계를 비교분석하였다. 실증연구결과에 따르면, 분석한 5가지 성과치 중에서 당기순이익이 주식수익률을 가장 잘 설명하는 것으로 나타나고 있다. 이는 Biddle 외 2인(1997)의 연구결과와도 일치하는 것으로, 회계이익이 여러 가지 한계점을 가지고 있음에도 불구하고 여전히 주식시장 참여자에게는 상대적으로 가장 유용한 정보를 제공하고 있다는 점을 시사하고 있다.

제 6 절 회계정보가치평가연구의 공헌 및 미래 연구방향

1. 회계정보에 기초한 가치평가연구의 공헌

회계정보에 기초한 가치평가연구는 지난 1968년 이래로 수행되어온 자본시장 연구에 일대 변혁을 가져왔다. 본 소절에서는 가치평가연구가 재무회계연구에 기여한 바를 몇 가지 영역별로 나누어 설명하고자 한다.[16]

16) 본 소절의 내용은 Bernard(1995)의 논문을 참조하였다.

(1) 재무회계 연구시각의 재정립

가치평가연구가 본격화되기 이전에 재무회계 분야에서 이루어진 자본시장연구는 주로 회계정보와 주가의 관련성을 검증하는 데 치중되었다. 구체적으로 주식수익률이 종속변수로 사용되고 회계자료나 기타 자료가 독립변수로 사용되었으며 이들 독립변수가 주식수익률과 유의한 관련을 가지는가가 검증의 초점이었다.

그러나 이러한 가치관련성 연구는 자본시장이 이미 알고 있는 내용을 확인하는 데 그치고 시장이 파악하지 못하는 내용을 찾아내는 데는 근본적인 한계를 가지고 있다. 예를 들어, 매출채권이 매출액의 성장에 비해 더 빨리 증가하는 경우, 이러한 상황이 가치평가에 있어서 어떠한 정보로 해석되어야 하는가에 대해 검증한다고 가정하자. 전통적인 접근법(예를 들어, Lev와 Thiagarajan 1993)하에서는 매출채권의 증가와 동 기간의 주식수익률 간에 음의 관계가 발견되면 이를 기초로 매출채권의 증가가 자본시장에서 기업에 대한 불리한 정보로 해석된다고 결론내릴 수 있다. 따라서 매출액의 증가보다 더 빠른 매출채권 증가에 대한 자본시장의 판단을 수용하는 데 그치는 것이다.

이에 반해 Abarbanell과 Bushee(1997)는 매출채권의 증가가 미래이익의 증가에 대해 유리한 정보를 제공한다는 것을 발견하였다. 따라서 매출채권의 증가와 관련된 시장의 판단은 평균적으로 보아 부정확하다는 결론을 내릴 수 있다. 이러한 연구결과는 회계자료와 주식수익률 간의 관계에만 초점을 두는 전통적 연구에서는 도저히 찾아낼 수 없는 것이다. 회계정보에 기초한 가치평가연구에서는 시장가격이 항상 기업의 내재가치를 반영하고 있다고는 생각하지 않는다. 이에 따라 회계연구는 회계정보와 주가의 연관성을 보는 소극적 시각에서부터 탈피하여 회계정보를 이용한 가치평가라는 보다 적극적인 시각으로 옮겨갈 수 있게 되었다.

(2) 기업가치와 회계정보의 구체적 관계 정립

Ohlson(1995) 모형이나 Feltham-Ohlson(1995) 모형이 제시되기 전까지 회계정보와 기업가치 간의 관계는 DDM을 기초로 한 간접적인 관계였다. Beaver

(1998)는 재무제표 자료와 기업가치의 관계를 설명함에 있어서 다음과 같은 논리를 사용하고 있다. 먼저, 기업의 주주지분가치는 미래 기대배당의 할인된 현가의 합으로 결정된다. 따라서, 기업의 주주가치를 평가하기 위해서는 미래 배당을 예측하여야 하고 이를 위한 정보가 필요하다. 회계정보에 대한 전통적인 시각인 정보적 시각(informational perspective)에서는 회계정보가 미래 기대배당을 예측하는 데 유용한 정보이며 회계정보와 기업가치는 단지 이러한 간접적인 과정을 통해 연관되는 것으로 이해하였다. 예를 들어, 금기의 재무제표 정보는 미래의 재무제표 정보와 관련을 가지며 미래 재무제표 정보는 미래 배당과 관계를 가지므로 결국 금기의 재무제표 정보는 미래의 배당을 예측하는 데 유용한 정보가 된다는 논리이다.

이에 반해 Ohlson 모형과 Feltham-Ohlson 모형은 미래 재무제표 정보와 주주지분가치를 직접적으로 표현하고 있다. 앞서 논의한 RIM에서 보듯이 주주지분가치는 순자산장부금액과 미래 초과이익의 현가 합으로 구성된다. 미래 초과이익을 파악하기 위해서는 미래이익과 미래 순자산장부금액을 예측하여야 한다. 그러나 여기서 미래 기대되는 이익과 장부금액은 주주지분가치를 직접적으로 결정하는 변수이며 배당과 관련을 지을 필요가 없다. 과거의 전통적 시각에서와 같이 DDM을 통하여 회계정보와 주주지분가치를 연결하기 위해서는 미래 배당성향이 일정하다든가 미래 기대되는 현금흐름변동액의 현가가 동 기간에 대한 기대이익의 변동액의 현가와 동일하다는 식의 비현실적 가정이 요구되었다. 그러나 회계정보를 이용한 가치평가모형에서 요구되는 것은 순증관계(CSR)가 성립된다는 가정뿐이다. 따라서, 전통적 시각에 비해 훨씬 덜 제약적인 가정에 기초하면서도 가치평가에 있어서 회계정보의 역할을 명확히 제시해주고 있다.

(3) 시장배수에 대한 경제적 해석 제공

RIM은 기업가치평가과정이나 투자의사결정에서 빈번히 사용되어온 시장배수(market multiple)인 P/E와 P/B에 대하여 경제적 해석을 가능하게 하고 이들 시장배수의 결정요인을 제시한다. 예를 들어, RIM으로부터 P/B는 기업의 미래수익성이 자본비용을 초과하는지 여부를 나타내주고 P/E는 미래수익성이 현재수익성과 비교하여 어떻게 변동될 것인가를 알려주는 지표라는 해석이 도출된다.

(4) 가치관련성 연구를 위한 실증모형 제공

Ball과 Brown(1968)의 연구가 발표된 이후 재무회계분야에서는 자본시장연구가 본격적으로 수행되기 시작하였으며 그중 가장 빈번하게 이루어진 연구가 회계정보와 주가의 관련성을 검증하는 가치관련성 연구이다. 이 연구 패러다임하에서는 같은 기간의 주가수익률이나 주가를 보다 잘 설명할 수 있는 회계자료가 더 가치관련성을 가지며 보다 우수한 회계정보라고 판단된다. 이러한 가치관련성 연구를 수행하는 데 있어서 가장 중요한 문제는 기업가치와 투자자들이 평가할 것으로 예상되는 기업의 특성변수를 연결하는 가치평가모형의 정립이라고 할 수 있다. 이는 기업가치와 연구대상 회계수치를 연관시킴에 있어서 핵심적 요소이다. 회계정보에 기초한 평가모형이 제시되기 전에도 다양한 가치평가모형이 가치관련성 연구에 사용되어 왔다.

먼저, 회계수치를 기업가치와 연결시키는 하나의 방법은 Miller와 Modigliani(1966)와 같이 기업가치를 영구이익의 자본화액으로 설정하고 회계이익을 영구이익에 대한 대용치로 보는 것이다. 그러나 회계이익은 기업회계기준상의 여러 제약으로 말미암아 영구이익을 정확히 나타내지 못하고 측정오차를 수반하게 된다. 따라서 실증분석결과를 해석함에 있어서 측정오차의 영향이 어느 정도인가를 파악해야 하므로 명확한 해석에 어려움이 따르게 된다.

실증연구에서 빈번히 사용되어온 또 다른 모형은 대차대조표 모형이다. 이 모형은 주가 또는 기업의 주주지분의 시장가치를 기업의 자산과 부채 가치의 함수로 표현한다. 그러나 이 모형은 기업의 가치를 구성하는 핵심요인인 이익이 가치평가에서 제외되는 문제점을 가지고 있다.

Ohlson 모형은 순자산 장부금액과 회계이익을 기업가치평가의 주요 변수로 포함함으로써 회계수치와 기업가치 간에 직접적인 연결고리를 제공해준다. 따라서 재무제표상의 회계수치를 기업가치평가에 직접적으로 사용하는 근거를 제시해 주었으며 회계수치를 현실적으로 관찰가능하지 않은 이론적 개념(예를 들어, 영구이익)의 대용치로 해석할 필요가 없게 되었다. 이러한 장점으로 말미암아 Ohlson 모형 및 이를 확장한 후속모형은 가치관련성 연구에서 가장 널리 활용되는 가치평가모형이 되고 있다.

2. 미래 연구방향

(1) 내재가치 추정 연구

회계변수와 주주지분가치의 관계에 대한 RIM은 자본시장회계연구의 새로운 분야로서 가치추정연구(valuation research)의 기회를 제공하고 있다. 종래의 자본시장회계연구에서는 대부분의 연구자들이 현재의 회계정보와 현재의 주식가격/주식수익률과의 관계를 분석하는 데 중점을 두었다. 이러한 가치관련성(value relevance) 연구는 회계기준에 관한 시사점을 갖고 있으므로 앞으로도 지속되어야 하고, RIM과 Ohlson(1995) 모형 등은 그러한 연구에서 계속 활용될 것으로 예상된다. 그러나 다른 한편으로, RIM은 투자결정에서의 회계정보의 역할, 즉 기본적 분석(fundamental analysis) 분야의 연구를 활성화할 수 있는 기회를 제공하고 있다.

미국 학계의 선행연구들은 대부분 재무분석가의 미래 예측치를 사용하여 RIM의 예측성과를 검증하고 있으나 국내에는 재무분석가의 이익예측치를 이용하는 연구가 상대적으로 활발하게 수행되고 있지 않다. 따라서 국내에서도 RIM과 재무분석가의 이익예측치를 활용한 가치추정연구가 보다 더 활발히 수행되어야 한다. 또한 더 나아가 현재 및 과거의 회계정보와 기업특성변수들을 이용하여 미래 초과이익을 예측하는 모형을 개발하는 것도 중요한 연구방향이 될 수 있다. 마지막으로, 기업가치 수행시 구체적인 예측치를 구할 수 있는 기간은 유한하므로 유한 예측기간 후의 잔여가치를 정확히 추정하는 방법의 개발도 매우 중요하다.

(2) 가치평가모형의 정교화

앞서 논의한 바와 같이 RIM의 한 실행방법인 Ohlson(1995) 모형 및 Feltham-

Ohlson(1995) 모형은 미래 초과이익이 현재의 초과이익과 기타 정보에 대해 선형적(linear) 관계에 있다는 것을 가정하고 있다. 그러나 이러한 선형성 가정이 현실에서 적절한가의 문제가 있을 수 있으며, 또한 기타 정보의 내용이 구체화되지 않은 것도 Ohlson 모형의 한계점이다. Ohlson 모형의 LID는 기업의 성장(growth)과 축소(divestment) 문제를 명시적으로 고려하지 않고 있다. 수익성이 높으면(저조하면) 확대투자(규모 축소)가 이루어질 수 있으나 Ohlson 모형의 LID는 그러한 측면을 직접 고려하지 않고 있다. 따라서, 이러한 측면을 고려한 보다 현실적인 정보시계열행태(information dynamics)가 개발되어야 할 것으로 생각된다.

(3) 무형자산 및 비재무정보의 가치관련성

1990년대 들어 경제환경의 변화속도가 가속화되고 기업의 가치를 결정하는 요인 중에서 지식자산, 상표자산이나 정보기술을 포함하는 첨단기술이 차지하는 비중이 매우 커짐에 따라 전통적인 재무보고는 큰 한계점에 봉착하게 되었다. 최근의 극심한 경쟁으로 특징지어지는 기업환경하에서 기업이 장기적으로 생존·발전하기 위해서는 인적자원 및 정보기술에 대한 투자, 연구개발의 성공적인 수행, 기업에 대한 브랜드 이미지를 확립하기 위한 투자 등이 핵심적이라고 할 수 있다. 따라서 기업의 이러한 투자활동에 대한 정보를 회계정보이용자에게 적시에 제공하는 것이 재무보고상 매우 중요한 과제로 대두되었다.

전통적으로 재무회계는 경제사건을 회계상 인식하기 위해서 그 사건에 대한 객관적인 측정가능성이 뒷받침될 것을 요구하여 왔다. 따라서 무형자산은 측정상의 어려움으로 인하여 재무보고에서 제외되는 경우가 빈번하였으며 무형자산에 대한 회계도 별로 발전하지 못하였다. 그러나 무형자산이 기업의 경쟁력을 구성하는 핵심요인이 된 현 상황에서는 측정상의 한계점만을 내세워 무형자산에 대한 정보제공을 더 이상 회피할 수 없게 되었다.

무형자산에 대한 재무보고를 개선하기 위해서는 먼저 어떠한 무형자산이 기업의 가치를 구성하는지 그리고 무형자산의 측정은 어떻게 이루어져야 하는지에 대해 연구가 수행되어야 한다. 또한 기존의 재무회계에서는 투자지출액이 개념적으로는 자산성이 인정되더라도 투자의 효익에 대한 측정상 어려움으로 인해 보수주의에 따라 당기 비용처리하는 것이 일반적이었다. 그러나 이러한 항목의 속성은 사실상 자산이라고 할 수 있다.

Amir와 Lev(1996)은 무선통신회사가 고객확보를 위해 지급한 판매비가 주가와 양의 관계를 갖고 있어 시장에서는 이러한 비용의 자산성을 인정하고 있는 것으로 나타나고 있다. 인터넷기업은 순손실을 기록하는 경우가 많아 순이익을 기초로 기업가치를 추정하기 어려운 경우가 빈번하다. Trueman 외 2인(2000)은 인터넷기업의 경우 순이익보다 매출총이익이 주가와 유의한 관계를 가지는 것으로 나타남을 보고하고 있다.

이와 같이 전통적 회계로는 기업의 가치를 충분히 나타내기 어려운 기업들의 경우 각 회계항목의 유용성이나 의미가 전통적인 제조업과 큰 차이를 보일 수 있으므로 이에 대한 연구가 요구된다. 또한 현재 재무보고상 전혀 전달되고 있지 않은 비재무적 정보에 대한 가치관련성을 검증하는 작업도 필요하다. 무선통신회사의 경우에 잠재적 시장성을 나타내는 서비스 지역의 인구수, 영업성과 및 경쟁전략의 성과를 평가해주는 시장침투비율(현재가입자수/총인구수) 등이 모두 기업가치를 평가하는 데 유용한 것으로 나타났으며 인터넷기업의 경우에는 웹사이트에 대한 접속통계치가 기업가치를 설명하는 데 매우 유용한 것으로 나타나고 있다.

비재무적 정보의 가치관련성 연구결과 가치관련성이 있는 것으로 판명된 항목은 재무제표상에 직접 반영하지는 못한다고 하더라도 주석 등을 통하여 재무제표 이용자에게 전달되어야 할 것이다.

위에서 제시한 가치관련성 연구와 더불어 무형자산의 평가모형 자체의 개발도 시급한 과제라고 할 수 있다. 특정 무형자산이 주가와 단순히 관련성을 가진다는 연구결과가 무형자산을 재무제표에 계상하기 위한 충분조건을 만족시키지는 못한다. 궁극적으로 무형자산이 재무제표상에 계상되기 위해서는 객관적인 측정방법이 개발되어야 한다. 이를 위해서는 가치관련성 연구에서 주가관련성이 있는 것으로 보고된 항목이 어떠한 경로를 통해 기업가치와 연관되는가를 분석하여야 한다. 예를 들어, 비재무적 정보가 주가관련성이 있는 경우 그러한 정보가 과연 미래이익과 어떠한 관계를 가지기 때문에 가치관련성을 보이게 되는가를 분석하는 것이다.

(4) 영업권 회계방법

그간 재무회계에서 기업결합시 발생하는 영업권에 대한 상각문제가 큰 논란의 대상이 되어 왔다. 특히, 영업권의 상각(또는 환입)과 관련하여 기업들의 자의적 회계처리는 회계정보의 신뢰성을 크게 훼손할 수 있는 문제를 가지고 있었다. 이에 따라 국제회계기준과 미국회계기준에서는 종전의 영업권 상각법을 폐지하고 손상차손 인식법을 채택하고 있다. 영업권을 상각하는 대신 손상여부를 평가하여 손상차손만을 계상하는 방법은 상각기간의 자의적 선택에 따른 문제를 해결해 주지만 정기적으로 영업권의 공정가치를 추정해야 하는 또 다른 어려운 과제를 부여하였다. 영업권의 손상여부 및 금액을 결정하기 위해서는 먼저 주주지분가치가 추정되어야 하고 이로부터 식별가능한 모든 자산과 부채의 공정가치를 차감하여 영업권의 공정가치를 구해야 한다. 이와 같이 산정된 공정가치를 영업권의 장부금액과 비교하여 영업권의 손상여부 및 금액을 결정하게 된다. 앞서 살펴본 바와 같이 RIM은 DDM이나 DCF에 비하여 주식에 대한 설명력이 더 큰 것으로 보고되고 있다. 따라서 기업이 영업권의 손상 판단을 위한 검증시 RIM을 유용하게 사용할 수 있다.

그러나 여기서 한 가지 문제는 RIM의 우월한 성과를 보고한 연구들은 모두 대규모 표본을 대상으로 이루어진 평균적인 결과를 보고하였다는 점이다. 개별 기업의 수준에서 각 부문별로 영업권의 가치를 산정하여 손상검증을 하여야 하는 경우에도 RIM이 효과적으로 사용될 수 있다는 보장은 없다. 따라서 RIM을 영업권의 손상차손 회계에 활용하기 위해서는 개별 회사수준이나 그 부문수준에서 사용될 때 고려할 사항을 고찰해보는 연구가 요구된다.

(5) 자본비용추정

앞서 살펴본 바와 같이 가치평가모형을 이용한 자기자본비용추정이 중요한 연구과제이다. 그러나 Courteau 외 2인(2001)에서 보았듯이, 주가와 RIM을 연관시켜 시장에서 사용되고 있는 내재자본비용을 추정하고자 할 때, 과소한 금액의 잔여가치가 사용된다면, 이로부터 추정되는 내재자본비용도 과소하게 산출될 위험이 존재한다. RIM을 사용한 주주가치평가에서 어떤 잔여가치를 사용하느냐에 따라 가치평가에 큰 차이를 보이고 있으므로 정확한 기업의 내재가치의 산정을 위해서뿐만 아니라 자기자본비용의 정확한 측정을 위해서도 보다 개선된 잔여가치 추정방법이 개발될 필요가 있다.

또한 가치평가모형을 이용하여 각 회사별로 추정된 자기자본비용을 회사의 특성변수와 연관시켜 자기자본비용과 특성변수의 관계를 파악한 뒤 이를 기초로 자본비용에 대한 예측모형을 개발할 수 있다. 가치평가모형을 이용한 자본비용추정은 활발히 연구되고 있지만 자본비용추정 단계에서 여러 측정오차문제가 발생될 수 있다. 따라서 보다 개선된 추정방법의 개발이 요구된다. 가치평가모형을 이용하여 보다 정확한 자본비용추정이 가능해지면 이는 투자안의 경제성 분석을 수행하는 경영자, 투자종목의 선정을 하는 투자자에게 매우 유용하게 사용될 수 있다. 회계연구와 관련해서는 공시의 개선이 기업의 자본비용에 미치는 효익에 대한 보다 정교한 연구가 이루어질 수 있게 된다. 이 밖에 주가와 회계수치의 연관성을 검증하는 연구에 있어서도 기업간 자본비용의 차이를 통제하기 위한 변수로 사용됨으로써 회귀분석의 모형설정오류를 감소시키는 데 공헌하게 된다.

참고문헌

강효석, 조장연(2000). 상대가치에 의한 신규공모주의 가치평가: 성장기회가치모형을 중심으로. 「증권학회지」(제20집): 91~118.

김권중(1999). 기업공개시 공모가격 결정과 회계변수평가모형. 「회계학연구」(제2호): 51~86.

______(2001). 초과이익평가모형의 실행과 유용성 분석. 「회계학연구」(제3호): 91~121.

김권중, 김문철(2002). 『기업가치 평가와 회계연구』. 한국회계학회 특별연구서.

김권중, 김진선(2006). Ohlson 모형에서의 '기타정보'의 역할: 영업고정자산 신규투자를 중심으로. 「증권학회지」(제4호): 39~69.

김권중, 박태승, 이은상(1998). 상속세법의 비상장주식 평가와 회계변수평가모형의 유용성. 「회계학연구」(제3호): 57~79.

김지홍, 유승혜(2001). 신규공모주식의 가치평가에 있어 상대가치의 중요도 및 상대 가치평가모형에 관한 연구. 「회계학연구」(제2호): 195~228.

김진선(1998). 기업간 주가수익비율의 차이와 그 요인분석. 「회계학연구」(제3호): 31~56.

백원선, 최관(1999). 이익지속성이 순자산과 회계이익에 대한 주가배수에 미치는 영향. 「회계학연구」(제4호): 61~81.

송인만, 박철우(1995). 신규공모주의 주가수준과 상대적 가치. 「증권학회지」(제18집): 371~418.

신승묘(1996). 주식가치평가에 있어 회계정보의 유용성에 관한 연구. 「회계학연구」(제4호): 21~46.

오준환(2003). 성과선도모형을 이용한 지식자산가치의 측정 및 평가. 「회계학연구」(제3호): 1~29.

이종천, 오웅락(2004). 기업특성에 따른 기업가치평가모형의 적합성 차이에 관한 연구: 코스닥 일반기업과 벤처기업을 중심으로. 「회계학연구」(제2호): 157~185.

이종천, 오웅락, 김이배(2008). Ohlson 모형의 LID가정의 타당성에 대한 검토. 「회계학연구」(제2호): 29~63.

장범식, 이재경(1998). 유사기업정보의 이용과 공모가액 결정에 관한 연구. 「재무관리논총」: 205~232.

황이석, 이우종, 임승연(2008). 국내주식시장에서의 자기자본추정에 관한 연구. 「회계학연구」(제1호): 97~125.

Abarbanell, J. and B. Bushee(1997). Fundamental Analysis, Future Earnings, and Stock Prices. *Journal of Accounting Research* (Spring): 1~24.

Ahn, S., S. Cha, Y. Ko, and Y. Yoo(2008). Implied Cost of Capital in Earnings-Based Valuation Model: Evidence from Korea. *Asian-Pacific Journal of Financial Studies* (August): 599~626.

Alford, A.(1992). The Effect of the Set of Comparable Firms on the Accuracy of the Price-Earnings Valuation Method. *Journal of Accounting Research* (Spring): 94~108.

Ali, A., L. Hwang, and M. Trombley(2003). Residual-Income-Based Valuation Predicts Future

Stock Returns: Evidence on Mispricing vs. Risk Explanations. *The Accounting Review* (April): 377~396.

Amir, E. and B. Lev(1996). Value Relevance of Nonfinancial Information: The Wireless Communications Industry. *Journal of Accounting and Economics* (August): 3~30.

Ball, R. and P. Brown(1968). An Empirical Evaluation of Accounting Income Numbers. *Journal of Accounting Research* (Autumn): 159~178.

Beaver, W.(1998). *Financial Reporting: An Accounting Revolution.* 3rd. ed. Prentice Hall.

Beaver, W. and D. Morse(1978). What Determines Price-Earnings Ratios? *Financial Analysts Journal* (July): 65~78.

Beaver, W., R. Lambert, and D. Morse(1980). The Information Content of Security Prices. *Journal of Accounting and Economics* (March): 3~28.

Bernard, V.(1995). The Feltham-Ohlson Framework: Implications for Empiricists. *Contemporary Accounting Research* (Spring): 733~747.

Biddle, G., R. Bowen, and J. Wallace(1997). Does EVA Beat Earnings? Evidence on Association with Returns and Firm Values. *Journal of Accounting and Economics* (December): 301~336.

Botosan, C.(1997). Disclosure Level and the Cost of Equity Capital. *The Accounting Review* (July): 323~350.

Botosan, C. and M. Plumlee(2002). A Re-Examination of Disclosure Level and Expected Cost of Capital. *Journal of Accounting Research* (March): 21~40.

______(2005). Assessing Alternative Proxies for the Expected Risk Premium. *The Accounting Review* (January): 21~53.

Cheng, C. and R. McNamara(1995). The Valuation Accuracy of the Price-Earnings and Price-Book Benchmark Valuation Methods. Working paper. University of Houston.

Cheng, Q.(2005a). What Determines Residual Income? *The Accounting Review* (January): 85~112.

______(2005b). The Role of Analysts Forecasts in Accounting-Based Valuation: A Critical Evaluation. *Review of Accounting Studies* (March): 5~31.

Claus, J. and J. Thomas(1999). The Equity Risk Premium Is Much Lower Than You Think It Is: Empirical Estimates from a New Approach. Working paper. Columbia University.

______(2001). Equity Premia as Low as Three Percent? Evidence from Analysts' Earnings Forecasts for Domestic and International Stock Markets. *Journal of Finance* (October): 1629~1666.

Courteau, L., J. Kao, and G. Richardson(2001). Equity Valuation Employing the Ideal versus ad hoc Terminal Value Expressions. *Contemporary Accounting Research*(Winter): 625~661.

Dechow, P., A. Hutton, and R. Sloan(1999). An Empirical Assessment of the Residual Income

Valuation Model. *Journal of Accounting and Economics* (January): 1~34.

Easton, P.(2004). PE Ratios, PEG Ratios, and Estimating the Implied Expected Rate of Return on Equity Capital. *The Accounting Review* (January): 73~95.

Easton, P. and S. Monahan(2005). An Evaluation of Accounting-Based Measures of Expected Returns. *The Accounting Review* (April): 501~538.

Edwards, E. and P. Bell(1961). *The Theory of Measurement of Business Income.* University of California Press.

Elton, E.(1999). Expected Returns, Realized Returns, and Asset Pricing Tests. *Journal of Finance*: 1199~1220.

Fairfield, P.(1994). P/E, P/B and the Present Value of the Future Dividends. *Financial Analyst Journal* (July-August): 23~31.

Fama, E. and K. French(1997). Industry Costs of Equity. *Journal of Financial Economics* (February): 153~193.

Feltham, G. and J. Ohlson(1995). Valuation and Clean Surplus Accounting for Operating and Financial Activities. *Contemporary Accounting Research* (Spring): 689~731.

Frankel, R. and C. Lee(1998). Accounting Valuation, Market Expectation, and Cross-Sectional Stock returns. *Journal of Accounting and Economics* (June): 283~319.

Francis, J., P. Olsson, and D. Oswald(2000). Comparing the Accuracy and Explainability of Dividends, Free Cash Flow and Abnormal Earnings Equity Value Estimates. *Journal of Accounting Research* (Spring): 45~70.

Gebhardt, W., C. Lee, and B. Swaminathan(2001). Toward an Implied Cost of Capital. *Journal of Accounting Research* (June): 135~176.

Gode, D. and P. Mohanram(2003). Inferring the Cost of Capital using the Ohlson-Juettner Model. *Review of Accounting Studies* (December): 399~431.

Gordon, J. and M. Gordon(1997). The Finite Horizon Expected Return Model. *Financial Analysts Journal* (May/June): 52~61.

Hand, J. and W. Landsman(1999). The Pricing of Dividends in Equity Valuation. Working paper. University of North Carolina. Chapel Hill.

Kaplan, S. and R. Ruback(1995). The Valuation of Cash Flow Forecasts: An Empirical Analysis. *Journal of Finance* (September): 1059~1093.

Kim M. and J. Ritter(1999). Valuing IPOs. *Journal of Financial Economics* (September): 409~437.

LeClair, M.(1990). Valuing the Closely-Held Corporation: The Validity and Performance of Established Valuation Procedures. *Accounting Horizons* (September): 31~42.

Lee, C., J. Myers, and B. Swaminathan(1999). What Is the Intrinsic Value of the Dow? *Journal of Finance* (October): 1693~1741.

Leibowitz, M. and S. Kogelman(1990). Inside the P/E Ratio: The Franchise Factor. *Financial*

Analysts Journal (January-February): 17~35.

Lev, B. and R. Thiagarajan(1993). Fundamental Information Analysis. *Journal of Accounting Research* (Autumn): 190~215.

Liu, J., D. Nissim, and J. Thomas(2002). Equity Valuation using Multiples. *Journal of Accounting Research* (March): 135~172.

Lo, K. and T. Lys(2000). The Ohlson Model: Contribution to Valuation Theory, Limitations, and Empirical Applications. *Journal of Accounting, Auditing & Finance* (Summer): 337~367.

Lundholm, R. and T. O'Keefe(2001a). Reconciling Value Estimates from the Discounted Cash Flow Model and the Residual Income Model. *Contemporary Accounting Research* (Summer): 311~335.

______(2001b). On Comparing Residual Income and Cash Flow Models of Equity Valuation: A Response to Penman 2001 (CAR, Winter 2001). *Contemporary Accounting Research* (Winter): 693~696.

Miller, M. and F. Modigliani(1966). Some Estimates of the Coat of Capital to the Electric Utility Industry 1954~57. *American Economic Review* (June): 333~348.

Modigliani, F. and M. Miller(1961). Dividend Policy, Growth, and the Valuation of Shares. *Journal of Business* (October): 411~433.

Myers, J.(1999). Implementing Residual Income Valuation with Linear Information Dynamics. *The Accounting Review* (January): 1~28.

O'Byrne, S.(1996). EVA® and Market Value. *Journal of Applied Corporate Finance* (Spring): 116~125.

Ohlson, J.(1995). Earnings, Book Values, and Dividends in Equity Valuation. *Contemporary Accounting Research* (Spring): 661~687.

______(2001). Earnings, Book Values, and Dividends in Equity Valuation: An Empirical Perspective. *Contemporary Accounting Research* (Spring): 107~120.

Ohlson, J. and B. Juettner-Nauroth(2005). Expected EPS and EPS Growth as Determinants of Value. *Review of Accounting Studies* (September): 349~365.

Penman, S.(1996). The Articulation of Price-Earnings Ratios and Market-to-Book Ratio and the Evaluation of Growth. *Journal of Accounting Research* (Autumn): 235~259.

______(2001). On Comparing Cash Flow and Accrual Accounting Models for Use in Equity Valuation: A Response to Lundholm and O'Keefe (CAR, Summer 2001). *Contemporary Accounting Research* (Winter): 681~692.

Penman, S. and T. Sougiannis(1998). A Comparison of Dividend, Cash Flow, and Earnings Approaches to Equity Valuation. *Contemporary Accounting Research* (Fall): 343~383.

Preinreich, G.(1938). Annual Survey of Economic Theory: The Theory of Depreciation. *Econometrica* (July): 219~241.

Stober, T.(1996). Do Prices Behave as if Accounting Book Values Are Conservative? Cross-Sectional Test of the Feltham-Ohlson(1995) Valuation Model. Working paper. University of Notre Dame.

Trueman, B., M. Wong, and X. Zhang(2000). The Eyeballs Have It: Searching for the Value in Internet Stocks. *Journal of Accounting Research* (Supplement): 137~162.

제 11 장

회계정보와 가치관련성

효율적 자본시장 가설하에서는 회계정보의 고유한 가치관련성이 인정되지 않는다. 이에 따른 학계의 관심사는 회계정보가 자본시장에서 주가에 영향을 주는 다른 모든 정보를 사후적으로나마 얼마나 잘 요약하고 있는가를 검증하는 데 있었다. 효율적 자본시장 가설과 더불어 정보관점회계(information perspective of accounting)에서는 회계정보가 공시시점에서 즉각적으로 주가에 영향을 주는지를 검증하는 데 초점을 맞추었다. 그러나 최근 들어 회계정보가 기업의 현 주가와 내재가치 간의 괴리를 파악하는 데 도움을 줄 수 있다는, 효율적 자본시장 가설에 반하는 여러 가지 증거가 발견되었다. 이로 인해 회계정보가 고유한 가치관련성을 지닌다는 견해가 설득력 있게 제기되고 있다. 기존의 연구는 사후적 · 요약적 지표로서 회계정보의 가치관련성을 평가하는 데 집중되어 있다. 그러나 회계정보의 기업 내재가치 예측력을 검증하는 연구야말로 회계정보의 독자적인 유용성을 제고시키는 바람직한 방향으로 사료되며 향후 이러한 연구가 활발히 진행되길 기대한다.

제 1 절 회계정보의 가치관련성

회계정보는 그 자체가 기업가치를 반영할 때 가치관련성(value relevance)이 있다고 정의한다. 회계정보의 가치관련성에 대해서는, 자본시장에서 회계정보의 정보로서의 고유성을 얼마나 중시하느냐에 따라 두 가지 패러다임을 제시할 수 있다. 하나는, 효율적 자본시장 가설과 더불어 1970년대와 1980년대 풍미했던 회계에 대한 정보관점(information perspective)의 영향하에 요약적 지표로서 회계정보의 가치관련성을 평가하는 수동적인 관점이다. 이러한 관점에서는 회계정보가 자본시장에서 주가에 영향을 주는 다른 모든 정보를 사후적으로나마 얼마나 잘 요약하고 있는지 또는 회계정보가 공시시점에서 즉각적으로 주가에 영향을 주는지로 가치관련성을 판단한다. 다른 하나는, 회계정보가 현 주가에 독립적으로 기업의 내재가치에 대한 정보를 함유하고 있을 수 있다는 회계정보의 가치관련성에 대한 능동적인 관점이다. 이는 효율적 자본시장 가설의 타당성을 부인하면서 현 주가가 내재가치에서 일탈할 수 있으며 회계정보가 현 주가와 내재가치 간의 괴리를 파악하는 데, 즉 미래주가를 예측하는 데 도움을 줄 수 있다는 견해이다.

기존의 연구는 요약적 지표로서 회계정보의 가치관련성을 평가하는 데 집중되어 있다. 이러한 가치관련성 연구는 회계기준 제정과 관련하여 정책적인 시사점을 제시한다는 점에서 그 공헌도가 있다고 할 수 있다. 그러나 회계정보의 능동적인 가치관련성을 검증하는 연구야말로 회계정보의 독자적인 유용성을 제고시키는 매우 바람직한 방향이라 사료되며 향후 이러한 연구가 활발히 진행되길 기대한다. 본 장에서는 우선 가치관련성 연구의 두 가지 패러다임을 논의한다. 제2절에서는 가치관련성 연구에 이용되는 검증모형들을 살펴본다. 제3절과 제4절에서 회계정보의 가치관련성을 검증한 기존의 주요 연구들을 살펴본다. 마지막으로 제5절에서는 가치관련성 연구의 한계성을 논의한 후 향후 연구방향을 제시해본다.

1. 요약적 지표로서의 회계정보의 가치관련성

Barth 외 2인(2001)은 주가가 기업가치에 대한 시장의 믿음을 대변한다는 가정하에 회계정보가 주가와 연관관계(association)에 있을 때 가치관련성이 있다고 정의한다. 이 정의에 따르면 회계정보의 고유성(uniqueness)과 적시성(timeliness)이 가치관련성의 필요조건이 아니다. 회계정보가 기업가치에 영향을 주는 다른 정보를 사후적으로나마 잘 요약할 수 있다면 가치관련성 있다고 할 수 있다. 이러한 견해는 회계기준 제정기관(FASB와 KASB)의 입장과 일치한다. 즉 회계기준 제정기관은 보다 적시적인 다른 정보가 이용가능한지의 여부에 관계없이 재무제표가 기업의 모든 자산과 부채에 관하여 적합하고 신뢰적인 정보를 요약적으로 나타내는지에 관심이 있다.

가치관련성은 회계기준상의 적합성(relevance)과 신뢰성(reliability)의 요건을 총체적으로 대변하는 것으로 볼 수 있다. 적합성은 투자자의 의사결정 측면에서 볼 때 회계정보가 기업가치를 반영하는 속성이라 할 수 있다. 회계항목이 기업가치를 반영하는 정보를 신뢰적으로 측정한 요약지표일 때 그 회계항목은 가치관련성이 있다고 할 수 있다. 요약적 지표로서 회계정보의 가치관련성 연구는 ① 재무제표상의 개별 자산항목과 부채항목 그리고 이익의 구성요소 등이 기업가치에 반영되는지, ② 기업가치를 나타내는 중요한 정보가 재무제표상에 나타나는지, 그리고 ③ 특정 회계정보 항목이 기업가치에 얼마나 지대한 영향을 주는지를 파악하는 것이 연구의 관심사이다(Barth 외 2인 2001). 이러한 가치관련성 연구는 기업회계기준의 제·개정에 중요한 참고자료가 된다고 할 수 있다.

요약적 지표로서의 회계정보의 가치관련성 연구에서 독립변수는 가치관련성이 있는지를 평가하고자 하는 회계항목이고 종속변수는 일반적으로 주가이다. 여기서는 회계정보가 사후적으로나마 기업가치를 얼마나 잘 반영하는가를 파악하는 것이 연구의 목적이다. 따라서 회계항목과 주가를 (변화(change) 형태가 아닌) 수준(level) 형태로 측정한 후 두 변수들간의 사건기간이 긴(long-window) 연관관계를 선형회귀식으로 검증하는 연구방법이 일반적으로 채택된다. 검증의 초점은 독립변수인 회계항목에 대한 회귀계수의 크기를 추정하는 것이다. 대다수의 연구에서 회귀계수 크기의 비교기준점(benchmark)은 0이다. 회귀계수의 추정치가 유의하게 0보다 크다는 것은 해당 회계항목이 가치관련성이 있다는 증거가 된다. 회계항목들간의 가치관련성 차이를 파악하고자 하는 연구에서는 그 회귀계수들간에 크기 차이가 있는지를 검증한다. 그러나 가장 엄격한 따라서 바람직한 연구설계는 분석적 모형에 의거하여 회귀계수의 이론 값(theoretical value)을 도출한 후 회귀계수의 추정치가 과연 이 이론 값과 같은지를 검증하는 방법이다.

1990년대에 활발히 진행된 공정가치 회계(fair value accounting)에 관한 연구들이 요약적 지표로서 회계정보의 가치관련성을 검증한 좋은 예가 된다. 재무제표상에서 자산과 부채 항목은 전통적으로 역사적 원가(historical cost)에 근거한 장부가액(book value)으로 보고되어 왔다. 공정가치 회계연구에서는 특정 자산과 부채 항목에 대해 (공정시가 추정치가 이용가능할 경우) 공정시가와 장부가 중 어느 것이 가치관련성이 높은지 혹은 공정시가가 장부가에 추가적으로 가치관련성이 있는지를 평가한다. Barth(1991)는 기업연금과 퇴직복리후생(pensions and other postretirement benefits) 관련 부채의 공정시가에 대하여, Barth(1994)는 금융기관이 소유한 유가증권의 공정시가에 대하여, 그리고 Barth 외 2인(1996)은 파생상품의 공정시가에 대하여 각각 주가연관성을 검증하고 있다. 또한 Barth 외 2인(1998)은 (재무제표에 보고되지 않는) 무형자산인 브랜드 가치의 공정시가에 대하여, 그리고 Barth와 Clinch(1998) 및 Aboody 외 2인(1999)은 유형자산 재평가와 관련한 공정시가에 관하여 주가연관성을 검증하고 있다. 이러한 연구들은 공정시가 추정의 임의성(discretion)이 클수록 공정시가의 가치관련성이 낮아지긴 하지만 대체적으로 공정시가가 장부가에 비해 추가적인 가치관련성이 있으며 더 나아가 장부가에 비해 가치관련성이 높다는 결과를 제시하고 있다.

영업권, 연구개발비 그리고 광고비 항목이 무형자산으로서 가치관련성이 있는지의 여부, 즉 미래이익창출에 도움이 되는지 아니면 지출시점에서 그 효익이 소멸되는지의 여부를 검증하는 것도 근간에 활발히 진행된 중요한 가치관련성 연구분야라고 할 수 있다(Aboody와 Lev 1998; Jennings 외 2인 1996; Lev와 Sougiannis 1996; Bublitz와 Ettredge 1989). 그 밖에 이익의 구성요소, 특히 현금흐름을 동반하는 이익요소(cash-flow component of earnings)와 순수 발생요소(accrual component of earnings) 간의 주가연관성의 차이를 검증하는 연구(Sloan 1996; Barth 외 2인 1999), 외화환산손익의 가치관련성을 검증하는 연구(Louis 2003), 과세소득정보의 가치관련성을 검증하는 연구(Lev와 Nissim 2004), 그리고 주석공시사항(대출금 연체에 대한 상세정보, 연금에 관한 상세정보)이 주가연관성이 있는지를 검증하는 연구(Beaver 외 2인 1989; Barth 1991) 등도 주목할 만하다.

2. 내재가치평가지표로서의 회계정보의 가치관련성

자본시장의 참여자들은 누구나 기업의 내재가치(intrinsic value, fundamental value)에 지대한 관심을 갖게 된다. 개념적으로 기업의 내재가치는 유입관점에서 보면 기업이 미래에 창출할 순현금흐름(free cash flows)의 현재가치이며, 유출관점에서 보면 기업이 미래에 지급할 배당(dividends)의 현재가치이다.[1)]

1) 기업가치는 투자자(주주)의 입장에서 결정된다. 주주에게 궁극적으로 귀속되는 것은 배당이다. 따라서 엄밀한 의미에서 기업의 내재가치를 미래 순현금흐름의 현재가치인 유입관점보다는 미래 배당의 현재가치인 유출관점으로 정의하는 것이 타당하다.

회계정보는 기업이 미래에 창출할 현금흐름의 금액, 시점, 그리고 불확실성의 정도를 평가하는 데 유용한 정보를 제공함으로써 기업의 내재가치를 파악하는 데 도움을 준다고 여겨지고 있다.[2)]

회계정보의 역할은 (준강형 또는 강형 형태의) 효율적 자본시장 가설(EMH)을 수용하느냐 여부에 따라 달라진다. EMH가 옳다고 수용된다면 기업의 주가가 내재가치를 가장 잘 나타내는 측정치가 된다. 이 경우 회계정보는 이미 주가에 충분히 반영되어 있어 내재가치에 대한 추가적인 설명력이 없게 된다. 주가와 회계정보는 모두 공적인 정보(public information)이다. 회계정보에 함유된 가치가 이미 주가에 반영되어 있다면 회계정보의 고유한 혹은 능동적 가치관련성은 없게 된다.

Ball과 Brown(1968)을 필두로 EMH가 수용되었던 1970년대와 1980년대에는 물론이고 그 이후 지금까지도 많은 연구에서 회계정보를 현 주가에 종속시켜 그 가치관련성을 수동적으로 살펴보고 있다. 이러한 연구들은 주가와의 동시적인 상관관계(contemporaneous correlation)로 회계정보의 가치관련성을 조사하는 long-window 연관연구와 회계정보가 얼마나 빨리 주가에 반영되는가를 살펴보는 short-window 사건연구의 두 가지 형태로 진행된다. Long-window 연관연구이건 short-window 사건연구이건 회계정보의 가치관련성은 동시적 현 주가정보에 종속된다. 즉 회계정보가 동시적으로 현 주가에 얼마나 잘 반영되어 있는가 혹은 반영되고 있는가로 회계정보의 가치관련성을 평가한다. 주가를 내재가치와 동일시하면서 회계정보를 주가에 종속시키는 이러한 수동적인 자본시장 회계연구 패러다임은 그 자체로 한계가 있다. 즉 회계정보가 시장(주가)에 이미 알려지지 않은 그 어떤 중요한 정보를 함유하고 있을 가능성을 애초부터 배제하고 있다(Bernard 1995).

그러면 효율적 자본시장 가설(EMH)이 과연 타당한가? EMH가 엄밀하게 타당하지 않다는 논리와 증거가 Lee(2001)에 명쾌하게 제시되어 있다. Kothari (2001)도 EMH에 반(反)하는 많은 증거들을 잘 요약하여 제시하고 있다. EMH에 반하는 증거로서 일반적으로 거론되는 것이 가격이례현상들(pricing anomalies)이다. 그런데 가격이례현상은 그것이 시장의 비효율성에 기인한 것인

2) 미국의 재무회계기준심의위원회 개념보고서 제1호(FASB Concept No.1). 1978.

지 아니면 기업의 위험(risk)을 제대로 측정하지 못해서인지를 명확히 구분하기 힘들다는 문제가 있다. 그렇지만 최근 기업의 위험의 측정오류 가능성을 일축하면서 EMH를 부정하기에 충분한 증거들이 다수 발견되고 있다. P/B이례현상을 기업위험도와 관련짓기 힘들다는 연구결과(Piotroski 2000), 주가표류현상(post-earnings announcement drift) 효과의 대부분이 후속 이익발표일에 집중되어 있음을 보고하는 연구결과(Bernard and Thomas 1990), 그리고 주가모멘텀에 관한 연구결과 등은 기업위험도로서 설명될 수 없으며 따라서 시장의 비효율성을 지지하는 강한 증거가 된다(Lee 2001).

EMH가 타당하지 않다면 주가를 내재가치와 동일시할 수 없다. Lee (2001)는 현 주가가 내재가치의 한 noisy proxy로서 내재가치로 가는 과정(process)이며, 회계정보는 현 주가에 독립적으로 내재가치에 대한 정보를 함유하고 있다고 주장한다. 이러한 견해는 회계정보의 가치관련성을 현재 혹은 과거 주가를 설명하는 수동적인 측면에 국한시키지 않고 현 주가와 내재가치 간의 괴리를 파악하여 미래주가를 예측하는 능동적인 측면으로 확장시킨다. Frankel과 Lee(1998)는 이러한 능동적 측면에서 회계정보의 가치관련성을 지지하는 고무적인 결과를 제시하고 있다. 회계정보의 능동적인 가치관련성에 대한 연구는 회계정보의 실무적 유용성을 입증하면서 회계학의 위상을 제고시키는 중요한 분야라고 사료되며 따라서 향후 활발한 연구를 기대한다.

제 2 절 가치관련성 연구의 검증모형

회계정보의 가치관련성 평가에는 회계정보를 기업가치와 연결짓는 검증모형이 필요하다. 기존 실증연구에서 사용하고 있는 검증모형은 다섯 가지 유형으로 분류할 수 있다. ① Ball and Brown(1968)에서 제시된 바와 같이 비기대주가수익률(unexpected returns)을 비기대이익(unexpected earnings)의 함수로 명시하고 있는 CAPM에 기초한 모형이다. 여기서 비기대주가수익률은 CAPM에 근거한 시장모형(market model)으로 추정하는 것이 일반적이다. 이 모형은 1970년대와 1980년대의 이익반응계수(earnings response coefficient) 연구에서 흔히 이용된 모형이다. ② 주가가 이익을 자본화한 결과라는 가정하에 주가를 이익의 함수로 나타낸 이익자본화 모형(earnings capitalization model)이다(Miller와 Modigliani 1966; Bowen 1981). ③ 주가의 기준점이 순자산의 가치라는 개념하에 주가를 자산과 부채의 장부가나 공정시가 추정치의 함수로 표현한 대차대조표 모형(balance sheet model)이다(Barth 1991). ④ 주가를 장부가와 이익 그리고 기타 정보의 함수로 도출한 Ohlson 모형이다(Ohlson 1995). ⑤ 주가를 다음기($t+1$) 이익예측치와 단기($t+2$)와 장기 이익성장률의 함수로서 도출한 OJ모형이다(Ohlson과 Juettner-Nauroth 2005).

CAPM에 기초한 모형, 이익자본화 모형 및 대차대조표 모형과 같은 전통적인 가치평가모형들은 모두 작위적(ad hoc) 가정에 근거하였기 때문에 그 이론적 기반이 취약하다(Landsman과 Magliolo 1988). 이에 반해 Ohlson모형과 OJ모형은 합리적인 가정하에 엄격하게 도출되었으며, 또한 그 모형의 내용이 전통적인 모형들에 비해 포괄적이다. Ohlson 모형과 OJ모형에 대해서는 제10장에서 상세히 논의하였다. Ohlson 모형은 최근 자본시장 실증회계연구에서 회계정보의 가치관련성을 수동적으로나 능동적으로 평가하는 데 상당히 빈번히 이용되었다. 반면에 OJ모형은 근래에 소개되어서인지 자본비용을 추정하는 몇 연구에서만 이용되고 있다. 하지만 향후 회계정보의 가치관련성 검증에 폭넓게 적용되리라 기대된다. 아래에서는 Ohlson 모형을 전통적인 가치평가모형들과 비교 평가하여 보며 Ohlson모형을 이용한 검증의 계량경제학적 문제점을 논의해본다.

1. 전통적 가치평가모형과 Ohlson 모형의 비교

전통적인 가치평가모형들로 CAPM에 기초한 모형, 이익자본화 모형 그리고 대차대조표 모형을 들 수 있다. CAPM에 기초한 모형에서는 다음과 같이 비기대주가수익률을 비기대이익의 함수로 명시한다.

$$UR_{jt} = a + b\,UX_{jt} \quad (1)$$

위 식에서 종속변수인 비기대주가수익률(UR_{jt})은 통상 기업의 주가수익률(R_{jt})을 시장주가수익률(R_{mt})에 회귀시킨 시장모형(market model)에서의 잔차항으로 추정한다. 독립변수인 비기대이익(UX_{jt})은 기업의 이익(X_{jt})에서 시장의 이익기대치($E(X_{jt})$)를 차감하여 계산한다. 시장의 이익기대치로 랜덤워크 모형에 따른 전기의 이익이 통상적으로 사용된다. CAPM에 기초한 모형은 재무경제학에서 CAPM이 시장균형모형으로서 확고한 위치를 점하고 회계학에서는 정보적 관점(information perspective) 회계가 자리잡은 1970년대와 1980년대에 회계정보의 가치관련성 검증에 보편적으로 이용되었다. 그러나 1990년대에 들어서는 CAPM의 타당성이 의문시되고 또한 비기대이익의 측정오차(measurement error)의 문제가 부각되면서 별로 이용되지 않게 되었다.

이익자본화 모형과 대차대조표 모형은 Ohlson(1995) 모형의 한 subset이라고 볼 수 있다. Easton(1999) 그리고 Easton과 Harris(1991)는 이 두 모형의 근거를 다음과 같이 설명하면서 Ohlson 모형으로 연결시킨다. 기업에 두 종류의 자산이 있다 하자. 그중 하나(예로 유형자산)의 시장가치는 그것의 장부가가 기준점이 되며, 다른 하나(예로 무형자산)의 시장가치는 그것으로 창출할 수 있는 이익이 기준점이 된다.

장부가(BV_t)가 시장가치의 기준점인 자산에 대해서는 그 시장가치(P_t)가 평균적으로 장부가액이라고 표기할 수 있을 것이다(대차대조표 모형). 즉,

$$P_t = BV_t \quad (2)$$

수식 (2)를 변화형태로 표기하면, $\Delta P_t = \Delta BV_t = X_t - d_t$이므로

$$R_t = X_t / P_{t-1} \quad (2A)$$

여기서 $R_t = (\Delta P_t + d_t) / P_{t-1}$

이익이 시장가치의 기준점인 자산에 대해서는 매기에 X_t만큼의 이익이 영구적으로 발생하며 그 이익을 동일 기간에 배당으로 지불한다고 가정하자

(이익자본화 모형). 그러면 배당을 포함한 시장가치(cum-dividend stock price)는

$$P_t + d_t = \phi X_t \tag{3}$$

여기서 $\phi = (1 + r_e)/r_e$

여기서 ϕ는 자기자본비용(r_e)을 할인율로서 이용하여 계산한 이익배수이다. 수식 (3)을(좌항에 발생하는 d_{t-1}항을 편의상 무시하고) 변화형태로 표기하면,

$$R_t = \phi \Delta X_t / P_{t-1} \tag{3A}$$

장부가가 시장가치의 기준점이 되는 자산의 비율이 $(1-k)$이고 이익이 시장가치의 기준점이 되는 자산의 비율이 k라면, 기업의 시장가치는 수식 (2)와 수식 (3)의 우항에 각 자산의 비율을 곱한 후 이를 합함으로써,

$$P_t = (1-k)BV_t + k(\phi X_t - d_t) \tag{4}$$

이 수식 (4)는 Easton(1999)과 Easton과 Harris(1991)가 제시한 모형인데, 결과적으로 비회계정보(v_t)를 고려하지 않은 한 Ohlson 모형의 하부형태라고 볼 수 있다.

수식 (4)의 변화형태는 수식 (2A)와 (3A)를 비율적으로 합하여 얻을 수 있다.

$$R_t = (1-k)X_t / P_{t-1} + k\phi \Delta X_t / P_{t-1} \tag{4A}$$

수식 (2)는 기업가치를 대차대조표상의 장부가로 평가한 소위 대차대조표 모형(balance sheet model)이다. 이에 반해 수식 (3)은 기업가치를 이익의

배수로 평가한 이익배수 혹은 이익자본화 모형(earnings capitalization model)이다. CAPM에 기초한 모형인 수식 ①, 대차대조표 모형인 수식 ②, 그리고 이익자본화 모형인 수식 ③ 및 그 변화형태인 수식 2A와 3A가 과거 1980년대 말까지 자본시장 실증회계연구에서 빈번하게 사용되어 왔던 전통적인 가치평가모형들이다. Easton과 Harris(1991)와 Ohlson(1995) 이후의 실증회계 연구에서는 수식 ④와 수식 4A에 근거한 검증모형이 주류를 이루고 있다. 전통적 가치평가모형이나 수식 ④ 또는 4A와 같은 Easton과 Harris(1991) 모형은 모두 기본적으로 Ohlson 모형의 하부형태라고 할 수 있다.[3]

2. Ohlson 모형을 이용한 검증의 계량경제학적 문제점

제10장에서 논의한 바와 같이 최근 실증연구에서 가장 많이 이용하고 있는 Ohlson 모형의 형태는 수식 ⑤이다.

$$P_t = (1-k)BV_t + k(\phi X_t - d_t) + \beta v_t \qquad (5)$$

Collins, Pincus and Xie(1999)는 수식 ⑤를 변형한 수식 5A를 검증에 이용하고 있다.

$$P_t + d_t = (1-k)BV_{t-1} + (1-k+k\phi)X_t + \beta v_t \qquad (5A)$$

수식 5A는 수식 ⑤에서 (순증관계를 이용하여) BV_t를 “$BV_{t-1} + X_t - d_t$”로 치환한 후 식을 재정리한 것이다. 수식 ⑤는 시장가치를 BV_t와 X_t로 설명한다. 그런데 BV_t에는 이미 X_t가 포함되어 있으므로 수식 ⑤로는 X_t의 고유한 가치관련성을 전적으로 검증할 수 없다. 수식 5A는 BV_t를 BV_{t-1}로 대치함으

3) 전통적인 가치평가모형에서는 때로 주가수익률(R_t)을 시장모형 등을 이용한 초과주가수익률로 계산한다. 초과주가수익률의 사용은 Ohlson 모형의 틀에서 벗어나는 것이다.

로써 수식 (5)의 이러한 문제점을 보완한 형태이다.

(1) 생략변수의 문제

Ohlson 모형은 전통적인 가치평가모형에 비해 보다 합리적이고 현실적인 가정하에 도출된 모형이며 또한 전통적인 모형을 포괄하는 상위모형이다. 당연히 실증검증에 있어 Ohlson 모형은 전통적인 모형에 비해 우월하다고 할 수 있다. 이와 관련하여 Collins, Pincus and Xie(1999)는 Ohlson 모형 대신에 전통적인 가치평가모형으로 검증하였을 때의 폐해를 지적하고 있다. 즉 그들은 이익자본화 모형인 수식 (3)에 근거하여 회귀검증을 하였을 경우 순자산 장부가(BV_t)가 모형에서 생략됨(생략변수의 문제)으로써 이익(X_t)계수의 추정에 심각한 편의(bias)가 발생한다는 점을 지적하고 있다.

Barth와 Kallapur(1996)는 계량경제학적인(econometric) 측면에서 Ohlson 모형을 지지하는 증거를 제시하고 있다. 회계정보의 가치관련성을 수준형태(levels-based)의 횡단면적인(crosssectional) 회귀모형으로 검증할 때 잔차항의 이분산성(heteroscedasticity)으로 인한 계수추정의 비효율성의 문제가 심각하게 대두된다. 이 경우 독립변수들과 종속변수를 기업규모를 나타내는 순자산 장부가 혹은 총자산 장부가 등의 변수로 나누어 이분산성의 문제를 완화시키는 것이 효과적이라고 알려져 있다. 그러나 Barth와 Kallapur는 이러한 조치가 이분산성을 해소하는 데 효과적이지 못하며 오히려 계수추정의 편의를 야기시키는 폐해가 있다고 지적하고 있다. Barth와 Kallapur는 이에 대한 해결책으로 순장부가(BV)와 같은 변수를 독립변수로서 모형에 직접적으로 포함시킨 후, 즉 수식 (5) 또는 (5A)와 같은 Ohlson 모형의 형태로 검증을 하면서, 계수에 대해 이분산성을 고려한 White(1980)의 표준편차를 계산하여 검증하는 것이 바람직하다고 주장하고 있다.[4)]

수준형태의 회귀모형(levels-based regression)의 추정에는 이분산성의 문제

---

4) Easton(1998)과 Brown, Lo 및 Lys(1999)는 Barth and Kallapur(1996)가 제시한 방법이 규모효과(scale effect)를 제거하는 데 효과적이지 못하다는 논지를 피력하고 있다. Barth and Kallapur의 방법하에서 Easton은 변수의 계수가 편의(bias) 있게 추정될 가능성을 지적하고 있으며 Brown, Lo 및 Lys는 모형의 R^2가 과대추정된다는 점을 지적하고 있다.

와 더불어 생략변수의 문제(omitted variable problem)가 불가피하게 발생한다. 주가에 영향을 주는 요소는 무수히 많다. 수식 (5) 또는 (5A)의 Ohlson 모형에서 회계정보 이외의 다른 정보들은 v_t로 표기된다고 할 수 있다. 그러나 실제 검증에서 가치관련성이 있는 비회계정보를 모두 파악하여 명시하는 것은 불가능하다. 실증모형에서 가치관련성이 있는 설명변수가 생략되면 그 생략된 변수가 모형에 포함된 변수와 상관관계가 클 경우 포함된 변수의 계수추정에 심각한 편의가 야기된다.

(2) 측정오차의 문제

수준모형의 추정에 불가피한 이분산성의 문제와 생략변수의 문제를 쉽게 해소할 수 있는 방안 중의 하나가 수준모형을 변화형태로 변형하는 것이다. 수식 (5)의(편의상 우항의 d_t 변수를 생략한) 변화형태는

$$R_t = (1-k)X_t / P_{t-1} + k\phi \Delta X_t / P_{t-1} + \beta \Delta v_t / P_{t-1} \qquad (5B)$$

여기서 $R_t = (\Delta P_t + d_t) / P_{t-1}$

수식 (5B)에서는 독립변수들이 증감(change) 형태로 명시되어 있기 때문에 생략변수의 문제가 완화된다.5) 또한 변수들이 수준(level)이 아니라 비율(rate)로 측정되므로 잔차항의 이분산성이 큰 문제가 되지 않는다. 그러나 이 변화모형은 변수들을 변화 즉 비기대 형태로 명시함으로써 변수의 측정오차의 문제(measurement error problem)를 새로이 야기시키는 단점이 있다. 변수 측정오차의 증가는 모형의 설명력(R^2)을 저하시키며 계수추정에 하향편의를 유발시켜 검증력을 현저히 약화시킨다.6)

---

5) 극단적으로, 생략된 변수의 값이 기간간 일정하다면 그 변수를 두 기간의 증감형태로 측정하였을 경우 그 값은 0이 된다. 즉 생략변수의 문제가 사라진다.

6) 수식 (5) 혹은 (5A)와 같은 수준형태의 모형을 선형회귀식으로 추정할 경우 R^2가 50% 정도에 달하나 수식 (4A) 혹은 (5B)와 같은 변화형태의 모형에 대해서는 R^2가 10% 이하로 나타나는 것이 일반적이다. 즉 변화형태의 모형하에서 강건한 검증을 수행하기 어렵다고 할 수 있다.

만일 수식 5A 의 양변을 P_{t-1}로 나누어 식을 재정리하면,

$$R_t = -1 + (1-k)BV_{t-1}/P_{t-1} + (1-k+k\phi)X_t/P_{t-1} + \beta v_t/P_{t-1} \quad (6)$$

수식 6 은 종속변수는 변화형태(즉 주가수익률)이나 독립변수들은 수준형태이다. 이 모형은 이분산성과 변수 측정오차의 문제를 완화시키는 장점이 있으나, 생략변수의 문제가 여전히 대두되며 모형의 설명력이 작게 나타나는 단점이 있다.

3. Ohlson 모형에 대한 평가

수식 7 로 표현되는 EBO(Edwards-Bell-Ohlson) 모형[7]은 현 기업가치를 현 장부가(BV_t)와 미래초과이익($X^a_{t+\tau}$) 현재가치의 합으로 도출한다. 여기서 현 장부가를 미래정상이익(normal earnings)의 현재가치로 볼 수 있다면 이 모형은 기업가치를 미래총이익의 현재가치로 명시하는 이익자본화 모형(earnings capitalization model)과 같은 개념이 된다(Collins, Pincus 및 Xie 1999).

$$P_t = BV_t + \sum_{\tau=1}^{\infty}(1+r_f)^{-\tau} E_t[X^a_{t+\tau}] \quad (7)$$

배당할인모형(dividend-discounting model)은 기업가치를 부의 분배(wealth distribution)적 차원에서 정의한다. 이에 반해 EBO 모형은 회계의 기본개념인 순증관계(clean surplus relation)를 이용하여 기업가치를 기업의 미래 이익창출능력, 즉 부의 창출(wealth creation)적인 개념으로 정의한다. EBO 모형의 이러한 발상의 전환은 기업가치의 평가를 실무적으로 용이하게 한다는 점에서 바람직하다고 할 수 있다. 기업가치의 평가에는 예측(forecasts)이 필요하다. 배

7) 제10장에서 설명한 바와 같이 EBO모형은 초과이익모형(RIM)과 같은 의미로 사용된다.

당할인모형에서는 미래배당을 예측하여야 하며 EBO 모형에서는 미래이익을 예측하여야 한다. 그런데 미래배당을 예측하는 것은 미래이익을 예측하는 것보다 불확실하며 어렵다. 왜냐하면 기업의 미래배당흐름을 예측하기 위해서는 기업이 창출할 미래이익흐름은 물론 기업의 미래배당정책에 대해서도 예측을 하여야 하기 때문이다.

EBO 모형에 입각한 기업가치의 평가에는 여전히 불확실한 미래이익을 예측하는 것이 필요하다. Ohlson(1995)은 이에 진일보하여 현재의 정보로 기업가치를 평가하는 모형을 개발한다. 이를 위해서는 현재의 정보로 미래이익을 예측하는 메커니즘이 필요한데 그것이 바로 Linear Information Dynamics(LID) 가정이다. LID는 초과이익이 AR(1) process를 보이며 비회계정보 또한 미래 초과이익에 영향을 준다는 것이 그 내용이다. 초과이익이 AR(1) process를 따른다는 것은 경쟁으로 인해 초과이익이 궁극적으로는 소멸할 것이며 적자를 지속적으로 보이는 기업은 궁극적으로 시장에서 퇴출될 것이라는 경제논리에 근거한다. GAAP에 따른 회계정보는 정보의 적합성(relevance)보다는 신뢰성(reliability)을 강조한 나머지 과거지향적이 되는 경향이 있다. 비회계정보를 모형에 산입한 것은 기업가치를 평가하는 데 있어 회계정보의 이러한 한계를 극복하기 위함이다. LID는 간단명료하면서도 경제적 논리에 바탕을 둔 가정이다. 특히 비회계정보를 통해 기업가치에 시장상황을 폭넓게 반영할 수 있게 한 것은 현실을 반영한 시도로서 바람직하다고 사료된다.

Ohlson 모형은 현재의 회계정보를 기업가치에 연결시킨다는 점에서 실무적용성이 높은 가치평가모형이다. Ohlson 모형은 전통적인 가치평가모형들(CAPM에 기초한 모형, 대차대조표 모형 및 이익자본화 모형)과는 달리 비현실적이지 않은 가정하에 도출된 이론적 근거가 확실한 모형이다. 또한 이 모형은 과거 실증연구에 적용되었던 다양한 형태의 가치평가모형들을 총체적으로 포괄하는 틀(framework)을 제시하고 있다. 이에 Ohlson 모형은 기업가치 혹은 회계 및 비회계 정보의 가치관련성을 평가하는 실증연구에서 폭넓게 수용되고 있다.

Ohlson 모형은 배당할인모형에 비해 시장가치를 설명하고 예측하는 데 우월하다고 할 수 있다(Bernard 1995; Penman과 Sougiannis 1998). 이에 반해 Dechow 외 2인(1999)은 Ohlson 모형이 증권분석가의 단기이익 예측치를 이용한 전통적인 이익자본화 모형에 비해 시장가치를 만족스럽게 설명하지 못한다는 증거를 제시하고 있다. 추가로 Dechow 외 2인은 Ohlson 모형의 핵심인 LID가정을 검증해 보았는데 그다지 긍정적인 결과를 얻지 못하였다. Myers(1999)도 LID가정에 부합하지 않는 증거를 제시하고 있다. 그러면 Ohlson 모형은 타당하지 않은 것인가? 그렇게 단정짓기는 어렵다. 왜냐하면 LID 가정을 검증하는 이러한 연구들은 통상 모든 표본기업에 대해 그리고 전 기간 동안 동일한 AR(1) process를 전제하고 있는데 이러한 비현실적인 전제하에 시행된 검증에 대해서는 별 의미를 부여할 수 없기 때문이다(Kothari 2001).

제 3 절 요약적 지표로서 회계정보의 가치관련성을 검증한 실증연구

본 절에서는 효율적 자본시장 가설의 영향하에 요약적 지표로서 회계정보의 가치관련성을 검증한 실증연구들을 검토한다. 이러한 수동적 관점에서는 회계정보의 가치관련성을 통상 주가와의 동시적인 상관관계로써 판단한다.

1. 회계정보 가치관련성의 시간적 또는 공간적 차이에 대한 연구

기업가치평가에 있어서 회계수치들의 가치관련성은 시점별, 공간별로 차이가 있을 것으로 예상된다. 회계정보의 산출기준이 되는 회계원칙은 사회적 선택의 산물이며 이 원칙이 경제적·사회적으로 변화를 제대로 반영시키지 못하면 회계수치들의 가치관련성은 약화될 것이다. 또한 투자자들이 여러 가지 회계정보를 보완적으로 고려하여 가치평가를 한다고 볼 때, 시대적 상황에 따라 투자자들이 중요하게 생각하는 회계변수는 달라질 수 있을 것이다.

(1) 기간간 변화추이: 국외

Collins, Maydew 및 Weiss(1997)는 미국기업의 회계정보의 가치관련성이 저하되는 추세에 있다는 세간의 주장을 검증하고 있다. 검증기간은 1953년부터 1993년까지의 31년이다. 검증에는 다음과 같이 비회계정보를 무시한 Ohlson 모형의 하부형태를 이용하였다.

$$P_t = a_o + a_1 BV_t + a_2 X_t + e_t \tag{8}$$

초점은 a_1 계수와 a_2 계수가 시간적으로 어떻게 변하는가를 살펴보는 것이다. 검증결과 a_2 계수는 감소하는 추세에 있는 반면 a_1 계수는 오히려 증가하고 있는 추세에 있는 것이 발견되었다. a_1 계수와 a_2 계수의 종합적인 가치관련성 측정치라고 볼 수 있는 R^2는 증가하는 추세에 있는 것으로 나타났다. 이에 저자들은 과거기간 동안 회계이익의 가치관련성은 감소하였지만 순자산장부가의 가치관련성이 그 이상으로 증가하였기 때문에 회계정보의 총체적인 가치관련성은 오히려 증가하였다고 주장하고 있다. 이들은 이러한 현상이 초래된 원인을 하이테크(high-tech)산업의 성장, 손실보고빈도의 증가, 이익의 일회성 항목의 증가, 소규모 상장기업의 증가 때문이라고 보았다. 이들은 이를 검증하기 위해 표본자료를 각 요인의 크기별로 양분하거나 순위별 포트폴리오를 구성하여 각 회계수치의 증분설명력 차이를 비교하였다. 그 결과 이러한 특성요인을 가진 기업집단에서는 장부가치의 주가에 대한 증분설명력이 높았으나, 반대로 이익의 주가에 대한 증분설명력은 낮았다. 이들은 이러한 기업특성요인들이 시간이 경과할수록 더욱 심화되어온 사실을 제시하면서 회계수치들의 시계열적 변화가 이들 요인에 기인하였다고 주장하고 있다.

Francis와 Schipper(1999)도 위에서 설명한 방법을 사용하여 재무제표의 가치관련성 변화 문제를 실증분석하였다.[8] 검증결과 회계이익의 주가설명력은

8) Francis와 Schipper는 주가설명력을 시간변수에 회귀시키는 방법 외에도 회계정보를 사전적으로 완전히 알고 있는 경우에 이를 이용하여 획득할 수 있는 투자수익률이 최근으로 오면서 어떻게 변화하는지를 분석하였다. 검증결과 그러한 투자전략으로부터의 수익률이 최근에 오면서 점차 하

최근에 오면서 하락하였으나 순자산가액의 설명력은 증가한 것으로 나타났으며, 이익과 순자산가액의 결합설명력은 크게 변화하지 않은 것으로 나타났다. 추가로 최근의 회계정보 가치관련성의 하락이 특히 첨단기술산업에서 발생한다는 주장을 검증하기 위하여 표본을 첨단기술산업과 비첨단기술산업으로 구분하여 위의 검증을 반복 수행하였다. 그러나 이 분석의 결과는 전체표본에서 얻어진 결과와 차이가 없어 가치관련성의 변화가 첨단기술산업에 특히 심각하다는 주장은 뒷받침되지 않았다.

Lev와 Zarowin(1999)은, 투자자의 적합한(relevant) 정보에 대한 수요증가와 회계정보의 질을 제고하려는 규정 제정자들의 노력에도 불구하고, 1977년부터 1996년 기간 동안 회계정보의 유용성이 오히려 저하되었다는 실증결과를 제시하고 있다. 그들은 장부가치와 시장가치 순위를 기준으로 구성한 포트폴리오의 변화빈도와 크기를 바탕으로 기업변화율을 측정하였는데, 이 기업변화율은 회계정보의 정보가치(informativeness)와 역의 관계를 나타냈다.

이에 근거하여 그들은 대상기간 동안 증가한 기업변화율이 회계시스템의 비효율성과 결합하여 회계정보 가치관련성을 감소시켰다고 주장하고 있다. 그들은 Collins 외 2인(1997)과 달리 특별손실이나 비반복적 손익항목과 같은 일회성 항목이 아니라 R&D 등 무형자산에 대한 지출을 비용처리하는 식의 구시대적인 회계처리가 회계정보의 정보가치를 저하시킨 원인이라는 논지를 펴고 있다. 즉 최근 비즈니스 환경이 변화하였음에도 불구하고 회계시스템이 이에 적응하지 않았기 때문에 회계정보의 유용성이 감소하였다고 지적하고 있다.

Brown 외 2인(1999)은 Collins 외 2인(1997)과 Francis와 Schipper(1999)에서 사용된 분석방법을 비판하면서 그들과 상반되는 실증결과를 제시하고 있다. Brown 외 2인은 이 두 연구에서와 같이 종속변수와 독립변수가 주당금액으로 측정될 경우 회귀분석의 R^2가 규모효과(scale effect)의 영향을 크게 받게 된다는 문제를 제기한다.[9] 이에 규모효과를 나타내는 통제변수를 추가하여 이

락하는 것으로 나타났다.

9) 이해를 돕기 위해 규모효과(scale effect)를 예시하면 다음과 같다. 2개 기업이 존재하는 단순한 상황을 생각해 보자. A사의 주가는 ₩10,000이고 주당이익은 ₩1,000이다. B사의 경우도 주가는 ₩10,000이나 주당이익은 ₩600이다. 이때 주가와 주당이익 간의 선형관계를 추정하면 주가는 주

두 연구를 반복한 결과, 회계정보의 가치관련성이 최근에 올수록 하락한다는 것을 보여주고 있다.

Brown 외 2인은 주당금액을 이용한 회귀분석으로부터의 R^2는 규모효과로 인해 과대하게 산정될 가능성이 높기 때문에 규모효과의 문제를 반드시 고려해야 한다는 점을 시사한다. 그들은 연구자가 규모효과가 존재하지 않는다고 확신할 수 있는 경우가 아니라면 R^2의 비교가 무의미할 수 있다는 점을 지적한다. 그들은 규모효과를 통제하기 위해서는 적절한 통제변수를 회귀모형에 추가하거나, 독립변수와 종속변수를 모두 규모효과의 대용변수로 나눈 다음(deflate 시킨 후) 회귀분석을 실행하는 방법을 제안하고 있다.

재무제표 항목 중에는 이익의 구조를 왜곡시키고 투자자들이 기업의 성과를 평가하는 데 지장을 주는 상각항목과 비경상항목이 있다. Elliot와 Hanna(1996)는 과거에 비해 오늘날 상각항목과 특별항목이 점점 늘고 있음에 주목하면서 기업이 이런 항목들을 보고할 경우 투자자들이 이익의 가치관련성을 낮게 평가하게 되는지를 살펴보았다. 검증결과 자산의 상각기간을 길게 잡고 있는 기업들의 경우 이익이 감소하는 추세에 있었으며 이익반응계수(earnings response coefficients)도 낮은 것으로 나타났다. 그런 기업들은 재무상태도 좋지 않은 것으로 나타났다. 특별항목의 보고빈도가 증가하는 기업의 경우 또한 이익반응계수가 감소하고 있는 것으로 나타났다. 이 연구는 상각항목과 비경상항목이 재무제표 가치관련성의 저하원인이라는 점을 시사하고 있다.

인터넷이 발달한 1990년대 후반(1996~1999)에는 그 이전과는 달리 새로운 경제시대(new economy period)가 시작되었다고 할 수 있다. 이에 Core 외 2인(2003)은 이 기간 동안에 전통적인 회계변수들과 기업가치 간의 상관관계로 측정한 회계정보의 가치관련성이 과거와 달리 변하였는지를 검증하고 있다. 이를 모든 기업들은 물론 고기술(high-technology)기업과 신생기업에 대해서도 별도로 검증해본 결과, 이러한 새로운 경제시대에 들어서서 회계변수들의 기

당이익과 무관한 것으로 나타난다. 그러나 만일 A사가 2 대 1의 주식분할을 한다면 A사의 주가는 ₩5,000이고 주당이익은 ₩500이 되는데, 이때 주가와 주당이익 간의 관계를 추정하면 양의 관계가 존재하는 것처럼 보이게 된다. A사가 아니고 B사가 2 대 1의 주식분할을 한 경우에도 주가와 주당이익 간에 양의 관계가 존재하는 것처럼 나타나게 된다. 그러나 이러한 양의 관계는 단순히 주식분할로 인한 결과에 지나지 않는다.

업가치 설명력(R^2)은 감소하였으나 회계변수들과 기업가치 간의 구조적인 관계는 그다지 변하지 않은 것으로 나타났다. 즉 회계정보의 가치관련성은 새로운 인터넷시대에도 기본적으로 변하지 않은 것으로 나타났다.

(2) 기간간 변화추이: 국내

국내연구에서는 한봉희(1998)가 이익정보의 가치관련성을 검증하였다. 당시 국내 상장기업의 비적정 회계감사의견비율은 과거 15년 동안(1981~1995년) 꾸준히 감소하는 추세에 있었다. 비적정의견의 감소와 발맞추어 같은 기간 동안 회계이익정보의 유용성이 향상되었는지를 검증하였는데 연구모형은 다음과 같다.

$$SZCAR_{i,t} = b_0 + b_1 UEPS_{i,t} + b_2 EPS_{i,t} + e_{i,t} \quad (9)$$

여기서 $SZCAR_{i,t}$는 i기업의 t년도 기업규모조정 초과주가수익률, $UEPS_{i,t}$는 i기업의 t년도 비기대 주당순이익을 $t-1$년도 말의 주가로 나눈 변수, $EPS_{i,t}$는 i기업의 t년도 주당순이익을 $t-1$년도 말의 주가로 나눈 변수이다.

이 연구는 1981년부터 1995년까지 계속적으로 상장된 129개 기업의 1,935개 기업-연도 자료를 이용하여 회계이익과 동시적인 주가변동 간의 연도별 상관관계 추이를 두 가지 지수, 즉 ① 초과주가수익률을 회계이익과 비기대회계이익으로 회귀시켜 얻은 R^2, 그리고 ② 사전 비기대회계이익 정보에 의거 투자하였을 때 얻은 수 있는 초과주가수익률로 살펴봄으로써 검증하였다.

검증결과 이러한 두 지수가 과거 15년 동안 하락하는 추세에 있음을 발견하였다. 특히, 1987년에는 분명한 하락이 있었다. 이는 국내기업의 회계이익정보의 유용성이 과거기간 동안 저하되었으며 이러한 저하가 1987년에 급격하였음을 시사하는 것이다. 회계이익정보의 유용성이 저하된 원인으로서 저자는 부실회계감사의 만연으로 인한 회계정보의 신뢰성 저하와 이익지속성의 감소를 제시하고 있다. 이 연구결과는 미국 자본시장에서 회계이익정보의 유용성이 과거 40년간 저하되지 않았다는 Francis와 Schipper(1999)의 보고와 대조된다.

한편, 송인만과 박철우(1998)는 주식시장 개방 이후 우리나라 투자자들의 회계정보에 대한 인식변화로 주가행태에 변화가 발생했는지 여부를 검증하였다. 즉, 시장개방 이후 주가변동의 동조화 현상이 감소하고 주가수준의 차별화 정도가 심화되었는지, 그리고 주가차별화와 주가변동이 회계수치에 기인한 것인지를 검증하였다.

이들은 1989~1990년간의 주식시장 개방 이전기간과 1992~1993년까지의 주식시장 개방 이후기간에 대한 주가차별화 정도를 비교하였다. 검증결과 주식시장 개방 이후가 그 이전보다 주가차별화가 상대적으로 심화된 것으로 나타났다. 추가적으로 이들은 이러한 주가차별화의 심화가 회계정보에 대한 투자자의 인식변화에 기인하는지를 분석하였다.

주가편차율을 종속변수로 하고 주당순이익 편차율과 주당순자산 편차율을 독립변수로 한 회귀식의 추정계수와 그 설명력을 시장개방 전, 후의 기간에 걸쳐 비교분석한 결과 시장개방 이후 기간에서 이익과 순자산변수의 추정계수 및 모형의 설명력이 유의적으로 높았다. 특히 주당순이익은 주식시장 개방 이전과 이후에 모든 업종에 걸쳐 주가수준을 결정하는 요소로서 고려되었으나, 주당순자산의 경우에는 업종에 따라 개방 이전에는 주목받지 못하다가 개방 이후에는 주가수준을 결정하는 중요한 요소로 부각되는 등 전반적으로 그 영향력이 커진 것으로 나타났다. 또한 외국인투자자 선호종목과 비선호종목을 대상으로 주가편차율을 종속변수로 하고 주당순이익 편차율과 주당순자산 편차율을 독립변수로 한 회귀모형을 추정하여 외국인이 어떤 요소를 더 고려하는지를 분석하였다. 분석결과, 주당순자산 편차율의 경우 외국선호와 관계없이 개방 전과 개방 후의 기간에서 모두 주가수준과 유의적인 관련성이 있었으며 주당순이익의 편차율은 외국인 선호종목의 경우에는 개방 전과 후 모두 유의적으로 나타났고 비선호종목의 경우에는 개방 전에는 유의적이지 않다가 개방 이후에는 유의적으로 나타났다.

이러한 결과를 토대로 그들은 주식시장 개방 이후 주가수준의 차별화가 심화된 것은 개방 이후 개방 전에 비해 기업의 순이익과 순자산의 장부가치 등 회계수치의 영향력이 전반적으로 증대했으며 특히 순자산의 장부가치의 영향력이 커졌기 때문이라고 주장하고 있다.

(3) 국가/산업간 차이

회계정보의 가치관련성이 국가간 또는 산업간에 차이가 있는지를 비교하면서 그 차이의 요인을 파악하고자 하는 연구들이 수행되었다.

King과 Langli(1998)는 회계시스템이 기업가치에 미치는 영향을 알아보기 위해 회계제도가 상이한 영국, 독일 그리고 노르웨이 3국을 대상으로 1982년부터 1996년까지의 기간 동안 Collins 등(1997)의 방식을 이용하여 비교 검증하였다. 그 결과 주가에 대한 회계이익과 순자산의 설명력은 독일 40%, 영국 70%, 그리고 노르웨이 60%로 유의하게 나타났다. 회계이익과 순자산의 증분설명력 또는 상대적 설명력에 있어 결과는 기간별로 상이하였으나 평균적으로 독일과 노르웨이의 경우 영국에 비해 순자산의 설명력이 더 높았다. 노르웨이에서는 회계이익의 순자산에 대한 추가설명력이 없는 것으로 나타났다. 세 나라간 회계정보 가치관련성의 차이는 보수주의의 강도나 순증관계(clean surplus)가 위배되는 정도의 차이로 설명되지 않았다.

Chan과 Seow(1996)는 미국과 자국에서 동시에 상장된 외국기업 61개 업체에 대해 미국 및 자국 회계기준에 의해 작성된 회계이익과 주가수익률 간의 관계를 비교하였다. 그 결과 자국의 회계기준으로 작성한 경우 회계이익과 주가수익률의 연관성이 더 높게 나타났는데 그들은 이를 자국 시장에 존재하는 특수한 제도적 요인 때문이라고 해석하였다.

Graham 외 2인(2000)은 태국의 상장기업 중 298개 기업을 대상으로 1992년부터 1997년 3/4분기까지의 분기별 회계정보의 가치관련성을 분석한 결과 회계이익과 순자산의 상대적인 설명력이 각각 42%, 45%로 미국의 57%, 68%에 비해 낮은 것으로 보고하고 있다. 그들은 회계이익의 설명력이 낮게 나타난 이유로 최근에 들어 손실기업이 증가하였던 사실을 지적하고 있다. 순자산의 증분설명력은 회계이익에 비해 전반적으로 크게 나타났는데 최근 분기에 가까울수록 그 크기는 더 증가하였다. 회계이익의 증분설명력은 1995년 2/4분기 이후 감소하였으나 순자산과 회계이익의 결합설명력은 큰 변동이 없는 것으로 나타났다. 바트화 폭락시점인 1997년 7월 2일 전후에도 회계이익과 순자산의 총체적인 가치관련성이 감소하지 않았는데, 이는 그 당시 외국인 투자자의 투매로 회계정보의 가치관련성이 약화되었을 것이라는 세간의 추측을 부인하는 결과이다.

Hand(2005)는 상장되지 않은 생명공학 벤처기업들에 대해 재무제표 정보의 가치관련성을 검증해본 결과 상장된 기존기업들과 구조적으로 큰 차이가 없다는 결과를 제시하고 있다. 하지만 이러한 벤처기업들이 성숙해감에 따라 재무제표 정보의 가치관련성은 커지고 있는 반면 비재무제표 정보의 가치관련성은 하락하고 있다는 결과를 제시하고 있다.

2. 회계정보 가치관련성의 기업특성별 차이에 대한 연구

기업이 처한 위험정도에 따라 이익과 순자산의 장부가치가 주가에 대해 갖는 설명력은 달라질 수 있다. 특히 청산가능성이 증가하게 되면 장부가치의 역할이 상대적으로 높아질 것으로 예상된다.

(1) 부채비율

기업이 파산할 가능성이 높아지면 투자자들은 청산시에 받게 되는 지분의 장부가치에 큰 의미를 부여하게 된다. 예를 들어 기업의 부채비율이 적정규모를 초과해서 지급불능상태에 빠질 가능성이 있다면, 투자자 및 채권자들은 이러한 가능성에 대한 정보를 제공하는 재무상태표에 큰 관심을 갖게 된다. 그러므로 기업의 재무적 곤경이 심화될수록 재무상태표 정보를 요약하는 지분의 장부가는 이익에 비해 상대적으로 더 중요한 가치평가요소가 될 것이다. 뿐만 아니라 비록 청산의 경우까지 가지 않더라도 보유하는 순자산으로부터 창출되는 이익이 기회비용에 미치지 못하는 경우, 기업이 보유자산을 매각하거나 보다 수익성 있는 다른 용도로 대체할 수 있는 풋 옵션을 행사할 가능성이 커지는데, 그러면 장부가가 그 옵션의 가치가 된다. 즉 계속적으로 정상수준의 이익을 달성하지 못하는 기업의 경우 장부가의 가치관련성이 높다고 예상할 수 있다.

Barth, Beaver and Landsman(1998)은 기업의 재무적 건전성이 악화될수록 장부가치의 주가반응계수와 주가설명력이 증가할 것이고 반대로 이익의 계수와 설명력은 감소할 것이라는 가설을 검증하였다. 이들은 실질적으로 파산한 기업을 대상으로 파산 5년전부터 파산연도까지 각 연도의 장부가치와 이익의 계수와 증분설명력을 비교·분석하였다. 그 결과, 파산에 임박할수록 상대적으로 장부가치의 계수와 증분설명력이 증가한다는 사실을 발견할 수 있었다. 또한 이들은 S&P사의 회사채 등급평가 결과를 토대로 표본기업을 재무건전성 정도에 따라 양분한 다음, 각 집단 내에서 장부가치와 이익의 계수와 증분설명력을 비교해 보았다. 그 결과 재무적 건전성이 약한 기업으로 분류된 표본에서 장부가치의 계수와 증분설명력이 이익에 비해 더 높았다. 마지막으로 이들은 재무상태표에 인식되지 않은 무형자산의 크기가 산업별로 다르다는 점에 착안하여 세 가지 산업에 대한 순이익과 장부가치의 계수 및 설명력의 차이를 분석해 보았다. 그 결과, 제약업의 경우 순이익의 계수와 증분설명력이 장부가치에 비해 유의적으로 더 높았으나 금융서비스업의 경우는 그 반대였다. 내구재 제조업의 경우 순이익과 장부가치의 계수와 증분설명력 간에는 통계적으로 유의한 차이가 없는 것으로 나타났다.

Burgstahler와 Dichev(1997)는 기업가치가 이익과 장부가치의 convex 함수라는 옵션식의 가치평가모형을 개발하고 이익과 장부가치의 상대적 크기에 따라 이들의 가치평가적 중요성이 달라질 것이라는 가설을 검증하였다. 이들은 장부가치가 보유자원의 가치에 대한 측정치이며, 이익은 기업이 이들 자원을 어떻게 활용하고 있는지에 대한 측정치라고 정의하였다. 이에 자기자본이익률(*ROE*)이 높을 경우 기업이 보유자원을 계속 사용할 가능성이 크게 되며 이로 인해 이익의 가치관련성이 높을 것이라고 예측하였다. 반대로 자기자본이익률이 낮을 경우 기업은 청산옵션을 행사하여 그 자원을 보다 높은 수익을 낼 수 있는 다른 용도로 대체하려고 할 것이기 때문에 장부가치의 가치관련성이 더 높을 것이라고 예측하였다. 이들은 이러한 주장을 지지하는 실증결과를 제시하고 있다.

(2) 기업규모

현행이익이 미래이익의 좋은 대용치가 되지 못하거나 기업이 청산 또는 파산에 직면할 가능성이 높을 때 이익보다는 순자산의 장부가가 상대적으로 가치관련성이 높다는 것이 선행연구의 결과이다. 일례로 소규모 기업은 ① 현재 실현한 이익보다는 미래의 성장가능성이 그 기업의 가치를 좌우하며, ② 초기 투자비용을 회복하지 못한 채 손실을 보고할 가능성이 높으며, 그리고 ③ 재무적으로 곤경에 처하거나 경영에 실패할 가능성이 높다고 사료된다. 따라서 소규모 기업에 있어 순자산의 장부가가 상대적으로 가치관련성이 높다고 할 수 있다.

Hayn(1995)은 대기업의 경우 사업영역이 분산되어 있어 경기침체기에도 손실을 보존할 수 있으나, 소규모 기업은 그렇지 못하므로 경기변동에 민감하여 손실의 가능성이 높고 또한 대기업에 비해 이익의 지속성이 낮을 것이라는 논지를 펴고 있다. Hayn은 이로 인해 소규모 기업에서는 이익에 비해 장부가의 가치관련성이 상대적으로 높을 것이라고 예상하면서 이를 지지하는 결과를 제시하고 있다.

Collins 외 2인(1997)은 미국기업들의 경우 이익에 비해 순자산의 가치관련성이 높아지는 추세에 있었다는 실증결과를 보고하고 있다. 이의 한 원인으로 그들은 최근 미국 COMPUSTAT 데이터베이스에 NASDAQ 등록기업들이 추가됨에 따라 표본에 소규모의 기업들이 많이 포함되게 되었다는 사실을 지적하고 있다. 그들의 이러한 논지는 Hayn(1995)의 결과에 근거하고 있다.

3. 회계정보 가치관련성의 이익특성별 차이에 대한 연구

(1) 손실기업과 이익기업

순자산에 대한 회계적 측정치인 장부가는 기업의 미래이익 창출의 원천이다. 또한 장부가는 주주의 자산매각, 청산 등의 가능성, 즉 옵션의 가치가 된다. 기업의 가치는 이익과 장부가의 가중 합에 의해 결정된다고 볼 수 있다. 손실기업의 주가(수익률)와 이익(변화) 간의 관계는 이익기업의 경우와 비교해볼 때 매우 약하며 오히려 음(−)의 관련성이 있다는 연구결과가 있다. 따라서 이익보고기업보다 손실보고기업에서 장부가의 가치관련성이 상대적으로 높게 인식될 것이다. 즉 손실보고의 빈도가 높아지면 투자자들은 청산가능성을 높게 인식하여 이익보다는 장부가에 높은 가중치를 부여할 것이다.

Hayn(1995)은 손실보고기업에서 이익의 정보효과를 검증하였다. 그는 주주는 자산의 청산옵션을 가지고 있기 때문에 손실은 영구히 지속되지 않을 것이며 따라서 이익에 비해 손실의 정보효과가 약할 것이라는 가설을 세우고 주가수익률-이익 모형을 토대로 손실기업과 이익기업, 그리고 전체 표본기업에 대한 각각의 이익반응계수와 모형의 설명력(조정된 R^2)을 비교 분석하였다.

$$R_t = \alpha + \beta X_t / P_{t-1} + e_t$$

여기서 R_t는 12개월 동안의 누적수익률, X_t는 이익변수로서 주당순이익 수준 또는 변화액, 그리고 P_{t-1}는 $t-1$기말의 주가이다. 14,512개의 손실기업-연도 자료와 61,366개의 이익기업-연도 자료를 대상으로 위의 회귀모형식을 추정한 결과 β계수는 손실기업에서 0.01, 이익기업에서 2.62였으며, 모형의 설명력인 조정된 R^2는 손실기업에서 0.00%, 이익기업에서 16.9%로 나타났다. 그리고 전체 표본기업을 대상으로 분석했을 때 β계수는 0.95, 조정된 R^2는 9.3%로 나타났다. 즉 손실기업의 이익계수는 이익보고기업에 비해 낮을 뿐만 아니라 모형의 설명력도 거의 없었다.

이러한 결과는 연구자가 손실기업과 이익기업을 모두 표본에 포함하여 횡단면적으로 이익의 정보효과를 추정하면 이익반응계수가 (손실기업 때문에) 하향편의를 갖게 되며 모형의 설명력이 크게 약화될 수 있다는 것을 의미한다. 추가로 Hayn은 이익반응계수의 횡단면적 및 시간적 변이가 부분적으로 기업규모와 이익의 변동성으로 설명될 수 있다는 것을 보이고 있다. 그러나 Hayn의 결과는 일시성이 강한 손실보고기업이 전체 표본에 포함되었거나 보수주의 회계처리 때문일 수 있으며, 또한 주가와 관련 있는 다른 설명변수가 모형에 누락됨으로써 편의가 있을 수 있다는 한계가 있다.

Collins 외 2인(1999)은 Ohlson(1995)모형에 근거하여 적자기업과 흑자기업 간에 회계정보의 가치관련성이 확연히 다르다는 것을 보여주고 있다. Collins 외 2인은 Ohlson 모형의 다음과 같은 변형형태를 검증에 이용하고 있다.

$$P_t + d_t = (1-k)BV_{t-1} + (1-k+k\phi)X_t + \beta v_t \qquad \text{(5A)}$$

수식 (5A) 에 근거한 선형회귀검증 모형은

$$P_t + d_t = a_0 + a_1 BV_{t-1} + a_2 X_t + \varepsilon_t \qquad \text{(10)}$$

수식 (10) 에서 절편인 a_0는 비회계정보(v_t)의 효과를 포착하리라 기대된다.

Collins 외 2인이 기업과 흑자기업에 대해 각각 수식 (10) 을 추정하여 얻은 결과는 다음과 같다.

적자기업 : $P_t + d_t = 2.48 + 0.47BV_{t-1} + 0.16X_t + \varepsilon_t$

흑자기업 : $P_t + d_t = 3.81 + 0.45BV_{t-1} + 4.88X_t + \varepsilon_t$

모든 계수는 통계적으로 유의하게 나타났다. 흑자기업의 이익배수계수는 4.88로서 그 크기가 상당하나 적자기업의 경우 0.16에 불과한 것으로 나타났다. 적자기업의 경우 이익배수계수가 작다는 것은 이익의 지속성이 크지 않다는 것을 뜻한다(Hayn 1995). 적자기업의 경우 적자가 오랫동안 지속되리라 기대할 수는 없다. 만일 그렇게 기대한다면 기업은 청산절차를 밟는 것이 낫기 때문이다. 따라서 적자기업의 경우 이익의 지속성이 작게 나타날 수밖에 없을 것이다. 그러나 순자산 장부가의 계수는 적자기업과 흑자기업 간에 큰 차이가 없었다.

Collins 외 2인은 수식 (3) 의 전통적인 이익자본화 모형으로 이익반응계수를 추정할 경우 순자산 장부가가 모형에 불포함되는 관계로 생략변수의 문제(omitted variable problem)가 발생하며, 이로 인해 적자기업의 경우 계수추정에 음(−)의 편의가 발생하고, 흑자기업의 경우 양(+)의 편의가 발생한다고 주장하면서 이를 지지하는 증거를 제시하고 있다.[10] 이에 더 나아가 순자산 장부가가 미래 정상이익의 기대치를 반영하며 (청산될 운명의 적자기업의 경우)

청산가치를 추가적으로 반영한다는 점에서 가치관련성이 있다는 증거를 제시하고 있다.

(2) 이익지속성

주식가격을 현행이익의 자본화된 가치로서 표현하는 전통적인 주가(수익률)-이익(변화)모형은 대체로 이익이 영구적 항목으로 구성되고, 랜덤워크 과정을 따른다고 가정하고 있다. 그러나 이익에 일시적 항목이 존재한다는 증거가 많은 연구에서 밝혀지고 있다.

Subramanyam과 Venkatachalam(1998)은 이익이 일시적 항목을 가지면 주가는 현재이익보다는 현재이익을 포함한 일련의 과거이익에 대한 함수가 됨을 증명하였다. 이들은 시계열적 자료를 이용하여 주가에 대한 현행이익, 과거이익, 장부가 등의 결합에 의한 모형들간의 설명력을 비교 분석하였다. 그 결과 현행이익의 일시성이 클수록, 주가는 현행이익뿐만 아니라 과거 모든 기간의 이익의 총합과 밀접한 상관관계를 가지기 때문에, 현행이익에 비해 장부가의 설명력이 증가한다는 사실을 확인하였다.

추가로 그들은 주가를 현행이익 및 장부가 그리고 과거 3년간의 이익으로 회귀했을 때 설명력이 가장 높으며, 손실보고기업의 경우에는 주가를 현행이익 및 장부가로 회귀했을 때 설명력이 가장 높다는 결과를 제시하였다. 또한 이들은 시계열적 이익자료에 일시적 항목이 많이 포함되어 있으며 상대적으로 일시적 항목의 비율이 높은 기업과 손실보고기업에서 주가에 대한 장부가의 설명력이 높다는 것을 확인하였다.

백원선과 최관(1999)은 우리나라 기업을 대상으로 1992년부터 1998년까지 초과이익의 1차 자기상관계수로 회계이익의 지속성을 측정한 후 회계이익의 지속성과 회계이익과 순자산의 상대적 중요성 간의 관계를 분석하였다. 이들은 초과이익의 지속성이 높은 기업의 회계이익에 대한 주가배수는 초과이익

---

10) 순자산 장부가는 주가의 유의한 설명변수이다. Collins 외 2인은 적자기업의 경우 순자산 장부가(BV_{t-1})와 이익(X_t)이 음의 상관관계를 보이며 흑자기업의 경우 그 반대로 양의 상관관계를 보인다는 것을 발견하였다. 따라서 순자산 장부가가 생략되면 이익의 회귀계수는 적자기업의 경우 음의 편의를 흑자기업의 경우 양의 편의를 나타내게 된다.

의 지속성이 낮은 기업의 회계이익에 대한 주가배수보다 높고, 초과이익의 지속성이 높은 기업의 순자산에 대한 주가배수는 초과이익의 지속성이 낮은 기업의 순자산에 대한 주가배수보다 낮다는 가설을 설정하고 이를 다음의 모형으로 검증하였다.

$$P_t = b_0 + \sum b_k YR_{kt} + b_1 BV_t + b_2 Hi\_\omega_t \times BV_t + b_3 X_t + b_4 Hi\_\omega_t \times X_t + b_5 d_t + b_6 NEGBV_t + b_7 NEGX_t + e_{2t}$$

여기서 P_t = t년말 현재 주가
YR_{kt} = 연도별 더미변수(관측치가 k년에 속하면 1, 그렇지 않으면 0, k = 93,⋯, 98)
BV_t = t년말 현재 주당순자산
Hi_ω_t = ω_t가 연도별 중위수보다 크면 1, 그렇지 않으면 0
X_t = t년도 주당순이익
d_t = t년도의 납입자본의 증감조정 후 1주당 배당금
$NEGBV_t$ = t년말 현재 BV_t가 음(−)이면 BV_t, 그렇지 않으면 0
$NEGX_t$ = t년도 X_t가 음(−)이면 X_t, 그렇지 않으면 0

연구결과 초과이익이 지속적인 경우에는 비지속적인 경우에 비해 회계이익에 대한 주가배수는 높은 반면 순자산에 대한 주가배수는 낮게 나타났으며, 초과이익이 비지속적인 집단에서는 순자산의 설명력이 회계이익의 설명력보다 크게 나타났다. 이들의 연구는 Ohlson 모형에 내재되어 있지만 선행연구에서 명시적으로 고려하고 있지 않은 이익지속계수가 순자산 또는 회계이익에 대한 상대적 주가배수에 미치는 영향을 직접적으로 분석했다는 점에서 그 의의가 있다.

4. 개별 회계 및 비회계 정보의 가치관련성에 대한 연구

(1) 공정가치

회계정보가 가치관련성이 있기 위한 선결조건은 정보의 적합성(relevance)과

신뢰성(reliability)이다. 자산을 역사적 원가로 기록하면 신뢰성은 충족시키나 적합성은 떨어진다. 반대로 자산을 공정시가로 기록하면 적합성은 충족시키나 신뢰성이 떨어진다. 미국의 GAAP은 기본적으로 정보의 신뢰성을 보다 중시하면서 역사적 원가주의를 고수하고 있다. 이는 측정오류가 커서 정보가 신뢰성이 없을 경우 가치관련성은 더 이상 생각할 여지가 없기 때문이다. 실제로 과거 연구들에서 자산 공정시가의 가치관련성을 지지하는 뚜렷한 증거가 제시되지 못하였는데 그 주요 원인은 공정시가 추정치의 과다한 측정오류로 여겨진다.

Barth(1994)는 은행이 보유한 (대부분이 만기보유채권인) 투자유가증권을 공정시가로 평가하는 것이 역사적 원가로 평가하는 것보다 가치관련성이 높은지를 검증하였다. GAAP에는 역사적 원가에 의한 평가가 규정되어 있었다. Barth는 연구표본이 은행이라는 한 업종에 국한되어 있으며 은행 자체가 투자유가증권에 대한 공정시가 추정치를 거의 대부분 공시하고 있기 때문에 그 추정치에 대한 측정오류가 그다지 크지 않을 것이라고 예상하였다. 이에 공정시가가 역사적 원가에 비해 가치관련성이 높게 나타날 것이라는 연구가설을 검증하였다. 검증에는 두 가지의 전통적인 가치평가모형을 사용하였다. 첫째 모형은 기 언급한 수식 (2)에 기초한 모형이다.

$$P_t = BV_t \quad (2)$$

Barth는 식 (2)의 우항에서 순자산 장부가를 투자유가증권을 차감한 순자산 장부가, 투자유가증권 장부가($BINV_t$), 그리고 투자유가증권 공정시가($FINV_t$)의 세 변수로 대치하였다. 그리고 이에 근거한 회귀모형에서 $FINV$가 $BINV$에 비해 얼마나 유의하게 나타나는가를 살펴보았다. 검증결과 $FINV$는 유의하게 나타난 반면 $BINV$는 유의하게 나타나지 않았다. 이에 Barth는 투자유가증권의 공정시가가 장부가에 비해 가치관련성이 높다고 결론짓고 있다. 둘째 모형은 기 언급한 수식 (3A)에 기초한 모형이다.

$$R_t = \phi \Delta X_t / P_{t-1} \quad \text{(3A)}$$

Barth는 위 식에서 우항의 비기대이익(ΔX_t)을 투자유가증권 실현손익전 비기대이익, 투자유가증권 실현손익($RSGL_t$), 그리고 투자유가증권 총(실현과 미실현)손익($FSGL_t$)으로 구별한 후 회귀식에서 $FSGL$이 유의하게 나타나는가를 살펴보았다. 만일 공정시가로 평가한 투자유가증권의 미실현이익이 가치관련성이 있다면 $FSGL$은 유의하게 나타나야 한다. 그러나 $FSGL$은 유의하게 나타나지 않았다. 이는 투자유가증권 이익을 공정시가로 평가한 정보가 가치관련성이 높지 않다는 것을 시사한다. Barth는 이러한 부정적인 결과가 투자유가증권 미실현이익 측정에 있어서의 과대한 측정오류 때문일 것이라고 주장하고 있다. 결론적으로 Barth는 투자유가증권을 공정시가로 평가하는 것이 역사적 원가로 평가하는 것에 비해 가치관련성 측면에서 바람직하다는 것을 부분적으로 지지하는 연구라 할 수 있다.

우리나라의 경우 1998년 업종별 회계처리준칙이 제정되기 전까지 금융기관은 보유하고 있는 유가증권의 미실현 평가손실을 재무제표에 계상하지 않고 주석사항으로 기재하여 왔다. 이에 김권중과 김문철(2000)은 은행, 종합금융, 증권 및 손해보험을 포함하는 금융기관의 재무제표 주석에 공시된 유가증권 공정가치 정보의 가치관련성(value relevance)을 실증분석하였다. 이들은 Preinreich(1938)와 Ohlson(1995)의 초과이익평가모형(abnormal earnings valuation model)으로부터 검증모형을 직접 유도하였다.

1993~1997년의 표본기간을 대상으로 실증분석을 수행한 결과, 금융기관의 유가증권 공정가치정보(미실현평가손실누적액)는 주식가격에 대해 유의한 설명력을 갖고 있는 것으로 나타났다. 이러한 결과는 여러 형태의 주가수준 검증에서 일관되게 나타났다. 이는 최근 금융업에서의 공정가치회계 도입을 지지하는 실증적 증거가 된다고 볼 수 있다. 다만, 당년도의 유가증권평가손익과 주가변화액 간에는 유의한 관련성이 관측되지 않았는데, 이러한 비유의적 결과는 다른 자산/부채의 평가손익과 관련한 생략변수의 문제 때문일 것이라고 저자들은 제시하고 있다.

김상철 외 2인(2002)은 기업회계기준상의 유가증권 평가규정이 적용되는 비금융제조업을 대상으로 하여 유가증권시가정보가 가치관련성이 있는지를 검증하였다. 그들의 결과는 금융업회계처리준칙이 적용되는 금융업을 대상으로 한 선행연구의 결과와 일치하였다. 즉 비금융제조업의 유가증권 시가평가정보는 (1% 수준에서) 유의하게 주가를 설명하는 것으로 나타났다. 추가적으로 그들은 실현된 유가증권처분손익의 주가배수와 유가증권평가손익의 주가배수 간에 서로 차이가 있는지에 초점을 맞추어 시가정보의 유용성 수준을 분석하였다. 그 결과 단기유가증권의 경우 처분손익과 평가손익의 주가배수 간에는 유의한 차이가 없었으나, 투자유가증권의 경우 유의한 차이가 있는 것으로 나타났다.

(2) 무형자산

McCarthy와 Schneider(1995)는 영업권이 미국의 자본시장에서 다른 자산과 마찬가지로 가치관련성이 있는지를 살펴보았다. Ohlson(1995)의 기업가치평가모형에 근거한 회귀분석으로 검증해본 결과 영업권은 자산으로서 가치관련성이 있는 것으로 나타났다. Francis와 Shipper(1999)는 첨단기술(high-tech)기업의 경우 무형자산이 기업가치에서 차지하는 비중이 점차 증대되고 있는 추세에 있음에도 불구하고 역사적 원가주의에 근거한 재무제표가 무형자산의 인식에 여전히 인색하기 때문에 재무제표의 유용성이 저하되었을 것이라는 주장을 검증하고 있다. 이에 이들은 첨단기술기업(산업 : 제약업, 컴퓨터, 통신산업)과 비첨단기술기업(산업 : 식품, 목재 및 제지, 철도 등)을 비교 평가해 보았으나 첨단기술기업의 경우 비첨단기술기업에 비해 시간이 경과함에 따라 재무제표의 가치관련성이 더 감소하였다는 증거를 발견할 수 없었다.

한편, Klock과 Megna(2000)는 무선통신사업분야에서 무형자산의 가치관련성을 측정하는 연구를 수행하였다. 이들은 광고비, 전파배급허가권, 연구개발비, 확보된 고객의 수의 네 가지 무형자산들이 기업의 가치를 증가시키는데 기여한다는 증거를 제시하고 있다. 특히 무선통신을 취급할 수 있는 허가권이 기업가치의 증대에 가장 큰 기여를 하는 것으로 나타났다. 이들은 Tobin-Q 값을 사용하여 기업가치에 대한 무형자산의 가치관련성을 검증하였는데 Tobin-Q 이론값을 만족하지 못하는 경우 재무제표에 무형자산에 관한 항목이 누락되어 있을 가능성이 높다는 사실을 발견하였다. 이는 무형자산이 기업가치에 실질적인 영향을 미치며 따라서 재무제표에 적절히 평가·측정될 필요가 있다는 것을 시사한다.

Wyatt(2005)는 호주기업을 대상으로 한 검증에서 미래 경제적 효익을 가져오는 것이 확실한 무형자산일수록 재무제표에 인식되는 경향이 있다는 결과를 제시하고 있다. 즉 기술력이 높을수록, 특허 확보 등을 통해 기술에 대한 통제가 클수록, 기술의 순환주기(cycle time)가 짧을수록 기업은 무형자산을 재무제표에 인식하고 있는 것으로 나타났다. 이러한 결과는 무형자산에 대한 회계실무가 GAAP에서 추구하는 방향과 일치하게 이루어지고 있음을 시사한다. 추가로 Wyatt는 기업에 무형자산으로 인식할 선택권을 주는 것이 강제적으로 인식 또는 인식하지 못하게 하는 것보다 재무상태표의 품질을 높이는 방향이라고 제시하고 있다.

국내에서는 전진문과 서보욱(1999)이 Ohlson의 모형에 입각한 회귀분석으로 우리나라의 경우 영업권(goodwill)이 기업지분가치 평가에 가치관련성이 있는지를 검증하였다. 표본은 1993년부터 1997년까지 5개 연도에 걸쳐 영업권을 보고한 237개의 상장기업이며 분석방법으로 변수들을 디플레이트(deflate)시키지 않은 경우와 총자산으로 디플레이트시킨 두 가지를 이용하였다. 검증결과 외국의 선행연구와는 달리 영업권은 기존 자산에 추가적인 가치관련성이 없는 것으로 나타났다.

한편, 조성표(2000)는 산업사회에서 지식사회로 이행되고 있는 현 시대에 있어서 무형자산의 측정과 보고가 매우 중요함에도 불구하고 회계의 경우 적합성(relevance)뿐만 아니라 신뢰성(reliability)을 중시하기 때문에 무형자산과 관련된 회계처리에 있어서 소극적인 입장을 보이고 있다고 지적하고 있다. 회계의 목적은 투자자의 의사결정에 유용한 정보를 제공하는 것이다. 따라서 그는 향후 무형자산의 수용범위를 확대하고 여러 가지 측정방법을 개발해야 하며 무형자산의 공시방법도 다양화해야 한다고 주장하고 있다.

(3) 브랜드 가치 등 비재무정보

Barth 외 3인(1998)은 Financial World(FW)가 매년 공표하는 기업의 브랜드

가치 추정치 정보가 가치관련성이 있다는 실증결과를 제시하고 있다. 검증에는 다음과 같은 수준과 변화형태의 두 회귀식을 이용하였다.

$$P_t = a_{oy} + a_1 BV_t + a_2 X_t + a_3 BRANDS_t + e_t \quad (11)$$

$$R_t = a_{oy} + a_1 X_t / P_{t-1} + a_2 \Delta X_t / P_{t-1} + a_3 \Delta BRANDS_t / P_{t-1} + e_t \quad (12)$$

여기서 $BRANDS_t = FW$가 t 년도에 공표한 기업의 브랜드 가치 추정치

위 두 수식은 각각 Ohlson 모형 (5)와 (5B)에 근거하였다고 볼 수 있다. *BRANDS* 변수는 Ohlson 모형의 비회계정보(v_t)에 해당한다. 두 식 모두에서 a_3 계수가 통계적으로 유의하게 0보다 크게 나타났다. 이는 *FW*의 브랜드 가치 추정치가 가치관련성이 있다는 것을 지지하는 증거가 된다.

Amir와 Lev(1996)는 무선통신기업의 경우 시장성장성과 시장침투율 같은 비회계정보가 가치관련성이 있는 중요한 변수라는 실증증거를 제시하고 있다. 검증에는 다음과 같이 Ohlson 모형 (5)에 근거한 회귀식을 사용하였다.

$$P_t = a_{oy} + a_1 BV_t + a_2 X_t + a_3 POPS_t + a_4 PEN_t + e_t \quad (13)$$

여기서 $POPS_t$ =기업 i의 t년도 현재의 시장성장성
PEN_t =기업 i의 t년도 현재의 시장침투율

*POPS*와 *PEN* 변수는 Ohlson 모형의 비회계정보(v_t)에 해당한다. 이 두 변수의 계수는 모두 통계적으로 유의하게 0보다 크게 나타났다. 이는 무선통신기업의 경우 시장성장성과 시장침투율과 같은 비회계정보가 기업가치에 영향을 주는 중요한 변수라는 것을 의미한다. 따라서 이 변수들을 고려하지 않고 회계정보(BV_t, X_t)의 가치관련성을 검증하면 생략변수의 문제로 인한 편의가 야기될 수 있다.

Hand(2000)는 인터넷기업을 인터넷이 없으면 존재하지 않고 인터넷으로부터 수익의 51% 이상을 창출하는 기업으로 정의하고 이에 해당하는 기업들의 가치결정요인을 분석하였다. 미국의 212개 인터넷기업을 표본으로 순자산

의 장부가, 1년후의 예상이익 등 재무적 변수에 장기 이익예측치로부터 유추한 경제기본수치, 웹접속량, 기타 수요공급력 등 세 가지 비재무적 변수들을 추가한 후 이들의 주가 설명력을 회귀분석으로 살펴보았다. 분석결과 장·단기 이익예상치 등 재무적 변수들이 미국 인터넷기업의 주가를 설명하는 중요 요인이지만 추가적으로 비(非)인터넷기업의 경우와는 달리 비재무적 변수들도 유의한 요인으로 나타났다.

김은혜와 권수영(2003)은 금리변동과 부동산가격변동이 리츠의 가치평가를 위한 선행지표로서 추가적인 설명력을 지니는지 여부를 실증적으로 분석하였다. 회계이익과 장부가치로 구성된 Ohlson 모형에 금리변동예상정보와 부동산가격변동예상정보를 각각 설명변수로 추가하여 설명력이 유의하게 증가하는지를 살펴보았다. 1991년부터 2001년까지 미국 리츠산업에 속하는 지분형 리츠 중 12월 결산법인을 대상으로 하여 1,141개 기업-연도 자료를 이용하였다. 연구결과에 따르면, 리츠의 기업가치 결정요인으로서 금리변동예상정보와 부동산가격변동예상정보는 회계이익과 장부가치가 지니는 것 이외의 추가적인 설명력을 지니고 있는 것으로 나타났다. 또한 이익리츠와 손실리츠로 나누어 살펴본 결과, 이익리츠의 경우는 금리변동예상정보가, 손실리츠의 경우는 부동산가격변동예상정보가 더 추가적인 설명력이 있는 것으로 나타났다. 재정건전성 정도와 규모에 따라 나누어 살펴본 결과, 소규모이면서 재정이 건전한 리츠의 경우는 부동산가격변동예상정보가, 그 밖의 경우는 금리변동예상정보가 더 추가적인 설명력이 있는 것으로 나타났다.

(4) 기 타

Lev와 Nissim(2004)은 과세소득(taxable income)과 세전회계이익(book income) 간의 차이가 미래이익의 변동과 현 E/P 비율을 설명하는 데 도움을 준다는 결과를 제시함으로써 과세소득 정보의 가치관련성을 보여주고 있다. Louis(2003)는 미국의 다국적 제조기업을 대상으로 실증분석을 실시한 결과, 외화환산손익(foreign translation adjustment)과 기업가치가 역의 상관관계에 있음을 제시하고 있다. 이는 외화환산손익이 외화환산의 경제적 효과를 반대로 표시하는 역의 가치관련성이 있음을 뜻한다. 이에 저자는 외화환산이익을 자본이나 이익으로 보고하는 것보다 자산의 차감으로 보고하는 것이 더 낫다고 주장하고 있다.

국내연구로서 정혜영과 김남인(2000)은 리스정보가 투자자들의 기업가치 평가에 관련성이 있는지를 검증하였다. Ohlson(1995) 모형에 기초한 회귀분석 결과, 운용리스 부채정보(기본 운용리스료 지급계획을 적정할인율로 할인하여 현재가치로 평가)는 장부상의 일반부채 또는 금융리스부채보다는 미약하지만 기업가치와 통계적으로 유의한 음(−)의 상관성을 보였다. 이 같은 결과는 운용리스정보와 금융리스정보의 경제적 실질이 크게 다르지 않다는 Dieter(1979)의 주장과 기업위험 및 가치평가에 부외금융효과가 존재하는 운용리스정보를 반영하여야 한다는 Cottle, Murray 및 Block(1988) 등의 주장을 뒷받침한다.

제 4 절 내재가치평가지표로서 회계정보의 가치관련성을 검증한 실증연구

본 절에서는 현 주가가 내재가치에서 일탈할 수 있다는 비효율적 시장의 전제하에 회계정보가 내재가치를 추정하여 미래주가를 예측하는 데 또는 자본비용(기업위험도)을 추정하는 데 도움이 되는지, 즉 회계정보의 능동적인 가치관련성을 검증한 연구들을 검토한다.

1. 내재가치 추정 연구

Frankel과 Lee(1998)는 EBO 모형에 입각하여 기업의 내재가치(V_t)를 추정하고 그 내재가치 정보가 미래의 주가수익률을 예측하는 데 도움이 되는지를 검증하고 있다. Frankel과 Lee가 검증에 사용한 다음의 EBO 모형은 위의 수식 (7)의 한 변형형태이다.

$$V_t = BV_t + \sum_{\tau=1}^{\infty}(1+r_e)^{-\tau}E_t[(ROE_{t+\tau} - r_e)BV_{t+\tau-1}] \quad (14)$$

여기서 V_t $= t$시점의 내재가치

$ROE_{t+\tau}$ $= X_{t+\tau}/BV_{t+\tau-1}$

$= t+\tau$기의 자기자본이익률

r_e = 자기자본비용

저자들은 미래 *ROE*를 IBES 데이터베이스에 수록된 증권분석가의 이익예측치를 이용하여 추정하였다. 이익예측치로 향후 3년까지의 자료를 이용하였다. 3년 이후부터는 3년째의 이익이 perpetuity 형태로 지속되리라고 가정하였다. 이렇게 추정한 V_t와 주가(P_t)의 동시적인 상관계수(r)는 70% 이상으로 나타났다. 흥미롭게도 V_t 추정치는 미래 주가수익률을 예측하는 데 상당히 도움이 되는 것으로 나타났다. 증권분석가의 이익예측치는 기존연구에서 지적되었듯이 상향편의가 있는 것으로 나타났다. 이에 이익예측치의 편의를 수정한 후 (현 주가로 나눈) V_t 추정치를 이용하여 단순한 arbitrage portfolio를 형성해본 결과 향후 3년의 기간 동안 45% 이상의 수익을 올릴 수 있는 것으로 나타났다. 이러한 결과는 기존의 기업위험도 측정치인 P/B, 기업규모 및 베타와 별로 상관되어 있지 않았다. Frankel과 Lee는 증권분석가의 이익예측치 정보가 능동적인 가치관련성이 있다는 증거를 제시한다는 점에서 매우 흥미로운 연구이다.

Ali 외 2인(2003)은 Frankel과 Lee(1998)가 제시한 (현 주가로 나눈) V_t 측정치의 미래초과주가수익률 예측효과가 연구에서 제대로 통제하지 못한 기업위험도(risk) 때문이라기보다는 시장의 mispricing 때문이라는 연구결과를 제시하고 있다. 즉 그들은 V_t 측정치가 Gebhardt 외 2인(2001)이 제시한 위험도 측정치와 유의하게 관련이 있긴 하지만, 이러한 위험도 측정치를 통제한 후에도 여전히 미래초과주가수익률과 유의하게 정(+)의 상관관계를 나타내며 또한 미래초과주가수익률이 이익공시시점에 집중되어 나타난다는 점에서 이는 시장의 mispricing에 해당한다고 주장하고 있다.

국내연구로 김권중(1999)은 EBO 모형을 토대로 신규공모주식의 가치를 산정하는 모형을 개발하고 이의 유용성을 검증하였다. EBO 모형에 따르면 기업가치는 순자산 장부가에 미래초과이익의 현재가치를 합한 것이다. 김권중은 미래초과이익이 그 기업이 속한 산업의 초과이익과 그 기업의 고유적 초과이익으로 구성되어 있다고 보고, 각각에 대한 현재가치를 별도로 추정하였다. 산업 초과이익의 현재가치, 즉 산업 프리미엄은 그 산업의 주가와 순자산 장부가의 평균적 차이로 추정하였다. 기업 고유적 미래초과이익의 현재가치는 기 상장기업의 자료로 초과이익이 AR(1) 모형을 따른다는 가정하에 추정하였다. 이러한 산업별 EBO 모형으로 신규공모주식의 가치를 추정하고 상장후 주가에 대한 그 예측능력을 검증하였다. 예측능력의 비교대상으로는 공모발행가, P/E 배수에 근거한 가격, 그리고 P/B 배수에 근거한 가격을 이용하였다. 비교결과 산업별 EBO 모형에 의한 주가예측치가 공모발행가는 물론 P/E 혹은 P/B 배수모형 예측치들보다 현저하게 우월하게 나타났다. 이러한 결과는 EBO 모형이 IPO 기업의 가격산정에 유용하게 쓰일 수 있다는 것을 시사하고 있다.

Hirshleifer 외 3인(2004)은 투자자들이 재무상태표상의 순영업자산(net operating assets)과 미래이익 추이 간의 연관성을 포착하여 이를 기업가치 추정에 제대로 반영하고 있는지를 검증하고 있다. 순영업자산은 이제까지의 누적 영업이익(net operating income)과 누적 잉여현금흐름(free cash flow) 간의 차이로서 회계수익성이 누적적으로 현금수익성을 초과하는 정도를 나타내는 바 순영업자산이 클수록 일반적으로 미래이익성장률은 약하게 된다. 이에 순영업자산의 크기는 재무상태표의 부풀어진(bloated) 정도를 나타내는 척도라고 할 수 있다. 만일 일반 투자자들이 보고된 회계이익에만 입각하여 기업성과를 판단한다면, 순영업자산이 클 경우, 즉 재무상태표가 부풀어졌을 경우, 낙관적으로 기업가치를 평가하게 될 것이다. 저자들이 이러한 가능성을 검증해본 결과, 실제로 순영업자산이 큰 기업일수록 미래 장기간 동안 주가수익률이 낮게 나타났다. 이는 투자자들이 재무제표 수치(순영업자산)의 숨은 뜻을 기업의 내재가치 판단에 충분히 활용하지 못하고 있음을 말한다.

2. 자본비용 추정 연구

제10장 제4절에서는 가치평가모형에 기초한 자본비용의 추정에 대해 살펴보

았다. 본 절에서는 자본비용 추정과 관련된 실증연구를 소개하기로 한다.

1990년대 말부터 시작하여 회계자료를 이용하여 기업의 위험도를 나타내는 자본비용(cost of equity capital) 내지는 기대수익률(expected rate of return)을 추정하려는 시도가 여러 연구에서 이루어졌다. Baginski와 Wahlen(2003)은 기업의 위험도를 Ohlson(1995) 등의 잔여이익 모형에 근거하여 측정한다. 즉 미래 5년치의 이익예측치와 무위험이자율을 잔여이익 모형에 적용하여 무위험 기업가치를 추정한 후 이와 실제 주가와의 차이(price differential)의 크기로써 기업의 위험도를 측정한다. 그런 후 비정상 ROE를 이용해 Beaver 외 2인(1970)의 방식으로 측정한 회계베타와 비정상 ROE의 표준편차가 Fama와 French(1992)의 세 위험도 측정치(시장베타, 기업규모, P/B)에 추가적으로 이러한 기업위험도를 설명하는지를 검증한다. 그 결과 두 회계지표 모두가 기업위험도를 추가적으로 설명하나, 특히 비정상 ROE의 표준편차 설명력이 유의하게 나타났음을 보고하고 있다. 이 연구는 기업위험도와 자본비용의 측정에 회계자료가 유용하게 사용될 수 있음을 시사한다.

Botosan과 Plumlee(2005)는 미래 시장 또는 회계자료를 이용한 가치평가모형에 근거하여 기대수익률을 측정하는 여섯 가지 대안들을 비교 검증한다. 첫째는 미래 배당과 주가 예측을 이용한 주가모형에서 추론된 기대수익률($r_{DIVPREM}$)이다. 둘째는 Gebhardt 외 2인(2001)의 미래 ROE 예측을 이용한 잔여이익 모형에서 추론된 기대수익률($r_{GLSPREM}$)이다. 셋째는 Gordon과 Gordon(1997)의 미래 배당과 이익 예측을 이용한 고든 성장모형에서 추론된 기대수익률($r_{GORPREM}$)이다. 넷째는 Ohlson과 Juettner-Nauroth(2005)의 미래 배당과 이익 예측을 이용한 OJ모형(이익성장모형)에서 추론된 기대수익률($r_{OJNPREM}$)이다. 다섯째는 Easton(2004)에서 제시된 PEG 예측치를 이용하여 추론된 기대수익률($r_{PEGPREM}$)이다. 여섯 번째는 실제 실현된 주가수익률의 평균으로 측정한 기대수익률($r_{REALPREM}$)이다. 이 여섯 가지 측정치들 중 어느 것이 가장 적정한가는 일반적인 기업위험도 변수인 시장베타, 부채비율, 정보위험(주가예측의 불확실성), 기업규모, 그리고 P/B와의 상관관계 부호와 크기로써 판정한다. 그 결과 $r_{DIVPREM}$와 $r_{PEGPREM}$가 기대수익률 측정치로서 가장 적정하다는 결과를 제시한다.

위의 두 연구는 회계자료가 자본비용의 측정에 유용하게 사용될 수 있다는 결과를 보여주고 있으나, Easton과 Monahan(2005)은 이에 반하는 증거를 제시하고 있다. 이들은 P/E 모형, PEG 모형(Easton 2004), 잔여이익 모형(Claus와 Thomas 2001; Gebhardt 외 2인) 등에 현 주가와 재무분석가의 미래이익 예측치를 대입하여 총 7개의 기대수익률을 측정한 후, 이러한 회계 기대수익률 측정치들이 과연 신뢰적인지를 실현수익률과의 상관관계로써 살펴보았다. 그 결과 상관관계는 일반적으로 7개의 측정치 모두에서 미약하게 나타났으며, 따라서 회계 기대수익률 측정치가 그다지 신뢰적이지 않다고 결론짓고 있다.

위와 같이 회계자료로서 자본비용을 추정하는 연구들과 병행하여 공시수준(disclosure level) 또는 발생의 질(accrual quality) 등을 자본비용과 연계시키는 연구들도 수행되었다. 이들은 대체로 공시수준이 높을수록 그리고 발생의 질이 높을수록 자본비용이 낮아진다는 결과를 제시하고 있다. Botosan과 Plumlee(2002)는 고전적인 배당할인모형하에 미래 4년 기간 동안의 배당예측치와 4년 후의 주가예측치를 현재의 주가와 일치시키는 할인율로써 자본비용을 추정하였다. 그런 후 이 자본비용을 기업의 공시수준과 연계하여 살펴보았다. 그 결과, 자본비용은 연차보고서의 공시수준이 높을수록 낮게 나타났다. 즉 공시를 많이 할수록 자본비용은 낮아지는 것으로 나타났다. 그러나 공시수준이 적시적일수록 자본비용은 오히려 높게 나타났는데, 이러한 예상외의 결과는 적시적인 공시가 있을 경우 주가의 변동성이 확대되어 자본비용이 높게 추정되었기 때문으로 사료된다. 한편, 투자설명회 등을 통한 공시수준은 자본비용에 별로 영향을 미치지 않는 것으로 나타났다. Francis 외 2인(2005)은 외부자본조달을 필요로 하는 기업일수록 자발적 공시를 많이 하며, 그로 인해 부채나 자본의 자본비용이 낮아진다는 기존의 미국을 대상으로 한 연구결과가 미국 외 34개 국가에도 해당된다는 실증결과를 제시하고 있다. Francis 외 3인(2004)은 발생의 질, 이익의 지속성 그리고 이익의 유연도(smoothness) 등 이익의 특성들이 자본비용과 유의한 상관관계에 있다는 결과를 제시하고 있다. 여기서 발생의 질은 Dechow와 Dichev(2002)의 방법으로 측정하였으며, 자본비용은 미래 배당과 주가 예측을 이용한 주가모형으로 추정하였다. Aboody 외 2인(2005)은 자의적 발생의 절대값으로 측정한 이익의 질이 낮을수록 자본비용이 높다는 것을 지지하는 결과를 제시하고 있다.

제 5 절 가치관련성 연구의 평가 및 향후 연구방향

1. 가치관련성 연구의 한계성

기존의 가치관련성 연구는 회계항목과 주가 간의 연관성 검증을 통해 회계정보가 기업가치에 대한 정보를 사후적으로 혹은 동시적으로 얼마나 잘 요약하고 있는가를 평가하는 데 집중되어 있다. 이러한 요약적 지표로서의 가치관련성 연구는 회계기준 제정과 관련하여 정책적인 시사점을 제시한다는 점에서 그 공헌도가 있다고 할 수 있다. 그러나 Holthausen과 Watts(2001)는 이러한 연구가 다음과 같은 한계성이 있기 때문에 회계기준 제정과 관련하여 별로 유익하지 않다는 반론을 제기하고 있다.[11] ① 회계정보의 이용자는 주주뿐 아니라 채권자, 경영자, 기업의 피고용자, 정부기관(예로 국세청) 등 다양하다. 즉 회계기준에도 명시되어 있듯이 회계정보는 기업가치평가 이외에도 채권자와의 계약, 경영자 보상계약, 세금, 규제, 소송 등에도 요긴하게 이용된다.[12] 그럼에도 불구하고 기존의 가치관련성 연구가 편향되게 주주 측면, 즉 회계정보의 기업가치평가 측면만을 고려하기 때문에 회계기준의 제정을 설명하거나 예측하는 데 별로 도움이 되지 않는다. ② 기존의 가치관련성 연구는 회계에 있어 중요한 실무관습인 보수주의(conservatism)를 제대로 설명하지 못한다. 보수주의는 채권자의 권익을 우선적으로 보호하며 경영자를 소송으로부터 보호하기 위하여 수용된 회계처리방법이다.[13] 가치관련성 연구가 보수주의를 설

---

11) Holthausen과 Watts(2001)는 오히려 회계기준의 여러 이해관계자가 왜 특정 회계방법을 선호하는지에 대한 이유를 밝히는, 즉 회계기준 제정에 영향을 미치는 다양한 요소를 파악해내는 연구가 회계기준 제정과 관련하여 필요한 연구라고 주장하고 있다.

12) 주주의 경우 기업가치를 대표하는 주가에 관심을 가질 것이나 채권자의 경우는 기업의 도산가능성과 이와 관련하여 순자산의 청산가치에 더 관심이 있을 것이다. 경영자, 피고용자, 정부관청(국세청) 등도 주가보다는 장부가에 근거한 측정치(실현이익, EVA 등)에 더 관심이 있다고 할 수 있다.

13) 보수주의란 이익(gains)은 조기에 인식하고 손실(losses)은 뒤늦게 인식하는 회계관습이다. 보수주의는 순자산의 저평가를 초래한다. 보수주의는 채권자 이외의 이해당사자에 대한 지출(예로 세금의 지출, 경영자 성과보상의 지출)을 이익이 확실히 실현된 후로 미룸으로써 채권자를 보호

명하지 못하는 것은 채권자와 경영자의 이해관계를 전혀 고려하지 않기 때문이다. 마지막으로 ③ 가치관련성 연구의 검증에 필수적으로 이용되는 가치평가모형들(대차대조표 모형, 이익자본화 모형, Ohlson 모형 등)이 비현실적인 단순한 가정에 근거하였기 때문에 그 검증의 타당성이 의문시된다.[14)]

Barth 외 2인(2001)은 Holthausen과 Watts(2001)가 제기한 기존의 가치관련성 연구에 대한 비판을 정면으로 반박하고 있다. Barth 외 2인은 주주와 기업가치평가 측면이 회계기준의 핵심 대상과 사안이며 따라서 가치관련성 연구는 회계기준 제정에 있어 중요한 가이드라인을 제공하고 있다고 지적하고 있다. 그들은 재무제표가 채권자, 경영자 등 기업의 다양한 이해당사자들의 계약 목적으로도 이용되지만 재무제표의 가장 중요한 용도는 여전히 주주의 기업가치평가 측면이라고 강조하고 있다. Barth 외 2인은 가치관련성 연구에서 회계의 실무관습인 보수주의를 반영하는 것은 가능한 일이며, 특정 회계실무가 보수주의적인지 아닌지를 파악하는 데 가치관련성 연구가 근거가 된다고 지적하고 있다. Barth 외 2인은 또한 가치관련성 연구에 이용되는 가치평가모형들이 단순한 가정들에 바탕을 두고 있긴 하지만 회계정보의 가치관련성을 실증 검증하는 데 유효하다는 논리를 조리 있게 제시하고 있다.

2. 향후 연구방향

회계정보는 Holthausen과 Watts(2001)가 지적하였듯이 기업가치평가 이외에도 채권자와의 계약, 경영자 보상계약, 세금, 규제, 소송 등과 관련하여 다양하게 이용된다. 그러나 자본시장에서 회계정보의 가장 중요한 역할은 투자자들에게 기업가치에 대한 요약적 지표를 제시하는 것이라 할 수 있다(Barth 외 2인

하는 효과가 있다. 또한 보수주의는 이익과 순자산을 과대보다는 과소 보고함으로써 경영자를 소송으로부터 보호하는 효과가 있다.

14) Holthausen과 Watts(2001)는 가치평가모형들이 내포하는 비현실적인 단순한 가정들로 다음을 거론하고 있다: ① 정보비용이 없고(costless information), ② 정보의 비대칭이 없고(no information asymmetry), ③ 성장옵션이 없으며(no growth option), ④ 청산옵션이 없고(no abandonment option), ⑤ 보수주의를 인정하지 않으며(no conservatism), ⑥ 비정상경제이익이 없고(no economic rent), ⑦ 모형이 선형적이라는(linearity) 가정 등이다.

2001). 회계는 사회적 산물이다. 빠르게 변화하고 발전하는 사회환경 속에서 기존의 회계정보가 이러한 역할을 잘 수행하고 있는지, 만일 그렇지 않다면 회계정보를 어떻게 개선해야 하는지는 기업회계기준 제정자의 지속적인 관심사이다. 요약적 지표로서 회계정보의 가치관련성을 검증하는 연구는 자본시장에서 회계정보의 근본 역할을 평가한다는 점에서 또한 기업회계기준 제정의 중요한 참고자료를 제공한다는 점에서 그 의의가 크며 따라서 앞으로도 계속 실증회계의 중요한 연구분야가 될 것으로 사료된다.

Ball과 Brown(1968) 이후 상당히 오랜 기간 동안 이익의 가치관련성을 검증하는 연구들이 다각도로 수행되었다. 그 이후 Ou와 Penman(1989)과 Lev와 Thiagarajan(1993)을 필두로 비이익 재무제표 수치의 가치관련성을 검증하는 연구들이 진행되었다. 더불어 Ohlson(1995)과 Ohlson과 Juettner-Nauroth(2005)를 계기로 이론적인 모형에 근거하여 이익과 순자산 등 재무제표 수치의 가치관련성을 평가하고 기업의 내재가치나 자본비용을 추정하는 연구들이 이루어지고 있다. 이에 더 나아가 앞으로는 재무제표와 관련하여 공시되는 질적인(qualitative) 정보의 가치관련성을 살펴보는 연구들이 수행되리라 기대된다. 예를 들어 연간재무제표의 MD&A나 주석에 보고되는 경영진의 미래예측 정보, 자산 또는 부채에 대한 공정가치 정보, 종업원 연금과 관련된 정보 등의 가치관련성을 측정하고 평가하는 연구들을 들 수 있다. 또한 기업이 공시하는 재무정보내용 전체의 품질(quality) 내지는 이해가능성(readability)의 가치관련성을 조사하는 연구도 기대된다.

추가로 향후 다음과 같은 연구과제를 생각해본다. ① 무형자산의 가치관련성을 검증하는 연구이다. 최근 하이테크 기술산업과 서비스산업의 성장으로 인해 무형자산이 기업가치에서 상당한 비중을 차지하게 되었다. 그럼에도 불구하고 무형자산은 현행 재무제표상에서 상당히 왜소하게 보고되고 있는 것이 현실이다. 무형자산의 측정치가 신뢰적이지 못하며 그 미래효익이 불확실하기 때문에 가치관련성이 없을 것이라는 것이 그 이유이다. 향후 무형자산의 여러 가능한 측정치들(원가, 공정시가 추정치 등)의 가치관련성을 검증하고 이를 바탕으로 재무제표상에 무형자산에 대한 보고를 어떻게 강화해야 하는지에 대한 시사점을 제시하는 것은 매우 중요한 연구과제라 할 수 있다. ② 현재 개별 재무제표 항목들은 대부분 역사적 원가에 근거하여 측정 보고되고 있다. 기업 순자산의 역사적 원가와 기업가치 간에는 큰 괴리가 있을 수 있다. 따라서 1990년대에 Barth가 수행한 여러 연구들과 같이 개별 재무제표 항목의 공정시가 측정치들(순실현가능액, 현행대체원가, 감정가, 추정 미래현금흐름의 현재가치 등)이 역사적 원가에 비해 가치관련성이 높은지를 비교 검증하는 연구가 지속적으로 수행되리라 기대한다. ③ 손익계산서상의 수익, 비용, 그리고 이익/손실 항목의 지속성을 비교 평가하고 이를 바탕으로 손익계산서의 바람직한 보고형태에 대한 시사점을 제시하는 연구가 기대된다. ④ 재무제표에 현재 포함되어 있지 않으나 가치관련성이 있는 부외항목들을 파악하는 연구이다. 이 부외항목은 Ohlson 모형의 비회계정보(v_t)에 해당한다. 이러한 연구는 기업회계기준 제정자가 재무보고에 대한 기준을 재정립하는 데 도움을 줄 중요한 연구과제로 사료된다.

효율적 자본시장 가설(EMH)이 타당하지 않다면 주가는 내재가치의 한 대용치에 불과하다. 그런데 실제로, EMH에 부합하지 않는 실증증거가 많이 누적되어 있다. 이에 (Ohlson 모형과 OJ모형 등의 기업의 내재가치 모형에 입각하여) 회계정보의 가치관련성을 능동적으로 검증하는 연구, 즉 회계정보가 기업의 내재가치 또는 자본비용을 평가하여 미래주가를 예측하는 데 유용한지를 검증하는 연구가 향후 지속적으로 기대된다. 이러한 연구에서 만일 긍정적인 결과를 얻는다면 이는 회계정보가 시장의 불완전성을 탐지하는 데 중요한 단서가 되며 이를 이용하여 arbitrage 이익을 얻을 수 있음을 뜻한다. 회계정보는 누구나 거의 비용 없이 얻을 수 있는 공적정보이다. 따라서 이 경우 합리적인 투자자들은 즉각 철저하게 회계정보를 분석하여 이를 투자의사결정에 반영하게 될 것이다. 이는 또한 회계정보가 자본시장의 효율성을 적은 비용으로 회복시키는 데 중요한 사회적 역할을 하게 된다는 것을 의미한다(Lee 2001). 요약하면 회계정보의 능동적인 가치관련성을 검증하는 연구는 투자자들의 합리적인 투자의사결정을 돕는다는 점에서 그리고 사회적으로는 자본시장의 효율성을 제고시킨다는 점에서 회계정보의 독자적인 유용성을 확립하는 매우 바람직한 방향이며, 향후 이러한 연구가 활발히 진행되길 기대한다.

참고문헌

김권중(1999). 기업공개시 공모가격 결정과 회계변수평가모형. 「회계학연구」(제2호): 51~85.

김권중, 김문철(2000). 금융업을 이용한 공정가치 회계정보의 유용성 분석. 「회계학연구」(제3호): 133~154.

김상철, 백원선, 이효익(2002). 유가증권 평가손익과 처분손익의 주가 관련성. 「회계학연구」(제2호): 117~138.

김은혜, 권수영(2003). 리츠가치평가에 있어 비회계정보의 가치관련성에 관한 연구: 금리 및 부동산 가격 정보를 중심으로. 한국회계학회 춘계학술대회 발표논문집.

백원선, 최관(1999). 이익지속성이 순자산과 회계이익에 대한 주가배수에 미치는 영향. 「회계학연구」(제4호): 61~81.

송인만, 박철우(1998). 주식시장개방과 주가행태: 회계정보의 역할. 「경영학연구」(제1호): 63~92.

송인만, 박철우, 양동훈(2000). 유가증권 시가정보의 유용성에 대한 실증연구. 「회계학연구」(제3호): 1~27.

전진문, 서보욱(1999). 기업지분가치 평가에서의 영업권의 가치관련성. *Journal of Business Research* 14(4): 101~120.

정혜영, 김남인(2000). 리스이용기업의 회계처리방법 선택 요인과 리스회계정보의 기업가치 반영에 대한 연구. 「회계학연구」(제1호): 21~53.

조성표(2000). 지식자본화시대 회계의 과제: 무형자산의 측정과 보고. 「회계저널」(제2호): 135~163.

한봉희(1998). 국내자본시장에서 회계이익정보의 유용성 향상 여부에 관한 실증적 연구. 「회계학연구」(제1호): 1~24.

Aboody, D. and B. Lev(1998). The Value Relevance of Intangibles: The Case of Software Capitalization. *Journal of Accounting Research* 36 (Supplement): 161~191.

Aboody, D., M. Barth, and R. Kasznik(1999). Revaluations of Fixed Assets and Future Firm Performance. *Journal of Accounting and Economics* 26: 149~178.

Aboody, D., J. Hughes, and J. Liu(2005). Earnings Quality, Insider Trading, and Cost of Capital. *Journal of Accounting Research* 43(5): 651~673.

Ali, A., L. Hwang, and M. Trombley(2003). Residual-Income-Based Valuation Predicts Future Stock Returns: Evidence on Mispricing vs. Risk Explanations. *Accounting Review* 78(2): 377~396.

Amir, E., T. Harris, and E. Venuti(1993). A Comparison of the Value-Relevance of U.S. versus Non-U.S. GAAP Accounting Measures Using Form 20-F Reconciliations. *Journal of Accounting Research* 31: 230~264.

Amir, E. and B. Lev(1996). Value-Relevance of Nonfinancial Information: The Wireless

Communication Industry. *Journal of Accounting and Economics* 22: 3~30.

Baginski, S., and J. Wahlen(2003). Residual Income Risk, Intrinsic Values and Share Prices. *Accounting Review* 78(1): 327~351.

Ball, R. and P. Brown(1968). An Empirical Evaluation of Accounting Income Numbers. *Journal of Accounting Research* 6: 159~178.

Barth, M.(1991). Relative Measurement Errors among Alternative Pension Assets and Liability Measures. *The Accounting Review* 66: 433~463.

______(1994). Fair Value Accounting: Evidence from Investment Securities and the Market Valuation of Banks. *The Accounting Review* 69: 1~25.

Barth, M., W. Beaver, J. Hand, and W. Landsman(1999). Accruals, Cash Flows, and Equity Values. *Review of Accounting Studies* 4: 205~229.

Barth, M., W. Beaver, and W. Landsman(1996). Value-Relevance of Banks Fair Value Disclosures Under SFAS 107. *The Accounting Review* 71: 513~537.

______(1998). Relative Valuation Roles of Equity Book Value and Net Income as a Function of Financial Health. *Journal of Accounting and Economics* 25: 1~34.

______(2001). The Relevance of the Value Relevance Literature for Financial Accounting Standard Setting: Another View. *Journal of Accounting and Economics* 31: 77~104.

Barth, M., M. Clement, G. Foster and R. Kasznik(1998). Brand Values and Capital Market Valuation. *Review of Accounting Studies* 3: 41~68.

Barth, M. and G. Clinch(1998). Revalued Financial, Tangible, and Intangible Assets: Associations with Share Prices and Non-Market-Based Value Estimates. *Journal of Accounting Research* 36: 199~233.

Barth, M. and S. Kallapur(1996). The Effects of Cross-sectional Scale Differences on Regression Results in Empirical Accounting Research. *Contemporary Accounting Research* 13: 527~567.

Beaver, W.(2002). Perspectives on Recent Capital Market Research. *The Accounting Review* 77: 453~474.

Beaver, W., C. Eger, S. Ryan, and M. Wolfson(1989). Financial Reporting, Supplementary Disclosure, and Bank Share Prices. *Journal of Accounting Research* 27: 157~178.

Beaver, W., P. Kettler, and M. Scholes(1970). The Association Between Market Determined and Accounting Determined Risk Measures. *The Accounting Review* 45: 654~682.

Bernard, V.(1995). The Feltham-Ohlson Framework: Implications for Empiricists. *Contemporary Accounting Research* 11: 733~747.

Bernard, V. and J. Thomas(1990). Evidence that Stock Prices Do Not Fully Reflect the Implications of Current Earnings for Future Earnings. *Journal of Accounting and Economics* 13: 305~340.

Botosan, C. and M. Plumlee(2002). A Re-examination of Disclosure Level and the Expected Cost of Equity Capital. *Journal of Accounting Research* 40(1): 21~40.

______(2005). Assessing Alternative Proxies for the Expected Risk Premium. *Accounting Review* 80(1): 21~53.

Bowen, R.(1981). Valuation of Earnings Components in the Electric Utility Industry. *The Accounting Review* 56: 1~22.

Brown, S., K. Lo, and T. Lys(1999). Use of R^2 in Accounting Research: Measuring Changes in Value Relevance over the Last Four Decades. *Journal of Accounting and Economics* 28: 83~115.

Bublitz, B. and M. Ettredge(1989). The Information in Discretionary Outlays: Advertising, Research and Development. *The Accounting Review* 64: 108~124.

Burgstahler, D. and I. Dichev(1997). Earing, Adaptation and Equity Value. *The Accounting Review* 72: 187~215.

Chan, K. and G. Seow(1996). The Association Between Stock Return and Foreign GAAP Earnings Versus Earning Adjusted to U.S. GAAP. *Journal of Accounting and Economics* 21: 139~158.

Claus, J. and J. Thomas(2001). Equity Premia as Low as Three Percent? Evidence from Analysts' Earnings Forecasts for Domestic and International Stock Markets. *Journal of Finance* 56: 1629~1666.

Collins, D., E. Maydew and I. Weiss(1997). Changes in the Value-Relevance of Earnings and Book Values over the Past Forty Years. *Journal of Accounting and Economics* 24: 39~67.

Collins, D., M. Pincus and H. Xie(1999). Equity Valuation and Negative Earnings: The Role of Book Value of Equity. *The Accounting Review* 74: 29~61.

Core, J., W. Guay, and A. Buskirk(2003). Market Valuations in the New Economy: An Investigation of What Has Changed. *Journal of Accounting and Economics* 34: 43~67.

Cottle, S., R. Murray, and F. Block(1988). *Graham and Dodds Security Analysis*. 5th ed. McGraw-Hill Book Company. New York, NY.

Dechow, P. and I. Dichev(2002). The Quality of Accruals and Earnings: The Role of Accrual Estimation Errors. *Accounting Review* 77(Supplement): 35~59.

Dechow, P., A. Hutton and R. Sloan(1999). An Empirical Assessment of the Residual Income Valuation Model. *Journal of Accounting and Economics* 26: 1~34.

Dieter, R.(1979). Is Lessee Accounting Working? *CPA Journal*: 13~19.

Easton, P.(1999). Security Returns and the Value Relevance of Accounting Data. *Accounting Horizons* 13: 399~412.

______(1998). Discussion of Revalued Financial, Tangible, and Intangible Assets: Association with Share Prices and Non-Market-Based Value Estimates. *Journal of Accounting*

Research 36(Supplement): 235~247.

______(2004). PE Ratios, PEG Ratios, and Estimating the Implied Expected Rate of Return on Equity Capital. *Accounting Review* 79(1): 73~95.

Easton, P., P. Eddey, and T. Harris(1993). An Investigation of Revaluations of Tangible Long-Lived Assets. *Journal of Accounting Research* 31: 1~38.

Easton, P., S. Monahan(2005). An Evaluation of Accounting-Based Measures of Expected Returns. *Accounting Review* 80(2): 501~538.

Easton, P. and T. Harris(1991). Earnings as an Explanatory Variable for Returns. *Journal of Accounting Research* 29: 19~36.

Edwards, E. and P. Bell(1961). *The Theory and Measurement of Business Income*. Berkeley, CA: University of California Press.

Elliott, J. and D. Hanna(1996). Repeated Accounting Write-offs and the Information Content of Earnings. *Journal of Accounting Research* 34 (Supplement): 35~155.

Fama, E. and K. French(1992). The Cross-Section of Expected Stock Return. *The Journal of Finance* 47(2): 427~465.

Feltham, G. and J. Ohlson(1995). Valuation and Clean Surplus Accounting for Operating and Financial Activities. *Contemporary Accounting Research* 11: 689~731.

Francis, J., I. Khurana, and R. Pereira(2005). Disclosure Incentives and Effects on Cost of Capital around the World. *Accounting Review* 80(4): 1125~1162.

Francis, J., R. LaFond, P. Olsson, and K. Schipper(2004). Costs of Equity and Earnings Attributes. *Accounting Review* 79(4): 967~1010.

Francis, J. and K. Shipper(1999). Have Financial Statements Lost their Relevance? *Journal of Accounting Research* 37: 319~352.

Frankel, R. and C. Lee(1998). Accounting Valuation, Market Expectation, and Cross-sectional Stock Returns. *Journal of Accounting and Economics* 25: 283~319.

Gebhardt, W., C. Lee, and B. Swaminathan(2001). Toward An Implied Cost-of-Capital. *Journal of Accounting Research* 39: 135~176.

Gordon, J. and M. Gordon(1997). The Finite Horizon Expected Return Model. *Financial Analysts Journal*(May/June): 52~61.

Graham, R., R. King, and J. Bailes(2000). The Value Relevance of Accounting Information During Financial Crisis: Thailand and the 1997 Decline in the Value of the Baht. *Journal of International Finance Management & Accounting* 11(2): 84~107.

Hand, J.(2000). The Role of Economic Fundamentals, Web traffic, and Supply and Demand in the Pricing of U.S. Internet Stocks. Working paper. University of North Carolina. Chapel Hill.

______(2005). The Value Relevance of Financial Statements in the Venture Capital Market.

Accounting Review 80(2): 613~648.

Hayn, C.(1995). The Information Content of Losses. *Journal of Accounting and Economics* 20: 125~153.

Hirshleifer, D., K. Hou, S. Teoh, and Y. Zhang(2004). Do Investors Overvalue Firms with Bloated Balance Sheets? *Journal of Accounting and Economics* 38: 297~331.

Holthausen, R. and R. Watts(2001). The Relevance of the Value-Relevance Literature for Financial Accounting Standard Setting. *Journal of Accounting and Economics* 31: 3~75.

Jennings, R., J. Robinson, R. Thompson II, and L. Duvall(1996). The Relation Between Accounting Goodwill Numbers and Equity Values. *Journal of Business Finance and Accounting* 23: 513~534.

King, R. and J. Langli(1998). Accounting Diversity and Firm Valuation. *The International Journal of Accounting* 33: 529~567.

Klock, M. and P. Megna(2000). Measuring and Valuing Intangible Capital in the Wireless Communications Industry. *The Quarterly Review of Economics and Finance* 40: 519~532.

Kothari, S.(2001). Capital Market Research in Accounting. *Journal of Accounting and Economics* 31: 105~231.

Landsman, W. and J. Magliolo(1988). Cross-Sectional Capital Market Research and Model Specification. *The Accounting Review* 63: 586~604.

Lee, C.(1999). Accounting-Based Valuation: Impact and Business Practices and Research. *Accounting Horizons* 13: 413~425.

______(2001). Market Efficiency and Accounting Research: A Discussion of 'Capital Market Research in Accounting' by S. P. Kothari. *Journal of Accounting and Economics* 31: 233~253.

Lev, B. and D. Nissim(2004). Taxable Income, Future Earnings, and Equity Values. *Accounting Review* 79(4): 1039~1074.

Lev, B. and T. Sougiannis(1996). The Capitalization, Amortization, and Value-Relevance of R&D. *Journal of Accounting and Economics* 21: 107~138.

Lev, B. and S. Thiagarajan(1993). Fundamental Information Analysis. *Journal of Accounting Research* 31: 190~215.

Lev, B. and P. Zarowin(1999). The Boundaries of Financial Reporting and How to Extend Them. *Journal of Accounting Research* 37: 353~385.

Louis, H.(2003). The Value Relevance of the Foreign Translation Adjustment. *Accounting Review* 78(4): 1027~1047.

Lundholm, R.(1995). A Tutorial on the Ohlson and Feltham/Ohlson Models: Answers to Some Frequently Asked Questions. *Contemporary Accounting Research* 11: 749~761.

McCarthy, G. and D. Schneider(1995). Market Perception of Goodwill: Some Empirical Evidence.

Accounting and Business Research 26: 69~81.

Miller, M, and F. Modigliani(1966). Some Estimates of the Cost of Capital to the Electric Utility Industry, 1954-57. *The American Economic Review* 56: 333~391.

Myers, J.(1999). Implementing Residual Income Valuation with Linear Information Dynamics. *The Accounting Review* 74: 1~28.

Ohlson, J.(1995). Earnings, Book Values, and Dividends in Security Valuations. *Contemporary Accounting Research* 11: 661~687.

Ohlson, J. and B. Juettner-Nauroth(2005). Expected EPS and EPS Growth As Determinants of Value. *Review of Accounting Studies* 10(2-3): 349~365.

Ou, J. and S. Penman(1989). Financial Statement Analysis and the Prediction of Stock Returns. *Journal of Accounting and Economics* 11: 295~329.

Penman, S. and T. Sougiannis(1998). A Comparison of Dividend, Cash Flow, and Earnings Approaches to Equity Valuation. *Contemporary Accounting Research* 15: 343~383.

Piotroski, J.(2000). Value Investing: The Use of Historical Financial Statement Information to Separate Winners from Losers. *Journal of Accounting Research*: 1~51.

Preinreich, G.(1938). Annual Survey of Economic Theory: The Theory of Depreciation. *Econometrica* 6: 219~241.

Sloan, R.(1996). Do Stock Prices Fully Reflect Information in Accruals and Cash Flows about Future Earnings? *The Accounting Review* 71: 289~315.

Subramanyam, K. and M. Venkatachalam(1998). The Role of Book Value on Equity Valuation: Does the Stock Variable Merely Proxy for Relevant Past Flow? Working paper. Stanford University.

Wyatt, A.(2005). Accounting Recognition of Intangible Assets: Theory and Evidence on Economic Determinants. *Accounting Review* 80(3): 967~1003.

제 12 장

회계정보와 부실예측 및 신용분석

제 1 절　기업부실의 개요
제 2 절　부실예측 및 신용평가모형
제 3 절　신용분석 및 신용평가모형
제 4 절　부실예측 및 신용평가의 정보효과와 비계량정보
제 5 절　기업도산결과의 결정요인 및 예측
제 6 절　부실예측 및 신용평가모형의 제반 쟁점

자본주의에 근간을 둔 자유경제체제하에서 기업은 새로 생성되었다가 소멸되는 살아있는 유기체라고 할 수 있다. 어제까지만 해도 매출액 기준으로 국내 10위 안에 들던 기업이 하루아침에 무너지기도 하고, 불과 몇 달 전까지만 해도 이름조차 생소했던 기업이 21세기를 이끌 유망기업으로 각광을 받기도 한다. 이러한 끊임없는 기업의 실패와 성공은 극심한 경쟁환경하에서는 불가피한 현상이라고 할 수 있다.

여기서 특히 기업의 실패(failure) 또는 부실(distress)이나 도산(bankruptcy)은 기업을 둘러싼 다양한 이해관계자들의 손실로 이어지기 때문에 그 기업만의 문제로 국한되지는 않는다. 최근 금융기관들이 폐쇄되거나 합병당함에 따라 종업원들은 하루아침에 직장을 잃게 되고, 주주는 거의 휴지조각으로 되어버린 주식을 보유하게 될 뿐만 아니라, 채권자나 거래처는 채권회수가 어렵게 되기도 한다. 이 밖에도 소비자의 품질보증에 대한 판매후서비스에 대한 보장이 어렵게 되고 정부도 세수를 확보하는 데 어려움을 겪게 된다. 더욱이 한 기업의 도산으로 다른 기업들이 연쇄적으로 도산되는 현상이 나타날 수 있기 때문에 도산이 경제전반에 미치는 파급효과는 엄청나다고 할 수 있다.

따라서 다양한 이해관계자들은 기업의 흥망성쇠를 사전에 예측하여 그들의 의사결정에 유용한 자료로 이용하고자 한다. 즉 경영자나 투자자는 기업의 부실가능성을 파악함으로써 경영정책의 변화나 조직의 재정비를 통하여 사전에 대비할 수 있도록 할 뿐만 아니라 도산에 따른 손실을 최소화할 수 있다. 은행 등의 금융기관은 신용평가를 통하여 대출금에 대한 채권의 보전조치를 하여 대손의 위험을 줄일 수도 있다. 이처럼 기업의 신용을 평가하고 부실여부를 예측하는 것은 기업은 물론 기업을 둘러싼 다양한 이해관계자에게도 매우 중요하다고 할 수 있다.

본 장에서는 회계정보에 기초하여 부실예측 및 신용분석에 대해 살펴보기로 한다. 이에 따라 본 장에서는 다음과 같은 질문에 대해 논의하기로 한다.

- 기업부실이란 도대체 무엇을 의미하며, 기업부실이 발생하는 원인은 무엇인가?
- 기업의 부실예측은 가능한가? 가능하다면 부실예측모형은 어떻게 구축되는가?

- 신용분석의 의미는 무엇이고, 여신결정과 신용등급판정은 어떠한 과정을 거쳐서 이루어지는가?
- 기업이 도산하거나 기업이 발행한 채권의 등급이 변경되는 시점에서 시장에 새로운 정보를 가져다주는가?
- 도산기업의 갱생요인은 무엇이고, 도산결과를 예측할 수 있는가?

제 1 절 기업부실의 개요

1. 기업부실의 개념

기업부실에 대한 개념은 정의하기가 쉽지 않다. 기업부실은 만기채무를 갚지 못하는 기술적인 지급불능(technical insolvency)을 의미하기도 하고, 기업의 총부채가 총자산을 초과하여 실질적 지급불능(real insolvency)의 상태를 말하기도 한다. 또는 총자산이 총부채를 초과하더라도 현금유입과 유출이 일시적으로 일치하지 않아 지급불능인 경우를 나타내기도 하고, 기업의 총수익이 총비용보다 작은 경제적 부실을 의미하기도 한다. 일반적으로 기업부실은 경제적 부실, 재무적 부실, 법률적 부실로 구분하며, 기업부실은 대체적으로 이러한 순서로 진행된다고 할 수 있다.

경제적 부실(economic failure)은 기업의 총수익이 총비용을 충당하지 못하거나, 투자수익률이 자본비용보다 적음으로써 기업의 수익성이 저하되는 경우를 말한다. 그러나 경제적 부실이 있다 하더라도 지급기일이 도래한 유동부채가 없는 경우 지급불능상태가 발생하지 않을 수 있기 때문에 경제적 부실이 반드시 지급불능이나 부도를 의미하지는 않는다.

재무적 부실(financial failure)은 기술적 지급불능과 실질적 지급불능으로 구분된다. 기술적 지급불능은 기업의 유동성 부족으로 만기가 도래한 채무를 상환할 수 없는 상태를 의미하며, 실질적 지급불능은 기업의 총부채가 총자산을 초과하여 순자산이 負가 되는 상태를 의미한다. 기술적 지급불능은 대부분 일시적이며, 영업활동을 계속하면 회복가능한 경우이다. 반면에, 실질적 지급

[그림 12-1] 기업부실의 과정

경제적 측면	⇨	재무적 측면	⇨	법률적 측면
[수익성 악화]		[지급능력의 저하]		[법적 파산]
① 수 익 < 비 용		① 자산 < 부채 ⇒ 자본잠식		① 파산신청
② 투자수익률 < 자본비용		② 자산 > 부채 그러나 부채변제 못함		② 회사정리절차 신청
③ 실 제 수 익 < 기대수익				

불능은 누적된 결손으로 만성적 현상의 파산적 지급불능이라고 한다.

법률적 부실(legal failure)은 실질적 지급불능의 결과로 기업의 영업활동을 중지하는 것으로 기업을 청산하게 되는 파산(bankruptcy)을 의미한다.

일반적으로 기업부실이란 기술적 지급불능이나 실질적 불능 또는 파산을 모두 포함하는 부실을 말한다.

기업부실은 어느 한 시점에서 돌발적으로 발생하는 사건이라기보다는 오래 전부터 수익성 저하, 지급능력 저하 그리고 파산 등의 과정을 거치면서 서서히 진행된다. 이와 같이 경제적 부실, 재무적 부실, 법률적 부실의 3단계로 구분되는 기업부실의 과정은 가장 널리 수용되는 개념이라고 할 수 있다.

경제적 부실은 비효율적인 경영관리와 급변하는 경영환경에 대처능력의 결여로 야기된다. 기술적 지급불능과 파산적 지급불능은 재무적 부실의 결과로 자금부족에 따라 타인자본의존도가 심화됨으로써 결국 파산에 이르게 된다.

2. 기업부실의 원인

기업부실의 원인에는 여러 가지가 있다. 경기침체에 의한 판매부진이나 산업전체의 구조적 특성에서 오는 불황과 같은 기업외적인 요인, 경영자의 능력부족, 경험부족 등과 같은 기업내적인 요인, 또는 내적인 요인과 외적인 요인들이 결합되어 기업부실이 일어나기도 한다.

미국의 Dun & Bradstreet사는 1962년과 1980년 두 차례에 걸쳐 기업의 부실원인에 대해 조사하였는데, 이 두 보고서에 의하면 판매부진(또는 판매방법의 결함)이 가장 중요한 부실원인으로 나타났고, 기타 과다경쟁 및 경쟁조직의 약화, 매출채권의 회수부진, 경비의 과대지출, 재고자산 및 고정자산의 과대 등이 기업부실의 원인으로 보고되고 있다. 결국 부실원인의 90%는 경영자의 자질 및 경험과 관련되는 것으로 나타났다.

우리나라의 경우 김선기 · 황석하 · 김건우(1986)의 연구를 살펴보면, 과도한(무리한) 투자, 자기자본부족, 경기불황 및 업계의 부진(수요의 감소 포함), 관련기업의 연쇄도산, 다양한 거래처 확보의 태만 등이 중요 부실원인으로 확인되었다. 그 밖의 부실원인으로 경영자의 무능(부정직 및 불성실 포함), 불황, 자기자본의 부족 및 과다경쟁도 포함되었다. 기업의 내생적 요인과 외생적 요인의 상대적 중요도는 74% 대 26%를 차지하고 있는 것으로 나타났다. 〈표 12-1〉은 기업부실의 원인을 구분하여 요약하고 있다.

기업부실의 가장 근본적인 1차적 원인은 경영자와 관련된 내생적 요인과 경기침체, 원재료가격의 상승, 국제무역환경의 변화 등과 같은 외생적 요인임을 지적하고 있다. 2차적 요인으로 기업의 각 부문별 요인들은 결과적으로 경영자의 잘못된 의사결정의 결과로서 1차적 요인에 포함될 수 있다. 예를 들면, 과도한 신용판매, 자금계획의 결여, 생산시설의 노후화 및 과대투자 등의 경영부문의 요인들은 결국 경영자의 의사결정과 관련된 것들이다.

이와 같이 기업의 부실은 여러 가지 원인에 의해 발생한다. 그러나 기업의 다양한 이해관계자들은 기업이 부실화되기 전에 이를 감지할 수 있는 방법에 지대한 관심을 가지고 있다. 기업의 경영여건을 정확히 판단하기 위해서는 서울 명동의 사채시장과 여의도 증권가에 나도는 정보에 귀를 기울여야 한다는 말도 있다. 이곳에는 현장에서 얻은 지혜(street wisdom)로 일컬어지는 「기업 도산징후 진단표」가 이전부터 전해져 내려오고 있다. 이 진단표는 경영자, 종업원, 회사의 행동과 관련된 항목의 점검표(checklist)를 통해 어떤 회사가 부도위험이 있는지를 판단한다는 것이다.

실무에서 사용되는 분류기준은 대부분 일화에 근거(anecdotal evidence)를 둔 것으로 오랜 기간에 걸쳐 누적되어 전해져 내려오는 것들이다. 그러나 이

<표 12-1> 기업부실의 원인

중요도	부실원인		
제1차 원인	내생적 요인	경영자요인	· 지식, 경험, 의사결정능력 부족 · 친족경영의 결점 · 전문교육과 경험의 부족 및 내부부정 · 공직 · 정치 등에 의한 경영의 방임
	외생적 요인	경기 · 자금요인	· 경기불황 및 업계의 부진
		정치 · 국제요인	· 원재료가격의 상승 · 세계경기침체 · 불공정한 정책, 행정조치
		기 타	· 관련기업 도산에 의한 연쇄도산
제2차 원인	판매행동요인		· 다양한 거래처 개발의 태만과 미흡 · 출혈판매 · 과대한 신용판매
	재무행동요인		· 자기자본부족 · 자금계획의 결여 · 사채 및 융통어음의 이용
	매입 · 생산행동요인		· 시설의 노후 · 보수미비 · 제품개발의 부족 및 실패 · 부적절한 생산설비투자
	기업구조요인		· 과잉투자 및 확장 · 다각화의 실패 및 입지의 오류
	조직 · 노무행동요인		· 내부견제조직의 결여
제3차 원인	금융비용 과다, 높은 이직률, 생산성 저하, 매출액 감소, 임금체불, 과다한 재고 및 반품의 증가		

자료 : 김선기, 황석하, 김건우. 기업부실화의 원인, 징후 및 예측. 한국신용평가(주). 1986. p.6.

러한 내용들이 특정한 상황에서 과학적인 방법에 의해 검증되지 않았기 때문에 일반화되기에는 다소 무리가 있다고 볼 수 있다. 신용평가 및 부실징후의 판단을 위해서는 체계적인 방법에 의해 평가 및 예측모형을 구축하는 방안에 대해 살펴볼 필요가 있다.

재무제표에서 산출된 재무비율들은 기업의 신용평가 및 부실예측에 사용되는 기본적인 자료로 오랫동안 사용되어 왔다. 재무비율을 이용한 신용평가는 19세기 말경 금융기관이 기업의 지급능력을 평가한 때부터 이미 시작되었다고 할 수 있다. 다음 절에서는 재무비율과 비재무정보를 바탕으로 한 부실예측 및 신용평가모형을 소개하기로 한다.

제 2 절 부실예측 및 신용평가모형

부실예측모형은 한 개의 재무비율을 가지고 기업의 신용상태와 재무건전성을 판단하는 단일변량모형으로 간략하게 설명할 수 있다. 단일변량모형의 근간을 이루고 있는 여러 가지 논리들은 여러 개의 재무비율을 활용하는 다변량모형에도 확장될 수 있다. 단일변량모형은 1930년대 이후의 재무비율분석을 통하여 연구가 이루어졌으며 1960년대의 Beaver의 연구로 이어졌다.

기업의 신용평가 및 부실예측을 위한 단일변량분석은 다음 두 가지 가정을 전제로 한다.

① 부실(불량)기업의 재무비율 분포는 건전기업의 재무비율 분포와 체계적인 차이가 있다.
② 이러한 체계적 분포의 차이를 기업의 신용을 평가하고 부실을 예측하는 데 사용할 수 있다.

이와 같이 단일변량분석은 부실기업과 건전기업의 재무비율 사이에 차이가 있을 것이라는 전제하에 두 집단간의 재무비율의 분포를 비교하는 차이분석과 재무비율의 판별력과 예측력을 분석하는 이분류검정으로 이루어진다.

1. 비율분포의 차이분석

비율분포의 차이분석은 부실기업과 건전기업 간에 재무비율이 현저한 차이가 있는지를 확인하는 분석이다. 예를 들어, 분석결과 매출액순이익률이 부실기업과 건전기업 간에 도산시점 이전에 현저한 차이를 보인다면 그 비율을 부실예측에 이용할 수 있는 것으로 판단한다. 비율분포의 차이를 분석하는 방법에는 표본평균의 차이에 대한 통계적 분석과 프로필분석이 있다.

(1) 표본평균의 차이에 대한 통계적 분석

편의상 지난 2년 동안 상장기업 중에서 부실로 인하여 상장이 폐지되었거나 경영권이 이전된 10개 기업이 있다고 하자.[1] 이 10개 부실기업과 자산규모가 비슷하고 동종업종에 속하는 건전기업을 선정한다. 이와 같이 부실기업표본에 대하여 자산규모, 업종 등의 기준으로 유사한 건전기업을 통제표본으로 선정하는 방법을 짝짓기표본설계(paired sample design)라고 한다. 부실기업과 건전기업을 대응시켜 표본을 선정하는 이유는 업종, 기업규모 등의 변수가 기업부실에 미치는 효과를 가급적 제거시키기 위해서이다. 〈표 12-2〉는 부실기업과 건전기업의 도산 1년 전 자기자본비율을 제시하고 있다.

〈표 12-2〉에서 건전기업의 자기자본비율 평균은 27.4%인 반면 부실기업의 자기자본비율 평균은 4.9%에 불과해 두 집단간에 유의한 차이를 보이고 있다. 이는 부실기업이 건전기업에 비해 채권에 대한 안전도가 낮으며 경기상황에 따라 재무위험이 높은 것임을 의미한다.

<표 12-2> 부실기업과 건전기업의 자기자본비율

부 실 기 업	자기자본비율	건 전 기 업	자기자본비율
A	30.8	F	21.1
B	−3.3	G	20.4
C	−23.0	H	28.5
D	8.1	I	34.3
E	11.9	J	32.5
평 균	4.9	평 균	27.4
표준편차	19.8	표준편차	6.4

1) 신용불량기업과 우량기업으로 구분하여도 동일한 방법으로 설명할 수 있다.

(2) 프로필분석

프로필분석(profile analysis)은 기업의 부실을 판별하고 예측할 수 있는 재무비율을 찾아내기 위하여 부실화진행에 따라 부실기업과 건전기업의 재무비율이 지난 몇 년간 어떻게 변화하였는지를 조사하는 것이다. 프로필분석은 과거의 연구에서 검증되었거나 실무자가 자주 사용하는 재무비율들을 분석자가 판단하여 선택한 다음 도산 수개년 전부터 도산 1년 전까지에 걸쳐 부실기업과 건전기업의 연도별 재무비율 평균을 각각 한 도표에 나타낸다. 이 도표에서 두 집단간에 현저한 차이를 나타내는 재무비율들을 선정하여 부실예측에 사용한다.

[그림 12-2]는 도산 5년 전부터 도산 1년 전까지 부실기업과 건전기업의 자기자본비율이 어떻게 변화하였는지를 예시하고 있다. 또한 부실기업의 자기자본비율이 도산시점에 가까워짐에 따라 급속하게 감소하고 있음을 극명하게 보여주고 있다. 두 집단의 평균비율은 5년 전부터 이미 차이가 있었고 시간이 지남에 따라 그 차이가 더욱 커져 부실기업의 부실화가 심화되고 있었음을 알 수 있다. 이러한 결과는 기업이 도산하기 수년 전부터 재무비율에 기초한 부실예측이 가능함을 의미한다.

[그림 12-2] 프로필분석의 예

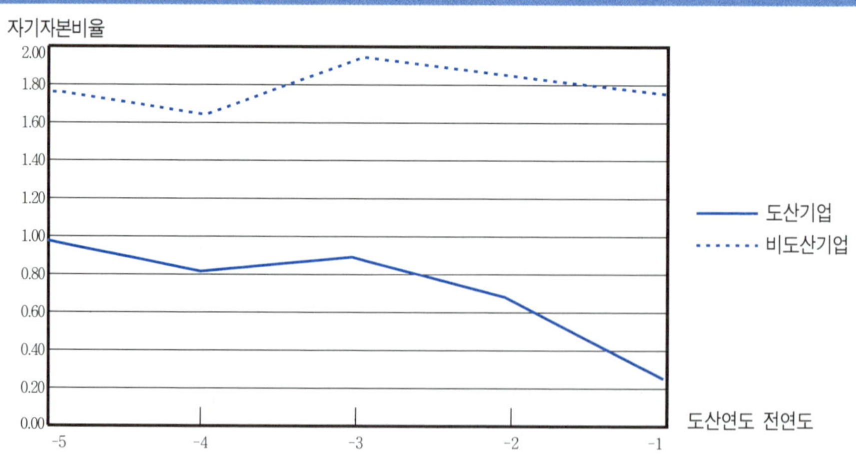

2. 이분류검정

비율분포의 차이분석과 프로필분석은 어느 비율의 신용상태를 평가하고 재무건전성을 판단하는 데 이용될 수 있다. 그러나 특정 재무비율을 가지고 기업의 신용상태 및 부실여부를 판단할 수 있기 위해서는 일정한 기준이 설정되어야 한다. 예를 들어, 프로필분석을 통해 자기자본비율이 부실예측에 이용될 수 있다고 판단이 된 경우 이 비율이 일정 기준치를 넘으면 건전기업으로 분류하고 그 기준치를 넘지 못하면 부실기업으로 분류할 수 있다. 이와 같이 부실여부를 판단해주는 일정한 기준치를 **판별점**(cut-off point)이라고 한다.

기업의 부실예측에 있어서 잘못 예측할 오류를 최소화하도록 판별점을 부실기업 또는 건전기업의 두 가지로 분류하는 방법을 **이분류검정**(dichotomous classification test)이라고 부른다. 이분류검정에서는 먼저 재무비율을 크기순서대로 배열한 다음 부실기업과 건전기업을 판별하는 데 발생하는 오류를 최소화할 수 있는 판별점을 결정한다. 일반적으로 서로 인접한 순위의 두 비율의 평균값을 판별점으로 할 때 오분류(classification errors)가 얼마나 많이 발생하는지를 조사하여 분류오류를 최소화하는 평균값을 판별점으로 한다.

오분류란 실제의 상태와 다르게 분류하는 오류로서 제1종 오류와 제2종 오류가 있다. 여기서 제1종 오류는 부실기업을 건전기업으로 잘못 분류하는 오류이고, 제2종 오류는 건전기업을 부실기업으로 잘못 분류하는 오류이다. 〈표 12-3〉은 부실예측과 실제상태로 구분할 때 제1종 오류와 제2종 오류가 발생하는 경우를 보여주고 있다.

예측모형에서 분류정확도는 판별점을 이용하여 정확하게 분류된 비율로

<표 12-3> 제1종 오류와 제2종 오류

실제상태(actual status) / 부실예측 (distress prediction)	건전기업	부실기업
건전기업	정확한 분류(a_{11})	제1종 오류(a_{12})
부실기업	제2종 오류(a_{21})	정확한 분류(a_{22})

서 $a_{11}+a_{22}/(a_{11}+a_{12}+a_{21}+a_{22})$이다. 판별점은 분류정확도를 가능한 높이는 방법으로 결정한다. 즉, 제1종 오류와 제2종 오류의 합인 총오분류$(a_{12}+a_{21})$를 최소화하는 판별점을 선택하는 것이다.

〈표 12-4〉는 〈표 12-3〉에서 제시된 부실기업과 건전기업의 자기자본비율을 큰 순서대로 배열한 것이다. 서로 인접한 자기자본비율의 평균값을 판별점으로 하여 그 판별점보다 큰 경우에는 건전기업으로, 작을 경우에는 부실기업으로 분류한다. 예를 들어, H사와 F사의 자기자본비율의 중간점은 24.8%로, 이 비율보다 큰 자기자본비율을 갖는 I사, J사, A사, H사는 건전기업으로, 작

<표 12-4> 자기자본비율의 크기에 따라 배열된 부실기업과 건전기업

회 사 명	자기자본비율(%)	실제상태
I	34.3	건 전
J	32.5	건 전
A	30.8	부 실
H	28.5	건 전
F	21.1	건 전
G	20.4	건 전
E	11.9	부 실
D	8.1	부 실
B	−3.3	부 실
C	−23.0	부 실

<표 12-5> 판별점에 따른 오분류의 빈도수

판 별 점	제1종 오류	제2종 오류	전체오류
자기자본비율 > 31.65	0	3	3
자기자본비율 > 29.65	1	3	4
자기자본비율 > 24.80	1	2	3
자기자본비율 > 20.75	1	1	2
자기자본비율 > 16.15	1	0	1*
자기자본비율 > 10.00	2	0	2
자기자본비율 > 2.40	3	0	3

* 최소의 오분류

은 자본비율을 갖는 F사, G사, E사, D사, B사, C사는 부실기업으로 분류된다. 이에 따라 A사는 부실기업인데 건전기업으로 잘못 분류하게 되고, F, G사는 건전기업인데 부실기업으로 잘못 분류하게 된다. 즉, 24.8%의 자기자본비율을 판별점으로 했을 때 제1종 오류는 1개, 제2종 오류는 2개가 발생한다.

〈표 12-5〉는 판별점에 따라 발생하는 제1종 오류와 제2종 오류의 빈도수를 요약한 것이다.

〈표 12-5〉에서 보는 바와 같이 자기자본비율이 16.15%를 넘는 기업을 건전기업, 16.15%가 못 넘는 기업을 부실기업으로 분류할 때 총오분류의 수가 최소화되기 때문에 최적의 판별점은 16.15%이다. 분류정확도는 90% (9/10)이다.

이와 같이 모형(여기서는 부실모형)의 판단기준(총오분류를 최소화하는 판별점)을 결정하기 위해 사용하는 표본을 추정표본(estimation sample)이라고 한다. 이제 최적의 판별점을 구하기 위해 사용된 추정표본이 아닌 별도의 확인표본(validation sample)을 이용하여 자기자본비율의 부도예측력을 살펴본다.

〈표 12-6〉은 도산 1년전 확인표본의 자기자본비율과 실제 부도여부 그리

<표 12-6> 확인표본의 자기자본비율과 실제 부도여부 및 비율순위에 따른 재배열

회사명*	자기자본비율	실제상태	회사명**	자기자본비율	실제상태/예측	
가	3.9	부실	차	60.6	건전	건전기업으로 예측
나	24.2	부실	마	47.6	건전	
다	22.0	건전	라	43.9	건전	
라	43.9	건전	바	24.8	건전	
마	47.6	건전	나	24.2	부실	
바	24.8	건전	아	22.1	건전	
사	21.3	건전	다	22.0	건전	
아	22.1	건전	사	21.3	건전	
자	1.1	부실	가	3.9	부실	부실기업으로 예측
차	60.6	건전	자	1.1	부실	

* 무작위로 배열
** 자기자본비율 크기순위로 배열

고 그 확인표본을 자기자본비율 순서로 배열하고 있다.

확인표본을 자기자본비율의 크기순서로 배열한 다음 추정표본에서 파악된 최적의 판별점 16.5%를 이용하여 부실여부를 판단한다. 부실기업을 건전기업으로 예측한 제1종 오류는 한 건 발생하였고, 건전기업을 부실기업으로 예측한 제2종 오류는 하나도 없다. 따라서 예측정확도는 90%이다.

3. Beaver의 연구

1930년대부터 시작된 부실예측에 대한 연구(Fitzpatrick 1931)는 부실기업이 건전기업에 비해 파산시점 이전의 수년 전부터 재무비율들이 산업평균치에 비해 악화되고 있으며, 파산시점에 가까워질수록 심화되고 있음을 보여주었다. 따라서 이러한 재무비율들이 부실예측지표로 사용될 수 있다고 보았다. 그러나 1950년대까지의 대부분의 연구들은 통제집단을 두지 않고 표본선정을 임의적으로 하는 등 많은 문제점을 지니고 있었다. 따라서 1967년에 출간된 Beaver의 논문을 부실기업에 대한 예측모형의 효시가 되는 연구로 간주하고 있다.

Beaver는 1967년에 출간한 논문에서 부실기업과 건전기업의 재무비율을 비교해서 재무비율이 기업의 부실예측의 지표로서 사용될 수 있는지를 검증하였다. 그는 몇 개의 재무비율을 선정하여 부실기업과 건전기업의 재무비율 간에 평균적으로 차이가 있는지를 살펴본 뒤 2원분류검정에 의해 재무비율의 부실예측력을 추정하였다.

Beaver는 1954년부터 1964년까지의 Moody사의 산업연감으로부터 79개의 부실기업을 찾아낸 다음 이들 기업과 동일한 업종이면서 유사한 자산규모를 가진 건전기업 79개를 표본으로 선정하였다. Beaver는 30개의 재무비율을 ① 현금흐름비율, ② 순이익비율, ③ 부채 대 총자산 비율, ④ 유동자산 대 총자산 비율, ⑤ 유동자산 대 당좌부채 비율, ⑥ 회전율 등의 6개 그룹으로 분류하였다. 그 다음 이들 각각의 재무비율에 대하여 부실기업과 건전기업 간에 5년 동안의 차이분석을 통하여 부실기업의 경우 부실징후가 관측되는 것으로 나타났다.

Beaver는 재무비율의 예측력을 평가하기 위하여 원래의 표본을 무작위추출방법으로 새로운 2개의 표본집단으로 구분하여 2원분류검정을 하였다. 첫 번째 표본집단의 비율값의 양호도에 따라 배열한 다음 총오류를 최소화하는 판별점을 추정하였다. 그 다음 이 판별점을 가지고 두 번째 표본집단을 부실기업인지 아니면 건전기업인지를 분류하고 실제 상태에 따른 예측력을 산출하였다.

〈표 12-7〉은 6개의 대표적인 재무비율의 기업부실 전 5년 동안에 대한 2분류검정의 결과를 제시하고 있다. 가장 적은 분류오차를 가지고 있는 현금흐름 대 총부채 비율과 총자산순이익률은 부실기업과 건전기업을 구분하는 데 있어 다른 비율에 비해 예측력이 높다고 할 수 있다. 예를 들어, 현금흐름 대 총부채 비율은 기업부실 1년 전에는 13%만을, 부실 5년 전에는 22%만을 잘못 분류함으로써 가장 예측력이 높은 재무비율이다. 대체적으로 부실연도에 가까워질수록 분류오차율이 적어져 예측력이 높아짐을 알 수 있다.

여기서 위의 세 개의 비율은 기업의 장기적 지급능력을 나타내는 비율이고, 아래의 세 개의 비율은 기업의 단기적 지급능력을 나타내는 비율이다. 기업의 단기적 지급능력을 나타내는 비율의 예측능력이 상대적으로 낮은 이유는 기업이 일시적으로 지급불능에 처하더라도 기업의 장기적 수익성이 좋으면 충분히 대처할 수 있기 때문에 부실에 이르지 않는 것으로 해석할 수 있다. 따라서 기업의 부실예측은 기업의 단기적인 상태보다는 장기적인 요인에 의해 보다 잘 이루어진다고 할 수 있다.

<표 12-7> 2원분류검정에 의한 확인표본의 분류오차율

재 무 비 율(%)	부실전 연수				
	5	4	3	2	1
현금흐름 대 총부채 비율	22	24	23	21	13
총자산순이익률	28	29	23	20	13
총부채 대 총자산 비율	28	27	34	25	19
순운전자본 대 총자산 비율	41	45	33	34	24
유동비율	45	38	36	32	20
순당좌자산 대 현금영업비 지출액 비율	37	38	43	38	23

Beaver는 재무비율 이외에도 주가변화율이 기업부실을 예측할 수 있는지 여부도 살펴보았다. 주가는 효율적 자본시장하에서 그 시점에서 이용가능한 모든 정보를 반영하고 있기 때문에 기업부실을 예측하는 데 이용될 수 있다고 보았다. 그는 주가수익률에 기초한 부실예측이 다른 재무비율보다 보다 효율적이라는 결과를 제시하였다. 이는 주가에 회계정보뿐만 아니라 비회계적인 정보도 포함하고 있기 때문인 것으로 보인다.

4. 판별분석에 의한 부실예측

단일변량분석을 수행하는 경우 재무비율에 따라 서로 다른 예측이 나타날 수도 있다. 이에 따라 어떠한 재무비율을 선택하는가에 따라 부실판정이 달라질 수 있다. 또한 각 재무비율은 기업의 부실징후를 판단하는 데 유용한 각기 다른 정보를 포함하고 있기 때문에 이 재무비율들을 가능한 모두 부실예측에 충분히 활용되도록 하여야 할 것이다. 다변량모형에 의한 부실예측이란 여러 개의 재무비율간의 상호작용을 고려하여 구축된 모형에 근거하여 기업의 부실을 예측하는 것을 말한다.

다변량 부실예측모형을 구축하기 위해서는 우선 어떠한 재무비율이 그 모형에 포함되어야 하고, 선택된 재무비율에 어느 정도의 가중치를 부여하며, 가중된 재무비율을 어떠한 방법으로 결합할 것인가에 대한 결정을 해야 한다. 일반적으로 재무비율의 선택은 이론적 지침 및 실무에서의 경험에 기초하여 이루어지며, 재무비율의 가중치와 결합방법은 최적의 방법을 찾아내는 통계적 기법에 의해 결정된다.

Altman(1968)은 재무비율을 이용하여 판별분석(multiple discriminant analysis: MDA)을 함으로써 기업부실을 예측하고자 하였다. 판별분석은 여러 개의 재무비율을 동시에 고려하여 둘 이상의 집단 사이의 차이를 분석할 때 사용하는 통계적 기법이다.

판별분석은 두 단계로 이루어진다. ① 두 개의 모집단으로부터 임의로 표본을 추출한 다음 이들 표본을 이용하여 분류기준을 추정한다. ② 추정된 분류기준을 이용하여 새로운 표본을 어느 모집단에 속하는지를 판단한다.

Altman은 1956년부터 1965년까지의 10년 동안 파산신청한 33개의 부실기업과 동수의 건전기업을 표본으로 선정하였다. 그 다음 22개의 재무비율을 예측변수로 선정한 다음 유동성, 수익성, 레버리지, 지급능력, 활동성의 5개 범주로 나누었다. 최종적인 판별모형에 포함된 재무비율은 각 범주에서 하나씩 선택되었다.

도산 1년 전의 자료를 이용하여 추정된 판별함수는 다음과 같다.

$$Z = .012X_1 + .014X_2 + .033X_3 + .006X_4 + .999X_5$$

Z = 판별점수
X_1 = 순운전자본/총자산
X_2 = 유보이익/총자산
X_3 = 영업이익/총자산
X_4 = 자기자본(시장가치)/총부채(장부가치)
X_5 = 매출액/총자산

여기서 X_1, X_2, X_3, X_4는 백분율로 표시되며, X_5는 회전율로 나타난다. Altman은 이 판별모형에서 각 변수들을 중심으로 재무비율들의 개별적 판별력과 상대적 공헌도를 조사하였다. 즉 재무비율의 개별적 판별력에서는 X_5를 제외한 모든 변수들은 0.1% 수준에서 통계적으로 유의하다. 상대적 공헌도는 각 계수와 이에 상응하는 표준편차를 곱하여 산출된 계수로서 판별력의 기준이 되는데, 공헌도의 순위는 X_3, X_5, X_4였다. 따라서 기업부실에 영향을 미치는 중요한 변수는 X_3임을 알 수 있다. 이 모형을 이용하여 기업을 분류할 때의 판별점수의 판별점은 2.675이다.

Altman이 제시한 부실기업과 건전기업의 판별방법은 다음과 같다.

$$Z < 1.81 \Rightarrow \text{부실기업으로 판정}$$
$$1.81 \leqq Z \leqq 2.99 \Rightarrow \text{판정보류}$$
$$Z > 2.99 \Rightarrow \text{건전기업으로 판정}$$

즉, Z값이 1.81보다 작은 경우 부실기업으로 예측되며, 2.99보다 큰 경우

건전기업으로 예측된다. 그러나 Z값이 이 두 판별점 사이에 있는 경우에는 어느 범주에 속하는지가 용이하지 않은 무지의 영역(zone of ignorance)이기 때문에 보다 자세한 분석이 요청된다.

이 판별함수를 이용하여 기업의 부실을 예측한 결과 예측능력은 부실 1년 전에는 91.2~97%, 2년 전에는 72%, 3년 전에는 48%로 나타나 예측기간이 길수록 예측능력이 떨어짐을 알 수 있다. 그러나 부실 1년 전에는 예측력이 높게 나타나 기업부실의 예측모형으로 이용될 수 있을 것으로 보인다.

우리나라의 경우 한국은행에서 효율적인 여신관리와 기업평가를 목적으로 7개의 재무비율을 이용한 판별모형을 개발하여 실제로 기업평가에 활용하고 있다. 또한 황석하(1991)는 기업이 여러 가지 양상을 보이면서 부실화된다는 점에 착안하여 재무비율에 따라 Cluster분석을 하여 부실기업들을 유형화하였다. 실증결과에 의하면 유형별 기업부실 예측모형이 유형화하지 않고 기업부실을 예측하는 경우에 비해 예측력이 향상되는 것으로 나타났다.

5. 로짓모형에 의한 부실예측

다변량판별분석은 독립변수의 정규성(normality), 두 집단의 동일한 분산(homogeneity) 등과 같은 엄격한 가정을 필요로 한다. 또한 판별분석에서는 판별점수가 $-\infty$에서 $+\infty$의 어느 값도 가질 수 있기 때문에 판별점수의 절대값이 의미하는 바를 이해하기가 쉽지 않다. Ohlson(1980)은 다변량판별분석 등의 기법을 이용한 대부분의 종전 연구와는 달리 확률모형(probabilistic model)인 로짓모형(logit model)을 이용하였다. 로짓모형에서는 판별점수가 0과 1 사이에 존재하여 도산할 확률을 나타내기 때문에 해석이 용이하다. 또한 도산의 사전확률 및 독립변수의 분포에 대한 가정을 하지 않고 표본수가 많을 경우 정규분포에 접근한다는 극한이론(asymptotic theory)에 의존하여 모형의 계수추정치를 산출할 수 있다.

Ohlson은 미국 Chandler Act의 Chapter X이나 Chapter XI하에서 도산신청을 한 기업을 표본기업으로 선정하여 도산을 법적 개념으로 정의하였다. 주식은 상장되어 있고 업종은 제조업에 국한하였다. 표본기간은 1970년부터

1976년으로 비교적 짧은 기간으로 국한하여 변수의 비정태성(nonstationarity)의 문제를 완화시키고자 하였다. 이러한 표본선정기준에 의해 105개의 도산기업을 선정하였다.

재무비율을 산정하기 위해서 도산 전 3년간의 재무자료를 수집하였다. 이때 도산 1년 전의 감사보고서에 도산 사실이 보고된 경우에는 그 직전연도의 재무자료가 도산 1년 전 자료로 대체되었다. 도산되는 기업의 재무제표는 공시가 지연되는 경우가 많기 때문에 실제로 도산하기 전 가장 최근의 자료를 도산 직전연도의 자료로 간주하였다. 이는 도산이라는 사건이 발생한 이후에 공시된 자료를 이용하여 예측하는 문제(perfect foresight problem)가 일어나지 않도록 하기 위함이다.

Ohlson은 COMPUSTAT에 수록된 기업 중에서 상장되고 제조업에 속하는 2,058개의 비도산기업을 통제표본으로 선정하였다. 이러한 표본추출방법은 다음과 같은 장점을 지니고 있다. ① 짝짓기 표본추출방법은 예측정확도를 과대평가하게 된다. 짝짓기표본추출의 경우 도산이 실제로 일어날 확률은 작으나 과거 연구에서 도산기업과 비도산기업을 동수로 선정함으로써 도산기업을 과다하게 표본추출(oversampling)하는 오류를 범할 수 있다. Ohlson의 도산기업과 비도산기업의 비율은 도산의 발생확률을 고려하여 이러한 문제점을 해결하였다. ② 산업변수와 기업규모변수를 통제표본의 기준에 포함하지 않았다. 따라서 예측모형에 이러한 변수와 높은 상관관계가 있는 변수들을 모형에 포함시킴으로써 예측능력을 제고할 수 있다.

Ohlson은 가능한 많은 변수들로부터 통계적 유의성이 있는 변수들을 모형에 포함하는 방식 대신에 실무에서 널리 쓰이고 상식적으로 유용할 것으로 예상되는 변수 9개를 임의로 선정하였다. 〈표 12-8〉은 변수들의 정의와 계수의 예상부호 그리고 도산 1년 전의 변수로 추정 로짓모형의 계수추정치 및 t-값을 보여주고 있다.

〈표 12-8〉에서 보는 바와 같이 계수의 부호들은 예상한 바와 같았으며, WCTA, CLCA, NITA 및 INTWO를 제외한 모든 변수들은 통계적으로 유의하게 나왔다. 모형 전체의 유의성을 나타내는 심도비율지수(likelihood ratio index) 역시 통계적으로 매우 높은 수준에서 유의하였다.

<표 12-8> 로짓모형의 추정결과

변 수	정 의	예상 부호	계수 추정치	t-값
SIZE	log(총자산 / GNP 물가지수)	−	−0.41	−3.78
TLTA	총부채 / 총자산	+	6.03	6.61
WCTA	운전자본 / 총자산	−	−1.43	−1.89
CLCA	유동부채 / 유동자산	+	0.08	0.76
OENEG	순자산<0이면 1, 아니면 0	?	−1.72	−2.45
NITA	당기순이익 / 총자산	−	−2.37	−1.85
FUTL	영업활동으로부터의 운전자본 / 총부채	−	−1.83	−2.36
INTWO	과거 2년간 적자이면 1, 아니면 0	+	0.29	0.81
CHIN	$(NI_t - NI_{t-1})/(NI_t + NI_{t-1})$ 여기서 NI_t는 당기순이익	−	−0.52	−2.21

Ohlson은 다양한 판별점에 따라 제1종 오류와 제2종 오류의 발생빈도수를 살펴본 다음 두 가지 오류의 합을 최소화하는 판별점 0.038을 결정하였다. 즉, 도산할 확률이 0.038보다 크면 도산할 것으로 예측하고, 0.038보다 작으면 도산하지 않을 것으로 예측할 것이라는 판단기준을 정하였다. 이 경우에 제1종 오류는 17.4%, 제2종 오류는 12.4%가 발생하였다. 이러한 예측력은 과거 Altman 등의 연구에 비해 낮게 나타나고 있다. 이는 전술한 바와 같이 과거의 연구가 도산시점에서 사용가능하지 않은 정보를 예측모형에 포함시켰으며, 도산기업을 인구비율에 비해 과다하게 표본추출하였기 때문인 것으로 보인다.

로짓모형을 이용한 국내연구로는 기업부실의 원인분석을 통한 부실예측과 부실화 확률에 대한 시장반응을 실증적으로 검증한 이계원(1993)을 들 수 있다. 이계원은 재무적 징후로 기업이 부실화될 가능성을 예측하려는 연구와 기업의 근본적인 부실원인을 밝히려는 연구를 접목시킴으로써 단지 부실예측을 하는 데 그치지 않고 부실의 주된 원인을 파악하고자 하였다. 또한 그는 위의 모형에 의해 측정된 부실확률을 계산하여 이 부실확률의 변화가 주식시장에서 추가적 정보내용을 지니고 있는지를 검증하고자 하였다.

이계원은 자기자본이익률(ROE)의 주요 구성요소인 매출액순이익률, 총자산회전율, 자기자본비율을 기본모형으로 삼고, 이 3가지 비율들이 기업의 부실확률과 역의 관계가 있다는 가설을 설정하였다. 이 기본모형은 기업부실에 상당한 영향을 미칠 것으로 예상되는 현금흐름을 고려하지 않았고 구성비율들이 포괄적이어서 어떤 요인들에 의해 그 비율이 변동하였는지 파악할 수 없기 때문에 총자산의 구성상태를 중심으로 추가적 분석을 수행하였다. 즉, 비기대 재고자산비율과 비기대 매출채권비율은 기업의 부실확률과 정의 관계에 있고, 고정자산회전율, 현금흐름비율 및 기업규모는 기업의 부실확률과 역의 관계에 있다고 가설을 설정하였다. 또한 기업의 비기대 부실확률과 주가는 역의 관계가 있을 것으로 예상하였다.

이계원은 1985~1992년 기간 동안 상장기업 중 관리대상기업으로 지정된 비금융업종의 기업으로 부실화 전 4개년간 재무제표 및 기타 회계자료를 입수할 수 있는 기업을 부실기업 표본으로 선정하였다. 대응표본은 동종업종, 설립연도 및 상장연도, 회계연도 등을 고려하여 선정하였다. 전반적으로 부실연도에 가까워짐에 따라 매출액순이익률, 총자본회전율, 자기자본비율 모두 평균값이 감소하였다. 또한 예상한 바와 같이 위의 3가지 비율과 현금흐름비율 및 비기대 재고자산비율에 있어서 부실기업과 건전기업 간에 통계적으로 유의하게 차이가 있는 것으로 나타났다.

〈표 12-9〉는 로짓 기본모형과 확장모형의 추정결과를 제시하고 있다. 기본모형의 경우 각 변수에 해당하는 계수의 부호는 모두 음으로 예상했던 바와 일치하였다. 부실 1년 전의 경우 설명변수 모두 통계적으로 유의하게 나타나 기본가설을 지지한다고 볼 수 있다. 통계적 유의성은 자기자본비율, 총자본회전율, 매출액순이익률 순으로 높았으며, 부실 2년 전에는 매출액순이익률, 부실 3년 전에는 총자본회전율이 통계적 유의성을 잃었다.

기본모형에 변수를 추가한 확장모형에서는 현금흐름비율, 비기대 재고자산비율, 기업규모 모두 부실 1, 2, 3년 전에 통계적으로 유의하게 나타났다. 한편 기본모형에서 통계적으로 유의했던 매출액순이익률과 총자본회전율은 통계적 유의성을 잃어버렸다. 이는 부실예측모형에서 수익성을 고려한 현금흐름에 대한 정보와 효율성 중에서도 재고자산변동에 대한 내용이 부실예측에 유용한 것으로 볼 수 있다.

〈표 12-10〉은 검증용 표본에 대한 예측력을 나타내고 있다. ROE의 구성비율 이외의 비율들을 추가한 확장모형의 예측정확도는 원래 재무비율을 사용한 기본모형보다 상당히 향상되었다. 특히 부실 1년 전의 예측력이 82%에

〈표 12-9〉 로짓모형의 추정결과

PANEL A 기본모형(*ROE*변수만을 사용한 경우)

구분 / 관련변수	기대부호	부실 1년 전 추정계수(t-통계치)	부실 2년 전 추정계수(t-통계치)	부실 3년 전 추정계수(t-통계치)
상 수 항		1.69(2.22)	1.34(2.16)	0.49(0.84)
매출액순이익률	(−)	−7.88(−2.31)**	−5.89(−1.03)	−20.40(−2.62)***
총자본회전율	(−)	−1.99(−2.88)***	−1.21(−2.55)***	−0.36(−1.10)
자기자본비율	(−)	−3.92(−2.84)***	−3.88(−2.90)***	−2.92(−1.90)**
Log likelihood		−69.43	−76.68	−77.00
x^2(df =3)		26.05	21.17	20.53

PANEL B 확장모형(기본모형에 변수를 추가한 경우)

구 분 / 설명변수	기대부호	부실 1년 전 추정계수(t-통계치)	부실 2년 전 추정계수(t-통계치)	부실 3년 전 추정계수(t-통계치)
상 수 항		5.36(1.82)	4.21(1.56)	3.59(1.48)
매출액순이익률	(−)	−4.27(−0.99)	3.63(0.54)	−12.89(−1.48)*
총자본회전율	(−)	−0.73(−0.99)	−0.16(−0.31)	0.05(0.14)
자기자본비율	(−)	−7.29(−0.35)***	−8.46(−4.17)***	−4.08(−2.49)***
현금흐름비율	(−)	−2.21(−1.74)**	−4.17(−3.31)***	−2.88(−2.56)***
비기대재고자산비율	(+)	6.89(3.54)***	4.55(2.42)***	4.14(1.77)**
기업규모	(−)	−0.94(−1.74)**	−0.70(−1.32)*	−0.71(−1.54)*
Log likelihood		−54.84	−54.62	−63.40
추가변수[3]에 대한 x^2		19.17	28.51	21.89

1) */**/***은 각각 10%/5%/1% 유의수준에서 통계적으로 유의함을 나타냄.
2) x^2(df=3)는 a=5%수준에서 임계치는 7.81임.
3) 추가변수는 현금흐름비율, 비기대 재고자산비율, 기업규모변수를 나타냄.

<표 12-10> 검증용 표본에 대한 예측력

구 분	종 류(표 본 수)	예 측 력	
		부실 1년 전	부실 2년 전
기본모형	부실기업(41개) 건전기업(123개)	25(61%) 109(89%)	27(66%) 111(90%)
	계 (164개)	134(82%)	138(84%)
확장모형	부실기업(41개) 건전기업(123개)	30(73%) 116(94%)	25(61%) 115(93%)
	계 (164개)	146(89%)	140(85%)

서 89%로 크게 증대되었다. 이와 더불어 부실 1년 전에 제1종 오류와 제2종 오류가 각각 39%와 11%에서 27%와 6%로 줄어들어 추가변수가 예측력을 향상시키는 데 유용하였음을 나타내고 있다.

본 연구는 ROE와 관련 3가지 비율을 이용하여 부실예측이 가능함을 보여줌으로써 비용·효익 면에서 효율적일 뿐 아니라 전문지식이 없는 일반 이해관계자들이 손쉽게 기업부실가능성을 예측할 수 있도록 하였다. 더욱이 예측모형에 구체적인 요인을 나타내는 변수들을 포함하여 기업부실 예측모형을 부실원인 및 경영정책과 연결시킴으로써 상당히 의미 있는 연구결과를 도출하였다. 또한 회계이익을 통제한 후에도 시장이 기대하지 못한 부실가능성의 변화에 대해 주가수익률이 관련되어 있음을 보여줌으로써 자본시장 정보가 기업부실 예측에 유용한 정보로 이용될 수 있음을 나타내고 있다.

한편 본 연구는 다른 여느 연구와 마찬가지로 비재무적 부실원인을 고려하지 못하였다는 점이 한계점으로 지적될 수 있다. 또한 표본을 상장회사에 국한함으로써 예측모형을 비상장업종에 적용가능 여부, 업종별 회계처리와 규제로 인한 영향 등에 대한 추가적인 연구가 필요하다. 또한 건전기업을 부실기업으로 보는 제2종 오류에 대한 분석도 실시하여 갱생가능성이 있는 기업을 도산기업으로 간주하여 파산시켰을 때의 사회적 비용도 고려해야 할 것이다.

6. 비모수기법을 이용한 부실예측

부실예측모형의 통계적 기법은 문제점은 크게 세 가지로 요약될 수 있다. 첫째, 기존의 연구는 기업의 부실여부를 사전적으로 파악한 후에 그 기업의 사후적인 정보를 추적·조사하는 연구로서, 이러한 모형을 실제 적용해보면 시점이 달라짐으로 인해 예측력이 현저하게 떨어지는 문제가 발생한다. 둘째, 많은 기존의 연구들이 사용하는 재무비율 자료가 정규성이나 선형성의 가정 등에 부합하지 못하다. 셋째, 기존 연구에서는 부실기업과 건전기업의 표본수를 동일하게 맞추느라 부실기업을 oversampling하는 경향이 있다.

이러한 문제점들을 극복하기 위해 대안적 기법으로 제시된 부실예측모형이 자료포괄분석(data envelope analysis: DEA)이다. DEA는 Charnes et al. (1978)이 비영리부문, 공공부문, 서비스부문 등 정확한 생산성함수의 추정이 어려운 분야에서 의사결정단위(decision-making unit: DMU)의 상대적 효율성을 측정하기 위해 개발한 방법론이다. 이 방법은 투입물과 산출물 간의 사전적 함수관계를 가정하고 모수를 추정하는 접근법이 아닌 비모수적 접근방식이다. DEA는 사전적 정보 없이 사후적 정보만 가지고도 기업의 재무건전성을 측정할 수 있고, 재무제표의 원자료를 가지고 분석할 수 있어 재무비율의 정규성 분포 가정이나 극단치의 영향을 배제할 수 있다는 장점이 있다.

그러나 DEA모형이 그동안 활발하게 활용되지 못한 이유는 DEA가 조직의 가치에 바람직한 산출물만을 분석에 이용하고 바람직하지 않은 산출물을 고려하기 어려웠기 때문이다. 이러한 한계점을 해결하기 위해 (Negative) DEA를 실시하여 효율적 프런티어상에 위치하는 효율적 DMU들을 제거한 후 남은 DMU들을 대상으로 (Negative) DEA를 반복실시하는 층화기법을 제안하였다(Simak 2000; Seiford and Zhu 2002).[2)]

민재형과 정철우(2006)의 연구 역시 기존 통계모형의 문제점과 DEA의 한

---

2) DEA와 Negative DEA는 수리적 모형과 형태는 동일하나 그 전략에 있어서 차이가 있다. DEA는 바람직한 결과를 얻기 위해 가장 효율적인 프로세스를 보인 DMU를 찾고자 하는 전략인 반면에 Negative DEA는 바람직하지 않은 결과를 얻기 위해 가장 효율적인 프로세스를 보인 DMU를 찾고자 하는 전략이다.

〈표 12-11〉 세 가지 층화기법의 분류정확도 비교

구 분	연도 / 기업	2002	2003	2004
Negative DEA에 적용된 층화기법	도산	100.00%	75.00%	83.33%
	비도산	48.95%	57.06%	48.36%
Simak의 층화기법	도산	92.31%	70.00%	72.22%
	비도산	60.57%	67.34%	59.10%
교차층화기법	도산	84.62%	70.00%	66.67%
	비도산	78.67%	81.47%	82.09%

계점을 극복하기 위해 DEA와 Negative DEA를 함께 사용하는 교차층화기법(cross peeling technique)을 제안하였다. 교차층화기법은 DEA와 Negative DEA를 번갈아 수행하되 일단 효율적으로 판별된 DMU는 표본에서 제외하고 다음 분석을 수행하는 방법(sampling without replacement)으로, 기존의 층화기법을 적용할 때 분석자의 임의적 판단이 개입되는 문제를 해결할 수 있다. 〈표 12-11〉에서 보는 바와 같이 Negative DEA 층화기법, Simak의 층화기법 그리고 교차층화기법을 분류정확도 측면에서 볼 때 교차층화기법이 가장 우수한 성과를 보이는 것으로 나타났다. 또한 오분류비용에 대한 여러 가지 가정과 simulation에 있어서도 교차층화기법이 총오류비용을 가장 최소화하는 것으로 관찰되었다.

제 3 절 신용분석 및 신용평가모형

신용분석은 기존의 채권자 또는 대출을 고려하고 있는 금융기관의 입장에서 채무자인 기업의 원리금상환능력을 분석·평가하는 것이다. 이러한 신용분석은 회계정보를 이용하여 손실함수를 최소화하는 예측모형을 구축하는 것이라는 점에서 전술한 부실예측과 유사하다고 할 수 있다. 예를 들면, 제2절에서 논의된 이분류검정, 절사점 등의 개념은 신용분석에서도 동일하게 적용된다.

부실예측과 신용분석의 차이점은 재무적 곤경에서 벗어날 수 있는지 여부에 있다. 부실예측은 재무적 곤경에서 벗어나지 못한 기업과 그렇지 않은 기업에 초점을 맞추는 반면 신용분석은 기업이 재무적 곤경에 처할 가능성과 원리금을 상환할 수 있는 능력을 평가하는 것이다. 이러한 관점에서 볼 때 부실예측은 넓은 의미에서 신용분석의 한 부분으로 볼 수 있다. 신용분석은 은행 등의 금융기관이 대출여부를 결정하거나 신용평가전문기관이 채권 및 어음의 신용등급을 판정하기 위해 이루어진다.

1. 여신결정

은행 등의 금융기관이 직면하는 위험은 현금부족으로 발생하는 유동성위험, 대출금의 원리금회수에 따른 신용위험, 이자율 변동에 의한 이자율위험, 환율 변동에 기인하는 환위험 등이 있다. 이 중에서 은행 등의 금융기관에 가장 중요한 수입원인 이자수입의 크기를 결정하는 것이 신용위험이다. 따라서 여신결정은 금융기관의 수익성과 위험도 등의 경영성과를 결정짓는 중요한 의사결정이다.

(1) 여신결정시 고려사항

은행 등 금융기관의 여신결정은 크게 두 단계로 나누어진다. 먼저 대출신청에 대해 대출을 해줄 것인지 여부를 결정한다. 일단 대출을 해주기로 결정을 하였다면 후속적으로 대출금액, 이자율 및 상환시기를 결정하며, 필요하다면 담보설정, 채무이행조항(debt covenants) 등을 요구하기도 한다.

이때 여신결정은 수익성, 안전성 및 공공성을 고려하여 이루어져야 한다. 영리기관으로서 대출이자율이 예금이자율보다 높아야 하며 여신에 따른 위험을 보상할 수 있도록 책정되어 수익성을 극대화하여야 한다. 이와 동시에 부실채권으로 인해 금융기관은 물론 국민경제에 미치는 영향이 지대하므로 이를 최소화하도록 여신결정이 이루어져야 한다. 또한 중소기업 및 서민생활의 안정을 위한 여신확대, 기술개발 및 생산성 향상의 촉진, 대출의 형평성 유지 등의 공공성을 고려하여 여신결정이 국민경제의 건전한 발전에 기여할 수 있도록 이루어져야 한다.

(2) 정보의 원천

여신결정에서 사용할 수 있는 정보에는 대출신청기업으로부터 얻을 수 있는 정보, 현재 및 과거의 대출담당자가 가지고 있는 누적된 정보, 전문적 신용조사기관의 조사결과, 생산요소시장 및 제품시장 그리고 노동시장으로부터의 정보 등이 있다(Foster 1986, pp.574~575). 대출신청기업으로부터는 과거 재무제표, 미래현금흐름 등의 예측치, 담보로 제공될 자산, 세부사업계획서 등이 있다. 대출담당자가 갖고 있는 누적된 정보는 대출신청기업이 기존의 고객일 경우 과거의 거래기록 및 영업실적 등을 일컫는다.

전문적 신용기관으로부터는 대출신청기업의 회사채 및 기업어음에 대해 채무상환능력을 평가하여 책정한 신용등급에 대한 자료를 얻을 수 있다. 그 밖에도 대출신청기업의 제품에 대한 신뢰성, 임금협상의 시기, 시장점유율 추세, 원자재 가격동향 등의 정보도 여신결정에 중요한 정보원천이다. 또한 주식 및 채권의 가격변동, 거래량 등의 자본시장에서의 정보는 재무제표에 반영되기 이전의 예측정보도 포함하여 미래의 전망 및 조기경보적인 신호를 제시해준다는 점에서 유용하다. 마지막으로 산업별 전망 및 예측치, 경제동향보고서, 정부의 통화량, GNP, 세금 등에 대한 정책자료도 여신결정에 사용되는 정보원천이다.

(3) 여신결정과정

여신결정이 어떻게 이루어지는지를 살펴보는 것은 매우 중요하다. 그 이유는 여신결정과정에서 회계정보의 역할을 이해할 수 있을 뿐만 아니라 앞으로 기존 여신결정에 대한 평가와 개선방향을 제시해주기 때문이다. Foster는 여신결정과정을 [그림 12-3]에서 보는 것처럼 대출승인단계, 대출금사후관리단계, 대출금회수단계로 구분하여 설명하고 있다.

① 대출승인(loan approval)단계
② 대출금에 관한 사후관리(loan monitoring)단계
③ 대출금회수(loan termination)단계

대출승인단계에서는 대출이 신청되면 대출신청기업의 중요도, 재무제표 정보, 전략적 요소, 경영층의 자질, 위험도 및 산업·경제 전망에 기초하여 대출승인여부를 결정한다. 대출금사후관리단계에서는 이자 및 원금 상환시기, 담보자산의 가치, 제한조건의 이행여부를 평가하여 어느 정도로 사후관리를 해나갈지를 결정한다. 대출금회수단계에서는 원리금의 회수여부에 따라 고객과의 관계를 지속할지 여부를 결정한다.

[그림 12-3] 상업적 대출에 대한 의사결정과정

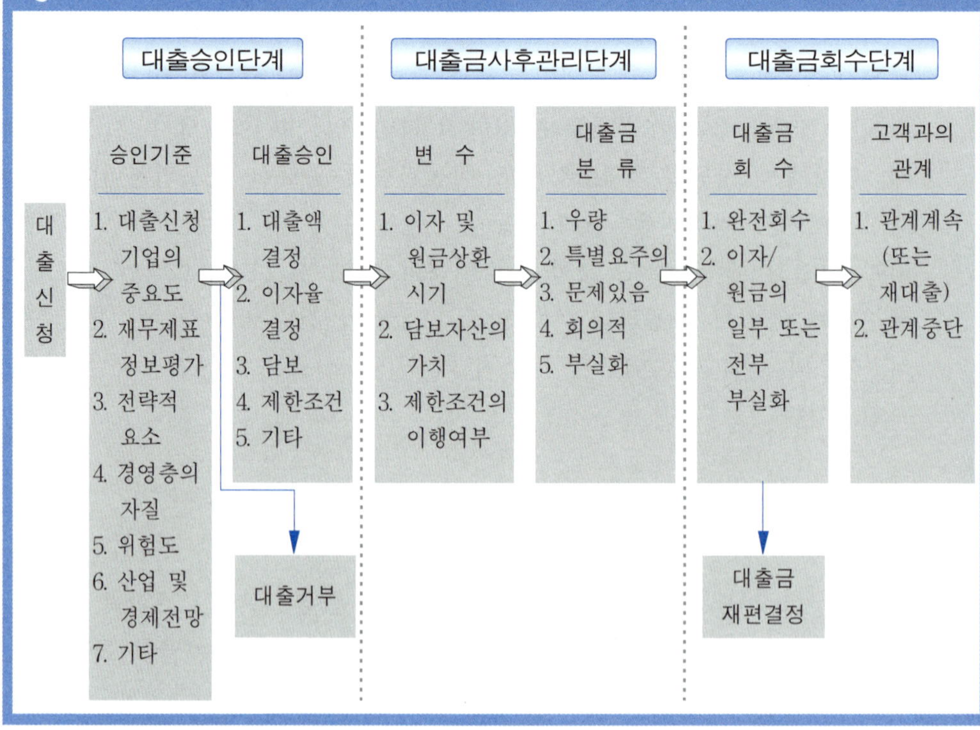

(4) 여신결정을 위한 신용분석모형

앞에서도 살펴본 바와 같이 여신결정은 대출신청기업의 재무제표 자료를 기초로 다른 제반 사항을 고려하여 이루어진다. 회계정보를 이용한 여신결정의 모형을 구축하고 이를 평가하는 것은 회계정보의 유용성 여부를 판단하고 구축된 모형의 개선여지를 파악하는 데 매우 중요하다.

Dietrich과 Kaplan(1982)은 기존의 대출금의 상태를 다음과 같이 분류하였다.

① 우량(current)대출 : 정상적인 수준의 회수위험만이 존재하는 대출
② 요주의(especially mentioned)대출 : 채무자의 재무상태가 좋지 않아 상환계획에 차질을 빚을 수도 있는 대출
③ 적신호(substandard)대출 : 재무적으로나 경영상으로나 심각한 어려움으로 즉각적 조치가 필요한 대출
④ 회의적(doubtful) 대출 : 채무상환 및 이자지급이 매우 회의적이고 부실화될 가능성이 높은 대출
⑤ 부실화된(loss) 대출 : 대출금의 회수가 불가능으로 판단된 대출

Dietrich과 Kaplan(1982)은 미국 은행들의 기업자금대출 140건을 추정표본으로 하여 대출위험을 선형모형으로 추정하였다. 종속변수는 대출금을 5가지 상태로 분류하여 측정하였으며, 설명변수는 기업의 특성을 나타내는 3가지 변수를 채택한 다음 판별분석을 수행하여 추정식을 다음과 같이 산출하였다.

$$Y_i = -3.9 + 6.41 \times DE_i - 1.12 \times FCC_i + 0.664 \times SD_i$$

여기서 Y_i = 판별점수
DE_i = (고정부채 + 유동부채) / 총자산
FCC_i = 영업활동으로 인한 현금흐름 / (이자비용 + 고정임대료 + 만기3년 이내 부채평균)
SD_i = 매출액 감소가 계속된 연수

Y_i의 점수가 높을수록 추정대출위험이 높은 것이다. 부채비율(DE_i)이 높을수록, 영업활동으로 인한 현금흐름(FCC_i)이 적을수록, 그리고 매출액 감소연도(SD_i)가 클수록 대출위험은 높은 것으로 예측된다.

평균적으로 140개의 추정표본 중에서 119건(85%)을 올바르게 예측하였으며, 187개의 유효표본에 추정모형을 적용하여 예측한 결과 160건(86%)을 바르게 판별하였다. 우량대출의 경우에는 추정표본과 유효표본 모두에서 양호하였으나, 나머지 3개 범주 대출에서는 유효표본보다는 추정표본에서 예측정확도가 높게 나타났다.

Marais, Patel 및 Wolfson(1984)은 미국의 대형은행들을 표본으로 하여 716건의 대출표본을 분석하였다. 이 연구의 특징은 2종류의 손실함수(loss function)를 고려하였다는 점이다. 첫 번째 손실함수에서는 모든 예측오류(제1종 오류와 제2종 오류)에 대하여 동일한 가중치를 부여하였다. 두 번째 손실함수에서는 비우량대출로 인하여 발생한 오류에 대해 높은 가중치를 부여하였다. 이는 비우량대출로 인한 손실이 우량대출을 승인하지 않음으로 인한 기회비용보다 수십 배 크기 때문이다.

<표 12-12> 대출담당자들의 분류정확도 : 추정표본과 유효표본에 대한 예측력

대출의 분류	추정표본	유효표본
우량	93%	94%
요주의	44%	29%
적신호	80%	30%
회의적	60%	50%

(5) 신용평점제도

은행 등의 금융기관은 신용평점제도에 의하여 기업의 신용도를 평가하고 여신결정을 내린다. 신용평점제도는 대출신청기업의 여러 가지 재무비율을 산업평균비율과 비교하여 지수를 계산하고 그 지수의 크기에 따라 일정 점수를 부여하여 이 점수들의 총점에 의하여 신용도를 측정·평가하는 방법이다. 신용평점모형에는 재무비율 이외에도 기업의 질적 특성을 반영하는 비재무지표들도 포함된다.

은행 등의 금융기관에서 신용평점제도의 재무 및 비재무지표, 가중치, 평점방법 등의 구체적인 내용은 민감한 사항에 속한다. 그 이유는 대출신청기업들이 회계분식을 해서라도 이 신용평점에 좋은 점수를 받을 수 있도록 재무제표를 작성할 수 있기 때문이다.

우리나라 시중은행에서 사용하고 있는 신용평점방식은 한국은행이 제정한 「기업체 종합평가표」와 각 은행별로 작성하여 사용하는 「기업신용평가표」가 있다. 한국은행의 종합평가표는 상업어음재할인 적격업체 선정을 위하여 제정한 것이다. 일반 금융기관들은 이와 유사한 평가표를 자체적으로 개발하여 신용분석을 하고 여신결정 여부를 판단하는 기준으로 널리 사용하고 있다.

<표 12-13> 한국은행의 기업체 종합평가표

<table>
<tr><th colspan="4">평 가 항 목</th><th rowspan="2">배 점</th></tr>
<tr><th rowspan="14">업종별
평가항목</th><th>대 항 목</th><th>중 항 목</th><th>소 항 목</th></tr>
<tr><td rowspan="5">재무상태</td><td>자본구성</td><td>자기자본비율</td><td>15</td></tr>
<tr><td>유 동 성</td><td>유 동 비 율</td><td>15</td></tr>
<tr><td>수 익 성</td><td>총자본순이익률
매출액경상이익률</td><td>10
5</td></tr>
<tr><td>안 전 성</td><td>고정장기적합률의 역</td><td>5</td></tr>
<tr><td colspan="2">소 계</td><td>50</td></tr>
<tr><td rowspan="4">사업현황
및 전망</td><td>활 동 성</td><td>총자본회전율
매출채권회전율</td><td>5/2
5/2</td></tr>
<tr><td>성 장 성</td><td>총자본증가율
연간 순매출액 증가율</td><td>5/2
5/2</td></tr>
<tr><td>생 산 성</td><td>부가가치율
노동생산성 증가율
총자본투자효율</td><td>10/3
10/3
10/3</td></tr>
<tr><td colspan="2">소 계</td><td>20</td></tr>
<tr><td colspan="3">계</td><td>70</td></tr>
</table>

＊자료 : 한국은행 총액한도대출관련 상업어음할인 취급세칙. 「통화신용정책관련 규정집」. 한국은행 자금부. 1994. 6, p.12.

〈표 12-13〉은 한국은행에서 제정한 「기업체 종합평가표」이다.

이 평가표는 크게 계량적 평가지표와 비계량적 평가지표로 구분된다. 계량적 평가지표에는 자본구성, 유동성, 수익성, 안전성 등의 재무상태를 나타내는 지표와 활동성, 성장성, 생산성 등의 사업현황 및 전망을 나타내는 지표들이 포함된다. 비계량적 평가지표에는 사업전망, 은행과의 관계, 경영형태 및 인적사항에 관한 지표들이다. 종합평점 100점 만점에 계량적 평가지표가 70점, 비계량적 지표가 30점으로 되어 있다. 각 항목별 평점등급별(A, B, C, D, E) 점수는 배점에 각각 1, 4/5, 3/5, 2/5, 1/5을 곱하여 산출한다. 등급에 대한 평가기준은 한국은행이 과거자료에 근거하여 마련한 기업체 종합평가표 작성요령에 그 지침이 제시되어 있다.

이렇게 산출된 종합평점에 따라 금리를 차등적용한다든지 어음할인의 적격여부를 판단하는 기준으로 사용된다. 또한 이러한 평가표는 업종의 특성을 고려하여 지표, 가중치 등의 평가기준을 달리 적용할 수 있다. 은행 등의 금융기관도 그 기관의 특성에 맞게 「기업신용평가표」를 자체적으로 개발하여 여신결정 및 차등금리 적용에 활용하고 있다.

2. 신용등급의 평가

(1) 신용등급의 의의

채권 및 어음의 신용등급은 전문평가기관이 해당 유가증권을 발행한 기업의 원리금상환능력을 평가하여 알기 쉬운 기호로 등급을 매기고 이를 공시하는 것을 일컫는다. 이러한 신용등급의 평가는 투자자들이 전문적인 지식 없이도 특정 등급 이상의 종목만 선정하는 것과 같은 단순한 지침을 적용할 수 있어 투자위험을 용이하게 관리하게 해줄 수 있다. 또한 유가증권의 발행가격이 등급에 따라 차별화되기 때문에 높은 신용등급을 받은 기업은 자금을 용이하게 조달할 수 있는 이점이 있다.

금융기관의 입장에서는 보유한 포트폴리오의 위험수준과 시장가치를 계속적으로 평가할 수 있어 펀드를 조성하고 목표수익률을 관리하는 데 도움을 준다. 그 밖에도 독립적이고 신뢰할 수 있는 신용등급의 평가는 감독기관이 채무불이행의 위험을 감시하고 자산운용의 안전성에 대한 감독을 효율적으로 수행할 수 있도록 해준다. 경제 전체적인 관점에서 정보생산비용을 낮추고 시장의 투명성을 증대시켜줌으로써 궁극적으로는 채권 및 어음 시장의 효율성을 제고하는 데에도 많은 도움을 준다.

(2) 신용등급의 평가절차

회사채 및 기업어음의 등급평가절차는 우리나라와 미국 등의 신용평가전문기관들이 대부분 유사한 절차를 따르고 있다. 일반적으로 발행기업이 평가를 의뢰하면 발행기업과 신용평가기관 사이에 평가계약을 체결하고, 결산서, 감사보고서 등 필요한 자료를 제출한다. 신용평가기관은 이러한 자료를 기초로 예비분석을 실시하고 발행기업을 방문하여 정밀분석을 실시한 다음 등급평가실무회의와 등급평가위원회에서 등급을 평가하여 회사에 등급을 통보한다. 발행기업이 통보받은 등급에 동의하면 등급평가서를 교부하고 등급을 공시한다. 발행기업이 등급에 동의하지 않는 경우에는 재심사하는 과정을 거쳐 등급을 결정한다.

(3) 신용등급의 주요 평가내용

등급평가는 원리금상환능력 및 기업의 신용을 체계적으로 분석 · 평가하는 것이다. 신용등급의 평가내용은 사업분석, 재무분석, 자금조달능력, 발행유가증권의 내용 및 조건 등으로 구분된다.

신용평가회사에서 사용하고 있는 회사채의 신용평가등급(bond rating)은 미국의 경우 Moody사의 등급과 Standard & Poor's사의 등급이 가장 널리 사용되고 있다. 우리나라의 평가등급도 미국의 경우와 거의 유사하다.

(4) 신용등급의 예측모형

채권의 신용등급을 예측하기 위한 모형은 일반적으로 다음과 같은 형태를 지닌다.

$$Z_i = f(X_{i1},\ X_{i2}, \ldots, X_{in})$$

여기서 Z_i = 채권 i에 부여된 등급
X_{ij} = 채권 i에 대한 j번째 변수의 값

위의 모형은 일반적으로 판별분석을 이용하여 추정한다. 이러한 모형은 설명변수로 선정되는 재무변수들에 대한 이론적 근거가 약하다는 점, 평가과정에서 주관적 판단이 개입될 수 있다는 점이 예측모형의 유용성을 저해할 수 있다. 그러나 이러한 모형은 평가기관, 투자자, 경영자 등에게 다음과 같은 유용성을 제공한다(Foster 1986, pp.502~503).

먼저 신용평가회사는 신용평가를 위해 계량적 예측모형을 사용할 수 있으며, 이러한 모형은 평가회사가 일관성 있게 신용등급을 판정하도록 할 수 있다. 또한 투자자는 이러한 계량모형에 기초하여 私募債(privately placed debt)를 신용평가할 수 있다. 한편 평가모형은 신용평가기관에서 어떤 변수들을 중시하는지를 경영자에게 전달하기 때문에 경영자들은 의사결정을 내릴 때 이러한 요소들을 고려할 수 있다.

사채등급의 예측에 대한 대표적인 연구로는 Belkaoui(1983)의 연구가 있다. 그는 1981년에 Standard & Poor's사가 발표한 B 또는 그 이상의 등급을 받은 226개 제조기업의 사채를 추정표본으로 사용하고 115개의 사채를 유효표본으로 사용하였다. 예측모형은 다음 9개의 설명변수를 사용하여 선형다중판별분석(linear multiple discriminant analysis)으로 추정하였다.

X_1 = 총자산
X_2 = 총부채
X_3 = 장기부채 / 총투자자본
X_4 = 단기부채 / 총투자자본
X_5 = 유동자산 / 유동부채

X_6 = 고정자산 / 장기자금(=자본+고정부채)
X_7 = 5년간의 현금흐름 / (5년간의 자본적 지출 + 최근 5년간의 재고자산의 변동 + 5년간의 배당의 합)
X_8 = 주가 / 주당 자기자본
X_9 = 더미변수로 만일 사채보다 우선적인 청구권이 있는 다른 채무증권이 존재하면 1의 값을 갖고, 아니면 0의 값을 가짐

Belkaoui는 이러한 설명변수들이 사채의 질을 결정짓는 것으로 파악하였다. 특히 X_9는 두 가지 이상의 채권이 발행되었을 경우 청구권 우선순위가 높은 채권이 낮은 채권에 비해 등급이 높게 책정된다. 판별모형의 사채평가 예측 정확도는 추정표본에서 72.9%(194/266)이었으며, 유효표본에서는 67.8%(78/115)로 통계적으로 유의한 것으로 나타났다. 이러한 결과는 정확도 측면에서 과거의 연구와 비교해볼 때 매우 양호한 것으로 평가된다.

제 4 절 부실예측 및 신용평가의 정보효과와 비계량정보

기업의 부실예측 및 신용평가와 관련된 연구는 크게 두 가지로 나눌 수 있다. 첫 번째 연구흐름은 제2절에서 다룬 예측 및 평가모형에 대한 연구이고, 두 번째 연구흐름은 부실로 인한 도산 및 신용평가의 변경과 관련된 정보의 유용성에 대한 연구이다. 또한 첫 번째 연구흐름에서 재무정보 이외의 비계량정보를 고려한 예측 및 평가모형의 연구가 있다. 본 절에서는 두 번째 연구흐름인 정보유용성과 첫 번째 연구흐름의 연장인 비계량정보의 예측모형에서의 역할에 대해 논의하기로 한다.

1. 도산시점에서의 정보효과

기업부실을 사전에 어느 정도 예측할 수 있다면 그로 인한 미래현금흐름의

변동이 그때그때 주가에 반영이 될 것이다. 기업이 실제로 도산하는 시점에서는 시장이 별다른 반응을 보이지 않을 것으로 추정된다. 그러나 부실가능성에서 부실로 확정될 때 시장은 기업의 미래현금흐름에 대한 전망을 다시 평가하게 될 수도 있다. 예를 들면, 부실이 확정되면 부실기업이라고 인식되어 매출의 급격한 감소, 자금조달의 어려움 등이 발생하여 상황을 더욱더 악화시킬 수 있기 때문이다. 따라서 과연 기업이 도산하는 시점에서 시장에 새로운 정보를 가져다주는 효과가 있는지는 실증적 문제라고 볼 수 있다.

Datta와 Iskandar-Datta(1995)는 도산발표시점의 정보효과를 분석하였다. 그들 연구결과에 의하면 도산을 선언하는 시점에서 통계적으로 유의한 음의 주가수익률이 관찰되었다. 이는 기업부실의 예측가능성에도 불구하고 최종 도산시점에서 기업을 둘러싼 여러 가지 불확실성이 명확히 결정되기 때문인 것으로 보인다. 한편 보증사채의 수익률은 별다른 움직임을 보이지 않았으나, 무보증사채 및 전환사채의 수익률은 통계적으로 유의하게 음으로 나타났다. 또한 도산기업의 구조조정이 오래 걸리고 복잡할수록 주가수익률이 더욱 음의 값을 가진 것으로 관찰되었다. 이러한 결과들은 시장이 보증여부, 미래의 불확실성 등을 사전적으로 꿰뚫어보았음을 시사한다.

Burgstahler, Jiambalvo 및 Noreen(1989)은 부실가능성의 추가적인 정보효과를 검증하였다. 이 연구는 채무이행능력에 대한 정보는 기업을 둘러싼 이해관계자와의 암묵적인 계약에 영향을 미치게 되므로 궁극적으로 기업의 가치에 영향을 미칠 것이라는 가설에 기초하고 있다. 그들은 Ohlson모형을 이용하여 부실확률의 비기대 변동분과 주가의 비기대 변동분의 관계를 살펴본 결과 통계적으로 유의한 상관관계가 있음을 보여주었다. 이러한 결과는 재무제표에 담겨진 회계정보가 기업의 가치를 결정하는 데 있어서 중요한 역할을 하고 있다는 증거를 다시 한 번 보여준 것이라 하겠다.

2. 채권등급 변경시점에서의 정보효과

신용평가는 기업의 미래현금흐름에 관한 제반 여건을 분석하여 채무불이행의 위험정도를 표시하는 제도이다. 또한 미래현금흐름과 위험은 주식의 가치를 결정하는 중요한 요소이기 때문에 신용등급과 주식수익률은 분석대상물이 동일하다는 점에서 깊은 관련성을 가진다고 판단된다. 따라서 신용등급의 공시에 따라 신용등급이 상향변경된 기업의 주식과 하향변경된 기업 또는 변경되지 않은 기업의 주식은 각기 차별적인 주식수익률을 보일 것으로 추론된다. 그러나 한편으로는 신용평가기관이 단순히 이미 공시된 정보를 요약・정리하여 발표하는 것에 불과하다면 신용평가기관이 정보비용을 낮추는 데 도움을 줄 뿐 시장이 갖고 있지 못한 새로운 정보를 제공하지는 않을 수 있다(Wakeman 1984).

이러한 서로 다른 견해를 검증하기 위해 Holthausen과 Leftwich(1986)는 신용평가기관의 채권등급에 대한 자료를 보도하는 시점에서의 이틀간의 주가수익률을 살펴보았다. 그들의 연구결과에 의하면 신용평가기관인 Moody's사와 Standard & Poor's사가 채권등급을 하향조정하는 시점에서 음의 비정상수익률이 발생하였다. 이러한 결과는 발표시점에 다른 정보가 동시에 보도됨으로 인해 발생하는 혼합효과(confounding effects)를 통제하고 나서도 관찰되었다.

그러나 신용평가기관이 채권등급을 상향조정하는 경우에는 양의 비정상수익률이 발견되지 않았다. Holthausen과 Leftwich는 이러한 신용등급 변경의 비대칭적인 현상에 대해 두 가지 설명을 제시하고 있다. 신용평가기관의 손실함수가 비대칭적이기 때문에 하향조정이 상향조정보다는 적시에 발표된다는 점을 들고 있다. 또한 경영자가 호재는 공시하지만 악재는 지연시키는 경향이 있어 신용평가기관의 정보가 하향조정의 경우에만 정보효과가 있다는 설명을 제시하고 있다.

Cornell, Landsman 및 Shapiro(1989)는 Holthausen과 Leftwich의 연구에서 제시된 결과를 근거하여 다음 두 가지 질문에 답하고자 하였다. 첫 번째 질문은 신용등급의 변경은 어떠한 유형의 정보를 제공하는 것인가? 두 번째 질문은 신용등급의 상향조정과 하향조정에 대해 대칭적인 정보효과가 발생하지 않는 이유는 무엇인가? Cornell, Landsman 및 Shapiro는 이 두 가지 질문에 답하기 위해 신용평가기관이 무형자산의 평가에 있어서 일반투자자들보다 비교우위가 있다고 보았다. 그들은 실증적으로 무형자산이 비교적 많은 기업에 대한 신용등급의 변경시 정보효과가 크다는 것을 보여주었다.

Goh와 Ederington(1993)은 신용등급의 하향조정이 반드시 악재를 의미하지는 않음을 보여주고 있다. 그들은 미래전망이 어두운 경우에만 음의 초과수익률이 관찰되고, 채권자로부터 주주로의 부의 이전이라든지 그 밖의 경우에는 음의 초과수익률이 관찰되지 않음을 보여주고 있다. 결국 신용등급의 변경은 어떤 이유에 의해 그러한 변경이 이루어졌는지를 살펴보아야 할 것임을 강조하고 있다. 한편 Hand, Holthausen 및 Leftwich(1992)는 사채등급기관의 신용등급 변경시 사채수익률의 변동을 살펴보았다. 그들의 실증결과에 의하면, 신용등급의 변경이 공표되는 시점에서 사채의 초과수익률이 유의하게 0과 다름을 보여주었다.

국내의 대표적인 연구로는 오희장(1999)의 연구를 들 수 있다. 그는 국내의 연구가 기업어음 신용등급변경의 정보효과가 아직까지 일치된 결과를 얻지 못하는 이유가 연구방법론상의 문제에 기인한다고 보았다.[3] 그는 국내 기업어음 신용등급변경의 정보효과를 검증하기 위해 한국신용평가(주)의 신용평가자료를 이용하여 1995년부터 1997년 6월까지 신용등급이 상향변경된 66건, 하향변경된 104건, 변경되지 않은 608건을 표본으로 하여 변형된 시장조정모형에 의해 산정된 일별 비정상수익률을 종속변수로 하였다. 검증결과 신용등급이 상향변경된 경우 통계적으로 5% 수준에서 유의적인 정보효과를 기록하였다. 이는 선행연구에서 신용등급이 하향변경되었을 때에만 유의적인 정보효과를 기록했던 결과와는 다르다. 또한 신용등급변경정보가 주식수익률에 반영되는 시기는 신용등급변경 공표 전 8일(−8일)부터인 것으로 나타났다.

3. 비회계정보와 부실예측 및 신용평가

기업의 부실예측 및 신용평가의 주요 정보원은 재무제표에 나타난 재무비율자료이다. 그러나 이러한 회계자료는 예측 및 평가모형을 구축하는 데 있어서

3) 국내연구의 경우 최준석과 허성관(1994)은 기업어음의 신용등급변경이 주식수익률에 영향을 미치지 못하고 있다고 결론을 내린 반면, 이한재와 김영무(1997)는 기업어음의 신용등급이 하향변경된 경우에만 정보효과가 있다고 보고하였다. 오희장(1999)은 국내의 선행연구들이 사용한 시장수익률이 신용등급이 변경된 사건의 정보효과를 검증하기 위해 적절치 않다고 보았다. 그는 시장수익률보다는 신용등급이 변경되지 않은 집단의 비정상수익률을 기준으로 사용하는 것이 더 논리적이고 검정력이 높다고 주장하였다.

여러 가지 단점들을 지니고 있다. 회계자료는 주기적으로 산출이 되며, 과거에 대한 자료일 뿐이다. 또한 기업회계기준의 테두리 안에서 작성되기 때문에 간혹 발생한 거래나 사건이 회계처리되지 않기도 한다. 그 밖에도 회계측정은 대체적인 회계처리절차에 따라 달라질 수 있으며, 회계분식으로 인하여 회계정보의 신뢰성이 의문시되기도 한다.

따라서 회계정보 이외의 다른 정보가 예측 및 평가모형을 개선시킬 수 있다. 여기서는 재무분석가의 이익예측과 감사인의 감사의견에 대해 논의한다.

(1) 재무분석가의 이익예측

재무분석가는 시계열모형에 비해 보다 광범위한 정보원을 가질 뿐만 아니라 시장에 끊임없이 유입되는 정보를 그때그때 예측 및 평가에 반영할 수 있다. 따라서 재무분석가의 이익예측에도 기업의 부실을 예측하고 신용을 평가하는 데 있어 회계자료에 미처 인식되지 못한 정보가 반영되어 있을 것으로 기대된다.

Moses(1990)는 재무분석가의 이익예측으로부터 산출된 변수를 가지고 기업의 부실징후를 파악하는 데 도움이 되는가를 연구하였다. 그는 이익예측오차가 미래현금흐름의 불확실성을 나타내며, 재무분석가 사이에 예측의 분산과 이익예측의 어려움은 베타 또는 주가수익률의 분산과 같은 전통적인 위험측정치와 높은 상관관계가 있다는 점에 착안하였다.

그는 예측이익, 예측오차, 예측분산, 예측편의, 그리고 이러한 속성의 변동에 있어서 부실기업과 건전기업 간에 차이가 있음을 관찰하였다. 예측이익의 수준은 미래성과의 기대치를 시사하며, 부실기업이 낮게 나타났다. 예측오차와 분산은 위험성을 반영하며, 부실기업이 크게 나타났다. 예측편의는 기업이 부담하게 될 도산 간접비용을 반영한다. 만약 기업의 도산가능성이 커짐에 따라 매출과 이익이 줄어들고 그러한 정보가 예측수정시에 반영이 되지 않았다면 부실기업의 경우 지나치게 낙관적이었던 예측이 보다 빈번하게 관찰될 것으로 예상되었으며, 실제로도 그렇게 나타났다. Moses는 이를 기초로 재무분석가의 예측치에 기초한 측정치가 미래 도산가능성을 예측하는 데 있어서 유용할 수 있음을 보여주었다.

(2) 감사인의 감사의견

부실예측 및 신용평가와 관련하여 고려되는 비계량정보의 하나는 바로 감사의견이다. Hopwood, McKewon 및 Mutchler(1989), 권수영(1999) 등은 감사의견이 기업의 도산을 예측하는 데 있어 추가적인 정보를 제공하는지를 검증하였다. Hopwood 등의 경우에는 도산 1년 전의 자료를 기초로 실증분석한 결과 계속성에 의심이 가는 한정의견과 조건부 한정의견의 경우 감사의견이 도산예측에 추가적인 설명력을 갖는 것으로 나타났다.

한편 권수영은 Hopwood 등의 연구를 한국시장에서 재검증하였다. 그는 특히 도산 1년 전의 자료가 신뢰성의 문제가 있는 것을 감안하여 도산 2년 전의 자료도 살펴보았으며, 자료의 용이성 때문에 상장법인에 국한한 과거의 연구와는 달리 등록법인 및 외감법인을 분석대상으로 하였다. 연구결과에 의하면, 감사의견이 도산 1년 전에는 정보효과가 있었으나 도산 2년 전에는 정보효과가 없는 것으로 나타났다. 그러나 이러한 결과는 감사의견의 표명이 비상장인 경우에 보다 과다하게 표명하는 경향으로 인한 것이며, 상장법인의 경우에는 도산 직전연도에도 정보효과가 없는 것으로 나타났다. 이는 도산 직전연도 또는 그 이전부터 도산예측이 가능하지만 감사의견은 기업의 부실여부를 판단하는 데 별다른 도움을 주지 못하고 있음을 보여주고 있다.

제 5 절 기업도산결과의 결정요인 및 예측

기업의 도산은 관련업체의 연쇄부도, 대량실업의 유발, 축적된 기술과 지식의 소멸 등 사회전반에 미치는 영향이 지대하다 할 수 있다. 이로 인하여 대부분의 연구는 기업의 도산가능성을 예측하여 사전에 이를 회피하는 방안을 모색하는 데 초점을 맞추었다. 또한 우리나라 정부의 부실기업 처리정책도 가능하다면 기업의 도산은 막아야 한다는 인식을 지니고 있었다. 그러나 자본주의 경제체제하에서 한정된 자원을 최대한 활용하기 위해서는 효율적인 기업은 살아남고 비효율적인 기업은 사라지는 것이 사회전반에 있어서는 오히려 바람직한 것이다.

최근 국가경제의 존립조차 위협할 정도로 대기업들이 도산하게 됨에 따라 이들 기업에 대한 처리가 사회적으로 많은 관심거리가 되고 있다. 기업이 도산하면 기업과 채권자 등의 이해관계자들은 기업의 존속여부를 비공식적인 협의를 거쳐 결정하지만, 이러한 협의가 원만하게 이루어지지 않으면 법적 처리에 의존하게 된다. 여기서 도산기업의 이해관계자들은 도산결과에 따라 자신들의 부의 배분이 달라지므로 이에 대한 관심을 가지지 않을 수 없다.

본 절에서는 도산기업의 처리절차에 대해 살펴보고 이와 관련된 주요 연구 2개를 살펴보기로 한다.

1. 도산의 법적 절차와 갱생 및 청산

기업이 도산하면 먼저 기업과 채권자 등의 이해관계자들은 비공식적인 협의를 거쳐 기업을 갱생 또는 청산시킨다. 이러한 사적 처리는 도산기업이 이해관계자들과 협의를 통해 채무변제의 유보 등을 통하여 기업의 갱생을 유도하거나 제3자 등에게 양도하는 절차를 밟는 것 등이다. 그러나 협의가 원만하게 이루어지지 않을 경우에는 법적 처리에 의존하게 된다. 도산기업에 대한 법적 처리는 회사정리법에 의해 갱생을 시도하거나 파산법에 의해 청산하는 것이다.

이러한 과정에서 도산기업의 이해관계자들은 향후 기업의 상황이 자신의 부의 배분과 직결되므로 도산기업의 처리결과에 대해 지대한 관심을 갖게 된다. 여기에서는 도산기업의 처리절차에 대해 살펴보기로 한다.

(1) 은행관리

은행관리는 채권은행이 부실기업을 맡아 관리하는 것을 말한다. 특히 자금관리를 중심으로 부실기업의 경영정상화를 위하여 은행이 직접 관리한다. 만약 경영정상화가 이루어지면 채권은행단과 소유주 사이의 협상에 의하여 경영권이 반환된다. 일반적으로 부도기업 중에서 부도규모가 적으며 회생가능성이 높은 기업 중에서 은행관리를 허용한다. 그리고 최종부도를 낸 기업체 경영주들은 은행관리를 최선의 선택으로 여긴다.

(2) 법정관리

회사정리제도는 재정적 궁핍으로 파탄에 직면한 회사에 대하여 갱생의 가망

[그림 12-4] 도산의 처리과정[4)]

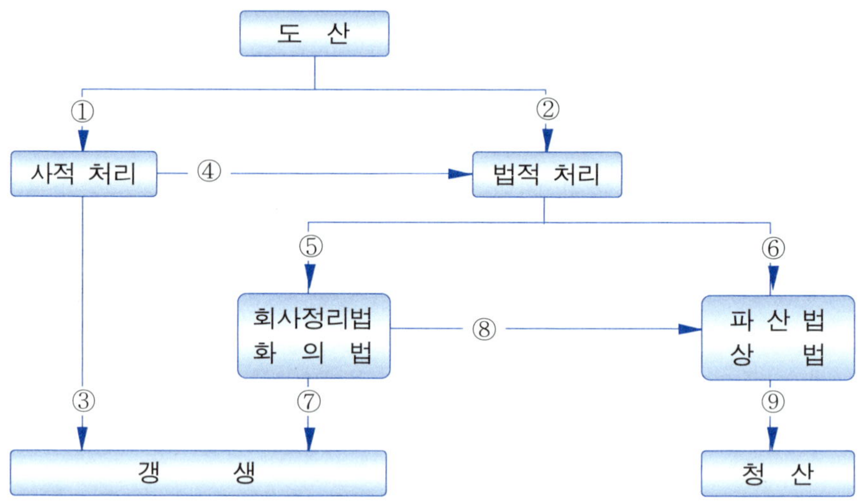

(주) ① 법외적인 방법에 의한 갱생의 시도
② 법적인 방법에 의한 도산의 처리
③ 채권자와 채무자의 사적 합의에 의한 갱생
④ 사적 합의에 실패하여 법에 의존
⑤ 회사정리법이나 화의법에 의한 갱생의 신청
⑥ 파산법이나 상법의 규정에 의한 청산의 신청
⑦ 회사정리법이나 화의법에 의한 갱생
⑧ 회사정리법이나 화의법에 의한 갱생실패로 청산을 신청
⑨ 파산법이나 상법의 청산규정에 의한 청산

4) 전성빈, 김건우 및 김민철 편역, p.375.

이 있다고 판단될 경우 법원의 감독하에서 일정한 절차에 따라 파산을 막고 회사의 유지, 재건을 도모하면서 채권자, 주주, 기타 이해관계인의 이해를 조정하는 제도이다.[5] 기업이 일시적인 자금난으로 지급불능상태에 빠졌으나 공익성이 크고 회생가능성이 충분한 경우도 있다. 이러한 기업을 파산절차에 따라 강제적으로 해체한다면 주주, 채권자, 근로자들은 이 기업으로부터 발생하는 미래수익의 기회를 상실하게 될 것이다. 법정관리는 법원의 결정에 의하여 채권자와의 이해관계를 조정하여 기업의 회생을 꾀하는 회사정리제도이다.

법정관리는 ① 법원이 갱생가망이 있는 회사인지를 판별하는 것과 ② 법원이 관리인을 선임하여 이해관계인들의 이해를 조정한 회사갱생의 계획안을 수행하도록 관리·감독하는 두 단계로 이루어져 있다. 회사정리절차 개시(즉 법정관리)결정이 내려지면 구 대주주는 경영권을 상실하고 관리인이 경영권을 행사한다. 법정관리가 결정되면 회사를 갱생시킬 수 있도록 채무의 면제, 채무상환의 동결, 대주주의 주식소각, 채권의 주식전환, 은행의 추가자금지원, 법령에 의한 세금감면, 기존 기업주의 부도처벌 면제 등의 혜택이 주어진다.[6]

법정관리는 갱생의 기회를 부여함으로써 경제에 미치는 파장을 최소화하는 긍정적 측면이 있으나 다음과 같은 두 가지 문제점이 있다. 첫째, 대주주가 회생을 위한 자구노력은 하지 않고 법의 보호 아래서 법정관리를 악용할 수 있다는 점이다. 둘째, 경제적 효율성 측면에서 법원이 갱생의 가망성이 있는 기업을 적절히 선별하고 있지 못하다는 지적이다.[7] 따라서 이 제도가 남용되지 않도록 법정관리요건을 강화해야 할 뿐 아니라 갱생가능성을 객관적으로 평가할 수 있는 지표가 개발되어야 할 것이다.

5) 회사정리법 제1조.

6) 채무상환의 동결은 부채의 상환이 10년 이상 연기되므로 금융비용이 상당히 경감된다고 볼 수 있다. 이에 따라 파산에 직면한 많은 기업들과 관련 이해당사자들은 파산으로 잃게 될 경제적 손실을 우려하여 법정관리를 희망하게 되는 것이다.

7) 예를 들면, 1990년대까지 법정관리기업이 회생한 비율은 25%에 불과하다는 점이다. 이는 회사정리제도가 "사회적 가치를 인정받을 만한 공익적 성격의 회사"의 갱생에 우선순위를 두고 있기 때문이다(대법원의 「회사정리사건 처리요령」).

(3) 화 의

화의법에 의한 화의란 채무초과로 파산위기에 처한 채무자가 파산을 면하기 위해 채무변제 등과 같은 화의의 조건을 법원에 제출하여 채권자집회의 가결과 법원의 인가를 얻어 채무상환계획을 다시 세우는 제도이다(김재호 1997). 채무자는 회사갱생을 도모하는 과정에서 소수채권자들의 무리한 요구를 배제하고 일정한 법정요건의 다수 채권자들의 동의만 얻으면 채무변제조건에 관한 합의가 성립된 것으로 간주한다. 화의결정이 내려지려면 해당기업이 일시적인 어려움만 벗어나면 되살아날 수 있다는 근거가 있어야 하며, 채권자와 기업 간에 채무동결기간과 방법 등 세부적인 화의안을 마련해야 하는 등 복잡한 절차를 거쳐야 한다. 화의인가결정이 확정되면 법원에서 독립하여 경영활동을 할 수 있다.

화의는 청산을 방지하는 절차라는 점에서 파산과 구별되며, 법원에 의해 기업의 경영정상화를 추진한다는 점에서 법정관리와 비슷하다. 그러나 화의는 ① 법정관리인이 선임되지 않고 기존의 경영진이 그대로 유지되고, ② 모든 이해관계자가 아닌 채권자에게만 영향을 미치는 소극적 기업구제수단이며, ③ 자본잠식의 경우 주식소각을 할 필요가 없다는 점에서 회사정리와는 다르다. 화의는 채무자의 규모가 크거나 채권자 등 이해관계인의 수가 많은 등 화의목적에 부적합한 경우는 기각되므로 대기업에는 부적절하다.

(4) 제3자 인수

부도기업 중에서 단기간의 유동성부족으로 인하여 흑자부도가 발생하거나 장래의 사업성이 기대되어 회생가능성이 높은 부도기업은 제3자 인수방식을 취한다. 제3자 인수방식은 다양한데 법정관리상태에서 제3자에게 인수되는 경우도 있다. 대법원은 우리 경제의 구조적 취약점을 개선하기 위해 부실기업이 외국기업을 포함한 제3자에게 신속하게 인수·합병될 수 있도록 하는 관련 규정을 두고 있다.

(5) 청 산

청산은 부도기업 중에서 법정관리나 은행관리도 허용되지 않고 제3자 인수도 안 될 경우 마지막으로 취하는 최후의 처리방안이다. 청산은 파산법 또는 상법에 규정된 청산절차에 의해 이루어진다. 기업의 재정능력이 떨어져 경제적 거래를 원활하게 수행할 수 없을 때 기업은 파산이라는 절차를 밟게 된다. 파산은 기업재산을 강제적으로 관리·처분하여 이들 자금을 채권자에게 공평하게 나누어주는 법적 절차로서 곧 기업을 해체하는 것을 말한다. 상법에 의한 청산절차는 해산사유가 발생한 기업의 모든 법률관계를 종료하고 그 재산의 배분을 목적으로 하는 것이다.

파산절차는 우선 기업이 파산신청을 하면 법원은 보전처분을 하고 이후 실질심사를 거쳐 파산을 선고한 다음 파산채권·재산을 정리·처리한다. 파산제도는 경합하는 모든 채권자들에게 공평·평등한 만족을 주는 장점이 있으나, 파산자의 전 재산관계의 청산이라는 엄격한 절차를 밟아야 하므로 그 완결에 이르기까지 상당한 시간과 노력이 소요되고, 비용과다로 인하여 결국 채권자에게 만족할 만한 배당을 할 수 없게 될 수 있다. 파산자는 그 신용을 상실하여 신용회복과 경제적 회복이 거의 불가능해지기 때문에 가능한 한 파산선고를 하지 않으려 한다.

2. 도산기업의 갱생요인

기업이 실패한 이후의 과정에 대한 연구, 즉 실패한 이후 기업의 갱생에 대한 연구는 도산에 관한 연구만큼이나 중요하다고 할 수 있다. Lopucki(1983)는 기업유형, 규모, 기업연령, 정리계획안에 대한 채권자의 반대여부, 지리적 위치 등이 기업갱생과 유의한 관계가 있는지를 검정하였다. 연구결과에 의하면 제조기업이 비제조기업보다, 대기업이 중소기업보다 갱생가능성이 높았다. 기업연령은 갱생과 유의한 관계가 없었으며 갱생에 성공한 기업은 종종 채권자의 반대대상이 되었고, 지리적 위치는 무관한 것으로 판명되었다.

이러한 연구의 전반적인 흐름은 갱생기업과 청산기업의 재무적·비재무적 특성을 파악하여 부실기업의 갱생가능성을 예측하는 데 주안점을 두었다. 그러나 대부분의 기존연구는 부실기업의 갱생시점을 법원의 정리계획안 인가시점으로 선정하여 실제로는 기업이 회사정리절차가 진행중이어서 여전히 부실상태에 놓여 있을 수도 있다. 실제로 우리나라의 경우 회사정리절차신청을 한 총 59건 중 인가는 27건이나 종결은 4건(6.7%)에 불과하였다. 따라서 회사정리절차 인가시점을 기업이 갱생한 것으로 보기에는 무리가 있는 것으로 판단된다.

신준용과 심호석(1996)은 연구표본을 법정관리대상기업으로 선정하는 대신에 증권거래소 관리대상기업으로 선정하여 기업 스스로의 자구노력에 의해 관리해제된 시점을 갱생된 시점으로 보았다. 연구가설은 먼저 법원의 갱생가능성에 대한 판단기준을 근거로 제조업종에 속하거나 기업규모가 클수록 또는 정부 및 금융기관의 주식소유비율이 높을수록 갱생가능성이 높은 것으로 설정되었다. 또한 실무적 관점에서 영업활동으로부터 자금창출능력이 크거나 부채상환능력이 클수록 또는 담보여력이 높거나 경영자의 주식소유정도가 높을수록 갱생가능성이 높은 것으로 가설을 설정하였다.

〈표 12-14〉는 정책모형과 재무경제적 모형의 로짓분석을 보여주고 있다. 정책모형에서는 규모(*SIZE*)와 정부 및 금융기관 주식소유비율(*GOVR*)이 통계적으로 유의하였으며, 업종(*TYPE*)은 유의하지 않은 것으로 나타났다. 일반적으로 갱생기업이 폐지기업보다 기업규모가 크며 정부와 금융기관의 주식소유

〈표 12-14〉 정책모형과 재무경제적 모형의 로짓추정 및 분류정확도

정책모형			재무경제적 모형		
변 수	계수추정치	x^2	변 수	계수추정치	x^2
INTERCEPT	−7.6572	2.9251	*INTERCEPT*	−1.1286	5.1765
TYPE	0.1028	0.0336	*NWC*	1.8352	11.3295***
SIZE	0.3282	3.0948*	*LB*	1.7726	0.5332
GOVR	3.7943	0.9121	*SEC*	1.8324	7.7112***
			BORR	1.0082	0.7194
분류정확도	39/67=58.2%		분류정확도	55/67=82.1%	

비율이 높다는 것을 알 수 있다.

재무경제적 모형에서는 영업활동에서 조달된 순운전자본(NWC)과 담보여력(SEC)이 통계적으로 유의하였으며, 부채상환능력(LB)과 임원의 주식소유비율($BORR$)은 유의하지 않았다. 즉 영업활동에서 조달된 자금창출능력이 크거나 담보여력이 있는 경우에 기업의 갱생가망성이 높다는 것을 의미한다. 특히 영업활동에서 조달된 자금이 유의하고 부채상환능력이 유의하지 않은 것은 기업존속 여부를 결정하는 기준이 부채크기나 채무이행능력보다는 경제적 수익성임을 시사한다.

정책모형의 분류정확도는 58.2%인데, 이는 최대우연정확도[8]인 61.1%(41/67)보다 낮은 반면에 재무경제적 모형의 분류정확도는 82.1%로 최대우연정확도보다 높게 나타났다. 이와 같이 재무경제적 모형이 정책모형보다 예측모형의 판별력이 높게 나타난 결과는 현행 회사정리제도가 정책적인 결정에 의해 갱생가능성이 없는 기업을 갱생할 것이라고 판단하여 회사정리를 인가해주는 문제점을 지적해주는 것이라고 할 수 있다. 본 연구에서 제시하는 정책방향은 현행 회사정리제도의 정책성, 공익성을 배제하고 경제적 · 재무적 변수를 우선적으로 기업갱생가망성의 판단기준으로 정립해야 한다는 점이다.

본 연구의 한계점으로는 관리대상종목으로 지정된 상장기업을 도산으로, 지정에서 해제된 것을 갱생으로, 그리고 상장폐지된 것을 청산으로 정의한 것이라 하겠다. 즉, 형식요건의 미비로 관리종목으로 분류되었다가 해제되기도 하는데, 이를 각각 도산과 갱생으로 본다든지 피합병 등으로 인하여 상장폐지된 것을 청산으로 보는 것 등은 다소 무리가 있는 것으로 판단된다.

3. 도산결과의 예측

(1) 선행연구의 검토

도산기업의 결과가 어떻게 나오는가에 대한 연구는 White(1981)에 의해 시작

8) 최대우연정확도는 대상기업을 모두 표본수가 많은 집단으로 예측하는 것을 말한다. 여기서는 갱생집단의 표본수가 많으므로 표본기업을 전부 갱생집단으로 예측하는 것을 말한다.

되었다고 볼 수 있다. 그는 무담보자산, 기업규모, 이익전망, 경영자 위임도 등이 도산결과에 미칠 수 있는 요인으로 보았다. 그러나 그는 이론적으로 도출한 변수들에 대해 실증적 분석을 수행하지 않았다. 그 후 Chun(1984)은 기업평가모형을 도산결과예측연구에 응용하여 도산결과에 영향을 미칠 수 있는 변수로 영업권, 영업위험, 유동성을 도출하고, 무담보자산과 기업규모를 추가하여 도산결과에 영향을 미치는 변수에 대한 실증연구를 수행하였다. 실증분석 결과 유동성, 영업위험, 무담보자산 등이 통계적으로 유의하게 나타났다.

국내의 연구로는 김민철(1986), 이병종(1987), 전성빈과 김민철(1996) 등의 연구를 들 수 있다. 김민철(1986)은 1986년 이전에 도산한 상장기업 중 15개의 갱생기업과 15개의 청산기업을 대상으로 연구하였다. 독립변수로 영업권, 유동성, 영업위험, 기업규모, 무담보자산, 감사의견, 정부 및 금융기관의 주식소유비율 및 임원의 구성도 등을 이용하였다. 연구결과 영업권, 유동성, 기업규모, 정부 및 금융기관의 주식소유비율, 임원의 구성도 등이 통계적으로 유의하게 나타났다. 이병종(1987)은 김민철(1986)과 유사한 변수들을 사용하여 예측모형을 검증한 결과 유동성, 법인세차감전이익률, 정부 및 금융기관의 주식소유비율, 소유와 경영의 분리정도가 유의하게 나타났다. 전성빈과 김민철(1996)은 1990년 이후의 자료를 이용하여 도산결과에 영향을 미치는 요인을 살펴보았다.

(2) 전성빈과 김민철의 연구

전성빈과 김민철(1996)은 도산예측연구를 확장하여 도산기업의 결과에 따라 이해관계자들이 받게 되는 영향을 조사한 다음 도산결과에 영향을 미치는 변수를 파악하여 도산결과예측모형을 도출하고자 하였다. 표본은 1977년에서 1994년 사이에 회사정리법에 의하여 법정관리를 신청한 상장기업을 대상으로 갱생기업과 청산기업을 분류하여 선정하였다. 그들은 도산결과예측에 대해 적용할 수 있는 이론적 모형이 별로 없기 때문에 기존의 연구에서 사용된 변수들 중에서 영업권, 유동성, 영업위험, 무담보자산, 초과수익률, 부채규모, 존속기간 등 7개의 변수를 선정하였다.

영업권은 계속 영업을 할 때에만 의미가 있으므로 청산보다는 갱생을 선택하도록 할 것으로 기대된다. 한편 유동성이 높을수록 채권자들은 미래의 불확실한 미래배당보다는 청산을 원할 것이고, 도산기업의 영업위험이 높을수록 채권자들은 계속기업의 가치가 낮기 때문에 갱생될 가능성이 낮을 것으로 예상된다. 무담보자산이 많으면 추가자금의 차입이 쉽고, 또는 여러 정보원천을 반영하는 초과수익률이 클수록 기업의 미래전망이 좋을 것으로 보이기 때문에 갱생가능성이 높을 것으로 기대된다. 또한 부채규모가 크거나 기업이 설립된 지 오래되었을수록 청산이 미치는 파급효과가 크고 갱생의 가능성이 높은 것으로 예상된다.

〈표 12-15〉를 살펴보면 유동성, 무담보자산, 초과수익률, 부채규모, 존속기간 등은 예상부호와 일치하였으나 영업권과 영업위험은 일치하지 않았다.[9] 한편 과거의 연구에서 비유의적이었던 무담보자산이 본 연구에서는 유의적으로 나타났다. 이는 1990년 이전 정부주도형으로 처리된 표본으로 구성된 기존의 연구와는 달리 본 연구는 주로 1990년 이후 기업주도형 처리로 전환된 표본으로 구성되어 경제적인 변수가 덜 설명력을 갖는 것으로 판단된다. 추정표본에 대한 검증결과 예측력은 전체 48개 기업 중에서 갱생과 청산이 정확하게 예측된 기업이 37개 기업으로 분류정확도는 77%이었다. 유보표본에 의한 예측력 검증결과에서도 전반적으로 71%의 예측력이 있는 것으로 나타났다.

〈표 12-15〉 독립변수의 기술통계치 및 t-검증결과

집단 / 변수	갱생기업		청산기업		t-값	통계적
	평균	표준편차	평균	표준편차	(예상부호)	유의성
영 업 권	0.055	0.101	0.055	0.219	−0.0154(+)	0.9897
유 동 성	0.615	0.153	0.685	0.103	−1.875(−)	0.0672*
영업위험	3.756	2.135	3.083	1.519	0.215(−)	0.2141
무담보자산	0.074	0.200	0.574	0.661	2.441(+)	0.0186**
초과수익률	−0.157	0.561	−0.571	0.678	2.305(+)	0.0257**
부채규모	10.86	1.318	10.20	0.539	2.287(+)	0.0293**
존속기간	23.63	10.73	15.13	7.26	3.216(+)	0.0024**
표 본 수	24		24			

9) 도산결과예측의 독립변수들간의 상호작용효과를 고려한 로짓분석에서도 영업위험을 제외하고 모든 변수에서 예상방향과 동일한 결과가 나타났다.

본 연구는 기존의 도산예측연구를 확장시켜 기업의 도산결과에 영향을 주는 변수를 선정하여 도산결과예측모형을 구축하고자 하였다는 데 그 의의가 있다고 할 수 있다. 그러나 자료수집의 어려움으로 인해 도산결과에 따른 이해관계자 집단별 보상률의 차이를 분석한 표본과 도산예측모형을 추정한 표본이 다른 문제점을 지니고 있다. 본 연구는 도산기업들 중 그 규모가 비교적 큰 상장기업을 대상으로 하였기 때문에 향후에는 도산기업의 대부분을 차지하는 중소규모의 비상장기업에도 본 연구의 결과를 적용해봄직한 것으로 보인다.

제 6 절 부실예측 및 신용평가모형의 제반 쟁점

지금까지 논의한 부실예측 및 신용평가모형은 재무비율을 특정분포를 가정한 추정모형에 기초하여 구축되었다. 본 절에서는 이러한 예측모형이 지니는 문제점들에 대해 논의한다.

1. 비재무적 정보의 활용과 전문가적 판단

대부분의 부실예측 관련 연구에서는 주로 재무적(financial) 또는 정량적(numeric) 정보를 이용하여 통계적인 예측모형을 도출하였다. 그러나 판별분석, 로짓분석과 같은 통계적 선형모형 이외에도 1980년대 말의 ID3와 같은 Rule Induction, 그리고 1990년 초반부터 인공신경망(neural network: NN) 등을 포괄하여 Data Mining 기법이 이용되어 왔다. 이에 따라 이러한 Data Mining 기법간에 비교하는 연구들이 이루어져 왔으며, 많은 연구들이 인공신경망의 유효성을 보여주었다.

또한 기존의 연구들은 전문가의 개별적 판단과 통계적 선형모형의 실증적 비교에 초점을 두었으나, 최근에는 통계적 선형모형의 결과를 이용한 인간의 혼합적 판단과 통계적 선형모형과의 비교가 많이 이루어져 왔다(Bunn and Wright 1991). 실제로 현업에 종사하고 있는 전문가들은 대부분 계량적 모형으로부터 도출된 결과를 이용하기보다 전문가의 판단을 이용한 부실예측(judgemental forecasting)을 주로 이용하는 것으로 조사되고 있다. 예를 들면, 계층화 의사결정법(Analytic Hierarchy Process: AHP)은 설문지를 이용한 인터뷰 방식을 통하여 실제로 부실예측전문가가 생각하고 있는 각 변수의 부실예측에 관한 상대적 중요도(가중치)를 도출하는 방법이다. 전문가 지식을 혼합한 방법의 부실예측률이 통계적 모형이나 전문가의 판단보다 더 높게 나타난 연구결과도 많이 있었다(Lawrence, Edmundson 및 O'Connor 1985).

김광용(1998)은 45명의 전문가로부터 인터뷰 및 설문조사를 실시하여 부실가능성과 연관된 정량적인 정보 이외에 정성적인 정보에 대한 상대적인 중요도를 도출하여 부실예측모형을 개발하였다. 이를 기초로 실제의 자료를 이용하여 전문가 지식에 대한 특성 및 예측력을 검증한 다음 여러 가지 Data Mining 기법들과 비교·분석하였다.

전반적으로 전문가의 지식을 추출한 AHP 모형이 정량적인 정보를 제외하고는 예측력이나 안정성 측면에서 여타 Data Mining 기법보다 동등하거나 우수한 결과를 가져왔다. 특히 AHP 모형은 정성적 정보의 처리에서 우수한 결과를 보이므로 향후 계량화가 어렵고 신뢰성이 떨어지는 정성적 정보의 처리에 상당한 기여를 할 것으로 보인다. 또한 전문가의 지식이나 Data Mining 모형 모두 다 정성적 정보에 보다 높은 가중치를 주고 있다. 이는 부실예측시 정성적 정보의 가치가 매우 크다고 보기 때문이다.

2. 예측모형의 추정방법

대부분의 연구들이 경제적 모형에 의한 이론적 토대 없이 합리적 사고나 건전한 상식 그리고 실무에서 중시되는 지표들에 의해 재무변수들을 선정하였다. 이에 따라 모형의 설명변수의 측정방법도 다양하여 그 변수가 원래 측정하고자 하는 것을 제대로 반영하고 있는지를 파악하기 어렵다. 더욱이 설명변수의 유의성이 없는 경우 변수측정에 문제가 있어서인지 아니면 원래 설명력이 없는 것인지에 대한 해석이 용이하지 않다.

또한 예측모형의 구축시 이론적 지침이 없기 때문에 모형의 설명력이나 판별력을 가장 높이는 변수들이 추정모형에 최종적으로 포함된다. 이러한 선정방법은 연구자가 갖고 있는 자료가 어떠한 특성을 갖느냐에 따라 달라지고, 그 특성을 사후적으로 모형에 활용하는 문제점이 있다. 결국 대부분의 연구들이 이렇게 선정된 변수들로 추정모형의 예측력을 검증하였기 때문에 예측력이 과대평가되는 경향이 있다. 보다 객관적인 예측력의 검정을 위해서는 추정모형에 사용된 표본과는 별도로 통제표본을 이용하여 예측력을 검정해보는 것이 필요하다.

도산이라는 경제적 사건이 그리 흔한 사건이 아님에도 불구하고 실제 발생가능성보다 과다하게 표본을 선정하는(oversampling) 경향이 있다. 일반적으로 상장기업의 도산율은 1% 미만임에도 불구하고 도산기업과 비도산기업을 동수로 하는 짝짓기 표본추출(matched-pair sampling)로 인하여 도산기업이 모집단에 비해 지나치게 많은 비율로 표본에 선정되게 된다. 따라서 전체 기업중에서 실제로 도산이 되는 비율을 반영하여 표본선정이 이루어져야 한다. 한편 Zmijewski(1984)는 부실기업과 건전기업의 비율을 1:3 정도로 표본을 선정할 경우 부실기업을 지나치게 많이 선정함으로써 예측력이 과대평가되는 편의를 피할 수 있다고 하였다.

3. 손실함수의 설정

과거의 연구들은 모형의 예측력을 증대시키는지 여부에만 초점을 맞추었으나, 제1종 오류와 제2종 오류의 비용을 고려하여 예측력의 정확성을 평가하지는 않았다. 부실기업을 도산하지 않는다고 판단하였을 때 발생하는 제1종 오류비용은 아마도 건전기업을 부실기업으로 오판하여 잃어버린 기회비용과 같은 제2종 오류비용보다는 훨씬 더 클 것이다.

신용평가 및 부실예측모형의 예측력을 검정하는 데 있어서 제1종 오류비용 대 제2종 오류비용의 비율이 현실적으로 몇십 배에 이르기 때문에 30:1, 40:1 및 50:1인 경우를 고려하여 예측모형을 고려하여야 할 것이다. 즉, 일정 오류비용비율에 대해 추정표본에 기초한 파산확률분포를 사용하여 유효표본에서 기업의 도산여부를 판단할 최적 판별점(optimal cutoff point)은 다음 손실함수등식에서 기대총비용을 최소화하는 판별점으로 하여야 한다.

$$EC = Pr(B) \times P_I \times C_I + (1 - Pr(B)) \times P_{II} \times C_{II}$$

여기서, $Pr(B)$ = 전체기업 중에서 부실기업이 차지하는 비율
P_I = 부실기업을 건전기업이라고 예측할 확률 ($Pr(NB|B)$, 제1종 오류)
C_I = 부실기업을 건전기업이라고 예측함으로써 발생되는 비용
P_{II} = 건전기업을 부실기업이라고 예측할 확률 ($Pr(B|NB)$, 제2종 오류)
C_{II} = 건전기업을 부실기업이라고 예측함으로써 발생되는 비용

여기서 산출된 판별점은 제1종 오류와 제2종 오류를 최소화하는 판별점이 아니라 위 등식의 기대비용을 최소화하는 판별점으로, 바로 부실기업과 건전기업을 구분하는 기준점이 된다.

참고문헌

권수영(1999). 도산예측모형에서의 감사의견의 유용성. 「회계학연구」(제3호): 81~107.

김광용(1998). 데이터마이닝과 전문가지식을 이용한 부도예측에 관한 실증적 비교연구. 「보증월보」(1월): 3~31.

김민철(1996). 도산의 영향과 도산기업의 갱생예측에 관한 연구. 서강대학교 박사학위논문.

김선기, 황석하, 김건우(1986). 『기업부실화의 원인. 징후 및 예측』. 한국신용평가(주).

김재호(1997). "화의제도와 회사정리절차," 「상장」 9월호: 51~59.

민재형, 정철우(2006). 비모수기법을 이용한 기업도산예측. 「경영학연구」(제35권 제4호): 1157~1180.

신준용, 심호석(1996). 기업갱생요인에 관한 실증적 연구. 「회계학연구」(제3호): 77~106.

오희장(1999). 기업어음 신용등급변경의 정보효과. 「경영학연구」(제1호): 103~125.

이계원(1993). 회계정보에 의한 기업부실예측과 시장반응. 「회계학연구」(제16호): 49~77.

이병종(1987). 도산기업정리에 관한 실증적 연구. 한국외국어대학교 석사학위논문.

이한재, 김영무(1997). CP등급변경의 정보효과는 있는가: 한국실증결과. 동계학술발표회 발표논문집. 한국산업경영학회.

전성빈, 김건우, 김민철(1998). 『기업의 재무위기와 도산』. 에드워드 알트만 편역. 한국신용분석사회.

전성빈, 김민철(1996). 기업도산결과예측에 관한 연구. 「회계학연구」(제4호): 97~121.

최준석, 허성관(1993). 기업어음 신용등급변경의 정보효과. 「증권학회지」(제16호): 339~365.

황석하(1991). 기업부실예측에 관한 연구. 「회계학연구」(제14호): 57~99.

Aharony, J., C. Jones, and I. Swary(1980). An Analysis of Risk and Return Characteristics of Corporate Bankruptcy Using Capital Market Data. *Journal of Finance* (September): 1001~1016.

Altman, E.(1968b). Corporate Bankruptcy, Potential Stockholder Returns and Share Valuation. *Journal of Finance* (December): 887~900.

______(1968). Financial Ratios, Discriminant Analysis and the Prediction of Corporate Bankruptcy. *Journal of Finance* (September): 589~609.

Beaver, W.(1966). Financial Ratios as Predictors of Failure. Empirical Research in Accounting. *Journal of Accounting Research* (Supplement): 161~234.

Belkaoui, A.(1983). *Industrial Bonds and the Rating Process*. Westport, Conn.: Quorum Books.

Burgstahler, D., J. Jiambalvo, and E. Noreen(1989). Changes in the Probability of Bankruptcy and Equity Value. *Journal of Accounting and Economics* (July): 207~224.

Bunn, D. and G. Wright(1991). Interaction of Judgemental and Statistical Forecasting Methods:

Issues & Analysis. *Management Science*.

Casey, C.(1980). The Variation in Accounting Information Load: The Effect on Loan Officers' Predictions of Bankruptcy. *The Accounting Review* (January): 36~49.

Casey, C., V. McGee, and C. Stickney(1986). Discriminating Between Reorganized and Liquidated Firms in Bankruptcy. *The Accounting Review* (April): 249~262.

Charnes, A., W. Cooper, and E. Rhodes(1978). Measuring the efficiency of decision making units. *European Journal of Operation Research* (2): 433~441.

Chun, S.(1984). *The Outcome of Bankruptcy: Model and Empirical Test*. Manuscript. New York University.

Cohen, K., C. Gilmore, and F. Singer(1966). Bank Procedure for Analyzing Loan Applications. *Analytical Methods in Banking* (Richard D. Irwin Inc.): 218~250.

Copeland, R. and R. Ingram(1982). The Association between Municipal Accounting Information and Bond Rating Changes. *Journal of Accounting Research* (Autumn): 275~289.

Cornell, B., W. Landsman, and A. Shapiro(1989). Cross-Sectional Regularities in the Response of Stock Prices to Bond Rating Changes. *Journal of Accounting, Auditing & Finance* (Winter): 460~479.

Datta, S. and M. Iskandar-Datta(1995). The Information Content of Bankruptcy Filing on Securityholders of the Bankrupt Firm: An Empirical Investigation. *Journal of Banking and Finance* (August): 903~919.

Dietrich, J. and R. Kaplan(1982). Empirical Analysis of the Commercial Loan Classification Decision. *The Accounting Review* (January): 18~38.

Fitzpatrick, P.(1931). *Symptoms of Industrial Failure*. Washington D.C. Catholic University of America Press.

Foster, G.(1986). *Financial Statement Analysis*. Englewood Cliffs: Prentice Hall, Inc.

Goh, J. and L. Ederington(1993). Is a Bond Rating Downgrading Bad News, Good News, or No News For Stockholders? *Journal of Finance* (December): 2001~2008.

Hand, J., R. Holthausen, and R. Leftwich(1992). The Effect of Bond Rating Agency Announcements on Bond and Stock Prices. *Journal of Finance* (April): 733~752.

Holthausen, R. and R. Leftwich(1986). The Effect of Bond Rating Changes on Common Stock Prices. *Journal of Financial Economics* (September): 57~90.

Hopwood, W., J. McKewon, and J. Mutchler(1989). A Test of the Incremental Explanatory Power of Opinions Qualified for Consistency and Uncertainty. *The Accounting Review* (January): 28~48.

Indro, D., R. Leach, and W. Lee(1999). Sources Of Gains To Shareholders From Bankruptcy Resolution. *Journal of Banking and Finance* (January): 21~47.

Ingram, R., L. Brooks, and R. Copeland(1983). The Information Content of Municipal Bond

Rating Changes: A Note. *Journal of Finance* (June): 997~1003.

Katz, S., S. Lilien, and B. Nelson(1985). Stock Market Behavior around Bankruptcy Model Distress and Recovery Predictions. *Financial Analyst Journal* (41): 70~74.

Lawrence, M., R. Edmundson, and M. O'Connor(1985). An Examination of the Accuracy of Judgemental Extrapolation of Time Series. *Journal of Forecasting*: 14~25.

Lewis, B., J. Patton, and S. Green(1988). The Effects of Information Choice and Information Use on Analysts' Predictions of Municipal Bond Rating Changes. *The Accounting Review* (April): 270~282.

Lopucki, L.(1983). The Debtor in Full Control-Systems Failure under Chapter 11 of Bankruptcy Code? *American Bankruptcy Law Journal*: 99~126.

Marais, M., J. Patel, and M. Wolfson(1984). The Experimental Design of Classification Models: An Application of Recursive Partitioning and Bootstrapping to Commercial Bank Loan Classification, In Studies on Current Econometric Issues in Accounting Research. *Journal of Accounting Research* (Supplement): 87~114.

Moses, O.(1990). On Bankruptcy Indicators from Analysts' Earnings Forecasts. *Journal of Accounting, Auditing & Finance* (Winter): 379~409.

Ohlson, J.(1980). Financial Ratios and the Probabilistic Prediction of Bankruptcy. *Journal of Accounting Research* (Spring): 109~131.

Seiford, L. and J. Zhu(2002). Modeling Undesirable Factors in Efficiency Evaluation. *European Journal of Operation Research* (133): 16~20.

Simak, P.(2000). *DEA base Analysis of Corporate Failure*. Manuscript. University of Toronto.

Wakeman, L.(1984). The Real Function of Bond Rating Agencies. In C. Smith ed. *The Modern Theory of Corporate Finance*. McGraw-Hill. New York.

White, M.(1981). Economics of Bankruptcy: Liquidation and Reorganization. Working paper. New York University.

Zmijewski, M.(1984). Methodological Issues Related to the Estimation of Financial Distress Prediction Models. *Journal of Accounting Research* (Supplement): 59~82.

찾아보기

■ 사항색인

ㄱ

ㄹ

ㅁ

ㅂ

ㅅ

ㅇ

ㅈ

기타

A

E

F

G

H

I

J

K

L

M

N

O

P

R

S

T

U

V

W

▪인명색인

ㄱ

ㄴ

ㅁ

ㅂ

ㅅ

ㅇ

ㅈ

ㅊ

ㅌ

ㅎ

A

B

C

D

E

F

G

H

I

J

K

L

M

V

W

X

Y

Z

저자약력

• 권수영

St. John Fisher College, 경영학 학사
University of Texas at Austin, 회계학 석사
University of Rochester, 응용경제학 석사
Washington University, 회계학 박사

University of Utah, 조교수
한국회계기준원 비상임위원, 한국회계학회 회장 역임
GS홈쇼핑, 현대캐피탈 사외이사

현, 고려대학교 경영대학 학장, 경영전문대학원 원장

The Impact of SFAS No.131 Business Segment Data on the Market's Ability to Anticipate Future Earnings, TAR, June 2005 외 다수

(주요 연구분야) 공시정책과 경영자 예측정보, 기업지배구조와 회계정보, 감사품질과 감사보수

• 김문철

서울대학교 경영대학, 경영학 학사
서울대학교 대학원, 경영학 석사
University of Illinois at Urbana-Champaign, 회계학 박사

증권선물위원회 비상임위원
회계학연구 편집위원장
회계 · 세무와 감사연구 편집위원장
경남은행, 동화약품 사외이사

현, 경희대학교 경영대학 교수, 공인회계사

Valuing IPOs, JFE, 1999 외 다수

(주요 연구분야) 회계정보를 이용한 가치평가, 이익조정, 회계정보의 가치관련성, 내부자거래와 회계정보

• 손성규

연세대학교 경영학과, 경영학 학사
University of California-Berkeley, 경영학 석사
Northwestern University, 회계학 박사

City University of New York, 조교수
증권선물위원회 비상임위원
회계기준위원회 비상임위원
한국회계학회 35대 회장
롯데쇼핑, 서울보증보험, STX엔진, 유니온스틸, KB생명, 제주항공, 현대건설기계 사외이사

현, 연세대학교 경영대학 교수

The Association between Revision of Financial Analysts' Earnings Forecasts and Security-Price Changes, JAE, 1991 외 다수

(주요 연구분야) 회계감사, 수시공시, 공시정책, 재무회계

• 최 관

성균관대학교 상경대학, 경영학 학사
한국과학기술원, 경영학 석사
Syracuse University, 회계학 박사

한국회계학회 회장
회계저널 편집위원장
한국회계기준위원회 비상임위원
금융감독원 회계제도심의위원회 위원

현, 성균관대학교 경영학부 교수, 공인회계사

누가 주가붕괴의 위험을 부담하는가?, 회계학연구, 2016 외 다수

(주요 연구분야) 이익조정과 이익조작, 감사품질, 현금흐름의 유용성

• 한봉희

서울대학교 인문대학, 언어학 학사
University of Texas at Austin, 회계학 석사
University of Texas at Austin, 회계학 박사

University of Colorado at Boulder, 조교수
회계학연구 편집위원장
회계기준위원회 비상임위원

현, 아주대학교 경영대학 교수, 미국 공인회계사

The Value-Relevance of R&D and Advertising Expenditures: Evidence from Korea, Int'l J of Accounting 2004 외 다수

(주요 연구분야) 재무정보의 가치관련성과 유용성 평가

자본시장에서의

회계정보 유용성 -분석 · 평가 · 활용-

2003년 8월 20일 제 1 판 1쇄 발행
2010년 3월 10일 제 2 판 1쇄 발행
2017년 8월 20일 제 2 판 2쇄 발행

저 자 권수영 · 김문철 · 손성규 · 최 관 · 한봉희
발 행 인 권 영 섭
발 행 처 (주)신 영 사

경기도 파주시 심학산로 12(서패동)
등 록 : 1988. 5. 2 / 제406-1988-000020호
전 화 : 031-946-2894(代)
F A X : 031-946-0799
e-mail : sys28945@naver.com
홈페이지 : http://www.shinyoungsa.co.kr

정가 38,000원 ISBN 978-89-5501-302-3